DIANE VON WELTZIEN (HRSG.)

Das neue große Praxisbuch der Esoterik

*Buch*

Dieses vielseitige Lesebuch führt in die Grundrichtungen moderner Esoterik ein und gibt einen Überblick über neueste Entwicklungen. Es bietet dazu Übungen, Ratschläge und Anregungen, die einen unmittelbaren praktischen Einstieg in die verschiedenen Techniken ermöglichen. Namhafte Autoren bürgen für die hohe Qualität dieses Praxisbuches.

*Herausgeberin*

Diane von Weltzien ist als Buchautorin, Herausgeberin und Übersetzerin tätig.

Bei Goldmann sind bereits erschienen
*Das Praxisbuch der Esoterik (12176)*
*Praxbuch der Rituale (13227)*

DIANE VON WELTZIEN (HRSG.)

# DAS NEUE GROSSE PRAXISBUCH DER ESOTERIK

Mit Beiträgen von
Sarah Ban Breathnach, Zsuzsanna E. Budapest,
Thorwald Dethlefsen, John Gray, Thich Nhat Hanh,
Raymond A. Moody/Paul Perry, Marlo Morgan,
Johanna Paungger/Thomas Poppe, M. Scott Peck,
Terry Lynn Taylor, Marianne Williamson u. a.

**GOLDMANN**

Die Quellennachweise zu den einzelnen Texten
befinden sich am Ende des Bandes.

Originalausgabe

*Umwelthinweis:*
Alle bedruckten Materialien dieses Taschenbuches
sind chlorfrei und umweltschonend.
Das Papier enthält Recycling-Anteile.

Der Goldmann Verlag
ist ein Unternehmen der Verlagsgruppe Bertelsmann

Originalausgabe August 1998
© 1998 Wilhelm Goldmann Verlag, München
Umschlaggestaltung: Design Team München
Layout/DTP: Martin Strohkendl
Druck: Presse-Druck Augsburg
Verlagsnummer: 13262
WL · Herstellung: Stefan Hansen
Made in Germany
ISBN 3-442-13262-2

1 3 5 7 9 10 8 6 4 2

# Inhalt

## 1. TEIL
## In Harmonie mit der Umwelt

Sun Bear/Wabun Wind: Die Erde heilen . . . . . . . . . . . 11
Johanna Paungger/Thomas Poppe: Im Einklang
   mit dem Mond . . . . . . . . . . . . . . . . . . . . . 23
Denise Linn: Wie man Gespenster los wird . . . . . . . . 43
Zsuzsanna E. Budapest: Viermal Zauber
   für das Schlafzimmer . . . . . . . . . . . . . . . . . 55
Derek Walters: Die guten und schlechten Einflüsse
   im Feng-Shui und wie man sie korrigiert . . . . . . . 61
Simon Brown: Feng-Shui-Lösungen
   für Schlaf- und Arbeitsplatz. . . . . . . . . . . . . 77

## 2. TEIL
## Persönliches Wachstum

**A. Aus westlicher Sicht** . . . . . . . . . . . . . . . 89
Albrecht Schottky/Theo Schoenaker:
   Was bestimmt mein Leben? . . . . . . . . . . . . . . . 91
Sarah Ban Breathnach: Die einfachen Freuden des Lebens . . 99
Elaine St. James: Neunmal guter Rat für das Wesentliche . . 129
Gerald G. Jampolsky/Diane V. Cirincione: Vergebung
   und Heilung . . . . . . . . . . . . . . . . . . . . . 143
M. Scott Peck: Realität und Illusion des Selbst. . . . . 163

**B. Aus östlicher Sicht** . . . . . . . . . . . . . . . 181
Ken Wilber: Wer bin ich? . . . . . . . . . . . . . . . . 183
Ayya Khema: Dukkha. . . . . . . . . . . . . . . . . . . 201
Thich Nhat Hanh: Fünf Regeln . . . . . . . . . . . . . . 215
Lama Govinda: Das Bodhisattva-Ideal. . . . . . . . . . . 229

## 3. TEIL
## Praktische Krisenbewältigung – vor allem für Frauen

Ellen McGrath: Aktionsstrategien zur Bewältigung
von Geist↔Körper-Depressionen . . . . . . . . . . . . . . 259
John Gray: In schwierigen Zeiten zusammenstehen . . . . . 279
Ingrid Olbricht: Konfliktfeld Fortpflanzungsfähigkeit. . . . 301
Marianne Williamson: Weibliche Identität. . . . . . . . . . 333

## 4. TEIL
## Traditionelle Spiritualität

Sun Bear/Wabun Wind/Crysalis Mulligan:
  Die Reise über das Medizinrad . . . . . . . . . . . . . . 355
Timothy Knab: Der Heiler bei den Curanderos . . . . . . . 375
Marlo Morgan: Spuren der Traumzeit. . . . . . . . . . . . 389
James G. Cowan: Ritus und Ritual der Aborigines. . . . . . 399
Robert Bosnak: Traumarbeit . . . . . . . . . . . . . . . . 417

## 5. TEIL
## Botschaften aus einer anderen Welt

Neale Donald Walsch: Gespräche mit Gott . . . . . . . . . 427
Amorah Quan Yin: Wer sind die plejadischen Boten
  des Lichts? . . . . . . . . . . . . . . . . . . . . . . . . . 437
Barbara Hand Clow: Meditationen von Satya zur Öffnung
  dimensionaler Tore . . . . . . . . . . . . . . . . . . . . 441
Varda Hasselmann/Frank Schmolke: Die Entfaltungsschritte
  der Seele . . . . . . . . . . . . . . . . . . . . . . . . . . 447
Jane Roberts: Das seelische Potential . . . . . . . . . . . . 457
Edgar Cayce: Die Kontinuität des Lebens . . . . . . . . . . 471

## 6. TEIL
## Engel, die kosmischen Helfer

| | |
|---|---|
| Terry Lynn Taylor: Was ist ein Engel? | 481 |
| Christine Cerny: Die Erzengel der Elemente | 491 |
| Michael Howard: Den persönlichen Schutzengel kontaktieren | 501 |
| Sophy Burnham: Bitten, Wahrnehmen, Antworten | 509 |
| John Randolph Price: Der Engel der Wahrheit und Erleuchtung | 517 |

## 7. TEIL
## Über den Tod hinaus

| | |
|---|---|
| Thorwald Dethlefsen: Die Reinkarnationshypothese | 527 |
| Ayya Khema: Wiedergeburtsbewußtsein | 531 |
| Marianne Williamson: Gedenkfeier für einen Verstorbenen | 539 |
| Brian Weiss: Aus einer Rückführungssitzung mit Catherine | 545 |
| Ganga Stone: Der Umgang mit dem Sterben | 557 |
| Ken Wilber: Die Probleme des Helfers | 573 |
| Raymond A. Moody/Paul Perry: Die Wiederbegegnung mit Verstorbenen | 585 |
| Thorwald Dethlefsen: Das Schicksal | 599 |
| Quellennachweis | 603 |

# 1. Teil

# In Harmonie mit der Umwelt

SUN BEAR/WABUN WIND

# Die Erde heilen

Eine Kirche in Kanada entschuldigte sich Ende der achtziger Jahre öffentlich bei den Indianern für das Werk der Zerstörung, das sie über die Jahrhunderte verschuldet hatte. Diese Kirche war zu der Einsicht gekommen, daß sie nur immer den Glauben der Indianer behindert und ihnen niemals wirklich beigestanden hatte. Sie kommt damit zwar ein wenig spät, aber besser spät als nie. Vielleicht sind dies die Zeichen der Morgenröte und der Beginn eines neuen, positiven Weges, sich mit dem indianischen Volk zu befassen. Es könnte ein erstes Anzeichen dafür sein, daß einige Menschen nun bereit sind, die Indianer zu fragen, wie sie ihnen helfen können, anstatt ihnen zu erzählen, was sie anstellen müssen, um sich in die technologische Gesellschaft einzugliedern. Dies könnte ein Schritt in die richtige Richtung sein.

Wann immer ich einem christlichen Geistlichen zuhörte, mußte ich feststellen, daß nur die wenigsten unter ihnen den Willen hatten, den Menschen auf ihrer irdischen Suche nach ihrer eigenen Vision wirklich beizustehen. Ich habe nur selten davon gehört, daß sie Menschen zu ihrer eigentlichen Kraft verhalfen oder dazu, voll entwickelte, ausgewogene Wesen zu werden. Diese Lehre ist den meisten Verfechtern der »technologischen Religionen« völlig fremd.

Es ist allerdings interessant herauszufinden, daß die Gesellschaften, deren Beziehungen zur Natur am meisten von Gewalt geprägt waren, auch die gleichen sind, die Frauen in Unterwürfigkeit halten. Die Moslems beispielsweise tun kaum etwas für die Erde; ihr Glaube spricht nicht von unserer Beziehung zur Erde. Und gleichzeitig enthält er viele Lehrsätze über Frauen in ihrer Rolle als Dienerinnen. Die Botschaft des Islam ist für mich die der Zerstörung von Leben. Die jüdisch-christliche Lehre ähnelt dem Islam in einigen Punkten sehr, obwohl heute von einigen Kirchen große Anstrengungen unternommen werden, sich dem Leben zuzuwenden. Für die meisten Religionen ist es schwierig, andere Beziehungen jenseits der zwischen Herr und Knecht zu entwickeln.

Viele Naturvölker überall auf der Welt sind der Ansicht, daß die Verteidiger der »technologischen« Religionen den Planeten zerstören, weil ihr Glaube sie von einem bewußten Umgang mit der Erde entfremdet hat. Diese Religionen sprechen von der Erde als »Tal der Tränen«, als »Ort der Qualen«. Diese Menschen gebrauchen Redewendungen wie: »Wenn ich meine sterbliche Hülle abgelegt habe und in den Himmel komme...«

Dieses Denkschema finden wir gefährlich. Für uns ist es eine der Wurzeln der Zerstörung auf Erden. Ein alter Indianerhäuptling sagte einmal: »Der Weiße Mann will immer in den Himmel kommen. Ich wünschte, er würde endlich dorthin gehen und uns Indianern die Erde überlassen.«

Wir müssen dieses Denkmuster wegen Männern wie James Watt untersuchen, der eine Zeitlang Ronald Reagans rechte Hand im Innenministerium war. Er verfolgte den Gedanken, alle Ressourcen auf der Erde aufzubrauchen, denn dann, so Watt, müßten wir uns keine Gedanken mehr um die Regenerierung der Erde machen. Die Erde wird am Ende zerstört werden, und alle guten Christen werden in den Himmel kommen.

Watt hatte keinerlei Respekt vor der Mutter Erde oder der Schöpfung. Viele Menschen besitzen nicht dieses Respektgefühl vor der Erde. Für sie ist die Erde nicht unser Zuhause, sie ist kein Ort unserer Bestimmung. Dieses Denkmuster mündet in die Zerstörung unseres Planeten. Dies müssen wir verstehen lernen und uns davon befreien.

Wir können auch verschiedene Regierungen daraufhin betrachten. Wir müssen nur analysieren, welche Beziehung Deutschland oder die Vereinigten Staaten zur Erde haben. Wir können auch untersuchen, wie vom Standpunkt dieses Beziehungsmusters aus einzelne Länder mit anderen Völkern umgegangen sind.

Die Perspektive der sogenannten »entwickelten Nationen« und ihrer Großindustrie war schon immer die totale Ausbeutung der Erde. Die multinationalen Konzerne können sich die Erde nicht als lebendes, intelligentes Wesen vorstellen, das unser aller Mutter ist. Sie haben keinerlei Respekt vor ihren natürlichen Ressourcen. Sie beuten eine natürliche Ressource bis zu ihrem letzten Tropfen aus und hinterlassen dann an diesem Ort eine Ruine mit einer Menge Rückstände. Es kümmert sie nicht weiter, diese Narben auf dem Antlitz der Erde zu hinterlassen.

In Afrika zerstörten die Multis die Urwälder. Wir können an ihrer Stelle Baumstümpfe, Sand und Wüste sehen. Millionen Morgen Land versteppten und wurden Teil der Sahara. Wenn man heute den afrikanischen Kontinent auf der Karte betrachtet, entdeckt man, daß nur einige kleine Länder wirklich Landwirtschaft betreiben können. Ein großer Teil des Kontinents verwandelte sich in Wüste.

Die Multis fahren in ihrer Entwaldungspolitik fort, ohne an die Konsequenzen für die afrikanischen Länder zu denken.

Einst waren die afrikanischen Nationen Kolonien der christlichen europäischen Länder, die dorthin kamen, um alle Reichtümer zu rauben. Portugal hatte gewaltigen Einfluß auf die Entwicklung einiger afrikanischer Länder. Auch die anderen europäischen Staaten beteiligten sich an diesem Spiel, das nur auf Ausbeutung abzielte. Zuerst bauten sie die Bodenschätze und andere Ressourcen der Länder ab, und danach verließen sie Land und Leute, ohne weitere Gedanken darauf zu verschwenden.

Wenn Menschen an Hunger starben, dann war das nicht ihr Problem; alles, was sie interessierte, waren ihre eigene Versorgung und Nachfrage. Diese Ausbeutung hat einige Kolonien in Afrika ohne weitere Einkommensquellen zurückgelassen.

Der Ansatz dieser »entwickelten Länder« war, daß sie selbst immer am besten wußten, welche Betätigungen zum Vorteil der Afrikaner wären. Sie nahmen an, daß sie am besten wüßten, wie sie die Probleme lösen könnten, die sie dort produzierten. Zum Beispiel kamen die technologisierten Länder nach Afrika und sagten: »Wir bringen euch die Grüne Revolution. Wir haben diese besonderen

Samen für euch entwickelt, aus dem euer Getreide wachsen wird.«
Und sie gaben den Afrikanern die Samen. Und vielleicht trugen diese Samen auch kurzzeitig Früchte.

Um diese Pflanzen aber anzubauen, brachten die entwickelten Länder Landwirtschaftsmaschinen und Planierraupen nach Afrika und rissen die dünne, empfindliche fruchtbarste Schicht des Bodens auf, auf der seit Tausenden von Jahren Viehherden geweidet hatten. Mittlerweile sind diese Landwirtschaftsmaschinen rostig geworden, und Hunger beherrscht das Land.

Wo die Afrikaner selbst Geld anlegen wollten, beschwatzte man sie, es in Brunnenbohrungen zu investieren. Dies hatte wieder zur Folge, daß der Wasserstand weiter fiel, so daß es in manchen Gegenden kein Wasser mehr gab.

Nun tun sie dasselbe in Brasilien, Peru und anderen südamerikanischen Ländern. Tausende und Abertausende Morgen Land werden jedes Jahr entwaldet, um mehr Geld zu machen.

Wir Indianer empfinden großen Schmerz darüber, daß die »entwickelten Völker« so wenig auf uns hören. Wir sagten den Europäern, die nach Amerika kamen, daß es wundervoll wäre, wenn sie zu uns in Frieden kämen, auf der Suche nach einem Wissen, das sie wieder in Harmonie mit der Schöpfung bringen könnte; sie könnten es mit den Menschen teilen, die bereits auf dem Kontinent lebten. Beide Völker würden ihr Wissen und ihre Kraft vereinen und sich in heiliger Weise Geschenke machen. Wenn die Europäer dies nicht täten, so prophezeiten unsere eigenen Seher, dann würde das indianische Volk noch für mehr als hundert Jahre wie tot auf dem Antlitz der Erde im Staub liegen. Dann aber würde die Kraft zu uns zurückkommen.

Und dies geschieht jetzt. Menschen kommen zu Tausenden und wollen unsere heilige Lebensweise kennenlernen. Von dieser Bewegung geht große, heilige Kraft aus. Menschen aus aller Welt hören nun auf die Botschaft der Ureinwohner der verschiedenen Kontinente, denn sie sehen nichts als Verwüstung und Ungleichgewicht auf der Erde. Und es gibt so viele traurige Beispiele.

Der Kojote ist wirklich mein Bruder. Ich sage dies, weil die Naturvölker der Welt nicht wegen der Zivilisation, sondern wie Fuchs und Kojote ihr *zum Trotz* überlebt haben.

So viele Menschen vernehmen nicht mehr, wie die Erde zu uns spricht. Die Natur spricht jeden Tag zu uns. Die Erde spricht immerzu mit uns, aber die Ohren der meisten Menschen sind taub. Wenn Menschen sehen, wie ich den Regen rufe, denken sie, dies wäre ein übernatürlicher Vorgang; dabei ist es aber nur zu natürlich. Ich lehre die Menschen, ihren Tag damit zu beginnen, daß sie ihrem Schöpfer für das Geschenk des Lebens und der uns umgebenden Schönheit danken. Nur so werden sie wieder lernen, die Stimme der Natur zu hören und zu verstehen.

## Leben lernen

Das Bewußtsein aller Menschen der *Hellen Morgendämmerung* unterscheidet sich gewaltig von dem aller anderen Menschen dieser Gesellschaft. Der Respekt vor und die Achtung der Erde nehmen in ihren Gedanken einen wichtigen Raum ein. Als ich begann, Vorträge zu halten und mit anderen Menschen mein Wissen zu teilen, befahl mir der Große Geist, ich solle mein Wissen nur mit den Menschen teilen, die bereit und offen dafür seien. Ich solle nur solche Orte besuchen, zu denen man mich eingeladen hatte. Mein Wissen solle nur die Menschen erreichen, die nach größerer Weisheit strebten und die Erde genug liebten, um auch wirklich nach einem neuen Gleichgewicht auf diesem Planeten zu suchen. Meine Arbeit solle nur Menschen einbeziehen, die nicht zerstörerische oder kriegerische Verhaltensweisen zeigten. Ich solle nach Menschen Ausschau halten, deren Charakter nicht vom Hochmut verdorben war. Denn sie hätten eher die Fähigkeit, die wichtigsten Aussagen der Naturvölker aufzunehmen, die mit der Erde eins sein – nicht sie uns untertan machen wollten.

Die Zeit der Reinigung der Erde ist auch die Zeit der Großen Reinigung für den Menschen. Jetzt ist die Zeit gekommen, daß die Menschen die Glaubenssysteme der Vergangenheit überprüfen, die ihnen dabei halfen, unsere Welt so zuzurichten. Wir sind umgeben von einem Meer der Zerstörung; der ganze Planet und viele unserer Mitmenschen sind unmittelbar davon betroffen.

Eingeschränkte Ideologien haben die Menschen glauben gemacht, sie würden nur für begrenzte Zeit auf der Erde leben. Sie haben die Menschen gelehrt, daß sie später in den Himmel kämen; deshalb waren viele nicht bereit, Verantwortung für den Planeten zu übernehmen. Unmittelbare Folge dieser Überzeugung war, daß die Menschen große Zerstörung über die Welt brachten. Nun müssen die Menschen diese veralteten Anschauungen einer strengen Prüfung unterziehen.

Wir sollten jetzt an einem neuen Glaubenssystem arbeiten, das sich nur auf den Wahrheiten begründet, die in der Natur offen zutage treten. Alle Menschen, die überleben wollen, müssen von den Naturvölkern die Lehre vom harmonischen Leben im Gleichgewicht der Natur annehmen.

Ich fühle, daß wir jetzt die spirituellen Verbindungen des Glaubens wiederfinden müssen, die einst Erde und Mensch vereinten. Die Zeit ist gekommen, in der wir die alten Kraftfelder suchen sollten, die Orte, an denen wir beten und mit den Naturkräften und Geisterwesen, die dort seit Tausenden von Jahren leben, wieder Kontakt aufnehmen können. Durch ihre Gebete werden die Menschen neue Wege finden, Liebe und Verständnis für ihre Mitmenschen zu zeigen. Und schließlich werden sie auch das innere Gleichgewicht wiedererlangen, das für ihr eigenes Überleben und die weitere Existenz des Planeten notwendig ist.

Der Große Geist befahl mir, an einem neuen Glaubenssystem zu arbeiten, dessen Gesetze wir im Herzen tragen werden und in dem wir nie mehr zu einem strafenden Gott aufsehen müssen, der uns abhalten soll, uns selbst, unseren Nachbarn oder der Erde Übles anzutun. Wir müssen lernen, auf der Erde unmittelbare Verantwortung für unser alltägliches Leben zu übernehmen. Diese Dinge versuche ich an die Menschen durch meine Vorträge und Bücher weiterzugeben. So verstehe ich meine Arbeit.

Um Verantwortung zu übernehmen, müssen die Menschen auf ihren eigenen Lebensweg achten. Sie müssen so voranschreiten, daß sie immer größere Ausgewogenheit und Harmonie in ihrem Leben finden. Ich glaube, daß sich viele Menschen danach sehnen, selbst Heilung zu erfahren: Ihr eigenes Gesundwerden wird auch zur Gesundung der Erde beitragen. Ich möchte betonen, daß jeder die Verantwortung für sein eigenes Leben übernehmen sollte. Ich glaube, daß jeder das Recht hat, zum Schöpfer zu sprechen, seinen eigenen Traum zu formulieren und seine persönliche Vision zu suchen. Ich lehre die Menschen, die Schönheit in sich und der Schöpfung zu erkennen. Die Menschen werden auf ihrer Suche oft dadurch abgelenkt, daß sie glauben, immer mehr Geld verdienen zu müssen. Es gibt immer einen guten Grund dafür – entweder erhöhen sich die Wohnungskosten, oder man will wie die Nachbarn einen neuen Wagen oder schicke, neue Kleider kaufen, Urlaub machen oder ähnliches.

Meine älteren Brüder und ich lebten auf einem 32 Hektar großen Grundstück im nördlichen Minnesota; dort bauten wir all unsere Nahrungsmittel an, die wir zum Leben brauchten. Wir züchteten außerdem auch Tiere. Der Kreislauf unseres Lebens umschloß das Sammeln von Pflanzen, Jagen und Fischen und die Ernte unserer Feldfrüchte. Dieses Leben dauerte so lange an, bis meine älteren Brüder von dort fortgingen, weil sie ihr eigenes Leben führen wollten. Sie strebten nach anderen, neuen Zielen. Sie wollten sich ein neues Auto leisten und dies und das. Deshalb zogen sie aus. Weil aber ihre Bedürfnisse gestiegen waren, mußten sie auch mehr verdienen. Schließlich zogen sie in die Großstädte, um dort das Geld zu verdienen, das sie glaubten zum Leben zu brauchen.

Manchmal brauchst du einfach jemanden, der dich zur Aufmerksamkeit zwingt, weil du selbst in deinem Alltag gefangen bist und dafür in vieler Hinsicht bezahlst. Du bezahlst es mit deiner innersten Kraft.

# Die Heilung der Erde in der Praxis

Das hier ist deine Möglichkeit, dich mit eigenen Methoden auf die Veränderungen einzustellen. Nimm ein Umweltpapier zur Hand und schreib auf, was dir dazu einfällt. Einmal im Monat solltest du deine Papiersammlung herausnehmen und deine Ziele überprüfen. Überlege, was du tun kannst, um die nichterfüllten Vorsätze zu erreichen. Feiere die, die du erfüllt hast.

### Vorbereitung auf die große Veränderung

▷ Ich werde folgendes tun, um mehr über das Land, in dem ich lebe, über die Wahrscheinlichkeit von Klimaveränderungen und Erdbeben zu erfahren.
Aktivität:
Datum der Ausführung:

▷ Wenn ich die potentiellen Gefahren in meiner Umgebung kenne, werde ich folgendes tun, um mich darauf vorzubereiten.
Aktivität:
Datum der Ausführung:

▷ Ich werde folgendes tun, damit auch andere Menschen von diesen Gefahren erfahren und hören, wie sie sich darauf vorbereiten können.
Aktivität:
Datum der Ausführung:

▷ Ich werde meine Überlebensausrüstung für das Auto zusammenstellen, sie wird am xx fertig sein.
Sie wird folgendes enthalten:

▷ Ich werde meinen Fünf-Tage-Vorrat bis zum xx packen.
Er wird folgendes enthalten:

▷ Ich werde mir eine klare Vorstellung davon machen, wohin ich mich zurückziehen würde, wenn in meiner Stadt etwas passieren würde, und zwar bis zum:

▷ Ich werde diesen Ort bis zum xx vorbereiten.

▷ Meine Wasserquelle wird sein:

▷ Meine Lebensmittelvorräte werden in folgenden Behältern gelagert:

▷ Meine Nahrungsvorräte werden bis zum xx fertig sein.
Sie werden enthalten:

▷ Meine Kleidungsvorräte werden bis zum xx gelagert sein.
Sie werden enthalten:

▷ Meine Medikamentenreserve wird bis zum xx fertig sein.
Sie wird enthalten:

▷ Welche Pläne habe ich in bezug auf ein gemeinsames Netzwerk mit anderen?

▷ Welche Pläne habe ich, um die Erde besser zu hören?

### Wie heile ich die Erde jetzt?

Bei allen folgenden Übungen setze bitte ein Ausführungsdatum nach jedem Punkt, den du dir vornimmst:

▷ Ich werde zu den Bewahrern meines Lebensraumes in folgender Weise beten:
▷ Ich danke zuerst den Regengeistern.
▷ Ich werde Wettergeister anrufen, wie man den Regen macht.
▷ Ich werde meinen Lebensraum in Übereinstimmung mit dem Wetter so gestalten:

▷ Ich werde meine Heizung nicht höher einstellen als:

▷ Ich habe noch folgende andere Ideen, wie ich einen Bezug zum Wetter finden kann:

▷ Ich habe vor, folgendes zur Unterrichtung anderer Menschen über die Überbevölkerung zu unternehmen:

▷ Ich werde aufhören, soviel Wasser in meiner Toilette zu vergeuden.
▷ Ich werde folgendes tun, um meinen Wasserverbrauch zu reduzieren:

▷ Ich werde einen Wasserfilter oder abgefülltes Wasser verwenden.
▷ Ich werde bei folgenden Gelegenheiten Abwässer benutzen:

▷ Ich werde den Wassergeistern danken.
▷ Ich werde in diesem Jahr meinen ersten Garten anlegen.
▷ Ich werde mich über neue Methoden der Bodenbestellung erkundigen.
▷ Ich werde kompostieren lernen.
▷ Ich werde mich mit Geschäften befassen, in denen die Erde respektiert wird.
▷ Ich werde mit folgenden Firmen und Individuen Geschäfte machen:

▷ Ich werde bis zum xx mit dem Rauchen aufhören.
▷ Ich werde mich über biologisch abbaubare Reinigungsmittel informieren und sie benutzen ab:

▷ Ich werde auf harte Chemikalien verzichten und sie durch xx ersetzen.
▷ Ich werde herausfinden, wie meine Gesetzgeber mit der Erde umgehen und dann:

▷ Ich werde folgendes tun, um der Umwelt zu helfen:

▷ Ich werde Naturvölker unterstützen durch:

▷ Ich werde mich um folgende Straße kümmern:

▷ Ich werde zu folgenden Produkten aus Umweltschutzpapier greifen:

▷ Ich werde künftig auf Dosengetränke verzichten.
▷ Ich werde meine Haushaltsgeräte überprüfen.
▷ Ich werde aus folgenden Gründen folgende Produkte boykottieren:

▷ Ich werde folgendes tun, um der Entwaldung entgegenzutreten:

▷ Ich werde meinen Energieverbrauch auf folgende Weise einschränken:

▷ Ich werde folgendes wegen der Atomanlagen unternehmen:

▷ Ich werde Sonnenenergie aktiv unterstützen.
▷ Ich werde aufhören, FCKWs zu benutzen.
▷ Ich werde kein Styropor mehr benutzen.
▷ Ich werde den Gebrauch meines Autos einschränken.
▷ Hier ist mein persönlicher Recycling-Plan:

▷ Hier sind einige andere Ideen, wie ich der Erde helfen könnte:

### Einstellungen

▷ So sieht mein persönlicher Plan aus, wie ich mich meiner alten Konditionierungen entledigen kann:

▷ Das sind meine Vorstellungen über eine neue Erde:

▷ So sehen meine Vorschläge für eine Veränderung meiner eigenen Person aus, damit ich aktiv diese neue Welt mitgestalten kann:

▷ So werde ich anderen helfen, den neuen Tag zu erreichen:

JOHANNA PAUNGGER/THOMAS POPPE

# Im Einklang mit dem Mond

## Die Monduhr

Seit Jahrmillionen umkreist der Mond, ein kahler, kugelrunder Felsbrocken, einsam und unbeirrt unsere Heimaterde – manchmal seine Existenz verleugnend, wenn er uns bei Neumond seine nachtschwarze Seite zuwendet, bisweilen den Glanz der Sterne fast auslöschend, wenn er bei Vollmond mit dem geborgten Licht der Sonne den Nachthimmel überstrahlt.

Die Schwungkraft seines Vorbeiflugs berührt jeden Punkt der Erde – und damit jeden Menschen, jedes Tier, jede Pflanze, jedes Atom auf unserem Planeten. Weil diese Energie so vielfältige und tiefgreifende Wirkungen hat, weil uns die von Mondphase und Mondstand im Tierkreis angezeigten Kräfte durch viele Kapitel des Buches begleiten werden, möchten wir Ihnen zu Anfang von der Entstehung und Bedeutung der »Monduhr« erzählen.

### Am Anfang war die Wahrnehmung

Jahrtausendelang mühten sich die Menschen, in Harmonie mit den vielfältigen Rhythmen und Gesetzen der Natur zu leben, um ihr Überleben zu sichern und die Absichten Gottes zu erforschen, die sie aus dem Naturgeschehen – aus dem Lauf von Sonne und Mond, aus Blitz und Sturm, aus dem Wellenschlag der Jahreszeiten – herauslasen. Sie lauschten der Natur und dem Zusammenklang der Elemente und entschlüsselten ihre Geheimnisse. Direktes Erfahren mit geschärften Sinnen, unerschütterlicher Glaube an eine höhere Macht, Versuch und Irrtum, gesunder Hausverstand und eine innige, unmittelbar sinnliche Vertrautheit mit dem Walten der Naturkräfte – auf diesen Wegen entdeckten sie Gesetzmäßigkeiten und die regelmäßige Wiederkehr bestimmter Einflüsse.

Die Menschen im ewigen Eis, die Eskimos, leben unter den härtesten nur denkbaren Umweltbedingungen. Ihre Sprache enthält etwa vierzig verschiedene Worte für Schnee und Eis, weil ihre Wahrnehmung vierzig verschiedene Zustände gefrorenen Wassers zu unterscheiden lernte. Nur zwei dieser vierzig Eis- und Schneearten sind zum Bau der Iglus, ihrer Jagdhütten, geeignet. Sicherlich konnten die nordamerikanischen Indianer in den Wäldern und Prärien viel mehr Braun- und Grüntöne unterscheiden und lesen als die Städter von heute. Stadtbewohner wiederum haben gewiß weniger Schwierigkeiten, sich in einer fremden Stadt zurechtzufinden, als Eskimos und Indianer. In allen Lebensbereichen schärfen Erfahrung und Notwendigkeit unsere Wahrnehmung.

Neben dem Zustand der Dinge erforschte der Mensch das bewegte Wechselverhältnis zwischen dem Zustand und dem jeweiligen Zeitpunkt des Beobachtens – die Tages-, Monats- und Jahreszeit, der Stand von Sonne, Mond und Sternen. Er entdeckte, daß viele Naturereignisse – Ebbe und Flut, Schwangerschaft, das Wettergeschehen, das Verhalten der Tiere und vieles mehr – in enger Beziehung zur Mondwanderung stehen.

Unseren Ahnen blieb nicht verborgen, daß Wirkung und Erfolg zahloser alltäglicher und weniger alltäglicher Aktivitäten bestimmten Rhythmen in der Natur unterworfen sind – chirurgische Eingriffe, Aderlaß, Anwendung und Wirkkraft von Heilmitteln, Holzschlagen, Kochen, Essen, Haareschneiden, Waschen und vieles mehr. Operationen und Medikamentengaben etwa, an bestimmten Tagen durchgeführt, zeigten sich einmal als erfolgreich, an anderen Tagen als nutzlos oder gar schädlich – unabhängig von Dosis und Qualität der Medikamente, unabhängig von aller Kunst des Heilenden.

Mit dem Seßhaftwerden gewahrte der Mensch, daß auch auf alle Pflanzen und ihre Teile von Tag zu Tag unterschiedliche Energien einwirken, deren Kenntnis ausschlaggebend für erfolgreichen Anbau, Pflege und Ernte von Feldfrüchten ist. So sind beispielsweise

Heilkräuter, zu bestimmten Zeiten gesammelt, ungleich wirksamer als zu anderen. Feldfrüchte, an bestimmten Tagen gesät, entwickeln sich rascher und widerstandsfähiger.

Mit einem Satz: Wirkungen und Folgen einer Handlung beruhen nicht nur auf dem Vorhandensein der nötigen Fähigkeiten und Arbeitsmethoden, sondern entscheidend auch auf dem *Zeitpunkt* des Handelns. So sehr, daß richtiges Handeln zum falschen Zeitpunkt den Erfolg der Absicht durchkreuzen kann.

Zahlreiche Bauwerke der alten Ägypter, Griechen, Römer, Inder und Babylonier legen Zeugnis dafür ab, wie wichtig unseren Vorfahren die Beobachtung der Gestirne und die genaue Berechnung ihres Laufs war. Die Einblicke in den Zusammenhang von Jahreszeit, Wetter, Stand der Gestirne einerseits und förderlichen und hemmenden Einflüssen auf die jeweiligen Vorhaben andererseits sollten sich zu einem brauchbaren Werkzeug fügen, das auch kommenden Generationen von Nutzen sein würde.

Geeignete, einleuchtende Bezeichnungen für die beobachteten Einflüsse und Gesetzmäßigkeiten mußten entwickelt werden, vor allem aber ein anschauliches System, das immer und überall gültig sein würde und die Vorausschau auf kommende Einflüsse ermöglichte. Soweit die Kräfte im Gleichklang mit Jahreszeiten und Sternenlauf wiederkehrten, lag es auf der Hand, sich nach einer Art Kalender umzusehen, der die Impulse Jahr für Jahr neu erfaßt.

Sonne, Mond und Sterne, der naturgegebene äußere Rahmen, verwandelten sich so in Zeiger und Zifferblatt einer Himmelsuhr. Der Grund ist einleuchtend: Wenn ein bestimmter Kraftimpuls – günstig etwa für das Sammeln eines Heilkrautes, die Behandlung eines bestimmten Organs und das Lagern von Feldfrüchten – monatlich genau zwei bis drei Tage dauert und der Mond in diesem Zeitraum immer die gleichen Sterne durchwandert, dann liegt es nahe, diese verstreuten Sterne bewußt zu einer Gruppe zusammenzufassen und diesem »Sternbild« einen Namen zu geben, der die Eigenart des jeweiligen Einflusses anschaulich beschreibt.

Neben vielen anderen Naturkräften und Gesetzmäßigkeiten isolierten unsere Ahnen zwölf Kraftimpulse von jeweils unterschiedlicher Natur und Färbung, die sich im Rhythmus des Sonnen- und Mondlaufs wiederholen. Den Sternbildern, welche die Sonne (im Lauf eines Jahres) und der Mond (im Lauf eines Monats) während eines dieser Impulse durchwandern, gaben sie zwölf Namen – Widder, Stier, Zwillinge, Krebs, Löwe, Jungfrau, Waage, Skorpion, Schütze, Steinbock, Wassermann, Fische.

Auf der Grundlage seiner Wahrnehmung im Jetzt und der vergleichenden Beobachtung von Pulsschlägen der Natur hatte sich der Mensch eine Sternenuhr geschaffen, mit der er berechnen konnte, was die Zukunft an förderlichen und bremsenden Einflüssen für seine Absichten bringen würde. Diese Kalender nahmen den scheinbar sinnlos und zufällig waltenden Kräften der Natur einen großen Teil ihres Schreckens. Viele überlebensnotwendige Aktivitäten konnten nun planvoller und mit großer Aussicht auf Erfolg durchgeführt werden – Säen und Pflanzen, Pflegen und Düngen, Ernten und Lagern, und vor allem: viele der therapeutischen Maßnahmen der heilkundigen Menschen eines Volkes.

Zahlreiche Kalender der Vergangenheit richteten sich fortan nach dem Lauf des Mondes, weil die von Mondphase und Mondstand im Tierkreis angekündigten Kräfte für unseren Alltag von weit größerer Bedeutung sind als die des Sonnenstandes. Wie seit Jahrtausenden sind auch heute noch viele Feiertage dem Stand des Mondes angepaßt: Ostern etwa wird seit Ende des 2. Jahrhunderts n. Chr. stets am ersten Sonntag nach dem ersten Vollmond nach Frühlingsanfang gefeiert. Und noch heute enthalten zahlreiche Jahres- und Bauernkalender die Tierkreiszeichen, die der Mond durchwandert.

## Vergessen im Wirbelstrom der Neuzeit

Im Laufe weniger Jahrhunderte geriet das Wissen um die vom Mondstand angezeigten Einflüsse fast in Vergessenheit – so sehr, daß viele Menschen heute mit Erstaunen und Zurückhaltung reagieren, wenn sie davon hören. Die Gründe dafür sind vielfältig, doch einer der tiefliegendsten ist sicherlich das einige hundert Jahre zurückliegende Aufkommen einer radikal neuen Methode der Naturbetrachtung, die frühere Erfahrungsweisen beinahe ins Reich des Aberglaubens verdrängt hätte.

Bis dahin hatte sich der angeborene Forscherdrang unserer Vorfahren jahrtausendelang von einer tiefverwurzelten Einsicht leiten lassen: Nichts in der Natur, so wußten sie, ist nur willkürliches Vorwärtsdrängen und Zusammenprallen blinder, sinnlos waltender Kräfte. Nichts ist Zufall. Ganze Völker erleben Blütezeit, Niedergang und versinken im Dunkel der Geschichte, doch alles geschieht absichtsvoll, zielgerichtet, voll Sinn und Bedeutung für das Einzelwesen und die Menschheit als Ganzes – gelenkt von einer Macht, viel zu großartig, als daß sie eine Vorstellungskraft, die nur auf das Kurzfristige und Materielle gerichtet ist, ermessen könnte. Selbst wenn der göttliche Wille auf der Ebene des einzelnen zuweilen gnadenlos und grausam wirkte, an ihrer Existenz haben unsere Vorfahren niemals gezweifelt. Die Feststellung »Der Herr gibt es, der Herr nimmt es« symbolisierte die bedingungslose Bejahung dieses Willens, bejahte, daß alle Menschen Kinder einer Absicht sind. Ungezählte Generationen lebten und handelten nach dieser Erkenntnis. Bis man dem Menschen eine neue Sicht der Wirklichkeit aufdrängte.

Der forschende Geist des Menschen, die Wissenschaft – besonders die westliche – entschied sich nämlich beim Studium der Natur willkürlich für eine ganz bestimmte Anschauung und Methode und erklärte gleichzeitig alle anderen Erfahrungsweisen für ungültig. Gleichzeitig fand sie heraus, wie man eine Vielzahl von Kräften, die am Naturgeschehen beteiligt sind, getrennt voneinander betrachten konnte; es gelang ihr, diese Kräfte zu bändigen, bestimmte Geschehnisse zu wiederholen und bestimmte Resultate genau vorherzusagen.

Scheinbar über Nacht war damit für einen höheren Willen kein Platz mehr im Universum. Ereignisse – so wollte man nun der Welt weismachen – geschehen innerhalb einer sinn- und absichtslosen Leere. Das Universum sei nichts weiter als eine gewaltige, automatisch ablaufende Maschine. Für einen Gott und den freien Willen, den er dem Menschen geschenkt hat, war da kein Platz, denn Vergangenheit, Gegenwart und Zukunft sind ja nur »Zeilen in einem längst geschriebenen Drehbuch«. Auch zufällige Ereignisse gab es nicht. Wo ausschließlich mechanische Gesetze regieren, haben Willen und Absicht nichts zu suchen. Ohne schützendes und lenkendes Einwirken einer Kraft, die außerhalb der Automatik des Lebens steht, würde sich das Universum eines Tages entweder totlaufen wie eine Uhr oder explodieren. Und wie eine Maschine – so das neue »Glaubensbekenntnis« – sei der einzelne Mensch ein Zwangsprodukt seines Erbguts und der Prägung durch seine Vergangenheit. Er habe gleichsam ein Recht darauf, nicht verantwortlich für sich selbst zu sein, weil Maschinen keine Willensfreiheit besitzen.

Die Wissenschaftler sahen sich als Schöpfer einer neuen Zukunft für die Menschheit, einer neuen Weltordnung: im Gleichgewicht, vernünftig, aufgeklärt, ohne Aberglauben, ohne Glauben. Und was nicht mit den kalten, herzlosen Werkzeugen der Wissenschaft beweisbar war, existierte nicht. Obendrein, gleichsam zum »Beweis« ihrer Gültigkeit, konnte und kann der Betrieb, das Betreiben dieser verarmten Wissenschaft auf gewaltige Erfolge verweisen, nicht zuletzt in der Medizin. Wir alle spielten das Spiel mit, indem wir die Überzeugung pflegten, ein Professorentitel in der Chemie verleihe jedem Wort seines Trägers Gewicht und Gültigkeit – und wenn es noch so unsinnig und weltfremd ist. So stellte sich allmählich ein, was man heute Betriebsblindheit nennt – »was nicht sein darf, das nicht sein kann«.

In der Einseitigkeit ihrer Weltsicht hat die Wissenschaft jedoch das Kind mit dem Bade ausgeschüttet: Sie verhält sich wie ein Mensch, der sich sagt: »Gestern habe ich erfolgreich meinen ersten Nagel eingeschlagen. Es muß doch möglich sein, mit dem Hammer auch diese Uhr zu reparieren ...« Die moderne Technik und Medizin hatte uns die schnelleren Lösungen für alle Probleme des Alltags versprochen und uns bis heute in der trügerischen Gewißheit schlafen lassen, dieses Versprechen auch halten zu können – wenn nicht heute, so doch morgen. Fast mit einem Schlag schienen die Beobachtung und Beachtung der Naturrhythmen und vieler anderer Gesetzmäßigkeiten überflüssig geworden. Vor allem auf die Geduld, eine der wichtigsten Fähigkeiten im Umgang zwischen Mensch und

Natur, glaubte man verzichten zu können. Das Wissen um die Ganzheit des Lebens überdauerte schließlich nur in glücklichen Oasen, die sich dem allgemeinen Tempo von Industrialisierung und »Fortschritt« und der Anbetung der wissenschaftlichen Weltsicht bewußt nicht unterwarfen. Überall dort blieb es lebendig, wo Naturverbundenheit, direktes Wahrnehmen, Intuition und Glauben immun machten gegen selbstsüchtige Beeinflussung, Einseitigkeit, kalte Berechnung und falsche Propheten.

Manche Ärzte ließen sich von den schnellen Erfolgen, dem Werbegeschenk der Chemie und Pharmazeutik, zu der Überzeugung verführen, fortan ungeschoren die Wellenbewegung und Ganzheit des Lebens mißachten zu können. Wer Maschinen repariert, muß sich schließlich nur um Einzel- und Ersatzteile kümmern. Schnelle Schmerz- und Symptombeseitigung, die Reparatur eines Teils der Ganzheit Mensch, galten schon als Therapieerfolg, nach dem man die Hände in den Schoß legen kann. Wer eine Galle als alleinige Fehlerquelle betrachtet und zu reparieren versucht, kann sich gemeinsam mit dem Patienten im trügerischen Glauben wiegen, etwas in Ordnung gebracht zu haben, das mit dem Menschen, dem die Galle gehört, nichts zu tun hat. Die Hilfe zur Selbsthilfe, die Vorbeugung und Ursachenforschung, die Geduld und Bereitschaft zum Miteinander von ganzem Menschen zu ganzem Menschen im Arzt-Patient-Verhältnis – all das trat lange Zeit in den Hintergrund. Die Hoffnung ist jedoch begründet, daß eine Wende bevorsteht: Wir freuen uns heute darüber, daß viele Ärzte die Zeichen der Zeit erkannt haben, teils aus eigener Kraft, teils gefördert durch mündige Patienten, die erkannt haben, daß sie sich mit dem Besuch in einer Reparaturwerkstatt nicht mehr zufriedengeben dürfen.

Wie die heilkundigen Priesterärzte, Schamanen und Medizinmänner unserer Vorfahren handeln viele Ärzte heute wieder nach der Einsicht, daß die Menschen keine Maschinen sind. Daß sie mehr sind als ein schlecht und recht aufeinander eingespieltes System von Knochen, Nerven, Muskeln und Organen, zusammengehalten vom Zufall einer blinden Evolution. Daß Körper, Geist und Seele eine untrennbare Einheit mit sich selbst und mit allem bilden, was uns umgibt – mit anderen Menschen, der Natur und sogar den Sternen. Sie erkennen allmählich, daß Krankheit entsteht, wenn der Mensch – aus welchen Gründen auch immer – das lebendig fließende Gleichgewicht zwischen den vielen Elementen des Lebens nicht mehr aufrechterhalten kann – zwischen Spannung und Entspannung, zwischen gesundem Egoismus und Hingabe, zwischen den unentbehrlichen Auf- und Abwärtsbewegungen des Schicksals. Manche von ihnen wissen sogar, daß des Menschen beste Medizin die Liebe ist. Die Einsicht dieser Heilkundigen führt heute wieder zurück zu ganzheitlichen Therapiemethoden, in denen Gebet und Meditation, Magie und heilende Berührung gleichberechtigt bestehen neben der Anwendung von Heilkräutern, neben neuzeitlicher Analysetechnik, chirurgischen Eingriffen und physikalischer Therapie.

Weite Bereiche des heilkundlichen Wissens unserer Vorfahren jedoch haben in der offiziellen Medizin immer noch keinen Platz: Die Wirkung der Mondrhythmen etwa ist zwar jederzeit nachweisbar, aber mit den heutigen wissenschaftlichen Methoden nicht zu begründen. Die Frage, warum eine Herzoperation weniger erfolgversprechend ist, wenn der Mond im Löwen steht, muß vorläufig unbeantwortet bleiben – im Kopf mancher Ärzte ein zulässiger Grund, das Wissen gänzlich zu ignorieren.

Nicht nur die Wissenschaft, wir alle verzichteten leichten Herzens auf große Teile des überlieferten Wissens – einerseits, weil wir die kurzfristige Bequemlichkeit zum höchsten Gut erhoben haben, auf Kosten von Vernunft, Maß und Ziel, von Handeln mit Geduld und Weitsicht. Im hitzigen Getriebe unserer Zeit pendeln wir im Geiste pausenlos zwischen den Freuden und Schmerzen der Vergangenheit und den Hoffnungen und Ängsten gegenüber einer eingebildeten Zukunft. Der gegenwärtige Augenblick, der einzige Ort, an dem das Leben geschieht und innerer Friede wachsen kann, verliert sich hinter den Schleiern nebelwerfender Denkgewohnheiten.

Andererseits aber ignorieren wir, was jahrtausendelang gültig und richtig war, aus dem einfachsten nur denkbaren Grund: Es ist uns unbekannt. Vielleicht gehören Sie – ob Sie am eigenen Wohl und der Gesundheit Ihrer Mitmenschen interessiert sind oder als Heilberufler – zu den mutigen Pionieren, die sich dieses Wissen zurückerobern wollen, langsam, nach und nach, ohne Hast und Eile. Denn es ist keineswegs zu spät, die alten Künste wiederzubeleben. Auch wenn man Ihnen noch so oft einreden will, daß der einzelne keinen Einfluß auf das eigene Heil- und Ganzwerden oder die Genesung unserer Umwelt hat: Jeder einzelne Gedanke, jede noch so unbedeutende Handlung zählt. Sie sind viel stärker, als Sie glauben.

### Ein Schatz ist zu heben

Alle in diesem Buch vorgestellten Regeln und Hinweise wurzeln ausschließlich in persönlicher Erfahrung und eigenem Erleben – auch die Regeln zum Mondlauf. Die genaue Beobachtung von Mensch und Natur hat unsere Vorfahren zu Meistern des richtigen Zeitpunkts gemacht. Niemals wäre es gelungen, dieses Wissen zu erhalten und immer wieder erfolgreich weiterzugeben, wenn die jeweils nachfolgende Generation die Regeln einfach nur befolgt hätte, ohne ihren Sinn zu begreifen, ohne die Gültigkeit der Regeln im Alltag bestätigt zu finden. Gedächtnisstützen wäre für solche Regeln und Gesetzmäßigkeiten eigentlich das bessere Wort, weil wahre Gesetze immer in der Wahrheit wurzeln, in der alltäglichen Wirklichkeit der Natur und des Menschen, oder – im Fall moralischer oder religiöser Prinzipien – den Weg zu echten Entwicklungsmöglichkeiten des Menschen weisen.

Es gibt sicherlich noch viele weitere Rhythmen und Einflußfaktoren in der Natur, doch im Rahmen dieses Buches beschränken wir uns auf unser eigenes Wissen und die persönliche Erfahrung – besonders in Zusammenhang mit den Wirkkräften, die fünf verschiedene Zustände des Mondes begleiten:

▷ Neumond
▷ Zunehmender Mond
▷ Vollmond
▷ Abnehmender Mond
▷ Der Mondstand in einem Tierkreiszeichen

Die Ursachenforschung muß sich zwar noch mit Spekulation, Meinung oder Überzeugung begnügen, doch seit langer Zeit hat sich eine Sprachregelung in bezug auf die Mondeinflüsse durchgesetzt. So sagt man etwa »das Zeichen Fische wirkt auf die Füße« oder »der Vollmond beeinflußt die Seele«. Fast überall im Buch haben wir diese Ausdrucksweise der Einfachheit halber beibehalten, auch wenn sie den wirklichen Sachverhalt – nämlich daß der Mond nur als eine Art Uhrzeiger dient – nicht ganz akkurat wiedergibt.

Bei seinem etwa 28 Tage währenden Umlauf um die Erde wendet der Mond der Erde stets nur eine Seite zu, er dreht sich nicht um sich selbst. Wandert der Mond – von der Erde aus gesehen – genau zwischen Erde und Sonne, dann ist sein Gesicht vollständig in Dunkel getaucht. Er ist dann nicht zu erkennen, weil er ja tagsüber fast neben der Sonne steht. Auf der Erde herrscht *Neumond*.

In dieser Zeit steht der Mond zwei bis drei Tage im selben Tierkreiszeichen wie die Sonne. So befindet sich der Neumond etwa im Januar immer im Zeichen Steinbock, im August immer im Zeichen Löwe und so fort. In Kalendern ist der Mond bei Neumond meist als schwarze Scheibe eingetragen. Eine kurze Zeit besonderer Einflüsse auf Mensch, Tier und Pflanze herrscht: Wer jetzt beispielsweise einen Tag lang fastet, beugt Krankheiten vor, weil die Entgiftungsbereitschaft des Körpers am höchsten ist.

Die Impulse der Neumondtage sind nicht so stark unmittelbar zu spüren wie die des Vollmonds, weil die Neuorientierung der Kräfte vom abnehmenden zum zunehmenden Mond nicht so heftig erfolgt wie umgekehrt bei Vollmond.

Nur wenige Stunden nach Neumond kommt – auf der Mondoberfläche von links nach rechts wandernd – die der Sonne zugewandte Seite des Mondes zum Vorschein, eine feine Sichel zeigt sich, der *zunehmende Mond* mit seinen besonderen Einflüssen macht sich auf den Weg. Die etwa vierzehntägige Reise bis zum Vollmond durchläuft das I. und das II. Viertel des Mondes. Alles, was in dieser Zeit dem Körper zugeführt wird, um ihn aufzubauen und zu kräftigen, wirkt jetzt zwei Wochen lang doppelt gut. Andererseits, je weiter der Mond zunimmt, desto ungünstiger kann die Heilung von Verletzungen und Operationen verlaufen.

Schließlich hat der Mond die Hälfte seiner Reise um die Erde vollendet, seine der Sonne zugewandte Seite steht als *Vollmond*, als helle, runde Scheibe am Himmel. In Kalendern ist der Vollmond als weiße Scheibe eingezeichnet. Auch diese wenigen Stunden üben auf der Erde eine deutlich spürbare Kraft auf Mensch, Tier und Pflanze aus. Mondsüchtige Menschen wandeln im Schlaf, Wunden bluten stärker als sonst, an diesem Tag gesammelte Heilkräuter entfalten größere Kräfte, Polizeireviere verstärken ihre Besatzung, weil sie mit einer Zunahme von Gewalttaten und Unfällen rechnen müssen, Hebammen legen Sonderschichten ein.

Langsam wandert der Mond weiter, seine Schattenseite beult ihn, jetzt von rechts nach links, aus – die etwa vierzehntägige Phase des *abnehmenden Mondes* beginnt (III. und IV. Viertel). Wieder ist unseren Vorfahren die Entdeckung besonderer Einflüsse während dieser Zeit zu verdanken: Operationen gelingen besser; selbst wer jetzt etwas mehr ißt als sonst, nimmt nicht so schnell zu; alles, was dem Ausschwemmen und Entgiften des Körpers dienen soll, ist jetzt stärker begünstigt als bei zunehmendem Mond.

Bei der Wanderung der Erde um die Sonne hält sich die Sonne – von uns aus gesehen – im Laufe eines Jahres jeweils einen Monat lang in einem *Tierkreiszeichen* auf. Die gleichen Zeichen durchläuft der Mond bei seinem etwa 28tägigen Umlauf um die Erde, wobei er jedoch in jedem Zeichen nur zwei bis drei Tage lang verweilt. Bei uns Menschen übt der jeweilige Mondstand im Tierkreis spezifische Einflüsse auf Körper- und Organbereiche aus, die im nächsten Teil eingehend besprochen werden.

In diesem Buch möchten wir Sie auch mit ganz besonderen Rhythmen vertraut machen: Regeln zu bestimmten Tagen im Jahr, die vom Mondstand völlig unabhängig sind. Sie gehören zu den rätselhaftesten Dingen zwischen Himmel und Erde. Wie sollen wir Ihnen begründen, warum Finger- und Fußnägel, stets freitags geschnitten, gesund und fest bleiben? Wir vertrauen darauf, daß es interessierte und neugierige Leser gibt, die diese merkwürdigen

Gesetze schlicht und einfach ausprobieren. Sie sind so gültig wie alle anderen Regeln auch.

## Der Zeitpunkt der Berührung

Eine Frage interessiert viele Menschen: Wie kann es sein, daß ein bestimmter richtiger Zeitpunkt für ein Tun – etwa für eine Operation – oftmals durchschlagend positive Wirkung erzielt, auch bei chronischen Störungen, wenn schon kurze Zeit später ein negativer Einfluß herrscht, der dieselbe Handlung dann langfristig zum Mißerfolg verurteilt? Kann denn diese negative Energie nicht die positive aufheben? Wenn man beispielsweise eine Gesichtsoperation kurz vor Neumond durchführt, ist der Erfolg viel größer als nur wenige Tage später bei zunehmendem Mond.

Die Antwort auf diese Frage klingt vielleicht etwas geheimnisvoll, aber in ihr verbirgt sich ein Grundprinzip der »Kunst des richtigen Zeitpunkts«: *Der Augenblick der Berührung ist der entscheidende Faktor.*

Berühren ist gleichbedeutend mit »in Kontakt treten, anfassen, konzentrieren, nachdenken, zugreifen«. Berühre ich einen Gegenstand oder ein Lebewesen zu einem bestimmten Zeitpunkt, sei es mit Händen, Werkzeugen oder gedanklich, durch meinen inneren und äußeren Willen, dann übertrage ich in diesem Augenblick Kraft und feine Energien. In jeder Sekunde meines Lebens. Die Richtung meines Handelns, das letztliche Ziel, das ich mit Händen oder Gedanken verfolge – ob positiv oder negativ –, wird immer in irgendeiner Weise in der materiellen Welt sichtbar werden, heute, morgen oder in zehn Jahren. Die Kräfte, die durch den Zeitpunkt – die Mondphasen und den Mondstand im Tierkreis – gekennzeichnet sind, wirken dabei manchmal wie ein Brennglas, das meine Absichten bündelt und mir gestattet, damit größere Wirkung zu erzielen als ungebündelt.

Berührt ein Arzt bei einer Operation den Patienten mit dem Skalpell, fließen in Wirkung und Erfolg des Handelns immer zusätzliche, feine Energien mit ein – neben seinen Gedanken, seiner geistigen Einstellung, seiner Liebe zur Arbeit und zum Patienten und vielen anderen Kräften auch die Energien, die der derzeitige Mondstand anzeigt. Berührt ein Gärtner einen Obstbaum, indem er ihn zurückschneidet, fließen auch die förderlichen oder negativen Kräfte des Mondstandes in sein Handeln. Berühren geschieht, wenn ein guter Masseur seine Kunden durchknetet, wenn eine Katze schnurrend um Ihr Bein streicht und dabei negative Strahlungen aufnimmt, wenn Sie beim Kochen liebevoll an diejenigen denken, die später das Essen verzehren, wenn eine Sternschnuppe Sie an Ihren Herzenswunsch erinnert ...

Entscheidend ist, daß bei jeder Berührung früher oder später immer die *innere* Absicht der Berührung zutage tritt, niemals das äußere, angebliche oder vorgetäuschte Ziel. Wenn ich äußerlich jemandem ein Geschenk mache, innerlich aber einen Tauschhandel vorhabe, mit der Dankbarkeit des Empfängers als Handelsware, dann wird sich später der Keil manifestieren, den ich mit meiner Berechnung in die Beziehung zum Gegenüber getrieben habe. Wenn man aus Liebe berührt, erzeugt man immer Liebe. Wenn man aus Berechnung berührt, kommt ein Tauschhandel zustande (oder auch nicht).

Zahllose unerklärliche und widersprüchliche Erfahrungen im Alltag, in der Heilkunde, in Garten und Natur und sogar im Haushalt finden in dieser Tatsache und mit ihr auch in den vom Mondstand angezeigten, rhythmischen Einflüssen eine einleuchtende Erklärung – etwa die Tatsache, daß bei Hüftoperationen eine Seite oftmals viel besser gelingt als die andere. Das Prinzip der Berührung läßt sich auf alle Regeln übertragen, die wir Ihnen auf den folgenden Seiten nahebringen wollen.

## Von Vollmond bis Vollmond

Mit einer vollen Kreisbewegung von einem Vollmond zum anderen beschreibt der Erdtrabant einen weitschwingenden Bogen. Die beiden Hauptimpulse sind *zunehmender* und *abnehmender Mond,* während auch die wenigen Stunden des *Voll-* und *Neumondes* durch besondere Kräfte gekennzeichnet sind, deren Kenntnis von größtem Nutzen sein können.

### Der abnehmende Mond

Während der etwa vierzehn Tage dauernden Wanderung des Mondes von Vollmond bis Neumond herrscht eine Kraftwirkung auf den Körper, die bestimmte Absichten und vorbeugende und heilende Maßnahmen unterstützt, andere dagegen eher bremst und ungünstig beeinflußt. Der Merksatz lautet:

Der abnehmende Mond entgiftet und spült aus, schwitzt und atmet aus, trocknet, festigt, fordert zu Einsatz und Energieverausgabung auf. Je näher an Neumond, desto stärker die Kraftwirkung.

Alle Maßnahmen, deren Termin frei wählbar ist und die auf eine *Entgiftung* des Körpers abzielen, sollten Sie stets in die zwei Wochen eines abnehmenden Mondes legen. Eine Entgiftungskur im Frühjahr, etwa mit Brennesseltee, besitzt dann starke vorbeugende und reinigende Wirkung und hält manchmal das ganze Jahr vor, während dieselbe Maßnahme bei zunehmendem Mond viel weniger gut oder gar nicht wirkt. Die entziehende Wirkung des abnehmenden Mondes macht sich sogar im Haushalt bemerkbar: Alles Reinigen, Putzen und Waschen ist viel erfolgreicher und geht leichter von der Hand als bei zunehmendem Mond.

Unsere Zeit mit ihrer Heiligsprechung des Spezialistentums hat uns den Blick aufs Ganze verlieren lassen. Symptom dieses Verlustes ist der Irrsinn, Ärzten, Zahnärzten, Heilpraktikern und Masseuren von Gesetz wegen zu verbieten, ihre Tätigkeit in einer Gemeinschaftspraxis auszuüben! Wer etwa mit einer chronischen Nasennebenhöhlenentzündung zum Hals-Nasen-Ohren-Arzt marschiert, hat gute Chancen, daß der Spezialist die Ursache in einem Zahnherd, etwa in einem vereiterten Oberkiefer-Backenzahn nicht erkennt, weil sein Röntgenbild nur bis zur Unterkante der Nase reicht. So viele Krankheiten und körperliche wie geistige Ungleichgewichte und Störungen sind ausschließlich Symptom einer Vergiftung oder Verstrahlung des ganzen Körpers, die ihren Ausgang von einem oder mehreren Punkten im Körper oder in der Umwelt nehmen. Sicherlich die Hälfte aller Insassen von Nervenheilanstalten sind Opfer solcher Vergiftungen und könnten ein normales und sinnvolles Leben führen, wenn man ihnen die Wohltat der gründlichen Entgiftung erweisen würde.

Jeder Arzt – vom Zahnarzt bis zum Orthopäden – sollte daher bei jedem seiner Patienten auch an entgiftende Maßnahmen denken, zumindest als Begleitung zu seiner am Körper-Teil orientierten Therapie. Wer kommt denn auf die Idee, bei seinem Auto jahrelang neues Öl auf altes Öl zu schütten oder mit einer Autowäsche Rost zu beseitigen? Was nützt mir ein Aspirin, wenn das Quecksilber meiner Zahnplomben ins Blut wandert? Was nützt mir ein Beruhigungsmittel, wenn mich eingeatmetes Blei übernervös gemacht hat? Was nützt mir eine Psychotherapie, wenn das Schlafen auf einer Störzone meine seelischen Probleme ausgelöst hat?

Verlassen Sie sich weniger auf andere und mehr auf Ihr eigenes Gespür und Ihren gesunden Hausverstand: Entgiften Sie sich – am besten und erfolgreichsten bei abnehmendem Mond

Ein weiterer wichtiger Aspekt des abnehmenden Mondes ist die Tatsache, daß bei abnehmendem Mond die Erfolgschancen von *Operationen* viel größer, die Heilungsphasen kürzer sind! Wunden bluten nicht so stark, entstellende und den Energiefluß im Körper blockierende Narben bleiben viel seltener zurück.

**Der Neumondtag**

Am Neumondtag ist die Entgiftungsbereitschaft des Körpers am höchsten. Wer sich zur Regel macht, an Neumond einen *Fastentag* einzulegen, hat viel zur Vorbeugung gegen Krankheiten aller Art getan.

Ebenso ist dieser Tag besonders gut geeignet als Neuanfang für viele Unternehmungen, als Startpunkt, um schlechte Gewohnheiten über Bord zu werfen, etwa Rauchen oder übermäßigen Kaffee- oder Alkoholgenuß. Normalerweise starke Entzugserscheinungen (die sich übrigens auch bei Kaffeeentzug bemerkbar machen können) halten sich dann in Grenzen, auch geistig reagiert man mit größerer Gelassenheit auf den »Verlust« – ein wichtiger Aspekt, denn auch der Verzicht auf schädliche Denk- und Verhaltensgewohnheiten wirkt oftmals bedrohlich.

Wenn Sie diese Information beherzigen wollen, halten Sie sich aber vor Augen, daß schlechte Gewohnheiten oft nur deshalb »schlecht« sind, weil man uns einredete, sie als schlecht zu bezeichnen. Wir wollen nicht dem Schlürfen beim Essen das Wort reden, aber es dient als gutes Beispiel, wie ein sinnvolles, für den Körper wichtiges Tun naturfernen gesellschaftlichen Regeln zum Opfer fiel. In der Öffentlichkeit würden wir auch nicht wie ein alter Raubritter schlürfen, aber im (nicht mehr ganz so) stillen Kämmerlein tun wir es doch, weil diese »schlechte Gewohnheit« einen Sinn hat.

Oft sind schlechte Gewohnheiten auch der äußerliche Ausdruck orientierungsloser Kräfte, die nur eines neuen Ziels bedürfen, um wertvoll und nützlich für uns selbst und damit für unsere Mitmenschen zu werden.

Wenn Sie eine Gewohnheit aufgeben wollen, sehen Sie ihr ruhig und gelassen ins Auge und betrachten Sie sie von allen Seiten. Nehmen Sie dabei keine Rücksicht auf die Meinung Ihrer Umwelt. Wenn Sie sich entscheiden, sie aufzugeben, dann fragen Sie nicht mehr nach dem Warum. Es ist Ihr Wille und damit Punkt, basta. Wählen Sie dann für den Beginn der »neuen Zeit« einen Neumondtag. Er unterstützt Sie bei Ihrer Absicht.

**Der zunehmende Mond**

Der zunehmende Mond ist die Zeit der Regeneration, des Aufnehmens und Zuführens:

Der zunehmende Mond führt zu, plant, nimmt auf, baut auf, atmet ein, speichert Energie, sammelt Kraft, fordert zur Schonung und Erholung auf. Je näher am Vollmond, desto stärker die Kraftwirkung.

Was Sie in den zwei Wochen des zunehmenden Mondes zum Aufbau, zur Kräftigung des Körpers und seiner Organe, zur allgemeinen Stärkung tun, wirkt um vieles besser als bei abnehmendem Mond. Der Körper ist aufnahmebereit, er nimmt jetzt – bei gleichbleibenden Essensmengen – auch leichter zu. Allerdings sollten Sie beachten: Aufbauende und stärkende Mittel und Methoden sind um vieles erfolgreicher, wenn der Körper zuvor entgiftet worden ist. Sonst kann Ihnen geschehen, daß Sie »neues Öl auf altes gießen«.

Alle Mangelerscheinungen lassen sich bei zunehmendem Mond leichter beheben als bei abnehmendem Mond, besonders Mineralstoffe und Vitamine werden viel leichter aufgenommen. Magnesium-, Kalzium- und Eisenpräparate wirken viel besser. Vielleicht haben Sie oder Ihr Arzt schon bemerkt, daß bei zunehmendem Mond die Blutwerte (Zusammensetzung, Senkungsgeschwindigkeit etc.) anders ausfallen können. Gerade für schwangere Frauen ist die gute körperliche Aufnahme von Eisenpräparaten wichtig; sie sollten die Einnahmevorschriften bei zunehmendem Mond besonders sorgfältig beachten.

Wasseransammlungen im Körper und in den Beinen sind bei zunehmendem Mond viel häufiger, und es ist schwerer, sie mit harntreibenden Medikamenten auszuschwemmen. Sämtliche Vergiftungserscheinungen, vom Wespenstich bis zur Pilzvergiftung, haben in dieser Zeit eine stärkere Wirkung (bei abnehmendem Mond genügt dagegen manchmal schon ein Blutreinigungstee, um eine Vergiftung leichterer Art in den Griff zu bekommen. Schon der eigene Speichel kann bei einem Wespenstich genügen, um ihn vergessen zu machen). Allerdings nimmt der Körper bei zunehmendem Mond auch sämtliche Heilsalben viel besser auf.

Je näher an Vollmond, desto ungünstiger sind Erfolgschancen und Heilungsverlauf von Operationen, die Narbenbildung ist stärker.

### Der Vollmondtag

Auch bei Vollmond einen Tag lang zu fasten ist von Vorteil, gerade *weil* der Körper alle Stoffe sehr gut aufnimmt – auch die zahlreichen künstlichen Zusatzstoffe, die unsere Nahrungsmittel vielfach aufweisen. Wasser sammelt sich an diesem Tag schneller in den Geweben, das Bindegewebe wird weich. Der Heilungsverlauf nach Operationen ist an diesem Tag am ungünstigsten, Wunden bluten stärker als sonst.

Erfahrungen mit den Folgeerscheinungen von Impfungen haben gezeigt, daß man Impftermine nicht auf die drei Tage vor Vollmond und besonders den Vollmondtag selbst legen sollte! Wichtig ist auch, geimpfte Kinder einige Tage lang so zu behandeln, als ob sie gerade von einer Krankheit genesen: keine größeren sportlichen oder sonstigen Belastungen, kein Barfußlaufen auf kalter Erde und so weiter.

### Die Mondphasen im Alltag

Dies waren in groben Umrissen die grundlegenden Wirkkräfte der Mondphasen. Damit haben Sie jetzt einen Grundstock an Information, der sich als großer Gewinn für Ihre zukünftige körperliche und geistige Entwicklung erweisen wird. Allein schon mit dem Wissen um die Wirkung der Mondphasen ausgerüstet könnte die heutige Medizin einen großen Schritt vorankommen.

Es genügt jedoch, wenn *Sie* diesen Schritt tun: Wenn Sie allmählich die unterschiedliche Wirkung der beiden großen Mondphasen an sich selbst wahrnehmen, können Sie die Rhythmen harmonisch in Ihren Alltag einbauen. Es ist so einfach: Entgiften bei abnehmendem, Kräftigen bei zunehmendem Mond. Nehmen Sie jedoch nicht nur für bare Münze, was in diesem Buch steht: Beobachten Sie selbst, schauen Sie, forschen Sie – Sie können diese Einflüsse beobachten und selbst erkennen (haben Sie schon bemerkt, daß man nach einem heißen Bad bei abnehmendem Mond stärker schwitzt als bei zunehmendem?). Es ist sicherlich schwer, in der heutigen Zeit den Alltag einem solchen Rhythmus anzupassen. Fast alle Abläufe, Rituale und Gewohnheiten in Privat- und Berufsleben nehmen keine Rücksicht mehr auf naturgegebene Impulse, und allzuoft geben wir dem Druck nach und gewinnen die Überzeugung, wir seien gezwungen, natürliche Signale, natürliches Gespür und gesunden Menschenverstand zu verlernen und zu ignorieren. Dieser Zwang ist jedoch oftmals nur eingebildet!

Zumindest eines können Sie für den Anfang tun: alle anstrengenden Alltagsarbeiten und Hobbys (die ja heute auch oft in harte Arbeit ausarten), die einer freien Terminwahl unterworfen sind, etwas mehr auf die Phase des abnehmenden Mondes verlegen. Nicht sofort. Langsam, nach und nach. Unter Beobachtung der Wirkungen dieses Tuns, denn nichts ist überzeugender als die eigene persönliche Wahrnehmung. Wenn Sie spüren, wie natürlich und angenehm es ist, bei abnehmendem Mond die eigenen Kräfte nicht mehr so zu zügeln und sie bei zunehmendem Mond mehr zu bremsen, Kraft zu sammeln, vorzubereiten und zu planen, dann werden Sie sich fragen, wie Sie so lange auf die Anwendung dieses Wissens verzichten konnten, warum Sie es nicht schon früher gemerkt haben.

Unser Körper reagiert, wenn wir ihn zwingen, seine natürlichen Rhythmen und Bedürfnisse *dauernd* zu ignorieren. Anfangs vielleicht noch nicht so spürbar, wenn wir jung sind und negative Wirkungen wie Wassertropfen oder mit einem Aspirin abschütteln. Doch nach und nach summieren sich die vielen kleinen Impulse, bis sie in eine ernsthafte Störung münden. Deshalb möchten wir auch immer wieder darauf hinweisen, daß dieses Buch kein Allheilmittel ist, keine schnell wirksamen Rezepte enthält. Langsam sind die Wirkungen des Ignorierens natürlicher Rhythmen, langsam wird das Leben in Harmonie mit den Rhythmen seine positiven Wirkungen zeigen. Wenn man sich täglich einmal in Ruhe zurücklehnt und kurz darüber nachdenkt, welche Tätigkeiten im Alltag sich mit den Mondrhythmen in Übereinstimmung bringen lassen, wird man ganz gewiß Lösungen finden. Nicht im Sinne einer Leistung, die zu erbringen ist, sondern als Ergebnis einer Beobachtung, die das richtige Handeln ganz von selbst erschließt, ohne jeden Kraftaufwand.

DENISE LINN

# Wie man Gespenster los wird

*In meinen frühen Lehrjahren bildete ich mich bei verschiedenen hawaiianischen Kahunas aus und lernte unter anderem auch, wie man Häuser von erdgebundenen Geistern (Gespenstern) befreit. Nach Abschluß meiner Ausbildung bat mich ein bestürzter Schulleiter, ein Raumklären in einem Schulgebäude vorzunehmen, in dem es spukte. Er erzählte mir, daß dort nachts Lichter an- und ausgingen, Türen sich öffneten und schlossen und daß die Schüler Angst hatten.*

Da diese Aktivitäten vorzugsweise nachts vonstatten gingen, hatte keiner der Schüler untertags während des Unterrichts wirklich etwas gesehen. Doch schon die Berichte aus zweiter Hand reichten aus, um einige von ihnen zu ängstigen, und der Schulleiter wünschte eine Entfernung der Gespenster. Zu diesem Zeitpunkt besaß ich noch nicht das Selbstvertrauen, das Raumklären ganz allein vorzunehmen, und bat deshalb einen meiner Kahunalehrer, mich zu begleiten. So standen wir eines Nachts im lieblichen, warmen hawaiianischen Mondlicht vor dem Gebäude und bereiteten das Salz, das Wasser und die Tiblätter (ein hawaiianisches Kraut) für das Ritual vor. Der Schulleiter wartete schon auf uns und öffnete die Tür.

Als wir das Parterre betraten, konnte ich nur die Restemanationen der Schüler wahrnehmen, eine fröhliche, lebendige und positive Energie. Um jedoch ganz sicherzugehen, nahmen wir hier ein minimales Raumklären mit Salz und Wasser vor. Wir begaben uns dann in den ersten Stock, und wieder war die Energie in Ordnung, obgleich wir auch hier ein minimales Raumklären durchführten. Ich fing schon an zu glauben, daß es sich bei diesen Spukgeschichten um Schülerscherze handelte, und bedauerte es, den Kahuna um seine Begleitung gebeten zu haben. Wir beendeten unsere Arbeit im ersten Stock und machten uns auf den Weg in den zweiten Stock. Plötzlich wurde die warme Nachtluft eisig kalt. Ich fühlte eine Schwere auf meinem Körper lasten und hatte Mühe, die letzten Treppenstufen zu erklimmen. Auch das Atmen fiel mir schwer.

Ich sah meinen Lehrer an. Er spürte offensichtlich ebenfalls diese Schwere, während er die Treppe hinaufstieg. Plötzlich hörten wir, wie am Ende des Flurs eine Tür zuschlug. Ich fragte den Schullehrer, ob sich irgend jemand im zweiten Stock aufhielt. Soweit er wüßte, sei niemand da, erwiderte er. Während wir den Flur entlanggingen, hörten wir nochmals eine Tür zuschlagen. Mein logischer Verstand meldet sich immer rasch, vor allem in schreckenerregenden Situationen, und so sagte ich mir immer und immer wieder: »Es ist ein Luftzug. Es ist ein Luftzug. Es ist ein Luftzug.«

Ich fing an Salz zu streuen, während mein Lehrer Wasser versprengte und hawaiianische Austreibungsgebete sang. Während ich fortfuhr, in jedem Raum Salz zu verstreuen, näherte ich mich einem offenen Fenster, das plötzlich zuschlug. Mein logischer Verstand rief nun immer lauter: »Es ist nur ein Luftzug! Es ist nur ein Luftzug.«

Ich wollte vor meinem Lehrer nicht wie ein schlotternder Wackelpudding dastehen und benahm mich so, als ob mir das tagtäglich passierte, während ich mir innerlich immer wieder vorsagte: »Ich bin ganz cool. Ich bin ganz cool.«

Als ich einen der Räume allein betrat, erinnerte ich mich an eine Banntechnik südamerikanischer Indianer, die ich einmal erlernt hatte. Damals wirkte diese Technik auf mich so derb, daß ich mir gewiß war, sie nie anzuwenden. Aber irgendwie erschienen die Umstände eine drastische Maßnahme zu erfordern. Ich ging zum Waschbecken, segnete etwas Wasser, nahm einen großen Schluck in den Mund, schob es im Mund herum und versprühte es dann prustend in den Zimmerecken. Rückblickend vermute ich, daß mich die Derbheit und humoristische Seite meines Tuns so ablenkte, daß ich meine Angst zeitweilig vergaß.

Wir schlossen das Raumklären ab und gingen nach draußen. Mein Lehrer hielt es für wichtig, noch eine Weile abzuwarten, bis die Geister das Gebäude verließen. Und während wir warteten, gingen bemerkenswerterweise ein paarmal die Lichter im zweiten

Stock an und aus. Dann schien ein leichtes grollendes Beben die Erde zu durchziehen, auf das ein leiser Seufzer folgte. Ich wußte, daß unsere Arbeit in diesem Moment vollendet war. Danach wurde nie wieder von irgendwelchen Spukvorkommnissen in dieser Schule berichtet.

Mein Lehrer tadelte mich danach auf sehr liebevolle Weise und erinnerte mich daran, daß man den erdgebundenen Geistern keinen Gefallen tut, wenn man sich vor ihnen fürchtet. Sie befinden sich in einer sehr schwierigen Lage und brauchen Verständnis, Trost und Unterstützung. Das war eine wichtige Lektion für mich, weil ich in meiner Angst in dieser ungewöhnlichen Situation vergessen hatte, was ein erdgebundener Geist eigentlich ist, nämlich ein anderes menschliches Wesen (wenn auch ohne physischen Körper). Ich hatte das Mitgefühl vergessen, das wir ganz natürlich für jemanden empfinden, der sich in einer schwierigen Situation befindet. Und ich hatte vergessen, daß es beim »Austreiben von Gespenstern« im Grunde darum geht, einen Geist sanft daran zu erinnern, daß er keinen Körper mehr hat, und ihn dazu zu ermutigen, nach dem Licht zu streben. Gleiches zieht Gleiches an, und wenn wir uns einem Gespenst voller Angst nähern, schaffen wir eine beängstigende Situation. Doch wenn wir auf ein Gespenst sanft, aber bestimmt und mit einem klaren Verständnis von der Situation zugehen, wird es meist nach dem Licht streben.

Als ich später dann allein Gespenster austrieb, bin ich nie wieder derartig dramatischen Phänomenen begegnet. Und ich muß mich fragen, ob meine Angst damals die Phänomene nicht verstärkt hat. Vielleicht hätten sich die Türen nicht geöffnet und geschlossen, wären die Lichter nicht an- und ausgegangen, wenn ich keine Angst gehabt hätte.

Ich glaube, daß das, womit wir unser Bewußtsein erfüllen, auch allmählich unser Leben erfüllt. Als ich lernte, wie man erdgebundene Geister befreit, hatte fast jedes Haus, in dem ich ein Raumklären durchführte, auch ein Gespenst, das befreit werden mußte, weshalb ich zur Überzeugung gelangte, daß fast jedes Haus einen erdgebundenen Geist beherbergt. Später wurde mir klar, daß diese Gespenster in mein Leben traten, weil ich mich zu dieser Zeit auf Gespenster konzentrierte. Ich veränderte meinen Fokus, und ab sofort wurde ich auch nicht mehr in Häuser mit Spukproblemen gerufen.

Das Sie umgebende Universum stellt immer eine Widerspiegelung Ihrer inneren Glaubensvorstellungen, Überzeugungen und Gedanken dar. Ich bin schon seit vielen Jahren keinem Gespenst mehr begegnet. Ich glaube, daß die Verlagerung meines unterbewußten Fokus auch die Erfahrungen veränderte, die ich anzog. Außerdem meine ich, daß der schnellste Weg, Gespenster anzuziehen, der ist, sich vor ihnen zu fürchten.

Gelegentlich beherbergen Häuser, vor allem ältere Gemäuer, ein Gespenst. Doch man braucht sich vor ihnen nicht zu fürchten. Gespenster können Ihnen nichts tun, wenn Sie keine Angst vor ihnen haben. Trotzdem halte ich es für einen Vorteil, in einem gespensterfreien Haus zu wohnen. Und selbst das glücklichste aller Gespenster wäre noch sehr viel glücklicher, wenn es im Geisterreich wäre, statt auf dieser Ebene gefangen zu sein.

Oft können Sie auch ohne einen Spezialisten Ihr Haus von einem erdgebundenen Geist befreien. Um Ihnen hier Hilfestellung zu geben, folgen nun einige Informationen darüber, was ein Gespenst ist, wie Sie es erkennen und mit welchen Techniken Sie Ihr Haus von ihm befreien können.

## Was sind Gespenster?

### Gespenster

Ein Gespenst ist im Grunde eine Person, die auf Erden gelebt hat. Doch als ihr Körper starb, blieb ihr Geist auf der Erde oder an die Erde gebunden, von daher der Begriff »erdgebundener Geist«. Gespenster erscheinen gewöhnlich immer und immer wieder und werden von zahlreichen Menschen gesehen. Sie können als leichter Nebelschleier, den man nur aus den Augenwinkeln wahrnimmt, oder in unterschiedlicher, solide wirkender Gestalt in Erscheinung treten, die dann auf mysteriöse Weise vor Ihren Augen verschwindet. Sie folgen Ihnen nicht von Haus zu Haus; sie sind mit einer bestimmten Örtlichkeit und nicht mit einer bestimmten Person verbunden.

Herkömmlicherweise glaubt man, daß es sich bei Gespenstern um verstorbene Personen handelt, die entweder zu sehr am irdischen Leben haften (sich nicht von ihren Schätzen trennen, sich am Liebhaber ihrer Frau rächen wollen usw.) oder die einen sehr plötzlichen Tod gestorben sind und sich in einem Zustand der Verwirrung befinden und nicht merken, daß sie tot sind. Die Parapsychologen haben viele Erklärungen für das Gespensterphänomen anzubieten. Ernesto Bozzano, ein italienischer Erforscher medialer Phänomene, glaubt, daß es sich bei Gespenstern nicht um die Seelen von Verstorbenen handelt, sondern um telepathische Botschaften ihres noch verweilenden körperlosen Geistes.[1]

Eine andere Theorie besagt, daß die Gespenster nicht die Seelen von Verstorbenen sind, sondern Projektionen von Gegenständen, die mediale Eindrücke absorbiert haben. Diese Eindrücke werden dann wieder an Menschen gesendet, die sich im Umfeld des Gegenstandes aufhalten. Die Klarheit dieser Bilder hängt, so die Theorie, sowohl von der emotionalen Kraft der ursprünglichen medialen Einprägung in den Gegenstand wie von der medialen Sensibilität des Empfängers ab.[2]

Henry Price, Universitätsprofessor in Oxford, glaubt, daß die Bilder und Gestalten von einer mentalen Aktivität erzeugt werden, die mehr oder weniger in einer Vielfalt von Ebenen herumschwebt. Er meint, daß sich diese medialen Eindrücke gleichsam wie eine mediale Tonbandschleife immer wieder abspulen. Manche Parapsychologen behaupten sogar, daß Gespenster mediale Projektionen des Geistes einer sensitiven Person sind, die auf vorhandene telepathische Überreste in einem Bereich reagiert. Diese Theorie geht davon aus, daß diese Sensitiven unbewußt ein Gespenst erschaffen, um ihre persönlichen emotionalen Bedürfnisse zu befriedigen.[3]

Obwohl sich alle diese Theorien über Gespenster nach einer möglichen Erklärung anhören, neige ich persönlich doch eher zu der herkömmlichen Anschauung, daß es sich bei einem Gespenst um eine aus einer Reihe von Gründen erdgebundene Seele handelt.

## Poltergeister

Poltergeister sind etwas ganz anderes als Gespenster. Die Aktivität von Poltergeistern erzeugt oft lauten Lärm wie Klopfgeräusche an der Wand, dumpfe Schläge, Pochen und Bumsen, der zudem häufig mit der Bewegung von Gegenständen verbunden ist. Sei es, daß diese sich in die Luft erheben, dort ein paar Augenblicke schweben und dann krachend zu Boden fallen, sei es, daß sie nur verschoben oder verrückt werden.

Während Gespenster meist nur in der Nacht auftreten, sind Poltergeister jederzeit aktiv. Gewöhnlich zentrieren sie sich um eine Person und nicht um eine Örtlichkeit, das heißt, sie folgen mit ihrer Aktivität dieser Person von Ort zu Ort. Das Poltergeistphänomen beginnt meist ganz plötzlich, hält dann ein paar Tage oder auch ein paar Jahre an und hört abrupt wieder auf.

Obwohl es auch gegenteilige Meinungen gibt, glaube ich nicht, daß ein Poltergeist ein Gespenst oder ruheloser Geist ist. Ich bin der Ansicht, daß es sich um eine Art unkontrollierbare psychokinetische Energie handelt, die von Leuten mit ungelösten Lebensproblemen oder mit stark unterdrückten Emotionen, wie etwa das unterdrückte sexuelle Verlangen eines Teenagers, ausgeht. Ich habe einen Freund, der in seinen Teenagerjahren von Poltergeistaktivitäten gequält wurde. Später fragte ich ihn danach, und er erklärte, er hätte ihre Quelle entdeckt. Es handelte sich um tiefe ungelöste emotionale Probleme in bezug auf ein Familienmitglied. Die Poltergeistaktivität tritt auf, wenn sich Emotionen aufbauen und sich dann in einem unkontrollierbaren Aufflammen aus dem Aurafeld entladen.

Normalerweise schlage ich beim Auftreten von Poltergeistern zusätzlich zum Raumklären eine Therapie vor. Und ich bin der Ansicht, daß mit solchen Fällen befaßte Therapeuten und Therapeutinnen nicht nur im psychologischen Bereich qualifiziert sein, sondern auch etwas von der Welt des Okkulten verstehen müssen. Die meisten von Poltergeistaktivitäten geplagten Menschen werden davon befreit, sobald sie die ungelösten inneren Probleme und Konflikte, die die Ursache dieser Phänomene sind, entdeckt und nochmals durchlebt haben.

### Erscheinungen in Momenten der Krise und Gefahr

Diese Erscheinungen sehen wie Gespenster aus, sind aber etwas anderes. Sie treten nur in Zeiten einer Krise oder Gefahr auf. Zum Beispiel »sieht« eine Mutter ihren Sohn genau in dem Moment, in dem er in der Schlacht verwundet wird. Oder eine Frau »sieht« ihren Mann in dem Augenblick, in dem er einem Herzanfall erliegt, auch wenn er sich viele Kilometer weit weg befindet. Erscheinungen dieser Art werden nur einmal wahrgenommen, und zwar gewöhnlich von einer verwandten oder eng befreundeten Person. Sie entstehen aus einer machtvollen medialen Projektion in einem traumatischen Moment. Ein Haus muß nach einer solchen Erscheinung nicht energetisch gereinigt werden, es sei denn, sie löste bei der Person, die sie sah, starke angstvolle Emotionen aus. Das Reinigen befaßt sich dann mit den restlichen Angstemanationen, nicht mit der Erscheinung selbst.

### Bilokation

Wenn der Geist einer lebenden Person an einem anderen, viele Kilometer weit entfernten Ort in Erscheinung tritt (meist ohne daß sich diese Person dessen bewußt ist), nennt man das Bilokation. So ungewöhnlich dieses Phänomen auch ist, wird doch von vielen Fällen berichtet, in denen eine Person einer anderen Person erschien, obgleich sich deren physischer Körper an einem völlig anderen Ort befand. Meist existiert zwischen der in Erscheinung tretenden und der sie »sehenden« Person eine emotionale Bindung, und häufig befindet sich die »erscheinende« Person zu diesem Zeitpunkt im Schlaf- oder Meditationszustand. Der in England lebende Großvater eines Freundes von mir war ein Lehrer des »höheren Denkens«. Er war gebeten worden, im Norden Englands einen Vortrag zu halten, mußte ihn aber absagen, weil er erkrankte. Und davon ausgehend, daß die Organisatoren des Vortrags verständigt worden waren, schlief er zu der Zeit, als der Vortrag hätte stattfinden sollen, tief und fest in seinem Bett.

Eine Woche später erhielt er Lobesbriefe für seinen Vortrag. Er war sehr verblüfft, da er doch zu dieser Zeit im Süden Englands krank im Bett gelegen hatte. Er nahm mit den Organisatoren, die ihn gut kannten, Kontakt auf und erfuhr, daß er, während er schlief, tatsächlich einen Vortrag gehalten hatte! Dies ist ein Beispiel für Bilokation. Dieser Herr wünschte, vielleicht unterbewußt, so sehr, sein Wort zu halten und den Vortrag nicht ausfallen zu lassen, daß sich sein Geist, während er schlafend im Bett lag, zum Vortragsort aufmachte.

## Wie Sie Gespenster erkennen

Am besten verlassen Sie sich auf Ihr Gefühl, um festzustellen, ob Sie ein Gespenst im Haus haben (sofern Sie es nicht tatsächlich sehen). Wenn es in Ihrem Haus einen Bereich gibt, der ohne ersichtlichen physischen Grund immer kühl oder feucht wirkt, kann das auf die Präsenz eines Gespenstes hinweisen. Auch eine Stelle im Haus, an der stets ein Gewicht auf Ihnen zu lasten scheint und Ihr Atmen mühevoller wird, kann auf einen erdgebundenen Geist deuten.

Oft haben Sie in solchen Fällen ein Kältegefühl oder fühlen sich deprimiert, doch es muß nicht immer so sein. Es gibt auch manche ziemlich »glückliche« Gespenster, wenngleich auch dann die Atmosphäre dichter oder lastend wirkt. Alle diese Empfindungen von Kälte, Schwere, Depression und Atemnot lassen sich unter Umständen auch auf einen behinderten Chi-Fluß im Raum zurückführen. Wenn Sie aber den Chi-Fluß im ganzen Haus ausbalanciert haben und Sie nach wie vor diese Symptome in einem Zimmer oder einem Hausbereich feststellen, dann könnte ein Gespenst die Ursache dafür sein.

## Wie Sie Ihr Zuhause von Gespenstern befreien

Alle in diesem Buch beschriebenen Methoden können bei der Befreiung erdgebundener Wesenheiten von Nutzen sein. Trotzdem ist es gut, wenn Sie für diesen Fall noch einige spezielle Techniken erlernen.

Zunächst einmal ist es ganz wichtig, daran zu denken, daß *Gespenster Ihnen keinen Schaden zufügen können, wenn Ihr Handeln nicht primär aus der Angst vor ihnen bestimmt ist.* Wenn Sie sich vor ihnen fürchten, wird das Befreiungsunternehmen sehr viel schwieriger. Das, wogegen Sie sich widersetzen, verharrt, und je mehr Sie sich vor Gespenstern fürchten, desto mehr werden sie an Ihnen kleben. Ihre Angst kann Ihnen mehr Schaden zufügen als ein Gespenst.

Das zweite zu beherzigende Prinzip ist die Tatsache, daß Ihr Hausgespenst Ihre Unterstützung braucht. Gespenster sitzen im Grunde ohne Körper auf der irdischen Ebene fest. Sie spulen eine alte Tonbandschleife immer und immer wieder ab. Letztlich sind sie genauso unglücklich über ihr Hiersein wie Sie. Wenn Sie sich klarmachen, daß Ihr Gespenst einst einen Körper und Gefühle hatte – Triumphe und Enttäuschungen erlebte –, wird in Ihnen Mitgefühl aufkommen. Und das bringt Sie in eine exzellente Ausgangsposition, um Ihr Heim von ihm zu befreien.

Das ist nicht immer ein leichtes Unterfangen. Manche Gespenster sind eigensinnig, und Sie brauchen ein bißchen Überredungskunst, um sie davon zu überzeugen, daß es ganz in Ordnung ist, wenn sie sich davonmachen. Manchmal ist das so, als müßten Sie einem Kind sagen, daß es Zeit ist, ins Bett zu gehen. Es wehrt sich vielleicht dagegen, aber letztlich wird es glücklicher sein, wenn es geht. Wenn Sie es mit einem widerspenstigen Gespenst zu tun haben, müssen Sie es freundlich, aber bestimmt und unmißverständlich wissen lassen, daß es keinen Körper mehr hat und zum Großen Geist oder zum Licht gehen muß.

Reden Sie mit ihm wie mit einem Freund. Sprechen Sie unmittelbar aus dem Herzen und ohne Furcht. Sagen Sie: »Verzeih mir, daß ich es dir sage, aber du bist tot. Du hast keinen Körper. Du mußt zum Licht gehen. Auf der anderen Seite sind Freunde, die auf dich warten, du kannst also beruhigt gehen.« Ein solches ehrliches und direktes Ansprechen funktioniert sehr gut. Gewöhnlich reicht dieses unverblümte und bestimmte Vorgehen aus. Wenn Sie es aber mit einem außerordentlich sturen Gespenst zu tun haben, müssen Sie unter Umständen einen Spezialisten oder eine Spezialistin herbeiholen. Doch meist schaffen Sie es selbst mit Mitgefühl und Liebe.

### Technik zur Befreiung von einem Gespenst

1. Säubern Sie gründlichst das Zimmer, in dem Ihrer Meinung nach ein Gespenst residiert. Putzen Sie auch die Fenster, reinigen Sie den Boden, die Teppiche usw.

▷ Verbrennen Sie im Zimmer eine Mischung aus Meersalz oder Epsomer Bittersalz und Alkohol.

▷ Streuen Sie mit Salz einen großen Kreis im Zimmer und lassen Sie beim Fenster oder einer Tür eine kleine Öffnung, durch die das Gespenst entweichen kann.

▷ Lassen Sie während dieses Salzrituals das Fenster oder die Tür offen. Wenn es draußen sehr kalt ist, können Sie es auch nur einen Spalt offenlassen.

2. Rufen Sie energetischen Beistand für die Befreiung des Gespenstes an.

▷ Besorgen Sie sich für die Befreiung des Gespenstes eine Siebentagekerze.

▷ Stellen Sie die Kerze nahe der Stelle auf, wo Sie das Gespenst wahrnehmen (und achten Sie darauf, daß nichts Feuer fangen kann).

▷ Konzentrieren Sie beim Anzünden der Kerze Ihre Aufmerksamkeit auf das Gespenst, und sprechen Sie dreimal: »Du bist jetzt frei, um zum Licht zu gehen.« – Sprechen Sie diese Worte in Zuversicht und Gewißheit.

- ▷ Schlagen Sie einen Gong an oder lassen Sie eine Glocke erklingen (je tiefer der Ton, desto besser), und sprechen Sie kraftvoll und liebevoll: »Geh zum Licht, geh *jetzt*.« Tun Sie dies insgesamt dreimal.
- ▷ Rufen Sie, bevor Sie das Zimmer verlassen, Geister der anderen Seite an, die dem erdgebundenen Geist bei seiner Reise beistehen, indem Sie sprechen: »Ich bitte darum, daß die Geister und Führer, die der Seele bei ihrem Übergang von der Erde in den Himmel beistehen, diesem Wesen bei seinem Übergang helfen. Ich danke für eure Führung und Liebe.«
- ▷ Gewöhnlich füge ich noch hinzu: »Gute Reise, Reisekamerad. Möge deine Reise in Frieden vonstatten gehen.«
- ▷ Lassen Sie die Kerze sieben Tage lang ständig brennen, da diese Energie des Feuerlichts einen Konzentrationspunkt für die Helfer der anderen Seite schafft, die kommen und falls nötig weiterhin Beistand leisten.

In fast allen Fällen reicht diese Technik aus, um einen erdgebundenen Geist zu befreien. Und um es zu wiederholen: Denken Sie unbedingt daran, daß Sie sich vor nichts zu fürchten brauchen, und kommunizieren Sie mit dem Gespenst bestimmt, aber liebevoll.

**Anmerkungen**

[1] Time-Life Books: *Mysteries of the Unknown: Haunting,* Alexandria, VA, 1989, S. 22.
[2] Ebd., S. 23.
[3] Ebd.

ZSUZSANNA E. BUDAPEST

# Viermal Zauber für das Schlafzimmer

## Dein Schlafzimmer segnen

Entzünde in einem kleinen Räuchergefäß ein Büschel Salbei, wenn die Mondin zuzunehmen beginnt – laß deine Wilde Frau immer ein Auge auf den Himmel haben, um ihr erstes Erscheinen zu erhaschen –, und sprich folgendes zur Mondgöttin. Auch wenn sie von verschiedenen Völkern Zehntausende von verschiedenen Namen bekommen hat, Diana ist der lateinische Name, der in Mitteleuropa, wo ich herstamme, verwendet wird:

Ich segne mein Schlafzimmer im Namen der Mondgöttin Diana, damit ich gute Träume und Ereignisse anziehe und um mich vor Alpträumen und Krankheit und allen möglichen Übeln zu schützen.
Sprich dies dreimal.
Entzünde eine schlanke weiße Kerze, halte sie der Mondin entgegen, und sprich, während du sie betrachtest:
Dies ist für meine wunderschöne Großmutter Mond. Ich sende ihr meine Liebe, und ich empfange ihren Segen! Alles ist bestens bei der Mondin.

Stell die Kerze nun auf deinem Altar ab, damit du den Rest des Segens wirken kannst. Nimm das qualmende Räucherwerk auf, und blas dreimal in die Glutnester, damit der Rauch gut aufsteigt. Umkreise das Zimmer dreimal im Uhrzeigersinn, und überzeug dich davon, daß der Rauch auch in alle Ecken und Schränke gelangt, ja sogar unters Bett. Vielleicht willst du auch ein Räucherstäbchen oder einen Federwedel benutzen, um den Rauch auch an diese versteckten Plätze zu leiten. Wenn du in die Nähe deines Bettes gelangst, kannst du die Worte des Segens verändern, damit sich widerspiegelt, was mit dir geschieht. Beispielsweise könntest du sagen: »Gesegnet sei mein Bett, mein Hort der Ruhe. Mögen sich die Schicksalsgöttinnen an mir erfreuen und mich beschützen!« Oder du könntest sagen: »Gesegnet sei mein Bett, mein Liebesnest. Mögen sich die Schicksalsgöttinnen an mir erfreuen und mein Begehren erfüllen!« Sammle nun deine Gedanken, und wirk die Zauber für deine Bedürfnisse. Du könntest sagen: »Ich rufe einen liebenden Gefährten, der mit mir mein Bett teilt!« Oder: »Ich rufe bleibende Gesundheit! Gute Medizin gegen meine Schmerzen!« Oder: »Ich segne die Akte der Liebe, die hier stattgefunden haben! Laß uns niemals streiten, ohne uns zu versöhnen; laß noch mehr Glück und Liebe einströmen!« Es liegt völlig an dir zu entscheiden, was deine Bedürfnisse sind. Wenn du fertig bist, so stell die Räucherschale auf den Altar neben die Kerze. Betrachte nun den Altar, und erlaube deinen Gefühlen, an die Oberfläche zu steigen. Wenn du etwas vergessen haben solltest, so ist jetzt der Moment, es deinem Segen noch hinzuzufügen. Beende dann den Zauber, indem du sagst: »Sei gesegnet!«

## Einen Raum für eine Geburt reinigen

Jahrhundertelang haben Frauen ihre Kinder zu Hause gekriegt. In den letzten Jahren hingegen wurde die Geburt (und auch der Tod) in das Krankenhaus verbannt. Aber glücklicherweise ist mittlerweile auch eine Hausgeburt mit Hilfe einer Hebamme wieder zu einer gangbaren Alternative geworden.

Wenn du zu Hause gebären willst, dann bereite in deinem Schlafzimmer einen Altar für die Große Mutter. Bedeck den Altar mit einem weißen Tuch, und stell ein Bild der Mutter darauf. Das kann jedes dafür passende Bild sein – von der Venus von Willendorf bis zur Jungfrau Maria. Es könnte auch ein Bild aus einer Illustrierten sein, das für dich die Schönheit der Mutterschaft darstellt. Besorg dir eine hohe rote Kerze in einem feuersicheren Gefäß, Räucherwerk und eine Schale Wasser mit ein bißchen aufgelöstem Salz darin. Füg noch frische Blumen hinzu, damit auch die ewige Wiederkehr der Göttin dargestellt ist.

Wenn die Wehen beginnen. soll jemand die Schale gegen den Uhrzeigersinn im Zimmer herumtragen und dabei Salzwasser auf den Boden und in die Ecken spritzen. Wenn es dieser Person geläufig ist, Segnungen zu sprechen, würde ich in etwa folgendes vorschlagen: »Im Namen Lucinas möge dieser Raum von allem Schlechten gereinigt sein!« Sprecht das mehrmals aus. Entzünde die Kerze und das Räucherwerk. Deine Freundinnen sind möglicherweise zu beschäftigt, als daß sie das Räucherwerk auf Sparflamme in Gang halten können. Die Kerze jedoch wird wahrscheinlich die ganze Nacht lang brennen. Und denk dran: Überkreuzte Beine entkreuzen und alle Türen im Raum öffnen!

Vergiß aber die Göttin nicht, sobald das Kind geboren ist. Sprich Lucina deinen Dank aus, der Göttin der Geburt. Vieles vom Wechselspiel zwischen dir und deinem Kind wird sich in deinem Schlafzimmer abspielen. Viele Frauen lassen die Wiege monatelang in der Nähe von ihrem eigenen Bett stehen. Sogar dann, wenn das Baby ein eigenes Zimmer hat, wirst du es vielleicht trotzdem zu dir ins Schlafzimmer holen wollen, um es zu stillen. Du könntest dein Kind im Sitzen stillen, aber möglicherweise stellt sich heraus, daß es für dich bequemer ist, wenn du auf deinem Bett liegst. Wenn du tatsächlich in deinem Schlafzimmer stillen solltest, dann achte darauf, daß nur frische Blumen in der Nähe stehen. Abgestandenes Wasser solltest du aus dem Zimmer entfernen – beispielsweise ein vergessenes Glas Wasser. Im abgestandenen Wasser verfangen sich die Seelen der Verstorbenen.

Muttermilch hat auch, abgesehen von der Sättigung des Babys, vielfältige magische Verwendungsmöglichkeiten. Stillende Mütter werden direkt mit der Göttin in Verbindung gebracht; sie sind ein lebendiges Abbild der Mutter, die uns alle nährt. Aus diesem Grund wird die Muttermilch auch als äußerst starker Schutz angesehen. In Ungarn wird die Muttermilch – eigentlich die Milch zweier milchspendender Frauen – zudem für das Pogasca, ein speziell geformtes Brot, verwendet. Im Ersten Weltkrieg nahmen Soldaten einige Stücke Pogasca mit an die Front, um geschützt zu sein. Man sagte diesem Backwerk nach, daß es viele Menschen, deren Leben an einem seidenen Faden hing, gerettet habe. Man erzählte sich, daß jeder andere fiel, bis auf den Besitzer dieses wunderbaren Talismans, weil die Muttermilch vor dem Tod schütze. Man verwendete die Muttermilch auch als Medikament, um Kleinkinder von Augenkrankheiten und Ohrinfektionen zu heilen. Und vor der Frühlingsaussaat war es Brauch, die Saat mit Muttermilch zu beträufeln, um eine reiche Ernte sicherzustellen.

## Zwei Zauber, die einen Herumtreiber mehr ans Haus binden

Das ist ein sehr beliebter Zauber! Wie wünschen wir uns doch alle, daß unsere Liebsten mehr zu Hause blieben! Wenn du einen Liebsten oder eine Liebste hast, der oder die mit dir kaum Zeit verbringen will, dann vertrau auf das alte Kraut Yerbe Mate (Mate-Tee). Gib einen Teelöffel dieses Krauts in eine Tasse mit kochendem Wasser und laß es ziehen. Füg ein wenig Honig hinzu und biete es deinem oder deiner Liebsten zu trinken an. Wenn er oder sie protestiert (»Was soll denn das, willst du mich umbringen?«), sei listig. Verbirg das Kraut in Wein oder Kaffee. Aber flüstere, bevor du das Getränk anbietest, dreimal diese Worte darüber:

Warmer Same, warmes Herz,
(Name) und (Name) niemals seien
im Trennungsschmerz.

Der Legende nach wird sein oder ihr Trieb, sich ohne dich herumzutreiben, einfach ganz von selbst verschwinden.

Hier ist noch ein Zauber, der deinen geliebten Herumtreiber zu Hause halten wird. Wenn du dir Milch von zwei stillenden Müttern besorgen kannst, dann verarbeite sie in Brotteig. Sprich mit dem Brot, und bete über dem Brot, bevor du es bäckst. Tu deine Absicht in einem kurzen, gereimten Gebet kund. Meines steht unten; deines solltest du dir aufschreiben.

Mein Liebster bleibt mir treu;
die Mühe andrer vergeblich sei.
Mein Liebster schwelgt mit mir im Glück,
die Erinnerung an andere tritt zurück.

Füttere deinen Liebsten mit diesem besonderen Brot, und jegliche andere Geliebte, die er hatte, wird vergessen sein. Sprich niemals über diesen Zauber; Liebeszauber sollten nicht zerredet werden, sonst sind sie wirkungslos.

## Samstagabend: Der Ort, wo's passiert

Ein guter Liebesakt kann dich spirituell mit deinem oder deiner Liebsten verbinden. Dein Schlafzimmer ist der heilige Schrein, wo du dich einem oder einer Geliebten hingibst oder den Sex mit dir allein genießt. Die Göttin hat dir Lippen zum Küssen und Saugen gegeben; Augen, mit denen du Blicke über den Körper deines oder deiner Liebsten wandern lassen kannst; Hände, mit denen du forschst. Sie hat dich mit einer Haut ausgestattet, die es genießt, massiert und ausgiebig gestreichelt zu werden. Wenn du ehrlich mit deinem oder deiner Liebsten umgehst und deinem Liebesakt volle Aufmerksamkeit schenkst, wird die Göttin ihre Freude an dir haben, und du und auch dein Liebster/deine Liebste werdet in Ekstase sein.

Wenn ihr zusammenkommt, dann umarmt euch – Herz an Herz. Schmiegt eure Körper so aneinander, daß die Herzen einander berühren. Atmet, während ihr euch haltet, gemeinsam ein und aus. Stellt euch aufeinander ein. Das Ein- und Ausatmen entspannt das Innere Selbst; die Körper bewegen sich gemeinsam und bleiben doch ruhig dabei. Atmet ungefähr dreizehnmal bewußt gemeinsam ein und aus, dann haltet inne. Atmet wieder ganz normal. Dann atmet ihr wieder siebenmal gemeinsam Herz an Herz. Nehmt wahr, wie ihr euch fühlt. Ihr werdet sehen, daß ihr ein sanftes, gefühlvolles Feld geschaffen habt, in dem der Liebesfunke sich entzünden kann.

Diese gemeinsame Atmung kann, auch wenn sie nur kurz erfolgt, durch den Panzer, die Maske, die Angst schneiden. Es ist der schnellste Weg, einander wiederzuentdecken und den Lärm der Welt innerlich auszusperren.

Die meisten Liebesspiele, die ich bis jetzt in diesem Buch empfohlen habe, waren auf das Schlafzimmer begrenzt. Vielleicht seid ihr beide ja auch abenteuerlustig und habt eure Liebesspiele bereits auf alle Zimmer des Hauses ausgedehnt. Das Schlafzimmer ist warm und einladend, und ein Bett macht den Liebesakt süß und bequem, aber manchmal liebt es die Wilde Frau einfach, sich in anderen Teilen deines Heimes auszutoben. Mag sein, daß du in einem Haus mit vielen Zimmern lebst, mag sein in einer kleinen Wohnung. Doch für die Wilde Frau ist das kein Problem. Sie findet ihre körperlichen Freuden, wo immer du auch sein magst. Sei mutig und voll Begeisterung, und mach nach und nach in jedem Zimmer deines Hauses Liebe. Eine meiner Freundinnen erzählte mir, daß sie das Gefühl hatte, ihr Haus sei nicht gesegnet gewesen, bevor sie und ihr Mann sich nicht in jedem einzelnen Zimmer ihres Heimes geliebt hatten!

Verschiedene Zimmer regen auch zu verschiedenen Ideen für das Liebesspiel an. Doch erwarte jetzt keine Vorschläge von mir, wie du in welchem Zimmer den Liebesakt gestalten sollst. Du mußt selbst deine Kreativität spielen lassen. Die Möbel bei dir zu Hause werden dich zu ein paar äußerst interessanten Stellungen anregen. Deine Wilde Frau wird sich schon für jedes Zimmer etwas einfallen lassen. Im Badezimmer Liebe zu machen wird deine ganze Art, wie du diesen Raum am Morgen danach siehst, verändern!

Wenn dein Liebster/deine Liebste keinerlei Abenteuergeist besitzt, sei trickreich, um ihn oder sie in das andere Zimmer des Hauses zu locken. Sag: »Ach, Schätzchen, könntest du mir wohl kurz in der Küche mit dem Geschirr helfen?« und ihn oder sie nur mit einem Schürzchen bekleidet begrüßen. Du hast diese Begegnung im Liebesspiel gut geplant. Nachdem du ihn oder sie zu dir gelockt hast, entzücke deinen Liebsten/deine Liebste damit, daß du Honig auf seine oder ihre Lippen streichst, den du dann herunterküßt oder ableckst. In der Küche gibt es noch viele andere Leckerbissen, die du in dein Liebesspiel einbauen kannst.

DEREK WALTERS

# Die guten und schlechten Einflüsse im Feng-Shui und wie man sie korrigiert

## Ch'i

*Ch'i* ist ein häufig verwendeter, ja sogar überstrapazierter Begriff in den chinesischen Wissenschaften. Die Vielzahl seiner Bedeutungen umfaßt unter anderem »Atem«, »Luft«, »vierzehn Tage« und, im Bereich der modernen Chemie, »Gas«. Im Rahmen der Heilkunde, zum Beispiel in der Akupunktur, hat *Ch'i* sogar ein noch breiteres Bedeutungsspektrum. In der Feng-Shui-Lehre bezeichnet der Begriff allgemein günstige Strömungen, insbesondere die positiven Einflüsse, die einen bestimmten Standort durch einen vorteilhaft positionierten Drachen-Berg auszeichnen können. Doch ebensogut können die gesunden Luftströme gemeint sein, die einen Raum durchziehen.

Wie dem Leser wohl mittlerweile klar sein wird, entsteht durch einen günstig gelegenen und gut erkennbaren Drachen-Berg ein Überfluß an gutem *Ch'i,* was sich nicht nur positiv auf die Umgebung auswirkt und die Lebenserwartung der dort wohnenden Menschen erhöht, sondern auch eine harmonische und glückliche Atmosphäre im eigenen Haus oder am Arbeitsplatz fördert und materiellen Reichtum nach sich zieht.

*Ch'i* sollte dazu angeregt werden, in das Haus einzudringen und es auf verschlungenen Wegen zu durchfließen, bevor es das Haus auf der entgegengesetzten Seite wieder verläßt. In Räumen, die eine vitale Atmosphäre haben sollten, wie das Wohnzimmer oder das Arbeitszimmer, kann man *Ch'i* dazu anregen, den Raum mit Energie aufzuladen, indem man es durch entsprechend aufgestellte Spiegel in die gewünschten Richtungen lenkt. In Räumen hingegen, in denen eine eher ruhige Atmosphäre vorherrschen sollte, beispielsweise in Schlafzimmern oder in Wohndielen, gilt es, *Ch'i* sanft rund um den Raum zu leiten. Deshalb sollte man in Schlafzimmern möglichst keine Spiegel aufstellen, denn diese würden das *Ch'i* anregen, dadurch die Atmosphäre mit Energie aufzuladen und so wirkliche Entspannung zu erschweren. Wenn hingegen in einem Hotel, das vorzugsweise von Flitterwöchnern besucht wird, die Räume mit Spiegeln ausgestattet sind, so werden die Paare dies sicherlich sehr begrüßen.

Wenn das *Ch'i* keinen Ausgang findet, kann es natürlich nicht entweichen; es vermag nämlich nicht durch dieselbe Tür oder durch dasselbe Fenster ins Haus einzudringen und auch wieder auszutreten. Beispielsweise kann es in einem fensterlosen Raum mit nur einer Tür nicht zirkulieren. Räume, in denen *Ch'i* stagniert und stirbt, eignen sich nur als Lager- und Schrankräume.

## Sha

Das Gegenteil von *Ch'i* ist *Sha*. Dabei handelt es sich um ungünstige Energieströme, die einen negativen Einfluß auf die Familie haben, die gezwungen ist, an einem solchen Ort zu wohnen. Der Feng-Shui-Experte sollte in solchen Fällen Ratschläge geben, wie das Ch'i mit seinen günstigen, die Lebenskräfte verstärkenden Einflüssen dazu gebracht werden kann, das Haus vom Wirken des unheilbringenden *Sha* zu befreien.

Allgemein besteht die Ansicht, daß *Ch'i* sich langsam und in sanften, wellenförmigen Kurven fortbewegt, während es bei *Sha* schroffe, gerade Linien sind. Wir wollen uns nun die Bedingungen anschauen, die schädlichem *Sha* Vorschub leisten.

## Geographische Mängel

*Sha* entsteht durch geologische Verwerfung und Erdspalten. Nach der Feng-Shui-Lehre liegt die Stadt San Francisco an einem der übelsten Standorte auf der ganzen Welt. Dies hängt mit dem erdbebenträchtigen San-Andreas-Graben zusammen, der nach dieser Lehre höchst schädliches *Sha* produziert. (Westliche Geologen kommen übrigens zum gleichen Ergebnis, wenn auch aus völlig anderen Gründen.) Merkwürdigerweise ist San Francisco trotzdem nach wie vor eine blühende Stadt – die noch dazu die größte chinesische Bevölkerungsgruppe außerhalb Chinas zu ihren Einwohnern zählt!

Natürliche Senken, die in gerader Linie zu einem Gebäude hinführen, erzeugen ebenfalls *Sha*. Dabei kann es sich um ausgetrocknete Flußbetten handeln, die bei außergewöhnlich starken Regenfällen zu großen Gefahrenquellen werden können, da sie das Wasser dann direkt auf das Haus zulenken.

## Gebäude und Straßen

Ecken und Kanten von Gebäuden, deren Winkel auf das untersuchte Haus hindeuten, gelten als Urheber für eine bestimmte Art von *Sha* – die sogenannten »geheimen Pfeile«. Der Winkel, den die Außenwände des Nachbarhauses bilden, wird als Bogen betrachtet,

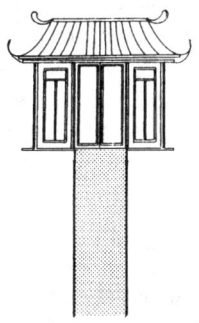
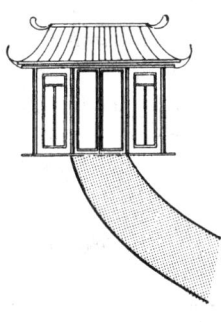

*Durch gerade Linien erzeugtes Sha*   *Ch'i fließt in sanften Kurven*

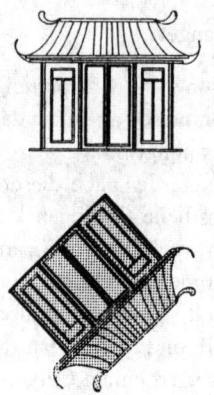
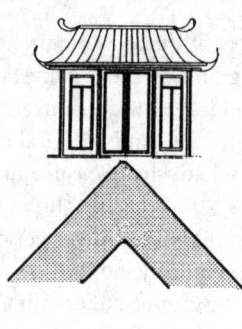

»Geheimer Pfeil«, verursacht durch den Winkel, in dem das Haus gebaut ist

Durch Knick in der Straße verursachter »geheimer Pfeil«

dessen Pfeil drohend auf das Haus gegenüber gerichtet ist. Menschen, die an einem solchen Ort leben, werden wahrscheinlich ständig unter Krankheiten leiden, und die Atmosphäre gilt als allgemein schwächend.

Gebäudeecken (Innenecken), die fast immer mit Straßen, Wegen, Passagen und Durchgängen assoziiert sind, die unmittelbar auf die Haustür zuführen, lenken ebenfalls Sha ins Haus. Wenn eine Straße direkt auf ein Haus zuführt, so sind die damit verbundenen potentiellen Gefahren infolge des heutigen Straßenverkehrs sicherlich größer als in früheren Zeiten. Wenn eine Straße auf ein Haus zuläuft und dann in einem scharfen Winkel nach rechts abbiegt, so gilt dies als besonders unheilvoll, weil auf diese Weise die üblen Auswirkungen von gewöhnlichem *Sha* mit dem geheimer Pfeile kombiniert werden.

## Strukturen innerhalb des Hauses

Häuser, die durch einen zentralen Mittelgang unterteilt sind, und solche, bei denen die Hintertür der Eingangstür gegenüberliegt und von dieser aus zu sehen ist, gelten als ungünstig. Der zentrale Korridor fördert zwar die Ableitung von verderblichem *Sha*, zerstreut aber andererseits auch das positiv wirkende *Ch'i*. Die rationale Erklärung hierfür lautet, daß ein solches Haus eine strukturell bedingte Tendenz zur Spaltung hat. Familienmitglieder, die vorwiegend auf der einen Seite des Hauses wohnen, werden unbewußt zu Gegenspielern jener, die sich vor allem auf der anderen Seite aufhalten. Außerdem erleichtert der zentrale Mittelgang es Einbrechern und Dieben herauszufinden, ob »die Luft rein ist«.

Noch zwei andere Bauweisen gelten aus der Sicht der Feng-Shui-Lehre als ungünstig: Zum einen das in der westlichen Welt so beliebte »Panorama«-Wohnzimmer mit zwei einander unmittelbar gegenüberliegenden Fenstern. In einem solchen Raum gibt es keinen festen Punkt, man kann kein Gefühl der Ruhe darin entwickeln. Deshalb ist diese Anordnung der Fenster für ein Wohnzimmer ungeeignet. Die Feng-Shui-Lehre erklärt das Gefühl des Unbehagens, indem sie darauf hinweist, daß das hilfreiche *Ch'i* durch den Raum strömt, ohne daß seine günstigen Einflüsse wirksam werden können.

Wahrscheinlich aus den gleichen Gründen schätzen Chinesen die westliche Praxis nicht, die Treppe so zu bauen, daß sie der Eingangstür unmittelbar gegenüberliegt. Ihnen ist es lieber, wenn sie beispielsweise an einer Seitenwand entlangläuft und, falls möglich, auf halber Höhe die Richtung ändert.

### Versorgungsleitungen

Telefonleitungen und Stromkabel sind in der Stadt nicht weniger häßlich als auf dem Lande, doch die Feng-Shui-Lehre betrachtet sie zudem noch als neuzeitliche Beförderer von ungünstigem *Sha*. In jedem Fall ist es besser, wenn sie sich dem Haus in einem spitzen Winkel nähern, also fast parallel zur Außenwand verlaufen.

### Säulen, Pfeiler und Pfähle

Wo es Überland-Telefonleitungen gibt, da gibt es auch Leitungsmasten. Weder sie noch Laternenpfähle noch hohe Bäume sollten vor einem Fenster an der Vorderfront des Hauses stehen. Da sie die Koniferen des Nordens repräsentieren, befänden sie sich dort auf der »Vogel«-Seite des Gebäudes, also an der falschen Stelle.

Einer anderen Ansicht nach lenken hohe Pfeiler oder Säulen durch ihre ungünstigen geraden Schatten unheilbringendes *Sha* auf einen Standort. Hierzu erzählte mir ein chinesischer Feng-Shui-Anhänger ein interessantes Detail: Er behauptete, der Zerfall des Empire sei durch Errichtung einer Gedenksäule vor dem Buckingham-Palast eingeleitet worden. Als mich ein chinesischer Freund bat, etwas zu diesem Punkt zu sagen, gab ich zu bedenken, daß das Monument eher das ungünstige *Sha* der Mall (der offziellen Zugangsstraße zum Palast) unterbrochen habe, da der Verkehr durch die Errichtung des Bauwerks gezwungen worden sei, um die Insel in der Mitte herumzufahren, während die Mall vorher direkt auf den Palast zugelaufen und dann im rechten Winkel abgebogen war.

Fassen wir noch einmal die wichtigsten Quellen von *Ch'i* und *Sha* zusammen. In einem späteren Kapitel werden wir uns dann damit beschäftigen, wie man bestimmte Orte von ungünstigen Einflüssen befreien kann.

## Zu beachten im Hinblick auf *Ch'i*

▷ Ein gut erkennbares Tiger-und-Drachen-Paar erzeugt gutes *Ch'i*. *Ch'i* bewegt sich in sanft gewundenen Linien.
▷ Man sollte *Ch'i* dazu bringen, einen Weg zu nehmen, der es durch das ganze Haus führt.
▷ *Ch'i* kann das Haus nicht auf dem gleichen Weg wieder verlassen, auf dem es hineingelangt ist.
▷ Begehbare Schränke und fensterlose Räume erschöpfen die günstigen Wirkungen des *Ch'i*.
▷ Spiegel können den Weg des *Ch'i* verändern.

## Zu beachten im Hinblick auf potentielles *Sha*

▷ Natürliche geographische Mängel
▷ Bodensenken
▷ Tunnel
▷ (Einwärts gerichtete) Ecken von Gebäuden
▷ (Vorspringende) Ecken von Gebäuden
▷ Straßen und Zufahrtswege
▷ Zentral gelegene Durchgänge (Flure) innerhalb eines Gebäudes
▷ »Panorama«-Zimmer mit Fenstern an Vorder- und Rückfront
▷ Treppen, die auf die Eingangstür zulaufen
▷ Telefonleitungen
▷ Telefonmasten, Laternenpfähle, hohe Bäume

## Rat und Volksweisheiten

Es gibt zwei Hauptschulen der Feng-Shui-Lehre: die Formschule und die Kompaßschule. Es gibt jedoch noch etwas, das man als »dritte« Feng-Shui-Schule bezeichnen könnte. Dabei handelt es sich um eine umfangreiche Sammlung von Ratschlägen darüber, was man tun bzw. unterlassen sollte – eine Sammlung von Spruchweisheiten unterschiedlichsten Ursprungs. Einige dieser Einsichten lassen sich auf Erkenntnisse der Formschule oder der Kompaßschule zurückführen, anderen liegen logische Erwägungen zugrunde, doch die meisten haben ihren Ursprung vermutlich im Schamanismus. Deshalb findet man in Büchern über Feng-Shui häufig am Ende ein Kapitel über Schamanismus und magische Zeichen zur Abwehr der bösen Geister der Krankheit.

Natürlich haben derartige Zaubersprüche weder mit der Formschule noch der Kompaßschule etwas zu tun. Trotzdem sind sie für Chinesen, die den Rat eines Geomanten suchen, ein authentischer Bestandteil der Beratung. Es kann sogar sein, daß der Klient regelrecht enttäuscht ist, wenn der Feng-Shui-Meister ihm zum Schluß keinen versiegelten Umschlag mit geheimen Zaubersprüchen überreicht, der im Garten vergraben, an einen Türbalken geheftet oder unter einen Teppich gelegt werden soll. Wer nach China reist oder wer Chinesen kennt, die außerhalb ihrer Heimat leben, wird gewiß auch noch andere Merkwürdigkeiten registrieren können, die dazu dienen, eine potentiell gefährliche Feng-Shui-Situation zu verbessern. Billige Bambusflöten, Kristallgehänge, klingender Schmuck und anderer Nippes sollen auf die verschiedenste Weise bedrohlichen Feng-Shui-Situationen entgegenwirken. Ich möchte diese Dinge hier der Vollständigkeit halber erwähnen, doch man sollte bedenken, daß solche volkstümlichen Zaubermittel nicht Bestandteil der großen Feng-Shui-Traditionen sind, so wie sie von den Begründern der Form- und Kompaßschule entwickelt wurden, sondern unorthodoxe, zum Teil modische Ergänzungen einer komplexen und präzisen Wissenschaft. Aber sie gehören irgendwie dazu und sollen daher auch in diesem Buch nicht übergangen werden.

Viele der Lösungen, die angeblich widrige Feng-Shui-Zustände beheben sollen – beispielsweise das Aufstellen von Spiegeln an strategisch wichtigen Stellen –, basieren auf dem Prinzip, daß bösartige Energieströme (das *Sha*) sich ablenken lassen, weil sie sich meist in geraden Linien fortbewegen. Andere Heilmittel, etwa das allgegenwärtige kugelförmige Goldfischglas, lassen sich entfernt aus der Lehre von den Fünf Elementen ableiten. Ein großer Teil des allgemein verbreiteten Maßnahmenrepertoires jedoch – und insbesondere die unvermeidliche Verwendung von Symbolen der Acht Trigramme als universelles Mittel zur Vertreibung von Dämonen – ist kein Bestandteil des authentischen Kanons der chinesischen Geomantie, obgleich derartige Dinge häufig mit ihr in Verbindung gebracht werden.

### Wie man ungünstige Feng-Shui-Bedingungen korrigiert

Es gibt zwei Hauptklassen von Mitteln, auf die man bei potentiell schädlichen Feng-Shui-Bedingungen zurückgreifen kann:

(a) solche, die den Ch'i-Fluß begünstigen und das schädliche *Sha* ablenken;

(b) und solche, die das Gleichgewicht der Fünf Elemente wiederherstellen.

Diesen beiden Kategorien kann man noch die Talismane hinzufügen, außerdem glückbringende Zaubersprüche sowie andere Objekte, die häufig irgendwo im Haus aufgestellt oder angebracht werden, um böse Geister abzuwehren oder um Glück anzuziehen.

Wenn es darum geht, den *Ch'i*-Fluß zu verbessern, muß man darauf hinarbeiten, daß dieser ungehindert durch das Gebäude fließen kann. Die positiven Energieströme müssen durch den Haupteingang ins Haus kommen und es durch den Hintereingang oder durch ein Fenster wieder verlassen, nachdem sie möglichst durch jeden Raum des Gebäudes geflossen sind.

Zunächst wird der Geomant gewöhnlich Vorschläge unterbreiten, wie das Gebäude gestaltet und die verfügbaren Räume aufgeteilt und optimal genutzt werden können. Ist es möglich, die Aufhängung einer Tür so zu verändern, daß diese sich in eine andere Richtung öffnet? Kann man an einer bestimmten Stelle eine Mauer hochziehen? Läßt sich an diesem oder jenem Punkt ein weiterer Eingang oder ein Fenster einbauen?

Wenn die finanziellen Möglichkeiten des Hausbesitzers derartige strukturelle Veränderungen nicht erlauben, schlägt der Geomant weniger aufwendige Möglichkeiten vor, beispielsweise das Anbringen von Spiegeln und Wandschirmen, die den *Ch'i*-Fluß umlenken sollen. Spiegel und Fächer sind bei dieser Art der Feng-Shui-Lenkung die wichtigsten Mittel.

Ein scharfsinniger Feng-Shui-Berater hat jedoch vermutlich von Anfang an die finanziellen Möglichkeiten des Klienten im Blick, bevor er irgendwelche Vorschläge macht. Auf diese Weise kann er verhindern, daß der nachträgliche Vorschlag einer preiswerteren Alternative vom Klienten als weniger wirksame Notlösung empfunden wird. Der Geomant sollte den Ratsuchenden in keinem Fall mit einem Gefühl des Unbehagens zurücklassen.

Auch Vorschläge zur Korrektur eines Ungleichgewichtszustandes der Elemente können im Extremfall bauliche Veränderungen nach sich ziehen. Wenn der Klient ohnehin darauf eingestellt ist, daß er solche Veränderungen durchführen muß, kann der Geomant die Gelegenheit nutzen, ihm vorzuschlagen, spitze Fenster (die das Feuer symbolisieren) in bogenförmige (die Metall repräsentieren) umzuwandeln, da Erde Metall erzeugt, jedoch selbst durch Feuer hervorgebracht wird. Werden dagegen solche Veränderungen größeren Ausmaßes nicht in Betracht gezogen, wird er einfach raten, an der betreffenden Stelle einen Gegenstand zu plazieren, der das bezwingende Element symbolisiert.

Schließlich könnte der chinesische Feng-Shui-Praktiker dem Klienten noch einen Umschlag geben, der eine magische Kalligraphie enthält, oder er könnte vorschlagen, das Bild oder die Statuette eines Heiligen oder Unsterblichen als Schutz gegen schädliche übernatürliche Kräfte an einem geeigneten Ort aufzustellen.

### Wie man positives *Ch'i* fördert

Um festzustellen, ob positives *Ch'i* in ausreichendem Maße durch das Gebäude fließt, sollte man von jedem Stockwerk einen Plan zeichnen. Es sollte möglich sein, eine Linie in diesen Plan einzutragen, die am Haupteingang beginnt (oder, wenn es sich um eine der oberen Etagen handelt, im Treppenhaus) und durch das gesamte Stockwerk läuft, durch jeden Raum, um es schließlich auf einem anderen Weg wieder zu verlassen. *Ch'i* sollte das Haus nicht auf dem gleichen Weg wieder verlassen müssen, auf dem es ins Haus gekommen ist. Es kann sich jedoch aufteilen, durch mehrere Räume strömen und das Haus durch mehrere Ausgänge wieder verlassen, so wie ein Fluß auf seinem Weg eine Reihe von Inseln umfließen kann. Den Weg des *Ch'i* durch ein Haus kann man fördern, indem man dafür sorgt, daß sich alle Türen in Richtung des *Ch'i*-Flusses öffnen.

Eingangstüren sollten sich, aus der Sicht der Feng-Shui-Lehre, nach innen öffnen, auch wenn es bei öffentlichen Gebäuden häufig gesetzlich vorgeschrieben ist, daß sie sich nach außen öffnen. Haustüren von Wohnhäusern öffnen sich jedoch stets nach innen, so daß es da kaum Probleme gibt. Bei öffentlichen Gebäuden jeder Art erfüllen Drehtüren mehrere nützliche Funktionen: Einerseits wird auf diese Weise der Sicherheitsvorschrift entsprochen, daß sich die Eingangstür nach außen öffnen muß, und andererseits kommt diese Lösung der Feng-Shui-Lehre entgegen, daß sich eine Tür nach innen öffnen sollte, so daß *Ch'i* nicht nur leicht ins Haus gelangen, sondern ebenso leicht auch wieder hinausfließen kann.

Wenn das Gebäude eine Doppeltür hat – vielleicht hat das Haus ein Portal oder, falls es sich um ein Bürogebäude handelt, eine Eingangshalle –, sollten sich beide Türflügel in dieselbe Richtung öffnen. Wenn sie sich in unterschiedliche Richtungen öffnen oder wenn sie nicht in gerader Linie ausgerichtet sind, wird *Ch'i* daran gehindert, ins Gebäude zu fließen.

### Tote Bereiche

Bereiche, die der *Ch'i*-Fluß nicht erreicht, sind tot. Vermeiden Sie tote Ecken, indem Sie an solchen Stellen Truhen, große Zimmerpflanzen oder Zierat aufstellen.

In geschlossenen, fensterlosen Räumen stirbt *Ch'i* ab, und verbrauchtes *Ch'i* hat eine schwächende Wirkung auf alle, die an solchen Stellen arbeiten oder schlafen müssen. Solche toten Bereiche lassen sich nur als Lagerräume oder begehbare Schränke zufriedenstellend nutzen. Damit das tote *Ch'i* sich zerstreuen kann, ist es wichtig, daß die Türen sich nach außen öffnen. Es gibt zwei typische Fälle für eine solche Situation: Garagen und Versammlungsräume.

Moderne Feng-Shui-Berater behaupten, es sei schädlich, ein Schlafzimmer über einer Garage zu haben, da diese ein geschlossener Raum sei und sich deshalb dort totes *Ch'i* ansammeln würde. Die banalste Erklärung für die Schädlichkeit eines solchen Raumes ist, daß die Abgase aus der Garage in den darüberliegenden Raum dringen und den Schlafenden allmählich vergiften.

Räumlichkeiten, die der Unterhaltung dienen, wie Kinos, Theater und Konzertsäle, und die aufgrund ihrer Funktion völlig geschlossen und fensterlos sein müssen, sind besonders schlecht für *Ch'i*. Glücklicherweise braucht das Menschen, die nur wenige Stunden in der Woche in solchen Räumen verbringen, nicht sonderlich zu beunruhigen. Da sich in derartigen Gebäuden wegen der Feuerschutzvorschriften alle Türen nach außen öffnen müssen, wird damit gleichzeitig für die Zerstreuung des toten *Ch'i* gesorgt. Bei Versammlungs- und Gemeinschaftsräumen, deren Türen sich aufgrund irgendeiner Gesetzeslücke noch immer nach innen öffnen, sollte das schnellstens geändert werden.

### Verlorenes *Ch'i*

Vermeiden Sie Fenster in einander gegenüberliegenden Wänden eines Raums. Diese veranlassen das energiespendende *Ch'i*, direkt durch den Raum hindurchzufließen, ohne zuvor den betreffenden Bereich mit seinen lebensstärkenden Kräften angereichert zu haben. Außerdem hat ein Raum mit Fenstern vis-à-vis psychologisch gesehen keinen Fixpunkt, weshalb es für jeden, der sich in einem solchen Raum aufhält – zumindest mental –, schwierig ist, einen gemütlichen Platz zu finden. Um dem entgegenzuwirken, kann man das eine Fenster zum »Aussichtsfenster« machen und das andere auf irgendeine Weise abdunkeln. So wird das *Ch'i* dazu veranlaßt, durch den ganzen Raum zu fließen, bevor es ihn durch das »Aussichtsfenster« wieder verläßt.

Ebenso kann *Ch'i* in einem Haus, das durch einen Korridor geteilt ist oder in dem die Hintertür von der Eingangstür aus zu sehen ist, geradewegs durch das Gebäude hindurchfließen, ohne daß sein positiver Einfluß wirksam wird. In solchen Fällen sollte man darüber nachdenken, ob sich der Hinterausgang verlegen läßt. Allerdings ist so etwas meistens nicht möglich. Eine einfachere Lösung wäre, den Hintereingang vom Haupteingang abzuschirmen, indem man an einer geeigneten Stelle im Flur eine Trennwand oder einen Vorhang anbringt, so daß die Hintertür von der Vordertür aus nicht zu sehen ist.

Auf die gleiche Weise kann man verfahren, wenn die Treppe unmittelbar auf den Vordereingang zuführt. Gewöhnlich ist es nicht möglich, den Treppenaufgang zu versetzen, obgleich auch dies gelegentlich gemacht wird. Allerdings läßt sich manchmal der unterste Teil der Treppe in eine andere Richtung lenken. Praktikabler ist es jedoch gewöhnlich, die Treppe durch einen Garderobenständer oder einen Vorhang unmittelbar am unteren Ende der Treppe vom Vordereingang abzuschirmen.

Häufig wird auch das Bild eines Wächters aufgehängt – ähnlich den dämonenköpfigen Wasserspeiern an Kirchen –, um unheilvolle Einflüsse abzuwehren. Der Wächter kann ein religiöses Bildnis sein, die Darstellung einer taoistischen Gestalt oder eines Heiligen, eine Buddhafigur oder ein wachsames Tier wie ein Löwe, ein Hund oder ein Drache. Spiegel, das Zeichen der Acht Trigramme, Windglocken und Gongs werden ebenfalls für diesen Zweck verwendet.

### Wie man bösartiges *Sha* abwehrt

▷ Spiegel. – Spiegel werden am häufigsten verwendet, und zwar sowohl um den *Ch'i*-Fluß zu fördern als auch um den Weg des *Sha* abzulenken.

Man sollte Spiegel an Punkten anbringen, an denen sich das *Ch'i* fängt, so daß es mit Hilfe der Spiegel den gewünschten Weg nehmen kann. Spiegel setzt man auch ein, um die geheimen Pfeile abzulenken, die durch vorspringende Gebäudeecken entstehen, welche auf einen bestimmten Raum des Hauses weisen. An der richtigen Stelle plaziert, wirft ein solcher Spiegel das bedrohliche Bild auf sich selbst zurück, wobei er gleichzeitig innerhalb des Raumes eine andere, positivere Szene zeigt, beispielsweise einen Teil des Gartens.

Es gibt jedoch einen wichtigen Unterschied hinsichtlich der Plazierung der Spiegel, die den *Ch'i*-Fluß fördern sollen, und jener, die *Sha* ablenken sollen. Erstere werden in einem Winkel aufgehängt, damit das *Ch'i* den gewünschten Weg nimmt, letztere sollten das *Sha* aus dem Gebäude herausreflektieren.

Spiegel kann man auch in Badezimmern und Toiletten anbringen, wenn diese keine Fenster haben. Andernfalls wären dies tote Bereiche, in denen *Ch'i* stagniert. Chinesische Feng-Shui-Kenner berichten, daß Menschen, deren Toiletten in dieser Weise »tot« sind, ihre Gesundheit gefährden – vor allem natürlich die ihrer Verdauungsorgane.

Sehr wichtig ist es, Spiegel in Schlafzimmern nicht achtlos aufzuhängen. Eine zu stark anregende Atmosphäre raubt den Schlafenden die Ruhe. Außerdem sind die Chinesen davon überzeugt, daß die Seele während der Nacht den Körper verläßt, damit dieser sich erholen kann. Sieht die Seele jedoch in dem Augenblick, in dem sie sich aus dem Körper erheben will, ihr eigenes Spiegelbild, bleibt sie, wo sie ist, und stört so die Nachtruhe des Betreffenden durch Angst- und Alpträume.

Falls jemand im Schlafzimmer unbedingt einen Spiegel aufhängen möchte – beispielsweise über einer Ankleidekommode –, dann sollte dieser so angebracht werden, daß er nicht den Schlafenden spiegelt, sondern dieser vom Bett aus die Tür in ihm sieht. So kann der Ruhende frühzeitig erkennen, ob sich ein Eindringling an der Tür zu schaffen macht.

▷ Balken. – Bei Schlafzimmern hält die »dritte« Feng-Shui-Schule es für ungünstig, wenn sich über dem Kopf des Schlafenden Balken befinden. Wenn das Schlafzimmer so klein ist, daß sich das nicht vermeiden läßt, sollte der Balken parallel zum Bett verlaufen, in keinem Fall jedoch quer darüber. Falls auch das nicht zu verhindern ist, sollte man das Bett so aufstellen, daß der Balken über dem Körper des Schlafenden statt über dem Kopf verläuft. Vielleicht stammt diese Regel aus einer Zeit, da die Häuser noch nicht so stabil gebaut waren. Beherzigte man die Anweisung nämlich, so hatte man eine gewisse Chance zu überleben, wenn das Gebäude einstürzte.

Ebenso sollte man in einem Wohnzimmer mit Deckenbalken die Sitzgelegenheiten so plazieren, daß sich unmittelbar darüber keine Balken befinden.

▷ Brücken. – Brücken sind eine spezielle Ursache für *Sha*. Die Konstruktion einer Brücke ist dabei wesentlich wichtiger als der Weg oder die Straße, die zu ihr hinführt. Deshalb gelten Brücken grundsätzlich als potentiell gefährliche Punkte, an denen schädliches *Sha* in eine bestimmte Richtung gelenkt wird.

Häufig wurde zur Abwendung der Bedrohung gegenüber der Brücke eine Steintafel errichtet, auf welche der Satz »*Shih Kan Tang*« eingemeißelt war: »Der Stein wagt es, Widerstand zu leisten.« Außerdem wurden manchmal Tigerköpfe oder der Name des heiligen Berges T'ai Shan eingraviert.

SIMON BROWN

# Feng-Shui-Lösungen für Schlaf- und Arbeitsplatz

Feng Shui kann unser Leben in zweierlei Weise bereichern. Zum einen gilt es, seinen Platz jeweils so einzurichten, daß das eigene Chi stets positiv von der Chi-Energie beeinflußt wird, die das Gebäude durchströmt. Wie dies in der Praxis geschieht, ist eine Frage des Ortes, an dem man die meiste Zeit über sitzt, arbeitet oder schläft. Zum anderen kann man die Art und Weise verändern, wie sich die Chi-Energie durch ein Gebäude bewegt, und damit eine auf die Bedürfnisse der Bewohner besser abgestimmte Chi-Strömung entstehen lassen.

Mit Ratschlägen zum Thema des optimalen Aufenthaltsortes möchte ich beginnen.

## Schlafplatz

Dazu gibt es drei Überlegungen: Erstens, welcher Raum soll als Schlafzimmer dienen; zweitens, wo soll das Bett aufgestellt werden; und drittens, welcher Richtung soll es zugewandt sein. Das Bett könnte beispielsweise im östlichen Bereich der Wohnung, im südlichen Teil des Schlafzimmers und in Richtung Westen weisend stehen. Der Raumanordnung innerhalb des Hauses kommt zwar eine größere Bedeutung zu als der Position des Betts im Schlafzimmer selbst. Von der Richtung, in die das Bett weist, geht allerdings eine nicht zu unterschätzende Wirkung aus. Wenn ich von der Richtung eines Bettes spreche, so meine ich damit die Richtung, in die das Kopfende weist. Bei einem dem Osten zugekehrten Bett weist also der Kopf des darinliegenden Menschen nach Osten und seine Füße nach Westen.

Jede der acht Richtungen erzeugt eine Chi-Energieart, die während der Nachtruhe das individuelle Chi auf- oder entlädt. Wie es sich damit im einzelnen verhält, können wir inzwischen selbst analysieren und beurteilen. Hier noch einmal eine Zusammenfassung der wichtigsten Punkte, auf die es zu achten gilt:

### Norden

Die Idealbedingungen für einen ruhigen Schlaf sind gegeben, wenn man im Norden des Gebäudezentrums oder mit dem Kopf nach Norden weisend schläft. Läßt man seine Chi-Energie im Schlaf von der Chi-Energie des Nordens auftanken, so verhilft das zu einem ruhigeren, friedvolleren und stilleren Dasein. In der fernöstlichen Philosophie spricht man hier gelegentlich von der »Totenlage«, weil eine im Norden befindliche oder in nördliche Richtung weisende Schlafstätte als der beste Ort zum Sterben gilt. Diese Himmelsrichtung wirkt besänftigend auf das Chi und stärkt den spirituellen Charakter der Chi-Energie. Jungen Leuten oder allen, die altersunabhängig beruflich oder geschäftlich vorankommen möchten, würde ich den Norden als Schlafplatz nie empfehlen. Auch einsamen Menschen würde ich davon abraten, da der Norden sie noch stärker isolieren könnte. Es ist sicher einen Versuch wert, ein Kind mit Schlafstörungen vorübergehend einmal im Norden unterzubringen oder ihm eine nach Norden weisende Schlafstelle zu geben. Die Chi-Energie des Nordens ist außerdem mit der Sexualität assoziiert, und so könnte diese Lage oder Richtung vielleicht auch ein zum Erliegen gekommenes Liebesleben reaktivieren.

### Nordosten

Schläft man im Nordosten des Hauses oder mit dem Kopfende gen Nordosten, kann man von der dort vorherrschenden antriebsstarken, wetteifernden und aggressiven Chi-Energie profitieren. Das dürfte zuweilen Kindern und selbst Erwachsenen entgegenkommen. Ich würde allerdings generell den Nordosten nicht zum

Schlafen empfehlen. Mir sind viele Menschen begegnet, die im Nordosten schlafen und über heftige Alpträume klagten. Nachdem sie ihr Bett umgestellt hatten, legten sich die Beschwerden. Eine solche Lage oder Richtung wäre auch für jemanden mit gesundheitlichen Problemen nicht unbedingt empfehlenswert. Wenn Kinder im nordöstlichen Trakt eines Hauses untergebracht sind, könnten sich daraus für die Eltern Erziehungsprobleme ergeben. Ich habe Familien erlebt, bei denen die Kinder im Nordosten und die Eltern an einem energiemäßig schwächeren Ort schliefen, und mußte feststellen, daß sich im Leben der Eltern eigentlich alles nur um die Kinder drehte.

## Osten

Östlich vom Gebäudezentrum oder dem Osten zugekehrt zu schlafen kann für den Aufbau des beruflichen oder geschäftlichen Erfolges geradezu ideal sein. Von daher gilt diese Lage und Richtung als besonders günstig für junge Leute. Der Osten steht für größere Aktivität und verstärkten Ehrgeiz, hier kann man seine Fähigkeiten richtig zur Entfaltung bringen und die Träume des Lebens in Erfüllung gehen lassen. Kaum hatte ich mein Bett so umgestellt, daß das Kopfende nach Osten wies, durfte ich mich eines stetigen geschäftlichen Aufstiegs erfreuen. In Abbildung 22 ist diese Ideallage an einem Beispielobjekt veranschaulicht.

## Südosten

Schläft man in der Chi-Energie des Südostens oder dem Südosten zugekehrt, können sich dadurch ebenfalls positive Entwicklungen in Beruf und Geschäft einstellen. Die Wirkung ist hier jedoch verhaltener, und der Fortschritt verläuft in weitaus harmonischeren Bahnen. Die Chi-Energie des Südostens ist von Kreativität geprägt und fördert die Kommunikation.

## Süden

Die Chi-Energie des Südens begünstigt insbesondere Leidenschaft, Intelligenz, Ansehen und Ruhm. Sie ist allerdings das genaue Gegenteil des Schlafens. Der Süden repräsentiert die Tagesmitte, während der Schlaf die Nacht einnimmt. Wer hier schläft, liegt oft die ganze Nacht über wach und denkt. Trotzdem kann die Südlage oder -richtung jungen Studenten, Schauspielern oder Juristen auch förderlich sein.

## Südwesten

Gewöhnlich rate ich meinen Klienten nicht dazu, im Südwesten oder dem Südwesten zugekehrt zu schlafen. Die dort vorherrschende Chi-Energie kann sich dergestalt bei den Bewohnern äußern, daß sie übervorsichtig werden und in Beruf oder Geschäft eventuell Rückschläge hinnehmen müssen. Wem die Gesundheit Sorgen bereitet, sollte diese Lage oder Richtung ebenfalls meiden.

## Westen

Will man mehr Freude und Romantik ins Leben bringen, sollte man möglichst im Westteil eines Gebäudes oder in westlicher Richtung schlafen. Das ist nicht unbedingt die beste Richtung, um Beruf oder Geschäft auf Erfolgskurs zu bringen, aber sie dürfte dem Leben generell mehr Zufriedenheit bescheren. Wer hier schläft, kann allerdings seine Antriebskraft verlieren.

## Nordwesten

Im Nordwesten oder dem Nordwesten zugekehrt zu schlafen ist die klassische Position für Menschen in leitenden Funktionen und für Führungspersönlichkeiten. Es ist der ideale Ort für Eltern und für alle, die bereits mitten im Leben stehen und sich in einer etwas gefestigteren Phase befinden. Die Nordwest-Chi-Energie öffnet den

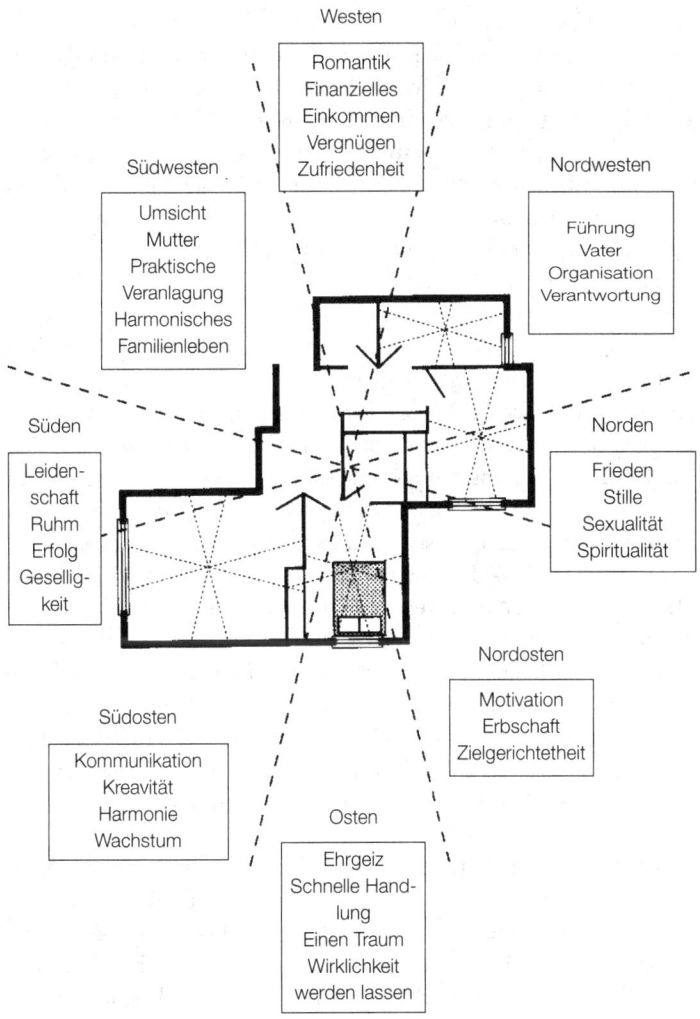

*Abb. 1: Eine östlich des Gebäudezentrums oder dem Osten zugewandt eingerichtete Schlafstelle kann dem Aufbau der beruflichen und geschäftlichen Karriere ausgesprochen förderlich sein.*

Weg zur Übernahme größerer Verantwortung und verbessert die Fähigkeit zur Organisation und vorausschauenden Planung. Wer hier schläft, wird den Bedürfnissen der Familie besser Rechnung tragen können. Wenn Kinder an diesem Platz und die Eltern an einem energiemäßig weniger gefestigten Ort schlafen, beispielsweise im Osten, werden sie es schwer haben, sich den Respekt ihrer Kinder zu verschaffen oder sie zu bändigen. Sie haben ihren Kindern nämlich die Stelle zugewiesen, die ihnen das Gefühl gibt, die Zügel in der Hand zu haben. Abbildung 23 veranschaulicht an einem Beispiel, welche Wirkung es hat, wenn Erwachsene im Nordwesten schlafen.

Häufig wird das Bett an einem Ort aufgestellt, an dem verschiedene Chi-Energiearten zusammentreffen. An einem Beispiel möchte ich dies verdeutlichen: Das Bett befindet sich im westlichen Trakt des Hauses, ist aber dem Südosten zugekehrt. In diesem Fall sind die charakteristischen Eigenschaften und Wesenszüge der Chi-Energie des Westens mit denen des Südostens zu kombinieren, um bestimmen zu können, welchen Einfluß sie insgesamt auf den Schlaf haben.

Ein Ehepaar Ende Dreißig bat mich um eine Feng-Shui-Beratung. Der Mann arbeitete zu Hause, und die Frau ging verschiedenen Teilzeitjobs in Heimarbeit nach. Unter anderem beklagten beide die Tatsache, daß sie kaum Sex miteinander hätten und bislang auch keine Kinder bekommen konnten. Ich schaute mir ihr Haus im Detail an und zeichnete einen Plan mit den acht Richtungen. Es stellte sich heraus, daß sein Büro genau dort angeordnet war, wo eigentlich das Schlafzimmer hätte sein sollen und umgekehrt. Sie tauschten die Räume, stellten den Schreibtisch östlich des Gebäudezentrums auf und drehten ihn so, daß man während der Arbeit in Richtung Osten blickte. Das Bett wurde in den nördlichen Bereich des Hauses verlagert und so aufgestellt, daß das Kopfende nach Osten wies. Es verging kaum ein Monat, bis die Frau mich anrief, um zu berichten, daß sich ihr Liebesleben überaus positiv entwickelt hätte und sie inzwischen sogar schwanger sei. Auch der Mann schilderte mir, wieviel besser er am neuen Ort arbeiten könne. Was war der Grund für diese Wende? Da er jetzt im Osten und gleichzeitig mit Blick nach Osten arbeitete, kam er in den Genuß jener Chi-Energie, die ihn zu größerer Aktivität

Feng-Shui-Lösungen für Schlaf- und Arbeitsplatz 83

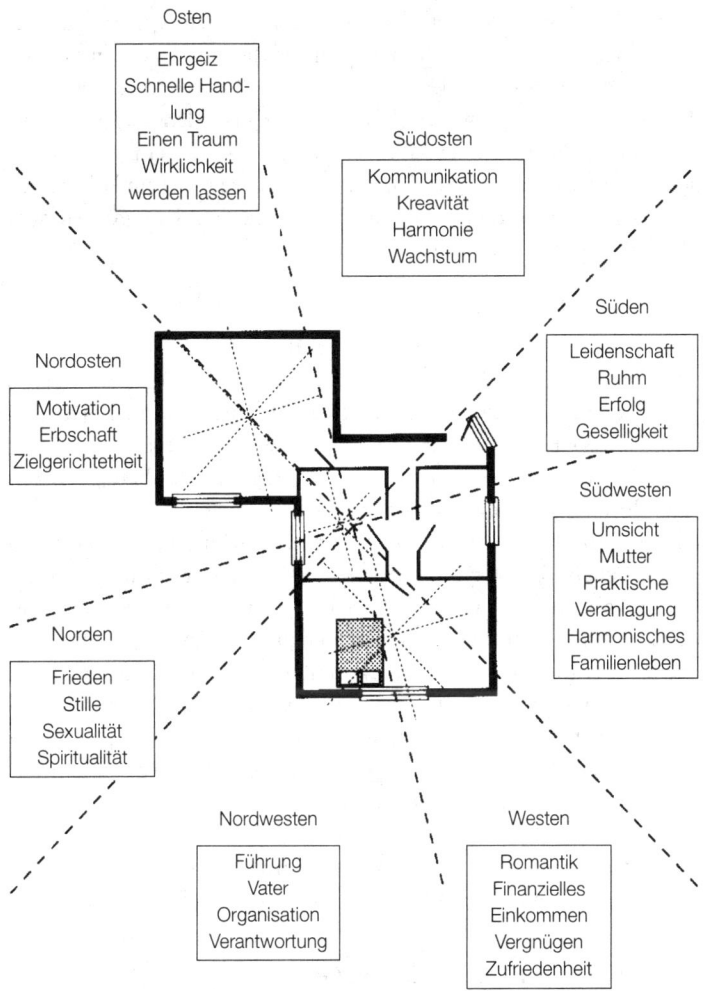

*Abb. 2: Erwachsenenschlafzimmer im Nordwesten*

und vielen neuen Ideen beflügelte, deren erfolgreiche Umsetzung wiederum seinen beruflichen Ambitionen zugute kam. Dadurch, daß sie ihr Bett in den Nordteil des Hauses verlagert hatten, waren sie in der Nacht den Einwirkungen der Chi-Energie des Nordens ausgesetzt, die unter anderem mit der Sexualität assoziiert wird. Zudem war das Bett jetzt so aufgestellt, daß das Kopfende nach Osten wies und die beiden eine zusätzliche Stimulierung durch diese Chi-Energie erfuhren, was wiederum zu mehr sexueller Aktivität führte.

## Arbeitsplatz

Den Ort zum Arbeiten oder Sitzen richtig auszuwählen erfordert nicht nur viel Geschick, sondern vor allem eine klare Vorstellung davon, was man erreichen möchte. Dann gilt es zu überlegen, welche Chi-Energieart diese Pläne am besten unterstützt. Wäre man frei in der Wahl seines Arbeitsplatzes in einem Gebäude, stünden allein 512 mögliche Standorte zur Verfügung, also acht Richtungen innerhalb des gesamten Gebäudes, acht Richtungen innerhalb eines Raumes und acht Richtungen, denen man zugekehrt sein kann. Wie beim Schlafplatz beschrieben, kann man die Kombination aus drei verschiedenen Chi-Energiearten nutzen, um die beste Chi-Mischung für jemanden zu erzielen.

Neben der Lage und Richtung eines Arbeitsplatzes gilt es, darauf zu achten, möglichst so zu sitzen, daß man immer den übrigen Raum und die Tür im Auge behält.

Hier ein paar Beispiele für die Gestaltung eines Arbeitsplatzes, wie ich ihn häufig empfehle.

### Im Osten und dem Osten zugewandt

Dies ist die ideale Lage und Richtung für einen beruflichen oder geschäftlichen Neubeginn in der frühen Phase des Arbeitslebens oder für junge Leute generell. Mit der Chi-Energie des Ostens verbindet sich ein stimulierender Effekt zu schnellem Handeln, gesteigerter

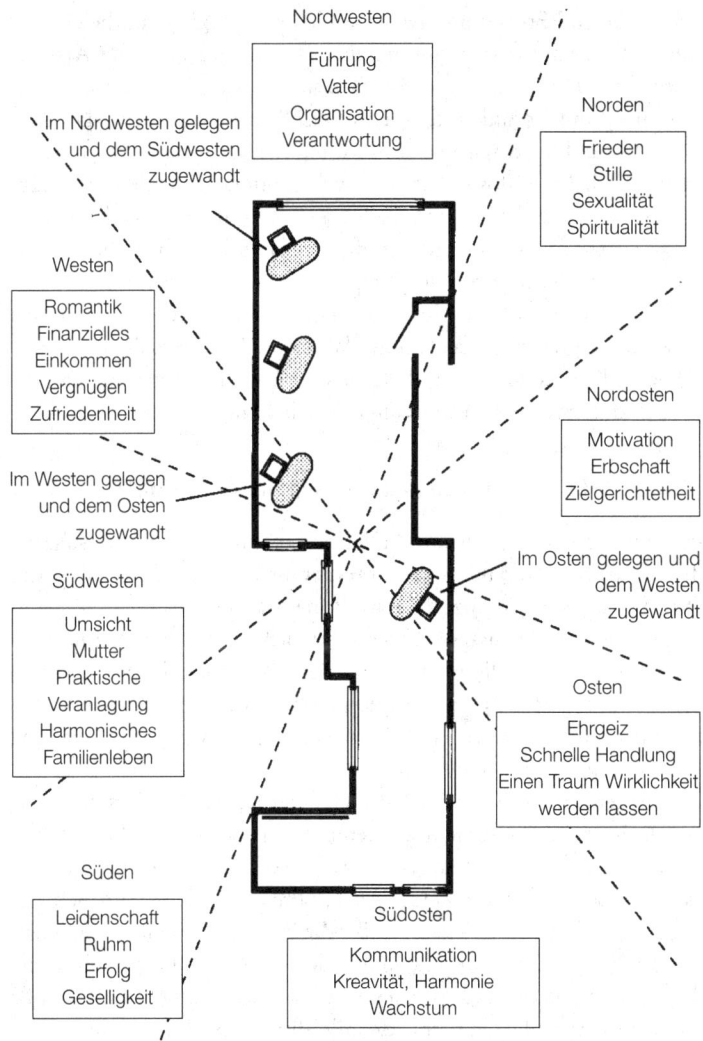

*Abb. 3: Beispiele für die Anordnung eines Arbeitsplatzes in einer der acht Richtungen mit Blick in eine andere der acht Richtungen*

Aktivität und Entfaltung der persönlichen Fähigkeiten, die jeweiligen Lebensträume in Erfüllung gehen zu lassen. Liegt der Arbeitsplatz im Ostteil eines Gebäudes und im östlichen Bereich eines Raumes, und ist zudem der Schreibtisch so ausgerichtet, daß man nach Osten blickt, wird diese Wirkung den Betreffenden am stärksten zuteil. Im Südosten ist sie etwas subtiler. Ich arbeite von Zuhause aus und habe bereits verschiedene Räume und Standorte in jedem Zimmer ausprobiert. Am effizientesten bin ich in meiner Arbeit, wenn ich im Osten sitze und dem Osten zugewandt bin, selbst wenn ich dem restlichen Raum und der Tür den Rücken kehre. Ich habe einen großen Spiegel an der Wand unmittelbar neben meinem Arbeitsplatz aufgehängt und kann so, ohne mich umzudrehen, die Tür und den restlichen Raum im Auge behalten.

### Im Nordwesten und dem Südosten zugewandt

Es handelt sich hierbei um die klassische Lage für den Geschäftsführer oder Vorstand eines Unternehmens. Die Chi-Energie des Nordwestens unterstützt die Entfaltung organisatorischer Fähigkeiten sowie der vorausschauenden Planung und erzeugt Verantwortungsbewußtsein. Diese Lage stellt den Direktor oder Vorstand eines Unternehmens in ein Chi-Energie-Umfeld, das mit Respekt, Autorität und Vertrauen assoziiert ist. All dies sind wesentliche Qualitäten für Führungskräfte.

Empfehlungen dieser Art habe ich einer Reihe von Vorstandsmitgliedern großer Unternehmen gemacht. In bezug auf die Art und Weise, wie die Mitarbeiter sie inzwischen wahrnehmen, habe ich recht erstaunliche Rückmeldungen erhalten. Eine Frau hatte Schwierigkeiten mit zwei Kollegen, die ihr die Position neideten. Nachdem sie ihr Büro in den Nordwesten und dem Südwesten zugewandt verlagert hatte, waren alle von dieser neuen Anordnung begeistert, nur diese beiden Kollegen nicht, die allerdings das Unternehmen bald darauf verließen; und so lösten sich die Probleme von selbst. Jetzt kann meine Klientin die Firma erfolgreich führen, ohne sich mit den internen Firmenquerelen weiter belasten zu müssen.

Ein berühmter Musiker bat mich um Hilfe. Er schrieb gerade an seiner Autobiographie und saß dabei im östlichen Teil seiner Wohnung mit Blick nach Süden. Der Süden begünstigt Ausdruck und Ansehen, der Osten die Aktivität, doch er konnte nie länger als dreißig Minuten an seinem Platz ausharren, ohne zwischendurch aufzustehen. Im Sitzen hatte er auch dem übrigen Raum und der Tür den Rücken zugekehrt. Er mußte dringend schneller vorankommen und sein Buch zu Ende bringen, da der Verleger bereits ungeduldig wurde. Er versuchte es im Osten und richtete seinen Arbeitsplatz nach Westen aus, was sich raumgestalterisch gut durchführen ließ und ihm nun den Blick zum Raum selbst und zur Tür freigab. Das Ergebnis dieser Operation ließ jedoch zu wünschen übrig. Die größte Wirkung setzte ein, als er schließlich im Nordwesten des Raumes und dem Südosten zugewandt saß. Ich beriet ihn auch hinsichtlich des besten Zeitpunktes, wann er sein Buch abliefern sollte, und der lag drei Monate nach dem vom Verleger gewünschten Termin. Nach dem Erscheinen rangierte es vierzehn Wochen lang unter den ersten Zehn der Bestsellerliste und lag zeitweise sogar auf Platz Zwei. In diesem Fall hatte die Chi-Energie des Nordwestens Verantwortung und Organisation untermauert. Gleichzeitig kamen durch die Südwestausrichtung auch Kommunikation und Kreativität zur Entfaltung.

In Abbildung 3 habe ich anhand eines Modellbüros verschiedene Lagen und Richtungen für die Anordnung eines Arbeitsplatzes aufgezeigt.

Die gleichen Prinzipien gelten für die Suche nach dem optimalen Ort zum Entspannen, Essen, für Konferenzen und Besprechungen.

Abends im westlichen Teil einer Wohnung zu sitzen kommt beispielsweise der Entspannung entgegen und steigert das Wohlbefinden. Die Chi-Energie des Westens ist dem Abend zugeordnet. Sie ist im allgemeinen gefestigter. Ähnlich einem leuchtendroten Sonnenuntergang bietet diese Chi-Energie des Westens eine romantische und beruhigende Kulisse, um den Tag zu beschließen. Sind wir zudem dem Westen zugewandt, intensiviert sich die Wirkung der Chi-Energie.

Traditionell sitzt der Vater bei den Mahlzeiten nordwestlich der Tischmitte mit Blick nach Südosten. Das kommt seiner Position als Familienoberhaupt zugute. Der Platz der Mutter ist im Südwesten. In unserer modernen Zeit ist der Nordwesten für beide Elternteile gleichermaßen geeignet; ich empfehle ihn in der Regel dem Haupternährer der Familie. Für die Kinder würden sich alle übrigen Plätze eignen, wobei der Osten und Nordosten adäquater für die Söhne ist, während die Töchter vorzugsweise im Westen und Südosten ihren Stammplatz einnehmen sollten.

Bei Konferenzen rate ich dem Vorsitzenden, seinen Platz jeweils im Nordwesten mit Blick nach Südosten einzunehmen. In einem Unternehmen können je nach der Stellung, die ein Mitarbeiter im Betrieb einnimmt, andere Sitzordnungen zur Anwendung kommen.

Wer mit Public Relations, Werbung und Imagepflege in der Öffentlichkeit zu tun hat, sollte möglichst im Süden des Gebäudes seinen Platz haben. Der Südwesten eignet sich für Liegenschaften, Personalwesen und alle damit zusammenhängenden Angelegenheiten, der Westen für Aufgaben im Zusammenhang mit Rechnungswesen, Buchführung oder für den Leiter der Finanzen selbst, der Norden für den Geld- oder Materialfluß innerhalb des Unternehmens, der Nordosten für Bau- oder Wettbewerbsangelegenheiten, der Osten für Investitionen, Erweiterungen und die Erschließung neuer Geschäftszweige, der Südosten für Transport, Verkehr und Kommunikation.

Nicht immer läßt sich der ideale Platz für ein Bett, einen Schreibtisch oder den Sitzplatz finden. Es liegt also am Geschick und der Fähigkeit eines Feng-Shui-Beraters, auch bei eingeschränkten Verhältnissen Lösungswege aufzuzeigen. Vergessen wir bei allem nicht, daß der Zeitpunkt der Realisierung solcher Veränderungen ebenfalls unter einem günstigen Stern stehen muß. Es ist allemal besser zu warten, als sich auf die Position 5 des betreffenden Jahres zuzubewegen oder sich von ihr zu entfernen, auch wenn wir einen besseren Ort gefunden haben sollten. Im übrigen würde ich nie dazu raten, ein Bett so umzustellen, daß das Kopfende auf die 5 oder von ihr weg weist. Das gleiche gilt für den Schreibtisch.

# 2. Teil:

# Persönliches Wachstum

## A. Aus westlicher Sicht

ALBRECHT SCHOTTKY/THEO SCHOENAKER

# Was bestimmt mein Leben?

Jeder baut sich seine Welt. Den Grundplan hat er in den ersten Lebensjahren selbst geschrieben und entworfen, und nun richtet er sich täglich danach – aber er kennt ihn selbst nicht. Diesen Grundplan nennen wir den Lebensstil. Er liegt in einem Geheimtresor; aber alle wichtigen Entscheidungen richten sich nach diesem Grundplan. Er enthält Grundregeln und Anschauungen, die man in den ersten Lebensjahren selbst entwickelt hat – aus den Erfahrungen dieser Jahre, aus dem Erleben seiner Eltern, seiner Geschwister, der häuslichen und der weiteren Umwelt. Er ist aber keinesfalls formuliert nach dem Motto: »Wie ich als Kleinkind die Welt erlebt habe.« Vielmehr ist er gefaßt als ein ehernes Gesetz, als eine letzte Erkenntnis: So *ist* die Welt; so *sind* die anderen Menschen – Männer, Frauen; so bin ich; das muß ich anstreben, so kann ich das erreichen. Festgehalten ist dieser Plan nicht in Worten und Begriffen, sondern in Bildern und lebendigen, bildhaften Vorstellungen, besonders deutlich in den frühkindlichen Erinnerungen.

Jeder hat seinen persönlichen Lebensstil! Wir können diesen Grundplan, den persönlichen Lebensstil nicht mit Worten wiedergeben – so wenig ein Berg oder das Erlebnis einer Bergbesteigung durch ein Gipfelfoto »wiedergegeben« werden kann; aber wir können ihn mit Worten skizzieren und damit greifbarer machen. Solange uns dieser Plan unbekannt ist, wird er als zwingend empfunden in dem Sinne: Das *ist* so, das muß ich so machen. Gelingt es uns dagegen, ihn ins Bewußtsein zu rufen, so gewinnen wir die freie Entscheidung zurück. Nun heißt es: Das sehe ich so – ich kann es so oder auch anders sehen; das *kann* ich so machen, ich bin es so gewohnt – ich kann es so machen oder auch anders versuchen.

Jedem Lebensstil und jeder ausgeprägten Tendenz eines Lebensstils entspricht eine besondere Form der Wahrnehmung und eine besondere (private) Logik. Es ist eben ein ganzes persönliches System – eine persönliche Welt. Wenn wir uns jetzt mit einigen Beispielen befassen, so versuchen wir uns in die Lage des Betroffenen hineinzuversetzen und die Situation mit seinen Augen zu sehen.

Erstes Beispiel: Eine Frau ist immer liebenswürdig und hilfsbereit. Sie ist verheiratet, und beide sind berufstätig. Beide leben nach dem Terminkalender; so auch heute an einem vollen Arbeitstag, an dem sie und ihr Mann sich auf eine gemütliche Kaffeestunde geeinigt hatten. Kurz vorher ruft eine Nachbarin an. Der Mann mag die Nachbarin nicht, weil, wie er meint, sie sich zuviel in den Mittelpunkt stellt und zu lange hängenbleibt. Die Nachbarin möchte einige persönliche Dinge besprechen und lädt sich selbst ein. Die Frau kann ihr den Wunsch nicht abschlagen, obwohl sie zum Ausdruck bringt, daß es sehr schlecht paßt und sie mit ihrem Mann allein sein möchte. Als ihr Mann zur verabredeten Stunde nach Hause kommt, entsteht ein Problem. Die Frau möchte es beiden recht machen. Am Ende sind ihr beide böse. Da diese Problemsituationen in ihrem Leben in verschiedensten Variationen immer wieder vorkommen, ist sie ratlos und fühlt sich in einer Sackgasse.

Zweites Beispiel: Ein Mann tritt eine neue Stellung an. Mit seiner aktiven und kontaktfreudigen Art kommt er rasch in den neuen Kreis hinein und wird mit vielen bekannt. Er übernimmt gerne Aufgaben, die man an ihn heranträgt, und läßt sich im Kollegenkreis zum Sprecher wählen. Auch gesellschaftlich findet er rasch Zugang und Verbindungen in seiner neuen Umgebung. Nach einiger Zeit hat er das Gefühl, sich zerreißen zu müssen und doch nicht mehr recht nachzukommen. Gelegentlich wird er im beruflichen Bereich auch deutlich kritisiert, weil er die eine oder andere Aufgabe vernachlässigt. Solche Kritik ist ihm unangenehm, aber neue und interessante Aufgaben ziehen ihn einfach mehr an. Er fühlt sich in zunehmendem Maße unter Druck – aber er hat keine Ahnung, wie er seine Lage wirklich ändern kann. Seine Anstrengungen führen ihn nur noch weiter in die Sackgasse hinein.

Drittes Beispiel: Ein Mann hat eine Stellung auswärts annehmen müssen – weit entfernt von dem Ort, wo er aufgewachsen ist. Die neue Umgebung erscheint ihm fremd, auch die Menschen mit ihrer Art, er findet nicht so recht Zugang, er hält sich dort lieber zurück. Nach einiger Zeit hat er den Eindruck, daß ihn die anderen als Außenseiter betrachten, vielleicht sogar als Sonderling. Es bedrückt ihn, daß er keine Freunde findet und auch keine Freundin. Allmählich gewinnt er in seinem Betrieb den Eindruck, daß die anderen ihn übergehen, ihn nicht richtig einbeziehen, daß sie sich hinter seinem Rücken verständigen. Er zieht sich noch mehr zurück und verschärft damit noch seine Situation.

Diese drei Beispiele mögen zunächst genügen. Sie sind so gewählt, daß jedes von ihnen einer bestimmten Tendenz, einer »Priorität« entspricht, die viele Menschen gemeinsam haben. Denn mag auch jede Persönlichkeit und jeder Lebensstil einmalig und unverwechselbar sein, es gibt doch gemeinsame Züge, gemeinsame Wünsche. Manche Menschen haben deutliche Ähnlichkeit in ihrer Grundtendenz, gewissermaßen im Schema ihres Lebensplans, andere stehen sich in dieser Hinsicht besonders fern. Jede der vier »Prioritäten« entspricht einer solchen Grundtendenz, einem Grundschema des Lebensplans, einer Hauptlinie. Sie werden im weiteren Verlauf des Buches erklärt, entwickelt und entfaltet. Ihre Kenntnis bietet einen guten Zugang, sich selbst und andere besser zu verstehen.

Die drei Beispiele sind so gewählt, daß sie drei der vier Prioritäten in ihrer besonderen Problematik entsprechen. Wieso sie es tun, wird natürlich erst verständlich, wenn man die Prioritäten genauer kennt. Hier ein paar Stichworte zur Erläuterung – wobei wir die persönliche Problematik zunächst noch mehr von außen als von innen sehen:

Die Frau ist offenbar gern hilfsbereit, sie möchte es den anderen recht machen, sie kann schlecht »nein« sagen. »Sie ist liebenswürdig«, d. h. zugleich: bei ihrer Umgebung beliebt. Nach dem einfachen Gedankengang: Jemand strebt das an, was er tatsächlich auch erreicht, können wir schon daraus schließen: Sie strebt danach, daß die Leute sie nett und liebenswürdig finden; das ist ihr wichtig. Die Stunde schlägt ihr, als sie es zwei Parteien recht machen will, ihrem

Mann und ihrer Nachbarin, obwohl beide sich nicht verstehen und die Situation geradezu Konflikte herbeizieht. Das traurige Ergebnis – daß ihr nun alle böse sind – muß sie besonders tief treffen, denn daß ihr jemand böse ist, möchte sie ja gerade immer vermeiden. So erfüllen sich ihre schlimmsten Befürchtungen. Wir sehen hier in aller Deutlichkeit das Dilemma eines Menschen, der sich »Gefallenwollen« als Priorität in seinem Leben gewählt hat.

Wir haben im zweiten Beispiel einen aktiven Menschen vor uns, mehr als das, sozusagen einen »Eroberer«. Er erobert auf eine angenehme Weise; er übernimmt Aufgaben, sucht und findet gesellschaftlichen Kontakt. Jeder, den er gewinnt, bestätigt ihm, daß er etwas ist und etwas kann. Er strebt vorwärts, strebt nach oben. Seine Tendenz, seine Priorität ist die *»Überlegenheit«*. Wie wir später sehen werden, will er dem Gedanken entfliehen, daß er alltäglich ist, weniger als das, daß er dürftig und bedeutungslos ist. Seine Sackgasse baut er sich selbst, denn es kann nicht immer aufwärtsgehen. Ihm schlägt seine Stunde, wenn er überlastet ist und seinen Aufgaben und Verpflichtungen nicht mehr nachkommt. Sein typisches Dilemma kann verschieden auslaufen: in körperlichem Zusammenbruch. Oder es wird den anderen offenbar, daß er sich übernommen hat, und er verliert an Achtung und Respekt; es kann so weit gehen, daß man ihn nicht mehr ernst nimmt.

Im letzten Beispiel haben wir einen Mann vor uns, der auf Sicherheit ausgeht. Am fremden Ort kennt er niemanden. Auch die Umgangsformen der Menschen sind ihm fremd. Hier einen engen Kontakt zu schließen, hier jemandem sein Vertrauen zu schenken, wäre ein Risiko; und ein Risiko möchte er gern vermeiden. Er bleibt allein, auf Abstand, und findet zunächst nicht viel Nachteil dabei. Doch dann drückt ihn die Vereinsamung: keine Freundin, kein Freund. Ein mögliches Dilemma ist angedeutet: Sein Arbeitsplatz hat ihn an diesen Ort geführt und bietet ihm die größte Sicherheit. Es kann dahin kommen, daß er sich auch an dieser Stelle in eine einsame Position hineinmanövriert, sich vielleicht mit übertriebenem Mißtrauen unmöglich macht, so daß er schließlich auch diesen Anker verliert.

Wie jeder Mensch braucht ja auch er die Beziehung zu seinen Mitmenschen. Die Sicherheit steht dabei an erster Stelle. Eigentlich möchte er keine Beziehung, die irgendein Risiko bedeutet. Da es das nicht gibt, schränkt er sich immer mehr ein und verliert schließlich alles, auch die Sicherheit.

Ein anderes mögliches Dilemma ist, daß er sich schließlich in seiner Not in eine Verbindung hineinstürzt, die dann tatsächlich seine schlimmen Befürchtungen – die Menschen sind unzuverlässig, und jedes Risiko führt zur Katastrophe – Wahrheit werden läßt. Dies Beispiel illustriert die Priorität »Kontrolle«.

Die vierte Priorität ist die »Bequemlichkeit«. Vielleicht waren wir zu bequem, hierfür ein offenes Beispiel zu suchen, aber wir haben auch Entschuldigungen dafür: Man soll den Schematismus nicht zu weit treiben, und zudem liegt das Dilemma der »Bequemlichkeit« ohnehin auf der Hand. Wer nach Bequemlichkeit strebt und genießen kann, dem sei es gegönnt. Zumeist hat er aber für Leistung nicht viel übrig, und so kann er in eine Notlage steuern, so daß ihm am Schluß weniger zu genießen bleibt als den anderen. Und da hat er sein Dilemma.

Nun haben wir drei Beispiele, wie eine solche Sackgasse aussehen kann. Aber wie komme ich aus meiner persönlichen Sackgasse heraus? Ich habe doch gerade den Eindruck, daß ich da gar nichts machen kann, daß es die Situation ist, d. h. die Gesamtheit der äußeren Umstände, die keinen Ausweg gestattet. Das liegt in der Verengung unseres Blickfeldes. Oft macht die Not nicht erfinderisch, sondern – Entschuldigung – dumm, und zwar dumm in einer ganz persönlichen Weise – so daß einer nur den einen Weg sieht, der seinem Lebensplan entspricht, und blind ist gegenüber den anderen Möglichkeiten. Die Situation läßt immer mehrere Möglichkeiten offen, es gilt sie nur zu sehen und zu finden. Dazu reicht manchmal schon ein ruhiges Nachdenken. Viel häufiger ist man auf die Hilfe anderer angewiesen, auf ein befreiendes Gespräch. Manchmal ist ein Psychotherapeut nötig. Wenn wir dem anderen in einer solchen Lage helfen wollen, dann gelingt uns das um so eher, je besser wir uns in den anderen hineindenken und einfühlen können – in seine Situation und in seine persönliche Denkweise. Diese Darstellung soll helfen, die Fülle der eigenen Möglichkeiten besser kennenzulernen – und sich leichter in andere hineinzuversetzen.

## Die vier Prioritäten

Jeder Lebensstil ist einmalig. Er ist so wenig identisch mit dem, was wir mit Worten beschreiben, wie eine Landschaft mit der Bleistiftskizze, die sie wiedergeben soll. Immerhin kann uns eine Bleistiftskizze oder eine Landkarte entscheidende Dienste tun, uns zurechtzufinden. Mag auch jeder Mensch einmalig und unverwechselbar sein: Es gibt Wünsche, Tendenzen, Bedürfnisse und Bestrebungen, die vielen oder sogar allen Menschen gemeinsam sind. Als solche Wünsche lassen sich die vier Prioritäten verstehen. Jedem Wunsch entspricht ein bestimmtes Bedürfnis, eine Tendenz; eine besonders ausgeprägte Abneigung; ein Preis, der zu zahlen ist. Diese vier Wünsche, an die wir anknüpfen, sind:

▷ Ich möchte es angenehm haben, möchte behaglich genießen, ich will nicht gestört werden (wir nennen das die Priorität »Bequemlichkeit«);

▷ die anderen sollen mich mögen und gern haben, mich akzeptieren und nett finden, jedenfalls nicht gegen mich sein (wir nennen das die Priorität »Gefallen«);

▷ ich wünsche mir Sicherheit, überschaubare Verhältnisse, Ordnung, Schutz vor Bedrohung und Gefahr (wir nennen das die Priorität »Kontrolle«);

▷ ich will gewinnen, etwas sein und darstellen; ich will der Stärkste, Reichste, Klügste, Beste sein (wir nennen das die Priorität »Überlegenheit«).

Freilich hat jeder eine persönliche Rangordnung, in die er diese vier Wünsche setzt. Dem einen steht die »Bequemlichkeit« an erster Stelle; er nimmt in Kauf, daß er nicht viel schafft und vielleicht, was Leistung betrifft, sogar der Letzte ist. Dem zweiten ist es wichtiger, daß er beliebt ist; dafür nimmt er manches in Kauf, dafür verzichtet er auf die Verwirklichung anderer persönlicher Wünsche und Ziele.

Dem dritten geht die Sicherheit vor. Er richtet seine Anstrengungen darauf, zu kontrollieren, sich selbst und seine Gefühle zu kontrollieren; die Situation zu kontrollieren oder auch andere Menschen.

Dem vierten sind diese drei Wünsche weniger wichtig als der eine: sich überlegen, sich bedeutungsvoll zu fühlen. Da jeder der vier Wünsche an erster Stelle stehen kann, sprechen wir von »Prioritäten«.

Man kann nicht alles gleichzeitig haben. So zahlt jeder den Preis für seine Priorität – um so mehr, je stärker der eine Wunsch vor allen anderen vorherrscht, je mehr die anderen dahinter zu kurz kommen. Wer die Bequemlichkeit allem voranstellt, kann nicht viel schaffen. Wer sich immer nach anderen richtet – damit sie ihn akzeptieren und ihm nicht böse sind –, muß eigene Wünsche zurückstellen; er findet kaum eine eigene Linie, er entwickelt keine klare Persönlichkeitsstruktur. Wer vor allem auf Kontrolle und Sicherheit aus ist, schränkt damit die eigenen Entfaltungsmöglichkeiten ein; im persönlichen Bereich bleibt er distanziert, ihm droht die Einsamkeit. Wem die Überlegenheit an erster Stelle steht, der hat oft mit Überlastung und Überforderung zu zahlen. Das folgende Schema bringt einen Überblick über diese Verhältnisse.

| Priorität | Reaktion der anderen | Dieser Preis wird gezahlt: | Das soll vermieden werden: |
|---|---|---|---|
| **Bequemlichkeit** (Comfort) | irritiert ungeduldig | verminderte Produktivität | Belastung (Verantwortung) |
| **Gefallen** (Pleasing) | akzeptiert | verzögerte Persönlichkeitsentwicklung | Ablehnung |
| **Kontrolle** (Control) | herausfordernd | sozialer Abstand | unerwartete Erniedrigung (ausgeliefert sein) |
| **Überlegenheit** (Superiority) | unzulänglich unterlegen | Überlastung Überverantwortlichkeit | Bedeutungslosigkeit |

Freilich läßt sich die Breite der Möglichkeiten nicht in ein »Schema« pressen, ein größerer Überblick wird in den folgenden Kapiteln gegeben. Jedem der vier Wünsche – und damit jeder der vier Prioritäten – entspricht eine besondere Abneigung: etwas, was man nach aller Möglichkeit vermeiden möchte. Jede hat auch ihr besonderes Wahrnehmungsschema. »Bequemlichkeit« fühlt sich leicht überlastet; sie möchte Belastung und Verantwortung meiden. »Gefallen« sieht die Welt unter dem Blickpunkt der Zuwendung oder Ablehnung; und die Ablehnung soll unter allen Umständen vermieden werden. »Kontrolle« will eine unerwartete Erniedrigung vermeiden; sie scheut die Unordnung, die sie als chaotisch und bedrohlich erlebt. »Überlegenheit« möchte nicht gerne verlieren, am meisten scheut sie aber die Nichtigkeit, die Bedeutungslosigkeit.

Zur Sprachregelung: Wie sollen wir im folgenden die Vertreter der vier Prioritäten nennen? Es bietet sich der Ausdruck »Typen« an; er ist aber unglücklich, weil er eine feste Prägung, etwas Unabänderliches vortäuscht. Wir sehen aber Wünsche und Tendenzen, die zwar unterschiedlich vorherrschen, aber doch immer frei gewählt und gewandelt werden können. Einen idealen Ausdruck sehen wir nicht, gerade weil sich jede Priorität in einem breiten Fächer von Möglichkeiten entfalten kann. Aber das Kind muß einen Namen haben. Sagen wir einfach: der Mensch mit der Priorität »Bequemlichkeit«, mit der Priorität »Überlegenheit«, mit der Priorität »Kontrolle« oder der Priorität »Gefallen«. Jedem steht eine Fülle von Möglichkeiten offen, zunächst innerhalb seiner Priorität – denn das ist der Weg, den er von klein auf am meisten geübt und entwickelt hat – jedoch dann auch innerhalb der anderen Prioritäten. Sehen wir, wie solche Möglichkeiten der Verwirklichung aussehen können.

SARAH BAN BREATHNACH

# Die einfachen Freuden des Lebens

## Die einfachen Freuden des Lebens im Januar

Der Januar, Monat des Neubeginns und der liebgewonnenen Erinnerungen, verneigt sich vor uns. Komm, Winter, fang uns mit deinem Zauberbann ein: eisige, frostklirrende Tage, von Wollschals gewärmt, lange, dunkle Abende mit schmackhaften Mahlzeiten, angeregter Unterhaltung oder Freuden, die man allein genießt. Draußen sinkt die Temperatur, und der Schnee fällt in zarten Flocken zur Erde hinab. Die Natur hält friedlichen Winterschlaf. Diese Ruhe sollte auch bei uns einkehren. Machen Sie's sich gemütlich. Der Januar ist der Monat, um zu träumen, um sich auf das Jahr zu freuen, das vor uns liegt, und auf die Reise ins Innere, die uns erwartet.

- Schreiben Sie auf, was Sie sich von ganzem Herzen wünschen, bevor Sie den Weg der Einfachheit und Fülle betreten.
- Servieren Sie ein Neujahrsessen, dessen Speisenfolge Sie und Ihre Angehörigen beziehungsweise Gäste auf die angenehmen Aspekte des bevorstehenden Jahres einstimmen soll. Diesbezügliche Rezepte finden Sie in zahllosen Kochbüchern oder Zeitschriften.
- Bringen Sie Ihre persönlichen Papiere in Ordnung und räumen Sie Ihren Schreibtisch auf, um das neue Jahr ohne Altlasten zu beginnen. Werfen Sie alles weg, was entbehrlich ist. Hängen Sie Ihre neuen Kalender auf. Versuchen Sie, sich eine einladende Arbeitsecke zu schaffen, in der Sie den leidigen Papierkram erledigen.
- Gehen Sie in einen gutsortierten Papierwaren- oder in einen sehr großen Buchladen, um nach einer hübschen, gebundenen Kladde Ausschau zu halten, die Sie als Journal der Dankbarkeit benut-

zen. Mit Sicherheit werden Sie im Schreibwarengeschäft auch verschiedenfarbige Tinte und Schreibstifte kaufen können.
- Schauen Sie sich einmal in einem Laden für Künstlerbedarf um. Vergegenwärtigen Sie sich die unterschiedlichen Möglichkeiten, mit denen Sie Ihr authentisches Ich zum Ausdruck bringen können: in sämtlichen Farben des Regenbogens, auf Papier, auf Leinwand, in Ton. Ich bin mir sicher, daß Ihnen diese Form der kreativen Selbstentfaltung Spaß machen wird. Und wenn Sie schon mal dort sind – kaufen Sie doch gleich ein paar Skizzenblocks für das bebilderte Reisejournal, das Sie anlegen werden. Ich persönlich ziehe ein kleines in DIN-A4-Format vor.
- Hängen Sie Magnetbilderrahmen aus Acryl auf, um eine Collage der Dankbarkeit zu gestalten. Verwenden Sie hierfür Fotos von allen Menschen und Dingen, die in Ihrem Leben eine große Rolle spielen, zum Beispiel Familienangehörige, Freunde oder auch vierbeinige Hausgenossen. Vergessen Sie nicht, Erinnerungen an die sogenannten Banalitäten hinzuzufügen, für die Sie dankbar sind: zum Beispiel die Rechnung der Autoreparaturwerkstatt, die erfreulicherweise viel niedriger war, als Sie befürchtet hatten. Wenn es etwas gibt, was Sie brennend gern haben möchten, ergänzen Sie Ihre Collage mit der Abbildung Ihres Wunschobjekts und bedanken sich im voraus, daß Sie es irgendwann besitzen.
- Machen Sie sich einen rundum gemütlichen Wintertag, an dem Sie sich zu Hause einigeln. Füllen Sie die Speisekammer mit echtem Kakao, Marshmallows und einer Tafel Schokolade von erstklassiger Qualität (wird gerieben auf den Kakao gestreut, als krönender Abschluß). Kaufen Sie Schlagsahne und stellen Sie sie im Kühlschrank kalt. Wenn es schneit oder an den Wochenenden bleiben Sie mit den Kindern daheim. Faulenzen Sie den ganzen Tag lang im Schlafanzug herum. Wenn Sie einen offenen Kamin haben, zünden Sie ihn gleich am Morgen an. Oder bauen Sie gemeinsam einen Schneemann, gehen Sie zum Schlittenfahren und essen danach Tomatensuppe aus großen Suppentassen und getoastete Käsesandwiches. Halten Sie einen Mittagsschlaf. Genießen Sie den Luxus, einen ganzen Tag frei zu haben.

- Machen Sie einen Bummel durch Trödelläden. Wenn Sie nicht wissen, wo es welche gibt, schauen Sie in den Gelben Seiten des Telefonbuchs nach oder erkundigen Sie sich bei Freunden und Bekannten. In Ramsch- und Trödelläden kann eine Frau herrliche Dinge entdecken.
- Backen Sie einen Kuchen, um nach der Schule mit den Kindern Kaffee oder Tee zu trinken. Blättern Sie in einem reich bebilderten Koch- oder Backbuch und lassen Sie sich von den Kuchenrezepten animieren.
- Statten Sie dem nächstgelegenen Zeitschriftenladen einen Besuch ab und schmökern Sie in Magazinen, die Sie nicht abonniert haben oder normalerweise nicht kaufen. Dieses Vergnügen gönne ich mir einmal im Monat. Es macht Spaß und kostet nichts.
- Helfen Sie Zwiebeln von Blumen, die eigentlich erst im Frühjahr blühen – Miniaturnarzissen, Papiernarzissen, Hyazinthen, Tulpen –, mit Hilfe von Speziallampen beim schnelleren Wachstum, um Ihre Stimmung zu heben und Ihrem Heim mitten im Winter mit Farbe und Duft eine heitere Note zu geben. Die Lampen sind in Gartencentern erhältlich.
- Sehen Sie sich diesen Monat Kataloge für Pflanzen und Gartenbedarf an. Schneiden Sie Ihre Lieblingsblumen aus und entwerfen Sie auf dem Papier Ihren Wunschgarten. Legen Sie Ihrem Spaß an einem rosenüberwachsenen Wintergarten oder Balkon in einer Collage, die Sie in Ihrem bebilderten Reisetagebuch aufbewahren, keinerlei Beschränkung auf. Tun Sie so, als wollten Sie einen geheimen Lustgarten anlegen, in dem Sie die Einsamkeit genießen und Erholung von den Strapazen des Alltags finden. Wie sieht dieser geheime Lustgarten aus? Welches Gartenzubehör und –mobiliar gefällt Ihnen? Ergänzen Sie Ihre Collage mit den entsprechenden Bildern. Lassen Sie Ihrer Phantasie zuerst auf dem Papier freien Lauf.
- Bestellen oder kaufen Sie Samen, den Sie nächsten Monat in Töpfen auf der Fensterbank aussäen.

## Die einfachen Freuden des Lebens im Februar

Mitunter kalt, naß und verhangen, so klopft der Februar an unsere Tür; seine Geschenke hat er so gut verborgen, daß nur ein Mensch mit großem Scharfblick sie zu entdecken vermag. Dankbarkeit ist der Faden, den wir in diesem Monat in den Teppich des Alltags einweben. Wir danken dem Schöpfer für die einfachen Freuden des Lebens und erbitten eine weitere Gabe: ein dankbares Herz.

- Zünden Sie am 2. Februar, an Lichtmeß, überall im Haus Kerzen an. Schwelgen Sie in ihrem sanften Schein. Entspannen Sie sich und sehen Sie, wie verändert sich die Welt ohne elektrisches Licht darbietet, wie der Unterschied zwischen Nacht und Tag verwischt wird. Machen Sie sich bewußt, um wieviel langsamer alle Verrichtungen bei Kerzenlicht werden. Vielleicht wird es Ihnen ja gefallen, öfter nur die Kerzen anzuzünden. Geben Sie ein paar Mark mehr für echte Bienenwachskerzen aus. Sie werden inzwischen in allen Farben des Regenbogens angeboten und reflektieren das Licht auf wunderbare Weise. Wenn sie in der Tiefkühltruhe aufbewahrt werden, brennen sie doppelt so lange und tropfen nicht.
- Laden Sie Freunde am Sonntag vor dem Valentinstag ein, um bei einem »Cupido-Tee« Papiermanschetten für Ihre Lieben herzustellen, die Sie mit Süßigkeiten füllen. Besorgen Sie die schönsten Papierservietten, die Sie finden können, und dazu mit Draht verstärktes Seidenband, Stoffreste mit Blumenmuster, Geschenkpapier, Sticker und festes Pack- oder Tonpapier. Vergessen Sie nicht den Klebestift und eine scharfe Schere. Leihen Sie aus der Bücherei Gedichtbände zum Vorlesen aus und versuchen Sie, diese vergessene Kunstform wieder zum Leben zu erwecken. Servieren Sie einen Kuchen in Herzform mit rosa Glasur, herzförmige, mit Erdbeermarmelade gefüllte Kekse, Tee und Sherry. Sie können sicher sein, daß dieses gesellige Beisammensein im Februar Tradition wird.

- Schreiben Sie sich einen langen, wundervollen Liebesbrief, von Ihrem authentischen Selbst. Loben Sie sich für alles, was Sie derzeit richtig machen, und für Ihre guten Eigenschaften. Geben Sie sich von Ihrem authentischen Selbst eine Eins mit Sternchen. Schicken Sie den Brief per Post an sich selbst und öffnen Sie den Umschlag erst dann, wenn Sie sich rundum mutlos fühlen.
- Zeigen Sie diesen Monat, daß Sie hoffnungslos romantisch sein können. Lesen Sie Elizabeth Barrett Browning und erfreuen Sie sich am »stillsten Bedürfnis jedes einzelnen Tages«.
- Verschönern Sie ein Kleidungsstück oder ein Regal im Vorratsschrank mit Spitze.
- Haben Sie ein schönes Foto von sich als Zehnjährige gefunden? Wenn ja, dann suchen Sie jetzt einen passenden Rahmen und stellen das Konterfei auf Ihren Schreibtisch oder Ihre Frisierkommode. Wenn Sie noch kein Foto entdeckt haben, das Ihnen gefällt, bitten Sie Ihre Mutter oder diejenigen Personen, die Familienfotos besitzen, ob sie Ihnen weiterhelfen können.
- Beginnen Sie nun, die ersten duftenden Hyazinthenzwiebeln zu ziehen.
- Tragen Sie jeden Tag Parfüm auf.
- Probieren Sie einen neuen knallroten Lippenstift aus.
- Gönnen Sie sich eine langstielige Rose für Ihren Schreibtisch.
- Hören Sie Musik von Cole Porter.
- Leihen Sie sich in der Videothek den Film *Jenseits von Afrika* aus. Lesen Sie Bücher über die Hauptfigur Isak Dinesen und die Pilotin Beryl Markham.
- Stellen Sie nostalgische Schokoladenkaramellen als Geschenk für den Valentinstag her.
- Schaffen Sie einen Altar.

## Die einfachen Freuden des Lebens im März

Der dritte Monat des Jahres – der Winter bläst zum Rückzug, und der Frühling läßt das erste zaghafte Flüstern vernehmen. Langsam, im Gleichschritt mit der Natur, erwachen unsere Lebensgeister aus einem langen Winterschlaf. Zweige, die noch vor wenigen Tagen kahl waren, erblühen nun und wachsen. Tief in unserem Innern fühlen wir ein hoffnungsvolles Regen. Pflügen Sie die Erde Ihres inneren Gartens um. In diesem Monat werden wir die Saat des zweiten Prinzips der Einfachheit und Fülle – die Einfachheit – in den Nährboden unserer Seele versenken.

- Wenn sie nicht in Ihrem Garten wachsen, kaufen Sie sich einen Strauß Narzissen, die nun in allen Blumenläden und bei Straßenhändlern erhältlich sind, um Ihrem Eßzimmertisch einen Farbtupfer zu verleihen.
- Unternehmen Sie einen Frühlingsspaziergang, besorgen Sie aus Ihrem Garten oder in einer Gärtnerei ein paar noch kahle Zweige, die bald Knospen treiben: Kirsche, Holzapfel, Forsythie, Birke. Schneiden Sie die unteren Enden mit einem scharfen Messer schräg an und stellen Sie die Zweige in verschiedene Behältnisse – große Vasen, bunte Glasflaschen, Tonkrüge oder in eine alte Milchkanne –, gefüllt mit lauwarmem Wasser. Lassen Sie Ihrer Phantasie bei der Gestaltung freien Lauf! Plazieren Sie die Zweige an einem sonnigen Platz und warten Sie darauf, daß der Frühling Einkehr hält.
- Suchen Sie nach einem Laden, der »Ramschartikel« mit nostalgischem Flair führt. Stöbern Sie in den Regalen oder am Wühltisch der Kaufhäuser. Sie werden erstaunt sein, welche Artikel von gestern auch heute noch hergestellt werden. Kaufen Sie Geschirrtücher mit altmodischem Muster und Wimperntusche, die man mit einem nassen Bürstchen aufträgt.
- Feiern Sie den Saint Patrick's Day (17. März). Tragen Sie an diesem Tag etwas Grünes. Backen Sie ein köstliches irisches Soda-

brot, das Sie zu einem deftigen Eintopf aus Rindfleisch, Weißkohl, Kartoffeln und Karotten (Irish Stew) servieren. Bringen Sie dieses köstliche Nationalgericht der Iren mit heißem Tee und kaltem Bier auf den Tisch. Für diejenigen, die keinen Alkohol trinken, gibt es Softdrinks, die genausogut schmecken, aber keinen schweren Kopf machen. Legen Sie irische Folkloremusik auf und tanzen Sie in Ihrem Wohnzimmer eine Gigue. (Das meine ich ernst!) Stellen Sie eine kleine Vase mit Klee (als Wahrzeichen Irlands) auf Ihren Schreibtisch.

- Begehen Sie die Frühlings-Tagundnachtgleiche am 21. März mit einem Festessen aus Lachsschinken, frischem Spargel und neuen Kartoffeln.
- Basteln Sie aus Weidenkätzchen, entweder auf einem Spaziergang gesammelt oder im Blumengeschäft gekauft, einen Frühlingskranz, den Sie draußen über die Eingangstür hängen. Besorgen Sie sich in einem Bastelladen einen Drahtring und befestigen Sie die Zweige überlappend mit Blumendraht. Fügen Sie eine festliche Schleife mit lang herunterhängenden Bändern hinzu, die im Märzwind flattern.
- Sprechen Sie laut Ihre bevorzugten Selbstbestätigungen und zeichnen Sie diese mit dem Kassettenrecorder auf. Danach legen Sie sich auf Ihr Bett, schließen die Augen und spielen den Text über Kopfhörer ab. Wiederholen Sie diese Übung mehrmals während der Woche. Das ist ein äußerst wirkungsvolles Instrument, um einen inneren Wandel herbeizuführen.
- Wenn die Melancholie – der heimliche Saboteur – Sie heimsucht, besteht mein bevorzugtes homöopathisches Abwehrmittel darin, meine Lieblingsmusik anzuhören, bis ich mich wieder aufraffen kann. Wenn Whoopie Goldberg den Roy-Orbison-Hit »You got it« auf völlig neue Weise interpretiert, höre ich die Stimme meines authentischen Selbst, die mir versichert, es sei nichts gegen einen gelegentlichen Durchhänger einzuwenden; ich stünde damit nicht allein da. Das gilt auch für Sie. Hören Sie sich »Power of Two« von The Indigo Girls an, um sich die liebevolle Beziehung vor Augen zu halten, die Sie mit Ihrem authentischen Selbst pflegen kön-

nen. Diese Musik ist phantastisch und sehr heilsam auf einer tiefen Bewußtseinsebene.
- Falls Sie den Platz haben, ist der März ein idealer Monat, um Blumen und Gemüse im Haus zu ziehen. Jetzt sollten Sie auch Stiefmütterchen und Primeln kaufen. Nächsten Monat werden sie – je nach Gegend – von der Bildfläche verschwunden sein. Stellen Sie die Blumentöpfe in einen hübschen Korb und lassen Sie sich von den hellen, kleinen »Gesichtern« der Blüten aufmuntern.
- In der letzten Märzwoche ist es an der Zeit, einen Osterkorb aus frischem Gras zu basteln. Besorgen Sie sich einen hübschen, pastellfarbenen Korb, legen Sie ihn mit dicken Kieselsteinen aus (oder mit einer wiederverwendbaren Pflanzenfolie, im Gartencenter erhältlich) und schütten Sie etwa fünf Zentimeter hoch Blumenerde hinein. Streuen Sie den Samen von schnell wachsendem Raigras obenauf, den Sie mit einer weiteren dünnen Erdschicht (rund sechs Millimeter) bedecken. Das Ganze gut wässern und ein paar Tage lang mit einer braunen Papiertüte abdecken, bis der Samen keimt. Wenn das Gras sprießt, stellen Sie den Korb auf eine warme, sonnige Fensterbank und gießen weiterhin regelmäßig. Binnen einiger Wochen wächst das Gras. Schmücken Sie den Korb am Griff mit einer Schleife und legen Sie ein paar buntbemalte Ostereier aus Holz und einen kleinen ausgestopften Osterhasen hinein. Das ist auch ein originelles Mitbringsel, wenn Sie Ostern zum Essen eingeladen sind.
- Haben Sie in diesem Monat begonnen, Ihre Aussteuertruhe, die Spielzeugkiste und die Trostschublade zu bestücken? Wenn nicht, sollten Sie nach den Gründen für das Versäumnis forschen. Wenn es am Geld hapert, dann wählen Sie zunächst nur einen kleinen, symbolischen Gegenstand aus, der Ihnen gefällt. Wichtig ist vor allem, daß Sie die Fürsorge, die Sie sich selbst angedeihen lassen wollen, sichtbar bekunden.
- Wie viele kreative Exkursionen haben Sie diesen Monat unternommen? Denken Sie daran, sie müssen keinen Pfennig kosten; alles, was Sie brauchen, ist ein wenig Zeit.

## Die einfachen Freuden des Lebens im April

Vielleicht liegt es daran, daß der April an manchen Tagen vor blendendem Sonnenlicht nur so strotzt. Vielleicht liegt es daran, daß uns die Erde grüner erscheint. Vielleicht liegt es daran, daß die Auferstehung das markanteste Kennzeichen dieses Monats ist. Fühlen wir uns deshalb so leicht und beschwingt? Nun verblaßt die dunkle Jahreszeit, während die lichtvolle an Stärke gewinnt. Im Garten entfalten Primeln, Stiefmütterchen, Veilchen, Tulpen und Flieder ihre Farbenpracht. Blumen, Pflanzen und Büsche zeugen von der Macht der Authentizität. In diesem Monat wachsen wir auf unserem Weg der Einfachheit und Fülle mit Dankbarkeit, Kreativität und Freude ein Stück weiter in unsere wahre Identität hinein, so daß wir uns unserer eigenen Schönheit bewußt werden.

- Erinnern Sie sich noch daran, wieviel Spaß es machen kann, jemanden »in den April zu schicken«? Überraschen Sie Ihre Lieben und die Kollegen auf eine nette Art, statt sie mit derben Späßen zu ärgern – durch komische, absurde und amüsante Situationen. Stellen Sie die häuslichen Gewohnheiten auf den Kopf. Servieren Sie Pizza zum Frühstück und Müsli oder frische Brötchen zum Abendessen. Sagen Sie den Kindern, daß Sie einen Termin beim Hausarzt oder Zahnarzt ausgemacht haben – und gehen Sie statt dessen mit ihnen in die Eisdiele.
- Kaufen Sie ein informatives Buch über die Geschichte der Sinnesorgane. Vertiefen Sie sich in Lektüre, die Sie inspiriert, Ihre Sinneswahrnehmungen zu schärfen.
- Der April eignet sich hervorragend für Spaziergänge aller Art, sei es bei einem warmen Regenschauer oder bei Sonnenschein, der wie Balsam auf unserer Haut wirkt. Der Geruch der Erde, die zu neuem Leben erwacht, und der Anblick der Farbenpracht, mit der Mutter Natur aufwartet, wird Ihnen Auftrieb geben und Sie daran erinnern, wie herrlich es ist zu leben.
- Probieren Sie in einem Hutgeschäft verschiedene Kopfbedeckun-

gen an. Sie mögen in einem schwarzen, weichen Filzhut atemberaubend aussehen, aber vielleicht beflügelt ein breitkrempiger Strohhut mit einer Stockrose Ihre Phantasie. Experimentieren Sie mit allen verfügbaren Formen und Farben. Sie erhaschen vielleicht einen flüchtigen Blick auf Ihr authentisches Selbst im Spiegel.

- Wählen Sie ein großes Stoffgeschäft für eine kreative Exkursion aus, auch wenn Sie nicht selbst nähen. Stöbern Sie in den Polsterstoffresten. Daraus lassen sich preiswerte Tischtücher oder Möbelbezüge fertigen. Blättern Sie in den Schnittmusterbüchern. Stellen Sie sich die Dekorationsmöglichkeiten bildlich vor. Gibt es etwas, was Sie gerne für sich selbst nähen würden? Fürs Haus? Überlegen Sie, wie sich Ihre Wünsche verwirklichen lassen. Erkundigen Sie sich nach Nähkursen, die beispielsweise von den Volkshochschulen angeboten werden.

- Sehen Sie Ihre Wäscheschublade durch. Sortieren Sie fadenscheinige, aufgetragene Unterwäsche aus und gönnen Sie sich das Vergnügen, hübsche neue Dessous zu kaufen. Kleiden Sie die Schubladen mit duftgetränktem Schrankpapier aus und legen Sie mit Lavendel gefüllte kleine Kissen zwischen die Wäsche.

- Überprüfen Sie Ihre Schminkutensilien und werfen Sie alles weg, was alt und ausgetrocknet ist. Ersetzen Sie die dunklen Winterfarben durch Pastelltöne für den Frühling. Ergründen Sie das Geheimnis, eine Teintgrundierung so leicht und geschickt aufzutragen, daß sie völlig natürlich wirkt. Das gelingt Ihnen, wenn Sie die Ansätze nicht mit den Fingern verwischen, sondern mit einem Kosmetikschwämmchen und einem dicken, weichen Pinsel. Erkundigen Sie sich in der Kosmetikabteilung eines Kaufhauses, wann Werbewochen abgehalten und Kundinnen kostenlos, mit allem Drum und Dran, geschminkt werden. (Viele Kosmetikfirmen präsentieren zu dieser Jahreszeit ihr neues Frühjahrs-Makeup und sind für Modelle dankbar.) Es besteht kein Kaufzwang! Wenn die Kosmetikerin fertig ist, bedanken Sie sich einfach und erklären, Sie möchten sich eine Weile mit Ihrem neuen Gesicht vertraut machen und sehen, wie es Ihnen gefällt, bevor Sie Geld in die neuen Produkte investieren.

- Besuchen Sie ein großes Musikgeschäft, nur um sich zu informieren. Machen Sie sich bewußt, wie viele verschiedene Musikrichtungen es gibt – Klassik, Country-/Volksmusik, Softrock, instrumentale New-Age-Musik, Gospel, Opern, Jazz, Rhythm and Blues, Musicals und Soul. Stellen Sie einmal einen Rundfunksender ein, den Sie sonst nicht hören, und geben Sie einer völlig anderen Musikrichtung eine faire Chance. Leihen Sie in einer großen Bibliothek Kassetten und CDs aus, die Sie kostenlos anhören können, bevor Sie sie kaufen. Verbringen Sie einige Stunden in absoluter Stille (wenn Sie alleine zu Hause sind), und entdecken Sie, wie Sie Ihre Batterien dadurch aufladen.
- Sammeln Sie Regenwasser, um sich damit die Haare zu waschen. Die Frauen der Viktorianischen Epoche waren der Überzeugung, daß Regenwasser die Haare weich macht.
- Wählen Sie eine frische neue Duftnote für Ihr Frühlingsparfüm; probieren Sie Rosenwasser, Flieder oder Maiglöckchen aus. Tragen Sie jeden Tag ein Parfüm, das Ihnen gefällt.
- Färben Sie Ostereier und verstecken Sie diese für Kinder und Junggebliebene aller Altersgruppen.
- Unternehmen Sie am Wochenende wieder einmal einen ausgiebigen erholsamen Einkaufsbummel. Halten Sie auf Trödelmärkten oder bei Haushaltsauflösungen nach altem Leinen (oder Bettwäsche und Tischtüchern) Ausschau sowie auf Bauernmärkten nach Pflanzen und Kräutern.
- Kuscheln Sie sich nachmittags in eine Decke, wenn es regnet, und lauschen Sie den Regentropfen, die gegen das Fenster prasseln.
- Backen Sie ein Blech mit heißen Rosinenbrötchen oder gönnen Sie sich etwas Süßes, wie Erdbeeren mit Schlagsahne.
- »Fahnden« Sie nach einem neuen Hut, der perfekt zu Ihnen paßt oder peppen Sie einen alten Hut auf.
- Sie können sich über die heilenden Kräfte und die schönheitsspendende Wirkung der Aromatherapie in Büchern wie *Die praktische Anwendung der Original Bach-Blütentherapie* von Mechthild Scheffer (Goldmann Tb Nr. 13793) informieren. Ätherische Öle eignen sich nicht zum Einnehmen; sie sind giftig und können

sogar tödliche Wirkung haben. Falls Sie eine empfindliche Haut haben, ist es ratsam, das Öl erst einmal in der Armbeuge auszuprobieren, bevor Sie es als Badezusatz verwenden. Ätherische Öle sollten, ähnlich wie Medikamente, außerhalb der Reichweite von Kindern aufbewahrt und mit der gleichen Vorsicht benutzt werden. Beifuß sollte beispielsweise nicht während der Schwangerschaft verwendet werden. Außerdem ist es nicht ratsam, ätherische Öle unverdünnt in den Körper einzumassieren; sie müssen mit einem neutralen Grundstoff vermischt werden, wie Mandel-Weizenkeim- oder Jojobaöl. Informieren Sie sich gründlich und sprechen Sie mit einer erfahrenen Aromatherapeutin. Adressen erfahren Sie in Reformhäusern, Kräuterläden, Naturkosmetikläden, in einer Massagepraxis oder durch Mund-zu-Mund-Propaganda. Auch hier gilt: Wer suchet, der findet.

## Die einfachen Freuden des Lebens im Mai

Der Monat Mai wirft seinen Zauberbann aus, während sich die Verheißungen des Frühlings endlich erfüllen. In diesem Monat richten wir unser Augenmerk heimwärts, während wir weiterhin den roten Faden der Einfachheit in unseren Alltag einweben und uns mit dem dritten Leitsatz der Einfachheit und Fülle und seiner Kraft der Verwandlung vertraut machen: der inneren und äußeren Ordnung. Wir betrachten unsere täglichen Pflichten aus einer ganz neuen Perspektive, mit ungetrübtem Blick und liebevollem Herzen, das zu schätzen weiß, was wir haben. Während wir lernen, die Offenbarungen jedes einzelnen Tages zu genießen, begegnen wir dem Geheiligten im Profanen.

- Hängen Sie am 1. Mai einen Korb mit Blumen an Ihre Eingangstür und die Ihrer unmittelbaren Nachbarn. Ein Frühlingsstrauß, der den Kern der Einfachheit und Fülle spiegelt, läßt sich aus zarten, pinkfarbenen Hartriegelstengeln, Flieder und weißen Pfingstrosen zaubern. Schenken Sie einer Arbeitskollegin ein sol-

ches Bukett. Tragen Sie ein kleines Sträußchen am Revers Ihrer Jacke.
- Gönnen Sie sich am Muttertag selbst ein Geschenk (Sie wissen, was Ihnen wirklich Freude macht), um die Große Mutter in Ihrem Innern zu ehren. Vielleicht finden Sie ja eine Kleinigkeit auf Ihrer Trost-Wunschliste. Feiern Sie den Muttertag, gleichgültig, ob Sie Kinder haben oder nicht. Falls Sie Kinder haben, verzeihen Sie sich selbst, daß Sie Ihren eigenen Erwartungen nicht gerecht geworden sind (wer könnte das schon?); radieren Sie die Schuldgefühle, die sich während des letzten Jahres angesammelt haben, mental aus und schlagen Sie ein neues Kapitel in Ihrem Leben auf. Sofern Ihre Mutter noch lebt, nehmen Sie sich dieses Jahr Zeit, ihr den langen Brief zu schreiben, den Sie ihr schon immer schicken wollten, und ihr darin jene liebevollen Dinge mitzuteilen, die sie wissen soll. Andernfalls sprechen Sie in Ihrem Herzen mit ihr. Sie wird es hören.
- Machen Sie sich mit der uralten chinesischen Kunst des Feng Shui vertraut. Eine gute Informationsquelle ist *Feng Shui – Die Kunst des Wohnens* von Derek Walters (Goldmann Verlag). Stellen Sie siebenundzwanzig Gegenstände um, wenn Sie beginnen, Ordnung in Ihr Heim zu bringen.
- Nehmen Sie eine Kramschublade in Angriff, nicht mehr.
- Räumen Sie an einem Samstagnachmittag eine Stunde lang um und legen Sie dabei Ihre Lieblingsmusik auf. Weisen Sie Ihrer Sammlung persönlicher Andenken und Bilder einen neuen Platz zu. Schwelgen Sie in angenehmen Erinnerungen. Genießen Sie die mentale Reise in die Vergangenheit.
- Leihen Sie sich Videokassetten mit Filmen aus den dreißiger und vierziger Jahren aus und zappen Sie durch die Kabelfernsehsender auf der Suche nach nostalgischen Schätzen. Halten Sie nach Einzelheiten für Ihre Innendekoration Ausschau, wie Polsterbezüge, Vorhänge, Krimskrams in der Küche. Überlegen Sie, warum uns dieses altmodische Ambiente bezaubert und zum Verweilen einlädt.
- Hängen Sie Bilder von der Wand, und räumen Sie Tische und Kaminsims ab; lassen Sie alles eine Woche lang leer, um »die Fülle

des Nichts« zu erfahren. Was möchten Sie an seinen angestammten Platz zurückbringen?
- Haben Sie Ihre Objekte, falls Sie eine passionierte Sammlerin sind, dekorativ zur Schau gestellt? Überlegen Sie, welche anderen, bisher nicht erforschten Möglichkeiten es gibt, sich mit Dingen zu umgeben, die Sie lieben.
- Gehen Sie regelmäßig auf »Stöbertour«, um dem materiell orientierten Kind, das sich in Ihnen verbirgt, eine Ablenkung zu bieten. Schauen Sie in die Zeitung, wann und wo Privatverkäufe und Flohmärkte stattfinden werden. Auch auf den Anschlagtafeln in Supermärkten finden sich Hinweise auf so manche Schnäppchen.
- Besorgen Sie sich Bücher mit Dekorationsanregungen.
- Stauben Sie den Grill ab, bereiten Sie einen Kartoffelsalat zu und genießen Sie mit Angehörigen und Freunden den lauen Abend eines Mai-Wochenendes.
- Seien Sie glücklich.
- Seien Sie dankbar.

## Die einfachen Freuden des Lebens im Juni

Der Juni geht äußerst großzügig mit seinen authentischen Gaben um. Wieder sind die Tage sonnig und warm. Die Rosen und Päonien stehen in voller Blüte, und es ist an der Zeit, sich an Erdbeeren mit Sahne gütlich zu tun. Die Sommerferien der Kinder beginnen, und Urlaubsvisionen spuken in unseren Köpfen herum. In diesem Monat entdecken wir wieder einmal, daß die Bereicherung des Lebens und nicht der Reichtum im Leben wahre Zufriedenheit schafft.

- Wandeln Sie auf den Pfaden der Erinnerung, indem Sie im Dämmerlicht versuchen, Glühwürmchen oder Maikäfer zu fangen. Bereiten Sie ihnen eine bequeme Unterkunft in einem sauberen Mayonnaiseglas, in dessen Deckel Sie Löcher gebohrt haben, und legen Sie den Boden mit Gras aus (wissen Sie noch, wie Sie es als

Kind gemacht haben?). Doch sollten Sie Ihre Gäste nach kurzem Aufenthalt wieder ziehen lassen!

- Entspannen Sie sich bei einem Krug eiskalter Limonade und einem anregenden Gespräch, wenn Sie von der Arbeit nach Hause kommen. Obwohl die kühle Erfrischung an den meisten Tagen eine Wohltat ist, könnten Sie zur Abwechslung auch einmal einen altmodischen Nektar aus frischen Limonen und Zuckersirup zubereiten! Wie? Verkochen Sie fünf Minuten lang zwei Tassen körnigen Zucker und die in feine Streifen geschnittene Schale von drei Limonen (oder Zitronen) mit dem Inhalt von einer Tasse Wasser. Lassen Sie den Sirup abkühlen und fügen Sie den Saft von acht Limonen hinzu. Nun das Ganze durch ein Sieb passieren und in einem zugedeckten Behältnis in den Kühlschrank stellen. Nehmen Sie, für Limonade, zwei Eßlöffel Sirup auf ein Glas eisgekühltes Leitungs- oder Mineralwasser mit Kohlensäure.
- Halten Sie nach einer Erdbeerplantage Ausschau oder ziehen Sie Ihre eigenen im Garten. In der Viktorianischen Epoche hießen diese Kostbarkeiten aus dem Eigenanbau »Erdbeerschmaus«, und zu einem Menü gehörte Erdbeerkonfekt in allen nur erdenklichen Formen. Geben Sie diesen Monat doch einmal eine Party für Ihre Freundinnen, zu der jede ihr Lieblingsdessert mit Erdbeeren mitbringt. Guten Appetit!
- Denken Sie daran, daß Eiscreme gut für die Seele ist. Frieren Sie selbstgemachtes Eis ein, gönnen Sie sich zum Mittagessen ein Hörnchen.
- Kaufen Sie an einem Juniwochenende eine ganze Wassermelone; legen Sie sie mindestens einen Tag lang in den Kühlschrank, damit sie eiskalt wird. Schneiden Sie die Melone in große Stücke und setzen Sie sich auf die Veranda oder auf den Balkon und essen Sie die Wassermelone mit Ihrer Familie oder Freunden. Veranstalten Sie einen Wettbewerb, wer die Kerne am weitesten spucken kann.
- Befestigen Sie eine Hängematte und entspannen Sie sich darin.
- Feiern Sie die Sommersonnenwende am 21. Juni mit einem Camping im Garten. Stellen Sie ein Zelt auf, holen Sie die Schlafsäcke

vom Speicher, zünden Sie ein Lagerfeuer auf dem Grill an. Servieren Sie Hot dogs und gebräunte Marshmellows zum Nachtisch. (Oder machen Sie Leckerschmecker: zwischen zwei Graham-Cracker einen dünnen Schokoladenriegel und ein gebräuntes Marshmellow schichten. Das schmeckt nach mehr!) Erzählen Sie sich Gespenstergeschichten und schlafen Sie im Mondlicht.

- Verwöhnen Sie Ihr authentisches Selbst mit dem schönsten Strohhut, den Sie finden können.
- Lackieren Sie Ihre Zehennägel rot.
- Sie sind vielleicht nicht in der Lage, einen geheimen Garten anzulegen, aber ein verborgener Winkel für Sie ganz allein läßt sich schaffen, wenn Sie mit Holzpfählen und Schnur ähnlich einem indianischen Tipi eine Rankhilfe im Garten bauen und scharlachrote Bohnen, Trichterwinden oder Gartenwicken pflanzen. Binden Sie die Schößlinge dieser Kletterpflanzen an den Schnüren hoch. Ziehen Sie sich so oft wie möglich in Ihr »Tipi« zurück, um über den Sinn des Lebens zu meditieren. Jeder Mensch braucht ein Refugium, in dem es kein Telefon und kein Faxgerät gibt.
- Selbst wenn Sie aus Platzgründen keinen Garten anlegen können, gibt es traumhafte Gartenbücher, die Sie inspirieren, Pflanzkübel und Schippe in die Hand zu nehmen. Solche Bücher enthalten zahlreiche Tips und Anleitungen wie man mittels Balkonkästen, Fässern, Bottichen, Urnen, Körben und allen möglichen bepflanzbaren Behältnissen einen Garten Eden schafft. Eine tolle Idee für Blumenzwiebeln besteht darin, zwei verschiedene Tulpensorten übereinander in einem Topf zu ziehen, damit sie im Haus ihre Schönheit entfalten.
- Pflanzen Sie Rosmarin, der der Stärkung Ihres Gedächtnisses dient – und wenn Sie schon einmal dabei sind, auch Lavendel, Salbei und Thymian. Eine Vielzahl von Büchern enthalten köstliche Rezepte und Vorschläge, was Sie mit den selbstgezogenen und geernteten Kräutern anfangen können.

## Die einfachen Freuden des Lebens im Juli

Schwüle, feuchte, drückende Hitze: Juli. Drosseln Sie Ihr Tempo. Oder halten Sie inne. Es ist an der Zeit, Ehrgeiz und überhöhte Erwartungen abzuschütteln, gemeinsam mit lästigen Pflichten, Kleidung, Handys und Kalendern. Unsere Wünsche scheinen nun zu schrumpfen. Liegt es daran, daß unsere Bedürfnisse erfüllt werden? Ein schattiges Plätzchen, ein eiskaltes Getränk, eine kühle Brise – egal ob drinnen oder draußen. Eine Atempause von den Unbilden des Tages. Hitzefrei, bei gutem Benehmen. Der Sommer ist weniger eine Jahreszeit als vielmehr eine Melodie, ein Lied der Zufriedenheit, das wir summen, wenn der Tag zu einem nebelhaften Erlebnis verschwimmt. Zufriedenheit zu erlangen steht auf der Liste unserer persönlichen Zielsetzungen in diesem Monat ganz oben, wenn unser Herz die süßen Akkorde des vierten Prinzips der Einfachheit und Fülle – Harmonie – zu vernehmen beginnt.

- Falls Sie in diesem Monat einen Urlaub am Meer verbringen, genießen Sie den Strand zu verschiedenen Tageszeiten: Suchen Sie in aller Herrgottsfrühe, noch bevor die ersten Badegäste anrücken, nach Muscheln und lassen Sie am Spätnachmittag, wenn alle weg sind, Drachen steigen. Machen Sie an einem Abend einen Mondspaziergang. Gehen Sie Hand in Hand mit Ihrem Partner am Meeresufer entlang.

- Stellen Sie sich ans Ufer oder setzen Sie sich auf ein Handtuch, um auf das Meer hinauszublicken. Lassen Sie sich vom Rhythmus der Wellen umfangen. Spüren und genießen Sie, wie die Zeit stillsteht. Lesen Sie, falls Sie es noch nicht kennen, *Muscheln in meiner Hand* von Anne Morrow Lindbergh, die ideale Lektüre für diesen Monat. Markieren Sie mit einem gelben Marker diejenigen Passagen, die Ihre Seele ansprechen. Notieren Sie das Datum am Rand.

- Besorgen Sie sich während des Urlaubs ein Stück Fischernetz in einem Laden für Anglerbedarf oder einem Souvenirgeschäft.

Hängen Sie es vors Fenster oder drapieren Sie es über einem Tisch. Nehmen Sie eine Flasche mit Meeressand mit nach Hause, schütten Sie ihn auf ein Tablett und dekorieren Sie das Ganze mit verschiedenen Muscheln, als sommerliche Tischdekoration. (Wenn Sie sich in meditativer Stimmung befinden, suchen Sie Muscheln am Strand. Die ausgefallensten, dekorativsten findet man gleichwohl in Souvenirläden – es sei denn, Sie kämmen die Strände auf den Fidschi-Inseln durch.

- Wann haben Sie zum letzten Mal die Sterne betrachtet? Legen Sie sich in einer klaren Sommernacht auf eine große Decke in Ihrem Garten mit einer guten Flasche Wein oder Apfelmost, Käse, Salzgebäck und frischem Obst. Schauen Sie den Sternenhimmel an. Machen Sie sich bewußt, daß Sie dort oben einen Freund haben. Sterne betrachten ist eine der ältesten menschlichen Freizeitbeschäftigungen, und das hat seinen Grund. Ein Blick auf die Gestirne erinnert uns daran, daß es mehr zwischen Himmel und Erde gibt, als wir jemals ergründen werden, und daß sich uns jeden Tag die Gelegenheit bietet, versteckten Hinweisen zu folgen. Achten Sie auf Sternschnuppen und wünschen Sie sich etwas.

- Setzen Sie sich während eines Sommergewitters im Dunkeln mitten auf Ihr Bett und blicken Sie aus dem Fenster, oder beobachten Sie das Naturschauspiel von der überdachten Veranda aus. Erleben Sie seine Schönheit und Macht. Denken Sie darüber nach, wie Sie sich diese Kräfte in Ihrem Leben zunutze machen können, indem Sie um Erleuchtung bitten.

- Einerlei, ob Sie die Bibel in- und auswendig kennen oder nicht: Nutzen Sie die Möglichkeit, sie durch die Augen einer anderen Frau wiederzuentdecken. Eine wunderbare Essaysammlung aus der Feder von Frauen, die ihren Lieblingsgeschichten in der Bibel auf den Grund gehen, ist *Out of the Garden: Women Writers on the Bible,* herausgegeben von Christina Buchmann und Celina Spiegel. Achtundzwanzig Autorinnen – einschließlich Cynthia Ozick, Ursula K. LeGuin, Patricia Hampl, Fay Weldon und Louise Erdrich – denken tiefsinnig, spielerisch und provokativ über diejenigen Geschichten, Personen und Passagen im Alten Testa-

ment nach, die ihnen am meisten bedeuten. Um dieses Experiment noch mehr zu genießen, sollten Sie beim Lesen den größten, rotbackigsten und saftigsten Apfel verspeisen, den Sie finden.
- Während Sie darauf warten, daß die Kartoffeln kochen oder in der Hängematte liegen, sollten Sie einen Blick in Bücher mit kulinarischen Köstlichkeiten werfen. In den Regalen der Bibliotheken und Buchläden laden zahlreiche Bücher in die Kochgeheimnisse ein.

## Die Freuden des einfachen Lebens im August

Augustliebhaber schwelgen in den höchsten Wonnen. Wenn draußen dreißig Grad im Schatten herrschen, ist es zu heiß für etwas anderes, als kürzerzutreten und nachzudenken. Legen Sie eine jahreszeitlich bedingte Siesta ein, in der Sie Ihr Reservoir an kreativer Energie mit gemächlichen Freuden füllen. In diesem Monat werden wir uns selbst das Versprechen abgeben, auf dem Weg zur Einfachheit und Fülle unsere ureigensten Talente zu entdecken, zu akzeptieren, in Besitz zu nehmen und wertzuschätzen. Damit erfährt nicht nur unser persönliches Leben eine grundlegende Wandlung, sondern auch das Leben der Menschen, die uns nahestehen.

- Entdecken Sie die Bücher neu, die Sie als Kind geliebt haben. Gehen Sie in eine gute Leihbibliothek (je älter, desto besser) und sehen Sie sich in der Literaturabteilung für Kinder um (mit oder ohne Ihre Sprößlinge). Setzen Sie sich auf einen der dortigen Kinderstühle und denken Sie an jene Zeiten zurück, in denen Sie sich in eine Ecke verdrückt und in einem spannenden Buch geschmökert haben. Wie hieß es? Nesthäkchen? Emil und die Detektive? Pippi Langstrumpf? Lesen Sie Ihre Lieblingsbücher noch einmal mit Gefühl.

Die Feministin und Schriftstellerin Gloria Steinem versichert uns, daß es nie zu spät ist, noch einmal eine glückliche, unbeschwerte Kindheit zu erleben, und ich bin ihrer Meinung. Was mir am meisten bei der Lektüre der Kinderbücher aus früheren Zeiten gefällt (seit ich alt genug bin, um die subtilen Nuancen zu schätzen), sind die häuslichen Einzelheiten dieser nostalgischen Welt – wie und was man damals gekocht hat, Innendekoration, Bewirtung der Gäste und Freizeitaktivitäten.

- Überlegen Sie, ob Sie nicht einem literarischen Zirkel beitreten oder einen ähnlichen Club ins Leben rufen wollen. Über ein gutes Buch mit anderen zu sprechen ist ebenso lohnenswert, wie eines zu lesen. Unterhalten Sie sich einmal im Monat mit einer Gruppe netter Leute über Handlungsstrang und Hauptpersonen, wobei die leiblichen Genüsse nicht zu kurz kommen sollten. Wählen Sie jeweils ein Thema: Frauenromane, Literatur der Viktorianischen Epoche, Krimis oder Klassiker. Die meisten Frauen führen nicht genügend geistig anregende Gespräche, die dem Austausch von Ideen gewidmet sind, obwohl ich keinen Grund dafür zu nennen weiß. Doch um unserer Seele Nahrung zu bieten, müssen wir unseren Intellekt füttern. Ein literarischer Zirkel ist ein wunderbarer Ausgleich, wenn Ihr Leben zu hektisch verläuft. Buchläden können als Kontaktbörse dienen und Sie zu einem bereits bestehenden Zirkel führen.

- Beginnen Sie mit der Suche nach einem Buchantiquariat im Branchenverzeichnis des Telefonbuchs. Forschen Sie nach, ob es Buchhändler gibt, die einen Katalog mit gebrauchten Büchern herausgeben. Manchmal finden Sie auch in den Werbeanzeigen Hinweise auf Antiquariate.

- »In allen Dingen ist Himmelsmusik«, erinnert uns Hildegard von Bingen, eine Mystikerin aus dem zwölften Jahrhundert. Erleben Sie den Himmel auf Erden mit ausgewählten, klerikalen Tönen, die beruhigend wirken: ob gregorianische Choräle oder sonstige Sakralmusik – jeder gutsortierte Plattenladen vermag in dieser Hinsicht auch Ihre speziellen Wünsche zu erfüllen. Oder schreiben Sie an den Zweitausendeins Versand, Postfach, 60381 Frankfurt am Main, und bitten Sie um das monatlich erscheinende Programm, in dem auch Bücher mit den obengenannten Themen aufgeführt sind.

- Fachzeitschriften zu lesen ist eine hervorragende Möglichkeit, sich über ein potentielles neues Hobby kundig zu machen. Mit Sicherheit finden Sie in jedem guten Zeitschriftenladen das gewünschte Informationsmaterial für Ihr zukünftiges Steckenpferd.
- Verwöhnen Sie sich mit einer Schachtel Malkreiden der Luxusklasse, die sämtliche Farben des Regenbogens enthält, oder guten Bunt- oder Filzstiften. Fertigen Sie ein Poster, auf dem geschrieben steht: *Wenn nicht jetzt, wann dann?* und hängen Sie es so auf, daß Sie es jeden Tag vor Augen haben.

## Die einfachen Freuden des Lebens im September

Das Lied des Monats September ist eine Harmonie mit zwei Modulationen: Die in Dur gehaltene Serenade des Sommers klingt verhalten aus, und die tieferen Mollakkorde setzen ein. Acht Monate lang haben wir die seelenvolle Saat der Dankbarkeit, Schlichtheit, inneren und äußeren Ordnung und der Harmonie in unserem Leben ausgestreut und untergepflügt. Nun warten die authentischen Früchte der Zufriedenheit darauf, geerntet zu werden, wenn das fünfte Prinzip der Einfachheit und Fülle – die Schönheit – uns auffordert, an seinem opulent gedeckten Tisch Platz zu nehmen. Beginnen Sie, die reiche Ernte einzubringen, die aus der Saat der Liebe erwachsen ist

- *L'été c'est fini,* wie die Franzosen sagen, und deshalb sollten Sie das Ende des Sommers gebührend feiern. Kochen Sie ein opulentes Mahl mit den letzten kulinarischen Köstlichkeiten der Saison. Servieren Sie Ihre Lieblingssommermenüs in einem dekorativen Rahmen, der dem Anlaß angemessen ist. Verweilen Sie eine Zeitlang draußen im Dämmerlicht, genießen Sie den Sonnenuntergang und entbieten Sie dem Sommer einen innigen Abschiedsgruß.
- An einem Wochenende dieses Monats sollten Sie sich fünfzehn Minuten Zeit nehmen, um alle Vorhaben zu notieren, die wäh-

rend des Sommers geplant waren, aber aus Zeitgründen ausfallen mußten. Stecken Sie Ihre Liste in einen Briefumschlag. Wenn Sie den Kalender für das nächste Jahr aufhängen, befestigen Sie den Umschlag mit einer Heftklammer an der Seite für den Juni und öffnen ihn am ersten Tag dieses Monats. Versuchen Sie, von vornherein ein paar Stunden zu erübrigen; die aufgeschobenen Freuden sollten nächstes Jahr, wenn der Sommer zurückkehrt, allerhöchste Priorität erhalten.

- Stocken Sie Ihren Vorrat an Blöcken und Notizheften auf, besorgen Sie Schere, Tesafilm und Malkreiden. Oder kaufen Sie Stifte, auf die Sie Ihren Namen drucken. Das ist nicht teuer und macht Spaß. Begeben Sie sich auf eine kreative Exkursion, um genau jene Stifte zu finden, die Sie am liebsten benutzen. Schauen Sie sich in einem Laden für Künstlerbedarf um. Experimentieren Sie mit allen Arten von Stiften, die es im Handel gibt, bis Sie eine entdecken, der Ihren Vorstellungen entspricht. Wenn Sie die Marke kennen, halten Sie nach Sonderangeboten Ausschau.
- Wie wär's mit Großmutters Bratäpfeln?
- Genießen Sie Apfelmost und Birnennektar.
- Holen Sie die Wollsachen heraus. Besitzen Sie eine Strickjacke, die Sie heiß und innig lieben? Warum nicht?
- Feiern Sie die Herbstsonnenwende mit einem festlichen, rustikalen Abendessen. Das gilt vor allem dann, wenn Sie allein leben und selten etwas Aufwendiges für sich selbst kochen. Bringen Sie einen Strauß Chrysanthemen für den Eßtisch mit. Machen Sie Feuer im Kamin, zünden Sie Kerzen an, schenken Sie sich ein Glas Wein oder Cidre ein und genießen Sie die einfache Fülle eines deftigen Gerichts, mit dem Sie sich verwöhnen.
- Kaufen Sie nach und nach Ihre »Leckerli« fürs Büro ein.
- Beginnen Sie schon in diesem Monat, Ihre Einkaufsliste für Weihnachten zu schreiben, so daß Sie im Dezember weniger Streß haben.
- Wenn Sie Kinder haben, sollten Sie überlegen, ob Sie nicht einmal Halloween feiern; sie brauchen dazu ausgehöhlte Kürbisse als Maske und ein Kostüm. Verzweifeln Sie nicht: Es gibt keine Noten dafür, ob Ihr Kind ein gekauftes oder ein selbstgemachtes Ko-

stüm trägt. Falls Sie das Kostüm selbst schneidern, denken Sie daran, wer es tragen wird. Ihre Kreation muß dem Kind gefallen, und nicht den anderen imponieren.
- Machen Sie einen Mondscheinspaziergang.
- Kaufen Sie auf einem Bauern- oder Wochenmarkt Trockenblumen, mit denen Sie Ihren eigenen Strauß zusammenstellen. Fertige Sträuße sind zwar auch schön, aber teilweise sehr teuer. Einen eigenen Strauß an einem Sonntagnachmittag im September zu binden ist entspannend, und er erinnert Sie den ganzen Winter lang an die Einfachheit und Fülle, die Sie überall finden, wenn Sie einen offenen Blick dafür haben.

## Die einfachen Freuden des Lebens im Oktober

Nun nahen die Tage des goldenen Herbstes, es vollzog sich ein Wechsel der Jahreszeiten, der eher eine Erinnerung der Sinne als ein Datum auf dem Kalender darstellt. Die Zeit der Hitze ist endgültig vorüber. Nach und nach legt die vertraute Umgebung einen Schutzschild in den Schattierungen von Juwelen an, deren Schönheit benommen macht. Lassen Sie sich vom Zauber des Oktobers verführen.

- Planen Sie einen Ausflug zum Bauern- oder Wochenmarkt, um einen großen Kürbis zu kaufen. Suchen Sie einige kleinere und einen großen aus, aus dem Sie eine Laterne basteln, mit ausgeschnittenem Schachbrettmuster, Herzen oder Mond und Sternen. Die großen Eierkürbisse haben die richtige Größe, um als Windlicht den Hauseingang oder die Garageneinfahrt zu beleuchten, und die kleineren geben originelle Teelicht- oder Kerzenhalter für den Eßtisch ab.
- Dekorieren Sie den Tisch entsprechend der Jahreszeit. Lassen Sie eine schmale Lücke für ein herbstliches Stilleben frei: Weizengarben, Kürbis, Mais, Nachtschattengewächse, Trockenblumensträuße und konservierte Herbstblätter.

- Das Konservieren von Herbstblättern gehörte zu den Lieblingsbeschäftigungen der Frauen in der Viktorianischen Epoche. Nehmen Sie Zweige, deren Blätter sich rostrot, orange und golden färben, bevor sie welk sind und abfallen. Schneiden Sie den Stielansatz ungefähr drei Zentimeter tief ein und stellen Sie die Zweige mehrere Stunden in warmes Wasser. Wenn sich die Blätter einzurollen beginnen, bereiten Sie eine Lösung aus einem Teil Glyzerin (erhältlich in der Apotheke) und zwei Teilen Wasser zu. Das Ganze aufkochen und zehn Minuten brodeln lassen; danach muß die Lösung vollständig auskühlen. Schneiden Sie die Zweige unten sehr schräg an und klopfen Sie die Enden vorsichtig mit dem Hammer platt. In die Glyzerinlösung stellen und das Behältnis an einem kühlen, dunklen Ort aufbewahren, bis die Zweige das Konservierungsmittel absorbiert haben (das dauert ungefähr eine Woche bis zehn Tage). Sobald winzige Glyzerintropfen auf den Blättern erscheinen, entfernen Sie die Zweige und wischen die Blätter vorsichtig mit einem feuchten Papiertuch vom Stiel zur Spitze ab. Danach werden sie gründlich getrocknet. Ihre Blätter bleiben mehrere Monate lang schön und dekorativ.
- Kürbisse geben reizvolle natürliche Vasen für Herbststräuße ab. Höhlen Sie die Mitte mit einem Löffel aus wie bei einer Kürbislaterne; den Hohlraum mit einem angefeuchteten und entsprechend zugeschnittenen Steckschwamm (im Blumengeschäft erhältlich) füllen. Herbstblumen in warmen Erdtönen, die präparierten Blätter und Weinranken hineinstecken; Ihr Bouquet ist sehr lange haltbar. Überprüfen Sie gelegentlich, ob der Steckschwamm noch feucht genug ist, und füllen Sie bei Bedarf Wasser nach.
- In diesem Monat sollten Sie die Zwiebeln von Krokussen, Narzissen und Tulpen im Garten pflanzen, damit sie im nächsten Frühjahr ihre ganze Pracht entfalten.
- Machen Sie doch einmal einen Wochenendausflug aufs Land oder ins Gebirge, um sich an Mutter Naturs herbstbuntem Gewand zu erfreuen. Packen Sie »Marschverpflegung« ein. Genießen Sie den Tag unter freiem Himmel, seien Sie aktiv oder faulenzen Sie, solange Sie können.

- Bereiten Sie an einem Wochenende Cidre und/oder Glühwein zu. Das ist besonders köstlich nach der Arbeit, wenn Sie die Herbstblätter zusammengerecht haben! Die Rezepturen für Getränke dieser Art finden Sie in entsprechenden Ratgebern. Auskünfte erteilt Ihnen jede Buchhandlung.

## Die einfachen Freuden des Lebens im November

Der November hat sich auf leisen Sohlen herangeschlichen, überrumpelt unsere Sinneswahrnehmungen. Plötzlich scheint es, wie der englische Dichter Thomas Hood vor zwei Jahrhunderten bekümmert beobachtete, »keinen Schatten, keinen Sonnenschein, keine Schmetterlinge, keine Bienen, keine Früchte, keine Blumen, keine Blätter, keine Vögel« mehr zu geben. Silbergraue Schleier hüllen eine Landschaft ein, die nackt und bar jeder Verstellung ist. Hinter den geschlossenen Türen menschlicher Behausungen wirft das bernsteinfarbene Feuer sein Licht auf das Reale. Wie eine Frau, die ihre wahre Identität gefunden hat, strahlt der November innere Schönheit aus.

- Wenn Sie bisher gezögert haben, eine Austauschbeziehung mit Ihrem Schutzengel anzubahnen, dann nur Mut! Sie können dadurch nur gewinnen und haben nichts anderes zu verlieren als Ihre Skepsis. Lesen Sie zum Beispiel *Warum Engel fliegen können* von Terry Lynn Taylor (Goldmann-TB Nr. 12117). Jede Buchhandlung wird Ihnen gerne weitere interessante Literatur zu diesem Thema empfehlen.
- Die Legenden der Indianer Nordamerikas erinnern uns daran, daß gute und schlechte Träume im Schlaf über uns schweben und nur darauf warten, unsere nächtlichen Gedanken in ihren Bann zu ziehen. Um die Nachtruhe zu gewährleisten, haben sie »Traumfänger« aufgehängt: ein Netz aus farbigen Schnüren mit einem Loch in der Mitte, durch das glückliche Träume ungehindert »hindurchschlüpfen« und ins Unterbewußtsein gelangen.

Böse Träume verfangen sich dagegen im Netz, wo sie sich beim ersten Licht des neuen Tages auflösen. Sie können Ihren Traumfänger selbst anfertigen, indem Sie einen kleinen Stickrahmen netzförmig mit farbigem Stickgarn bespannen. (Achten Sie darauf, in der Mitte ein Loch zu lassen.) Fügen Sie Federn und dekorative, bunte Glasperlen hinzu: Grün ist die Farbe des Überflusses, Rosa oder Rot die Farbe der Liebe; Blau symbolisiert Heilung und Schutz, während Purpur für innere Kraft steht. Hängen Sie den Traumfänger über Ihrem Bett auf.

- Schreiben Sie alles auf, was in Ihrem Leben auf der Habenseite zu Buche schlägt, und legen Sie Ihrem Schöpfer diese Bilanz zum ersten Mal an einem der »stillen Wochenenden« vor. Das ist ein hervorragendes Heilmittel gegen die Mangelsucht, denn Sie müssen sorgfältig überlegen, für welche Dinge Sie wirklich dankbar sein können.

- Füllen Sie einen Korb mit Leckerbissen, wie Sie sie selbst mit Ihrer Familie genießen würden, und geben Sie ihn, vielleicht vor dem ersten Advent, in einem Obdachlosenasyl ab. Packen Sie an Lebensmitteln hinein, was Sie sich finanziell leisten können; jeder Beitrag ist willkommen. Wenn Sie Kinder haben, können diese Ihnen beim Einkaufen und Packen des Präsentkorbs helfen und Sie beim Ausliefern begleiten. Das ist eine Erfahrung, die unter die Haut geht. Sie erinnert uns daran, daß wir allen Grund zur Dankbarkeit besitzen.

- Stürzen Sie sich nicht gleich nach den »Trauertagen« ins Gewühl, um Weihnachtseinkäufe zu tätigen, wie der Rest der Welt. Bleiben Sie lieber zu Hause und schreiben Sie die Zutaten auf die Einkaufsliste, die Sie für Ihre Weihnachtsplätzchen brauchen. Fertigen Sie einen Adventskranz und legen Sie zum ersten Mal stimmungsvolle Musik für die »stille Zeit« auf.

- Halten Sie nach Ihrem ganz persönlichen Adventskalender Ausschau, und genießen Sie die kreative Exkursion.

## Die einfachen Freuden des Lebens im Dezember

Die Gaben des Dezembers – Sitten und Gebräuche, Zeremonien, Feste, Weihen – kommen verpackt zu uns, nicht in Geschenkpapier mit Schmuckband, sondern in Form liebgewonnener Erinnerungen. Der Dezember ist der Monat der Wunder. Das Öl, das im Chanukkaleuchter acht Tage lang brennt, der Sohn Gottes, der in einem Stall geboren wird, die unerklärliche Rückkehr des Lichts in der längsten, kältesten Nacht des Jahres. Wo es Liebe gibt, lassen Wunder nicht lange auf sich warten. Und wo sich Wunder vollziehen, herrscht Freude. Dankbar weben wir den goldenen Faden des sechsten Prinzips der Einfachheit und Fülle – die Freude – in unseren Teppich der inneren Zufriedenheit ein. Endlich erleben wir bewußt das Wunder der Authentizität und ändern damit ein für allemal unser Selbstbild. Unseren Alltag. Unsere Träume. Unser Schicksal. Tage, die wir früher als gewöhnlich bezeichnet haben, empfinden wir nun als geheiligt.

- Rüsten Sie sich für das Fest der Feste. Verbreiten Sie Weihnachtsstimmung in sämtlichen Räumen des Hauses mit Schmuck, der zur Jahreszeit paßt, ungeachtet dessen, welches Fest Sie feiern. Immergrüne Zweige, blühende Pflanzen, Kerzen, winzige Lichter und Schmuck, den Mutter Natur liefert, müssen nicht mit einem bestimmten Festtag in Verbindung gebracht werden: Wenn Sie sich besonders große Mühe mit der Gestaltung Ihres Heims geben, bereiten Sie die Bühne für ein authentisches Chanukkafest, eine Sonnwendfeier, Weihnachten oder Kwanzaa vor.
- Suchen Sie inmitten der Einfachheit und Fülle der literarischen Schatztruhe nach Geschichten, die zur Jahreszeit passen. Zum Beispiel *Der kleine Lord* von Frances Burnett, bevor Sie mit den Weihnachtseinkäufen beginnen. Oder *Ein Weihnachtslied* von Dickens, wie eine Serie über mehrere Wochen verteilt. Aber machen Sie dabei nicht halt! Viele Schriftsteller haben uns im Verlauf des letzten Jahrhunderts wundervolle Weihnachtsgeschenke ge-

macht. Erkundigen Sie sich in Leihbibliotheken und Buchhandlungen.
- Während des Jahres finden Sie überall Sonderangebote und Schnäppchen, und deshalb sollten Sie der gewieften Strategie folgen (sie funktioniert, garantiert!), Ihre Geschenke nicht erst in der letzten Minute zu kaufen.
- Köstliche Gerichte sind ein Geschenk in jedem Winter. Wie wär's mit Kartoffelgratin, Marzipan, Eierpunsch, Würzbier und scharfen, in Knoblauch und Chili gedünsteten Shrimps? Sie müssen nicht selbst backen, um Weihnachtsplätzchen zu genießen. Denken Sie erst am 2. Januar wieder über die Kalorien nach. Vergessen Sie den Diätfrüchtekuchen, freuen Sie sich lieber auf Lebkuchen und andere herrliche Kalorienbomben.
- Halten Sie Filmfestspiele mit Weihnachtsklassikern ab. Außer den Lieblingsstreifen Ihrer Familie gibt es zahlreiche weitere wunderbare Filme, die zur Weihnachtszeit passen und die Sie vielleicht noch nicht kennen. Halten Sie in Videotheken Ausschau nach entsprechenden Ankündigungen.
- Erfüllen Sie die Weihnachtsträume eines Kindes, das nicht Ihr eigenes ist.
- Teilen Sie die Fülle Ihrer Gaben mit einem Heim für Frauen oder einem Obdachlosenasyl.
- Bereiten Sie ein Weihnachtstablett vor.
- Suchen Sie nach Ihrem Leitstern. Folgen Sie seinem Licht. Wenn Sie einen eigenen Stern wollen, läßt sich auch dieser Wunsch erfüllen. Jeden Tag werden neue Sterne am Himmel entdeckt. Die International Star Registry wird einen nach Ihnen, nach einem Traum oder nach einem Verstorbenen benennen. (Schreiben Sie an die International Star Registry, 34523 Wilson Road, Ingleside, Illinois 60041; Tel.: 1-800-282-3333.)
- Schauen Sie sich noch einmal die Ziele und Wünsche an, die Sie am 1. Januar notiert haben. Seien Sie nicht entmutigt, wenn sie sich bislang nicht verwirklicht haben. Wichtig ist allein, daß Sie es mit aller Kraft versuchen. Erstellen Sie eine Liste für das neue Jahr, auf die Sie alles übertragen, was Ihnen heute noch wichtig

ist. Vertrauen Sie Ihre Träume einer Freundin an, die bezeugen kann, daß Sie alles in Ihrer Macht Stehende tun, um sie zu realisieren.

- Bevor Sie das neue Jahr willkommen heißen und bei Null beginnen, müssen Sie die unerledigten Dinge des alten Jahres – Fehler, Bedauern, Versäumnisse und Enttäuschungen – aus Ihrem Gedächtnis streichen: Schreiben Sie alles auf kleine Zettelchen, was Sie vergessen möchten, und legen Sie diese in eine kleine Pappschachtel. Nun wickeln Sie die Schachtel in schwarzes oder dunkles Papier ein und versiegeln dieses mit Kummer und Pech. Sagen Sie »Auf Nimmerwiedersehen!« und werfen die Schachtel ins Feuer, um die Vergangenheit auszulöschen. Wenn Sie keinen offenen Kamin haben, werfen Sie die schlechten Erinnerungen der Vergangenheit in den Müll, wohin sie gehören. Behalten Sie nur die guten.
- Stellen Sie Sekt oder Selters kalt. Verabschieden Sie das alte Jahr mit einem Toast und begrüßen Sie das neue. Sprechen Sie ein Dankgebet. Feiern Sie die Etappen des Weges, die Sie bewältigt, die Lektionen, die Sie gelernt und die wunderbare Frau, als die Sie sich entpuppt haben.

Ein gutes neues Jahr!

ELAINE ST. JAMES

# Neunmal guter Rat für das Wesentliche

## Lernen Sie, auf Ihre innere Stimme zu hören

Wenn Sie das Gefühl haben, von Natur aus nicht sehr intuitiv zu sein, oder wenn Sie den Kontakt mit Ihrer inneren Stimme verloren haben, wird es Ihnen auf Ihrem Weg zur inneren Einfachheit eine große Hilfe sein, wenn Sie lernen, nach innen zu lauschen.

Das braucht Zeit. Das braucht Geduld. Das braucht Disziplin. Es wird Zeiten geben, in denen Sie sich einfach dazu zwingen müssen, still zu sitzen und im Innern zu horchen.

Vergessen Sie nicht das Zuhören. Als ich anfing, an der Entwicklung meiner intuitiven Fähigkeiten zu arbeiten, stellte ich Fragen, nahm mir aber unglaublicherweise nicht die Zeit, die Antworten abzuwarten. Antworten auf der intuitiven Ebene sind oft sehr subtil, und wenn wir nicht sehr achtsam sind, können sie uns leicht entgehen. Vor allem wenn wir erst am Anfang stehen und noch lernen müssen, mit dieser Ebene zu kommunizieren.

Intuitive *Einsichten,* die Ihnen nahelegen, etwas zu tun, was Ihnen leichtfällt und auch Ihrem Wunsch entspricht, können sich sehr von intuitiven *Warnungen* unterscheiden, die Sie dazu drängen, etwas für Sie unter Umständen Schädliches zu unterlassen. Machen Sie sich damit vertraut, wie Ihr Körper und Geist auf die verschiedenen Situationen reagieren, und lernen Sie, diese Reaktionen präzise zu deuten.

Fangen Sie mit kleinen Dingen an. Soll ich nach rechts oder links abbiegen? Soll ich diese Sache heute oder erst morgen erledigen?

Soll ich den Regenschirm mitnehmen oder nicht? Soll ich diesen Anruf jetzt tätigen oder erst später? Es bieten sich untertags Dutzende von Gelegenheiten, wo wir uns diese kleinen und anscheinend bedeutungslosen Fragen stellen können. Fragen Sie, wann immer Sie vor einer dieser winzigen Entscheidungen stehen. Und horchen Sie dann auf eine Antwort.

Protokollieren Sie die Resultate in Ihrem Tagebuch. Hat es geregnet, als Sie den Regenschirm mitnahmen? Haben sich die Dinge wunschgemäß gestaltet, als Sie diesen Anruf erledigten? Bald entwickeln Sie ein Gespür dafür, wie sich eine richtige Antwort schon vorab *anfühlt*.

Wenn Sie bei den kleinen Dingen eine gewisse Gefühlssicherheit erreicht haben, wenden Sie sich den schwerwiegenderen Fragen zu.

Unsere Erkundungsreisen in die inneren Welten lassen uns oft aufregende und unvertraute Erfahrungen machen und konfrontieren uns mit neuen Ideen und Denkweisen. Manchmal sind unsere gewohnheitsmäßigen Reaktionsweisen nicht mehr angemessen oder tauglich. Wenn Sie lernen, die Signale der intuitiven Ebene richtig zu deuten, werden Sie wirkungsvolle Methoden zur Überprüfung des Alten und Interpretation des Neuen erhalten.

An anderen Stellen dieses Buches habe ich Ihnen Vorschläge gemacht, was Sie unternehmen können, wenn die inneren Botschaften nicht mehr zu Ihnen durchdringen, zum Beispiel das Befragen der Runen oder das Aufsuchen eines Mediums oder das intuitive Schreiben. Es gibt noch viele andere Möglichkeiten wie etwa die Tarotkarten, das I Ging, das Pendel oder das Ouijabrett.

Gewöhnen Sie sich an, zuerst sich selbst zu befragen, bevor Sie zu einer dieser anderen Orakelmethoden greifen. Vergleichen Sie dann die Antworten, die Sie durch diese Orakelbefragungen erhielten, mit denen, die Sie in Ihrem Innern gefunden haben. Halten Sie auch hier wieder die Resultate in Ihrem Tagebuch fest, damit Sie Ihren Gefühlen und intuitiven Einsichten auf der Spur bleiben können.

Das Ziel ist hier, mit den eigenen intuitiven Reaktionen vertraut zu werden und sich allmählich nur noch auf sie zu verlassen.

## Lernen Sie, die Stille in der Einsamkeit zu genießen

Nur weniges ist eine bessere Voraussetzung, mit Ihrem inneren Selbst in Kontakt zu kommen, als die friedliche Einsamkeit – vor allem eine Einsamkeit in der Stille und unter Ausschaltung aller äußeren Reize wie Fernseher, Radio, Zeitungen, Zeitschriften und anderer beliebter Zerstreuungsmittel.

Fangen Sie an, die Einsamkeit zu genießen. Lernen Sie, sich mit dem Alleinsein wohl zu fühlen. Das ist eine Zeit, in der Sie nachdenken, sich aufbauender Lektüre widmen, mit der Natur kommunizieren, mit Ihrer Intuition in Kontakt kommen, lächeln, lachen, weinen, vergeben und über die Rätsel des Universums nachsinnen können.

Das heißt nicht, daß Sie sich in eine Höhle tief in der Wildnis verkriechen müssen. Ganz im Gegenteil. Menschen und Beziehungen gehören ganz wesentlich zu unserem inneren und äußeren Wachstum. Aber wir alle brauchen ab und zu Zeit, um uns wieder aufzuladen. Nicht nur, um Geist und Seele zu nähren, sondern um auch wieder neue Energie aufzubauen, die wir an andere abgeben können.

Fangen Sie bescheiden an, wenn Einsamkeit für Sie etwas Bedrohliches ist. Verabreden Sie sich zum Essen mit sich selbst in einer ruhigen Umgebung, zum Beispiel auf einer Bank in einer leeren Kapelle. Erweitern Sie das dann auf einen allein verbrachten Samstagnachmittag, vielleicht in einem abgeschiedenen Garten oder an irgendeinem anderen ungestörten Ort. Planen Sie danach ein Wochenendretreat zu Hause oder eventuell auch an einem Retreatort, wo Sie sich um nichts anderes als um Ihre innere Arbeit kümmern müssen.

Benutzen Sie Ihre Kreativität, um für sich Möglichkeiten zu schaffen, regelmäßig einige Zeit allein zu sein. Ein Freund von mir verbrachte jahrelang seine Mittagspause auf einem verwilderten Friedhof. Es war der einzige friedliche Ort, den er in der Nähe seines Büros finden konnte. Er berichtete, daß er hier nicht nur lernte, sich mit sich allein, sondern auch mit dem Gedanken an den Tod wohl zu fühlen. Das ist von großem Vorteil, wenn man sich über die großen Themen des eigenen Lebens Gedanken macht.

Die Einsamkeit ermöglicht es Ihnen, sich auf eine Weise mit Ihrem inneren Selbst zu konfrontieren, wie Sie das nur in wenigen anderen Situationen können. Ihre in Einsamkeit verbrachte Zeit führt Sie zu heiterer Gelassenheit, zu innerem Frieden und gibt Ihnen unvergleichliche Möglichkeiten, sich mit Ihrer Seele zu verbinden.

## Tun Sie nichts

Auch das Nichtstun kann Ihnen sehr helfen, mit Ihrem inneren Selbst in Kontakt zu kommen. Ich erlernte es bei meinem Versuch, mich von der Gewohnheit zu kurieren, mich zu hektisch zu bewegen und zu viele Dinge gleichzeitig tun zu wollen. Und es funktionierte. Ich *plante* jede Woche etwas Zeit zum Nichtstun ein. Das half mir sehr, mir allmählich darüber klarzuwerden, welche Richtung ich in meinem Berufsleben einschlagen wollte.

Ich pflegte diese Praxis weiterhin und gelangte so auch zu einer neuen Verständnisebene bezüglich meines inneren Lebens.

Es gibt viele Gründe, warum so viele von uns in den letzten Jahren ein halsbrecherisches Lebenstempo vorgelegt haben. Das hat oftmals gar nichts damit zu tun, daß man möglichst effektiv sein will. Manche von uns behalten dieses Tempo einfach weiterhin bei, um sich entweder zu beweisen, daß sie noch am Leben sind, oder weil sie befürchten, einen sehr genauen Blick auf sich selbst werfen zu müssen, wenn sie innehielten, und davor haben viele wohl panische Angst.

Aber ein völliges Innehalten kann unglaublich konstruktiv sein. Das Nichtstun unterscheidet sich vom Meditieren oder von einer in Einsamkeit verbrachten Zeit und ist in mancher Hinsicht sehr viel schwieriger. In unserer Gesellschaft jedenfalls müssen wir das Nichtstun meist erst wieder erlernen und pflegen. Manchmal allerdings greift Mutter Natur erbarmungsvoll ein und zwingt uns durch eine Krankheit, innezuhalten und nichts zu tun.

Akzeptieren Sie die Tatsache, daß es in Ordnung ist, nichts zu tun. Wenn Sie Ihr Lebenstempo bereits verlangsamt, Ihr Leben vereinfacht und sich Ihrem Inneren zugewendet haben, fällt Ihnen das Nichtstun sehr viel leichter.

Sie können damit anfangen, daß Sie tagsüber immer mal wieder zwei oder drei Minuten nichts tun. Hören Sie einfach mit Ihrer gegenwärtigen Tätigkeit auf, sitzen Sie mit offenen Augen still da, der Geist ist wach, aber nicht aktiv, und sein Sie einfach. Ein paar tiefe Atemzüge werden dabei helfen.

Verlängern Sie diese Zeiten allmählich. Stellen Sie sich darauf ein, daß Ihr Körper und Ihr Geist rebellieren werden, wenn Sie längere Zeit nichts tun. Sie werden hungrig oder schläfrig werden. Sie werden an Dutzende von Dinge denken, die Sie noch erledigen müssen. Widerstehen Sie der Versuchung, diesen Empfindungen nachzugeben. Betrachten Sie die Zeit, in der Sie nichts tun, als notwendig und wertvoll.

Wenn es anfängt, Ihnen Spaß zu machen, sich da hineinfallen zu lassen, werden Sie feststellen, daß das Nichtstun eine der produktivsten Untätigkeiten ist, der Sie nachgehen können.

## Machen Sie ein Retreat

Ein formales Retreat kann sich als effektives Sprungbrett für Ihr Programm der inneren Einfachheit erweisen.

Ein Retreat kann durchorganisiert oder locker strukturiert sein, ganz wie Sie es wollen. Wenn Sie mit der Erforschung Ihrer inneren Bereiche gerade erst angefangen haben, brauchen Sie vielleicht ein paar ruhige Tage in einem Retreatzentrum, um still zu lesen und über Ihr Leben und Ihre Zukunft nachdenken zu können.

In einer solchen Umgebung können Sie alles nach Ihren Bedürfnissen gestalten. Sie müssen sich auf niemanden einlassen und an keinen Zeremonien oder Ritualen teilnehmen, wenn Sie nicht wollen.

Die Ausstattung dieser Retreatzentren ist unterschiedlich, aber gewöhnlich bieten sie einfach möblierte Zimmer und Mahlzeiten an, die Sie entweder allein oder im gemeinschaftlichen Eßraum einnehmen können. Es herrscht eine Atmosphäre stiller Achtsamkeit, die das persönliche Reflektieren fördert.

Wenn Sie eine bestimmte Meditationstechnik praktizieren wollen, sich mit einer neuen Lehre vertraut machen oder eine alte wieder aufleben lassen wollen, wäre ein Retreatzentrum, das eine Schulung in diesen Lehren anbietet, der richtige Weg.

In diesem Fall ist normalerweise ein bestimmter Ablauf vorgegeben, an den die Teilnehmer sich halten sollen. Er besteht normalerweise aus gemeinsam eingenommenen Mahlzeiten und festen Zeiten für Unterricht, Gruppendiskussion und für Meditation und andere Übungen.

Manchmal steht unsere Erwartungshaltung einer fruchtbaren Erfahrung im Wege. Deshalb sollten Sie vorab möglichst viele Informationen über die allgemeinen Bedingungen und die an Sie gestellten Anforderungen einholen. Oder seien Sie zumindest bereit, sich notfalls in Ihren Erwartungen umzustellen. Eine Freundin von mir nahm kürzlich an einem viertägigen Retreat teil, um für sich ein paar Fragen zu klären, die sich aus dem Erlernen einer neuen Meditationstechnik ergeben hatten. Sie war vor allem an einer ruhigen Umgebung fernab von Verkehr und Lärm interessiert.

Als sie dort angekommen war, mußte sie feststellen, daß ihr Zimmer direkt an einer der größeren Autobahnen der westlichen Welt lag. Sie überlegte sich ernsthaft, wieder abzureisen. Aber nachdem sie ein Weilchen darüber nachgedacht hatte, entschied sie sich, die Dinge auf sich zukommen zu lassen. Es wurde ein unglaublich fruchtbares Wochenende für sie, aber ganz anders, als sie erwartet hatte.

## Überprüfen Sie Ihre Atmung

Die alten Yogalehren besagen, daß, wenn wir unsere Atmung kontrollieren, wir auch unser Leben kontrollieren können. Die richtige Atmung kann ein sehr wichtiges Instrument für Ihr inneres Wachstum sein. Dadurch können Sie Ihren Kopf klar kriegen, Ihren Körper energetisch aufladen, Ihre Energie steigern, zu einer besseren Anschauung gelangen, Ihre Stimmung heben, Ihre Gesundheit wiederherstellen, Ihre Psyche verjüngen und zu anderen Bewußtseinsebenen gelangen.

Experimentieren Sie mit Ihrer Atmung und stellen Sie fest, welche Veränderungen das richtige Atmen in Ihrem Alltagsleben bewirkt.

Das Atmen nach der Yogalehre bezieht den Unterleib und das Zwerchfell mit ein. Wenn Sie es richtig machen, füllen sich die Lungen mit jedem Einatmen und entleeren sich mit jedem Ausatmen so, daß keine abgestandene oder verbrauchte Luft in ihnen zurückbleibt.

Als erstes müssen Sie sich angewöhnen, gerade zu sitzen und gerade zu stehen. Die Schultern sollen entspannt und der Bauch eingezogen sein. Hier gibt's kein sich ins Nirvana krümmen und mogeln.

Sie müssen sich auch Ihrer Bewußtseinsebene ständig gewahr sein. Wenn Sie sich schwerfällig, lustlos, lethargisch, niedergedrückt, schläfrig oder gereizt fühlen, ist es Zeit, Ihre Atmung zu überprüfen.

Das können Sie tun, indem Sie die Fingerspitzen auf den Unterleib legen. Atmen Sie mit geschlossenem Mund durch die Nase ein, während die Luft im rückwärtigen Bereich knapp über der Kehle eingesogen wird. Wenn Sie diesen Vorgang etwas übertreiben und ein Gefühl dafür entwickeln, können Sie im hinteren Kehlbereich so etwas wie ein leichtes Raspeln hören und spüren. Wenn Sie das richtig eingeübt haben, sollte das normale Atmen nicht mehr hörbar sein.

Wenn Sie den Atem durch die Nase/Kehle einfließen lassen, dehnt sich der Unterleib aus, und der untere Lungenbereich füllt sich allmählich mit Luft, woraufhin sich der Rippenkorb, der obere Lungen- und der obere Brustbereich ausdehnen. Die Fingerspitzen sollten sich ein wenig voneinander entfernen, wenn sich der Unterleib wölbt.

Ziehen Sie dann sachte die Unterleibsmuskeln nach innen, um in einer einzigen fließenden Bewegung die Atemluft vom Unterleib durch Brust und Nase nach oben zu bringen und auszustoßen. Dabei bewegen sich dann die Fingerspitzen wieder aufeinander zu.

Sie können das auch flach auf dem Rücken liegend praktizieren, bis Sie den Bogen raushaben. Die ganze Bewegung des Ein- und

Ausatmens sollte fließend und locker ablaufen. Sie sollte schließlich ganz automatisch vonstatten gehen, während Sie sich Ihrer Atmung aber doch auf bestimmter Ebene bewußt bleiben.

Achten Sie darauf, daß Sie sich untertags immer wieder mit Ihrer Atmung verbinden. Benutzen Sie das als Methode, um sich selbst auf der Spur zu bleiben. Das Erlernen von Hatha-Yoga ist eine exzellente Möglichkeit, die unglaubliche Macht des Atems in Ihr Alltagsleben zu integrieren.

## Erforschen Sie Ihr Schlafbewußtsein

Vor nicht allzu langer Zeit wurde ich eines Morgens nach einer ruhelos verbrachten Nacht von ungeheurer Schläfrigkeit überwältigt. Als ich meine Augen nicht länger offen halten konnte, ging ich nochmals zu Bett, um ein kurzes Nickerchen zu halten. Ich schloß die Augen, und als ich nach wenigen Momenten, wie es mir schien, wieder zu mir kam, merkte ich, daß mein »Ich« über meinem physischen Körper schwebte. Ich sah und spürte, wie ein wirbelnder Strudel von meiner Brustmitte ausging.

Bevor mir noch klar wurde, was da gerade passierte, befand sich mein »Ich« in diesem Strudel. Ich spürte mehr ein »Plop«, als daß ich es hörte, und mein »Ich« war wieder in meinen Körper zurückgekehrt. Als ich auf die Uhr sah, waren zwei Stunden vergangen.

Damals wußte ich es nicht, aber ich hatte das, was man eine außerkörperliche Erfahrung (AKE) nennt. Manche Forscher sind der Ansicht, daß wir alle im Schlaf unseren Körper häufig verlassen, wobei sich aber nur wenige von uns an diese Erfahrungen erinnern. Andere interpretieren diese AKEs einfach als eine andere Ebene des Traumbewußtseins. In beiden Fällen würde das jedenfalls bedeuten, daß wir alle die Fähigkeit haben, auch willentlich außerkörperliche Erfahrungen zu machen.

Warum sollten wir so etwas tun wollen? Nun, meine eigene AKE war ein unglaublich aufregendes Abenteuer. Damals bot sich mir zum erstenmal die Gelegenheit zu begreifen, daß sich mein »Ich«

von meinem Körper lösen und sich von dem unterscheiden kann, was ich bislang immer als mein »Ich« empfand. Ich sah, daß dieses unser aller »Ich« ewig und unsterblich sein kann. Und was am wichtigsten war, dies erweiterte meine Konzeptionen und Vorstellungen von meinem Leben und den Möglichkeiten des Universums total.

Wenn Sie je irgendwelche Traumanalysen unternommen oder sich die Zeit genommen haben, Ihre Träume zu erinnern, zu protokollieren und/oder sie zu programmieren und zu lenken, wissen Sie, daß Träume faszinierende und wertvolle Informationen zu unserem Leben im Wachzustand beisteuern können. Träume liefern uns oft intuitive Antworten, die wir aus anderen Quellen nicht erhalten können. Wenn wir es zulassen, können wir durch Träume ein sehr viel umfassenderes Verständnis vom Gesamtkontext, in dem wir leben, gewinnen.

Neuere Forschungen haben gezeigt, daß wir lernen können, unsere Träume zu kontrollieren, uns in unserem Traumleben das zu erschaffen, was wir uns wünschen, und diese Erkenntnisse dann auf unser Leben im Wachzustand zu übertragen. Dies eröffnet uns unglaubliche Möglichkeiten für unser persönliches Wachstum.

## Erforschen Sie die Meditation

Die Meditation ist eines der machtvollsten Instrumente, das uns für unsere Selbsterweiterung und unser inneres Wachstum zur Verfügung steht.

Durch die Meditation können wir zu Ebenen der mentalen Klarheit gelangen, die wir mit anderen Mitteln nicht zu erreichen vermögen. Sie stellt einen der Königswege zu unserer Seele dar.

Es gibt unendlich viele Meditationstechniken. Sie können meditieren, indem Sie auf Ihre Atmung achten. Sie können meditieren, indem Sie sich eines Mantras bedienen. Sie können meditieren, indem Sie sich auf eine Kerzenflamme konzentrieren oder auf das innere Licht Ihres dritten Auges.

Sie können über die Beschaffenheit von Liebe oder Weisheit oder

Unsterblichkeit oder irgend etwas anderes meditieren. Sie können auch einfach meditieren, indem Sie den Fluß Ihrer Gedanken beobachten. Es gibt Sitz-, Steh-, Geh-, Lach-, Wein-, Tanz- und Chant-Meditationen. Es gibt auch das »Leb dein Leben in jedem einzelnen Augenblick bei Tag und bei Nacht« als Meditation. Und das ist nur der Anfang.

Als ich vor einigen Jahren wieder auf das Meditieren zurückkam, nahm ich mir ein Buch zu diesem Thema vor. Ich las mir eine der vorgeschlagenen Techniken durch und setzte mich hin, um zu meditieren.

Als ich nach dreißig Minuten die Augen wieder öffnete, war ich in ein Gefühl von Frieden und Heiterkeit eingehüllt, wie ich es in dieser Tiefe noch nie erfahren hatte. In diesem Moment wurde mir klar, daß ich ein Geschenk erhalten hatte. Ich wußte von meinen früheren Meditationsversuchen her, daß das Meditieren nicht immer so leichtfällt oder so ausgeprägte Resultate zeitigt.

Es dauerte viele weitere Monate regelmäßiger und hingebungsvoller Meditationspraxis, bis mir auch nur ansatzweise und flüchtig vergleichbare Momente dieser Anfangserfahrung zuteil wurden. Aber seit jenem ersten Tag hing ich an der Angel, und das war ein Geschenk.

Sie werden zweifellos andere Erfahrungen mit der Meditation machen als ich. Wir bringen alle unsere einzigartige Kombination von Körper, Geist und Seele in das Abenteuer der Verbindung mit unserem inneren Selbst ein.

Falls Sie das Meditieren noch nicht erforscht haben, möchte ich es Ihnen dringend empfehlen. Wenn Sie die Meditation zum regelmäßigen Bestandteil Ihres Lebens machen, werden Sie für sich neue und aufregende Möglichkeiten für Ihr inneres Wachstum eröffnen.

Wenn Sie nicht wissen, wie Sie damit beginnen sollen, besorgen Sie sich ein Buch über Meditationstechniken und machen Sie von da aus weiter. Oder suchen Sie sich einen Lehrer, oder kontaktieren Sie Leute, die bereits Meditationserfahrung haben. Wenn Sie jetzt damit anfangen, werden Sie nach sechs Monaten oder einem Jahr überrascht feststellen, wie weit Sie schon gekommen sind und um wieviel reicher Ihr Leben geworden ist. Und Sie werden auch erkennen, wie subtil Sie durch die inneren Labyrinthe geführt wurden. Die Meditation gibt auf ganz natürliche Weise den Anstoß zu einem inneren Erkundungsprozeß. Manches gelingt Ihnen sofort, für anderes brauchen Sie oft Jahre, bis Sie es erreicht haben. Es gibt keine andere Möglichkeit, als sich einfach nur darauf einzulassen und abzuwarten, welcher Lohn sich daraus für Sie ergibt.

## Schaffen Sie Freude in Ihrem Leben

Vor einiger Zeit unternahmen Gibbs, unsere kleine Hündin Piper und ich einen Spaziergang hinunter zum Strand, um den Sonnenuntergang zu betrachten. Es war einer dieser spektakulären Anblicke, bei dem sich die ganze Schöpfung mit einem rosigen Glanz zu überziehen scheint. Ein paar weiße Wolkenfetzen zogen am Himmel dahin und färbten sich rosa, als die Sonne allmählich hinterm Horizont versank. Innerhalb weniger Minuten hatten sie das Leuchten der Sonne angenommen und ihre Farbe vollkommen verändert. Und am westlichen Himmel wurde die Venus sichtbar.

Wir blickten nach Osten und sahen riesig und golden den nahezu vollen Mond aufsteigen. Der Himmel zeigte immer herrlichere Farben, und wir waren von diesem wunderbaren Schauspiel so bezaubert, daß wir vor Glücksgefühlen fast überflossen.

Am nächsten Tag ärgerte ich mich darüber, daß ich mit meiner Arbeit nicht recht weiterkam. Und weil dieser sehr freudlose Zustand in einem so starken Kontrast zu meinen vollkommenen Glücksgefühlen des vorherigen Abends stand, erinnerte ich mich sofort an diesen Sonnenuntergang. Und sogleich wurden meine negativen Gefühle von der Freude des letzten Abends überdeckt. Ich schwelgte aber nicht in der Vergangenheit, sondern ich übertrug diese Freude irgendwie auf die Gegenwart.

Und auch nach längerer Zeit stellte ich fest, daß ich in diese Freude immer wieder eintauchen, sie absorbieren und in die Gegenwart transportieren konnte.

Wir alle erleben solche Momente. Und sie sind uns mehr oder weniger jeden Tag zugänglich. Wir können sie im Lächeln einer geliebten Person finden und sogar im Lächeln eines Menschen, den wir gar nicht kennen. Wir können sie in der Umarmung eines Kindes, in der Gegenwart eines Freundes oder einer Freundin, in der Berührung des oder der Geliebten finden.

Denken Sie an die Momente in Ihrem Leben, in denen Sie von Freude überwältigt wurden. Es sind die Momente, in denen Sie sich selbst und alle anderen lieben. Es sind die Momente, in denen Sie glauben, die Welt erobern zu können, und in denen Sie sich vorstellen, wie Ihr Leben eigentlich sein sollte.

Es sind diese Vorstellungen und dieser Glaube und diese Liebe, aus denen wir uns unser Leben erschaffen und erschaffen können.

Denken Sie an diese glückvollen Augenblicke und bemühen Sie sich, sich mit so vielen von ihnen so oft wie möglich zu befassen.

## Lieben Sie viel

Liebe ist das Wichtigste in unserem Leben. Darin sind sich alle großen Meister, Heiligen und Weisen einig. Aber mir scheint, daß in der Übertragung dieser Lehre viel verlorengegangen ist. Anscheinend haben viele von uns vergessen, wie man liebt, oder es überhaupt nie gelernt.

Das war für mich schon immer ein schwieriges Thema, und ich behaupte nicht, hier Expertin zu sein. Ich habe es ganz gut gemacht – oder hatte Glück –, wenn es um spezifische Lieben ging, um Menschen wie meinen Mann und meine Familienmitglieder und Freunde. Aber wenn es um die Liebe zur Menschheit oder zur Welt im großen und ganzen geht, hat mir immer etwas gefehlt. Ich glaube, daß ich in den letzten Jahren eine Sache über die Liebe gelernt habe, die ich Ihnen mitteilen möchte. Was den Rest angeht, so verweise ich Sie auf die Meister und Meisterinnen.

Ich habe gelernt, daß wir uns selbst lieben müssen, um andere lieben zu können. Und wie machen wir das? Indem wir uns gestatten, das zu tun, was wir sehr gerne tun.

Die meisten von uns wuchsen in einer Gesellschaft auf, die die Überzeugung vertritt, daß eine Berufsausbildung das Allerwichtigste sei, um sich und seine Familie ernähren zu können. Es soll keine Rolle spielen, ob ich meine Arbeit liebe oder nicht, solange ich davon die Hypothek abbezahlen kann. Das führte dazu, daß ich Jahre mit Jobs verbrachte, die mir Energie abzogen und den Geist und die Seele verhungern ließen.

Einer der Schritte, die ich zur Vereinfachung meines Lebens unternahm, war, mir die Möglichkeit zu schaffen, bezüglich meines Berufs oder auch aller anderen Lebensbereiche, das zu tun, was mir Freude macht.

Ganz offensichtlich ist das ein allmählicher Prozeß, und eine Vielzahl an Schritten waren mir dabei eine Hilfe: die Inanspruchnahme therapeutischer Beratung, der regelmäßige Aufenthalt in der Natur und das Herausfinden, was ich nicht wollte. Die Tatsache, daß ich schließlich zu einer Schriftstellerkarriere gefunden habe und das Malen für mich zu einem erfüllenden Hobby geworden ist – beides Dinge, die ich ungeheuer gerne tue –, haben entscheidend dazu beigetragen, daß ich nun auch echte Liebe für die Welt empfinden kann und die Liebe zu anderen auch wirklich *fühle*.

Wenn Sie sich im Bereich der Liebe etwas unterentwickelt fühlen, müssen Sie zuerst bei sich selbst anfangen. Finden Sie heraus, was Sie gerne tun und was Sie glücklich macht. Und versuchen Sie dann auch, es wirklich zu tun. Erwarten Sie keine Wunder über Nacht. Es kann eine Weile dauern, und möglicherweise brauchen Sie unterwegs auch eine gewisse Führung. Glücklicherweise stehen uns heute vielfältige und hilfreiche Informationen zur Verfügung.

Uns wurde oftmals gesagt, daß es egoistisch oder narzißtisch sei, wenn wir das tun, was wir lieben. Aber es ist eine Tatsache, daß wir erst uns selbst mit Liebe erfüllen müssen, bevor wir anderen Liebe geben können.

GERALD G. JAMPOLSKY/DIANE V. CIRINCIONE

# Vergebung und Heilung

## Abhängigkeit: unser innerer Gefängniswärter

Das Ego ist ständig darauf aus, Ersatz für Liebe zu finden. Es möchte, daß wir uns wie Kinder im Spielzeugladen verhalten. Es glaubt fest daran, daß unser Glück davon abhängt, alles zu besitzen, was sich in unserer Reichweite befindet. Darüber hinaus möchte unser Ego, daß wir aus vielen Dingen im Spielzeugladen des Lebens Idole oder Götter machen. Diese falschen Bedürfnisse, von denen unser Ego uns weismachen will, unser Glück hinge von ihrer Erfüllung ab, nennen wir »Abhängigkeiten«.

Was ist eine Abhängigkeit? Damit gemeint ist eine Art, mit Menschen, Situationen und Dingen umzugehen, durch die wir Barrieren gegen Liebe und unseren eigenen inneren Frieden errichten. Wir bringen uns jedesmal dann in Abhängigkeit, wenn wir bestimmte Bedingungen und Forderungen stellen, Erwartungen haben oder glauben, gewisse Dinge besitzen zu müssen, um im Leben glücklich zu sein.

Meistens beziehen sich unsere Abhängigkeiten auf das Erreichen ganz bestimmter Ziele, und wenn wir diese verfehlen, sind wir unglücklich und alles andere als zufrieden. So können wir zum Beispiel von bestimmten Verhaltensweisen unseres Partners abhängig sein, die uns wohltun. Sind diese für uns sehr wichtig und der andere »liefert« uns nicht genau das, was wir von ihm wollen, fühlen wir uns als Opfer und dem Leben hilflos ausgeliefert. Auf diese Weise werden unsere Abhängigkeiten zu unseren Gefängniswärtern, die uns mit den Ketten unserer Erwartungen fesseln.

Wenn wir uns ehrlich fragen: »Wovon bin ich abhängig?«, stellen wir fest, daß wir tatsächlich viele Abhängigkeiten pflegen. Die Liste kann endlos sein und Dinge umfassen wie Geld, Sex, Drogen, Schokolade, schlank sein, ein schickes Auto besitzen, Schmuck, Bücher oder ein gutes Aussehen. Wir können sogar von Schmerz, Ärger, Schuld, Angst, Depression, Versagen, Leiden und dem Bedürfnis, immer »recht« zu haben, abhängig werden, ja sogar vom Unglücklichsein überhaupt. Wenn wir nicht im Frieden mit uns sind, läßt sich das meistens auf eine oder mehrere Abhängigkeiten zurückführen.

Wenn wir abnehmen wollen, verleihen wir oft der Waage die Macht, über unsere Selbstliebe, unser Glück, unseren Selbsthaß oder unser Elend zu entscheiden. Oder wir räumen dem Wetter diese Macht ein, wenn wir ein Picknick planen oder Tennis spielen möchten und es regnet.

Die meisten von uns haben eine lange Liste von Abhängigkeiten und Süchten, die wir unbewußt als armseligen Ersatz für Liebe benutzen. In unseren Workshops bitten wir die Teilnehmer oft, sich eine Mülltonne vorzustellen, in die sie alle ihre Abhängigkeiten hineinwerfen, mit der Erkenntnis, daß diese sie daran hindern, Liebe zu erleben.

Sämtliche Abhängigkeiten beruhen auf dem Glauben des Egos, Liebe sei Mangelware, sowie auf der Illusion, wir müßten die innere Leere, die wir manchmal empfinden, mit Menschen, Dingen oder äußeren Ereignissen füllen. Was das Ego uns nicht sagt, ist, daß seine Bedürfnisse niemals völlig befriedigt werden können. Womit wir es auch füttern, es bleibt unersättlich.

Unsere Abhängigkeiten hindern uns daran, unser spirituelles Wesen zu erkennen und zu entdecken, daß das wahre Glück nur zu finden ist, wenn wir nach innen gehen. Unsere Abhängigkeiten, aus denen wir Idole machen, bewirken, daß wir uns ständig voneinander getrennt fühlen und uns im Grunde immer weiter von der Liebe und Intimität entfernen, die wir im Leben suchen.

Die meisten von uns haben erlebt, daß ihre Beziehungen in die Brüche gingen, als sie davon abhängig waren, den anderen zu kontrollieren, damit er ihre Bedingungen und Erwartungen erfüllte. Je größer unsere Abhängigkeit davon ist, daß andere Menschen sich unseren Erwartungen entsprechend verhalten, desto mehr fühlen wir uns als Opfer, machtlos, unser eigenes Leben zu regeln.

Unsere Abhängigkeiten stellen ein Hindernis für unsere Beziehungen dar, denn sie sind der Grund dafür, daß wir meinen, unser Glück und unser innerer Friede hingen von äußeren Kräften ab. Es spielt keine Rolle, ob unsere Erwartungen ganz oder gar nicht erfüllt werden. In beiden Fällen scheint es, als ob andere Menschen und äußere Ereignisse uns beeinflussen und determinieren würden. In Wirklichkeit aber wirken die mächtigsten Kräfte, die Liebe und inneren Frieden beeinflussen, in uns selbst.

Unsere Abhängigkeiten schränken uns wie schwere Fesseln ein, die uns an unsere eigene Angst binden. Sie bewirken, daß wir uns auf Erden nach dem Topf mit Gold am Ende des Regenbogens umschauen, der uns Liebe und Glück bringen soll. Und die ganze Zeit über enthält uns das Ego die Wahrheit vor, daß der Topf mit Gold in Wirklichkeit die grenzenlose, universale Liebe ist, die immer in unserem Herzen wohnt.

Wir können nicht immer die Welt verändern, wohl aber unser eigenes Denken. Wir können beschließen, an unseren Abhängigkeiten festzuhalten oder sie aufzugeben. Wenn wir sie aufgeben, lösen wir ihre Fesseln, befreien uns aus unserer Opferrolle und erkennen, daß wir imstande sind, frei zu wählen.

Für liebevolle Beziehungen ist es äußerst hilfreich, wenn wir unsere Abhängigkeiten erkennen und nicht mehr zur Bedingung für unsere Liebe, unser Glück und unser Wohlergehen machen.

## Möchte ich glücklich sein oder recht haben?

Es gibt eine Seite in uns, der so sehr daran liegt, recht zu haben, daß wir durchaus bereit sind, andere Menschen herabzusetzen, damit wir dieses Ziel erreichen. Dabei gehen wir meistens so vor, daß wir anderen Menschen wegen unserer eigenen Schwierigkeiten im Leben Vorwürfe machen oder sie angreifen. Mit Vorwürfen, Schuld und unserem »berechtigten Ärger« kämpfen wir um jeden Zentimeter auf dem Weg zum Beweis, daß der andere unrecht hat und wir im Recht sind. Solange wir am Rechthaben festhalten, können wir weder Glück noch inneren Frieden und Liebe erleben.

Die meisten von uns sind umgeben von Freunden und Familienmitgliedern, die uns in unserem Ärger und Groll bestätigen. Dieselben Menschen können uns auch in dem Glauben bestärken, es sei wichtiger, recht zu haben, als glücklich zu sein.

Immer wenn wir davon abhängig sind, recht zu haben, verurteilen wir andere oder die ganze Welt. Wir wenden uns an unsere Bezugsgruppe, um Menschen zu finden, die uns zustimmen. Und schon sind wir voll von Angriffsgedanken und dem Gefühl von berechtigtem Ärger, während in unserem Denken oder Herzen kein Platz mehr für Glück oder Liebe ist. Wenn unsere Beziehungen darauf beruhen, daß wir recht haben wollen, wenn wir dazu neigen, nur auf Menschen zu hören, die uns zustimmen, wenn wir taub gegen jene sind, die uns widersprechen, können uns folgende Fragen helfen: »Bringt mir mein Verhalten wirklich inneren Frieden? Lebe ich mein Leben so, daß ich glücklich bin?« Wenn die Antwort nein lautet, haben wir wieder eine neue Möglichkeit entdeckt, uns für das Glücklichsein zu entscheiden, statt recht zu haben. Wieder ein neuer Weg eröffnet sich, Liebe in unsere Beziehungen zu bringen, statt uns von anderen abzusondern.

## Unversöhnlichkeit und ungeheilte Beziehungen

Unsere Weigerung zu vergeben spielt in jeder ungeheilten Beziehung die wichtigste Rolle. Aus dieser Weigerung heraus entstehen Urteile, die logisch klingen. In unserem Kopf fällt eine Klappe, die uns daran hindert zu sehen, daß unsere eigenen Projektionen in Wirklichkeit Illusionen sind.

Die Welt möchte uns in dem Glauben wiegen, daß wir von Menschen umgeben sind, die unverzeihliche Dinge tun, und daß es – so wie die Welt nun einmal aussieht – normal und richtig ist, nicht zu vergeben.

Ein Denken, das nicht verzeiht, hat seine eigenen Gesetze, die bewirken, daß die Wirklichkeit so verzerrt wird, daß sie kaum noch zu erkennen ist. Und wenn wir der Welt so gegenüberstehen, verlieren wir unseren Wunsch aus den Augen, der doch einzig darin besteht, zu innerem Frieden zu gelangen. Plötzlich ist unser Denken erfüllt von zahlreichen unterschiedlichen und widersprüchlichen Zielen. Wir sind nachtragend und davon überzeugt, daß alles Unangenehme und Falsche auf den Fehlern der anderen beruht und daß Menschen unverzeihliche Dinge tun, für die sie bestraft werden müssen.

Verurteilung und selbstgerechte Mißbilligung sind die Themen für das Drehbuch mit dem Titel »nicht verzeihen«, das wir ganz alleine schreiben. Wir selbst sind es, die den Menschen mit Vorurteilen begegnen und Schiedssprüche über sie fällen, und wir selbst sind es, die entscheiden können, ob wir vergeben wollen oder nicht.

Unser Beschluß, eine Beziehung nicht zu heilen, beinhaltet auch die Weigerung zu vergeben, so wie umgekehrt unsere Entscheidung zu vergeben der einzige Weg ist, eine Beziehung zu heilen.

Weil wir eine Beziehung vor allem auf der Grundlage unserer projizierten Gedanken und Gefühle erleben, beruhen auch unsere Verletzungen auf unseren eigenen mißbilligenden Gedanken, und unser Vergeben befreit uns.

## Das Unverzeihliche verzeihen

### An unverzeihliche Dinge glauben

Das Ego glaubt, einige Dinge, die Menschen tun, seien einfach unverzeihlich. Es ist davon überzeugt, daß wir an unserem Ärger und unseren Verletzungen festhalten müssen und es niemals vergessen dürfen, wenn Menschen etwas Unverzeihliches tun. Das Ego läßt uns falsche Warnungen zukommen und versucht uns einzureden, daß wir uns vor erneuten Verletzungen schützen können, wenn wir nicht vergeben, obwohl in Wirklichkeit genau das Gegenteil stimmt.

Wenn wir an das Denksystem des Egos glauben, lautet das Resultat, daß wir unseren Ärger auf andere gegen uns selbst kehren und damit Leiden, Elend und Ablehnung in unser Leben bringen und unglückliche Beziehungen führen. Das Ego glaubt voll und ganz an unverzeihliche Sünden und ist ständig auf der Suche danach.

Solange wir davon ausgehen, daß unsere Identität auf unseren Körper und unsere Persönlichkeit begrenzt ist, werden wir fortfahren, das Glaubenssystem des Egos zu akzeptieren. Wir meinen dann, daß es Menschen in der Welt gibt, die unverzeihliche Dinge tun, und bis wir diese Überzeugung endlich loslassen können, werden wir leiden.

Solange unser Ego uns davon überzeugt, daß unsere Interpretation dessen, was uns unsere Augen, Ohren und anderen Sinne erzählen, die Wahrheit ist, werden wir uns selbst zu Göttern erklären, uns zu Richtern und Geschworenen aufspielen, die entscheiden, wer schuldig und wer unschuldig ist, wer Unverzeihliches getan hat und wer unsere Liebe nicht verdient.

### Fehler sind Irrtümer, die korrigiert werden können

Um inneren Frieden zu finden, der der Feind des Egos ist, und um die Realität von Liebe und Unschuld wieder zu erfahren, müssen wir den Glauben des Egos, Menschen täten unverzeihliche Dinge, hinter uns lassen. Solange wir uns weigern zu verzeihen, werden wir auch keinen vollkommen inneren Frieden erleben.

Wenn wir das Denksystem des Egos aufgeben und uns dem Denksystem der Liebe zuwenden, wird uns wieder klar, daß wir und andere in Wahrheit unschuldig sind. Dann können wir erkennen, daß Liebe und Frieden nur durch den Glauben des Egos an unverzeihliche Sünden von uns ferngehalten werden.

Als auf Papst Johannes Paul II. ein Attentat verübt wurde, suchte er den Mann auf, der ihn schwer verletzt hatte, und vergab ihm von Angesicht zu Angesicht. Die ganze Welt war tief berührt, und viele Herzen öffneten sich. Der Papst demonstrierte damit, daß jeder unsere Liebe verdient und es nichts gibt, was unverzeihlich wäre.

Wir alle haben Dinge getan, für die wir uns schämen, und manchmal haben wir uns vielleicht auch so verhalten, daß wir glaubten, niemand könne uns vergeben. Es hilft uns, wenn wir diese Dinge als Irrtümer sehen, die korrigiert werden können, statt als unverzeihliche Handlungen, für die wir permanent bestraft werden müssen. Weil unser Ego so hartnäckig ist, empfinden manche es als das Schwerste im Leben, sich selbst zu vergeben. Um liebevolle Beziehungen zu schaffen, müssen wir aber lernen, sowohl uns selbst als auch anderen zu vergeben.

### Bereit sein zu vergeben

Es ist ganz wesentlich, uns daran zu erinnern, daß wir uns selbst oder anderen niemals aus unserem Ego heraus vergeben können, weil das Ego ein wirkliches Vergeben nicht duldet. Das Ego ist der Teil des gespaltenen Denkens, das glaubt, daß unsere Existenz durch Getrenntheit geprägt ist. Das Ego drängt uns, nicht zu vergeben, denn es weiß, daß diese Haltung zu Getrenntheit und Liebesverlust führt. Manchmal fordert das Ego uns auf, so zu tun, als würden wir einem Menschen vergeben, indem es uns sagen läßt: »Ich habe die menschliche Größe, mit seinem schrecklichen Verhalten fertig zu werden. Aber ich werde mein Lebtag nicht vergessen, wie er mich verletzt hat!« Das hat natürlich mit Vergeben nicht das geringste zu tun.

Wenn wir auf einen anderen Menschen eine kochende Wut und einen tiefen Groll in unserem Herzen verspüren, nützt es meistens nichts, nur mit der Affirmation »Ich vergebe dir« zu arbeiten. Es ist so dem Ego nicht möglich, wirklich zu vergeben. Wir können jedoch die *Bereitschaft* entwickeln zu vergeben. Dann sehen wir unseren Ärger, unseren Groll und unsere nachtragenden Gedanken klar vor uns. Wir können sie jener höheren Macht übergeben, die immer in unserem Herzen wohnt, und die spirituelle Seite in uns vermag diese Gefühle in Liebe umzuwandeln.

Der Weg der Liebe verläuft völlig entgegengesetzt zum Denksystem des Egos. Liebe sagt uns, daß nichts, was wir oder andere

Menschen tun, unverzeihlich ist. Sie glaubt, daß wir zwar alle Fehler machen, aber Fehler verzeihlich sind und korrigiert werden können.

### Alles, was wir erleben, ist eine positive Lektion

Wie kann es möglich sein, daß alles im Leben eine positive Lektion ist? Fast täglich hören wir von schrecklichen Ereignissen, die uns zu der Frage veranlassen: »Gibt es wirklich eine liebende Macht in dieser Welt?« Länder werden durch Bürgerkriege zerrissen, wobei Familien durch Gewalt und Tod getrennt werden. Viele Menschen kämpfen um ihr bloßes Überleben bei Katastrophen wie Überschwemmungen, Umweltvergiftung, Wirbelstürmen, Waldbränden und Erdbeben. Andere stehen vor dem Schicksalsschlag, geliebte Menschen durch eine tödliche Krankheit wie AIDS zu verlieren. Wie ist es möglich, in alldem positive Lektionen zu sehen?

Die Erfahrungen selbst sind nicht positiv. Und trotzdem können sich aus unserer Reaktion auf diese Erlebnisse viele Lernerfahrungen ergeben, die sich letzten Endes als Wohltat erweisen. Oft entdecken wir gerade in den kritischen Augenblicken unseres Lebens, in denen wir vor scheinbar unüberwindbaren Herausforderungen stehen, die größten Chancen für unsere Entwicklung. Wir wachsen über unsere Grenzen hinaus und entdecken, daß wir stärker, klüger, mitfühlender oder kreativer sind, als wir jemals geglaubt haben.

Vor kurzem verlor eine Frau, die wir kennen, im Laufe eines einzigen Jahres ihre beiden Kinder durch verschiedene Krankheiten. Ihr Wunsch, ihren eigenen Schmerz zu heilen, brachte sie dazu, anderen Eltern in ähnlichen Krisen beizustehen. Durch ihre eigene Heilung wurde sie außerordentlich sensibel und mitfühlend. Sie hat sich jetzt in unserem Zentrum, und zwar in Gruppen für Erwachsene und Kinder mit lebensbedrohlichen Krankheiten, beruflich engagiert.

Wie können wir angesichts solcher Herausforderungen den Glauben haben, daß diese Erfahrungen in irgendeiner Weise eine Wohltat oder eine Quelle für geistiges Wachstum sind?

Wir beginnen damit, daß wir die Illusion loslassen, Opfer zu sein, auch wenn die ganze Welt dagegen zu sprechen scheint. Sobald wir diese Illusion aufgeben, beginnen wir automatisch, die Verantwortung für unser Leben zu übernehmen und den Herausforderungen, die auf uns zukommen, aktiv zu begegnen.

Unser nächster Schritt besteht darin zu sehen, daß das, was wir als äußere Welt wahrnehmen, in Wirklichkeit eine Widerspiegelung unserer eigenen inneren Welt ist, und damit geben wir uns selbst die Macht, eine positive Realität zu erschaffen. Wir werden aufgeschlossener in unserem Denken und fangen an zu sehen, daß wir ohne Ausnahme alles in unserem Leben als Möglichkeit zum Wachsen betrachten können. Das geschieht natürlich erst dann, wenn wir die Herausforderungen in unserem Leben voll akzeptieren, sie wirklich spüren und respektieren. Wir können nur über das hinauswachsen, was wir als Herausforderung annehmen.

Wenn wir glauben, daß jede Erfahrung ohne Ausnahme eine positive Lektion in unserem Leben darstellt, aus der wir lernen und an der wir wachsen können, entsteht in uns von selbst die Bereitschaft, sämtliche Erlebnisse im Leben anzunehmen. Dann können wir aus allem, was das Leben uns bietet, Positives schaffen und jede Lektion mit Dankbarkeit absolvieren, auch dann, wenn wir noch gar nicht wissen, wie ihre Wohltaten aussehen werden. Bereitschaft öffnet uns für die Möglichkeiten zu wachsen, während Dankbarkeit uns dafür öffnet, sie anzunehmen.

## Die Sinnlosigkeit von Vorwürfen

Versuchen Sie sich vorzustellen, wie es wäre, in einer Welt zu leben, in der es so etwas wie Vorwürfe nicht gibt. Wie wäre es, wenn kein Mensch mehr versuchte, Ihnen die Schuld an seinem Kummer zu geben? Können Sie sich vorstellen, völlig frei davon zu sein, anderen Vorwürfe zu machen, weil Sie Sorgen haben?

So eine friedliche Welt ist tatsächlich möglich. Wir fangen an, sie uns zu erschaffen, wenn wir erkennen, daß wir unserem Ego nicht gehorchen müssen, wenn es uns sagt: »Dein Lebenssinn besteht darin, dich zu schützen, indem du über Schuld und Unschuld anderer urteilst. Es ist wichtig, den Fehler bei anderen zu suchen und jemanden zu finden, dem du Vorwürfe machen kannst, wenn etwas für dich schiefläuft.«

> *Statt auf das Ego zu hören, können wir uns ins Gedächtnis rufen, daß unser Lebenssinn darin besteht, zu vergeben und zu lieben. Wir erleben Frieden und Liebe, wenn wir Vorwürfen und Schuld keine Bedeutung mehr beimessen, weil wir wissen, daß sie mit Liebe und Frieden nicht gemeinsam existieren können.*

### Beispiel

Vor ein paar Jahren wurde ich (Jerry) gebeten, in Los Angeles ein Tagessymposium über die Heilung von inneren Einstellungen zu leiten. Ich fuhr frühmorgens zum Flughafen und kam am späten Abend desselben Tages zurück. Als ich versuchte, mein Auto zu starten, entdeckte ich, daß die Batterie leer war. Ich hatte das Licht angelassen!

Nun, ich erinnere mich lebhaft daran, wie ich mich fühlte, und kann Ihnen sagen, daß alles mögliche in mir vorging, auf keinen Fall aber war ich friedlich. Nach dem langen Tag in Los Angeles war ich müde und glaubte, keinen inneren Frieden zu finden, bevor ich nicht mein Auto starten konnte und zu Hause im Bett lag.

Mein Ego kam mit Lichtgeschwindigkeit herbeigeeilt, und ich stellte fest, daß ich nach jemandem suchte, dem ich Vorwürfe machen konnte. Aber ich war ganz allein. Ich weiß noch, wie ich dachte: Wenn mich doch nur morgens jemand zum Flughafen begleitet hätte, dann könnte ich alle möglichen Gründe finden, um diesen Menschen zu beschuldigen – zum Beispiel, weil er auf mich eingeredet und mich abgelenkt hatte, so daß ich vergaß, das Licht auszumachen. Aber ich war an jenem Morgen ganz allein gewesen und mußte mich der Tatsache stellen, daß ich niemandem Vorwürfe machen konnte – außer mir selbst.

Da ich niemanden fand, dem ich Vorhaltungen machen konnte, fuhr ich fort, mir selbst dieses »dumme« Verhalten vorzuwerfen, um meinem Ego zu gefallen. Ich machte auch meinem Auto Vorwürfe, und als ich ausstieg, um mir Hilfe zu suchen, trat ich gegen den Vorderreifen, was nichts bewirkte, außer daß ich mir den Zeh stieß. Ich erkannte schnell, wie dumm das war. Also fing ich wieder an, mich selbst zu martern.

Nachdem ich den Pannendienst angerufen hatte, beruhigte ich mich soweit, daß ich mir mein Verhalten genauer anschauen konnte. Mit meinem Versuch, bei anderen Menschen oder äußeren Umständen die Ursache für meinen Ärger zu suchen, war ich ganz sicherlich abhängig von Schuld und Vorwürfen. Und ich ging keinesfalls liebevoll mit mir um.

Früher wäre ich wahrscheinlich noch tagelang wütend auf mich gewesen. Aber diesmal konnte ich mir vergeben und meinen Ärger auf der Stelle wieder loslassen. Früher wäre ich zu meinem schlimmsten Feind geworden und hätte vergessen, daß ich auch zu anderen keine positive, kreative Beziehung haben kann, wenn ich nicht lerne, mit mir selbst Freundschaft zu schließen.

Übrigens habe ich seitdem nie wieder das Licht in meinem Wagen angelassen. Ich nehme an, wenn ich mich nicht bei meinem alten Spiel von Schuld und Vorwurf ertappt hätte, hätte ich auch nichts gelernt und würde wahrscheinlich den gleichen Fehler erneut begehen und meine Batterie immer wieder leerlaufen lassen.

*Ich beschließe, heute glücklich zu sein, denn ich weiß, ich kann mich von den Urteilen und Vorwürfen gegen mich und andere Menschen freimachen.*

## Den Eltern vergeben

Viele von uns haben in ihrer Kindheit Erfahrungen gemacht, die in uns den Wunsch wachriefen, von unseren Eltern liebevoller behandelt zu werden. Und einige von uns haben noch Narben von traumatischen Erlebnissen, die uns weiterhin innerlich aufwühlen und tiefen Groll entfachen. Diese Ereignisse mögen uns so unverzeihlich vorkommen, daß das Ego versucht, uns einzureden, wir müßten für immer an unserem Groll und unserem Schmerz festhalten.

Ist das ängstliche Kind in uns auch während unserer Erwachsenenjahre noch lebendig, fällt es uns sehr schwer, in liebevollen Beziehungen zu leben. Der Schmerz aus unserer Kindheit wird zum Stacheldrahtzaun, der andere abhält, sich unserem Herzen zu nähern. Und hinter diesem Zaun durchfluten noch Ströme von Mißtrauen unser Denken, und sie machen es uns sehr schwer, unser Herz für andere zu öffnen. Oft drängt die Stimme unseres Egos sich vor und posaunt seine Warnungen aus, damit wir daran denken, nur ja nicht zu verzeihen und uns an seine Weisungen zu halten, damit wir niemals wieder verletzt werden können.

Viele Menschen haben schlimme Erfahrungen gemacht, haben Inzest, körperlichen und seelischen Mißbrauch erlebt, sind verlassen und abgelehnt worden. Gewiß kann man solche Erlebnisse schnell als unverzeihlich einstufen und an dem Schmerz, den sie in uns ausgelöst haben, ewig festhalten. Das Ego möchte uns in dem falschen Glauben wiegen, wir würden zulassen, daß diese Ereignisse sich wiederholen, wenn wir sie tatsächlich verzeihen.

Manchmal sind schmerzliche Kindheitserfahrungen fest in unserem Denken verankert, und der alte Schmerz tobt unvermindert in uns weiter, ohne von unserem bewußten Denken erfaßt zu werden. Das ängstliche Kind, das wahrscheinlich in jedem von uns lebt, braucht unsere Zuwendung und Fürsorge, ob wir seine Stimme nun deutlich vernehmen oder nicht. Ein Teil dieser Zuwendung kann darin bestehen, daß wir beschließen, uns Zugang zu den verborgenen Erinnerungen zu verschaffen und die damit verbundenen Emotionen und Schmerzen zu verarbeiten.

Wir wollen damit sagen, daß es wichtig ist, unsere menschlichen Emotionen wie Ärger, Entsetzen und Hilflosigkeit zu achten. Wir können uns von diesen schmerzlichen Erfahrungen nicht befreien, wenn wir sie unterdrücken oder unseren Ärger auf andere abwälzen.

Manchmal kann es uns helfen, wenn wir uns mit den Menschen, die uns früher einmal verletzt haben, in Gedanken unterhalten. Zu anderen Zeiten kommen wir vielleicht weiter, wenn wir aufschreiben, was wir fühlen, und den Zettel dann zerreißen oder verbrennen, womit wir uns unseren Schmerz eingestehen, ihn gleichzeitig aber auch loslassen. Wir können uns auch durch eine Beratung unterstützen lassen. Es ist keinesfalls nötig, daß der Mensch, der uns verletzt hat, anwesend ist, damit unsere alten Wunden heilen können. Wir müssen uns nur unserer eigenen Wahrnehmung und unserem inneren Kind heilend zuwenden.

Es ist wichtig zu entscheiden, wie wir mit unseren alten Gefühlen von Ärger, Angst und Hilflosigkeit umgehen wollen. Wollen wir wirklich zulassen, daß sie sich erneut in unserem Denken festsetzen, wo sie fortfahren können, ihre wütenden Lieder zu singen und ihre wütenden Tänze aufzuführen? Oder möchten wir den weisen inneren Lehrer um Hilfe fragen, den jeder von uns in seinem Herzen trägt? Wenn wir schließlich bereit sind zu verzeihen, um unseren Schmerz einer höheren Macht zu übergeben, verlassen wir das dunkle Tal und finden wieder zum Licht.

Wir kennen eine Frau, deren Vater versuchte, sie zu verführen, als sie dreizehn Jahre alt war. Ihr Vater warnte sie, niemals mit ihrer Mutter darüber zu sprechen, aber das Mädchen tat es trotzdem. Kurz darauf verließ der Vater die Familie, und ihre Eltern wurden geschieden. Das kleine Mädchen gab sich die Schuld an der Scheidung und glaubte, die Ursache läge darin, daß es seiner Mutter vom Verhalten des Vaters erzählt hatte. Lange Zeit war es nicht imstande, den Schmerz über dieses Erlebnis und seine Schuldgefühle wegen der »Trennung« seiner Eltern zu verarbeiten.

Sie war über dreißig, als sie ihre Mutter aufsuchte, um mit ihr über diese Erfahrungen und die Auswirkungen auf ihr Leben zu sprechen. Ihre Mutter erzählte ihr, daß auch der Vater im Alter von dreizehn Jahren sexuell von einer älteren Frau belästigt worden sei. Plötzlich sah diese Frau, die von ihrem Vater sexuell bedrängt worden war, ihn nicht mehr als »sexuell perversen Menschen«, denn das war bislang ihre Sicht von ihm gewesen. Jetzt betrachtete sie ihn als ein überaus ängstliches und verwirrtes Kind, das in einem erwachsenen Körper wohnt.

Mit diesem neuen Verständnis konnte sie sich so verhalten, wie sie es sich im Traum nicht hätte vorstellen können. Sie räumte ihre Denkbarrieren beiseite und vergab ihrem Vater. Das heißt nicht, daß sie ihm nachsah, was er getan hatte: im Gegenteil. Aber sie konnte den Ärger und den Schmerz, den sie empfand, loslassen und sich schließlich davon freimachen. Sie hatte ihren Vater seit vielen Jahren nicht gesehen, aber sie machte ihn ausfindig, schrieb ihm und besuchte ihn auch später. Als sie ihn sah, war er für sie nicht mehr ein schreckliches Wesen, sondern sie fand statt dessen ein ängstliches Kind in ihrem Vater. Die Beziehung wurde geheilt, und jetzt besuchen die beiden sich regelmäßig.

*Wir glauben, daß wir alle als Menschen wirklich unser Bestes und Möglichstes geben. Hätten wir die gleichen Kindheitserfahrungen gemacht wie unsere Eltern und wären so behandelt worden, wie ihre Eltern sie behandelten, hätten wir sehr wohl die gleichen Fehler machen können, die wir ihnen nur so schwer verzeihen können. Vielen Menschen fällt es viel leichter zu vergeben, wenn sie die Bedeutung dieser Aussage wirklich begreifen.*

### Beispiel

An der Heilung einer kranken Beziehung müssen nicht unbedingt beide Partner mitwirken. Eine Beziehung kann auch dann geheilt werden, wenn einer der beiden sich am anderen Ende der Welt befindet oder schon gestorben ist. Das habe ich (Diane) selbst erfahren und möchte Ihnen diese Geschichte gern erzählen.

Mein Vater starb, als ich neunzehn Jahre alt war. Unsere Beziehung war nicht geheilt, aber erst viele Jahre nach seinem Tod erkannte ich, wie krank unser Verhältnis wirklich gewesen war. Als ich das zum erstenmal begriff, wurde ich ganz mutlos, weil ich glaubte, mit dem Tod meines Vaters sei jede Möglichkeit ausgeschlossen, an unserer Beziehung etwas zu ändern.

Als ich mir meine Kindheit anschaute, erkannte ich, daß meine Gefühle für meinen Vater immer von einem merkwürdigen Stillschweigen umgeben waren. Ich spürte, daß ich seinen Tod verarbeitet hatte und ihn gehen lassen konnte, und trotzdem fehlte mir innerlich etwas. Es war, als sei ein Teil meines Herzens verschlossen. Und mir war klar, daß der Schlüssel zu diesem Teil in der ungeheilten Beziehung zwischen meinem Vater und mir lag. Wie konnte ich also an diesen Schlüssel gelangen und mein Herz öffnen, wenn es um jemanden ging, der nicht mehr hier war?

Ich nahm mir viel Zeit, mich an meine Kindheit zu erinnern. Als ich klein war, gab es in unserer Familie viel körperliche Gewalt. Die Begegnungen der einzelnen Familienmitglieder verliefen oft alles andere als friedlich. Weil ich die Jüngste war, traf mich der Zorn meines Vaters nicht direkt, aber ich lebte in ständiger Angst davor, daß er wütend explodierte.

In mir hatten sich enorm viel Ärger und Groll aufgestaut, aber äußerlich war ich sehr ruhig und verbarg mein Innenleben gut, denn es hatte niemals einen sicheren Rahmen gegeben, in dem ich meine Gefühle hätte ausdrücken können. Als ich älter wurde, erkannte ich, daß ich damit der bedingungslosen Liebe in meinem Herzen den Weg versperrte und mich daran hinderte, die Liebe für die Menschen in meinem Leben fließen zu lassen. Ich versuchte alles mögliche, um diese Liebe freizusetzen.

Wie viele Kinder, die in einer solchen Umgebung aufgewachsen sind, wanderte auch ich in den Kopf, in den Intellekt, um dem Schmerz in meinem Herzen zu entfliehen. Vom Kopf her war ich sicher, alles, was in meiner Kindheit geschehen war, zu verstehen. Ich hätte meinen Doktor in Familiensoziologie machen können. Aber trotz dieses ganzen Faktenwissens ging es mir immer noch nicht gut. So fühlt man sich, wenn man im Kopf etwas begriffen hat, ohne es im Herzen spüren zu können.

Ich erinnere mich noch an eine Situation, als Jerry die ersten Ideen für sein Buch *Die Kunst zu vergeben* sammelte und alle Menschen in seiner Umgebung fragte: »Was macht dir in deinem Leben immer noch Schuldgefühle?« Als er mich fragte, war ich schockiert über meine Antwort. Ich sagte, am meisten schuldig fühle ich mich, weil ich mir wünsche, mein Vater wäre ein anderer Mensch gewesen als der, der er war. Ich hatte ihn so haben wollen wie den Vater meiner

Freundin Christine, die nebenan wohnte und deren Vater sehr sanft und ruhig war.

Kurze Zeit später sprach ich abends vor dem Schlafengehen laut aus, ich wisse ganz sicher, daß ich die Beziehung zu meinem Vater nicht allein heilen könne. Ich hatte alles getan, was mir vom Verstand her möglich war, aber irgend etwas fehlte. Es war, als hätte ich die Eins, Zwei, Drei und Fünf zusammen, aber die Vier fehlte, und sie war nirgendwo auf der Welt zu finden.

Ich weiß noch, daß ich meine Hände öffnete, hochhob und zum Schöpfer sagte: »Ich kann das nicht allein. Ich bitte dich um Hilfe. Ich weiß, daß du mein vollkommenes Glück im Sinn hast. Ich weiß, du möchtest, daß ich glücklich und ganz bin, so daß ich deine Liebe empfangen und sie an andere weitergeben kann. Vielleicht hast du mir früher schon viele Male gesagt, wie ich das tun kann, und ich habe dir nicht zugehört. Aber jetzt höre ich dir zu und werde alles tun, was du mir sagst. Diesmal höre ich auf dich.« Und mit diesem Gedanken ging ich schlafen.

In jener Nacht wachte ich schluchzend auf. Wenn ein Mensch aufwächst wie ich, weint er nicht viel. Weinen gehörte einfach nicht zu meinen Verhaltensmustern. Es war also sehr ungewöhnlich für mich, weinend aufzuwachen. Ich glaubte, im wahrsten Sinne des Wortes in einem Meer von Tränen zu ertrinken, und ich dachte ständig: »Vati, wenn ich dich doch nur noch einmal sprechen könnte!«

Dieser Gedanke wollte einfach nicht verschwinden. Ich mußte immer noch weinen. Schließlich stand ich auf, um zu schreiben, wobei die Worte einfach nur so aus mir herausflossen, während ich schluchzend dasaß. Als ich fertig war, schaute ich mir an, was ich geschrieben hatte, und erkannte, daß es ein Gebet der Vergebung war, Ausdruck eines totalen Loslassens und eines totalen Einswerdens.

Wie viele von uns haben schon einmal den Wunsch nach einem anderen Vater oder einer anderen Mutter gehabt? Genau das hatte mir weh getan. Ich hatte meinen Vater anders haben wollen; er sollte ein anderer Mensch sein als der, der er war. Auf irgendeine Weise fand ich durch mein Schreiben den Weg im Herzen, diesen

Wunsch aufzugeben und meinen Vater völlig sich selbst sein zu lassen. Ich vergab mir die Gedanken und Urteile, die ich ihm übergestülpt hatte, und vergab auch mir selbst. Mein Vater mußte sich nicht im geringsten ändern, damit ich glücklich sein konnte.

Ich möchte mein Gedicht über meinen Vater und mich an dieser Stelle weitergeben an Sie, die Sie Ihre Beziehung zu Vater oder Mutter vielleicht noch nicht geheilt haben. Ein bißchen klingt es wie eine Glückwunschkarte zum Vatertag, es heißt: »Vater, könnte ich doch mit dir gehn«.

Vater, könnte ich doch mit dir gehn,
heimlich stehlen wir uns einen Augenblick,
und ich spüre deinen Schritt
und geh ganz beruhigt mit.

Schon geht dieser Tag zur Neige,
und die milde Sonne sinkt nun,
müde bist du von der Arbeit
und hast noch so viel zu tun.

Deine Freuden waren klein,
und sie kamen mir so wertlos vor,
doch wenn ich mein Leben wirklich begreife,
bringen sie auch mir Freiheit ein.

Deine Blumen, ihre Gärten,
aus harter Erde gabst du ihnen Leben,
Deine Vögel, ihre Schwingen,
Gottes lebendiges Singen.

Wir sprachen so wenige Worte
und hatten uns noch weniger zu sagen.
Könnte ich doch mit dir gehen, Vater,
dann würde mein Herz dir zutragen:

Nie verstand ich deinen Ärger,
deine Frustration und deine Schmerzen,
aber so verwirrend all das war,
es hat mich nur reicher gemacht im Herzen.

Denn du hast mich gezwungen,
den Sinn des Lebens
in meinem Inneren zu suchen und zu finden,
den Sinn von Liebe und von Zeit.

Du hast mich gelehrt ohne Lehren
und mir aus deinem Inneren heraus
den Sinn dieser Reise vermittelt,
auch wenn du niemals wußtest, warum.

Du warst mein Gärtner, mein Beschützer,
du warst mein Lehrer ohne Normen,
mit deinem Herzen und deinen Händen
hast du geholfen, meinen Geist zu formen.

In meinem zarten Kokongespinn,
geschützt vor Zwist und Streit,
lauschte ich von innen
dem Lebenssinn.

So schenke ich dir heute nacht,
wo wir zusammen gehen, Vater,
mein Herz, unsere Verbindung,
die mich niemals wieder traurig macht.

Die Vergangenheit ist tot,
denn ich habe sie begraben,
und wir wissen heute beide,
daß wir unser Bestes gaben.

Und von diesem Höhenflug,
diesem Gipfel meines Denkens,
gebe ich dir winkend Geleit
bei deiner Reise durch die Zeit.

Deine Familie mögest du finden,
eingetaucht in Licht,
mögen Liebe, Frieden und Vergebung,
auf immer begleiten dich.

Als ich das Gedicht am nächsten Morgen las, interessanterweise schrieb ich es in der Nacht seines siebzigsten Geburtstags, fühlte ich mich unglaublich erleichtert. Es war mir sehr klar, daß alle Ereignisse zwischen mir und meinem Vater in sich vollkommen waren. Mit dem Gedicht drückte ich aus, schließlich doch annehmen zu können, daß alles, was wir gemeinsam erlebt hatten, für mich eine Chance zum Lernen und Wachsen gewesen war – wenn ich beschloß, es so zu sehen. Als ich schließlich die Verantwortung übernehmen und sehen konnte, daß wir unsere Beziehung gemeinsam geschaffen hatten, erkannte ich, daß ich weder ein Opfer der Welt noch ein Opfer dieser Beziehung war. Ich sah, daß ich auf keinen Fall meine augenblickliche Arbeit hätte tun können, wenn ich die Beziehung zu meinem Vater nicht erlebt hätte. Ich bin also für die Erfahrung, die wir gemeinsam machten, auf ewig dankbar.

Es gibt noch etwas über diese Beziehung, was ich Ihnen abschließend mitteilen möchte. Nachdem ich die Brücke der Vergebung überschritten habe, kann ich bei meiner Arbeit jetzt spüren, daß mein Vater immer gegenwärtig ist. Ich fühle, daß seine Liebe mich leitet, und weiß, daß er einer meiner großartigsten Lehrer war. Vor dem Hintergrund dieser Erfahrung kann ich anderen sagen, daß wir eine Beziehung selbständig heilen können.

Die Liebe, die wir geben, wird auf irgendeiner Ebene des Bewußtseins immer empfangen. Nur unser Ego sagt uns ständig, der andere müsse auf eine bestimmte Weise reagieren, damit die Beziehung geheilt werde. Es reicht aber, wenn nur einer die nötigen

Schritte unternimmt, und Sie haben es in der Hand, jede Beziehung in Ihrem Leben zu heilen. Eine Beziehung zu heilen ist eine individuelle Entscheidung, die jeder von uns immer wieder neu treffen kann.

*Heute schicke ich meinen Eltern Liebe und Vergebung, ganz gleich, ob sie noch am Leben sind oder nicht. Ich werde mich daran erinnern, daß Vergebung uns alle von der Vergangenheit befreit.*

M. SCOTT PECK

# Realität und Illusion des Selbst

In den ersten drei Kapiteln der Genesis im Alten Testament findet sich neben anderen Einsichten ein überraschend genauer Bericht von der Evolution. Die Abfolge der Entstehung der Schöpfung, wie sie vor über dreitausend Jahren in Genesis I niedergeschrieben wurde – erst Licht und Sterne, dann Land und Wasser, dann Pflanzen und Tiere und schließlich menschliche Wesen –, entspricht heute im zwanzigsten Jahrhundert präzise unserem wissenschaftlichen Verständnis von der evolutionären Abfolge.

Aber als Psychiater bin ich noch weit mehr von Genesis 3 fasziniert, da hier auf grundlegende Weise die menschliche psychospirituelle Evolution dargestellt wird. Genauer gesagt handelt die Geschichte – trotz aller Vieldeutigkeiten – davon, wie wir Menschen zum Bewußtsein kamen. Als allererstes wurden Adam und Eva, nachdem sie den Apfel vom Baum der Erkenntnis von Gut und Böse gegessen hatten, zu bewußten Wesen. Und nach dem Eintreten ins Bewußtsein wurden sie sich ihrer selbst als von den anderen Geschöpfen und dem Rest der Natur getrennte Wesen bewußt; sie wurden selbstbewußt. Und woher wußte Gott, daß sie den Apfel gegessen hatten? Sie/Er wußte es deshalb so genau, weil die beiden schüchtern und bescheiden geworden waren – das heißt befangen. »Wer hat euch gesagt, daß ihr nackt seid?« fragte Gott rhetorisch, denn Sie/Er wußte ganz genau, daß niemand es ihnen gesagt hatte, daß sie es selbst herausgefunden hatten, weil sie sich nun ihrer selbst bewußt waren.

Dieses Bewußtsein oder Gewahrsein von uns selbst als vom Rest der Natur getrennte Wesenheiten – dieses Gefühl des Getrenntseins – fand sein Symbol in unserer sofortigen Vertreibung aus dem Paradies, der Vertreibung aus dem warmen, kuscheligen Zustand des Einsseins mit dem Rest der Welt. Dann kommen wir (unter anderem) zu einer weiteren großen Wahrheit, die diese so inhaltsreiche Geschichte uns lehrt: Wir können nicht ins Paradies zurückkehren. Dieser Weg ist uns für immer von Cherubinen mit flammenden Schwertern verstellt. Wir können die Evolution nicht (ohne Gefahr für unsere Seele) umdrehen. Zu unserer Erlösung bleibt uns nur das Voranschreiten, durch die Wüste hindurch zu immer tieferen und tieferen Ebenen des Bewußtseins.

Das ist deshalb eine so wichtige Wahrheit, weil eine ungeheure Menge an psychospirituellen Krankheiten – der Mißbrauch von Drogen eingeschlossen – aus dem Versuch einer Rückkehr ins Paradies entsteht. So hat Mark Vonnegut sein Buch, in dem er über seine eigene Geisteskrankheit und Drogensucht schreibt, *The Eden Express* betitelt.[1] Trinken wir denn nicht auf Cocktailparties, nur um unsere Schüchternheit und Befangenheit abzubauen? Und unter Umständen gewinnen wir ja tatsächlich, wenn wir uns gerade die richtige Menge an Alkohol (oder Haschisch oder Koks oder irgendeine Kombination davon) einverleiben, für ein paar Minuten oder Stunden den verlorenen Zustand des Einsseins mit der Natur zurück und haben das Gefühl, wieder nach Hause in den Schoß zurückgekehrt zu sein. Doch dieses Gefühl hält nie lange an, und der Preis dafür ist es nicht wert. Es ist das, was Dietrich Bonhoeffer »billige Gnade« nannte.[2] Denn die Realität ist, wie uns diese großartige Geschichte erzählt, daß uns eine Rückkehr ins Paradies verwehrt ist; wir können uns zu unserer Errettung und Erlösung nur zu immer noch bewußteren Wesen entwickeln.

Dieses Drama der Entwicklung des Selbst-Bewußtseins wiederholt sich durch unser ganzes Leben hindurch – im Leben eines jeden Menschen der Vergangenheit, Gegenwart und Zukunft. Soweit Psychologen wissen, hat ein neugeborenes Kind noch kein Selbst-Gefühl. Es kann nicht zwischen sich und dem Rest der Welt unterscheiden. Doch nach fast genau neun Monaten einer gesunden Entwicklung geschieht etwas ziemlich Außergewöhnliches. Das Kind beginnt zu »fremdeln«. Davor blieb es völlig ungerührt, wenn eine fremde Person das Zimmer betrat. Jetzt aber schreit es offensichtlich erschreckt beim Erscheinen eines Fremden oder wendet sich ab, wenn es von der Mutter in den Armen gehalten wird, und sucht ängstlich Schutz an ihrer Brust. Was ist hier passiert? Ganz klar hat das Kind den Fremden als etwas von seinen Eltern Verschiedenes zu unterscheiden gelernt. Aber da ist noch mehr. Ebenso eindeutig nimmt es den Fremden als eine Bedrohung wahr. Eine Bedrohung für wen? Für es selbst. Dazu aber muß es ein Selbst-Gefühl entwickelt haben. Es ist sich nun seiner selbst als gesondertes und sehr verletzliches Wesen bewußt.

Danach entwickelt sich das Selbst-Bewußtsein im Laufe der Kindheit, Jugendzeit und hoffentlich auch im Erwachsenendasein ständig weiter. Unter Schmerzen. Bewußtsein und Schmerz sind untrennbar miteinander verwoben. Was tun wir, wenn jemand allzu starke physische Schmerzen hat? Wir geben ihm ein Betäubungsmittel, damit er bewußtlos wird. Ganz ähnlich betäuben sich die Menschen, um mit ihren emotionalen Schmerzen fertig zu werden – entweder mit Drogen oder, allgemein üblicher, mit einer Vielfalt von psychischen Tricks, »Abwehrmechanismen« genannt. Obgleich sie manchmal notwendig – ja lebensrettend – sein können, setzen wir diese Abwehrmechanismen doch sehr viel häufiger auf ungesunde Weise ein, nämlich um unser Bewußtsein zu begrenzen und existentielles »legitimes« Leiden abzuwehren. So eingesetzt, werden sie zur Ursache psychospiritueller Krankheiten. Die selbstauferlegten Bewußtseinsbeschränkungen halten uns davon ab, die Wüste weiter zu durchqueren und zu all dem zu werden, was wir werden können. Umgekehrt beinhaltet die Psychotherapie – die Heilung der Psyche – einen Prozeß des Aufgebens dieser Abwehrmechanismen, um sich direkt mit den schmerzlichen Themen des Lebens auseinanderzusetzen. Ohne Schmerz kein Gewinn.

Je weiter Sie also durch die Wüste fortschreiten, desto bewußter werden Sie, desto gesünder und »erlöster« und kultivierter sind Sie, und desto mehr wird es auch weh tun. Sie werden sich des Altersprozesses, der unvermeidlich in Ihnen wirksam ist, Ihrer Sünden und Psychopathologie zunehmend bewußter werden. Sie werden sich auch der Psychopathologie anderer und der Spiele, die sie spielen, auf zunehmende Weise bewußt sein – wie auch ihres Leids und der Bürden, die sie tragen. Und schließlich werden Sie sich der Sünden und Übel der Gesellschaft immer bewußter werden. Das sind die schlechten Neuigkeiten.

Die guten Neuigkeiten: Gleichzeitig und paradoxerweise werden Sie auch mehr Freude erleben. Diese Prinzipien gelten für Gruppen wie auch Einzelpersonen. Auch Organisationen verfügen über ein größeres oder geringeres Bewußtsein. Familien, Kirchen, Wirtschaftsunternehmen und Regierungen können krank werden, wenn sie sich weigern, sich mit den schmerzlichen Realitäten zu konfrontieren. Lassen sie aber ein Bewußtsein über diese peinvollen Themen zu, dann können sie an der Heilung der Organisation arbeiten und zu einer Reife gelangen, die zwar schmerzlich ist, aber auch Freude bringt. Und eine weitere gute Botschaft, die Ihnen dieses Buch übermitteln soll, ist die, daß es tatsächlich zuweilen von Freude erfüllte und kultivierte Organisationen gibt.

Gelegentlich erkläre ich meinen Patienten: »Bei der Psychotherapie geht es nicht um Glück; es geht um Macht, darum, etwas zu vermögen. Ich kann Ihnen nicht garantieren, daß Sie, wenn Sie den ganzen Weg gehen, meine Praxis auch nur um einen Deut glücklicher verlassen werden. Aber ich kann Ihnen garantieren, daß Sie kompetenter sind, wenn Sie hier rausgehen. Allerdings gibt es so etwas wie ein Kompetenzvakuum in der Welt, was bedeutet, daß das Leben oder Gott einer Person, sobald sie kompetenter wird, auch größere Probleme zur Bearbeitung auferlegt. Es kann also sein, daß Sie, wenn Sie hier abgeschlossen haben, sich um weitaus größere Probleme bekümmern müssen als jene, mit denen Sie zu mir gekommen sind. Doch es entsteht eine gewisse Freude aus dem Wissen, daß Sie sich um große Dinge Sorgen machen und sich nicht mehr wegen geringfügiger Angelegenheiten total verbiegen.«

Unsere eigene Person ist nicht der einzige Gegenstand unseres Gewahrseins. Meine medizinische Ausbildung hielt einige positive Überraschungen für mich bereit. Einer ihre größten Vorzüge war die Gelegenheit, mikroskopische Anatomie zu studieren. Durch dieses

Studium machte ich in der Evolution meines eigenen Bewußtseins einen riesigen Satz voran.

Manche von uns haben das Glück, in ihrer Jugend ein schönes physisches Äußeres zu besitzen. Diese Schönheit vergeht mit der Blüte der Jugend und verschwindet schließlich in einer Unmasse von Falten und Makeln und Narben und unförmigem Fleisch. Wenn Sie mit bloßem Auge hinter dieses Fleisch schauen, ob nun jung oder alt, dann gibt es da auch nichts besonders Berückendes zu erblicken. Auf dieser Ebene derber Anatomie geraten nicht einmal Chirurgen in Ekstase. Das Fett hängt in Klumpen zusammen. Das Herz ist ein Haufen zäher Muskeln. Die Eingeweide sind so wabbelig, wie sie aussehen. Das Gehirn sieht zum großen Teil wie ein dicker grauer Brei aus. Unsere Glieder und unsere Leber scheinen sich im wesentlichen nicht von denen eines Rindes in unserem Metzgerladen zu unterscheiden. Anatomiebücher auf dieser Ebene sind zwar ihren Preis wert, aber nicht gerade als erhebende Kunstbände zu bezeichnen.

Im Gegensatz zu allem äußeren Anschein besteht unser Körper weitgehend aus Wasser. Folglich sehen Sie auch nicht viel mehr als farbloses und ununterscheidbares Gewebe, wenn Sie dünne Scheibchen unserer relativ unattraktiven Organe unter dem Mikroskop betrachten. Doch wenn Sie diese Scheibchen nehmen, ein paar Tage in speziellen Lösungen einweichen, in bestimmter Abfolge einfärben und dann wieder betrachten, dann voilà! treten Sie in eine Feenwelt ein, in einen Garten des Entzückens, zu dem sich Disneyland vergleichsweise absolut fade ausnimmt.

Als ich zum erstenmal die zarten blauen Tentakel unserer Darmzotten, die komplexen roten Wirbel der Gefäßknäuel unserer Nieren, die orangefarbenen Mosaike unserer Leber und die silbernen Spinnennetze unserer Gehirnneuronen sah, setzte mich die Schönheit dieses mikroskopischen Reichs in Erstaunen. Gleich, was unser Alter, Rang, unsere Spezies und sogar unser Gesundheitszustand ist, auf dieser Ebene sind wir alle im Innern wunderbar schön.

Doch als ich da Monat um Monat eine schöne Zelle nach der anderen, Objektträger um Objektträger, betrachtete, dämmerte mir allmählich etwas, das noch viel wichtiger war. Jede Zelle war winziger Bestandteil eines komplexen Systems. Die absorbierenden Zottenzellen, die glatten Muskelzellen und die Zellen des Bindegewebes, die sie zusammenhielten, waren alle integraler Bestandteil eines Organs – in diesem Falle des Dünndarms. Der Dünndarm wiederum war Teil des Verdauungssystems: Zähne, Zunge, Speicheldrüsen, Mund, Speiseröhre, Magen, Krummdarm, Leerdarm, Dickdarm, Anus, Leber, Gallenblase und Bauchspeicheldrüse, und ein jedes verfügt über seine eigenen einzigartigen Zellen und Zellkonfigurationen. Und dieses Verdauungssystem war in andere Systeme integriert. Das feine Gewebe der selbständig funktionierenden Nervenzellen, die die Verdauungsmuskeln zur Entspannung oder Kontraktion und die Drüsen zur Ruhe oder Sekretion anregen, waren winziger Bestandteil des Nervensystems, das sich über das Rückenmark hinauf mit anderen Zellen im Gehirn verbindet. In jedem Organ fanden sich die winzigen Zellen der Arterien oder Venen, die letztlich alle mit dem Herz als Teil des Kreislaufsystems verbunden sind. Und in jeder Arterie oder Vene konnte ich verschiedene Blutzellen ausmachen, die als kleine einzelne Teile des blutbildenden Systems ursprünglich im Knochenmark fabriziert worden waren.

Im Grunde hatte ich schon seit Jahren »gewußt«, daß der menschliche Körper – wie auch der Körper eines jeden anderen lebendigen Wesens, Tieres oder Pflanze – ein System ist. Aber vor meinem Medizinstudium war ich mir der außerordentlichen Komplexität dieser Systeme nicht bewußt gewesen. Und dieses neue Gewahrsein sah auch die Ästhetik; eine Komplexität, die in ihrer Größe erhaben, in ihrer Eleganz bewundernswert ist.

Nun konnte ich einen weiteren Bewußtseinssprung zu etwas vollziehen, das ich ebenfalls schon lange, wenngleich nur vage, »gewußt« hatte. War es nicht möglich, wenn jede einzelne Zelle Bestandteil eines Organs, jedes einzelne Organ Bestandteil eines Körpersystems und jedes dieser Systeme Bestandteil eines Körpers ist, daß auch mein Körper Teil eines noch größeren Systems ist? Mit anderen Worten: Konnte ich – meine Person – nicht eine Zelle in einem Organ eines riesigen Organismus sein?

Natürlich. Als angehender Arzt war ich direkt oder indirekt mit unzähligen anderen menschlichen Einzelwesen verbunden. Mit meinen Eltern, die mein Studiengeld bezahlten. Mit den älteren Ärzten, die mich unterrichteten. Mit den Labortechnikern, die die von mir angeforderten Tests durchführten. Mit den Personen der Krankenhausverwaltung. Mit den Herstellern der medizinischen Ausrüstung, derer ich mich bediente. Mit den Patienten, an denen ich meine Ausrüstung erprobte. Mit den Pflanzern in Mississippi und Kalifornien, die ihre Baumwolle an die Textilfabriken in North Carolina verkauften, und mit den Arbeitern, die die Kleidung, die ich trug, herstellten. Mit den Ranchern in Kansas, die das Vieh züchteten, dessen Fleisch ich aß, und mit den Farmern in New Jersey, die das Gemüse anbauten, das ich verspeiste. Mit den Lastwagenfahrern, die alle diese Dinge transportierten. Mit meinem Vermieter. Mit dem Friseur, der mir das Haar schnitt. Und so weiter und so weiter.

Und so kam es, daß ich (obwohl ich den Begriff damals noch nie gehört hatte) zum unerschütterlichen Anhänger der Systemtheorie wurde. Der Grundsatz der Systemtheorie (die keine Theorie, sondern ein Fakt ist) besagt, daß alles ein System ist. Wie die Atomphysiker entdeckten, ist auch das Atom, das einst als nicht weiter reduzierbares Grundelement der Materie galt, ein System, dessen Komplexitäten aufzudröseln sie noch kaum begonnen haben. Etwas höher auf der Meßlatte von Größe angesiedelt war jede dieser kleinen Zellen, die ich mir unter dem Mikroskop anzusehen pflegte, für sich genommen ein System von nicht nur Millionen von Molekülen, sondern auch von vielfach größeren Komponenten mit unterschiedlichen Funktionen. So dient zum Beispiel jede Leberzelle als chemische Fabrik, die Hunderte von verschiedenen Rohmaterialien zu vielfachen Produktformen verarbeitet. Auf einer im Vergleich zu Organen oder Einzelpersonen makroskopischeren Ebene sind wir alle Bestandteil des Gewebes der menschlichen Gesellschaft. Erst jetzt wird uns allmählich die Tatsache bewußt, daß die Gesellschaft als Ganzes mit dem Wasser, dem Land, den Wäldern und der Atmosphäre verbunden ist: dem »Ökosystem«. Tatsächlich sehen Systemtheoretiker den gesamten Planeten oft als einen einzigen Organismus an. Und natürlich ist unsere Erde ein Teil des Sonnensystems. Sehr wahrscheinlich werden wir, da wir anfangen, immer weiter in den äußeren Raum vorzudringen, in zunehmendem Maße eine systematische Natur erkennen, die den Galaxien und dem Universum selbst innewohnt.

Die uns bekannten gereiftesten Denker waren schon immer Mystiker und, der Definition nach, Systemtheoretiker. Zu den beständigsten Merkmalen der Mystiker aller Kulturen und Religionen zu allen Zeiten gehört ihr stets gegenwärtiges Bewußtsein von einer unsichtbaren, unter der Oberfläche gelagerten wechselseitigen Verbundenheit aller Dinge. Folglich haben sie in allen ihren Lehren auf die eine oder andere Weise eine Trennung zwischen dem Ich und dem anderen nachdrücklich abgelehnt.

Diese Abwertung eines Ichs erreichte in bestimmten hinduistischen und buddhistischen mystischen Schriften ihren Gipfelpunkt, in denen die gesamte Konzeption von einem Ich oder Selbst zur totalen Illusion (Maya) erklärt wird, einer Illusion, aus der alles menschliche Leiden entsteht. Der spirituelle Fortschritt wird demzufolge ganz und gar von der Fähigkeit bestimmt, das Bewußtsein von sich selbst als einer Wesenheit zu transzendieren. Es ist auch kein Zufall, daß in einigen dieser Schriften das Kind, das noch nicht gelernt hat, sich als etwas Eigenständiges zu begreifen, als ein Wesen glorifiziert wird, das über einen reinen Geist verfügt, einen von Maya, von der Illusion des Ich befreiten Geist. Und ebenso ist es kein Zufall, daß in den gleichen Schriften die Unterscheidung zwischen Gut und Böse ebenfalls als Illusion betrachtet wird. Buddhisten und Hinduisten gehen nicht von einer Schöpfungsgeschichte aus, wie Christen sie kennen. Für sie ist der Himmel – das Nirvana oder der von Illusion freie Geisteszustand – gewissermaßen der menschliche Zustand im Paradies, bevor wir an der Frucht vom Baum der Erkenntnis von Gut und Böse teilhatten, bevor wir selbstbewußt wurden.

Von meinem persönlichen Standpunkt aus gesehen treibt diese östliche Tradition mystischer Weisheitslehre die Sache zu weit, wenn ich auch viel daraus gelernt habe. Es war die östliche Tradition, die mich im paradoxen Wesen praktisch aller Wahrheiten geschult hat. Doch die Einstellung der westlichen Tradition gegenüber dem Selbst ist noch paradoxer – und von daher meines Erachtens exakter. Auch westliche Mystiker haben wiederholt von einer Einheit gesprochen, das Selbst mit Gott gleichgesetzt, die Unterscheidung zwischen dem Selbst und dem anderen und dem Selbst und der Natur verwischt. Aber sie sind meines Wissens nie so weit gegangen, die Realität des Selbst zu leugnen oder sie als folgenlos zu erachten oder das Selbstbewußtsein völlig abzuwerten.

Jesus war ein Beispiel für einen Mystiker der westlichen Tradition. Er schloß sich mit Gott zu einem Ganzen zusammen: »Glaubt mir doch, daß ich im Vater bin und daß der Vater in mir ist.«[3] Er verwischte die Unterscheidung zwischen sich selbst und anderen: »Was ihr für einen meiner geringsten Brüder getan habt, das habt ihr mir getan.« Und: »Was ihr für einen dieser Geringsten nicht getan habt, das habt ihr auch mir nicht getan.«[4] Immer und immer wieder lehrte er, daß wir uns in gewisser Hinsicht weniger beachten, uns zum Beispiel nicht so sehr um Kleidung, Nahrung und Sicherheit bekümmern sollten. Aber er lehrte auch, daß wir uns in anderer Hinsicht *mehr* Aufmerksamkeit schenken, uns etwa um die Splitter im eigenen Auge und die Qualität unserer Gebete kümmern sollten. Schließlich gab er der angemessenen paradoxen Einstellung gegenüber dem Selbst in höchstem Maße Ausdruck, als er sagte: »Denn wer sein Leben [Selbst] retten will, wird es verlieren; wer aber sein Leben [Selbst] um meinetwillen [das heißt auf richtige Weise] verliert, wird es gewinnen.«[5] Ebenso wie die jüdischen Mystiker vor ihm und die jüdischen, christlichen und islamischen Mystiker nach ihm hat Jesus nie gesagt, daß es kein Selbst gäbe. Vielmehr drängte er uns, uns nicht mehr an unser niedrigeres Selbst zu klammern, damit wir zu unserem höheren wahren Selbst finden können.

Ich halte es für nicht schlecht, daß wir aus dem Schoß des Paradieses geworfen wurden. Diese Austreibung hat einen *evolutionären* Sinn. Aber wir sollen nicht sobald wie möglich anhalten, uns ein Plätzchen suchen, das wir für sicher halten, uns im Sand eingraben und uns mit einem beschränkten Bewußtsein und minderem Selbstgewahrsein zufriedengeben. Vielmehr sollen wir uns als Pilger weiter unseren Weg bahnen, durch Dornengestrüpp und spitzes Gestein der Wüste zu immer tieferen Ebenen des Bewußtseins, und immer fähiger werden, zwischen jenen Variationen des Selbstbewußtseins zu unterscheiden, die letztlich selbstzerstörerisch sind, und denen, die das Leben befördern, ja gottgleich sind.

Richard Bolles bezeichnete uns Menschen einmal als »die vergleichenden Geschöpfe«[6], eine sehr passende Beschreibung. Unser Selbstgewahrsein führe dazu, daß wir uns endlos mit anderen vergleichen. Sind wir größer oder kleiner? Schöner oder häßlicher? Jünger oder älter? Reicher oder ärmer? Klüger oder dümmer? Mächtiger oder weniger mächtig? Und so weiter und so weiter *ad infinitum*. Unser Schicksal als vergleichende Geschöpfe, die wir uns endlos an unseren Mitgeschöpfen messen, stellt sowohl einen der größten Segen wie auch Flüche unserer menschlichen Bedingtheit dar.

Nehmen wir mal das Thema der Notengebung an den Schulen und Universitäten. Sie kann ein völlig falsches Gefühl von Zulänglichkeit oder persönlicher Unzulänglichkeit entstehen lassen. Ein Einser-Student mit einem unliebenswürdigen und egozentrischen Charakter mag sich als absolut kompetent einschätzen, wohingegen er in Wirklichkeit noch Lichtjahre psychospirituellen Wachstums vor sich hat. Im Gegensatz dazu betrachtet sich vielleicht ein Dreier-Student, der ein wirklich guter Mensch ist, völlig unnötigerweise als inkompetent und gegenüber dem ersten Studenten als unterlegen. Wie oft habe ich beobachtet, daß Dreier-Studenten letztlich Einser-Studenten auf ihrer Lebensreise bei weitem überflügelt haben!

Andererseits können gute Noten dazu führen, daß eine junge Frau genügend Selbstvertrauen entwickelt, um sich der Herausforderung zu stellen und sich auf neue Gebiete psychospiritueller Entwicklung vorzuwagen; oder daß schlechte Noten ein Mädchen stimulieren, sich ernsthaft ihrem Studium zu widmen oder vielleicht eine Psychotherapie oder andere Hilfe in Anspruch zu nehmen, um ihre Leistungen zu verbessern. Das Anstellen von Vergleichen ist nicht unbedingt immer etwas Verdammenswertes.

Vergleiche mögen auch noch in anderer Hinsicht ihr Gutes haben. Unsere Mitmenschen können uns als positive wie auch als negative Rollenvorbilder dienen. Mein Vater zum Beispiel hatte zwar viele Tugenden, war aber ein ausgesprochener männlicher Chauvinist. Sein Chauvinismus war ein so eklatant negativer Charakterzug, daß er mich dazu brachte, anders sein zu wollen. Das machte es mir leichter, mich von meinem eigenen Chauvinismus einigermaßen zu läutern und so allmählich zu einem weniger mangelhaften Ehemann, Vater und Freund zu werden. Wenn wir aufwachsen, definieren wir uns mit Hilfe von Vergleichen zum Teil dadurch, daß wir uns in Gegensatz zu anderen Menschen stellen. Ein solcher Prozeß der Selbstdefinition kann sehr heilsam und gesund sein.

Der große Psychiater C. G. Jung bezeichnete den Prozeß der Selbstdefinition, der Selbstdifferenzierung als Individuation. Tatsächlich nahm dieser Prozeß in seinem Denken eine so zentrale Stelle ein, daß seine Anhänger ihre von ihnen entwickelte Schule Individualpsychologie nannten. Sie betrachtet den Individuationsprozeß als höchstes Ziel psychospirituellen Wachstums. Leider ist dies ein Ziel, das die meisten von uns nie ganz erreichen. Die meisten von uns werden, wenn sie sterben, immer noch auf die eine oder andere Weise emotional am Schürzenzipfel ihrer Eltern hängen oder gedankenlos zulassen, daß ihre Vorstellungen und Meinungen von den Medien diktiert werden. Nur relativ wenige von uns lernen je, völlig eigenständig zu denken und zu vollgültigen Individuen zu werden. Wir leben innerhalb von Systemen, aber es gehört auch zu unserer Aufgabe, unsere Individualität nicht nur zu bewahren, sondern auch zur Erfüllung zu bringen. Wir sind aufgerufen, zu unserem wahren, einzigartigen Selbst zu werden, nicht nur zu einer bloßen Organisation von Männern und Frauen.

Ein weiterer enormer Vorzug des Selbstbewußtseins zeigt sich, wenn wir die Psychologie des Egos studieren. Das Ego ist die regierende Instanz unserer Persönlichkeit. Sehr einfach gesprochen läßt sich die Egoentwicklung – der Reifungsprozeß dieses Herrschers – in drei Stadien darstellen. Das erste Stadium, das der frühen Kindheit, ist durch einen absoluten oder fast absoluten Mangel an Selbstbewußtsein gekennzeichnet. Hier befindet sich das Ego ganz und gar auf der Ebene der Emotionen und ist in sie verstrickt. Dieses fehlende Selbstbewußtsein ist es, das uns an kleinen Kindern so oft bezaubert. Wenn sie sich freuen, dann hundertprozentig. Sie sind wunderbar spontan. Aber gerade diese Spontaneität macht sie auch oft so schwierig. Wenn sie traurig sind, dann auch hundertprozentig, ja manchmal bis zum Punkt der Untröstlichkeit. Und wenn sie wütend sind, dann ebenfalls hundertprozentig, und dann werden sie manchmal gewalttätig oder gemein.

Wie schon erwähnt finden sich erste Anzeichen eines Selbstbewußtseins im Alter von neun Monaten. Und diese Fähigkeit des Selbstgewahrseins steigert sich allmählich im Laufe der Kindheit. In der Jugendzeit macht sie dann einen dramatischen Wachstumssprung. Zum erstenmal haben junge Menschen dann ganz offensichtlich ein »beobachtendes Ego«. Jetzt nehmen sie sich selbst beobachtend als froh oder traurig oder wütend wahr, *während* sie diese Empfindung haben. Das heißt, daß ihr Ego nicht mehr völlig auf die Ebene der Emotionen beschränkt ist. Ein Teil davon – das beobachtende Ego – hat sich von den Emotionen losgelöst, steht darüber und betrachtet sie. Daraus folgt ein gewisser Verlust an Spontaneität.

In der Jugendzeit ist das beobachtende Ego noch nicht voll entwickelt. Daher sind Jugendliche häufig spontan, und das zuweilen auf gefährliche Weise. Zu anderen Zeiten scheinen sie dann wiederum aus einem einzigen Gewirr von Stimmungen und Gemütsbewegungen zu bestehen und versuchen eine neue Identität nach der anderen auszuprobieren, indem sie sich einen provozierenden Haarschnitt, gräßliche Klamotten und ein empörendes Verhalten zulegen. Sich ständig mit Gleichaltrigen und den Eltern vergleichend, sind diese scheinbar so schrillen Geschöpfe übertrieben schüchtern und erleiden unzählige Anfälle qualvoller Verlegenheit.

Ins Erwachsenendasein eingetreten, unterläßt es die Mehrheit der Menschen, vielleicht weil dieser Prozeß so schmerzhaft sein kann, ihr beobachtendes Ego weiterzuentwickeln. Ihre Fähigkeit zur Selbstbeobachtung erfährt eine Anpassung (und wird weniger schmerzlich), aber dies oft nur, weil sie tatsächlich schrumpft. Und das bedeutet dann einen wahren Verlust. Wenn sich die Mehrheit unbewußt in einem beschränkten – sogar reduzierten – Gewahrsein von ihren eigenen Gefühlen und Unvollkommenheiten einrichtet, dann hat sie die Reise durch die Wüste abgebrochen und bringt es nicht mehr fertig, ihr menschliches Potential oder ihr Wachstum zu wahrer psychospiritueller Macht und Stärke und Kultiviertheit zur Erfüllung zu bringen.

Aber eine glückliche Minderheit setzt, aus rätselhaften und gnadenreichen Gründen, die Reise fort und stärkt beständig ihr beobachtendes Ego, statt es atrophieren zu lassen. Einer der Gründe, warum die psychoanalytisch orientierte Psychotherapie so äußerst wirkungsvoll sein kann, ist der, daß sie ein Vehikel zur Übung des beobachtenden Ego bereitstellt. Wenn ein Patient auf der Couch des Analytikers liegt, dann spricht er nicht nur über sich selbst, sondern beobachtet auch, wie er über sich selbst spricht, und beobachtet die Gefühle, die er dabei hat.

Dieses Üben und Ausbilden eines beobachtenden Ego ist deshalb so wichtig, weil es, wenn es stark genug ist, die betreffende Person in die Lage versetzt, zum nächsten Stadium überzugehen und das zu entwickeln, was ich ein »transzendentes Ego« nenne. Es läßt sich mit dem Dirigenten eines Orchesters vergleichen. Die Person, die ein transzendentes Ego entwickelt hat, ist sich ihrer Emotionen so gewahr, daß sie sie instrumentieren kann. So empfindet sie vielleicht eine gewisse Traurigkeit, hat aber die Führungsgewalt über sich und kann im Prinzip sagen: »Dies ist nicht die Zeit für Traurigkeit oder Violinen; dies ist die Zeit für Freude: Also schweigt jetzt, ihr Violinen. Und ihr Hörner, laßt euch hören.« Beachten Sie, daß sie ihre Traurigkeit nicht unterdrückt oder plattwalzt, genausowenig wie ein Dirigent auf den Violinen herumtrampeln würde. Sie legt ihre Traurigkeit einfach beiseite oder »ordnet sie ein«. Ähnlich würde sie gegebenenfalls auch mit ihren freudvollen Aspekten verfahren: »Ich liebe euch, Hörner, aber das ist nicht der Augenblick für den Ausdruck von Freude. Dies ist eine Situation, in der Zorn gefragt ist. Also, Schlagzeug, leg los.«

Eines Nachmittags versuchte ich, einem Patienten die Konzeption des transzendenten Egos zu erklären. Dieser Mann, der zu mir kam, weil er Probleme hatte, seine Wut herauszulassen, hatte einige Jahre zuvor zur Zeit der Studentenunruhen einen hohen Posten in der Verwaltung einer Universität inne. »Aha!« rief er plötzlich aus. »Jetzt verstehe ich, wovon Sie reden.«

Er erzählte mir, wie auf dem Höhepunkt der Studentenunruhen der Universitätspräsident zurückgetreten war und sofort ein neuer Präsident eingesetzt wurde:

»Wir marschierten von Versammlung zu Versammlung zu Versammlung. Meistens waren die Diskussionen sehr hitzig. Und der neue Mann hörte im allgemeinen nur zu. Gelegentlich machte er ganz ruhig eine Bemerkung, daß die neue Universitätspolitik wahrscheinlich so und so aussehen könne, daß er sich aber nicht sicher sei, weil er sich erst noch einarbeiten müßte. Ich bewunderte ihn dafür, daß er so gelassen blieb. Doch ich begann mich auch zu fragen, ob er nicht zu passiv, möglicherweise auch ineffektiv sei. Schließlich landeten wir in einer riesigen Versammlung im großen Auditorium, offen für die ganze Fakultät. Das Thema war besonders kitzlig. Ein sehr junges Fakultätsmitglied ließ eine lange Schmährede vom Stapel, worin ausgeführt wurde, daß die gesamte Administration nichts weiter sei als eine Ansammlung unsensibler und unempfänglicher faschistischer Schweine. Als er geendet hatte, stand der neue Mann auf und ging zum Pult. ›Ich bin jetzt seit drei Wochen hier‹, sagte er mit seiner üblichen ruhigen und stetigen Stimme, ›und ihr hattet noch nicht die Gelegenheit, euren neuen Präsidenten wütend werden zu sehen. Heute morgen erhaltet ihr diese Gelegenheit.‹ Dann machte er diesen jungen arroganten Dummkopf völlig zunichte. Es war sehr beeindruckend. Vielleicht meinen Sie das, wenn Sie vom Wirken eines transzendenten Egos sprechen.«

Ich weiß nicht genug über diese Universität oder ihren neuen Präsidenten zu jenen turbulenten Zeiten, um eine präzise historische Einschätzung der Situation vornehmen zu können. Dennoch ist diese Erzählung aus zweiter Hand eine ausreichende Illustration der Tatsache, daß das Bewußtsein zu den entscheidenden Eckpfeilern von Kultiviertheit gehört.

Mein Patient bezeichnete das Verhalten seines Präsidenten als »beeindruckend«. Der Vorfall, der sich in einem mit wichtigen Angehörigen einer großen Institution gefüllten Auditorium abspielte, war vor allem ein beeindruckendes Beispiel organisatorischen Verhaltens.

Was machte es so beeindruckend? Mein Patient, der schreckliche Angst davor hatte, seiner eigenen Wut Luft zu machen, bewunderte die Selbstbeherrschung seines Präsidenten. Es war nicht die Überbeherrschtheit, unter der er selbst litt, sondern eine sehr viel entwickeltere Selbstbeherrschung, die eine gesunde Flexibilität zuließ. Es war nicht so, daß der neue Mann in diesen ersten drei Wochen nie irritiert, verärgert, wütend oder sogar empört war. Und es war auch nicht so, daß er Probleme hatte, diesen Emotionen Ausdruck zu verleihen. Vielmehr hatte er seinen Zorn für den günstigsten Moment aufgespart. Er hatte gelernt, seine Gefühle so zu instrumentieren, daß er sie mit der Situation in Übereinklang bringen konnte. Es war eine Sache des Timings. Die Musik ist meistens eine Sache des Timings. Die Macht des Augenblicks lag in der Gewandtheit, mit der er seine Führerschaft handhabte.

Dieser Gewandtheit, dieser eleganten Selbstbeherrschung liegt ein hohes Maß an Bewußtsein zugrunde. Der Präsident war sich ganz klar seiner Gefühle bewußt. Und es war ganz eindeutig seine bewußte Wahl, sich dieses besonders unvernünftige junge Fakultätsmitglied für seine öffentliche Kritik herauszupicken. Und er schien dies aus einer klaren Bewußtheit über die Notwendigkeiten der Institution in diesem bestimmten Moment heraus zu tun. So war er sich gleichzeitig seiner selbst, der anderen und der Organisation bewußt.

Erinnern Sie sich an Herfords berühmten Satz: »Ein Gentleman ist ein Mann, der niemals unbeabsichtigt die Gefühle eines anderen verletzt.« Der Präsident wußte ganz sicher, daß er die Gefühle dieses arroganten jungen Fakultätsmitglieds verletzen würde, aber er gab sich auch den Anschein, daß dies nicht im geringsten in seiner Absicht läge. Der Moment war so eindrucksvoll, weil er genau zu wissen schien, was er in dieser komplexen Situation tat.

Ich habe Kultiviertheit bereits zum Teil als bewußt motiviertes organisatorisches Verhalten definiert. Ein dergestalt motiviertes Verhalten setze zunächst Bewußtsein voraus. Und in diesem Oxymoron ist ein entscheidender Eckpfeiler der Kultiviertheit enthalten: Um kultivierter zu werden, müssen die Menschen sich immer mehr ihrer selbst, der anderen und der Organisationen, die sie miteinander in Beziehung bringen, bewußt werden.

Umgekehrt ist es so, daß Unkultiviertheit im allgemeinen aus Unbewußtheit und Unbewußtsein entsteht. Gewöhnlich ist unkultiviertes Verhalten deshalb unkultiviert, weil es unbeabsichtigt ist.[7] Wir werden den vielfältigen Aspekten der Tatsache nachgehen, daß Bewußtsein ein Eckpfeiler der Kultiviertheit darstellt. Dazu gehört der Fakt, daß, so wie die einzelnen Menschen in ihrem Bewußtseinsgrad variieren, auch die Organisationen, denen sie angehören, dies tun. Daraus folgt, daß, je unbewußter eine Organisation ist, sie um so wahrscheinlicher, wie Einzelpersonen auch, unkultiviert agiert, wenn auch in größerem Maßstab.

Ein weiterer Aspekt ist für uns bereits offensichtlich. Da Kinder als primär unbewußte Geschöpfe geboren werden, kommen Menschen nicht als kultivierte Wesen auf die Welt. Wir gelangen nur durch Weiterentwicklung und Lernen zur Kultiviertheit. Dies gilt auch für Organisationen. Viele Faktoren können diese Weiterentwicklung und das Lernen verzögern oder befördern. Der rätselhafteste dieser Faktoren ist der freie Wille. Individuell und kollektiv können wir *wählen*, ob wir bewußter und kultivierter werden wollen, obgleich es sich selten zur Gänze erklären läßt, warum eine solche Wahl getroffen oder nicht getroffen wird.

Ich habe erwähnt, daß die Existenz eines relevanten beobachtenden Egos zu einem gewissen Verlust an Spontaneität führt. Da die Entwicklung eines transzendenten Egos – eines, über das der neue Universitätspräsident so offensichtlich verfügte – auf einer davor aufgebauten Grundlage eines beobachtenden Egos basiert, stellt sich die Frage, ob der Preis dafür nicht die Aufgabe von Spontaneität ist. Paradoxerweise lautet die Antwort ja und nein. Ja, weil eine völlig bewußte kultivierte Person oft nicht die Freiheit hat, ganz einfach das zu tun, was sie gefühlsmäßig gerne tun würde. Nein, weil sie über die Flexibilität verfügt, bewußt zu entscheiden, wann sie spontan sein kann und wann Vorsicht angebracht ist. Mit der ständigen Selbstüberprüfung und Bewußtheit verbindet sich ein nur kleiner Verlust an Freiheit. Doch die Menschen, die sich daran gewöhnt haben, stellen unterm Strich fest, daß Bewußtheit und Kultiviertheit zu einer zutiefst *befreienden* Lebensweise führen.

**Anmerkungen**

[1] Mark Vonnegut, *The Eden Express*. Praeger Publishers, New York 1975.

[2] Dietrich Bonhoeffer, *The Cult of Discipleship*. Macmillan, New York 1963.

[3] Johannes 14, 11.

[4] Matthäus 25, 40 und 45.

[5] Matthäus 16, 25 (Einfügungen in Klammern vom Autor).

[6] Reverend Richard N. Bolles, Predigt in der St. John's Episcopal Church, Passaic, New Jersey, vom 6. Oktober 1986.

[7] Es war die unbewußte Natur des unkultivierten Verhaltens seiner Mörder, auf die sich Jesus bezog, als er bat: »Vater vergib ihnen, denn sie wissen nicht, was sie tun.«

# B. Aus östlicher Sicht

KEN WILBER

# Wer bin ich?

Plötzlich, ohne jedes Vorzeichen, zu jeder Zeit, an jedem Ort ohne erkennbaren Grund kann es geschehen.

Ganz plötzlich war ich von einer feuerfarbenen Wolke umgeben. Einen Augenblick lang dachte ich an Feuer, an ein Flammenmeer irgendwo nahebei in jener großen Stadt, im nächsten wußte ich, daß das Feuer in mir war. Unmittelbar darauf überkam mich ein Gefühl des Jubels, der unermeßlichen Freude, begleitet oder gefolgt von einer Erleuchtung des Verstandes, die ich unmöglich beschreiben kann. Unter anderem begriff ich nicht nur, sondern ich sah, daß das Universum nicht aus toter Materie besteht, sondern im Gegenteil eine lebendige Gegenwart ist; mir wurde bewußt, daß ewiges Leben in mir ist. Es war nicht die Überzeugung, daß mir ewiges Leben zuteil werden würde, sondern das Bewußtsein, daß ich in diesem Augenblick ewiges Leben hatte; ich erkannte, daß alle Menschen unsterblich sind; daß die kosmische Ordnung so ist, daß ohne jeden Zweifel alle Dinge zum Besten von allem und jedem zusammenwirken; daß das Ursprungsprinzip der Welt, aller Welten, das ist, was wir die Liebe nennen, und daß das Glück aller und jedes einzelnen auf lange Sicht eine absolute Gewißheit ist (Zit. aus R. M. Bucke).

Was für eine wunderbare Erkenntnis! Es wäre gewiß ein schwerer Fehler, wollten wir voreilig folgern, derartige Erlebnisse seien Halluzinationen oder Folgen einer geistigen Verwirrung, denn in dem, was sie schließlich offenbaren, haben sie nichts mit der schmerzlichen Gequältheit psychotischer Phantasiebilder gemein.

Der Staub der Straße und die Steine waren kostbar wie Gold, die Tore waren zunächst die Enden der Welt. Die grünen Bäume entzückten und begeisterten mich, als ich sie zuerst durch eines der Tore sah ... Jungen und Mädchen, die sich auf den Straßen tummelten und spielten, waren dahintreibende Edelsteine. Ich wußte nichts davon, daß sie geboren waren oder sterben würden. Aber alle Dinge verharrten ewig, wie sie waren, an ihrem richtigen Ort. Ewigkeit offenbarte sich am hellen Tage ... (Traherne)

William James, der bedeutendste amerikanische Psychologe, hat wiederholt unterstrichen, daß »unser normales Wachbewußtsein nur eine besondere Art des Bewußtseins ist, während überall ringsum, von ihm nur durch feinste Schleier getrennt, potentielle Formen des Bewußtseins liegen, die ganz anders sind«. Es ist, als sei unser alltägliches Gewahrsein nur eine unbedeutende Insel, umgeben von einem weiten Meer unvermuteten und unerforschten Bewußtseins, dessen Wellen ständig an die schützenden Klippen unseres Normalbewußtseins schlagen, bis sie vielleicht einmal ganz unversehens durchbrechen und unsere Bewußtseinsinsel mit der Erkenntnis eines riesigen, weitgehend unerforschten, aber ungemein realen Bereichs einer neuen Bewußtseinswelt überschwemmen.

Nun kam ein Moment der Verzückung, so intensiv, daß das Universum stillstand, als sei es verblüfft über die unbeschreibliche Erhabenheit des Schauspiels. Nur einer im ganzen unendlichen Universum! Der All-Liebende, der Vollkommene ... In demselben wunderbaren Augenblick dessen, was man himmlische Seligkeit nennen konnte, kam die Erleuchtung. Ich sah in einem eindringlichen inneren Bild die Atome oder Moleküle, aus denen sich das Universum anscheinend zusammensetzt – ich weiß nicht, ob materiell oder spirituell –, wie sie sich neu anordnen, während der Kosmos (in seinem fortdauernden, immerwährenden Leben) von einer Ordnung in die andere übergeht. Welche Freude, als ich sah, daß in der Kette keine Unterbrechung war – kein Glied wurde ausgelassen –, alles geschah an seinem Platz und zu seiner Zeit. Welten, Systeme, alles vermischte sich zu einem harmonischer Ganzen. (R. M. Bucke)

Das Faszinierendste an solchen erschreckenden und erleuchtenden Erlebnissen – und der Aspekt, dem wir viel Beachtung schenken werden – ist der Umstand, daß der einzelne Mensch über jeden Schatten eines Zweifels hinaus das Gefühl bekommt, daß er im Grunde eins ist mit dem ganzen Universum, mit allen Welten, seien sie hoch oder niedrig, heilig oder profan. Sein *Identitätsgefühl* erstreckt sich weit über die engen Grenzen seines Leibes und seiner Seele hinaus und umfaßt das ganze Weltall. Eben aus diesem Grunde bezeichnete R. M. Bucke diesen Zustand des Gewahrseins als »kosmisches Bewußtsein«. Der Moslem nennt ihn die »Höchste Identität«, die höchste deshalb, weil sie eine Identität mit dem All ist. Wir werden sie gewöhnlich »Bewußtsein der All-Einheit« nennen – eine liebevolle Umarmung des Universums insgesamt.

Die Straßen waren mein, der Tempel war mein, ebenso Sonne, Mond und Sterne, und die ganze Welt war mein, und ich war der einzige, der sie betrachtete und genoß. Ich kannte keinen knauserigen Besitz, keine Grenzen noch Trennungen; alle Besitztümer und alles Abgetrennte waren mein, alle Schätze und ihre Besitzer. So daß ich mit viel Getue korrumpiert und veranlaßt wurde, die schmutzigen Kunstfertigkeiten dieser Welt zu erlernen, die ich nun wieder verlerne und gleichsam wieder zum kleinen Kind werde, damit ich in das Reich Gottes eingehen kann (Traherne).

Dieses Erleben der höchsten Identität ist so weit verbreitet, daß es sich zusammen mit den Lehren, die es erklären wollen, die Bezeichnung »Philosophia perennis« verdient hat. Es gibt viele Beweise dafür, daß diese Art von Erfahrung oder Erkenntnis im Zentrum jeder großen Religion steht – im Hinduismus, Buddhismus, Taoismus, im Christentum, im Islam und im Judentum –, so daß wir zu Recht von der »transzendierenden Einheit der Religionen« und der Einmütigkeit der ursprünglichen Wahrheit sprechen können.

Das Thema dieses Buches lautet: Diese Art des Gewahrseins, dieses Bewußtsein der Einheit oder diese höchste Identität ist die Natur und der Zustand aller fühlenden Wesen, aber wir schränken unsere

Welt immer mehr ein und wenden uns von unserer wahren Natur ab, um uns mit Grenzen zu umgeben. Unser ursprünglich reines und einendes Bewußtsein funktioniert dann auf mannigfaltigen Ebenen, mit verschiedenen Identitäten und verschiedenen Grenzen. Diese verschiedenen Ebenen machen im Grunde die vielen Arten aus, wie wir auf die Frage »Wer bin ich?« antworten können und antworten.

»Wer bin ich?« Diese Frage hat wahrscheinlich die Menschheit seit Anbeginn gequält, und sie ist noch heute eine der beunruhigendsten aller menschlichen Fragen. Die angebotenen Antworten reichen vom Heiligen bis zum Profanen, vom Komplexen bis zum Einfachen, vom Wissenschaftlichen bis zum Romantischen, vom Politischen bis zum Individuellen. Aber anstatt die Menge von Antworten auf diese Frage zu untersuchen, wollen wir uns einen sehr spezifischen und grundlegenden Prozeß ansehen, der abläuft, wenn ein Mensch die Frage »Wer bin ich?, Was ist mein wahres Selbst?, Was ist meine fundamentale Identität?« stellt und beantwortet.

Wenn jemand fragt, »Wer bist du?« und wenn Sie darangehen, eine vernünftige, ehrliche oder mehr oder weniger ausführliche Antwort zu geben – was tun Sie dann wirklich? Was geht in Ihrem Kopf vor sich, während Sie dies tun? In gewissem Sinne beschreiben Sie Ihr Selbst, wie Sie es kennengelernt haben, wobei Sie in Ihre Schilderung die meisten einschlägigen Fakten einbeziehen, gute und schlechte, wertvolle und wertlose, wissenschaftliche und poetische, philosophische und religiöse, die Sie als etwas begreifen, das für Ihre Identität grundlegend ist. Sie könnten zum Beispiel denken: »Ich bin ein einzigartiger Mensch, ein mit einem gewissen Potential begabtes Wesen; ich bin gütig, aber manchmal grausam, liebevoll, aber manchmal feindselig, ich bin Vater und Rechtsanwalt, ich gehe gern fischen und spiele gern Basketball ...« Und so könnte Ihre Liste von Gefühlen und Gedanken weitergehen.

Aber dem ganzen Vorgang der Darstellung einer Identität liegt noch ein tieferer Prozeß zugrunde. Wenn Sie auf die Frage »Wer bist du?« antworten, geschieht etwas ganz Einfaches. Wenn Sie Ihr »Selbst« beschreiben oder erklären oder auch nur innerlich spüren, ziehen Sie in Wirklichkeit, ob Sie es wollen oder nicht, im Geist eine

Linie oder Grenze über das ganze Feld Ihres Erlebens, und alles, was *innerhalb* dieser Grenze liegt, nennen Sie oder empfinden Sie als Ihr »Selbst«, während Sie alles *außerhalb* dieser Grenze als »Nicht-Selbst« empfinden. Die Identität Ihres Selbst ist, anders ausgedrückt, völlig davon abhängig, wo Sie diese Grenzlinie ziehen.

Sie sind ein Mensch und kein Stuhl, und Sie wissen das, weil Sie bewußt oder unbewußt zwischen Menschen und Stühlen eine Grenze ziehen und Ihre Identität mit ersteren erkennen können.

Sie sind vielleicht ein sehr groß gewachsener Mensch und kein kleiner; daher ziehen Sie im Geist eine Grenze zwischen Groß und Klein und bezeichnen sich daher als »groß«. Sie bekommen das Gefühl, »Ich bin dies, und nicht das«, indem Sie zwischen »dies« und »das« eine Grenze ziehen und dann Ihre Identität mit »diesem« und Ihre Nicht-Identität mit »jenem« erkennen.

Wenn Sie also sagen: »mein Selbst«, ziehen Sie eine Grenze zwischen dem, was Sie sind, und dem, was Sie nicht sind. Wenn Sie auf die Frage »Wer bist du?« antworten, beschreiben Sie einfach das, was innerhalb dieser Grenzlinie liegt. Die sogenannte Identitätskrise tritt ein, wenn Sie nicht entscheiden können, wie oder wo die Linie zu ziehen ist. Kurzum, »Wer bist du?« bedeutet »Wo ziehst du die Grenze?«

Alle Antworten auf die Frage »Wer bin ich?« leiten sich genau von diesem Grundvorgang her, daß man zwischen »Selbst« und »Nicht-Selbst« eine Grenze zieht. Wenn erst einmal die allgemeinen Grenzlinien festgelegt sind, können die Antworten auf jene Frage sehr komplex werden – wissenschaftlich, theologisch, ökonomisch – oder sie können auch höchst einfach und ungegliedert sein. Aber jede mögliche Antwort hängt davon ab, daß man zunächst die Grenze zieht.

Das Interessanteste an dieser Grenzlinie ist, daß sie sich verschieben kann und dies auch häufig tut. Man kann sie neu ziehen. Der Mensch kann gewissermaßen seine Seele neu erforschen und Gebiete in ihr finden, die er niemals für möglich, erreichbar oder sogar wünschenswert gehalten hätte. Wie wir gesehen haben, geschieht die radikalste Neu-Erforschung oder Verschiebung der Grenzen beim Erleben der höchsten Identität, denn hier erweitert der Mensch die Grenzen der Identität seines Selbst so, daß sie das ganze Universum umfassen. Wir könnten sogar sagen, er verliert die Grenzlinie ganz und gar, denn wenn er mit dem »harmonischen Ganzen« identifiziert ist, gibt es kein Außen oder Innen mehr, also auch keinen Ort, wo man eine Grenze ziehen könnte. In diesem Buch werden wir immer wieder auf das Bewußtsein ohne Grenzen, das als höchste Identität bekannt ist, zurückkommen und es untersuchen. Aber hier scheint es mir der Mühe wert, einige der anderen, vertrauten Methoden zu untersuchen, wie man die Grenzen der Seele definieren kann. Es gibt so viele Arten von Grenzen wie Individuen, die sie ziehen, aber sie alle lassen sich in eine Handvoll leicht erkennbarer Klassen einordnen.

Die am weitesten verbreitete Grenzlinie, die Menschen ziehen oder als gültig anerkennen, ist die Grenze der Haut, die den gesamten Organismus umhüllt. Dies scheint eine allgemein anerkannte Grenzlinie zwischen Selbst und Nicht-Selbst zu sein. Alles innerhalb dieser Hautgrenze ist in gewisser Hinsicht »ich«, während alles außerhalb dieser Grenze »nicht ich« ist. Etwas außerhalb der Hautgrenze mag »mein« sein, aber es ist nicht »ich«. Zum Beispiel erkenne ich »mein« Auto, »meine« Arbeit, »mein« Haus, »meine« Familie, aber sie sind eindeutig nicht unmittelbar »ich« – auf dieselbe Weise, wie alles, was in meiner Haut steckt, »ich« bin. Die Hautgrenze ist also eine der am grundsätzlichsten anerkannten Grenzen zwischen Selbst und Nicht-Selbst.

Wir könnten denken, diese Hautgrenze sei so offensichtlich, so real und so allgemein verbreitet, daß es in Wirklichkeit für einen Menschen gar keine anderen möglichen Grenzen geben könnte, ausgenommen vielleicht das seltene Auftreten des Bewußtseins der All-Einheit einerseits oder das Bewußtsein des hoffnungslosen Psychotikers andererseits. Aber es gibt tatsächlich einen weiteren, äußerst verbreiteten, nachweisbaren Typus der Grenzlinie, die sehr viele Menschen ziehen. Die meisten Menschen erkennen und akzeptieren zwar die Haut als Grenze zwischen Selbst und Nicht-Selbst als selbstverständlich, aber sie ziehen noch eine weitere Grenze, die für sie auch noch bedeutsamer ist, *innerhalb* des Gesamtorganismus.

Wenn Ihnen eine Grenzlinie *innerhalb* des Organismus seltsam vorkommt, dann lassen Sie mich fragen: »Haben Sie das Gefühl, ein Körper zu *sein*, oder haben Sie das Gefühl, einen Körper zu *haben*?« Die meisten Menschen glauben, sie *hätten* einen Körper, als ob sie ihn besäßen oder sein Eigentümer wären, ganz ähnlich wie bei einem Auto, einem Haus oder irgendeinem anderen Gegenstand. Unter diesen Umständen scheint der Körper mehr »mein« als »ich« zu sein, und was »mein« ist, liegt der Definition gemäß *außerhalb* der Grenze zwischen Selbst und Nicht-Selbst. Der Mensch identifiziert sich tiefer und enger mit nur einer Facette seines Gesamtorganismus, und diese Facette, die er als sein wahres Selbst empfindet, wird unterschiedlich als das Geistig-Seelische, die Psyche, das Ich oder die Persönlichkeit bezeichnet.

Biologisch gibt es nicht die geringste Grundlage für diese Trennung oder radikale Spaltung zwischen Seele und Leib, Psyche und Soma, Ich und Fleisch, aber psychologisch ist sie verbreitet wie eine Seuche. Tatsächlich ist die Leib-Seele-Spaltung und der mit ihr einhergehende Dualismus ein grundlegendes Merkmal der westlichen Kultur. Beachten Sie bitte, daß ich selbst hier das Wort »Psychologie« für die Untersuchung des Gesamtverhaltens des Menschen benutzen muß. Das Wort selbst spiegelt das Vorurteil wider, der Mensch sei im Grunde eine Geistseele und nicht ein Leib. Sogar der heilige Franziskus nannte seinen Körper den »armen Bruder Esel«, und die meisten Menschen meinen wirklich, daß wir nur gewissermaßen auf unserem Körper herumreiten wie auf einem Esel.

Diese Grenzlinie zwischen Leib und Seele ist gewiß seltsam, und sie ist keineswegs von Geburt an vorhanden. Aber wenn der Mensch an Jahren zunimmt und beginnt, seine Grenze zwischen Selbst und Nicht-Selbst zu ziehen und auszubauen, blickt er mit gemischten Gefühlen auf den Körper. Soll er ihn nun unmittelbar in die Grenzen seines Selbst mit hineinnehmen, oder soll er ihn als fremdes Gebiet ansehen? Wo soll er die Grenze ziehen? Einerseits ist der Körper ein Leben lang die Quelle von viel Lust, von den Ekstasen erotischer Liebe bis hin zu den Feinheiten köstlicher Speisen und zur Sanftheit von Sonnenuntergängen, die man mit den leiblichen Sinnen in sich aufnimmt. Aber andererseits beherbergt der Körper das Gespenst lähmender Schmerzen, entkräftender Krankheiten und die Folter des Krebses. Für das Kind ist der Körper die einzige Quelle der Lust, und dennoch ist er auch die erste Ursache von Schmerz und von Konflikten mit den Eltern. Außerdem scheint der Körper Abfallprodukte herzustellen, die aus für das Kind völlig unverständlichen Gründen den Eltern ein ständiger Anlaß zu Besorgnis und Angst sind. Was für ein unglaubliches Getue machen sie ums Bettnässen, um das »große Geschäft«, ums Naseputzen! Und all das hängt mit dem Körper zusammen. Es wird schwierig sein zu entscheiden, wo man hier die Grenze ziehen soll.

Wenn aber der Mensch reifer geworden ist, hat er im allgemeinen dem armen Bruder Esel den Abschiedskuß gegeben. Wenn die Grenze zwischen Selbst und Nicht-Selbst endgültig festgelegt wird, ist der Bruder Esel eindeutig auf der anderen Seite des Zauns. Der Körper wird zum fremden Gebiet, fast (aber niemals ganz) so fremd wie die Außenwelt selbst. Die Grenze wird zwischen Geistseele und Leib gezogen, und der Mensch identifiziert sich aufrichtig mit der ersteren. Er bekommt sogar das Gefühl, er lebe in seinem Kopf, als sei er ein kleiner Mensch in seinem Schädel, der dem Körper Anweisungen und Befehle gibt, denen dieser gehorcht oder auch nicht.

Kurzum, was der Mensch als seine Eigenidentität empfindet, umfaßt *nicht* direkt den Gesamtorganismus, sondern nur eine Facette dieses Organismus, nämlich sein Ich. Das heißt, er identifiziert sich mit einem mehr oder weniger zutreffenden geistigen Selbstbild, zusammen mit den Verstandes- und Gefühlsprozessen, die mit diesem Selbstbild einhergehen. Da er sich nicht konkret mit dem Gesamtorganismus identifizieren will, läßt er höchstens ein Bild oder eine Vorstellung vom Gesamtorganismus zu. Er fühlt sich also als ein »Ich«, und sein Körper baumelt einfach unter ihm mit. Wir sehen hier also einen weiteren Haupttypus der Grenzziehung, die die Identität des Menschen so darstellt, daß sie vor allem mit dem Ich, dem Selbstbild, übereinstimmt.

Wie wir sahen, kann diese Grenzlinie zwischen Selbst und Nicht-Selbst ziemlich flexibel sein. Es wird uns also nicht überraschen, wenn wir feststellen, daß selbst innerhalb des Ichs oder des Geistig-Seelischen – ich verwende diese Ausdrücke vorläufig sehr ungenau – eine weitere Art von Grenzlinie gezogen werden kann. Aus verschiedenen Gründen, von denen wir einige später besprechen wollen, kann sich der Mensch sogar weigern zuzugeben, daß einige der Facetten seiner eigenen Psyche zu ihm *gehören*. In der Fachsprache der Psychologen heißt dies, er überträgt sie, verdrängt sie, spaltet sie ab oder projiziert sie. Das Wesentliche ist, daß er seine Grenze zwischen Selbst und Nicht-Selbst so einengt, daß sie nur bestimmte Anteile seiner Ich-Tendenzen umfaßt. Dieses eingeschränkte Selbstbild wollen wir als »Persona« bezeichnen, und seine Bedeutung wird im Folgenden klarer werden. Wenn sich aber der Mensch nur mit Facetten seiner Psyche (mit der Persona) identifiziert, empfindet er die übrigen Anteile tatsächlich als »Nicht-Selbst«, als fremdes Gebiet, als feindlich, unheimlich. Er macht sich ein neues Bild von seiner Seele, um die unerwünschten Aspekte seiner selbst (wir nennen sie den »Schatten«) zu leugnen und um zu versuchen, sie aus dem Bewußtsein auszuschließen. In größerem oder geringerem Maß wird der Mensch »von Sinnen«, verrückt. Dies ist ganz offenkundig ein weiterer wichtiger und allgemeiner Typus von Grenzziehung.

Wir versuchen an dieser Stelle nicht zu entscheiden, welche dieser Arten von Selbstbildern »richtig«, »korrekt« oder »wahr« sind. Wir stellen einfach unparteiisch fest, daß es tatsächlich mehrere Hauptarten von Grenzlinien zwischen Selbst und Nicht-Selbst gibt. Und da wir dieses Thema nicht wertend angehen, können wir einen weiteren Typus der Grenzlinie zumindest erwähnen, dem man heute viel Beachtung schenkt, nämlich die Grenze, die zu den sogenannten transpersonalen Phänomenen gehört.

»Transpersonal« bedeutet, daß im Individuum irgendeine Art von Prozeß abläuft, der gewissermaßen *über* das Individuum hinausgeht. Der einfachste Fall davon ist die außersinnliche Wahrnehmung (ASW). Parapsychologen erkennen mehrere Formen von ASW an: Telepathie, Hellsehen, Vorauswissen, Vergangenheitsschau.

Wir könnten noch hinzunehmen: Erlebnisse außerhalb des eigenen Körpers, Erleben eines transpersonalen Selbst oder Zeugen, Gipfelerlebnisse usw. All diese Ereignisse haben eine Erweiterung der Grenze zwischen Selbst und Nicht-Selbst gemeinsam, die über die Hautgrenze des Organismus hinausgeht. Die transpersonalen Erfahrungen haben zwar einige Ähnlichkeit mit dem Bewußtsein der All-Einheit, aber man sollte sie nicht miteinander verwechseln. Im Bewußtsein der All-Einheit ist der Mensch identisch mit dem All, mit absolut allem. Bei transpersonalen Erlebnissen erstreckt sich die Identität des Betreffenden nicht voll bis zum Ganzen, aber sie dehnt sich aus oder erweitert sich zumindest über die Hautgrenze des Organismus hinaus. Er ist nicht mit dem All identifiziert, aber seine Identität ist auch nicht allein auf den Organismus beschränkt. Was immer man von transpersonalen Erlebnissen halten mag (wir werden im weiteren Verlauf viele von ihnen ausführlich besprechen), die Beweise dafür, daß zumindest einige Arten von ihnen tatsächlich stattfinden, sind überwältigend. Wir können also ohne Risiko folgern, daß dieses Phänomen wieder eine weitere Art von Selbstgrenzen darstellt.

Der springende Punkt dieser Besprechung von Grenzen zwischen Selbst und Nicht-Selbst ist, daß einem Individuum nicht nur eine *Identitätsebene* zur Verfügung steht, sondern viele. Diese Identitätsebenen sind keine theoretischen Postulate, sondern Realitäten, die man beobachten kann – Sie können sie in sich und für sich selbst nachprüfen. Was diese verschiedenen Ebenen angeht, so ist es fast, als sei dieses vertraute, jedoch letzten Endes geheimnisvolle Phänomen, das wir Bewußtsein nennen, ein Spektrum, etwas wie ein Regenbogen, das sich aus zahlreichen Streifen oder Stufen der Selbst-Identität zusammensetzt. Beachten Sie, daß wir fünf Klassen oder Ebenen der Identität kurz umrissen haben. Es gibt auf diesen fünf Hauptebenen sicherlich Unterschiede, und man kann die Stufen selbst stark unterteilen, aber diese fünf Ebenen scheinen fundamentale Aspekte des menschlichen Bewußtseins zu sein.

Nehmen wir diese hauptsächlichen Identitätsebenen, und bringen wir sie in eine gewisse Ordnung. Diese einem Spektrum ähnliche

Anordnung ist in Abbildung 1 dargestellt; sie zeigt die Grenzlinie zwischen Selbst und Nicht-Selbst und die besprochenen Haupt-Identitätsebenen. Jede der verschiedenen Ebenen ergibt sich daraus, wo die Menschen diese Grenze ziehen können und tatsächlich ziehen. Beachten Sie, daß die Grenzlinie sich gegen den unteren Rand des Spektrums hin in dem Bereich, den wir transpersonal nennen, auflöst (Abb. 1) und daß sie auf der Stufe des Bewußtseins der All-Einheit völlig verschwindet, denn auf dieser höchsten Ebene werden Selbst und Nicht-Selbst »ein harmonisches Ganzes«.

Es ist deutlich erkennbar, daß jede der aufeinanderfolgenden Ebenen des Spektrums eine Art der Einengung oder Einschränkung dessen darstellt, was der einzelne als sein »Selbst« empfindet, als seine wahre Identität, seine Antwort auf die Frage »Wer bist du?« An der Basis des Spektrums fühlt der Mensch, daß er mit dem Universum eins ist, daß sein wirkliches Selbst nicht nur sein Organismus ist, sondern die ganze Schöpfung. Auf der nächsten Stufe des Spektrums (wenn man von unten nach oben geht) hat der Mensch das Gefühl, nicht mit dem All eins zu sein, sondern nur mit seinem gesamten Organismus. Sein Identitätsgefühl hat sich verschoben und vom Universum als Ganzem auf eine Facette des Universums verengt, nämlich auf seinen eigenen Organismus. Auf der nächsten Stufe verengt sich seine Selbst-Identität noch einmal, denn nun identifiziert er sich hauptsächlich mit seiner Geistseele oder seinem Ich, das nur eine Facette seines Gesamtorganismus ist. Und auf der letzten Stufe des Spektrums kann er seine Identität sogar auf Facetten seiner Psyche verengen, indem er den Schatten oder unerwünschte Aspekte seiner selbst überträgt oder verdrängt. Er identifiziert sich nur mit einem Teil seiner Psyche, einem Teil, den wir als »Persona« bezeichnen.

Vom Universum also zu einer Facette des Universums, »der Organismus« genannt; vom Organismus zu einer Facette des Organismus, genannt »das Ich«; vom Ich zu einer Facette des Ichs, genannt »Persona« – so also sind einige der Hauptstreifen des Bewußtseinsspektrums. Auf jeder der aufeinanderfolgenden Ebenen des Spektrums scheinen immer mehr Aspekte des Universums *außerhalb* des »Selbst« eines Menschen zu liegen. So erscheint auf der Ebene des

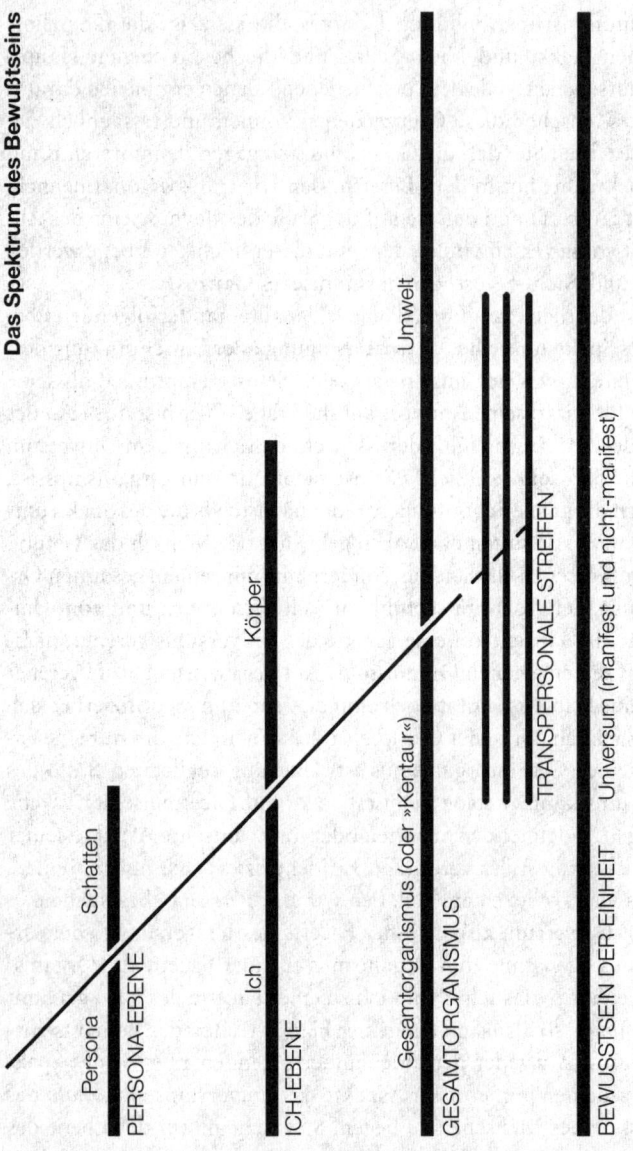

Das Spektrum des Bewußtseins

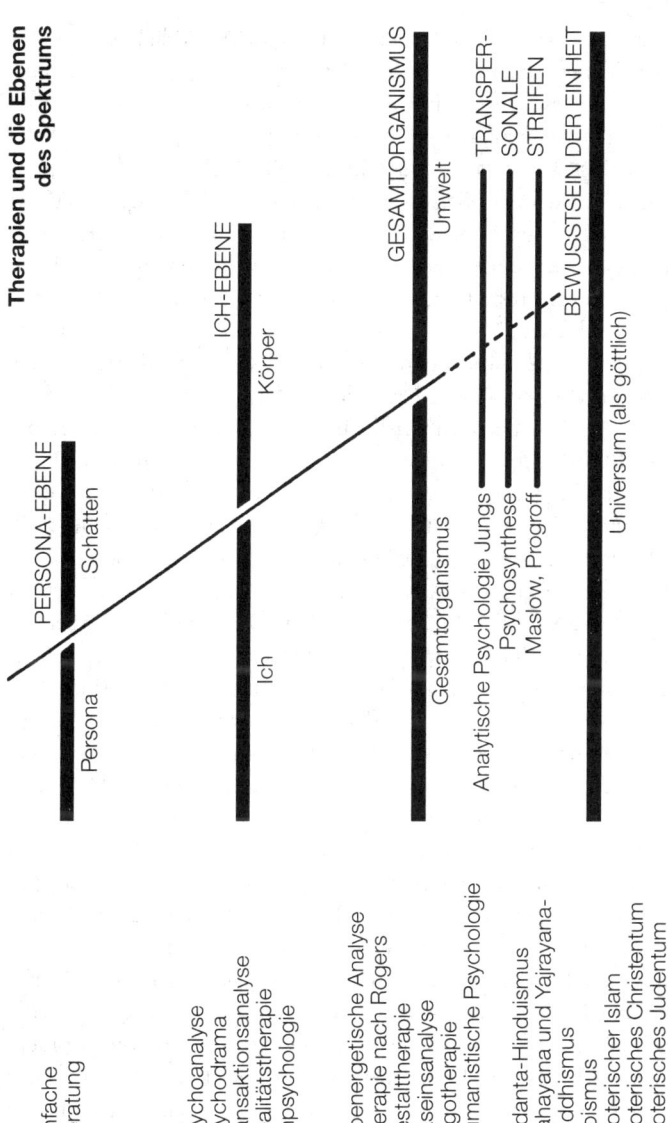

Gesamtorganismus die Umwelt als etwas, das außerhalb der Selbstgrenze liegt und fremd, äußerlich, Nicht-Selbst ist. Aber auf der Persona-Ebene erscheinen die Umwelt des einzelnen *und* sein Körper *und* Aspekte seiner eigenen Psyche als etwas Äußeres, als fremd, als Nicht-Selbst. Die verschiedenen Ebenen des Spektrums stellen nicht nur Unterschiede der Selbst-Identität dar, so wichtig das auch ist, sondern auch Unterschiede in jenen Eigenschaften, die direkt oder indirekt mit der Selbst-Identität verbunden sind. Man denke z. B. an das verbreitete Problem des »inneren Konflikts« im eigenen Selbst. Da es verschiedene Stufen des Selbst gibt, gibt es natürlich auch verschiedene Ebenen des inneren Konflikts. Der Grund ist, daß die Grenzlinie des Selbst eines Menschen auf jeder Stufe des Spektrums in anderer Weise gezogen wird. Aber eine *Grenzlinie* ist, wie Ihnen jeder Militärfachmann sagen wird, auch eine potentielle *Gefechtslinie,* denn eine Grenze bezeichnet das Territorium zweier gegnerischer und potentiell einander bekämpfender Lager. So findet z. B. ein Mensch auf der Stufe des Gesamtorganismus den potentiellen Feind in seiner Umwelt – denn sie erscheint ihm fremd, äußerlich und daher bedrohlich für sein Leben und Wohlbefinden. Aber ein Mensch auf der Ich-Ebene findet, nicht nur seine Umwelt, sondern auch sein Körper sei fremdes Gebiet, dasselbe fremde Gebiet, und daher ist das Wesen seiner Konflikte und Verwirrungen spektakulär anders. Er hat die Grenzlinie seines Selbst verschoben, daher auch die Gefechtslinie seiner Konflikte und persönlichen Kämpfe. Und in seinem Fall ist sein Körper zum Feind übergelaufen.

Diese Kampflinie kann auf der Persona-Ebene scharf hervortreten, denn hier hat der Mensch die Grenzlinie zwischen gewissen Facetten seiner eigenen Psyche gezogen, und daher liegt die Gefechtslinie nun zwischen dem Individuum als Persona und der Umwelt *und* seinem Körper *und* Aspekten seiner eigenen Seele. Das Wesentliche ist, daß ein Mensch, wenn er die Grenzen seiner Seele zieht, zugleich die Kämpfe seiner Seele programmiert. Die Grenzen der Identität eines Menschen bestimmen, welche Aspekte des Universums als »Selbst« zu betrachten sind und welche als »Nicht-Selbst« gelten sollen. So erscheinen auf jeder Ebene des Spektrums wieder andere

Aspekte der Welt als Nicht-Selbst, fremd und fern. Jede Ebene sieht wieder andere Prozesse des Universums als etwas ihr *Fremdes* an. Und da, wie Freud einmal bemerkte, jeder Fremde als Feind erscheint, ist jede Ebene potentiell in anderen Konflikten mit verschiedenen Feinden befangen. Man erinnere sich – jede Grenze ist auch eine Gefechtslinie, und der Feind ist auf jeder Stufe ein anderer. Psychologisch ausgedrückt: Verschiedene Symptome stammen von verschiedenen Ebenen.

Der Umstand, daß verschiedene Stufen des Spektrums verschiedene Eigenschaften, Symptome und Potentiale besitzen, bringt uns zu einem der interessantesten Punkte dieser Sichtweise. Es herrscht heute ein unglaublich verbreitetes und noch zunehmendes Interesse an allen Arten von Schulen und Techniken, die sich mit verschiedenen Aspekten des Bewußtseins befassen. Menschen drängen zur Psychotherapie, zur Jungschen Analyse, zur Mystik, zur Psychosynthese, zum Zen, zur Transaktionsanalyse, zum Rolfing, zum Hinduismus, zur Bioenergetik, zur Psychoanalyse, zum Yoga und zur Gestalttherapie. Diesen Schulen ist gemeinsam, daß sie alle auf die eine oder andere Weise versuchen, Veränderungen im Bewußtsein der Menschen zu bewirken. Aber damit ist die Ähnlichkeit auch schon zu Ende.

Dem Menschen, dem ernsthaft daran liegt, seine Selbsterkenntnis zu vermehren, steht eine solch verwirrende Vielfalt von psychologischen und religiösen Systemen gegenüber, daß er kaum weiß, wo er anfangen, wem er glauben soll. Selbst wenn er alle Hauptrichtungen der Psychologie und Religion sorgfältig studiert, wird er wahrscheinlich ebenso verwirrt herauskommen, wie er hineingegangen ist, denn diese verschiedenen Schulen insgesamt widersprechen einander ganz entschieden. Beim Zen-Buddhismus z. B. wird man aufgefordert, das eigene Ich zu vergessen, zu überschreiten oder durch es hindurchzuschauen, in der Psychoanalyse dagegen wird einem geholfen, das eigene Ich zu stärken, zu kräftigen, zu festigen. Welches von beiden ist richtig? Dies ist ein sehr reales Problem, sowohl für den interessierten Laien als auch für den professionellen Therapeuten. So viele verschiedene und einander widerstreitende Schulen –

alle auf das Verstehen desselben Menschen ausgerichtet. Oder doch nicht?

Das heißt: Sind sie alle auf *dieselbe Ebene* des menschlichen Bewußtseins ausgerichtet? Oder ist es vielmehr so, daß diese verschiedenen Methoden in Wirklichkeit Zugänge zu verschiedenen Ebenen des Selbst eines Menschen sind? Könnte es sein, daß diese verschiedenen Methoden, weit entfernt davon, einander zu widerstreiten oder zu widersprechen, in Wirklichkeit die sehr realen Unterschiede in den verschiedenen Ebenen des Bewußtseins widerspiegeln? Und könnte es nicht sein, daß diese unterschiedlichen Ansätze *alle* mehr oder weniger richtig sind, wenn sie auf der ihnen hauptsächlich zugehörigen Ebene angewandt werden?

Wenn dies zutrifft, ermöglicht es uns, in diesen sonst verwirrenden komplexen Bereich doch recht viel Ordnung und Zusammenhang hineinzubringen. Es würde deutlich werden, daß all diese unterschiedlichen Schulen der Psychologie und Religion nicht so sehr widersprüchliche Zugänge zum Menschen und seinen Problemen darstellen, sondern vielmehr komplementäre Zugänge zu verschiedenen Ebenen des Individuums. Wenn man dies weiß, unterteilt sich das Riesengebiet von Psychologie und Religion in fünf oder sechs handhabbare Gruppen, und es wird klar, daß jede dieser Gruppen sich vor allem an eine der Hauptstufen des Spektrums wendet.

So ist es, um nur ein paar sehr kurze und allgemeine Beispiele anzuführen, das Ziel der Psychoanalyse und der meisten Formen konventioneller Psychotherapie, die radikale Spaltung zwischen den bewußten und den unbewußten Aspekten der Psyche zu heilen, so daß der Mensch mit »seiner ganzen Seele« in Fühlung kommt. Diese Therapien zielen darauf ab, Persona und Schatten wieder zu vereinen und damit ein starkes und gesundes Ich zu schaffen, was besagen will, ein richtiges und annehmbares Selbstbild. Mit anderen Worten: Sie sind alle auf die Ich-Ebene ausgerichtet. Sie wollen dem Menschen, der als Persona lebt, helfen, seine Seele als Ich neu zu ordnen.

Darüber hinaus ist es jedoch das Ziel der meisten sogenannten humanistischen Therapien, die Spaltung zwischen dem Ich und dem

Körper zu heilen, Psyche und Soma wieder zu vereinen, um den Gesamtorganismus offenbar werden zu lassen. Darum nennt man die humanistische Psychologie – die man als die Dritte Kraft bezeichnet (die anderen beiden Hauptkräfte in der Psychologie sind dann Psychoanalyse und Behaviorismus) – auch die Bewegung für das menschliche Potential (human potential movement). Wenn man die Identität des Menschen von seiner Geistseele oder seinem Ich auf seinen Gesamtorganismus ausdehnt, werden die riesigen Potentiale des Gesamtorganismus befreit und dem Menschen verfügbar gemacht.

Wenn wir noch tiefer gehen, finden wir, daß es das Ziel von Disziplinen wie Zen-Buddhismus oder Vedanta-Hinduismus ist, die Spaltung zwischen dem Gesamtorganismus und der Umwelt zu heilen und eine Identität, eine höchste Identität, mit dem ganzen Universum zu offenbaren. Sie zielen, anders ausgedrückt, auf die Ebene der Einheit des Bewußtseins ab. Aber wir dürfen nicht vergessen, daß zwischen der Ebene der Einheit des Bewußtseins und der Ebene des Gesamtorganismus die transpersonalen Streifen des Spektrums liegen. Die Therapien, die sich an diese Ebene wenden, sind zutiefst an jenen Prozessen im Menschen interessiert, die in Wirklichkeit »überindividuell«, »kollektiv« oder »transpersonal« sind. Manche von ihnen sprechen sogar von einem »transpersonalen Selbst«; dieses ist zwar nicht mit dem All identisch (das wäre das Bewußtsein der All-Einheit), aber trotzdem übersteigt es die Grenzen des Einzelorganismus. Zu den Therapien, die diese Ebene anstreben, gehören Psychosynthese, Jungsche Analyse, verschiedene vorbereitende Yoga-Praktiken, die Techniken der transzendentalen Meditation usw.

Dies alles ist natürlich eine sehr starke Vereinfachung der Dinge, aber es erklärt die allgemeine Art, wie die meisten Hauptrichtungen der Psychologie, Psychotherapie und Religion sich einfach nur an die verschiedenen Hauptebenen des Spektrums wenden. Einige dieser Entsprechungen sind auf Abbildung 2 zu sehen, wo die Hauptschulen der »Therapie« neben der Ebene des Spektrums aufgeführt sind, auf die sie im Grunde ausgerichtet sind. Ich möchte noch erwähnen, daß eine absolut eindeutige und gesonderte Klassifikation der Ebenen oder der auf sie gerichteten Therapien nicht möglich ist, weil – wie bei jedem Spektrum – die Ebenen sich ziemlich stark überschneiden. Wenn ich eine Therapie auf Grund der Ebene des Spektrums »klassifiziere«, auf die sie ausgerichtet ist, bedeutet dies außerdem immer die »tiefste« Ebene, von der die betreffende Therapie Notiz nimmt, sei es ausdrücklich oder unausgesprochen. Allgemein werden Sie feststellen, daß eine Therapie jeglicher Ebene die potentielle Existenz aller Ebenen oberhalb ihrer eigenen anzuerkennen, jedoch die Existenz aller Ebenen unterhalb zu leugnen pflegt.

Wenn sich jemand (Laie oder Therapeut) mit dem Spektrum – seinen verschiedenen Ebenen mit ihren unterschiedlichen Potentialen und Problemen – vertraut macht, wird er besser in der Lage sein, sich (oder seinen Klienten) auf dem Weg zum Verständnis und zum Wachstum des Selbst zu orientieren. Vielleicht wird er fähig, leichter zu erkennen, von welcher Ebene die vorhandenen Probleme oder Konflikte herrühren, und so auf jeden Konflikt den der betreffenden Ebene angemessenen »therapeutischen« Prozeß anzuwenden. Vielleicht erkennt er auch allmählich, mit welchen Potentialen und Ebenen er in Fühlung kommen möchte und welche Verfahren zur Förderung dieser Weiterentwicklung am geeignetsten sind.

Persönliches Wachstum bedeutet im Grunde eine Ausdehnung und Erweiterung des eigenen Blickfelds, ein Weiterwerden der eigenen Grenzen – nach außen in bezug auf den Weitblick, nach innen in bezug auf die Tiefe. Aber das ist genau die Definition des *Hinabsteigens* im Spektrum (oder des »Aufsteigens« in ihm, je nach der Blickrichtung, die man vorzieht. Ich will in diesem Buch »Hinabsteigen« verwenden, einfach weil es besser zu Abbildung 1 paßt). Wenn ein Mensch eine Stufe des Spektrums hinabsteigt, hat er tatsächlich seine Seele neu erforscht und ihr Gebiet vergrößert. Wachstum ist Neubestimmung, Neueinteilung, Neuordnung; eine Anerkennung und dann eine Bereicherung immer tieferer und umfassenderer Ebenen des eigenen Selbst.

AYYA KHEMA

# Dukkha

In der Überweltlichen Kette Bedingten Entstehens haben wir ganz neue Möglichkeiten. Die Weltliche Kette fängt an mit unserem *Unwissen,* unserer Ich-Illusion, welche eines von den drei Merkmalen ist, die wir durchschauen, wenn wir tiefe Einsicht bekommen. Auch das zweite Merkmal ist in ihr enthalten, nämlich der ständige Wandel, die Unbeständigkeit, denn die ganze Kette wird durch das Prinzip des Entstehens und Vergehens erklärt.

Die Überweltliche Kette fängt an mit dem dritten Merkmal alles Existierenden, nämlich *Dukkha,* was wir mit »Leid« oder »das Leidvolle« übersetzen und das eigentlich alles ist, was es gibt, weil nichts vollkommen zufriedenstellend ist. Wir wollen weiterhin das Pâli-Wort *Dukkha* benutzen, weil es ein so klares und einfaches Wort ist, für dessen Definition wir im Deutschen mehrere verschiedene Begriffe brauchen. Die Unerfülltheit, die *Dukkha* auch bedeutet, kommt natürlich daher, weil alles sich ständig wandelt.

Es ist ziemlich klar, daß wir den ersten Schritt in der Weltlichen Kette Bedingten Entstehens, nämlich die Illusion des Ich, ohne langjährige intensive Praxis kaum durchbrechen können. So wären wir vorläufig in diesem Kreislauf gefangen. Aber der erste Schritt der Überweltlichen Kette ist *Dukkha,* und das können wir schon jetzt erkennen, so daß wir zu einer schrittweisen Fortbewegung entlang der Überweltlichen Kette Bedingten Entstehens fähig sind. Wenn wir allerdings *Dukkha* nicht erkennen, sondern es, wie bereits erwähnt, nur als einen Störenfried behandeln, dann wird uns die Essenz des spirituellen Pfades fehlen. *Dukkha* fehlt keinem, jeder hat es, aber das Erkennen bedeutet, daß wir etwas in uns entdeckt haben, was uns auf diesen Pfad bringt und auch dort hält.

Im Prinzip haben wir alle irgendwelche Muster, mit denen wir unser *Dukkha* behandeln. Eins davon ist besonders beliebt und besteht darin, andere Menschen oder bestimmte Situationen zu beschuldigen, daß sie uns *Dukkha* bereiten. Ein zweiter Weg ist, möglichst viele Ablenkungsmanöver vorzunehmen. Das ist auch der Grund, warum all diese Ablenkungen sehr beliebt sind und unserer Ökonomie immer wieder Aufschwung geben. Man kann sie sich überall besorgen.

Ein dritter Ausweg ist Flucht. Nicht immer ist man in der Lage, sich körperlich wegzubewegen, aber das ist natürlich eine Möglichkeit: Woanders hingehen. Eine neue Ausbildung, ein neuer Job, ein neuer Partner, eine neue Diät, von der Stadt aufs Land, vom Land in die Stadt, in die Fremde ziehen und anderes mehr. Man kann sich aber auch geistig wegbewegen, indem man sich in seine eigenen Ideen und Phantasien verspinnt; das ist ebenfalls recht populär. Körperliches Sichwegbewegen, um dem *Dukkha* zu entgehen, ist allgemein verbreitet; ein Ausdruck davon ist zum Beispiel die Überlastung von Autobahnen und Flugplätzen. Da sind Tausende und Abertausende von Menschen in Bewegung. Auch die Umzugsfirmen haben viel zu tun. Im allgemeinen wird die Flucht vor dem *Dukkha* nicht erkannt, sondern wir glauben, etwas Besseres, Höheres, etwas Esoterisches oder Wertvolleres zu tun. Das mag auch manchmal stimmen. Im Prinzip ändert sich nichts an *Dukkha*, das merkt man erst später. Und dann muß man wieder von vorne anfangen und sich etwas Neues ausdenken.

Wir haben weiterhin die Möglichkeit, uns selber leid zu tun; auch das ist weit verbreitet. Wenn wir dann noch jemanden finden können, dem wir leid tun, ist das ganz angenehm. Denn es bestätigt wenigstens, daß ein anderer auch erkennt, daß wir *Dukkha* haben, und obwohl wir dadurch keine Abhilfe bekommen, ist es doch immerhin eine Bestätigung unseres Ego. Wir können auch in Depressionen verfallen. Das ist nicht selten eine Ausflucht aus dem *Dukkha*. Natürlich ist es klar, daß uns nichts davon in irgendeiner Weise helfen kann, denn *Dukkha* ist eines der drei Merkmale der Existenz, und diesen kann man einfach nicht entfliehen – sie sind Naturgesetze. Obwohl wir schon sehr gewitzt sind, mit den Naturgesetzen anders umzugehen, als es eigentlich richtig wäre, finden wir am Ende doch keinen Ausweg. Die Naturgesetze sind stärker als unsere Ideen. Auch diese sind den Naturgesetzen unterworfen, denn Ideen sind ebenfalls vergänglich, leidhaft und substanzlos. Den Naturgesetzen, denen das ganze Universum unterworfen ist, kann man nicht durch Flucht oder Selbstmitleid oder Tadeln und Beschuldigen irgendwie aus dem Weg gehen. Dennoch versuchen wir es immer wieder, denn es fehlt uns an der nötigen Achtsamkeit und Einsicht.

Der einzige geistige Faktor, der uns hilft, diese Dinge klar zu erkennen, ist Achtsamkeit, reines Aufpassen. Obwohl uns das selbstverständlich helfen würde, tun wir es nicht. Das bedeutet, daß wir uns eigentlich in einer kindlichen Phantasie bewegen. Jedesmal, wenn wir durch irgendein Ereignis aus ihr herausgeschüttelt werden, sind wir entrüstet, empört, unglücklich und wollen schnell wieder hinein in die Phantasie. Je mehr gutes *Karma* wir schon angesammelt haben, das heißt je mehr Geld, Gesundheit, Möglichkeiten wir haben, desto leichter ist es, uns immer wieder in diese Phantasie zu verlieren.

*Dukkha* ist nicht nur eine Tragödie. Das ist es auch, aber das ist nicht das Merkmal der Existenz oder des Universums. Die ständige Bewegung ist *Dukkha*. Schon allein Denken ist *Dukkha*, und das merken wir erst, wenn wir in der Meditation einmal einen Moment mit dem Denken aufhören und den Denkapparat einmal vorübergehend nicht in Bewegung setzen. Erst wenn wir wieder zum Denken zurückkehren, merken wir, wieviel *Dukkha* darin enthalten ist – nicht weil wir unglücklich sind, sondern durch die ständige Irritation, die von jeder Bewegung kommen muß. Denken ist ein Bewegungsvorgang, der immer wieder irritieren muß, und darum kann man auch durch Denken nie das wahre Glück finden. Das ist im Prinzip jedem klar, kaum jemand zweifelt daran. Dennoch versucht jeder, sich das Leben so auszudenken, wie es sein sollte, und dann das Ausgedachte in die Wirklichkeit umzusetzen, was im allgemeinen natürlich nicht funktioniert.

Der Buddha hat gesagt, daß unser *Dukkha* auch darin besteht, daß wir die Dinge bekommen, die wir nicht wollen, und daß wir nicht das bekommen, was wir wollen. Wir können das in unserem eigenen Leben feststellen. Es ist unmöglich, daß ein Mensch alles bekommt, was er will. Wenn er nämlich das bekommen hat, was er begehrte, denkt er sich schnell etwas Neues aus, was er noch haben möchte. Wenn er das dann auch noch kriegen sollte, denkt er sich wieder etwas Neues aus – da ist kein Ende abzusehen. Das ist, was auf Pâli *Papañca* heißt, die Vielfalt, die die Natur aller Dinge ist. Wir können das leicht erkennen, wenn wir einmal hinausschauen und sehen, wie viele verschiedene Baumarten auf einem kleinen Platz wachsen, wie viele verschiedene Arten von Blumen und Ungeziefer in einem Garten zu finden sind. Wenn wir uns dann einmal die wenigen Menschen anschauen, die um uns herum versammelt sind: Alle sehen ganz verschieden aus. Nicht ein einziger gleicht einem anderen. Die Natur ist damit beschäftigt zu vervielfältigen, und wir machen lustig mit.

Schauen wir einmal in ein Warenhaus: Es ist kaum zu glauben, wie viele Dinge wir dort vorfinden. Das geht so weit, daß wir vielleicht gar nicht mehr wissen, was einige der Sachen, die dort in ihrer Vielfalt zum Verkauf stehen, eigentlich darstellen. Auch dies ist eine Möglichkeit, die wir uns ausgedacht haben, um dem *Dukkha* zu entkommen. Wenn es viel Verschiedenes recht bunt und in vielen Ausführungen zu sehen und zu kaufen gibt, dann brauchen wir nicht an *Dukkha* zu denken. Die Vielfalt in der Natur ist so groß, daß wir nie alles haben, wissen, anschauen oder überall gewesen sein können. Es ist unmöglich, auf diese Weise zu einem Ziel zu kommen. Es ist zuviel *Papañca* auf der Welt.

Wenn wir nicht einmal freiwillig unserem Wollen ein Ende machen, werden wir nie ganz zufrieden sein, weil es immer etwas Neues gibt. Wir brauchen nur einmal an Fotoapparate zu denken: Kaum haben wir einen gekauft, gibt es schon wieder ein neues Modell, und das ist nur *ein* Artikel unter Tausenden. Wie viele Menschen gibt es, die wir alle noch nicht kennen oder unser eigen genannt haben? Wir haben die Wahl, diesem Vorgang absichtlich ein Ende zu setzen, indem wir erkennen, daß es unmöglich ist, all das zu haben, was wir wollen, oder niemals das zu bekommen, was wir nicht wollen, und indem wir das als ein Naturgesetz ansehen und akzeptieren. Dann kommt das tiefstinnere Verstehen, daß *Dukkha* ein Teil unseres Lebens ist, daß es einfach ohne das nicht geht.

Körperlich ist uns das vielleicht klar, gerade wenn wir intensiv meditieren wollen und der Körper nicht immer gleich so mitmacht, wie wir gerade möchten. Selbst wenn er sonst alles getan hat, was wir von ihm verlangen, jetzt hat er auf einmal Schwierigkeiten, weil wir etwas von ihm fordern, was er nicht gewöhnt ist, nämlich das Stillsitzen. Daß der Körper immer wieder mit *Dukkha* behaftet ist, muß uns auch einmal zu einem akzeptierten Naturgesetz werden und sollte nicht immer wieder ein Ärgernis sein oder zur Selbstbeschuldigung führen: »Ich muß wohl falsch gedacht haben.« Selbstverständlich hat der Geist Einfluß auf den Körper, aber der Körper ist auch ein Ding an sich und hat schon darum Schwierigkeiten, weil er sich ständig verändert. Er bleibt nie so, wie er ist. Er muß, um überhaupt am Leben zu bleiben, ständig gefüttert werden, muß verdauen und ausscheiden. Schon bei diesen einfachen Handlungen sind Unfälle möglich. Er muß ständig warm oder kühl genug gehalten werden. Auch da ist es leicht möglich, daß ihm etwas passiert. Er braucht Ruhe und Bewegung und vielerlei Fürsorge, ohne die er gar nicht oder nur schlecht weiterfunktioniert. Er ist ständig im Verfall begriffen, und etwas, was immer in Ordnung gehalten werden muß, kann nie ganz zufriedenstellend sein.

Der ständige Verfall des Körpers ist eine Selbstverständlichkeit. Jeder weiß darum, aber viele möchten es gern vergessen. Bis zu einem gewissen Alter haben wir sogar die Möglichkeit, es zu vergessen, aber später nicht mehr. Der Körper altert, und wir merken es. Selbst in jungen Jahren – wenn wir genauer hinschauen – können wir sehr wohl sehen, daß vielleicht die Zähne nicht mehr so erstklassig sind, wie sie einmal waren, daß sich die Haare verändert haben und auch die Haut. Das, was verfällt, kann nie ohne *Dukkha* sein. Wir können zum Beispiel das *Dukkha* des Körpers ganz deutlich beim schlafenden Menschen erkennen. Obwohl nur die unterbewußte Komponente des Geistes aktiv ist und der Körper sich ausruht, kann er trotzdem nicht ruhig liegenbleiben, sondern muß ständig seine Position ändern. Wieso? Weil ihn nach einer Weile irgend etwas schmerzt und der Geist es auch in diesem Zustand zustande bringt, den Körper hin und her zu bewegen. Jeden Morgen können wir feststellen, daß wir nicht in derselben Position aufgewacht sind, in der wir eingeschlafen sind – nicht, weil es uns Spaß gemacht hat, uns hin und her zu werfen, sondern weil inzwischen *Dukkha* eingetreten ist. Wenn wir das einmal als gegeben sehen, gibt es wohl gar keine Zweifel mehr daran, daß Existenz *Dukkha* ist.

Unser Körper bedeutet für uns, daß wir existieren. Ohne unseren Körper wären wir nicht hier. Auf der menschlichen Ebene, auf der wir uns befinden und die die einzige ist, über die wir uns intelligent unterhalten können, ist dieser Körper eine Notwendigkeit. Wenn wir erkannt haben, daß unser Körper ohne jegliches Zutun unsererseits immer wieder Unannehmlichkeiten bereitet, kann uns *Dukkha* als ein Bestandteil unseres Lebens vielleicht etwas klarer werden. Selbstverständlich bedeutet das nicht, daß wir unserem Körper nicht Medizin zukommen lassen, wenn er krank ist. Natürlich soll ihm geholfen werden soviel wie möglich. Aber allein, daß er Hilfe braucht, bedeutet, daß irgend etwas nicht ganz in Ordnung ist.

Wir bestehen nicht nur aus dem Körper, sondern auch aus Geist. Wir wissen, daß diese beiden Aspekte existieren, da braucht man nichts zu überlegen oder sich einzureden. Mit dem Geist können wir denken und fühlen. Wenn wir einmal betrachten, wie unsere Gedanken und Gefühle auf uns einwirken, so können wir, wenn wir ehrlich zu uns sind, auch erkennen, daß wir durch beides viel *Dukkha* erleben. Wenn wir erkannt haben, daß dies so ist, dann suchen wir einen Weg hinaus. Das ist der Anfangspunkt des spirituellen Lebens. Wir suchen dann nicht mehr die Flucht woandershin, nicht mehr das Beschuldigen anderer Menschen, Situationen, Ereignisse, der Eltern oder der Regierung. Wir wollen uns nicht mehr ablenken, sondern den Weg des spirituellen Wachstums zur Emanzipation des Geistes gehen, wobei wir *Dukkha* voll ins Gesicht schauen und es als Partner akzeptieren.

*Dukkha* veranlaßte den Buddha, den Pfad der Erleuchtung zu suchen. Da er die Vorbedingungen dafür bereits erfüllt hatte, war er in der Lage, die Antwort zu finden. Die Antwort ist für uns auch vorhanden. Aber sie zu finden bedeutet, daß wir völlig andere Gepflogenheiten und Ansichten annehmen müssen. Unsere festgefahrenen Meinungen helfen uns nicht, aus dem *Dukkha* herauszukommen. Denn diese sind darauf gerichtet, es uns selbst angenehm zu machen. Dabei erleben wir immer wieder Enttäuschungen – so etwas kann nie ständig glattgehen. Unsere Ansichten und Gepflogenheiten sind Hindernisse, nicht weil sie schlecht sind, sondern weil sie unseren Geist mit etwas anfüllen, was spirituell unbrauchbar ist. Sie sind vielleicht kommerziell nützlich, aber das Kommerzielle können wir nicht mit dem Spirituellen vermengen. Wenn wir das Alte in uns nicht ablegen, haben wir nicht die nötige Offenheit, das Neue in uns aufzunehmen, das so anders aussieht und so verschieden von all dem ist, was wir bis jetzt als wichtig angesehen haben, daß beides zusammen überhaupt nicht existieren kann. Je deutlicher wir unsere fest verankerten Ansichten erkennen und je besser wir sie loslassen können, desto leichter wird es uns fallen, uns das Neue, Spirituelle, Erlösende zu eigen zu machen.

Wenn wir den Pfad des spirituellen Lebens verfolgen wollen, müssen wir in Hinsicht auf unsere Standpunkte und unsere Weltanschauung fast eine 180-Grad-Wendung vollziehen. Wie schnell wir das können, hängt davon ab, wie genau wir *Dukkha* durchschaut haben. Der Weg des spirituell Suchenden geht gegen den Strom. Das ist natürlich viel schwieriger, als mit dem Strom zu schwimmen. Man muß sich viel mehr anstrengen, um vorwärts zu kommen. Stromabwärts schwimmen, das heißt mit der Masse und der Strömung, ist viel leichter. Das führt aber nirgendwo anders hin als in den Sumpf der Flußmündung, in dem alle landen. Jene, die stromabwärts schwimmen, rufen einem auch noch zu: »Du gehst ja in die falsche Richtung, was machst du denn?« Aber der Weg des spirituellen Lebens besteht darin, stromaufwärts zu streben, zur Quelle der tiefsten Wahrheit, gegen den Strom der Allgemeinheit und der eigenen Instinkte und Impulse anzugehen. Bei diesem Entgegenarbeiten und Aufwärtsschwimmen bewegen wir uns natürlich mühsamer und langsamer fort, als wenn wir uns mit der Strömung treiben lassen. Aber wenn wir einmal erkannt haben, daß wir den richtigen Weg eingeschlagen haben, wird innere Freude unser Begleiter und Helfer. Am Ende kommen wir zum Ursprung unseres Seins, zur Quelle der Reinheit.

Den spirituellen Pfad gehen ist eine Selbsterziehung. Wir leben in der ständigen Bemühung, Gedanken und Reaktionen nicht mehr so gehen zu lassen wie bisher, und wir erkennen nicht nur unser eigenes *Dukkha,* sondern auch das *Dukkha* um uns herum. Wenn wir das eigene Leid erkannt haben, wissen wir, daß es kein Lebewesen ohne *Dukkha* gibt. Ob andere das zugeben oder nicht, ist nicht wichtig; ob sie lieber den Fernseher anstellen, ist auch egal. Keiner, der nicht erleuchtet ist, ist vollkommen erfüllt. Dieses Erkennen der Universalität des *Dukkha* macht es möglich, wirkliches Mitgefühl zu entwickeln.

Mit dem Mitgefühl kommt auch häufig der Wunsch, anderen zu helfen. Dadurch wird das eigene *Dukkha* erheblich reduziert. Nicht weil wir es nicht mehr haben, sondern weil unser Bewußtsein dann auf andere gerichtet wird. Erst wenn wir das eigene *Dukkha* durchschaut haben als etwas, das existentiell vorhanden ist und nur spirituell eliminiert werden kann, wissen wir, daß jeder es hat. Die meisten Menschen leiden gerade deshalb, weil sie *Dukkha* noch nicht akzeptiert haben. Wenn wir nicht mehr versuchen, auf irgendeine der erwähnten Weisen das *Dukkha* wegzuschieben, sondern es akzeptieren und es so lassen, wie es ist, dann besteht kein Grund mehr zu leiden. Dann ist *Dukkha* ein universelles Merkmal der Existenz, keine individuelle Schlappe.

Da *Dukkha* also universell ist, brauchen wir uns gar keinen Hoffnungen oder Wünschen hinzugeben, es nächste Woche, nächstes Jahr oder im nächsten Leben besser zu machen; es ist einfach so, wie es ist, aber es gibt einen Weg hinaus. Dies hilft uns in unseren zwischenmenschlichen Beziehungen, denn wenn jemand unfreundlich oder aggressiv ist oder sich irgendwie unangenehm zeigt, dann wissen wir von vornherein, daß derjenige eben gerade etwas größeres *Dukkha* hat, und wir brauchen uns nicht zu ärgern.

Im Gegenteil, wir brauchen nur Mitgefühl zu entwickeln. In den zwischenmenschlichen Beziehungen ist überhaupt Mitgefühl die beste Haltung. Wenn sich dies in liebende Güte dem anderen gegenüber verwandelt, in ein Gefühl der Wärme, so ist das noch wirksamer. Die fundamentale Emotion von Mitgefühl, vor allem in schwierigen Situationen – wenn wir uns vielleicht angegriffen fühlen, wie es ja jedem passiert –, sorgt dafür, daß der innere Friede nicht beeinträchtigt wird. Das Erkennen dieser Möglichkeiten erweckt oft den Wunsch, anderen Menschen aus ihrem *Dukkha* herauszuhelfen. Das können wir aber erst erfolgreich tun, wenn wir einen Anfang gemacht haben, uns aus unserem eigenen *Dukkha* herauszuhelfen.

Anderen Menschen helfen macht gutes *Karma*, so daß dies wiederum auch uns hilft, denn im Prinzip können wir ja nur an unserem eigenen spirituellen Wachstum arbeiten. Die Persönlichkeitsbeziehung, die wir zu uns selbst haben und die der Grund für *Dukkha* ist, ist in dem Moment aufgehoben, wo wir uns um andere kümmern. Wir gewinnen also zwei große Vorteile aus dem Erkennen unseres eigenen *Dukkha* und dem daraus resultierenden Mitgefühl. Wenn uns das klar ist, so hält uns nichts mehr davon zurück, uns auf den spirituellen Pfad zu begeben.

Solch ein Anfangen braucht ein Erkennen, daß es etwas anderes geben muß als das, was wir bis jetzt getan haben, und daß es etwas sein muß, was uns aus dem Weltlichen herausheben kann. Dann beginnt die Suche, die oft erschwert ist durch die Fülle der Angebote, die alle das Heil versprechen. Der Buddha hat gesagt, daß ein wahrer spiritueller Pfad auf jeden Fall erst einmal Tugendregeln beinhalten muß. Außerdem soll man nur etwas glauben, wenn man es selbst untersucht und für wahr und richtig befunden hat. Man soll einen Pfad nicht verfolgen, weil er angenehm erscheint oder etwas enthält, was man gerne haben möchte, sondern nur, wenn man wirklich erkannt hat: »Dies ist die Wahrheit, dies ist praktizierbar, dies kann ich benutzen.« Dann aber soll man sich diesem Pfad vollkommen mit Herz und Geist hingeben, *Dukkha* als Arbeitskollegen akzeptieren, als Lehrer verehren und gut zuhören, was es uns erklären will.

# Fragen und Antworten

F: Können wir auch über den Weg des Denkens und der Logik statt durch meditative Erfahrung dem *Karma*- und Wiedergeburtsgesetz nahekommen?

A: Diese beiden, Ursache und Wirkung, sind nicht unbedingt identisch, wenn auch verbunden. Karma-Gesetz bedeutet: »So wie du säst, wirst du ernten.« Und das können wir jeden Tag durch eigene Erfahrungen nachprüfen. Das hat nichts mit Wiedergeburt nach dem Tod zu tun. Es hängt auch mit einer neuen Wiedergeburt zusammen, aber erst einmal ist das Karma-Gesetz nichts weiter, als daß die Ursachen, die wir in die Welt setzen, als Wirkungen auf uns zurückkommen.

F: Genau das mache ich denkend. Das heißt, ich schaue mir das an, was ich so tue, was für Wirkung das hat, und denke darüber nach. Und über das Denken erschließt sich mir die Erkenntnis, daß es so etwas wie ein Karma-Gesetz geben muß. Und das finde ich doch ganz interessant. Ich sehe, daß das über das Denken geht und daß ich dazu gar nicht die Meditation brauche.

A: Ich glaube, dieses Denken würdest du besser Vernunft nennen, und ohne diese geht es nicht. Wenn du zum Beispiel jemanden sehr liebevoll behandelst, so wirst du vielleicht erfahren, daß dieser Mensch dich auch liebevoll behandelt. Oder wenn du jemanden von hinten absichtlich trittst, daß er sich umdreht und dich auch tritt. Das kann man jederzeit erleben. Bloßes Denken ist spekulativ, aber auf Erfahrung beruhendes Denken ist vernünftige Einsicht.

Deine andere Frage betrifft das Wiedergeburtsgesetz. Das Karma-Gesetz können wir oft selbst nachprüfen und die Zusammenhänge erkennen, aber bei der Wiedergeburtsfrage ist es von Nutzen, diese von einem Tag zum andern zu erleben. Der Schlaf zwischen zwei aufeinanderfolgenden Tagen ist wie ein kleiner Tod, und wir können bemerken, daß wir in den nächsten Tag das mitbringen, was wir am vorigen Tag in die Wege geleitet haben.

Sicherlich mußt du darüber nachdenken, sonst kannst du es ja nicht erkennen. Erkennen bedeutet darüber nachdenken, aber es ist ein *erkanntes* Erleben. Dadurch stehen wir dem Wiedergeburtsgesetz etwas praktischer gegenüber, als wenn wir wissen wollen, wer wir früher waren, was jetzt auch gar nicht wichtig ist.

F: Ich habe eine Frage im Zusammenhang mit den Naturgesetzen. Der Fortpflanzungstrieb in der Natur, bei Mensch und Tier, ist doch eigentlich auch ein Naturgesetz. Ich kann das nicht einordnen in das, was du als Naturgesetz bezeichnet hast.

A: Ich hatte dieses Naturgesetz gar nicht erwähnt. Es basiert auf unserer natürlichen Begierde, die uns zur Wiedergeburt bringt.

F: Aber wie verhält sich das dann zu der Gegenüberstellung, daß wir einerseits die Naturgesetze nicht beachten und dadurch Umweltverschmutzung außerhalb von uns und in uns haben und daß dieses Naturgesetz anderseits ja auch existiert?

A: Dieses Naturgesetz beachten wir sehr deutlich. Mit Begierde haben wir eine Menge zu tun. Aber was uns darüber hinaus nicht klar ist, ist, daß die Begierde, die uns immer wieder herbringt, ja am Ende nur ein ewiger Kreislauf ist und nirgends hinführt.

F: Ist denn dieses Naturgesetz etwas Störendes oder Negatives?

A: Ein Naturgesetz ist nichts Negatives. Die Begierde, die uns immer wieder herbringt, ist das weltliche Gesetz. Wenn wir spirituell leben und einen überweltlichen Pfad finden wollen, müssen wir uns darüber klar sein, daß wir das Weltliche transzendieren wollen. Es ist weder negativ noch positiv. Es ist.

F: Könnte man sagen, daß wir die Naturgesetze überwinden und von ihnen frei werden können?

A: Ja, am Ende transzendieren wir sie. Wir können die Naturgesetze, denen wir untertan sind, überwinden und die Unbeständigkeit, Leidhaftigkeit und Substanzlosigkeit erleben. Aber nicht »Ich« kann sie erleben.

F: Es geht also nicht darum, sie zu akzeptieren, sondern zu erkennen?

A: Was man nicht erkannt hat, kann man nicht überwinden. Man kann nur das loslassen, was klar auf der Hand liegt. Das ist auch etwas, was oft zu Fragen führt. Um zu erkennen, daß das »Ich« eine Illusion ist, muß das »Ich« erst ganz deutlich Farbe bekannt haben, wo es sich eingeschlichen hat, wo es scheinbar existiert. Darum hat der Buddha immer wieder empfohlen, die *fünf Anhaftungsgruppen,* die wir als »Ich« bezeichnen, zu untersuchen. Das ist eine sehr wichtige und hilfreiche Kontemplation, in Körper, Gefühlen, Wahrnehmungen, Gedanken und Sinneskontakten festzustellen, wo das »Ich« und »Mein« in ihnen enthalten ist. Man muß »Ich« fest in der Hand haben, um es einmal loslassen zu können; darum hat der Buddha die Analyse empfohlen. Erkennen ist die erste Bedingung für Überwinden.

F: Wenn wir die Naturgesetze überwinden wollen, müßte das doch auch heißen, damit aufzuhören, Kinder in die Welt zu setzen?

A: Jemand, der erleuchtet ist, würde keine Kinder in die Welt setzen. Er hätte nicht mehr die Begierde, den Sexualakt zu vollziehen, und damit würde das Kinderkriegen wohl wegfallen. Aber da sehr wenige Menschen erleuchtet sind, gibt es sehr viele Kinder.

F: Ist es tugendhafter, Nonne zu werden?

A: Es könnte sein.

F: Nennst du ein Kind bewußt in die Welt setzen auch Begierde?

A: Wie sollte man es sonst nennen?

F: Kann man sagen, jedes beabsichtigte Tun hat Begierde in irgendeiner Schattierung?

A: Solange wir mit der Ich-Illusion behaftet sind, ist es so. Auch der Erleuchtete wirkt beabsichtigtes Tun; so beabsichtigte zum Beispiel der Buddha, den Menschen die Lehre zu vermitteln. Aber er machte kein *Karma* damit, weil er kein »Ich« mehr empfand. Es gibt auch die höchste aller Begierden, nämlich die Begierde, alle Begierden loszuwerden. Auch das ist noch Begierde, aber für diejenigen, die nicht erleuchtet sind, haben wir hier die Ausrichtungsmöglichkeit. Wir können uns auch erinnern, daß wir von zwei Gleisen sprechen. Auf dem einen Gleis sind die Menschen, die sich im *Samsâra* hin und her bewegen, in der Wechselbewegung von Geburt und Tod, die mit *Dukkha* vereint sind und dies und jenes wollen, um eventuell etwas weniger *Dukkha* zu haben.

Dann ist da das andere Gleis, das uns aus dieser ganzen weltlichen Sphäre herausführen kann. Das heißt nicht, daß uns dann Flügel wachsen und wir wegfliegen. Es bedeutet, daß sich der Geist in andere Bewußtseinssphären begeben hat.

F: Und das nennt man *Nibbâna?* Die andere Sphäre? Wie heißt die?

A: Nein. *Nibbâna* ist das letztendliche Erlöschen von allen Begierden. Andere Bewußtseinssphären erleben wir auf dem Weg dorthin.

F: Mir ist das mit dem »die Begierde loswerden wollen« noch nicht ganz klar. Wenn ich danach strebe, den Weg der Erlösung zu gehen, ist das auch eine Begierde?

A: Der spirituelle Pfad, den man geht, wenn man *Dukkha* erkannt hat, ist doch der Wunsch, aus dem *Dukkha* herauszukommen. Jeder Wunsch ist eine Begierde. Also bleiben wir vielleicht bei dem Wort »Wunsch«. Vielleicht ist das einfacher. Das heißt also, daß wir auch erkennen, daß *Dukkha* immer wieder nur existiert, weil wir Wünsche haben. Der spirituelle Pfad ist begleitet von dem Wunsch, zum Ende von *Dukkha* zu kommen, zum Ende von allem Wünschen. Aber erst mal muß der Wunsch entstehen, den Pfad zu beschreiten.

F: Könnte man nicht einfach ein Naturgesetz auch so akzeptieren, wie es ist, und gar nicht erst versuchen, darüber hinwegzukommen, es zu verändern, sondern damit zu leben?

A: Das versuchen wir ja alle. Die ganze Menschheit ist ja damit beschäftigt, mit ihrer Begierde zu leben und das *Dukkha* möglichst klein zu halten, sehr oft auf Kosten anderer.

F: Kann man nicht auch versuchen, ohne das Wollen und das Nichtwollen auszukommen?

A: Wie macht man das, wenn man noch nicht erleuchtet ist? Ohne Wollen und Nichtwollen auszukommen ist dem Erleuchteten vorbehalten, der kein »Ich« mehr besitzt. Das heißt, wenn die Illusion des »Ich« verschwunden ist, gibt es kein Wollen und Nichtwollen, sondern nur die Handlung zum Wohle anderer.

Der Mensch hat die Eigenart, ewig zu hoffen. Das ist auch gut so, wenn sich die Hoffnung in die richtige Richtung bewegt. Das ewige Hoffen, daß man es besser machen und das Leben angenehmer gestalten kann, ist die gewöhnliche Art und Weise des Hoffens. Aber die Hoffnung auf den spirituellen Pfad ist eine Zuversicht in die richtige Richtung. Die Hoffnung bringt uns dazu, uns immer wieder auf das Meditationskissen zu setzen, um Ruhe und Einsicht zu erlangen und zu verstärken. So soll es auch sein.

THICH NHAT HANH

# Fünf Regeln

Um in unserem täglichen Leben Frieden zu finden, benötigen wir einige Richtlinien. Vor zweitausendfünfhundert Jahren übergab der Buddha dem Anathapindika und seinen Freunden fünf wunderbare Regeln. Sie waren als eine Übung gedacht, die ihnen helfen sollte, ein friedfertiges und erfülltes Leben zu führen. Seit dieser Zeit haben diese Richtlinien in vielen asiatischen Ländern als ethische Grundlage für ein glückliches Leben gedient. Ich möchte sie euch in einer Weise darlegen, die ihre Anwendbarkeit auf unsere heutige Situation verdeutlicht. Gewalt, Rassismus, Alkoholismus, sexueller Mißbrauch, die Ausbeutung der Umwelt und so viele andere Probleme drängen uns, Mittel und Wege zur Beendigung der Leiden, die in uns selbst und der Gesellschaft wuchern, zu finden. Ich hoffe, du wirst über diese fünf Regeln nachdenken und versuchen, sie zu üben – entweder in dieser Form oder aber so, wie sie in deiner eigenen Tradition dargestellt werden.

## Die erste Regel

*Eingedenk der Leiden, die durch die Zerstörung von Leben verursacht werden, gelobe ich, Mitgefühl zu entwickeln und zu lernen, wie man das Leben von Menschen, Tieren und Pflanzen schützen kann. Ich bin fest entschlossen, nicht zu töten, nicht zuzulassen, daß andere töten, und in meinem Denken und in meiner Lebenshaltung keinen Akt des Tötens in der Welt zu billigen.*

Die Grundlage aller Regeln ist Achtsamkeit. Mit Achtsamkeit erkennen wir, wie überall Leben zerstört wird, und wir geloben, Mitgefühl als eine Quelle der Kraft zum Schutz von Menschen, Tieren,

Pflanzen und unseres gesamten Planeten zu entfalten. Nur Mitgefühl zu empfinden ist nicht genug. Wir müssen zudem Verständnis entwickeln, so daß wir erkennen, was wir tun sollen. Wir müssen die Anstrengung aufbringen, alle Kriege zu beenden.

Der Geist ist die Grundlage unserer Handlungen. In Gedanken zu töten ist gefährlicher, als jemanden physisch zu töten. Wenn du glaubst, du hättest den einzig gangbaren Weg gefunden und jeder, der nicht deinem Weg nachfolgt, sei dein Feind, werden vielleicht Millionen getötet. Nicht allein das Töten mit unseren Händen läßt uns die erste Regel brechen. Sollten wir es in unserem Denken oder in unserer Lebensweise zulassen, daß das Töten weitergeht, ist dies auch eine Übertretung. Wir müssen genau hinschauen. Wenn wir etwas kaufen oder konsumieren, sind wir vielleicht an einem Akt der Tötung beteiligt. Diese erste Regel spiegelt unsere Entschlossenheit wider, einerseits selbst weder direkt noch indirekt zu töten und andererseits andere vom Töten abzuhalten. Indem wir geloben, diese Regel zu üben, widmen wir uns dem Schutz unseres Planeten, und wir werden zu Bodhisattvas, die intensiv danach streben, Liebe und Mitgefühl zu üben.

## Die zweite Regel

*Eingedenk der Leiden, die durch Ausbeutung, soziale Ungerechtigkeit, Stehlen und Unterdrückung verursacht werden, gelobe ich, liebende Güte zu entwickeln und zu lernen, wie man für das Wohlergehen der Menschen, der Tiere und der Pflanzen arbeitet. Ich gelobe, Freigebigkeit zu üben, indem ich meine Zeit, Kraft und materiellen Mittel mit jenen teile, die wirklich bedürftig sind. Ich bin fest entschlossen, nichts, was anderen gehört oder ihnen gehören sollte, zu stehlen oder zu besitzen. Ich werde das Eigentum anderer respektieren, und ich werde andere davon abhalten, von menschlichen Leiden oder dem Leiden anderer Lebewesen auf der Erde zu profitieren.*

Stehlen kommt in vielen Formen vor. Unterdrückung ist eine Art des Stehlens und verursacht viele Leiden – hier und in der dritten Welt. Länder werden von Armut und Unterdrückung zerrissen. Vielleicht möchten wir zum Beispiel hungernden Kindern dabei helfen, sich selbst zu helfen, werden aber von einer Lebensweise gefangengenommen, die uns so geschäftig hält, daß wir keine Zeit dazu finden. Wir benötigen nicht sehr viel Geld, um ihnen zu helfen. Manchmal brauchen sie nur eine Arznei oder eine Schüssel voll Nahrung; da wir uns aber nicht von unseren eigenen kleinen Problemen und unserem Lebensstil freimachen können, tun wir überhaupt nichts.

Diese Regel handelt auch von Achtsamkeit gegenüber dem Leiden und von der Entfaltung liebender Güte. Wir mögen die Fähigkeit zur Freigebigkeit besitzen, aber wir müssen auch spezielle Mittel und Wege finden, unserer Freigebigkeit Ausdruck zu verleihen. Zeit ist mehr als Geld. Die Zeit dient dazu, den anderen, und damit auch uns selbst, Freude und Glück zu bringen. Es gibt drei Arten von Geschenken: das Geschenk in Form von materiellen Gütern, das Geschenk, den anderen dabei zu helfen, sich auf sich selbst zu verlassen, und das Geschenk von Furchtlosigkeit. Menschen dabei behilflich zu sein, nicht von Ängsten zerstört zu werden, ist das größte Geschenk überhaupt. Diese Regel lehrt uns die sehr tiefgründige Übung, Zeit, Kraft und materielle Güter mit jenen zu teilen, die wirklich bedürftig sind, und sie spiegelt wahrhaft das Bodhisattva-Ideal des Mitgefühls wider.

## Die dritte Regel

*Eingedenk der Leiden, die durch sexuelles Fehlverhalten verursacht werden, gelobe ich, Verantwortung zu entwickeln und zu lernen, wie man die Sicherheit und Integrität von einzelnen, von Paaren, von Familien und der Gesellschaft bewahrt. Ich bin entschlossen, keine sexuellen Beziehungen ohne Liebe und langfristige Verpflichtungen einzugehen. Um mein eigenes Glück und das der anderen zu wahren, bin ich entschlossen, meine Verpflichtungen und die der anderen zu respektieren. Ich werde alles in meiner Macht Stehende tun, um Kinder vor sexuellem Mißbrauch zu schützen und um Paare und Familien davor zu bewahren, durch sexuelles Fehlverhalten zu zerbrechen.*

Diese Regel üben wir, um uns selbst und anderen dabei zu helfen, nicht verletzt zu werden. Wir üben sie auch, um in uns selbst, in unseren Familien und in der Gesellschaft Frieden und Stabilität wiederherzustellen. Eine sexuelle Beziehung ist ein Akt der Verbundenheit und sollte in Achtsamkeit und mit Liebe, Fürsorge und Respekt gelebt werden. »Liebe« ist ein schönes Wort, und wir müssen seine Bedeutung wiederherstellen. Wenn wir sagen »Ich liebe Hamburger«, mißbrauchen wir das Wort. Wir müssen uns bemühen, die Worte wieder zu heilen, indem wir sie richtig und sorgfältig verwenden. Wahre Liebe beinhaltet ein Gefühl von Verantwortung, und sie nimmt den anderen so an, wie er ist – mit all seinen Stärken und Schwächen. Wenn du nur die besten Seiten des anderen schätzt, ist dies keine Liebe. Du mußt seine oder ihre Schwächen akzeptieren und deine Geduld, dein Verständnis und deine Kraft einbringen, um dem anderen dabei zu helfen, sich zu verändern. Diese Form der Liebe ist sicher.

Wir verwenden den Ausdruck »Liebeskummer«, um eine Liebe zu beschreiben, die uns krank macht. Es handelt sich dabei um eine Art von Anhaftung oder Sucht. Gleich einer Droge vermittelt sie uns ein Hochgefühl.

Wenn wir aber erst einmal süchtig geworden sind, können wir keinen Frieden finden. Wir können nicht mehr lernen, nicht mehr arbeiten oder schlafen. Wir müssen immerzu an den anderen denken. Diese Art von Liebe ist zwanghaft, ja sogar totalitär. Wir wollen das Objekt unserer Liebe besitzen, und wir wollen nicht, daß uns irgend jemand daran hindert, sie oder ihn völlig in Besitz zu nehmen. Diese Liebe schafft eine Art von Gefängnis für unseren Geliebten beziehungsweise für unsere Geliebte. Er oder sie wird des Rechts beraubt, er oder sie selbst zu sein.

Das Gefühl der Einsamkeit ist überall in unserer Gesellschaft zu finden und kann uns in eine Beziehung hineindrängen. Wir glauben naiverweise, daß wir uns weniger allein fühlen, wenn wir eine sexuelle Beziehung eingehen. Wenn jedoch kein wahres Verständnis zwischen dir und dem anderen besteht, wird eine sexuelle Beziehung die Lücke nur erweitern und euch beiden Leiden verursachen.

Der Begriff »Langzeitverpflichtung« reicht nicht aus, um die Tiefe unserer Liebe auszudrücken; aber wir müssen eine Formulierung wählen, so daß der Gedanke klar wird. Um unser Kind wirklich zu lieben, müssen wir eine langfristige Verpflichtung eingehen, und solange wir leben, müssen wir ihm auf dem Lebensweg helfen. Wenn wir einen guten Freund haben, gehen wir auch eine langfristige Verpflichtung ein. Um wieviel mehr muß dies dann bei jemandem der Fall sein, mit dem wir unseren Körper und unsere Seele teilen wollen. Es ist wichtig, solche Verpflichtungen im Zusammenhang mit einer Gemeinschaft einzugehen, sei es die Familie oder Freunde, die als Zeugen wirken und dich unterstützen. Das Gefühl zwischen dir und deinem Partner mag eventuell nicht ausreichen, um euer Glück in widrigen Zeiten zu bewahren. Selbst wenn du die Institution Ehe nicht anerkennst, ist es dennoch wichtig, deiner Verpflichtung in Gegenwart von Freunden, die dich lieben und unterstützen, Ausdruck zu verleihen. Es wird dir Frieden, Stabilität und eine größere Chance für wirkliches Glück geben.

Diese Regel läßt sich auch auf die Gesellschaft anwenden. Unsere Familie und unsere Gesellschaft werden durch sexuelles Fehlverhalten auf vielerlei Arten zerstört.

Viele Menschen leiden jeden Tag, weil sie als Kinder sexuell belästigt worden sind. Wenn du diese Regel übst, gelobst du, Kinder, aber auch diejenigen, die Kinder sexuell mißbrauchen, zu beschützen. Jene, die Leiden verursachen, müssen ebenfalls zu Objekten unserer Liebe und unseres Schutzes werden. Sie sind die Produkte einer instabilen Gesellschaft und benötigen unsere Hilfe. Unsere Gesellschaft braucht Bodhisattvas, die sich in diesem Bereich engagieren, um Leiden und das Zerbrechen von Beziehungen, Familien und einzelnen zu verhindern.

## Die vierte Regel

*Eingedenk der Leiden, die durch unachtsame Rede und die Unfähigkeit, anderen zuzuhören, verursacht werden, gelobe ich, liebevolle Rede zu entfalten und tief zuzuhören, um anderen Freude und Glück zu bringen und sie von ihren Leiden zu befreien. Da ich weiß, daß Worte Glück oder Leid verursachen können, werde ich lernen, mit Worten, die zu Selbstvertrauen, Freude und Hoffnung anregen, die Wahrheit zu sagen. Ich bin fest entschlossen, keine Neuigkeiten zu verbreiten, von denen ich nicht weiß, ob sie richtig oder falsch sind, und ich werde nichts kritisieren oder verwerfen, über das ich nicht genau Bescheid weiß. Ich werde davon Abstand nehmen, Worte zu äußern, die Trennung oder Disharmonie verursachen oder die Familie oder Gemeinschaft zerstören können. Ich werde jede Anstrengung auf mich nehmen, um alle Konflikte – wie gering sie auch immer sein mögen – zu schlichten und zu lösen.*

Liebevolle Rede ist ein Akt der Freigebigkeit. Wenn wir von liebender Güte motiviert sind, können wir mit unseren freundlichen Worten viele andere glücklich machen. Haben wir viele Schmerzen, ist es schwierig, liebevoll zu sprechen; deshalb ist es wichtig, tief in das Wesen unseres Ärgers, unserer Verzweiflung und unserer Leiden hineinzuschauen, um von ihnen freizukommen. Wenn wir Worte benutzen, die insbesondere unsere Kinder mit Selbstvertrauen und Glauben erfüllen, werden sie aufblühen.

In meiner Tradition rezitieren wir folgenden Vers, wenn wir nach Inspiration für die Übung in der Kunst des Zuhörens suchen:

Wir rufen deinen Namen, Avalokitesvara. Wir wollen deine Art des Zuhörens lernen, um die Leiden der Welt lindern zu helfen. Du weißt, wie man zuhören muß, um zu verstehen. Wir rufen deinen Namen, um mit all unserer Aufmerksamkeit und Offenherzigkeit das Zuhören zu üben. Wir werden dasitzen und ohne jegliches Vorurteil zuhören. Wir werden dasitzen und zuhören, ohne zu bewerten oder eine Reaktion zu zeigen.

Wir werden dasitzen und zuhören, um zu verstehen. Wir werden dasitzen und so aufmerksam zuhören, daß wir hören können, was der andere sagt und was ungesagt bleibt. Wir wissen, daß wir allein durch das tiefe Zuhören einen großen Teil der Schmerzen und Leiden des anderen lindern.

Tief zuzuhören ist die Grundlage für Aussöhnung. Zu versöhnen bedeutet, den Mitgliedern unserer Familie, der Gesellschaft oder anderer Völker Frieden und Glück zu bringen. Um die Arbeit der Aussöhnung zu fördern, müssen wir davon absehen, für die eine oder andere Seite Partei zu ergreifen, um so beide verstehen zu können. Diese Arbeit erfordert Mut; vielleicht werden wir von jenen, denen wir helfen wollen, unterdrückt oder sogar umgebracht. Nachdem wir beide Seiten gehört haben, können wir jeder Seite von den Leiden der anderen erzählen. Dies allein wird bereits das gegenseitige Verständnis vergrößern. Wir brauchen dringend Menschen, die so etwas an vielen Plätzen der Welt, einschließlich Südafrika, Osteuropa, dem Nahen Osten und Südostasien, durchführen. Unsere Gesellschaft braucht Bodhisattvas, die die riesigen Lücken zwischen Religionen, Rassen und Völkern überbrücken.

## Die fünfte Regel

*Eingedenk der Leiden, die durch unachtsamen Konsum verursacht werden, gelobe ich, eine gute körperliche und geistige Gesundheit für mich selbst, meine Familie und meine Gesellschaft zu entwickeln, indem ich mich übe, achtsam zu essen, zu trinken und zu konsumieren. Ich gelobe, nur solche Dinge zu mir zu nehmen, die Frieden, Wohlergehen und Freude in meinem Körper und Geist und in dem kollektiven Körper und Geist meiner Familie und der Gesellschaft wahren. Ich bin entschlossen, keinen Alkohol oder irgendein anderes berauschendes Getränk zu mir zu nehmen oder Nahrung und andere Dinge, die Gifte enthalten wie bestimmte Fernsehprogramme, Zeitschriften, Bücher, Filme und Gespräche.*

*Ich bin mir dessen bewußt, daß ich meine Vorfahren, meine Eltern, meine Gesellschaft und die zukünftigen Generationen verrate, wenn ich meinen Körper und meinen Geist mit diesen Giften schädige. Indem ich mir um meiner selbst und der Gesellschaft willen eine Diät auferlege, werde ich daran arbeiten, Gewalt, Furcht, Ärger und Verwirrung in mir selbst und der Gesellschaft umzuformen. Ich sehe ein, daß eine angemessene Diät bei der Umwandlung meiner selbst und der Gesellschaft ein entscheidender Punkt ist.*

Im Westen haben die Menschen den Eindruck, daß ihr Körper ihnen gehört und daß sie mit ihm machen können, was sie wollen. Sie denken, sie hätten das Recht, ihr Leben so zu leben, wie es ihnen gefällt. Und das Gesetz unterstützt sie noch dabei. Dies ist Individualismus. Aber entsprechend den Lehren des Einsseins gehört dein Körper nicht dir allein. Dein Körper gehört deinen Vorfahren, deinen Eltern, den zukünftigen Generationen und ebenso der Gesellschaft und allen anderen Lebewesen. Sie alle sind daran beteiligt gewesen, die Existenz dieses Körpers zu ermöglichen. Deinen Körper gesund zu halten ist ein Ausdruck der Dankbarkeit dem gesamten Universum gegenüber – den Bäumen, den Wolken und allem anderen. Du übst diese Regel für alle. Wenn du körperlich und geistig gesund bist, werden wir alle einen Gewinn daraus ziehen. Wir sind, was wir zu uns nehmen und umsetzen. Wir müssen essen, trinken und konsumieren; solange wir dies aber unachtsam tun, werden wir womöglich unseren Körper und Geist zerstören und damit einen Mangel an Dankbarkeit gegenüber unseren Vorfahren, Eltern und zukünftigen Generationen zum Ausdruck bringen. Achtsames Konsumieren ist das Hauptanliegen dieser Regel.

Für jede Familie ist es wichtig, täglich zumindest eine gemeinsame Mahlzeit einzunehmen. Diese sollte Gelegenheit dafür bieten, Achtsamkeit zu üben und zu erkennen, wie glücklich wir uns schätzen können zusammenzusein. Nachdem wir uns hingesetzt haben, blicken wir alle an, atmen ein und aus und lächeln jeden einige Sekunden an. Diese Übung kann Wunder wirken. Sie kann dich und auch die anderen am Tisch real werden lassen.

Dann üben wir Meditation in Hinblick auf das Essen. Einer

schaut auf ein Gericht auf dem Tisch und beschreibt seine Zusammensetzung und seine Geschichte. Kinder und Erwachsene können davon lernen und gewinnen einen tieferen Einblick in das Wesen der Nahrung. Dies benötigt nur wenige Minuten; aber es wird jedem helfen, sich der Speise noch mehr zu erfreuen. Zum Beispiel sagt jemand laut: »Dieses Brot, das aus Weizen, Erde, Sonnenschein und Regen gemacht wurde, ist nach vieler harter Arbeit zu uns gekommen. Der Weizen wurde organisch von einem Farmer in Texas angebaut, und ein beträchtliches Maß an Treibstoff wurde aufgewendet, um das Mehl zu einer gewissenhaft arbeitenden Bäckerei in unserer Heimatstadt zu transportieren. Mögen wir in einer dieser Nahrung angemessenen Weise leben, und mögen wir die positiven wie negativen Elemente wertschätzen, die in jedem Bissen vorhanden sind.«

Schweigend zu essen, und sei es nur für wenige Minuten, ist eine sehr wichtige Übung. Es nimmt all die Ablenkungen, die uns davon abhalten können, die Nahrung wirklich zu berühren. Unsere Achtsamkeit mag zerbrechlich sein, und es ist vielleicht zu schwierig, ein Gespräch fortzusetzen und gleichzeitig das Essen wirklich zu schätzen. Deshalb ist es wunderbar, die ersten fünf bis zehn Minuten schweigend zu essen. In der klösterlichen Tradition, der ich angehöre, üben wir vor dem Essen die Fünf Kontemplationen. Die zweite Kontemplation ist: »Wir geloben, dieser Speise wert zu sein.« Ich denke, die beste Art, dieser Speise wert zu sein, ist, sie achtsam zu essen. Der gesamte Kosmos ist zusammengekommen, um diese Nahrung verfügbar zu machen, und jemand hat eine oder mehrere Stunden darauf verwandt, das Gericht zuzubereiten. Es wäre schade, wenn wir es nicht in Achtsamkeit essen würden.

Nach der Zeit der Stille können wir achtsames Sprechen üben – jene Art von Gespräch, die das Glück in der Familie anwachsen lassen kann. Wir sollten niemals von Dingen sprechen, die uns trennen könnten; wir sollten während des Mahls niemals jemandem einen Vorwurf machen. Das würde alles verderben. Eltern sollten es unterlassen, die Fehler, die ihre Kinder begangen haben, zu besprechen, und junge Leute sollten auch nur solche Dinge sagen, die das

Glück anwachsen lassen und die Achtsamkeit in der Familie stärken wie zum Beispiel: »Vati, ist diese Suppe nicht phantastisch?« In dieser Weise zu sprechen bewässert in der ganzen Familie die Samen des Glücks. Leben ist eine Kunst. Wir sollten alle Künstler sein, um ein glückliches Leben zu führen. Wir haben später noch Zeit, über unsere geschäftlichen Vorhaben oder das, was in der Schule passierte, zu diskutieren. Während der Essenszeit sind wir dankbar dafür, daß wir zusammen sind, wir sind dankbar, daß wir Nahrung zu essen haben, und so erfreuen wir uns wirklich am Essen und an der Gegenwart der anderen.

Es ist wichtig, eine gesunde Diät einzuhalten. Es gibt so viele wunderbare Dinge zu essen und zu trinken; wir müssen aber davon Abstand nehmen, Schädliches zu uns zu nehmen. Alkohol verursacht viel Leiden. So viele Heranwachsende sind von ihren alkoholabhängigen Eltern in der einen oder anderen Form mißbraucht worden. Die Früchte und das Getreide, aus denen die alkoholischen Getränke hergestellt werden, benötigen Ackerland, das Nahrung für die Hungernden liefern könnte. Und an wie vielen Verkehrsunfällen sind Personen beteiligt, die sich im Rausch befanden! Wenn wir verstehen, daß wir nicht nur für uns selbst praktizieren, werden wir damit aufhören, Alkohol zu trinken. Mit dem Trinken aufzuhören ist eine Erklärung an unsere Kinder und unsere Gesellschaft, daß Alkohol nichts Unterstützenswertes ist. Aber selbst wenn wir nicht trinken, können wir von einem betrunkenen Fahrer getötet werden. Indem wir einen Menschen davon überzeugen, das Trinken besser seinzulassen, machen wir die Welt zu einem sichereren Ort. Wein zu trinken ist tief in der westlichen Zivilisation verankert, wie am Abendmahl und dem Sabbatmahl zu ersehen ist. Ich habe mit Priestern und Rabbinern gesprochen, um herauszufinden, ob vielleicht der Wein durch Traubensaft oder andere Getränke ersetzt werden könnte, und sie denken, daß dies möglich wäre.

Manchmal müßten wir gar nicht so viel konsumieren, wie wir es tatsächlich tun. Der Konsum selbst kann zu einer Art Sucht werden, weil wir uns so allein fühlen. Einsamkeit ist eine der Geißeln des modernen Lebens. Wenn wir einsam sind, nehmen wir mit unserem

Körper und Geist Nahrung auf, die uns Giftstoffe zuführen. Genauso wie wir keine Mühen scheuen, um eine angemessene Diät für unseren Körper einzuhalten, müssen wir auch für unseren Geist die richtige Diät wählen. Hierfür müssen wir es unterlassen, toxische intellektuelle und spirituelle Kost zu uns zu nehmen. Wenn beim Fernsehen, beim Lesen von Zeitschriften und Büchern und beim Telefonieren unser Konsum ohne Achtsamkeit ist, verschlimmern wir unsere Situation nur noch. Sehen wir uns eine Stunde lang einen gewaltgeladenen Film an, begießen wir in uns die Samen der Gewalt, des Hasses und der Angst. Wir selbst tun dies, und wir lassen es auch unsere Kinder tun. Wir sollten uns mit der Familie zusammensetzen, um eine intelligente Vorgehensweise für das Fernsehen zu diskutieren. Vielleicht müssen wir unseren Fernsehapparat mit den gleichen Aufschriften versehen wie unsere Zigarettenpackungen »Achtung Fernsehen kann Ihre Gesundheit gefährden«. Kinder sehen so viele Bilder der Gewalt im Fernsehen. Wir brauchen eine intelligente Strategie für den Umgang mit dem Fernsehen.

Natürlich gibt es viele gesunde und schöne Programme, und wir sollten unsere Zeit so einteilen, daß die Familie von ihnen profitieren kann. Wir müssen unsere Fernseher nicht zerstören. Wir brauchen sie nur achtsam zu benutzen. Wir können die Fernsehsender bitten, heilsamere Programme auszustrahlen, und einen Boykott der Sender unterstützen, die sich dieser Bitte versperren. Selbst die Herstellung von Fernsehern, die nur Signale von solchen Situationen empfangen, die gesunde, bildende Programme produzieren, könnten wir unterstützen. Wir müssen geschützt werden, denn die Gifte sind überwältigend und zerstören sowohl unsere Gesellschaft als auch unsere Familien und uns selbst.

Die Essenz dieser Regel ist die Idee einer Diät. Unser kollektives Bewußtsein birgt viel Gewalt, Angst, Gier und Haß in sich, und dies äußert sich in Kriegen und Bomben. Bomben sind ein Produkt unserer Angst im kollektiven Bewußtsein. Es genügt nicht, nur die Bomben zu beseitigen. Selbst wenn wir all die Bomben auf den Mond verfrachten könnten, wären wir nicht in Sicherheit, da die Wurzeln des Krieges und der Bomben noch in unserem kollektiven

Bewußtsein wären. Wir werden den Krieg nicht durch zornerfüllte Demonstrationen abschaffen. Vielmehr müssen wir die Gifte in unserem eigenen und im kollektiven Bewußtsein umwandeln. Wir müssen für uns selbst, für unsere Familien und unsere Gesellschaft eine Diät einüben und mit Künstlern, Schriftstellern, Filmemachern, Rechtsanwälten, Psychotherapeuten und anderen zusammenarbeiten, wenn wir die Art von Konsum beenden wollen, die unser kollektives Bewußtsein vergiftet.

Das Problem ist gewaltig. Es ist nicht nur eine Frage des Genusses von einem Glas Wein. Wenn du ganz damit aufhörst, Alkohol zu trinken oder unheilsame Filme und Fernsehprogramme anzuschauen, tust du dies für die ganze Gesellschaft. Erkennst du, daß wir in großer Gefahr schweben, ist das Ablehnen des ersten Glases Wein ein Zeichen deiner verständigen Einstellung. Du gibst deinen Kindern, deinen Freunden und uns allen ein Beispiel. Im französischen Fernsehen sagen sie »Une verre, ça va, deux verres, bonjour les dégâts. – Ein Glas ist in Ordnung, aber zwei Gläser sind der Anfang vom Ende.« Sie sagen nicht, daß es ein zweites Glas nicht gäbe, wenn das erste nicht wäre.

Bitte verbünde dich mit mir, indem du drei Dinge niederschreibst. Erstens, welche Gifte befinden sich bereits in deinem Körper, und welche Gifte trägst du bereits in deiner Psyche, in deinem Bewußtsein? Worunter leidest du im Moment? Mußt du Meditation im Sitzen oder Gehen üben, um tief genug schauen zu können, dann tue es bitte. Hast du es getan, so setze dich bitte einige Augenblicke ruhig hin, und blicke in den Körper und die Seele deiner Kinder, deines Ehepartners oder anderer Nahestehender, denn ihr alle praktiziert zusammen. Diese Gifte zu erkennen und auf einem Stück Papier aufzulisten ist Meditation – tief hineinzuschauen, um Dinge bei ihrem wahren Namen zu nennen.

Zweitens frage dich bitte selbst: »Was für ein Gift führe ich jeden Tag meinem Körper und meinem Geist zu? Was nehme ich jeden Tag zu mir, das für meinen Körper und mein Bewußtsein giftig ist? Was nimmt meine Familie zu sich? Was nimmt meine Stadt und meine Nation an Gewalt, Haß und Furcht zu sich?« Die Schläge auf Rodney King zeigen, wieviel Haß, Furcht und Gewalt in unserer Gesellschaft stecken. Was für Gifte nehmen wir jeden Tag in unserer Familie, unseren Städten und unserer Nahrung zu uns? Dies ist eine kollektive Meditation.

Drittens, schreibe einen Vorsatz auf, der auf deiner Einsicht beruht. Zum Beispiel: »Ich gelobe, daß ich vom heutigen Tag an nicht noch mehr von diesem und diesem und diesem zu mir nehmen werde. Ich gelobe, nur dies und dies und dies zu gebrauchen, um meinen Körper und meinen Geist zu nähren.« Dies ist die Grundlage der Übung – die Übung der liebenden Güte sich selbst gegenüber. Du kannst jemand anders nicht lieben, bevor du dich nicht selbst liebst und umsorgst. Sich in dieser Weise zu schulen ist das Üben von Frieden, Liebe und Einsicht. Wenn du tief blickst, gewinnst du Einsicht, und deine Einsicht wird Mitgefühl entfachen.

Bevor du zu essen beginnst, atme ein und aus und schaue auf den Tisch, um zu erkennen, was gut für deinen Körper ist und was nicht. Dies ist die Übung der Regel des Beschützens deines Körpers. Wenn du fernsehen oder ins Kino gehen möchtest, schaue zunächst tief hinein, um zu entscheiden, was du und deine Kinder sich anschauen sollten und was nicht. Denke über die Bücher und Zeitschriften nach, die du liest, und entscheide, welche davon du und deine Kinder lesen sollten und welche nicht. Wenn wir zusammen als eine Gemeinschaft praktizieren, müssen wir nicht länger dazu Zuflucht nehmen, uns gegenseitig mit weiteren Giften zu unterhalten. Aufgrund unserer Einsicht können wir entscheiden, was wir in unseren Körper und unsere Seele aufnehmen und was nicht.

Bitte besprich mit deiner Familie und mit deinen Freunden eine Diät für euren Körper, eine Diät für euren Geist und auch eine Diät für das kollektive Bewußtsein unserer Gesellschaft. Dies ist eine Meditationsübung und wahre Friedensarbeit. Friede beginnt damit, daß jeder von uns sich jeden Tag um seinen Körper und seinen Geist kümmert.

Ich hoffe, du wirst dich entsprechend dem Wortlaut und dem Sinn dieser fünf Regeln üben, sie regelmäßig zitieren und mit Freunden besprechen. Solltest du eine vergleichbare Übung aus deiner eigenen Tradition vorziehen, so ist dies wunderbar. In Plum Village rezitieren wir diese Regeln jede Woche. Eine Person liest jede Regel langsam vor und atmet dann dreimal, bevor sie sagt: »Dies ist die (erste) der fünf Regeln. Hast du dich in der letzten Woche bemüht, sie zu studieren und zu üben?« Wir antworten nicht mit Ja oder Nein. Wir atmen nur dreimal und lassen die Frage in uns einsinken. Das ist ausreichend. Ein Ja wäre nicht völlig zutreffend, aber ein Nein wäre auch nicht korrekt. Niemand kann diese Regeln in perfekter Weise üben. Bist du zum Beispiel kein Vegetarier, enthält die Nahrung, die du zu dir nimmst, auch Lebewesen. Doch wir müssen etwas tun, und die Übung dieser Regeln ist eine Richtung, der wir folgen können, um die dramatischen Veränderungen herbeizuführen, die in uns selbst und in der Gesellschaft erforderlich sind.

LAMA GOVINDA

# Das Bodhisattva-Ideal

Der Unterschied zwischen einem Ideal und einem Dogma besteht darin, daß ein Ideal keinen Anspruch auf Ausschließlichkeit erhebt. Es fördert und ermutigt die Freiheit individueller Entscheidung und bedarf daher – im Gegensatz zum Dogma – keiner Rechtfertigung durch historische Dokumente oder durch logische Beweise. Seine unmittelbare Überzeugungskraft erwächst aus der ihm innewohnenden Kraft zu immer erneuter Inspiration und schöpferischer Zukunftsgestaltung. Das macht seinen Wert in der und für die Gegenwart aus.

So bedarf auch das Bodhisattva-Ideal, das über zwei Jahrtausende buddhistisches Leben, Denken und Handeln weitgehend formte, keiner Rechtfertigung durch Scholastik, Dogmatik und Religionsgeschichte, denn es ist Ausdruck jener inneren Haltung, die sich immer erneut als die entscheidende wandelnde Kraft erwies, die den einzelnen zur Verwirklichung jenes hohen Zieles inspirierte, zu dem uns der Buddha durch sein eigenes Vorbild den Weg wies.

Dieser Weg ist weder einfach noch bequem. Wer ihn betritt, reift zu einer Verantwortlichkeit, die ständig größere Kreise einbezieht, und wird mehr und mehr aus der Geborgenheit der überschaubaren kleinen Welt persönlichen Glücks und Leids hinausgetragen in ein Wirken, das den Einsatz all seiner Kräfte zum Wohle aller Wesen fordert. Hier ist kein Platz für quietistische Weltflucht. Hier geht es um aktive *Weltüberwindung,* also nicht um ein »Aus-der-Welt-Hinausgehen«, sondern um ein »Durch-sie-hindurch-darüber-Hinausgehen«. Diejenigen aber, die diesen Weg gehen, fühlen sich reich beschenkt durch jene innere Beglückung, die ihnen aus dem aufkeimenden Wissen erwächst, eins zu sein mit allem, was da lebt. So appelliert das Bodhisattva-Ideal heute wie einst an die tiefsten menschlichen Gefühle in unserem Herzen. Es erfüllt uns mit dem Feuer der Hingabe an ein großes Ziel, dem man gern jedes Opfer bringt, ohne je dabei zu empfinden, daß es ein Opfer ist.

Solange noch der Buddha als die lebendige Verkörperung dieses Ideals unter den Jüngern weilte, war es nicht nötig, darüber zu theoretisieren und bestimmte Vorstellungen und Meinungen über das Wesen der Bodhisattvaschaft zu entwickeln. Nach dem Hingang des Erhabenen aber wurde den Jüngern erst die ganze Größe des Buddha voll bewußt, so wie man die ganze Größe eines Gebirges nur erkennen kann, wenn man es aus einem gewissen Abstand betrachtet. Und so wurde mit dem zeitlichen Abstand das Bild des Buddha in den Herzen seiner Jünger immer deutlicher. Es erfuhr eine immer vollkommenere Ausformung, so daß der Erhabene schließlich als das erkannt wurde, was er immer war: der, der den Weg, den jeder wahre Jünger zu gehen hat, selbst beispielhaft vorgelebt hatte, der Weg der Bodhisattvaschaft im Dienste aller Wesen, der zum erhabenen Ziel führt – zur vollkommenen Erleuchtung, die das große Erwachen ist.

So ist das Bodhisattva-Ideal trotz der relativ späten sprachlichen Formulierung keine »Erfindung« der Jahrhunderte nach dem Parinirvâna des Buddha, sondern ist eine der Grundideen des frühen Buddhismus. Dies wird deutlich durch die Jâtakas, die zur ältesten buddhistischen Tradition gehören und deren gewaltiger Einfluß auf die gesamte buddhistische Kultur unverkennbar durch die Jahrtausende in ganz Asien nachweisbar ist, in der Literatur genauso wie in der Malerei und in den Skulpturen Süd-, Zentral- und Ostasiens. Als Beispiel seien nur die Fresken und Skulpturen in Ajanta und die wunderbaren Reliefs des Borobudur erwähnt.

Nun ist es keineswegs so, daß ein Buddhist an diese Wiedergeburtsgeschichten glauben muß, auch wenn der Buddha selbst in seinen Lehrreden von seinen früheren Existenzen sprach. Der Buddhismus kennt auch hier kein Dogma. Doch verdeutlichen diese Erzählungen jedem auf anschauliche Weise das Ideal, das die essentiellen Grundlagen des Dharma offenbart: Selbstlosigkeit, Opferbereitschaft aus Liebe und Mitempfinden und Verzicht auf Eigennutz zum Wohle anderer. Diesen Weg wies der Buddha durch sein vorgelebtes Beispiel, so wie er ihn auch durch seine Lehrdarlegungen und seine meditativen Anweisungen den Jüngern erschloß.

Schon auf indischem Boden kam es in den ersten Jahrhunderten nach Buddha zu einer unterschiedlichen Beurteilung und Interpretation gewisser Teile seiner Lehre, bedingt durch die Verschiedenartigkeit der Temperamente und der mehr oder weniger intro- oder extravertierten Haltung der Jünger. Dadurch bildeten sich unterschiedliche Ideale heraus, die dann zur Kontroverse Arahat- gegen Bodhisattva-Ideal führten. Eine späte Entwicklung unterschob dann dem in Ceylon jahrhundertelang isolierten Theravâda (und damit der ganzen Pali-Tradition), daß er sich – wie die achtzehn heute längst erloschenen Hînayâna-Schulen – zum Arahat-Ideal bekenne. Doch gerade in der Pali-Tradition findet man eines der ältesten Bodhisattva-Gelöbnisse:

Sîla nekkhamma paññadim
pûretvâ sabba pâramim
pâramî sikkharam patvâ
Buddho hesam anuttaro.[1]

Durch die Ausübung aller Vollkommenheiten
wie Sittlichkeit, Weisheit und der anderen
(diese sind: Gebefreudigkeit, Tatkraft, Geduld, Wahrhaftigkeit,
Entschlossenheit, Nächstenliebe und Gleichmut)
und durch die höchste Verwirklichung all dieser
möge ich die höchste Buddhaschaft erlangen.

Dieses Bodhisattva-Gelöbnis macht deutlich, daß der Theravâda nicht zum Hînayâna schlechthin gezählt werden kann: Er war, als die ideologische Unterscheidung von Hîna- und Mahâyâna aufkam, bis auf eine kleine Diaspora bei Amarâvatî im Süden schon längst vom indischen Festland verschwunden. In diesem Zusammenhang sei betont, daß der Wert der Pali-Tradition von *allen* Schulen des Buddhismus anerkannt wird. Zweifellos ist sie eine der ältesten Traditionen und überlieferte uns aufgrund der isolierten Lage Ceylons den vollständigsten Kanon. Aber es wäre falsch, wollte man diesen Kanon zum »einzig authentischen Buddhawort« erklären und Pali zur Sprache des Buddha machen. Der Buddha redete in Mâgedhî, einem nordindischen Dialekt. Erst später erfolgten Übersetzungen ins Sanskrit und Pali, die zunächst mündlich weitergegeben und – nach Revision auf verschiedenen Konzilien – etwa ab 90 v.d.Ztr. schriftlich niedergelegt wurden.

So ent- und bestanden die kanonischen Schriftsammlungen der verschiedenen Schulen nebeneinander. Von den meisten dieser Sammlungen blieben uns nur Bruchstücke erhalten, und zwar überwiegend in tibetischer oder chinesischer Übersetzung. Die Echtheit der Pali-Tradition und die Ehrenhaftigkeit ihrer Anhänger wurden selbst von den orthodoxesten Mahâyâna-Buddhisten nie in Zweifel gezogen. Doch konnten weder Mahâyânis noch die Anhänger der anderen Schulen den Anspruch akzeptieren, daß der Pali-Kanon die *einzige* authentische Wiedergabe des Buddhawortes sei. Denn offensichtlich haben andere, genauso ernsthafte Jünger des Erhabenen andere Aspekte derselben Lehre überliefert. Das wird durch die Theravâda-Tradition selbst bewiesen, die von dem Sthavira Purâna berichtet, der mit fünfhundert Mönchen im Gefolge erschien, als die Ältesten auf dem ersten Konzil gerade den Wortlaut der Reden des Buddha festgelegt hatten. Er erklärte, nachdem man ihm alles vorgetragen und ihn aufgefordert hatte, dem zuzustimmen, daß es so gut sei, wie es die Ältesten festgelegt hätten. Doch er selber wolle die Worte des Buddha »lieber so im Gedächtnis bewahren, wie er sie selbst vom Erhabenen gehört habe«. Sprach's und ging mit seinen Mönchen davon.

Diese Freiheit nahm auch der Sechste Patriarch der Ch'an-Schule Hui Neng in Anspruch, als er erklärte: »Die Sûtras und die Schriften sowohl des Mahâyâna wie des Hînayâna sowie die zwölf Sektionen der kanonischen Schriften wurden geschaffen, um den unterschiedlichsten Bedürfnissen und Temperamenten verschiedener Menschen zu dienen.«

So versuchten jene, die Neigung zu philosophischen Abstraktionen hatten, ihr Ziel durch das Studium des Abhidharma zu verwirklichen. Andere wiederum, die weniger Neigung zur Philosophie hatten, bevorzugten die Ethik der Sûtras, während die, die mehr an einem monastischen Leben interessiert waren, sich dem Vinaya zuwandten. Diejenigen jedoch, denen die Persönlichkeit des Buddha die größte Inspiration bedeutete, machten sein Leben wie die Vollkommenheit seiner sichtbaren Erscheinung zum Hauptgegenstand ihrer Meditationen und blickten auf die Jâtakas als den vollkommensten Ausdruck ihres Ideals.

Vom religionsgeschichtlichen Standpunkt ist hier anzumerken, daß das, was die verschiedenen Schulen später als dritten »Korb« – als Abhidharma-Pitaka – ihren kanonischen Schriften einverleibten, lediglich eine Systematisierung der Lehre des Buddha ist, die erst nach dem Parinirvâna des Buddha geschaffen wurde. Die darin systematisch geordneten Meditationen mit den entsprechenden psychologischen Definitionen und Klassifikationen sind eine scholastische Arbeit, die sich logisch und konsequent aus den Grundlagen der Lehre des Buddha ergab.

In gleicher Weise wurde auch das Bodhisattva-Ideal nicht vom Buddha selbst formuliert und geschaffen. Das taten vielmehr jene, die die Lehren des Erhabenen weniger durch das überlieferte Wort in sich aufnahmen als vielmehr dadurch, daß sie im Buddha selbst die lebendige Verkörperung des Dharma sahen. Konsequent machten sie daher den Nachvollzug seines irdischen Lebens, seiner geistigen Entwicklung und seines aufopfernden Wirkens zum Ideal und Leitbild ihres eigenen Lebens und Strebens. Denn was konnte einem Menschen größere Gewißheit im Kreuzfeuer sich gegenseitig bekämpfender Weltanschauungen und Meinungen geben als das Beispiel des Buddha, dem er nur zu folgen brauchte? Mochten dessen Worte im Laufe der sich wandelnden Zeiten auch unterschiedlich interpretiert worden sein: Sein lebendiges Beispiel spricht eine ewige Sprache, die zu allen Zeiten verstanden wird, solange menschliche Wesen diese Erde bevölkern. Dies erklärt beispielsweise den erstaunlichen Erfolg von Sir Edwin Arnolds *Licht Asiens*, durch das mehr Menschen zum Buddhismus kamen als durch die philologisch genauen Übersetzungen der Originaltexte oder durch religionsphilosophische Abhandlungen, so wertvoll und notwendig diese auch sein mögen.

Das aber macht deutlich, daß die Gestalt des Buddha und der tiefe Symbolismus seines geschichtlichen wie legendären Lebens (in dem seine innere Entwicklung dargestellt wird) von unendlich größerer Bedeutung für die Menschheit ist als alle auf seiner Lehre basierenden philosophischen Systeme und die abstrakten Klassifikationen des Abhidharma. Denn kann es eine großartigere und tiefergehende Darstellung der Selbstlosigkeit, der Anâtman-Lehre, der Vier Edlen Wahrheiten einschließlich des Edlen Achtfachen Pfades, des Entstehens in Abhängigkeit und der vollkommenen Erleuchtung und Befreiung geben als das Leben des Buddha, das alle Höhen und Tiefen des Universums umfaßt? War sein ganzes Dasein und Wirken nicht lebendiger Ausdruck dessen, was den Kern des Bodhisattva-Gelöbnisses ausmacht: »Was immer die höchste Vollkommenheit des menschlichen Geistes auch sein mag: Möge ich sie zum Wohle aller Wesen verwirklichen!«

Wie ein Künstler die größten Meister seines Faches sich als Vorbilder wählt, unabhängig davon, ob er je fähig sein wird, ihre Vollkommenheit zu erreichen, so muß, wer immer geistigen Fortschritt erstrebt, sich dem höchsten Ideal innerhalb der Grenzen seines Verstehens zuwenden, das ihn zu immer größeren Anstrengungen und Bemühungen anspornt. Niemand kann von Anfang an sagen, wo die Grenzen der eigenen Gestaltungskraft liegen. Ja, es ist sogar wahrscheinlich, daß die Intensität unseres Strebens und die Kraft unserer Hingabe diese Grenzen bestimmen, so daß der, der das Höchste unter Einsatz all seiner seelischen Energie erstrebt, höchster Kraft teilhaftig werden wird, wobei sich seine Begrenzungen zunehmend ins Unendliche verschieben.

Für ihn, der diesen Weg gewählt hat, ist es gleichgültig, ob nur *ein* Buddha in einem Kalpa (d. h. in einem Weltzeitalter) ins Dasein treten kann oder nicht. Er wird und muß stets so handeln, als ob das Erscheinen des zukünftigen Buddha von seinen eigenen Anstrengungen abhinge. Denn weit wichtiger als die Spekulation, wie viele Buddhas innerhalb *eines* Kalpa erscheinen können, ist die von allen buddhistischen Schulen akzeptierte Konzeption von der kosmischen Periodizität des In-Erscheinungtretens von Erleuchteten. Das aber heißt, daß das Auftreten eines Samyaksambuddha zwar ein äußerst seltenes Ereignis ist, daß aber der »Keim«, die potentielle Kraft und Tendenz zur Entfaltung des »Erleuchtungsbewußtseins« (Bodhicitta) dem gesamten Universum immanent ist und daß es damit in jedem Lebewesen schlummert und erweckt werden kann.

Ist dieses Grundprinzip einmal anerkannt, so ist es ohne Bedeutung, durch welche numerischen Symbole es ausgedrückt wird. So leugnen beispielsweise die Schulen des nördlichen Buddhismus (obwohl sie eine Gruppe von fünf Hauptbuddhas in einem Kalpa als idealisierte Urformen und Repräsentanten gewisser geistiger Eigenschaften annehmen) nicht die Existenz unzähliger anderer Buddhas und Bodhisattvas und betonen die Möglichkeit des Durchbruchs zur Erleuchtung für *alle* Wesen auf den verschiedensten Stufen geistiger Entwicklung. Denn in einem Universum, das weder zeitliche noch räumliche Begrenzungen kennt, können dogmatische Behauptungen und Zahlenangaben über mögliche Entwicklungen und Lebensformen keine Bedeutung haben. Positiv ausgedrückt bedeutet dies: *Geist hat keine anderen Grenzen als jene, die er selbst erschafft.*

So verstanden ist die Vielzahl der Buddhas und Bodhisattvas im Mahâyâna lediglich Ausdruck des Gedankens, daß das höchste Ziel immer und jederzeit verwirklicht werden kann und nicht abhängig ist von bestimmten zeitlichen Konstellationen, örtlichen Vorbedingungen und besonderen Umständen. Daraus folgt, daß für den Buddhismus Wunder im Sinne einer Herausforderung oder als Bruch der Weltordnung und ihrer Gesetzmäßigkeit nicht existieren. Was wir Wunder nennen, sind nur unerwartete Offenbarungen der Wirklichkeit unseres Geistes. Wunder sind keine Ausnahmezustände der Natur, sondern Ausnahmezustände des Bewußtseins. Deshalb nannte der Buddha die Wandlung unseres Geistes die »Umkehrung im innersten Sitz des Bewußtseins« – nämlich von einer ichgebundenen zu einer ichfreien Haltung – das einzige Wunder, das diesen Namen verdient.

Dieses Wunder geschieht, wenn der Mensch sich zum erstenmal seiner Erleuchtungsfähigkeit bewußt wird, wenn zum erstenmal das Erleuchtungsbewußtsein von ihm Besitz ergreift: Dieses Aufblitzen des Bodhicitta gibt seinem Leben einen neuen Sinn und eine unerschütterliche innere Ausrichtung auf das große Ziel. Dieser grundlegende Wandel in der emotionalen und geistigen Einstellung und Haltung ist allein wichtig. Ihm gegenüber sind alle Versuche, »statistisch« zu errechnen, wieviel Prozent all derer, die innerhalb einer gegebenen Zeit nach dem höchsten Ziel streben, eine Chance haben, dieses auch zu erreichen, genauso eine spekulative Spielerei wie das Bemühen gewisser naiver »wissenschaftlicher« Kritiker des Bodhisattva-Ideals, die zu errechnen versuchten, wieviel Zeit erforderlich sei, bis eine solche Chance zum Tragen komme.

Die Unsinnigkeit eines solchen Unternehmens wurde schon im *Lankâvatâra-Sûtra* aufgezeigt, und zwar in einem tiefgründigen Dialog zwischen dem Buddha und Mahâmati, in dem der letztere (wie die meisten unserer modernen Zweifler) etwas verstört ist über das »Wie« und »Wann« seiner Befreiung und nun wissen möchte, welche Chancen der Bodhisattva habe, das Nirvâna zu erreichen. So fragt er: »Bitte, Erhabener, sagt uns, wie wird den Bodhisattvas Gewißheit des Nirvâna?« – Der Erhabene antwortet: »Mahâmati, die Gewißheit ist keine Gewißheit der Zahlen noch der Logik; es ist nicht das Denken, das hier eine Gewißheit gewinnt, sondern das Herz. Des Bodhisattvas Gewißheit kommt mit der Entfaltung der Einsicht, die dann entsteht, wenn die Hindernisse der Leidenschaften beseitigt sind, wenn die Wissenshindernisse weggeräumt sind und die Ichlosigkeit klar erkannt und geduldig angenommen wurde.«

Gerade dieser letzte Satz unseres Zitates sollte es völlig klarmachen, daß das Bodhissattva-Ideal in keinem einzigen Punkt vom Edlen Achtfachen Pfad des Buddha abweicht und daß daher kein Raum für so närrische Ideen gegeben ist wie »bewußte Beibehaltung der Leidenschaften«, die den Anhängern des Bodhisatva-Ideals von ihren Gegnern angehängt wurden. Die Pflege tiefer Einsicht durch Meditation, das Überwinden der Leidenschaften durch Disziplin, die Klärung des Wissens durch Studium, die Verwirklichung der Nicht-Ichheit (Skrt.: Nairâtmyâ) durch Selbstlosigkeit und die Erleuchtung: dies sind die Säulen, auf denen das Bodhisattva-Ideal ruht.

Es ist eine gefährliche Halbwahrheit, wenn man denkt, man müsse sich erst selbst helfen, bevor man anderen helfen könne. Das Leben beweist uns ständig erneut, daß man sich selbst nicht helfen kann, ohne zugleich auch anderen zu helfen; denn es ist nicht der Erfolg oder der äußere sichtbare Effekt, der von Bedeutung ist, sondern das Motiv, die innere Einstellung, das Bedürfnis und die Bereitschaft, anderen zu helfen. Diese Bereitschaft allein befreit uns aus dem Zustand des sich Absetzens von anderen und der dadurch bedingten inneren Isolation, die so sehr Kennzeichen unserer Zeit sind, und befähigt uns, über uns selbst hinauszuwachsen.

Der vom Bodhisattva-Ideal Ergriffene wird aus seiner Bereitschaft, anderen zu helfen und sie auf ihrem Wege zu fördern, sich schon bald gezwungen sehen, anderen die Lehre – so wie er sie bis zum gegenwärtigen Augenblick verstanden hat – zu vermitteln. Und auch hier setzt oft die Kritik der Vertreter orthodoxer Lehrmeinungen ein, obwohl ihnen aus dem Pali-Kanon *(Mahâvagga 1, 23)* die unmittelbare Erleuchtung des Sariputta durch die schlichte Darstellung der Buddhalehre durch Assaji geläufig sein sollte, der selbst erst kurz vorher Schüler des Buddha geworden war. Und ist es nicht so, daß der, der selbst noch ein Lernender ist, oft ein besserer Lehrer für die ist, die mit Anfangsschwierigkeiten zu kämpfen haben, als jener, der da glaubt, alles gelernt zu haben, und deshalb unfähig wurde, Neues aufzunehmen und zu assimilieren? Wer am Anfang steht, ist sich meist der Begrenztheit seines Wissens bewußt und wird daher bei der Weitergabe sich auf das beschränken, was er klar erkannt hat oder sich durch eigenes Erleben und durch eigene Erfahrung erwarb: Das Glück und die Freude, die er so gewann, will er mit anderen ohne Hochmut und Eitelkeit teilen.

Ein solches Teilen aus Freude im Bewußtsein der Beschränktheit des eigenen Wissens ist aber sehr wohl zu trennen von dem Übereifer und der Bekehrungswut jener, die die ganz Welt mit ihren neuen

Ideen »beglücken« möchten. Hier ist die Mahnung zur Mäßigung und Bescheidung wichtig. Vergessen wir darum nie, daß wir nur dann anderen Wesen in zunehmendem Maße dienen können, wenn wir in jedem Augenblick hart an uns arbeiten, um Körper, Rede und Geist integrierend zu einem immer vollkommeneren Instrument des Wirkens zum Wohle aller Wesen zu machen und um Buddhaschaft »zum Heile der im Leid befangenen Wesen« zu erlangen.

Doch um dieses hohe Ziel zu verwirklichen, ist die Übung der Pâramitâs[2], das heißt der »höchsten Vollkommenheiten«, ein unerläßliches Erfordernis auf dem Bodhisattvapfad. Diese Pâramitâs bestehen nicht nur im Vermeiden von Üblem und Unheilsamem und im Kultivieren dessen, was gut und heilsam ist, sondern vor allem in sich selbst aufopfernden Taten der Liebe und des Mitleids, geboren aus den Feuern universellen Leidens, in denen die Schmerzen anderer mit gleicher Intensität empfunden werden wie die eigenen.

Ein Bodhisattva hat nicht den Ehrgeiz, andere ständig mit Worten zu belehren. Er will vor allem durch sein eigenes Beispiel wirken. So verfolgt er seine geistige Laufbahn, ohne je das Wohl seiner Mitwesen aus den Augen zu verlieren, und reift seinem erhabenen Ziel entgegen, andere inspirierend, es ihm gleichzutun. Auf diesem Wege ist kein Opfer vergeblich, das wir um anderer Wesen willen bringen, selbst dann nicht, wenn es als solches gar nicht erkannt wird oder vielleicht sogar von denen mißbraucht wird, für deren Wohl es gebracht wurde. Jedes Opfer – als ein Akt des Verzichtes – ist ein Sieg über uns selbst und darum ein Akt der Befreiung. Unbeschadet der äußeren Wirkung bringt es uns unserem Ziel einen Schritt näher und verwandelt das theoretische Verständnis der Anâtman-Idee in lebendiges Wissen und Gewißheit, die aus dem Erleben reifen. Denn je mehr wir uns von unserem Ich befreien und die Wände unseres selbstgeschaffenen Kerkers niederreißen, desto größer wird die Klarheit und Leuchtkraft unseres Wesens und mit ihr die Überzeugungskraft unseres vorgelebten Lebens. Allein durch sie können wir anderen helfen – mehr als durch philanthropische Werke und mehr als durch fromme Worte und religiöse Predigten.

*Im Pali-Kanon: dâna, sila, nekkhamma, paññâ, viriya, khanti, sacca, adhitthâna, mettâ, upekkhâ (d. h. Gebefreudigkeit, Sittlichkeit, Entsagung, Weisheit, Tatkraft, Geduld, Wahrhaftigkeit, Entschlossenheit, Nächstenliebe, Gleichmut). Im Mahâyâna ursprünglich sechs Pâramitâs, dann auf zehn ergänzt, entsprechend den Stufen des Bodhisattvaweges: dâna, sila, ksânti, vîrya, dhyâna, prajñâ und upâya, pranidhâna, bala, jñâna (d. h. Gebefreudigkeit, Sittlichkeit, Geduld, Energie, Meditation, Weisheit und rechter Gebrauch rechter Mittel, Gelöbnis, Kraft und erleuchtetes, intuitives Erkennen).*

Wer aber meint, durch Weltflucht schneller zum Ziele zu gelangen, indem er sich von jeglichem Kontakt mit dem Leben fernhält, beraubt sich der Gelegenheit, Opfer zu bringen, Selbstverleugnung zu üben, auf mühsam erworbenen Gewinn zu verzichten und das aufzugeben, was einem lieb ist, oder von dem Abstand zu nehmen, was einem begehrenswert erscheint. Denn Weltflucht ist ein Standpunkt, der von Menschen vertreten wird, die persönlich am Dasein leiden und die an ihr eigenes Leid so fixiert sind, daß sie das oft viel größere Leid anderer Wesen nicht wahrnehmen können und deshalb nur auf die eigene Leidbefreiung bedacht sind. Andere hingegen sehen das Leid der Wesen, die sie umgeben, empfinden dieses Leid mit ihnen und sind bereit, alle Mühsal und Schwierigkeiten auf sich zu nehmen, um diesen Wesen Linderung zu verschaffen.

Die Menschen der ersten Art – also die, die nur ihr eigenes Leid sehen und ihre eigene Leiderlösung erstreben – verstricken und verhaften sich in einer Egozentrik und Ichverhärtung, die nach der Lehre des Buddha Ursache allen Leidens ist und die es zu überwinden gilt. Würde man hier mit rein analytischen Meditationsmethoden vorgehen, so verengte sich unter der Idee der Selbsterlösung das geistige Gesichtsfeld auf einen Punkt ichhaft-intellektueller Erkenntnis, durch die am Ende alles Geschehen in der Welt zur Bedeutungslosigkeit reduziert wird, wodurch es sich in nichts aufzulösen scheint. Doch nur, wenn die analytische Meditation durch die zur Synthese und Integration strebende Einsicht in die Natur und in das Wesen der Dinge ausgeglichen wird (oder richtiger, durch die intuitive Erkenntnis der wechselseitigen, in Abhängigkeit entstehenden Beziehungen aller Phänomene), kann sie zu einem geistigen Fortschritt führen.

Der Meditierende muß daher lernen, die Dinge von einem universellen Standpunkt aus zu betrachten, ohne ein von dem Gesamtgeschehen losgelöstes Ich einzubringen, um die universelle Verwobenheit aller Erscheinungen zu erschauen. Nur wenn dies gelingt, verliert das Ego wie von selbst seine Starrheit und wird transparent, ohne daß dabei eine besondere Anstrengung gemacht werden muß, es gewaltsam zu vernichten. Denn das würde lediglich seine illusorische »Wirklichkeit« bestärken, so wie die Verleugnung seiner relativen Existenz nur zu einer Selbsttäuschung führen würde. Denn solange all unser Handeln auf Selbsterhaltung hinausläuft und solange jeder Gedanke um unsere eigenen Interessen kreist, sind alle unsere Proteste gegen die Existenz eines Ego vollkommen sinnlos. Unter den gegebenen Umständen ist es in der Tat viel wahrhaftiger und ehrlicher zuzugeben, daß wir noch ein Ich besitzen, oder richtiger, daß wir von einem Ich besessen sind, so wie ein Denker von irgendwelchen fixen Ideen oder Illusionen besessen ist, und daß wir lediglich hoffen können, einmal davon frei zu werden.

Wenn wir aber dieses Ziel ansteuern wollen, müssen wir zunächst einmal unsere eigene Position bestimmen, das heißt, wir müssen uns selbst in einer richtigen Perspektive zur übrigen Welt sehen. Eine solche eröffnet sich uns, wenn wir uns vom Standpunkt einer übergreifenden, universellen Lehre betrachten, wie sie uns beispielsweise im Dharma des Buddha, aber auch im inspirierenden, vorgelebten Beispiel des Erleuchteten gegeben ist. Solange ein Mensch das Leben vom engen und beschränkten Standpunkt seines Alltagsbewußtseins betrachtet, erscheint es ihm ohne Sinn. Wer jedoch zur universellen Schau des Ganzen durchdringt, erfährt, wie sich das All im Geiste eines Erleuchteten spiegelt, und gelangt zu einer Sinnfindung. Doch diese Erkenntnis der höchsten oder transzendenten Wirklichkeit kann in menschlicher Sprache nicht ausgedrückt werden, es sei denn, wir belegen sie mit Chiffren wie »Samyaksambodhi« oder

»Nirvâna«, das der Buddha als »Freisein von Gier, Haß und Verblendung« klar definierte im Gegensatz zur brahmanischen Interpretation, durch die dieser Begriff zu einer verschwommenen metaphysischen Größe erhoben wurde.

Im Buddhismus wurde nie die Frage gestellt, ob Leben an sich und in sich selbst einen Sinn hat oder nicht: Dies ist vom Standpunkt des Dharma ohne jegliche Bedeutung. Wichtig ist für die Praxis des Dharma jedoch, daß jeder einzelne von uns *seinem* Leben einen individuellen Sinn gibt. Denn so, wie in den Händen eines inspirierten Künstlers sich ein wertloser Lehmklumpen in ein unschätzbares Kunstwerk verwandelt, so sollten auch wir in gleicher Weise versuchen, aus dem uns zur Verfügung stehenden »Lehm« unseres Lebens etwas Wertvolles zu gestalten, statt über die Wertlosigkeit dieses Lebens zu klagen. Unser Leben und die Welt haben soviel »Sinn«, wie wir ihnen zumessen und in sie hineinlegen.

»Der Mensch ist genauso unsterblich wie sein Ideal und genauso wirklich wie die Energie, mit der er ihm dient.« Diese Worte des Grafen Keyserling deuten in die richtige Richtung: Die Probleme von Wert und Wirklichkeit hängen von unserer Haltung und von der schöpferischen Verwirklichung unserer Ideale ab und nicht von wie immer gearteter begrifflicher »Objektivität«.

Wenn wir daher die Erleuchteten und das Ziel der Erleuchtung zu unserem höchsten Ideal erhoben haben, wird es für uns zu einer wirkenden Wirklichkeit in dem Maße, wie wir dem Beispiel der Erleuchteten auf dem Wege der Bodhisattvaschaft unter Einsatz all unserer Energien folgen. Dabei müssen wir uns von vornherein bewußt sein, daß es auf diesem Wege weder eine Fluchtmöglichkeit gibt noch ein Ausweichen und Davonrennen vor Unannehmlichkeiten und Leiden. Dieser Weg erfordert den vollen und geballten Einsatz unserer gesamten seelischen Energie und die *Bereitschaft,* die Leiden *aller* Wesen auf uns zu nehmen. Doch dieses Aufsichnehmen der Leiden der Welt bedeutet nicht, daß wir Leiden suchen oder gar glorifizieren oder als eine Art Buße auf uns nehmen sollten, wie es gewisse Asketen in verschiedenen Religionen taten und noch tun. Das ist ein Extrem, das genauso vermieden werden muß wie die

Überbetonung des eigenen Wohlergehens und des Sich-Verstrickens in sinnliche Befriedigung.

Hier geht es einzig und allein darum, daß wir uns mit allen lebenden Wesen identifizieren lernen. Eine solche Haltung bewahrt uns nicht nur davor, daß wir unserem eigenen Leiden zuviel Bedeutung beimessen – was lediglich unser Selbst und unsere Selbstbezogenheit stärken würde –, sondern hilft uns, die Ichbezogenheit zu überwinden und unser eigenes Leid über dem der anderen geringzuachten. In diesem Sinne führte der Buddha einst die geistig verwirrte und gestörte Kisa Gotami, die den Tod ihres einzigen Sohnes nicht begreifen konnte, dadurch zur Überwindung ihrer seelischen Not, daß er sie erfahren und erleben ließ, daß Sterben und Tod ein universelles Gesetz ist, dem alle Wesen unterworfen sind. So zeigte er ihr, daß sie mit ihrem Leiden nicht allein dastand und daß der, der dieses Leid ganz in seinem Geiste aufnimmt und annimmt, die halbe Schlacht schon gewonnen hat, wenn nicht gar die ganze.

Als der Buddha seine Lehre von der Aufhebung des Leidens verkündete, sprach er nicht vom »Vermeiden des Leidens«. Hätte er dieses Ziel erstrebt, so hätte er – entsprechend der buddhistischen Tradition – den kurzen Weg zur Befreiung wählen können, der zur Zeit des Buddha Dipankara im Bereich seiner Möglichkeiten lag: Er hätte sich dann die Leiden unzähliger Wiedergeburten erspart. Doch er wußte, daß nur der, der durch die reinigenden Feuer des Leidens hindurchgeht, höchste Erleuchtung erlangen kann, um fähig zu werden, der Welt zu dienen. Nicht dem Leiden zu entfliehen war sein Weg, sondern das Leiden zu überwinden, es zu besiegen. Deshalb wurde er – wie die ihm vorangegangenen Buddhas – ein Jina, das heißt ein »Sieger«, genannt.

Er und seine Vorgänger überwanden das Leiden, indem sie ihm heldisch entgegentraten. Denn für den, der auf dem Wege zur vollkommenen Erleuchtung ist, verliert das Leiden den Charakter einer persönlichen Not und besteht nicht mehr in der Sorge um das Wohlergehen der eigenen Person, sondern wird mehr und mehr universell und essentiell, das Wesen alles Daseins einbeziehend. In diesem Geiste wird das Bodhisattva-Gelöbnis von all jenen auf sich genommen, die dem heiligen Pfade der Buddhas folgen wollen: »Was ich auch an geistigem Gewinn erlangt habe, möge ich hierdurch ein Linderer der Leiden anderer fühlender Wesen werden. Den geistigen Gewinn, den ich auf all meinen Lebenswegen durch Gedanken, Worte und Taten erworben habe: All das gebe ich fort, ohne Rücksicht auf eigenes Wohl, um die Befreiung aller lebenden Wesen zu verwirklichen. Nirvâna bedeutet, alles aufzugeben, und mein Herz sehnt sich nach Nirvâna. Da ich alles aufgeben muß, ist es da nicht besser, alles den Lebewesen zu geben? – Ich habe mich der Wohlfahrt aller Wesen geweiht: Mögen sie mich verleumden oder mit Schmutz bewerfen und mich zum Gegenstand ihres Spottes machen. Mögen sie mich töten, wenn es ihnen gefällt; ich habe ihnen meinen Leib gegeben; warum sollte ich mich also noch darum sorgen? Diejenigen, die mich schmähen, mich verletzen oder meiner spotten: Mögen sie alle zur Erleuchtung kommen!« (Sântideva: *Bodhicaryâvatâra*)

Die Verwirklichung des Bodhisattva-Pfades setzt die Überwindung aller engen individuellen Begrenzungen voraus sowie die Anerkennung überindividueller Wirklichkeiten (und damit überindividuell wirkender Kräfte) in unserem eigenen Geiste. Damit wird von dem, der den Bodhisattva-Weg gehen will, von vornherein eine Einstellung gefordert, die – von aller Ichbezogenheit frei – universell ausgerichtet ist. Derjenige, der nur nach eigener Erlösung strebt oder das Leiden auf kürzestem Wege loswerden möchte, ohne einen Blick für die Leiden seiner Mitwesen zu haben, hat sich durch eine solche Einstellung schon der wesentlichsten Mittel zur Verwirklichung seines Zieles beraubt. Allein in der Abwendung auch von den subtilsten Formen ichhaften Strebens und in der Verwirklichung der »Vier Verweilungen im Göttlichen« (Brahmavihâras) öffnet sich uns der Weg.

Dabei steht hier nicht zur Debatte, ob es wirklich objektiv möglich ist, die ganze Welt zu befreien. Selbst der Buddha konnte dies während seines Lebens nicht vollbringen. Doch die Universalität seines Geistes war von so anhaltender Wirkung, daß seine Gegenwart bis zum heutigen Tage spürbar ist und daß der Befreiungsprozeß, den er vor 2500 Jahren in Gang setzte, weitergeht und so lange dauern wird, solange Wesen seiner bedürfen. Denn in diesem Bereich ist nicht die Leistung wichtig, sondern allein die geistige Haltung, die durch das Bodhisattva-Ideal bestimmt wird und die darin ihren Ausdruck findet, daß jeder von uns nach bestem Wissen und Können seinen Teil – ohne Vorbehalt und Einschränkung – in Richtung auf das höchste Ziel beisteuert. Dabei ist er sich stets bewußt, daß jede seiner Bemühungen auf das Wohlergehen aller ausgerichtet sein muß. Und selbst dann, wenn wir den Bereich höchsten Glückes erreicht haben, werden wir nicht aufhören, für die Wohlfahrt aller zu wirken, sondern vielmehr ihre Freuden und Leiden teilen und ihnen Wege zur Freiheit weisen.

In den kanonischen Schriften des Buddhismus heißt es, daß selbst das stille Hinscheiden eines Arahat der Welt Segen bringe. Das ist gewiß wahr. Doch weshalb kehrte der Buddha vom Bodhi-Baum wieder in die Welt zurück und nahm alle Beschwerden des Lebens eines Wanderasketen auf sich, wenn die spirituelle Wirkung seiner Erleuchtung allein schon alle Möglichkeiten seines Dienstes an der Menschheit erschöpft hätte? Zeigte dieses große und höchste Opfer nicht, daß Nirvâna – für sich selbst genommen – nicht als das höchste Ideal des Buddhismus betrachtet werden kann?

Je mehr der Buddhismus seine eigene spirituelle Welt entfaltete, indem er den praktischen, logischen und metaphysischen Konsequenzen seiner grundlegenden Prinzipien folgte, um so mehr trat die Idee des Nirvâna hinter das Bodhisattva-Ideal zurück. Denn Nirvâna ist – geht man über die Definition, daß es das Erlöschen von Gier, Haß und Wahn ist, hinaus – eine Zielvorstellung, die der Buddhismus mit anderen indischen Heilssystemen gemein hat. Das Bodhisattva-Ideal aber verleiht dem Buddhismus jenen Charakterzug, der ihn von allen anderen indischen Richtungen unterscheidet und ihn siegreich über die Grenzen Indiens hinaustrug, so daß er eine der großen geistigen und kulturellen Kräfte der Menschheit wurde.

Diese Kraft des Bodhisattva-Ideals, das die damalige Welt Asiens in einem friedlichen Siegeszug ohnegleichen eroberte, ist vor allem darin zu suchen, daß es universelle Liebe, grenzenloses Mitempfinden mit allen Wesen und Erleuchtungsstreben in sich vereint und sich so an Herz und Geist jedes selbständig denkenden Menschen wendet. Dabei wird der Erfahrungsbereich Nirvâna zum Bestandteil des Weges zur vollkommenen Erleuchtung und findet seine Einordnung in die Universalität des Erleuchtungserlebnisses. Denn das Wesen der Samyaksambodhi duldet keine Ausschließlichkeit, kann weder erworben noch besessen werden und strahlt grenzenlos, ohne sich selbst zu erschöpfen, nach allen Richtungen, indem sie alle anderen an ihrem Licht und ihrer Wärme teilhaben läßt, so wie die Sonne ihr Licht und ihre Wärme ohne Einschränkung allen schenkt, die Augen haben zu sehen und die Fähigkeit besitzen, ihre Wärme zu fühlen und ihre lebenspendenden Kräfte in sich aufzunehmen.

Und so wie die Sonne, die unsere Welt unterschiedslos erleuchtet, auf die verschiedenen Wesen entsprechend der ihnen eigenen Empfänglichkeit und deren Sich-Öffnen unterschiedlich einwirkt, so ist auch das Wirken des Erleuchteten: Wenn er auch alle lebenden Wesen ohne Unterschied in seinem Geiste umfängt, so weiß er doch, daß nicht alle unmittelbar zu gleichen Zeit befreit werden können, sondern daß die Saat der Erleuchtung, die er ausstreut, bei dem einen früher und bei dem anderen später Frucht bringen wird, entsprechend der Empfänglichkeit oder Reife der einzelnen Wesen. Da jedoch im Erleuchtungserlebnis Zeit ebenso illusorisch wird wie der Raum, nimmt der Erleuchtete die Befreiung von allem, was da lebt, in der Erfahrung der Samyaksambodhi vorweg. Dies ist die Universalität der Buddhaschaft und die Erfüllung des Bodhisattva-Gelöbnisses.

Für den aber, der – eben von Bodhicitta ergriffen – dieses Gelöbnis in seinem Herzen auf sich nimmt und sich zum Bodhisattva-Ideal bekennt, wird die Gestalt des Buddha von nun an im Mittelpunkt seines religiösen Lebens stehen: Sie wird für ihn zur Verkörperung jenes hohen Zieles, dessen Verwirklichung Aufgabe jedes Jüngers des Erhabenen ist.

Nicht in der raum- und zeitlosen Enge abstrakten Denkens oder eines durch Antiquität geheiligten Dogmas wird hier der innere Gehalt des Buddhismus gesehen, sondern in seiner räumlichen und zeitlichen Weite, Entwicklung und Ausdehnung, das heißt im lebendigen Wachstum seines Denkens und Fühlens sowie seiner Auseinandersetzung mit dem Leben, kurz: in seiner Universalität. Unwesentlich wird hier, was man philosophisch-spekulativ über die Wirklichkeit oder Unwirklichkeit der Welt und über ihr Verhältnis zur geistigen Erfahrung oder über den »Zustand« der Befreiung und des »endgültigen Nirvâna« aussagen mag. Wesentlich für den Jünger auf diesem Pfade ist allein, daß jenes, was wir ahnend unter den Chiffren »Vollendung«, »Erleuchtung« und »Buddhaschaft« zu erfassen versuchen, *einmal* von einem menschlichen Wesen verwirklicht worden ist und daß es deshalb *jedem* menschlichen Wesen möglich sein muß, eben dieses hohe Ziel auf gleichem Wege zu erreichen.

Dieser Weg jedoch ist – wie wir schon sahen – kein Weg der Weltflucht, sondern ein Weg der Weltüberwindung durch wachsende Erkenntnis und Weisheit (Prajñâ), durch tätige Nächstenliebe (Maitrî), durch tiefe Anteilnahme an den Leiden und Freuden anderer (Karnâ, Mudîtâ) und durch-Gleichmut (Upeksâ) gegenüber dem eigenen Wohl und Wehe. Leit- und Vorbild auf diesem Wege ist uns die Gestalt des Buddha. Denn wenn auch die Dogmatiker und Theoretiker der verschiedenen Schulen sich stritten und streiten: Welche größere Sicherheit konnte und kann es geben, als dem Beispiel des Erleuchteten zu folgen? Aus seinem uns vorgelebten Leben erwächst uns zunehmend innere Gewißheit, daß auch wir zur höchsten Erleuchtung berufen und befähigt sind, wenn wir die selbstgeschaffenen starren Grenzen unseres Ichs niederreißen und uns dadurch von jeder Furcht freimachen. *Furchtlosigkeit* aber ist die hervorstechendste Eigenschaft aller Bodhisattvas und all derer, die den Bodhisattvapfad wandeln. Für sie hat das Leben seine Schrecken verloren und das Leiden seinen Stachel. Statt das irdische Dasein zu schmähen oder es um seiner »Unvollkommenheit« zu verachten, erfüllen sie es mit einem neuen Sinn.

Sie haben erkannt, daß es nicht nur anmaßend, sondern auch töricht ist, das Leben als ein Übel zu verurteilen und abzutun und seine höheren Entfaltungsmöglichkeiten zu negieren, bevor man auch nur annähernd zu einem Verständnis des Ganzen vorgedrungen ist und bevor man die höchsten Fähigkeiten des Bewußtseins nicht voll entwickelt hat und jene Erleuchtung erlangte, die die Blüte, Frucht und Erfüllung allen Daseins ist. Das Tun derer, die den entgegengesetzten Weg einschlagen, ist dem Verhalten von Menschen gleichzusetzen, die in eine unreife Frucht beißen: Sie werfen sie fort und erklären dann alle Früchte dieser Art für ungenießbar, statt die Zeit der Reife abzuwarten.

Auch auf eine andere Gefahr sei hier hingewiesen. Aus der Fehlinterpretation der Anâtman-Lehre wird besonders von westlichen Buddhisten die Individualität oft als hemmender Faktor auf dem Wege des Dharma betrachtet, weil die Individualitätsentwicklung mit der Ich-Verhaftung gleichgesetzt wird. Ganz abgesehen davon, daß der Buddha von seinen Zeitgenossen als »Mahâpurusa«, das heißt als große, seine Zeitgenossen überragende, individuell unverwechselbare Persönlichkeit verehrt wurde, so waren auch viele seiner großen Schüler und Nachfolger, die die überindividuelle, universelle Ebene der Erleuchtung erreicht hatten, Menschen, die durch innere Verwirklichung zu Individualitäten gereift waren. Sie stehen vor uns als einmalige Verkörperungen eines schöpferischen Erlebens.

Auf dem Pfade der Bodhisattvaschaft gilt es, alle Extreme zu meiden und – entsprechend der Lehre des Erhabenen – dem »Edlen Mittleren Pfad« zu folgen. So werden diejenigen, die ihre Sinnestätigkeit und ihre natürlichen Lebensfunktionen unterdrücken, bevor sie auch nur den Versuch gemacht haben, von ihnen den richtigen Gebrauch zu machen, ebensowenig den Zustand der Heiligkeit erreichen wie jene, die sich ungesteuertem Genußleben hingeben. Denn so, wie diese sich in untermenschlichen Bereichen verlieren, so werden jene zu versteinerten Fossilien. Eine Heiligkeit, die nur auf negativen Tugenden beruht, also auf bloßem Meiden und Unterlassen, vermag der Menge vielleicht als ein Muster von Selbstbeherrschung und Geistesstärke zu imponieren. Sie mag auch zu einer völligen Selbstauslöschung führen, nicht aber zur Erleuchtung, da sie ein Weg des Stagnierens und des geistigen Todes ist: Es ist die

Befreiung vom Leiden um den Preis des Lebens und des lebendigen Funkens des erleuchteten Geistes in uns.

Das Bewußtwerden dieses Funkens des Bodhicitta aber ist der Beginn des Bodhisattvapfades, der die Befreiung vom Leiden und von den Fesseln der Selbstheit nicht durch Verneinung des Lebens, sondern durch Dienst am Nächsten im Streben nach vollkommener Erleuchtung verwirklicht; denn wenn dieser Funke in den Tiefen unseres Bewußtseins aufleuchtet, leitet er den Erleuchtungsprozeß ein, indem er die latenten potentiellen Kräfte in uns in aktive, alles durchstrahlende Energien verwandelt, wodurch Dasein aufhört, ein sinnloses »Im-Kreise-Laufen« zu sein. Doch um in jenen Bereich potentieller Kräfte vordringen zu können, haben uns der Buddha und seine großen Nachfolger einen Weg erschlossen, der uns Einblicke in die Tiefe unseres Bewußtseins erschließt: Im meditativen Prozeß erkennen wir, daß unsere Weltsicht und Welterkenntnis ein Produkt unseres Bewußtseins ist. Das aber macht deutlich, daß die Welt, in der wir leben, unserem eigenen Geisteszustand entspricht, das heißt, daß wir in einer Welt leben, die wir gewissermaßen in jedem Augenblick selbst erschaffen und somit »verdient« haben.

Der Weg aus dieser Misere kann daher nicht in dem Versuch bestehen, dieser Welt zu entfliehen, sondern im Bemühen um Läuterung unseres Bewußtseins und in einer inneren Umkehr. Das aber ist nur möglich, wenn wir die Natur unseres Geistes und die in ihm wirksam werdenden Kräfte erkennen. Dann wird uns bewußt, daß der Geist, der fähig ist, das Licht jahrmillionenferner Sternenwelten zu erkennen, nicht weniger wunderbar ist als die Natur dieses Lichtes selbst. Und wieviel größer noch ist das Wunder jenes inneren Lichtes, das in der Tiefe unseres Bewußtseins schlummert! Zu dieser Tiefe vorzudringen und diese tiefe Bewußtheit selbst in uns zu erwecken ist das Ziel des Bodhisattvamarga – des Weges zur Verwirklichung des Erwachens, der Befreiung und der Erleuchtung: des Durchbruchs zur Buddhaschaft in uns selbst.

Wenn gewisse Kreise buddhistischer Orthodoxie auch heute noch behaupten, daß das Erreichen vollkommener Erleuchtung nur einem einzigen Individuum innerhalb von Jahrtausenden möglich sei, so daß ein Streben nach einem solchen Ziel völlig sinnlos wäre, so ist dies nichts anderes als ein Eingeständnis geistiger Armut und dogmatischer Verhärtung. Eine Religion, deren Ideal nur eine Sache der Vergangenheit oder der fernsten Zukunft ist, hat keinen lebendigen Wert für die Gegenwart. So hat man den Dharma, indem man ihn von der lebendigen Persönlichkeit des Buddha trennte, entmenschlicht und zu einem pseudowissenschaftlichen System reiner Negationen und bloßer »Ausfallwerte« gemacht. In einem solchen System wird Meditation leicht zu einer morbiden, analytisch-zersetzenden Methodik, in der alles Lebendige seziert und zerstückelt wird, bis es sich in verwesende Materie oder in die Funktionen und Komplexe eines sinnlosen Mechanismus auflöst.

Der, der auf dem Bodhisattvaweg wandelt, wird diese Gefahr umgehen und auch nicht dem anderen Extrem verfallen: Er wird der Wirklichkeit gemäß die Nichtdauer alles Entstandenen sowie dessen bedingtes Entstehen sehen und sich auch den unerfreulichen Aspekten des Daseins nicht verschließen. Er wird Alter, Krankheit und Tod als Gesetzmäßigkeiten dieses Daseins erkennen und diese Phänomene nicht aus seinem Bewußtsein verdrängen. Die großen Meister des Vairayana benutzten in diesem Zusammenhang mit Vorliebe Leichenstätten und Verbrennungsplätze für Meditationsübungen. Sie taten dies nicht, um sich in Abscheu zu üben, sondern um sich mit allen Aspekten des Daseins vertraut zu machen, und so auch mit dem der Vergänglichkeit als einem Prozeß, der ohne irgendwelche emotionale Wertungen als etwas Natürliches zu begreifen ist.

Außerdem suchten sie solche Orte auf, weil diese von anderen Menschen aus Grauen oder Ekel gemieden wurden, so daß sie sich hier ungestört der Versenkung widmen konnten. Für ihre Schüler waren darüber hinaus solche Plätze Orte der Übung, um Widerwillen und Furcht zu überwinden und statt dessen Gleichmut sowie einen ungetrübten Blick für die Wirklichkeit zu gewinnen. Die kanonischen Schriften berichten uns, daß selbst der Buddha in der Zeit seiner geistigen Vorbereitung sich bewußt an solche einsamen und unheimlichen Stätten begab, um – wie er selber darlegte – die Furcht zu überwinden. Das Verweilen an solchen Orten hat – ebenso wie die meditative Betrachtung von Leichen in ihren verschiedenen Zerfallsstadien und anderen grauenerregenden Dingen – nur dann einen Sinn, wenn sie den Meditierenden zu jener Furchtlosigkeit führen, die ihn befähigt, der Wirklichkeit ins Auge zu sehen und die Dinge ohne Begehren und ohne Widerwillen in ihrer wahren Natur zu erkennen.

Der Sinn solcher Betrachtungen wird aber zunichte gemacht, wenn der Betrachtende nicht imstande ist, seinen Geist von Abscheu, Widerwillen und Grauen freizuhalten. Wer Begierde durch Abscheu bekämpft, treibt den Teufel mit Beelzebub aus: Es gibt wohl kaum einen Menschen, der Abscheu vor totem Laub oder vertrockneten Blumen empfindet. Auch wird unsere Freude an Blüten und Blumen nicht dadurch gemindert, daß wir um ihre Vergänglichkeit wissen. Im Gegenteil: Das Wissen um die Vergänglichkeit dieser zarten Gewächse macht uns ihre Blüte noch kostbarer, so wie ja auch die Flüchtigkeit des Augenblicks in einem menschlichen Leben diesem einen besonderen Wert verleiht. Und eben deshalb ist es nach der Lehre des diamantenen Fahrzeugs die Aufgabe des Menschen, unseren vergänglichen Körper zur Stätte des Unvergänglichen zu machen, zu einem Tempel des Geistes.

Dieser Prozeß der Wandlung erfolgt im Vajrayâna durch das Erschaffen jener Schaubilder friedlicher und furchtbarer Erscheinungsformen, die als Mahâsattva-Bodhisattvas bekannt sind. Im Akt der Identifikation werden diese Gestalten im Dasein des Meditierenden zunehmend zu einer Quelle geistiger Entzückung. Durch schöpferische Konzentration erschafft der Sâdhaka in ihnen ein Zentrum geistiger Kraft, das auch über das jeweilige Erlebnis hinaus eine Wirkung auf unsere Umwelt ausübt und den Meditierenden wandelt.

Da wir diese großen Gestalten der Bodhisattvas in der Meditation für uns zum Leben erwecken, nennen wir sie Dhyâni-Bodhisattvas.[3] Jeder einzelne von ihnen – so beispielsweise Avalokiteśvara, Mañjuśri, Maitreya – ist die spezifische Verkörperung eines bestimmten Aspektes des Geistes der Bodhisattvaschaft. Denn wie menschliche Individuen mit gleichen Idealen und gleicher Prägung dennoch sehr unterschiedliche Charakterzüge aufweisen, so auch diese Bodhisattvas, die zwar alle Verkörperungen des Mitgefühls, des allumfassenden Erbarmens, der tätigen Nächstenliebe und der alles durchschauenden und durchdringenden Weisheit sind, aber dennoch diese Aspekte des erleuchteten Bewußtseins in unterschiedlicher, einmaliger Weise zum Ausdruck bringen.

Sie alle haben zwar die Einheit von Upâya und Prajñâ verwirklicht (wobei Upâya das allumfassende und erbarmende Mitempfinden mit allen Wesen [Mahâkaruñâ] ist), doch unterscheiden sie sich dadurch, daß der eine oder andere Aspekt stärker hervorgehoben ist. Gemeinsam ist ihnen allen das Wissen um die Wesenseinheit allen Lebens, die aus der Fähigkeit des Sich-anderen-Gleichsetzens erwächst. Der, der auf dem Wege der Schaubildentfaltung und Identifizierung diesen Weg der Bodhisattvaschaft gegangen ist, ist ein Befreiter und Erlöster. Er ist einer, der nicht nur »Heiligkeit« oder »Freiheit von allen Befleckungen« im traditionellen Sinne erreichte und damit die bloße Leidensbefreiung, sondern einer, der die vollkommene Erleuchtung, die Verwirklichung des universellen Bewußtseins erlangte. Der Durchbruch zu diesem befreienden Erwachen setzt voraus, daß alle individuellen Begrenzungen überwunden und die überindividuellen Wirklichkeiten innerhalb des eigenen Geistes erfahren wurden. Da nun die Erfahrung dieses Erwachens das universellste Erlebnis ist, dessen der menschliche Geist fähig ist, erfordert sie von Anfang an eine Grundhaltung, die sich ohne Begrenzung dem Leben in seiner Universalität öffnet.

Erinnern wir uns noch einmal daran, daß der Buddha in seiner ersten Rede im Gazellenhain nahe Benares von Anuttara-Samyak-Sambodhi (der höchsten vollkommenen Erleuchtung) als dem Ziel seiner Lehre sprach und nicht von einem negativen Nirvâa, das sich mit der bloßen Aufhebung der Aśravas (weltliche Einflüsse, menschliche Leidenschaften) und des Leidens begnügt. Dieses wird – wo immer es hier erwähnt wird – nur als Begleiterscheinung vollkommener Erleuchtung genannt.

Bedenken wir auch, daß das, was der Buddha in Worten ausdrückte und ausdrücken konnte, nur ein Bruchteil dessen war, was er durch seine Persönlichkeit und sein Beispiel lehrte. Aber auch Lehre *und* Beispiel dieser großen Persönlichkeit spiegeln zusammen nur einen Bruchteil seines geistigen Erlebens wider. Der Buddha war sich der Unzulänglichkeit der Worte wohl bewußt, als er zunächst zögerte, seine Lehre zu verkünden und in Worte zu fassen. Denn das, was er erkannt hatte, ist nach seinen eigenen Worten »tief, schwer zu verstehen, schwer zu verwirklichen, mit dem bloßen Verstande nicht erfaßbar«. Als er sich dennoch entschloß, die Wahrheit aus Mitleid für die wenigen, »deren Augen mit wenig Staub bedeckt sind«, zu enthüllen, vermied er es entschieden, Aussagen über die »letzten Dinge« zu machen.

Er weigerte sich, Fragen zu beantworten, die den überweltlichen Bereich meditativ-geistiger Verwirklichung betrafen, so wie er auch über Probleme schwieg, die über die Fähigkeiten des menschlichen Intellekts hinausgehen. Allem spekulativen Denken abhold, beschränkte er sich darauf, einen gangbaren Weg zu zeigen, der die Möglichkeit zur Lösung aller echten Probleme bietet. Diesen Weg legte er so dar, daß das Verständnis den jeweiligen intellektuellen und emotionalen Fähigkeiten seiner Zuhörer angepaßt war. Seine Schüler leitete er an, so wie es ihrer jeweiligen Entwicklungsstufe entsprach, und gab die tieferen Aspekte des Dharma sowie die Anweisung für höhere Meditationen nur an den engen Kreis fortgeschrittener Jünger weiter.

Spätere Schulen des Buddhismus sind diesem Grundsatz treu geblieben. Sie paßten die Lehrmethoden und Übungen meditativer Verwirklichung sowohl den Bedürfnissen des Individuums als auch der geistigen oder historisch bedingten Entwicklung ihrer Zeit an. Und so wie der Buddha selbst seine Jünger entsprechend ihrer geistigen Reife unterschiedlich leitete und ihnen verschiedenartige Übungen auferlegte, so behielten auch die späteren Schulen die schwierigen Aspekte ihrer Lehren und die entsprechenden meditativen Übungen denen vor, die sich die notwendigen Vorkenntnisse und Fähigkeiten erworben hatten.

Diese fortgeschrittenen Lehren wurden dann als esoterische oder »geheime« Lehren bezeichnet. Doch beabsichtigte man mit dieser

Praxis keinesfalls, irgend jemand von der Erreichung höherer Erkenntnisstufen abzuhalten. Vielmehr stand hinter dieser Methodik das Bestreben, müßiges Geschwätz und bloße Spekulation zu vermeiden, durch die Ungeschulte leicht dazu verleitet werden, höhere Bewußtseinszustände intellektuell vorwegzunehmen, ohne sich der Anstrengung zu unterziehen, diese durch eigene meditative Praxis zu erwerben. Denn intellektuelle Vorwegnahme nicht gemachter geistiger Erfahrungen verführt den Unerfahrenen leicht zu der Annahme, er habe durch begriffliches Verstehen das zu Tuende bereits getan, wodurch er den Prozeß meditativen Erlebens blockiert, der allein die Kraft zur Wandlung freisetzt.

Wer heute den Weg der Bodhisattvaschaft gehen will, muß in der Nachfolge des Vorbildes des Buddha lernen, seinen Geist in der Übung ständiger Vergegenwärtigung offenzuhalten. Er muß sich schulen, durch Studium (Vitarka-Vicâra, Dharmavicaya, Viveka, Erwerb von Jñâna und Vidyâ), durch sittliches Verhalten aus Eigenverantwortung (Śila, Paramitâs, Brahmavihâras), durch kultische Verehrung und Ritual (Pûjâ) und durch Meditation (Śamatha, Vipaśyana, Smṛti, Bhâvana, Dhyâna, Samâdhi) jede Einseitigkeit zu vermeiden und die innere Einswerdung und Verwandlung anzustreben, um auf diesem Wege eine Weltschau zu gewinnen, die weit genug ist, um die Gesamtheit menschlichen Wissens zunehmend zu umfassen. Er wird auf diesem Wege geistiger Vertiefung zum Wesen aller Erscheinungen vordringen, und seine Lebensführung wird ihn befähigen, jede Tätigkeit des Körpers und des Geistes als eine Hilfe auf dem Pfade zur Erleuchtung zu nutzen.

Auf den vorbereitenden Stufen dieses Weges, die sowohl die intellektuellen wie die emotionalen Kräfte des Menschen aktivieren, wird er lernen, klares Denken als ordnendes Element des Geistes und als ein sicheres Fundament zu gebrauchen, auf dem sich das intuitive Erleben entfalten kann. Seine Emotionalität wird er in Form vollkommener Hingabe an das Ziel zur Triebkraft seines Strebens machen. Er wird das Denken meistern, indem er dessen Gesetze beherrschen lernt, um dann die Grenzen allen Denkens und Erwägens zu überschreiten und sich klaren, wachen Bewußtseins den leidenden Wesen zuzuwenden. Dann mag eines Tages spontan in ihm Bodhicitta aufleuchten: Es bricht plötzlich in einem Menschen, der offensteht, als ein ganzheitliches, »totales« Ergriffensein vom Leid und der Not aller Wesen durch. Unbedeutend erscheint ihm dann alles persönliche Mißgeschick, alle Qual, aller Schmerz. Nur ein Wunsch erfüllt blitzartig sein Bewußtsein: alle diese Wesen frei und glücklich zu machen.

Das Erleben dieses vollkommenen Ergriffenseins, das keinen Platz für irgend etwas anderes läßt, bewirkt einen tiefgehenden Wandel des Betroffenen. Selbst wenn das Erlebnis längst verhallt ist wie der Ton einer nur einmal angeschlagenen Glocke und wenn die Welt längst wieder ihren Tribut fordert: Es bleibt die bestimmende richtunggebende Kraft im Leben dessen, dem es widerfuhr.

Doch zu diesem, unser Ich aufbrechenden Erleben gelangt man nicht durch Regeln oder Gelöbnisse – auch nicht durch das Aufsichnehmen von 18 Wurzel- und 44 zusätzlichen Gelübden. Denn Formeln, Fixierungen, Gelübde und Regeln sind immer das Produkt von Niedergangszeiten, wo das unmittelbare Erleben erlosch und wo man versuchte, im Netz der Formen und Zeremonien das zu fangen, was sich längst entzog. So errichtet man mit jeder Formel immer nur dickere Mauern für das aus Sicherheitsbedürfnis selbstgeschaffene Gefängnis, welches schließlich keinen Bewegungsspielraum mehr läßt.

Wenn etwas in dieser Welt Bodhicitta den Weg bahnen kann, dann ist es allein ein liebevolles, verstehendes Sich-Öffnen und Mitfühlen mit anderen Wesen, das nicht Besitz ergreift noch einen Lohn für sich erstrebt (und sei dieser noch so subtil) oder sich gar einbildet, »Verdienste zu erwerben«: Ich-freies Handeln mit wachem Bewußtsein aus Liebe, Mitleiden und Mitfreuen mit allen fühlenden Wesen ist allein der Schlüssel dazu. Und wem es gelingt, auch nur ein einziges Wesen selbstlos zu lieben, ohne zu verlangen und das Seine zu suchen, der wird durch diese Liebe zu *einem* Wesen befähigt, *alle* Wesen zu lieben und Bodhicitta in sich zu erzeugen beziehungsweise es durchbrechen zu lassen. Dann werden seine Lippen vielleicht ähnliche Worte finden, wie sie einst Śântideva fand:

Ich nehme auf mich die Last aller Leiden.
Ich bin entschlossen, sie zu ertragen.
Ich kehre nicht um.
Ich fliehe nicht, noch zittre ich.
Ich gebe nicht nach, noch zögere ich.
Und warum? Weil die Befreiung aller Wesen mein Gelöbnis ist.

**Anmerkungen:**

[1] Zit. nach Anagarika Dhammapala, dem Begründer der Mahâ-Bodhi-Society, der es in die tägliche Pûjâ seiner Mönche aufnahm.

[2] Pâramitâs = Vollkommenheiten. Sie werden unterschiedlich im Pali-Kanon und im Mahâyâna aufgeführt.

[3] *Bodhi* = Erleuchtung; *satta* = Essenz, Wesen; *Dhyâna* = Meditation. Bei den Dhyâni-Bodhisattvas handelt es sich also um »in der Meditation geschaute oder hervorgebrachte Essenzen der Erleuchtung«, die wesenhaft verkörpert erscheinen.

# 3. Teil

# Praktische Krisenbewältigung – vor allem für Frauen

ELLEN MCGRATH

# Aktionsstrategien zur Bewältigung von Geist↔Körper-Depressionen

Die ersten drei Aktionsstrategien beziehen sich auf die Bewältigung all unserer Geist↔Körper-Depressionen und sind ganz allgemein wesentlich für unser körperliches und seelisches Wohlergehen. Die restlichen Strategien haben sich besonders bei bestimmten Formen von Geist↔Körper-Depressionen bewährt. Es steht Ihnen also frei, sich die herauszusuchen, die am besten auf Ihre eigenen Erfahrungen passen.

Wenn Sie diese Strategien anwenden, besteht wahrscheinlich die größte Herausforderung darin, das gesellschaftliche Vorurteil aufzugeben, wonach Geist↔Körper-Probleme Zeichen von Schwäche sind. Viele von uns denken, sie wären schwach und mangelhaft, wenn sie an körperlichen Problemen leiden, die in irgendeiner Weise von ihrem Kopf gesteuert werden. Die Folge davon ist, daß wir oft die gesellschaftlichen und psychologischen Faktoren, die unsere körperlichen Leiden verursachen und zu ihnen beitragen, übersehen. Wenn das der Fall ist, werden die körperlichen Probleme nicht verschwinden, gleichgültig, wie sehr wir uns bemühen, weil wir uns nicht mit den wahren Gründen beschäftigen, derentwegen sie in erster Linie entstanden sind.

Deshalb besteht einer der wichtigsten Schritte, den Sie tun können, darin, die Furcht und Scham zu überwinden, die mit psychosomatischen Erkrankungen verbunden sind. Lernen Sie statt dessen die Tatsache zu würdigen, welch wundervoll ganzheitliche Organismen wir sind.

Noch einmal und mit Nachdruck gesagt: Machen Sie aus einem trennenden Schrägstrich einen Pfeil, der in beide Richtungen führt, um Ihren Geist und Ihren Körper zu vereinen. Sie werden sich stärker, ausgeglichener und bedeutend gesünder fühlen.

## Entwickeln Sie ein partnerschaftliches Verhältnis zu all Ihren Gesundheitsspezialisten!

Wenn Sie Ihre Geist↔Körper-Depressionen bewältigen und hinter sich lassen wollen, müssen Sie Ihren Arzt als Gesundheitspartner betrachten und nicht als Autoritätsperson oder jemanden, dem man besser aus dem Weg geht. Wenn Ihr Arzt für Sie »der Experte« ist, dessen Wort Gesetz ist, werden Sie sehr viel wahrscheinlicher depressiv und abhängig werden und auf seine Empfehlungen und Medikamente angewiesen sein. Wenn Sie Ihren Arzt dagegen als Partner betrachten, dessen Erfahrung und Anleitung Ihnen helfen können, gesund zu bleiben oder zu werden, ist es sehr viel wahrscheinlicher, daß Sie effektiv mit ihm zusammenarbeiten, mehr Verantwortung für Ihre Gesundheit übernehmen, eine positivere Einstellung entwickeln und gesünder bleiben werden.

Wie finden Sie einen Gesundheitspartner, dem Sie vertrauen können? Im folgenden einige allgemeine Richtlinien, die Ihnen bei der Suche nach einem Arzt helfen können (die Richtlinien sind genauso nützlich, wenn Sie nach einem Heilpraktiker oder Therapeuten suchen). Betrachten Sie sich selbst als Konsumentin und nicht als Patientin, und vergessen Sie nicht, daß Sie dabei sind, den wichtigsten Einkauf Ihres Lebens zu tätigen:

1. Fragen Sie Freunde, Nachbarn und Kollegen, denen Sie vertrauen, ob sie mit ihren Ärzten zufrieden sind. Wenn ja, lassen Sie sich bei dem entsprechenden Arzt einen Termin für eine kurze Beratung geben, und erklären Sie ihm oder ihr, wonach Sie suchen: Nach einem Arzt, der bereit ist, sich mit Ihnen gemeinsam um Ihre Gesundheit zu kümmern. Erklären Sie, daß Sie nach einem Experten suchen, dem es möglich ist, Sie als Gleichgestellte zu behandeln, und der mit Ihnen statt zu Ihnen spricht.

Sie werden eine Menge über den Arzt erfahren, indem Sie darauf achten, wie er auf Ihre Erklärungen und Fragen reagiert. Wenn es ihm unangenehm ist, die Sache mit Ihnen offen zu besprechen, oder er nicht bereit dazu ist, wissen Sie, was Sie wissen müssen, und können ihn in Gedanken abhaken.
2. Verlassen Sie sich auf Ihr Gefühl. Wenn Sie Ihren Arzt, aus welchen Gründen auch immer, nicht mögen, suchen Sie sich einen anderen. All die akademischen Grade und all die Urkunden, die an seiner Wand hängen, spielen keine Rolle, wenn Sie sich nicht wohl oder beachtet fühlen, wenn Sie in seinem Sprechzimmer sitzen. Wenn Sie ein beklemmendes Gefühl haben, sich schlecht behandelt fühlen oder glauben, daß Sie Ihrem Arzt gleichgültig sind, besonders während oder nach einer Konsultation, verlieren Sie keine Zeit und verschwenden Sie keine Energie. Investieren Sie beides lieber in die Suche nach einem anderen Arzt, dessen Einfühlsamkeit, Sensibilität und Stil mehr nach Ihrem Geschmack sind.
3. Achten Sie darauf, wie der Arzt mit Ihnen kommuniziert. Hört er wirklich zu? Spricht er offen, ohne in Medizinerjargon zu verfallen? Wie sehr geht er auf Ihre Bitten nach Zusatzinformationen ein, und wie reagiert er, wenn Sie eine zweite Meinung einholen wollen?
4. Machen Sie sich Notizen, wenn Sie mit Ihrem Arzt sprechen, besonders wenn Sie ein spezielles medizinisches Problem erörtern. Wenn Sie es mit einer schweren Krankheit zu tun haben, nehmen Sie ein Bandgerät mit oder jemanden, der Ihnen nahesteht. Man vergißt sehr leicht etwas von dem, was der Arzt erzählt hat, oder mißversteht es, besonders wenn man ängstlich oder völlig verzweifelt ist. Wenn Sie die Sitzung auf Band aufnehmen oder einen vertrauten Menschen dabeihaben, der Fragen stellen, sich Notizen machen und den Informationen zuhören kann, hilft Ihnen das, spätere Konfusion und Mißverständnisse zu vermeiden.

Zögern Sie nicht, Ihren Arzt anzurufen, wenn Sie Fragen oder Befürchtungen haben. Wenn Ihr Arzt Ihre Anrufe nicht innerhalb einer angemessenen Frist erwidert, haben Sie in ihm keinen Partner; bemühen Sie sich ernsthaft darum, einen anderen Arzt zu finden, der zugänglicher ist. Im Gegensatz zur öffentlichen Meinung gibt es solche Ärzte wirklich. Die meisten Frauen, die ich kenne, finden sie, wenn auch oft erst nach intensiver Suche. Probieren Sie es auch jenseits der traditionellen Bereiche. Es lohnt sich. Ich fand einen fabelhaften Geburtshelfer, indem ich die leitende Hebamme des Krankenhauses fragte, welchen Arzt sie mir empfehlen könnte. Wenn Sie andererseits immer nur auf der Suche sind und nie zufrieden, wären Sie gut beraten, sich einmal zu überlegen, ob ihre »Spezialistenjagd« nicht inzwischen zu einem reinen Verdrängungsmechanismus geworden ist.

5. Achten Sie darauf, wie gesund Ihre Ärzte wirken. Wenn Ihr Arzt keinen großen Wert auf seine eigene Gesundheit legt, gibt es keinen Grund, warum er als Ihr Gesundheitspartner erfolgreicher sein sollte. Dies ist nicht zuletzt deshalb so wichtig, weil Ärzte und Therapeuten selten irgendwelche Empfehlungen aussprechen, sei es im körperlichen oder seelischen Bereich, an die sie sich selbst nicht halten. Das American College of Physicians stellte kürzlich in einer Umfrage fest, daß fünfzig Prozent der befragten Ärzte keinen eigenen Arzt hatten, zwanzig Prozent nicht regelmäßig Sport trieben und elf Prozent täglich Alkohol tranken. Fünfzig Prozent der befragten Ärztinnen unterließen die monatliche Selbstuntersuchung der Brust. Mehr als fünfzig Prozent der Ärzte hielten Ihre Patienten nicht dazu an, Sport zu treiben, und fünfundzwanzig Prozent rieten es ihren Patienten nicht, mit dem Trinken aufzuhören, obwohl ihnen bekannt war, daß die Patienten ein Leberleiden hatten.

6. Veranschaulichen Sie sich die Idee der gesunden Partnerschaft, indem Sie Ihr eigenes Gesundheits-Management-Diagramm zeichnen. Dies ist ein Management-Flußdiagramm, das Ihnen einen klaren Überblick über die Menschen gibt, auf die Sie sich gegenwärtig hinsichtlich Ihrer Gesundheitsbedürfnisse verlassen. Auf diese Weise entwickeln Sie überdies ein besseres Gespür dafür, wer für welches Bedürfnis zuständig ist. Zeichnen Sie zunächst einen Quader oben auf die Seite. Dort hinein tragen Sie Ihren Na-

men und Ihre Stellung als geschäftsführende Direktorin Ihres eigenen Gesundheitssystems ein. Dies ist ein sichtbares Zeichen dafür, daß Sie – oder wen immer Sie zu Ihrem Repräsentanten bestimmen, sollten Sie irgendwann einmal nicht in der Lage sein, Ihre Geschäfte selbst zu führen – diejenige sind, die primär für Leitung und Management Ihres Gesundheitssystems verantwortlich ist. Indem wir uns selbst sichtbar in diese zentrale Position der Verantwortlichkeit rücken, wird die Wahrscheinlichkeit geringer, daß wir aus Angst mit der traditionelleren Rolle der abhängigen Patientin vorliebnehmen.

## Gails Gesundheits-Management-Diagramm

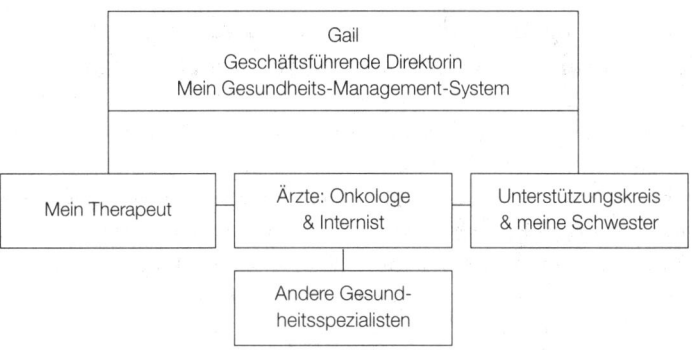

Nachdem Sie das Zentrum Ihres Gesundheits-Management-Diagramms für sich reserviert haben, fügen Sie nun die Namen all Ihrer momentanen Gesundheitspartner in die Kästchen darunter ein, und zwar je nach deren Wichtigkeit. Die Position der verschiedenen Spezialisten wird sich je nach Problemstellung ändern. Als Gails Krebserkrankung beispielsweise besser wurde, nahmen ihre Gesprächsgruppe und ihr Therapeut die zentrale Position ein. Ihr Onkologe saß in einem Nebenkästchen, weil seine Rolle, obgleich immer noch wichtig, zu diesem Zeitpunkt nicht mehr so vorrangig war. Oben also das Gesundheits-Management-Diagramm von Gail.

Es zeigt ihr Team, das sie im Kampf gegen den Krebs erfolgreich unterstützte.

Wenn Sie mit einer gesundheitlichen Krise konfrontiert sind, wie Gail es war, sollten Sie unbedingt darauf achten, daß alle relevanten Spezialisten miteinander in Kontakt stehen und sich hinsichtlich Ihrer medizinischen Bedürfnisse und Ängste austauschen. Nur so lassen sich ihre Strategien effektiver koordinieren. Der Normalfall ist dies sicherlich nicht, aber die einzige Möglichkeit, wie Sie und Ihre Spezialisten sich einen allgemeinen Überblick über die Lage verschaffen und die einzelnen Behandlungsmethoden im Zusammenhang sehen können.

## Legen Sie Ihre eigene Gesundheitsakte und Ihr eigenes Gesundheitstagebuch an!

Es ist nicht realistisch, wenn Sie annehmen, daß Ihr Arzt bei jeder Krankheit immer auf dem neuesten Stand der Forschung ist oder immer genau weiß, was er zu tun hat. Untersuchungen zeigen, daß nur etwa zehn Prozent dessen, was Ärzte tun, auf wissenschaftlich belegbaren Ergebnissen beruht. Laut einem kürzlich in der *Los Angeles Times* erschienenen Artikel basieren die meisten unserer Schlußfolgerungen auf Intuition und reiner Vermutung. Bis zu einem Drittel aller verschriebenen Medikamente sind unnötig, nicht hilfreich oder sogar schädlich.

Dies betrifft besonders die Frauen, denn die meisten männlichen und sogar viele weibliche Ärzte kennen sich nicht wirklich mit der Psychologie von Frauen aus und sind sich nicht der unterschiedlichen Gesundheitsbedürfnisse der Geschlechter bewußt. Deshalb sollten Sie sich unbedingt vornehmen, auf dem laufenden zu bleiben und die ärztliche Rätselraterei so weit wie möglich aus ihrer Gesundheitsfürsorge zu verbannen, indem Sie wachsam bleiben, was Ihre individuellen körperlichen Anfälligkeiten und Gesundheitsprobleme von Frauen allgemein angeht.

Ein Weg, den zahlreiche Frauen eingeschlagen haben, um dies zu gewährleisten, besteht darin, sich ein oder zwei enge Freundinnen oder Verwandte als Gesundheitspartner zu suchen. Vereinbaren Sie, jeweils eine Gesundheitsakte zum beiderseitigen Gebrauch anzulegen, und schneiden Sie Artikel aus Zeitschriften und Zeitungen aus, die körperliche und geistige Gesundheitsprobleme betreffen. Solche, die sich mit weiblichen Gesundheitsproblematiken oder speziellen Erkrankungen beschäftigen, für die Sie oder Ihre Gesundheitspartnerin eine Anfälligkeit besitzen, sind besonders relevant. Tauschen Sie Ihre Aktenordner alle paar Monate gegeneinander aus, so daß sie die Artikel, die Ihre Gesundheitspartnerin gesammelt hat, lesen oder kopieren können. Gail erfuhr aus einem Zeitungsartikel, den ihre Schwester ausgeschnitten hatte, daß ihr hoher Cholesterinspiegel wahrscheinlich durch Haferschleim gesenkt werden könnte – was für Männer nicht in dem Maße galt –, besonders nach Überschreiten des fünfzigsten Lebensjahres. Von diesem Tag an aß Gail jeden Morgen eine Haferteigsemmel. Wie Gail entdeckte, sind Gesundheitsakten besonders wichtig, wenn es um die schnellebigen und lebenswichtigen Informationen bezüglich der Ernährung und dem Einfluß von Nahrungsmitteln auf Geist↔Körper-Depressionen geht.

Nehmen Sie sich vor, über Ihr Gesundheitsproblem auf dem laufenden zu bleiben und die Forschungen dazu zu verfolgen. Machen Sie es sich zur Regel, Gesundheitsmagazine im Fernsehen anzusehen oder im Radio anzuhören, statt automatisch immer den Kanal zu wechseln, weil diese Themen »so langweilig« sind. Beziehen Sie die kostenlosen Gesundheitsbroschüren, die von vielen Krankenhäusern und Krankenkassen angeboten werden. Studieren Sie Bücher über Ernährung und Gesundheit, die speziell mit Blick auf Frauen geschrieben wurden, auch wenn das bedeutet, nur in der Gesundheitsecke einer Buchhandlung herumzustöbern oder in der Mittagspause schnell Ihrer örtliche Bibliothek einen Besuch abzustatten.

Eine Quelle, die ich jedem empfehlen kann, ist Dr. Sidney Wolfes *Women's Health Alert*, ein Buch, das sich bei den Recherchen zu diesem Kapitel als äußerst wertvoll erwiesen hat. Sie sollten zu Hause auch ein aktuelles, leicht verständliches Nachschlagewerk haben, das Ihnen hilft, Ihre Symptome einzukreisen und einzuschätzen, bevor Sie sich auf den Weg zum Arzt machen. Wenn Sie Medikamente einnehmen, so gibt es inzwischen eine Menge kritischer Ratgeber, die Ihnen über Dosierungen und mögliche Nebenwirkungen oder Risikofaktoren kompetent Auskunft geben können. Am besten lassen Sie sich hierzu in Buchhandlungen beraten oder bitten Freunde darum, Ihnen spezielle Tips zu geben.

Zusätzlich zu einer Gesundheitsakte haben es zahlreiche Klientinnen überdies hilfreich gefunden, ein Gesundheitstagebuch zu führen. Wann immer Sie ein Geist↔Körper-Problem wie etwa Kopfschmerzen, Rückenschmerzen, Dermatitis, Diarrhöe, Bauchschmerzen, »unreine« Haut, Verstopfung, allergische Reaktionen, Kurzatmigkeit, Brustschmerzen usw. haben, tragen Sie es in Ihr Gesundheitstagebuch ein. Notieren Sie überdies alle körperlichen und emotionalen Erfahrungen, die Sie während dieser Zeit machen.

Diese Herangehensweise ist besonders wichtig, wenn Sie mit neuen Symptomen konfrontiert werden oder neue Medikamente einnehmen, besonders empfängnisverhütende Mittel oder Tranquilizer, weil sich die Nebenwirkungen in beiden Fällen auch auf Depressionen erstrecken können. Wenn Sie neue Symptome einordnen wollen, können unter anderem folgende Fragen nützlich sein: Was haben Sie gegessen? Wie würden Sie Ihren gegenwärtigen Streßlevel beurteilen? Haben Sie irgendwelche neuen Produkte benutzt – eine neue Shampoo-, Lippenstift- oder Waschmittelmarke? Oder hat sich Ihr Tagesablauf irgendwie geändert? Sind Sie in Berührung mit Haustieren oder Blütenpollen gekommen, die möglicherweise allergieauslösend wirken? Wenn Sie sich diese Fragen beantworten, werden Sie wahrscheinlich auf Hinweise und Einsichten stoßen, die Ihnen dabei helfen werden, eine fundiertere Selbstdiagnose zu stellen. Sie werden eher wissen, welche Richtung Sie bei der Bewältigung Ihrer Gesundheitsprobleme einschlagen sollen. Wenn Sie diese Art von Datenmaterial sammeln, versetzen Sie sich in die Lage, Ihr Gesundheitsmanagement zunehmend selbst zu steuern. In einigen Fällen kann Ihnen das Wissen, das Sie erwerben, jede Menge Zeit, Geld und Sorgen ersparen.

Das soll aber nicht heißen, daß Sie einen Besuch beim Arzt vermeiden oder ihn hinausschieben sollten, wenn er notwendig ist. Tatsächlich werden Sie sehr viel besser wissen, wann Sie wirklich einen Arzt konsultieren sollten, sobald Sie sich Ihrer eigenen Gesundheit bewußter sind. Und wenn Sie einen aufsuchen, werden Sie in der Lage sein, ihm die hilfreichen, spezifischen Informationen zu geben, die er braucht, um eine genauere Diagnose stellen und das Problem schneller lösen zu können.

Wenn Sie diese Art von Informationen sammeln und sich entsprechend verhalten, verhilft Ihnen das mit am besten zu einem Immunschutz gegen Geist↔Körper-Depressionen. Indem Sie die Kontrolle und Verantwortung für Ihre eigene Gesundheit übernehmen, haben Sie einen Riesenschritt vorwärts getan, um sie zu verbessern.

## Erstellen Sie Ihre eigene Checkliste der Symptome mittels einer Geist↔Körper-Depressions-Puppe!

Durch die folgende Übung wird Ihnen die Macht Ihrer Geist↔Körper-Verbindung erst so richtig bewußt werden. Sie werden überdies lernen, wie Sie sie zu Ihrem eigenen Vorteil nutzen können. Dazu müssen Sie sich Ihre eigene Geist↔Körper-Depressions-Puppe herstellen. Reproduzieren Sie zunächst das Puppendiagramm auf Seite 269 oder zeichnen Sie Ihr eigenes.

Die Symptome, die sich im Kopfbereich des Diagramms befinden, sind jene emotionalen und mentalen Erfahrungen, die wir gewöhnlich mit Depressionen assoziieren. Die Symptome, die im Bauch und der Herzgegend angesiedelt sind, sind die körperlichen Erfahrungen, die wir gewöhnlich nicht mit Depressionen in Verbindung bringen, obwohl wir es sollten. Die Depressions-Schnellstraße, die die beiden verbindet, ist das zentrale Nervensystem, des Körpers Nervenpfade, das Hormone und chemische Substanzen im ganzen Körper und Gehirn verteilt.

Wenn wir diese Puppen herstellen und mit ihnen arbeiten, führt uns das direkt zu unserer persönlichen Anfälligkeit für Geist↔Körper-Depressionen. Wir lernen dadurch aus erster Hand, wie notwendig sowohl unser Geist wie unser Körper zur Heilung unserer körperlich und emotional bedingten Depressionen ist.

Studieren Sie das Diagramm, konzentrieren Sie sich auf die Kopfregion und entscheiden Sie sich, welche der aufgelisteten geistigen und emotionalen Streßsymptome auf Sie zutreffen. Wenn Sie sich Ihre eigene Puppe gezeichnet haben, listen Sie einfach jene Symptome auf, die relevant sind. Fügen Sie auf jeden Fall alle Symptome, die notwendig sind, um Ihre Erfahrungen zu beschreiben, dazu.

Schließen Sie nun Ihre Augen und konzentrieren Sie sich auf die körperlichen Symptome, die Sie erleben, wenn Sie sich depressiv fühlen, oder von denen Sie annehmen, sie könnten in Verbindung mit einer Depression stehen. Haben die Symptome eine Form oder ein Gesicht oder einen speziellen Namen? Welche Art von körperlichen Symptomen scheint Ihr Körper zu bevorzugen? Öffnen Sie Ihre Augen und konzentrieren Sie sich auf den unteren Bereich der Geist↔Körper-Depressions-Puppe.

Markieren Sie die körperlichen Symptome oder Krankheiten, die Sie hatten oder haben, oder listen Sie sie auf. Fügen Sie auch hier wieder alle anderen Symptome, die Sie erleben, hinzu, wenn diese nicht schon aufgelistet sind. Nun zeichnen oder verstärken Sie die Pfeile, die in beide Richtungen führen, mit Tinte oder verbinden Sie die Striche im Diagramm zwischen Ihrem Kopf und Ihrem Körper als Sinnbild dafür, wie direkt das eine das andere beeinflußt. Ein schwarzer oder dunkelblauer »Zweifach-Pfeil« kann für die »Depressions-Schnellstraße« Ihres zentralen Nervensystems stehen, die einen der Hauptübertragungswege der Geist↔Körper-Verbindung darstellt. Der Begriff der Depressions-Schnellstraße bietet sich an, weil er Sie daran erinnert, wie die negative Energie Ihres Geistes Ihren Körper verletzen, oder umgekehrt, wie Ihr kranker Körper Ihren Geist beeinflussen kann.

Um diese Kette endlos wiederaufbereiteter negativer Energie zu durchbrechen, schreiten Sie zur Tat. Fangen Sie mit den drei wichtigsten Lehren an, die Sie aus Ihrer Krankheit und den unvermeidli-

# Aktionsstrategien zur Bewältigung von Geist↔Körper-Depressionen 269

chen Schmerzen des Lebens gezogen haben. Gail lernte durch ihre Krebserkrankung, daß Menschen wichtiger sind als der Erfolg. Lauren lernte durch PMS, daß uns manchmal nur andere Frauen etwas über die Geheimnisse des weiblichen Körpers beibringen können und daß manche Symptome, die körperlicher Natur zu sein schei-

|  | |
|---|---|
| Typische depressive Gefühle | leer<br>hoffnungslos hilflos erschöpft<br>schläfrig ängstlich beschämt<br>• •<br>gestreßt pessimistisch ausgelaugt<br>schuldbewußt einsam wütend verwirrt<br>durcheinander unschlüssig<br>•<br>innere Leere traurig alles ist grau<br>• • • • • • •<br>kann mich nicht konzentrieren<br>scheu<br>bin es nicht wert |
| Depressions-Schnellstraße (Zentrales Nervensystem) |  |
| Körperliche Symptome, die oft mit Depressionen in Verbindung stehen oder von ihnen verursacht werden. | Diarrhöe, Magenschmerzen, Magengeschwüre, Ausschläge, Virusinfektionen, Erkältungen, Grippe, Halsschmerzen, Asthma, Heuschnupfen, Bulimie, hoher Blutdruck und/oder Herzprobleme, Schlaflosigkeit, kein Interesse an Sex oder Freizeit, Verstopfung, Druck in der Brust oder im Kopf, Atemprobleme, unregelmäßige Menstruation, Schmerz- und Steifheitsgefühl in Muskeln, Gelenken, Sehnen, Bändern, chronische Schmerzen, Rückenschmerzen, Müdigkeit, Bindegewebsentzündung, Krämpfe |

nen, in Wirklichkeit eher psychischer Natur sind. Und die selbstbewußte Sugar lernte es zu respektieren, daß sie vieles von dem nicht weiß, was ihr Körper wirklich braucht – was in ihrem Fall einfach nur mehr Licht war.

Wie Gail, Lauren und Sugar schreiben Sie nieder, was Sie aus Ihren körperlichen Problemen und Erkrankungen gelernt haben. Dann heften Sie die Liste an Ihre Geist↔Körper-Depressions-Puppe als Beleg dafür, daß Sie Geist↔Körper-Depressionen in Gesundheit und Weisheit umwandeln können. Um das, was Sie gelernt haben, in die Tat umzusetzen, suchen Sie sich nun aus Ihrer Geist↔Körper-Depressions-Puppe ein schlechtes Gefühl heraus, das Sie haben und das sich oft in einem körperlichen Symptom äußert. Lauren gab die Kombination Inaktivität↔Krämpfe an, Sugar die Verbindung Depression↔Lethargie, und Gail notierte Streß↔Diarrhöe.

Entwickeln Sie dann zwei spezifische Gesundheitsstrategien, die Ihnen helfen werden, Ihre Geist↔Körper-Depressions-Symptome in den nächsten zwei Wochen zu lösen. Schreiben Sie Ihre Ziele neben Ihre Liste der Lehren, die Sie gezogen haben. Gails Ziele beinhalteten beispielsweise einen täglichen Zehnminutenmarsch und eine Imaginationsübung pro Tag, um ihren Streß zu reduzieren. Sugar schwor sich, die Fototherapie beizubehalten und einen Arzt aufzusuchen, um den Grund für ihre quälenden Rückenschmerzen herauszufinden. Lauren suchte das Beratungszentrum der Universität auf, um dort in drei Therapiesitzungen zu lernen, wie sie ihre Depressionen in den Griff bekommen konnte, damit sie sich körperlich besser fühlte.

Bewahren Sie eine Kopie Ihrer Geist↔Körper-Depressions-Puppe in Sichtweite auf, damit Sie jeden Tag daran erinnert werden, welche Gesundheitsziele Sie sich gesteckt haben und wie die Beschäftigung mit diesen Zielen Sie zu mehr Gesundheit und Lebensklugheit führen kann. Nach der ersten Woche ändern, erneuern oder modifizieren Sie die Ziele für die folgende Woche. Nach zwei Wochen kehren Sie zu Ihrer Geist↔Körper-Depressions-Puppe zurück und ergründen die Symptome, die Sie erlebt haben. Sind es dieselben Symptome wie zu Anfang? Haben sie nachgelassen, oder sind sie schwächer geworden? Auch wenn Sie darauf keine rechte Antwort wissen – fühlen Sie sich trotzdem besser?

Die meisten Menschen, die diese Übung durchhalten, berichten, daß sie sich innerhalb einer Woche besser fühlen. Jene, die einen Monat dabeibleiben, erklären, daß ihre unangenehmen körperlichen Symptome besser geworden sind und sie nach vier Wochen mit beträchtlich weniger Schmerz und Depression zu kämpfen haben. Sie haben das Gefühl, mehr Einfluß auf ihre emotionale und körperliche Gesundheit zu haben – womit sie richtigliegen –, und sind weniger anfällig für Geist↔Körper-Depressionen.

## Lernen Sie neue Kommunikations- und Kontrollstrategien, wenn Sie krank sind!

Wenn Sie sehr krank sind oder sich gerade von einer schweren Operation oder einem Unfall erholen, ist es normal, daß Sie sich hilflos und abhängig fühlen, daß Sie glauben, keine Kontrolle mehr über Ihr Leben zu haben. Aber selbst wenn Ihre Mobilität eingeschränkt ist und Sie während Ihrer Genesung auf die Hilfe und Unterstützung von anderen angewiesen sind, können Sie den folgenden Fünfstufenplan dazu hernehmen, um wieder ein Gefühl von Kontrolle über Ihr Leben zu bekommen und die Geist↔Körper-Depressionen, denen Sie in solchen Situationen unausweichlich ausgesetzt sind, erheblich zu reduzieren.

*Schritt 1* besteht darin, Ihre Erwartungen der Situation anzupassen. Akzeptieren Sie die Tatsache, daß Sie sich in der Rekonvaleszenz befinden und einen bedeutenden körperlichen Schaden und Verlust erlitten haben. Obwohl Sie sicherlich den Heilungsprozeß beschleunigen können, indem Sie auf sich selbst achten, müssen Sie akzeptieren lernen, daß Sie die Genesung nicht forcieren können. Der Heilungsprozeß braucht seine Zeit. Akzeptieren Sie, daß Ihr Körper Zeit benötigt, um sich zu erneuern.

Während der Rekonvaleszenz ist es wichtig, Selbstdisziplin zu üben. Konzentrieren Sie sich konsequent auf die Gewinne statt auf die Verluste. Dies ist notwendig, weil Schmerz zehrend ist, sowohl in emotionaler wie in körperlicher Hinsicht. Unser Schmerz entzieht uns die chemischen Substanzen aus unserem Gehirn, die dafür verantwortlich sind, daß wir uns gut fühlen, also ist positives Denken sehr wichtig, um die Balance in unserer Biochemie aufrechtzuhalten und unsere Rekonvaleszenz zu fördern.

*Schritt 2* besteht darin, anzuerkennen, daß auf dem Weg zur Genesung selbst die kleinsten Schritte eine Rolle spielen. Je nachdem, wie krank Sie waren oder sind, besteht der Fortschritt vielleicht in so etwas Einfachem, wie sich im Bett aufzusetzen, ein paar Meter über den Gang zu schlurfen oder eine Hand auszustrecken, um einen Besucher zu berühren. Es kommt darauf an, daß Sie sich Ihrem Selbst und Ihrer Genesung verpflichtet fühlen. Viele kleine Schritte zeigen, daß Sie auf Ihrem Weg zur Genesung vorankommen. Wenn Sie die Depression nicht allein beheben können und vermuten, daß diese Ihre Genesung behindert, überlegen Sie, Antidepressiva einzunehmen, bis Sie wieder stark genug sind, um auf eigenen Beinen zu stehen und eine positive Grundhaltung entwickelt zu haben.

*Schritt 3* besteht darin, zu verstehen, wie wichtig es für Ihre Genesung ist, daß Sie sich mit anderen Menschen verbunden fühlen und lernen, um das zu bitten, was Sie brauchen. Oder wie Drs. Ornstein und Charles Swencionis in ihrem Buch *The Healing Brain: A Scientific Reader* so schön sagen: »Es gibt keine Krankheit, an der mehr Menschen sterben, als die Einsamkeit ... die Ledigen, Verwitweten und Geschiedenen unterliegen einer zwei- bis zehnmal höheren Wahrscheinlichkeit, noch vor dem Alter von siebzig Jahren zu sterben, als verheiratete Menschen. Menschen brauchen einander tatsächlich.« Jüngste Studien haben gezeigt, daß Menschen nicht »verwöhnt« werden oder man sie dazu ermutigt, krank zu bleiben, wenn sie gehätschelt und mit viel Aufmerksamkeit bedacht werden. Tatsächlich genesen Menschen, die viel Besuch und Aufmerksamkeit von Familie und Freunden erhalten, wesentlich schneller.

Dieses Ergebnis wurde durch eine neue Studie an Herzpatienten noch untermauert. Jene, die soviel Aufmerksamkeit erhielten, wie sie sich wünschten, erholten sich innerhalb eines Monats von ihrem Herzinfarkt und zeigten eif höheres Selbstwertgefühl, weniger Depressionen, Angst, Verwirrung und Abhängigkeit. Jene, die die Aufmerksamkeit, nach der sie sich sehnten, nicht bekamen, brauchten mindestens vier Monate, um zu genesen, und noch länger, bis sie an ihren Arbeitsplatz zurückkehren konnten. Zweifellos ist der Rückhalt bei Freunden und Familie eine gute Medizin. Diese lebensrettende Tatsache sollten wir nie vergessen, ob wir nun krank oder gesund sind – wir können es uns nicht leisten.

*Schritt 4* besteht darin zu lernen, mit denjenigen zu kommunizieren, die sich um Sie kümmern, damit Sie mehr Einfluß und Kontrolle über Ihre Umgebung haben, selbst wenn Sie sich ziemlich hilflos fühlen. Dies beinhaltet, daß Sie Ihre Bedürfnisse klar und deutlich aussprechen und auf die kleinen Dinge achten, die Ihre Situation immens erleichtern können, wenn Sie krank oder in der Rekonvaleszenz sind. Lassen Sie Ihre Umgebung wissen, wie man Ihnen helfen kann, und erklären Sie genau, was Ihnen guttut und was nicht, ohne sich für Ihre Bedürfnisse zu rechtfertigen oder zu entschuldigen.

*Schritt 5* besteht darin, positive Visualisierungstechniken einzusetzen. Obwohl es schwierig ist, ihre Wirkung genau zu benennen, wissen wir doch, daß Visualisierungen Depressionen reduzieren und sich positiv auf den Heilungsprozeß auszuwirken scheinen. In einer Studie wurde männlichen und weiblichen Freiwilligen gesagt, sie sollten sich ihre weißen Blutkörperchen als starke, kraftvolle Haie vorstellen, die durch ihren Blutstrom schwimmen und die Bazillen, die Erkältungen und die Grippe verursachen, angreifen und zerstören würden. Bei fortgesetzter Visualisierung kam es unter den jüngeren Testteilnehmern zu einer gesteigerten Effektivität der weißen Blutkörperchen. Studien zeigen ebenfalls, daß Placebos in zwei Dritteln der Fälle genauso wirksam sind wie die echten Tabletten. Was uns wiederum daran erinnert, daß die Geist↔Körper-Verbindung stärker ist als bislang angenommen. Also: Auch wenn Sie Ihren Körper nicht immer unter Kontrolle haben, können Sie gewöhnlich Ihren Geist kontrollieren. Und wenn Sie dies tun, kann es direkte Auswirkungen auf Ihren Körper haben und Ihnen dabei helfen, einen weiteren Schritt Richtung Genesung zu gehen.

## Erstellen Sie eine Kosten/Nutzen-Analyse für Ihren Geist und Ihren Körper!

Haben Sie jemals darüber nachgedacht, Ihre Gesundheit zu managen, wie Sie ein Geschäft managen würden? Wenn manche von uns dieselben Prinzipien, die sie bei der Arbeit anlegen, auch anlegen würden, wenn es um das eigene Wohlbefinden geht, würden wir sehr viel glücklicher und zufriedener sein. Vernünftiges Management, ob es nun um ein Geschäft oder um unseren Körper geht, erfordert, daß wir Sinn fürs Detail besitzen, einen Plan haben sowie die Fähigkeit, den Plan auch umzusetzen und durchzuhalten.

Wenn Sie allgemein übliche Managementstrategien auf Ihre Gesundheit anwenden, werden Sie vielleicht erstaunt sein, wieviel leichter Ihnen die Rechtfertigung fallen wird, sich mehr um sich zu kümmern. Eine Kosten/Nutzen-Analyse beispielsweise wird im Geschäftsleben gewöhnlich dann vorgenommen, wenn man vor der Entscheidung steht, ob eine Investition vernünftig ist oder nicht. Eine Kosten/Nutzen-Analyse kann Ihnen überdies auch zeigen, inwieweit die positiven Schritte, die Sie bereits unternehmen, um »gesünder« zu leben, tatsächlich einen Unterschied machen.

Eine wissenschaftliche Studie, von der im letzten Jahr in der Zeitschrift *Circulation* die Rede war, kam zu dem Ergebnis, daß ein bestimmter Lebensstil und Einstellungsänderungen das Leben von Frauen um Jahre verlängern können. Im folgenden eine Zusammenstellung dieser und anderer Ergebnisse:

## Kosten/Nutzen-Analyse für Ihren Geist↔Körper

KOSTEN: Die Mühe, den Blutdruck zu senken.
NUTZEN: Bringt Ihrem Leben fünf zusätzliche Monate.
KOSTEN: Die Mühe, den Cholesterinspiegel zu senken.
NUTZEN: Bringt zehn zusätzliche Monate.

KOSTEN: Mit dem Rauchen aufzuhören.
NUTZEN: Bringt vier zusätzliche Jahre. Ein Jahr, nachdem Sie mit dem Rauchen aufgehört haben, hat sich das Risiko, am Herzen oder an der Lunge zu erkranken, um fünfzig Prozent reduziert; nach zehn Jahren ist das Raucherrisiko praktisch verschwunden.

KOSTEN: Vier- bis fünfmal in der Woche Gymnastik.
NUTZEN: Dreimal schnellerer Gewichtsverlust als bei Frauen, die nur dreimal in der Woche Gymnastik treiben; bringt Ihnen drei bis vier zusätzliche Jahre.

KOSTEN: Gewicht abnehmen; auf Ernährung achten.
NUTZEN: Bringt zwei bis drei zusätzliche Jahre.

KOSTEN: Nehmen Sie 300 Milligramm Vitamin C pro Tag zu sich.
NUTZEN: Bringt mindestens ein Jahr mehr.

KOSTEN: Reduzieren Sie übermäßiges Trinken von Alkohol.
NUTZEN: Bringt vier Jahre zusätzlich.

KOSTEN: Hören Sie auf, wütend und zynisch zu sein.
NUTZEN: Ruhige, zuversichtliche Menschen sind fünfmal weniger gefährdet, schon mit Fünfzig zu sterben. Feindselige, konkurrenzbewußte, gehetzte Menschen sind gewöhnlich für koronare Herzerkrankungen prädisponiert.

KOSTEN: Hören Sie auf, pessimistisch zu sein.
NUTZEN: Sie empfinden weniger Unbehagen bei medizinischen

Prozeduren; genesen schneller; leiden im Leben an weniger Depressionen und Krankheiten; haben eine höhere Lebensqualität.

KOSTEN: Investieren Sie Zeit und Energie in Ihr persönliches Wachstum, um Ihr Selbstwertgefühl zu heben.
NUTZEN: Ein hoher Selbstwert ist einer der grundlegenden Bausteine guter Beziehungen und guter Gesundheit. Je geringer Ihr Selbstwertgefühl, desto höher Ihr Streßhormonniveau und desto wahrscheinlicher Ihr Griff nach »schnellwirksamen« Lebensmitteln, die einen hohen Salz- und Zuckergehalt haben.

KOSTEN: Bringen Sie die Zeit und Energie auf, enge Beziehungen einzugehen und zu pflegen; gehen Sie mit Liebe ans Leben und kümmern Sie sich um sich selbst.
NUTZEN: Es gibt kein besseres Heilmittel gegen Geist↔Körper-Depressionen.

Wenn Sie sich bewußt darum bemühen, besser auf sich aufzupassen, und diese simplen Gesundheitsempfehlungen befolgen, dürfen Sie sich auf Ihrem Lebenskonto siebzehneinhalb Jahre gutschreiben! Es ist ein kostenloses Geschenk, das wir alle uns selbst machen können. Wir müssen nur bereit dazu sein, einige grundlegende Verhaltensänderungen in die Wege zu leiten, größere Verantwortung für die Qualität unseres Lebens zu übernehmen und daran zu arbeiten, unsere Geist↔Körper-Depression zu heilen.

Wie wir gesehen haben, sind Geist und Körper auf komplizierte und wunderbare Weise miteinander verknüpft. Wir haben es sehr viel mehr in der Hand, uns vor Krankheit und Depression zu schützen, als den meisten von uns bewußt ist. Wenden Sie an, was Sie in diesem Kapitel gelernt haben. Täglich. Denken Sie daran, daß negatives Denken oder Selbstmitleid Ihre Anfälligkeit für geistige und körperliche Erkrankungen erhöhen. Und wenn Sie krank sind, denken Sie daran, daß die Art, wie Sie mit Ihrer Depression umgehen, einen direkten Einfluß auf Ihren Genesungsprozeß hat. Bleiben Sie wachsam, informiert und sich der Verbindung zwischen Ihrem Geist und Ihrem Körper bewußt – und Sie werden sehr viel mehr Kraft dazu haben, um geistig und körperlich gesund zu werden und zu bleiben.

JOHN GRAY

# In schwierigen Zeiten zusammenstehen

## Wie man Streß vermeidet

Eine der größten Herausforderungen in jeder Liebesbeziehung ist es, mit Differenzen und Meinungsverschiedenheiten umzugehen. Oft wird durch eine Meinungsverschiedenheit ohne vorherige Warnung aus einem Gespräch ein Streit, und aus dem Streit entwickelt sich ein Kampf. Plötzlich sprechen Mann und Frau nicht mehr liebevoll miteinander und fangen an, sich gegenseitig zu verletzen: Sie machen sich gegenseitig Vorwürfe, klagen einander an, stellen Forderungen, weisen einander zurück, und keiner traut dem anderen.

*Wenn Männer und Frauen sich gewaltsam streiten, kann das nicht nur ihre Gefühle, sondern ihre gesamte Beziehung beschädigen. Kommunikation ist das wichtigste Element einer Beziehung und Streit kann das destruktivste sein.* Je näher wir jemandem kommen, desto leichter ist es, ihn zu verletzen oder von ihm verletzt zu werden.

In meiner Praxis empfehle ich den Paaren, mit denen ich zu tun habe, Streit möglichst zu vermeiden. Wenn zwei Menschen keine sexuelle Beziehung zueinander haben, ist es für sie viel leichter, den nötigen Abstand zu wahren, wenn sie sich über ein Thema auseinandersetzen oder streiten. Wenn aber Paare streiten, die emotional – und besonders auch sexuell – miteinander verbunden sind, nehmen sie die Dinge allzuleicht persönlich.

Die Grundregel ist, daß man sich niemals streiten, sondern statt dessen das Pro und Contra eines Gegenstandes erläutern sollte. Verhandeln Sie, was Sie wollen, aber streiten Sie sich nicht. Es ist möglich, offen und ehrlich zu sein, ja sogar negative Gefühle auszudrücken, ohne dabei einen Streit vom Zaun zu brechen oder sich in einen Kampf zu verwickeln.

Einige Paare streiten sich ständig. Ihre Liebe wird es nicht überleben. Das andere Extrem sind Paare, die ihre ehrlichen Gefühle unterdrücken, um sich nicht zu streiten und Konflikte zu vermeiden. Die Folge ist, daß sie nicht nur zu ihren negativen, sondern auch zu ihren liebevollen Gefühlen den Kontakt verlieren. Die einen führen eine Schlacht, die anderen haben kalten Krieg.

Am besten ist die goldene Mitte. Mit geschickter Kommunikation kann man einen Streit vermeiden, ohne dabei negative Gefühle und widersprüchliche Gedanken und Wünsche zu unterdrücken.

## Was geschieht, wenn wir uns streiten?

Wenn man nicht versteht, auf welche Weise Männer und Frauen verschieden sind, ist es sehr leicht, sich in einen Streit zu verwickeln, seinen Partner zu verletzen und selbst verletzt zu werden. Das Geheimrezept zur Vermeidung rücksichtsloser Kämpfe ist die liebevolle Kommunikation.

Es sind nicht die Meinungsverschiedenheiten, die verletzend wirken, sondern die Art und Weise, wie sie ausgetragen werden. Ein Streitgespräch muß nicht verletzend sein, es kann in Form einer Unterhaltung geführt werden, in der Meinungsverschiedenheiten deutlich werden. Es bleibt in einer Beziehung nicht aus, daß beide Partner gelegentlich unterschiedlicher Meinung sind. In der Praxis fängt ein Paar oft an, über irgendeinen Gegenstand verschiedener Meinung zu sein. Es dauert keine fünf Minuten, und schon streiten sie sich über die Art und Weise, wie der andere argumentiert.

Das positive Lösen einer Meinungsverschiedenheit erfordert eine Erweiterung oder eine Ausdehnung unseres Standpunktes und die Integration einer anderen Perspektive als unserer eigenen. Um das zu schaffen, müssen wir das Gefühl haben, wir werden geschätzt und respektiert. Ist unser Partner jedoch lieblos und feindselig eingestellt, dann könnte es unserem Selbstwertgefühl schaden, zum Zeitpunkt des Streits seine Perspektive anzunehmen.

Je näher wir jemandem stehen und je intimer wir sind, desto schwieriger ist es, seinen Standpunkt objektiv zu sehen, ohne auf negative Gefühle zu reagieren. Um uns davor zu schützen, daß wir uns von Feindseligkeiten und Respektlosigkeiten anstecken lassen, schützen wir uns automatisch, indem wir den Standpunkt des anderen ablehnen. Selbst wenn wir in der Sache übereinstimmen, beharren wir vielleicht hartnäckig darauf, uns weiter zu streiten.

Nicht *was* wir sagen, wirkt verletzend, sondern *wie* wir es sagen. Wenn ein Mann sich herausgefordert fühlt, konzertiert sich gewöhnlich seine Aufmerksamkeit völlig darauf, recht zu behalten. Dabei vergißt er völlig, daß er ja eigentlich freundlich und nett sein wollte. Automatisch schwindet seine Fähigkeit, auf fürsorgliche, respektvolle und bestätigende Weise zu kommunizieren. Er weiß dabei nicht einmal, wie rücksichtslos er klingt, noch sieht er, daß er seine Partnerin verletzt. In solchen Zeiten kann eine harmlose Auseinandersetzung für eine Frau wie eine Attacke klingen, und eine Bitte wird zum Befehl. Natürlich wird sich die Frau einer solchen lieblosen Umgangsform widersetzen, selbst wenn sie das, was gesagt wird, unter anderen Umständen durchaus annehmen würde.

Erst verletzt der Mann, ohne es zu merken, seine Partnerin, indem er auf rücksichtslose Weise mit ihr redet, und dann erklärt er ihr auch noch, warum sie sich nicht ärgern sollte. Er unterliegt dem Irrtum, daß sie *den Inhalt* dessen, was er sagt, ablehnt. In Wirklichkeit ist es seine lieblose Art, die sie verletzt. Weil er ihre Reaktion nicht versteht, versteift er sich darauf, seinen Standpunkt zu rechtfertigen, anstatt seinen Ton zu korrigieren.

Er hat keine Ahnung, daß *er* den Streit angefangen hat. Er meint, *sie* streite sich mit *ihm.* Er verteidigt seine Meinung, während sie *sich selbst* vor seinem harten Ton verteidigt, der sie beleidigt.

Wenn ein Mann die verletzten Gefühle einer Frau nicht ernst nimmt und sie herunterspielt, verletzt er sie noch mehr. Es ist schwer für ihn, ihre Verletztheit zu verstehen, weil er selbst nicht so empfindlich auf einen lieblosen, kalten Ton reagiert. Folglich merkt er vielleicht nicht einmal, wie sehr er seine Partnerin verletzt, und provoziert dadurch ihren Widerwillen.

Auch eine Frau weiß oft nicht, wie verletzend sie auf einen Mann wirken kann. Wenn sie sich herausgefordert fühlt, wird ihr Ton zunehmend mißtrauisch und abweisend. Diese Art von Zurückweisung kann einem Mann sehr weh tun, besonders wenn er emotional beteiligt ist.

Frauen beginnen und eskalieren oft einen Streit, indem sie ihre negativen Gefühle über das Verhalten ihres Partners äußern und dann ungebetene Ratschläge erteilen, was er besser machen könnte. Sie versäumen es, ihre Botschaft mit Zeichen von Anerkennung und Zustimmung zu versehen. Daher reagiert er mit negativen Gefühlen, und die Frau ist völlig verwirrt. Sie merkt nicht, wie verletzend ihr Mißtrauen für ihn ist.

Zu einem Streit gehören immer zwei, aber einen Streit beenden muß jeder für sich. Die beste Methode ist allerdings, ihn schon im Keim zu ersticken. Ergreifen Sie die Initiative, wenn eine Meinungsverschiedenheit sich zu einem Streit entwickelt. Hören Sie auf zu sprechen und machen Sie eine Pause. Achten Sie darauf, wie Sie auf Ihren Partner zugehen. Versuchen Sie zu verstehen, warum Sie ihm nicht geben, was er braucht. Nach einer gewissen Zeit kommen Sie wieder zurück und sprechen Sie weiter, jetzt jedoch auf liebevollere und respektvollere Weise. In der Pause haben Sie Gelegenheit, sich abzukühlen, sich auf das Wesentliche zu konzentrieren und Ihre Wunden zu heilen, bevor Sie die Kommunikation wieder aufnehmen.

### Vier Strategien, um sich vor Verletzungen zu schützen

Es gibt im wesentlichen vier Strategien, die wir anwenden, um in einem Streit nicht verletzt zu werden: Kämpfen, Fliehen, So tun als ob und Aufgeben. Jede dieser Strategien bietet vorübergehend eine Lösung, auf lange Sicht sind sie jedoch alle ungeeignet. Wir wollen die vier Grundstrategien für den Streitfall untersuchen.

▷ *Kämpfen.* – Diese Strategie stammt zweifellos vom Mars. Wenn eine Unterhaltung immer liebloseren Charakter bekommt und die Parteien zu Gegnern werden, anstatt sich gegenseitig zu unterstützen, fangen einige an zu kämpfen. Sie gehen unmittelbar in die Angriffshaltung über. Ihr Motto ist: »Angriff ist die beste Verteidigung.« Sie führen den Erstschlag und verurteilen als erstes sofort pauschal ihren Gegner. Sie machen ihn für alles verantwortlich, beschuldigen ihn und kritisieren ihn. Sie erheben ihre Stimme und bringen jede Menge Ärger zum Ausdruck. Ihr inneres Motiv ist, ihre Partnerin so weit einzuschüchtern, daß sie lieb und kooperativ wird. Wenn sie klein beigibt, nehmen sie an, sie haben gewonnen, aber in Wirklichkeit haben sie verloren.

*Einschüchterung zerstört die Vertrauensgrundlage jeder Beziehung.* Den eigenen Willen mit Gewalt durchzusetzen, indem man andere verurteilt, ist der sicherste Weg, eine Beziehung zu zerstören. Wenn Paare miteinander kämpfen, verlieren sie allmählich ihre Fähigkeit, sich offen und verletzbar zu zeigen. Frauen verschließen sich, um sich zu schützen, und Männer machen dicht und hören auf, sich um sie zu kümmern. Allmählich verlieren beide den letzten Rest von Intimität.

▷ *Flüchten.* – Diese Strategie stammt ebenfalls vom Mars. Um einer Konfrontation aus dem Wege zu gehen, können sich die Marsmänner in ihre Höhle zurückziehen und niemals wieder herauskommen. Das ist die Strategie des kalten Krieges. Sie weigern sich zu reden, und nichts wird gelöst. Diese Situation ist nicht identisch mit der, wenn man eine Pause macht und dann wiederkommt, um zu reden und die Dinge auf liebevollere Weise zu lösen.

Menschen, die diese Strategie verfolgen, haben Angst vor der Konfrontation. Sie würden lieber auf Sparflamme kochen und sich nur über Themen unterhalten, die keinen Konfliktstoff enthalten. Sie wollen in einer Beziehung nur mit Samthandschuhen angefaßt werden. Normalerweise beklagen sich in einer Beziehung meistens die Frauen, daß sie die Männer wie rohe Eier behandeln müssen, aber auch der umgekehrte Fall kommt vor. Ein übervorsichtiges Verhalten ist bei manchen Männern oft so zur Gewohnheit geworden, daß sie es überhaupt nicht mehr merken.

Anstatt sich in einen Streit zu verwickeln, hören einige Paare völlig auf zu reden, wenn es zu Meinungsverschiedenheiten kommt. Sie bekommen, was sie wollen, indem sie ihren Partner durch Liebesentzug bestrafen. Sie wagen sich nicht aus ihrer Defensive, um den Partner direkt wie einen Kämpfer zu verletzen, sondern sie tun es indirekt, indem sie ihm langsam die Liebe, die er braucht, entziehen. *Doch Liebesentzug bewirkt nur Haß und Zwietracht.*

Kurzfristig bringt diese Strategie vielleicht eine gewisse Ruhe und scheinbare Harmonie, aber wenn über Dinge nicht gesprochen wird und Gefühle nicht geäußert werden können, bauen sich Ressentiments auf. Langfristig werden solche Paare die leidenschaftlichen und liebevollen Gefühle, die sie einmal zusammengebracht haben, wieder vergessen. Oft benutzen sie Essen und andere Süchte, um ihre ungelösten schmerzhaften Gefühle zu betäuben.

▷ *So tun als ob.* – Diese Strategie stammt von der Venus. Um zu vermeiden, in einer Konfrontation verletzt zu werden, gibt eine der beteiligten Personen einfach vor, es bestünde überhaupt kein Problem. Sie trägt stets ein Lächeln auf den Lippen, macht den Eindruck, sie stimme allem zu, und tut so, als sei sie rundum zufrieden. Mit der Zeit jedoch wird sie zunehmend empfindlicher. Sie gibt ihrem Partner immer, aber bekommt nichts zurück. Der natürliche Fluß der Liebe ist blockiert.

Eine solche Person hat Angst davor, ehrlich zu sein und ihre wahren Gefühle zu äußern. Also tut sie so, als sei alles »in Ordnung«, »prima« und »kein Problem«. Auch Männer gebrauchen diese Ausdrücke bisweilen, aber mit anderer Bedeutung. »In Ordnung« heißt bei ihnen, daß sie allein zurechtkommen. »Prima« heißt, daß sie sich schon alles zurechtgelegt haben und wissen, was zu tun ist, und »kein Problem« bedeutet, daß sie keinerlei

Hilfe brauchen. Wenn eine Frau diese Worte benutzt, meint sie vielleicht etwas ganz anderes, nämlich, daß sie versucht, einem Konflikt oder einem Streit aus dem Wege zu gehen.

*Um dem Konflikt auszuweichen, kommt es durchaus vor, daß eine Frau sogar sich selbst an der Nase herumführt und meint, alles sei »in Ordnung«, »prima« und »kein Problem«*, wenn es in Wirklichkeit alles andere ist als das. Sie opfert oder negiert ihre Wünsche, Bedürfnisse und Gefühle, um die Möglichkeit einer Auseinandersetzung zu vermeiden.

▷ *Aufgeben.* – Diese Strategie kommt ebenfalls von der Venus. Anstatt sich in einen Streit zu verwickeln, gibt derjenige einfach auf. Er übernimmt sämtliche Schuld für alles, was seinen Partner stört. Kurzfristig kann dadurch ein Zustand herbeigeführt werden, der so aussieht wie eine liebevolle und kooperative Beziehung, am Ende aber werden beide Partner ihre Identität verlieren.

Ein Mann beschwerte sich einmal bei mir über seine Frau: »Ich liebe sie sehr. Sie gibt mir alles, was ich zum Leben brauche. Meine einzige Schwierigkeit ist, daß sie selbst niemals zufrieden ist.« Seine Frau hatte 20 Jahre lang ihre eigenen Bedürfnisse für ihn negiert. Sie hatten nie Streit. Wenn man die Frau nach ihrer Beziehung fragte, sagte sie immer: »Wir haben eine gute Beziehung. Das einzige Problem bin ich selbst. Ich bin immer deprimiert und weiß selbst nicht warum.« Sie ist deprimiert, weil sie sich selbst 20 Jahre lang verleugnet und allem zugestimmt hat.

*Um es ihrem Partner recht zu machen, spüren solche Menschen intuitiv, was seine Wünsche sind, und formen sich selbst, um diesen Wünschen gerecht zu werden. Bis sie es irgendwann doch nicht mehr aushalten und sich weigern, sich weiterhin für ihre Liebe aufzugeben.*

Jede Form der Ablehnung ist für sie sehr schmerzhaft, weil sie sich ja selbst bereits ablehnen. Sie versuchen um jeden Preis Ablehnung zu vermeiden und jedermanns Freund zu sein. In diesem Prozeß können sie buchstäblich sich selbst aufgeben.

Vielleicht finden Sie sich ja in einer dieser Vermeidungsstrategien wieder, vielleicht auch in allen vier. Normalerweise pendeln wir zwischen ihnen hin und her. Mit allen diesen Strategien verfolgen wir die Absicht, uns vor Verletzungen zu schützen. Leider funktioniert das jedoch nicht. Grundlegend hilft nur, einen Streit im Keim zu entdecken und zu ersticken. Machen Sie eine Pause, um sich zu beruhigen. Kommen Sie anschließend wieder zurück und reden Sie weiter. Üben Sie sich darin, verständnisvoller miteinander umzugehen, und respektieren Sie das andere Geschlecht. Dann werden Sie allmählich lernen, wie Sie Streit und Zwietracht vermeiden können.

## Warum wir uns streiten

Frauen und Männer streiten sich normalerweise über Geld, Sex, Entscheidungen, Termine, Werte, wer auf das Kind aufpaßt und wer den Abwasch macht. Die damit verbundenen Diskussionen und Verhandlungen entwickeln sich jedoch oft aus einem einzigen Grund zu schmerzlichen Auseinandersetzungen: Wir fühlen uns nicht geliebt. Und ein Mensch, der sich nicht geliebt fühlt, kann nur schwer jemanden lieben.

Weil Frauen nicht vom Mars kommen, erkennen sie nicht sofort instinktiv, was ein Mann braucht, um mit einer Meinungsverschiedenheit erfolgreich umgehen zu können. Widersprüchliche Ideen, Gefühle und Bedürfnisse sind für einen Mann eine schwierige Herausforderung. Je näher er seiner Frau steht, desto schwerer ist es für ihn, mit Differenzen und Meinungsverschiedenheiten umzugehen. Wenn sie etwas, was er getan hat, nicht mag, hat er gleich das Gefühl, sie mag ihn nicht mehr. Er fühlt sich ungeliebt und angegriffen.

Männer können mit Differenzen und Meinungsverschiedenheiten am besten umgehen, wenn ihre emotionalen Grundbedürfnisse erfüllt sind. Wenn man einem Mann die Liebe entzieht, die er so dringend braucht, kommt seine schlechteste Seite zum Vorschein, und jede kleine Meinungsverschiedenheit kann in einen Streit ausarten.

An der Oberfläche scheint es, als würde er sich wegen eines der genannten Themen streiten (Geld, Verantwortung etc.). Der wahre

Grund liegt jedoch bei seiner Angst, vielleicht nicht geliebt zu werden. Wenn ein Mann sich über Geld, Termine, Kinder etc. streitet, stehen vielleicht im verborgenen die Gründe dahinter, welche im folgenden genannt werden.

Indem die emotionalen Grundbedürfnisse eines Mannes befriedigt werden, nimmt seine Neigung, sich in einen verletzenden Streit zu verwickeln, immer weiter ab. Automatisch wird er wieder zuhören und mit viel mehr Respekt, Verständnis und Fürsorge zu seiner Partnerin sprechen.

### Die geheimen Gründe, warum Männer sich streiten

| Der verborgene Grund, warum er sich streitet | Was er braucht, damit er aufhört, sich zu streiten |
|---|---|
| »Ich mag es nicht, wenn sie sich über die kleinsten Dinge aufregt, die ich mache oder nicht mache. Ich will nicht kritisiert und zurückgewiesen, sondern so akzeptiert werden, wie ich bin.« | Er muß sich so, wie er ist, akzeptiert fühlen können. Statt dessen versucht sie, ihn zu verbessern. |
| »Ich mag es nicht, wenn sie mir sagen, wie ich etwas zu tun habe. Ich fühle mich mißachtet und wie ein Kind behandelt.« | Er muß das Gefühl haben, man bewundert ihn. Statt dessen fühlt er sich herabgesetzt. |
| »Ich mag es nicht, wenn sie mich für ihr Unglück verantwortlich macht. Ich fühle mich nicht inspiriert, ihren ritterlichen Freund zu spielen.« | Er muß neuen Mut schöpfen. Statt dessen will er am liebsten aufgeben. |
| »Ich mag es nicht, wenn sie sich darüber beschwert, wieviel sie tut oder wie wenig ihre Leistung anerkannt wird. Ich habe dann das Gefühl, sie sieht gar nicht, was *ich* alles für sie tue.« | Er muß das Gefühl haben, man schätzt seine Arbeit. Statt dessen fühlt er sich schuldig, unterbewertet und ohnmächtig. |
| »Ich mag es nicht, wenn sie sich über alles mögliche Sorgen macht, was alles schiefgehen könnte. Ich habe den Eindruck, sie traut mir nichts zu.« | Er muß das Gefühl haben, sie vertraut auf ihn und weiß seinen Beitrag zu ihrer Sicherheit zu schätzen. Statt dessen fühlt er sich für ihre Angst verantwortlich. |

| Der verborgene Grund, warum er sich streitet | Was er braucht, damit er aufhört, sich zu streiten |
|---|---|
| »Ich mag es nicht, wenn sie erwartet, daß ich nach ihrer Pfeife tanze und immer dann rede, wenn sie es will. Ich fühle mich weder akzeptiert noch respektiert.« | Er muß sich so, wie er ist, angenommen fühlen. Statt dessen fühlt er sich gegängelt und zum Reden genötigt. Deshalb hat er nichts zu sagen. Er fürchtet, daß er es ihr niemals recht machen kann. |
| »Ich mag es nicht, wenn sie sich durch meine Worte verletzt fühlt. Ich spüre, daß sie mir mißtraut, mich nicht versteht und mich abweist.« | Er braucht Akzeptanz und Vertrauen. Statt dessen spürt er, wie er zurückgestoßen wird und sie ihm nicht verzeiht. |
| »Ich mag es nicht, wenn sie von mir erwartet, daß ich ihr sämtliche Wünsche von den Augen ablese. Ich kann das nicht. Ich habe dann das Gefühl, ich bin schlecht oder tauge nicht für sie.« | Er muß sich bestätigt und akzeptiert fühlen können. Statt dessen fühlt er sich wie ein Versager. |

Auch Frauen tragen zu bösem Streit bei, aber aus anderen Gründen. An der Oberfläche streitet sie vielleicht über Finanzen, Verantwortlichkeiten etc., aber insgeheim widersetzt sie sich ihrem Partner aus einem der auf der folgenden Seite genannten Gründe.

Alle diese schmerzlichen Gefühle und Bedürfnisse haben ihre Berechtigung. Normalerweise werden sie nur allerdings nicht direkt vorgetragen und behandelt. Vielmehr stauen sie sich im Inneren an und brechen während eines Streits mit Macht hervor. Manchmal werden sie direkt angesprochen, aber normalerweise kommen sie hoch und werden durch Mimik, Gestik und Tonfall ausgedrückt.

Männer und Frauen müssen ihre besonderen Empfindlichkeiten verstehen und damit umgehen lernen. Sie dürfen sie nicht ablehnen. Sie werden das wirkliche Problem ansprechen, indem sie es auf eine Weise mitzuteilen versuchen, die den emotionalen Grundbedürfnissen ihres Partners gerecht wird. Statt eines Streites kann dann eine aufrichtige, gegenseitig unterstützende Unterhaltung entstehen, die nötig ist, um Differenzen und Meinungsverschiedenheiten auszutragen und zu verhandeln.

## Die geheimen Gründe, warum Frauen sich streiten

| Der verborgene Grund, warum sie sich streitet | Was sie braucht, um sich nicht mehr zu streiten |
|---|---|
| »Ich mag es nicht, wenn er die Bedeutung meiner Wünsche herunterspielt. Ich fühle mich abgekanzelt und unwichtig.« | Sie braucht mehr Wertschätzung und liebevolle Zuneigung. Statt dessen wird sie verurteilt und ignoriert. |
| »Ich mag es nicht, wenn er etwas, worum ich ihn gebeten habe, vergißt und mich dann als Nervensäge hinstellt. Ich habe das Gefühl, ich muß um seine Hilfe betteln.« | Sie braucht das Gefühl, respektiert und aufmerksam behandelt zu werden. Statt dessen fühlt sie sich vernachlässigt und auf der Prioritätenskala ganz unten. |
| »Ich mag es nicht, daß er mir Vorwürfe macht, wenn ich mich ärgere. Ich habe das Gefühl, ich muß vollkommen sein, um geliebt zu werden. Aber ich bin nicht vollkommen.« | Sie braucht sein Verständnis, wenn sie sich ärgert. Er muß ihr versichern, daß er sie immer noch liebt und sie nicht vollkommen zu sein braucht. Statt dessen fühlt sie sich nicht sicher genug, um ganz sie selbst zu sein. |
| »Ich mag es nicht, wenn er laut wird oder eine ganze Litanei von Gründen herunterbetet, warum er recht hat. Er gibt mir das Gefühl, daß ich im Unrecht bin, und macht sich nichts aus meiner Meinung.« | Sie braucht das Gefühl, verstanden und respektiert zu werden. Statt dessen fühlt sie sich unverstanden, herumkommandiert und abqualifiziert. |
| »Ich mag seine herablassende Art nicht, wenn ich ihn etwas frage, was mit einer wichtigen Entscheidung zu tun hat, die wir zu treffen haben. Ich habe dann das Gefühl, ich bin ihm nur eine Last oder vergeude seine Zeit.« | Sie muß fühlen, daß er ihre Gefühle achtet und ihr Bedürfnis respektiert, Informationen zu sammeln. Statt dessen fühlt sie sich respektlos behandelt und mißachtet. |
| »Ich mag es nicht, wenn er nicht auf meine Fragen und Bemerkungen eingeht. Es ist, als wäre ich überhaupt nicht da.« | Sie braucht seine Bestätigung, daß er zuhört und Anteil nimmt. Statt dessen fühlt sie sich ignoriert oder beurteilt. |

| Der verborgene Grund, warum sie sich streitet | Was sie braucht, um sich nicht mehr zu streiten |
|---|---|
| »Ich mag es nicht, wenn er erklärt, warum ich nicht verletzt, besorgt, wütend etc. sein sollte. Ich fühle mich dann nicht ernstgenommen und allein gelassen.« | Sie muß sich ernst genommen und verstanden fühlen. Statt dessen empfindet sie sich als allein gelassen, ungeliebt und verärgert. |
| »Ich mag es nicht, wenn er von mir erwartet, daß ich mir nicht soviel daraus machen sollte. Ich habe dann das Gefühl, es ist falsch oder schwach, daß ich Gefühle habe.« | Sie braucht das Gefühl, respektiert und zärtlich behandelt zu werden, besonders wenn sie ihre Emotionen preisgibt. Statt dessen fühlt sie sich unsicher und schutzbedürftig. |

## Die Anatomie eines Streits

Es gibt eine grundlegende Anatomie für jeden verletzenden Streit. Vielleicht finden Sie sich in dem folgenden Beispiel wieder.

Ich machte mit meiner Frau einen wunderschönen Spaziergang mit anschließendem Picknick. Nachdem wir etwas gegessen hatten, schien alles in bester Ordnung, bis ich anfing, über mögliche Geldanlagen zu sprechen. Plötzlich wurde sie wütend darüber, daß ich in Erwägung zog, einen Teil unserer Ersparnisse in Aktien anzulegen. Aus meiner Sichtweise hatte ich nur die Überlegung angestellt, aber sie hatte den Eindruck, ich hätte es bereits geplant, ohne sie überhaupt um ihre Meinung gefragt zu haben.

Sie ärgerte sich, daß ich so etwas tun könne, und ich ärgerte mich, weil sie sich über mich ärgerte. Darüber gerieten wir in einen Streit.

Ich glaubte, sie würde meine Geldanlage-Ideen mißbilligen, und verteidigte sie daher. Ich stritt jedoch heftiger als nötig, weil ich wütend war, daß sie sich über mich ärgerte. Sie meinte, Aktien seien zu riskant. In Wirklichkeit war sie jedoch nur sauer, weil ich diese Überlegungen angestellt hatte, ohne sie vorher nach ihrer Meinung zum Thema zu befragen. Außerdem war sie sauer, weil ich ihr nicht das Recht zugestand, darüber sauer zu sein. Schließlich wurde ich so wütend, daß sie sich bei mir entschuldigte, mich mißverstanden und mir so wenig getraut zu haben, und wir beruhigten uns wieder.

Später, als wir weitergingen, stellte sie mir folgende Frage. Sie sagte: »Oft, wenn wir streiten, läuft das nach demselben Schema ab. Erst ärgere ich mich über etwas, dann ärgerst du dich darüber, daß ich mich ärgere, und schließlich muß ich mich entschuldigen, daß ich dich verärgert habe. Irgendwas stimmt da doch nicht. Manchmal sähe ich es gern, wenn du dich mal entschuldigen würdest, weil du mich verärgerst.«

Plötzlich sah ich die Logik in ihrer Perspektive. Von ihr eine Entschuldigung zu erwarten erschien ziemlich unfair, zumal ich sie ja zuerst verärgert hatte. Diese neue Einsicht krempelte unsere gesamte Beziehung um. Als ich in meinem Seminar diese persönliche Erfahrung einfließen ließ, entdeckte ich, daß sehr viele Frauen dasselbe erlebt hatten wie meine Frau. Es handelt sich um ein weiteres typisches Verhaltensmuster zwischen Mann und Frau. Schauen wir uns einmal an, nach welchem Schema das verläuft:

▷ *Eine Frau* drückt ihren Ärger über XY aus.
▷ *Ihr Mann* erklärt, warum sie sich nicht über XY aufregen sollte.
▷ *Sie* hat das Gefühl, er nimmt sie nicht ernst und wird noch ärgerlicher. (Ihr Ärger ist nun mehr darauf gerichtet, daß er sie nicht ernst nimmt, als auf XY.)
▷ *Er* spürt, daß sie ihm ihre Zustimmung verweigert und wird ebenfalls ärgerlich. Er macht sie dafür verantwortlich, daß er sich nun ebenfalls ärgert und verlangt, daß sie sich entschuldigt.
▷ *Sie* entschuldigt sich und fragt sich, was eigentlich los ist. Oder sie ärgert sich noch mehr, und der Streit artet in einen Kampf aus.

Dadurch, daß ich mir über die Anatomie eines Streits im klaren war, konnte ich unser Problem auf eine faire Weise lösen. Ich erinnerte mich daran, daß Frauen von der Venus stammen und machte ihr keinen Vorwurf, weil sie sich ärgerte. Statt dessen versuchte ich zu verstehen, wie ich sie verletzt hatte, und versuchte ihr zu zeigen, daß sie mir am Herzen liegt. Gerade wenn sie mich nicht richtig verstand und sich durch meine Worte verletzt fühlte, war es wichtig, sie wissen zu lassen, daß ich mich um sie sorge und es mir leid tut.

Immer wenn sie wütend wurde, lernte ich, erst einmal zuzuhören und aufrichtig zu verstehen, worüber sie sich aufregte. Dann sagte ich: »Es tut mir leid, daß ich dich verletzt habe, als ich gesagt habe ...« Der Erfolg ließ nicht lange auf sich warten. Wir stritten uns viel weniger.

Manchmal fällt es mir jedoch sehr schwer, mich zu entschuldigen. Ich atme dann erst einmal tief durch und sage überhaupt nichts. Ich versuche, mir vorzustellen, wie sie sich fühlt, und entdecke die Gründe ihres Ärgers aus ihrer Perspektive. Dann sage ich: »Es tut mir leid, daß du dich so ärgerst.« Das ist dann zwar keine Entschuldigung, aber es signalisiert, daß ich mir etwas daraus mache. Auch das hilft anscheinend sehr.

*Männer sagen nur selten:* »*Es tut mir leid*«, *weil das auf dem Mars bedeutet, daß man etwas falsch gemacht hat und sich entschuldigen muß.* Frauen sagen: »Es tut mir leid« und meinen damit: »Es ist mir nicht gleichgültig, wie du dich fühlst.« Die Entschuldigung einer Frau bedeutet nicht, daß sie sich für etwas, das sie falsch gemacht hat, entschuldigt. Männer können wahre Wunder vollbringen, wenn sie sich diesen Aspekt der venusianischen Sprache zu eigen machen. Die leichteste Methode, einem Streit den Wind aus den Segeln zu nehmen, ist zu sagen: »Es tut mir leid.«

Um verletzenden Streit zu vermeiden, ist es wichtig zu erkennen, wie Männer, ohne es zu merken, eine Frau herablassend behandeln, und Frauen, ohne es zu merken, Ablehnung signalisieren.

### Wie Männer einen Streit anfangen

Männer fangen häufig einen Streit an, indem sie die Gefühle oder Meinungen einer Frau nicht ernst nehmen. Männer wissen gar nicht, wie herablassend sie erscheinen können.

Wenn zum Beispiel ein Mann sagt: »Ach, mach dir nichts draus«, kann er dadurch die Gefühle einer Frau herunterspielen. Für einen anderen Mann wäre das vielleicht eine nette Geste. Einer intimen Partnerin jedoch erscheint es unsensibel und verletzend.

Männer versuchen häufig, den Ärger einer Frau durch die Worte

»Es ist doch gar nicht so schlimm« aufzulösen. Anschließend bieten sie noch eine praktische Lösung an und erwarten, daß sie erleichtert und glücklich ist. Sie verstehen dabei allerdings nicht, daß sie dadurch das Gefühl hat, allein gelassen zu werden. Sie kann seine Lösung nicht annehmen, wenn er ihr nicht zugesteht, sich zu ärgern.

Es geschieht oft, daß ein Mann etwas tut, was die Frau ärgert. Instinktiv möchte er ihr dann helfen, sich wieder besser zu fühlen, indem er ihr erklärt, warum sie sich nicht ärgern sollte. Er ist sich ganz sicher, daß er einen guten, logischen und vollkommen vernünftigen Grund für sein Tun hat, und erklärt es ihr. Er merkt dabei überhaupt nicht, daß er ihr das Gefühl vermittelt, daß sie kein Recht hat, sich aufzuregen. Wenn er ihr alles erklärt, merkt sie nur, daß er sich nichts aus ihren Gefühlen macht.

Damit sie *seine* guten Gründe verstehen kann, muß sie erst einmal spüren, daß er *ihre* guten Gründe anhört, warum sie sich ärgert. Er muß sich mit seinen Erklärungen vorerst zurückhalten und zuhören. Er braucht lediglich ihre Gefühle ernst zu nehmen, und schon wird sie sich nicht mehr allein gelassen fühlen.

Es ist nicht leicht und erfordert einige Übung, diese Verhaltensänderung durchzuführen, aber es ist möglich. Auf die Frustration, Enttäuschung und Sorge einer Frau reagiert jeder Mann erst einmal instinktiv, indem er eine Reihe von Erklärungen und Rechtfertigungen vorbringt, die ihren Ärger zerreden sollen. Dabei ist es niemals die Absicht des Mannes, die Sache noch zu verschlimmern. Wenn er versteht, daß in diesem Fall seine instinktiven Reaktionen das Gegenteil von dem bewirken, was er eigentlich will, kann er sich vielleicht ändern. Wenn ein Mann Erfahrungen sammelt und die richtigen Schlüsse daraus zieht, wird er merken, was im Zusammenspiel mit seiner Partnerin funktioniert und was nicht. Nur so kann er sich verändern.

## Wie Frauen einen Streit anfangen

Frauen fangen häufig, ohne es zu merken, einen Streit an, indem sie ihre Gefühle nicht *direkt* zum Ausdruck bringen. Statt ihren Unwillen oder ihre Enttäuschung ohne Umschweife zu formulieren, stellt eine Frau oft rhetorische Fragen und erweckt, ohne es zu wissen, den Eindruck, daß sie einer Person ihre Zustimmung entzieht. Oft will sie das gar nicht, aber beim Mann wird es so ankommen.

Wenn ein Mann zu spät kommt, denkt die Frau vielleicht: »Ich mag es nicht, wenn ich auf ihn warten muß«, oder sie macht sich Sorgen, daß ihm etwas passiert ist. Wenn er dann jedoch nach Hause kommt, stellt sie ihm, anstatt ihre Gefühle geradeheraus mitzuteilen, die rhetorische Frage: »Wie kannst du nur so spät kommen?«, oder: »Was soll ich mir denn dabei denken, wenn du so spät kommst?«, oder: »Warum hast du mich nicht angerufen?«

Sicher ist es nicht falsch zu fragen: »Warum hast du nicht angerufen?«, wenn man wirklich wissen will warum. Wenn eine Frau sich jedoch ärgert, verrät sie durch ihren Tonfall, daß sie gar nicht nach einer Antwort sucht, sondern lediglich zum Ausdruck bringen will, daß er keinen akzeptablen Grund hat, so spät zu kommen.

Wenn ein Mann eine Frage wie: »Wie kannst du nur so spät kommen?«, oder: »Warum hast du nicht angerufen?« hört, geht er nicht auf ihre Gefühle ein, sondern hört nur, wie sie ihm ihre Zustimmung entzieht. Er hat das Gefühl, sie will sich in seine Angelegenheiten einmischen, indem sie ihm nahelegt, zuverlässiger zu sein. Er fühlt sich angegriffen und geht in die Defensive. Und sie merkt nicht, wie schmerzhaft es für ihn ist, wenn er abgelehnt wird.

Frauen brauchen Achtung, Männer Zustimmung. Je mehr ein Mann eine Frau liebt, desto mehr braucht er ihre Zustimmung. Am Anfang einer Beziehung ist diese Zustimmung immer vorhanden. Entweder signalisiert sie ihm permanent ihre Zustimmung, oder er ist von sich aus sicher, daß er sie gewinnen kann.

Auch wenn eine Frau von anderen Männern oder von ihrem Vater verletzt wurde, gelingt es ihr meistens, am Anfang einer Beziehung ihrem Partner immer noch ihre Zustimmung zu geben. Sie hat dann das Gefühl, er ist ein besonderer Mann, »nicht wie die anderen«.

Wenn diese Zustimmung dann entzogen wird, ist das besonders schmerzhaft. Frauen wissen meistens gar nicht, wie und wann sie ihre Zustimmung entziehen. Wenn sie es dann tun, meinen sie, gute Gründe dafür zu haben. Sie wissen nicht, wie wichtig Zustimmung für einen Mann sein kann, und können daher auch keine Rücksicht darauf nehmen.

Eine Frau kann mit dem Verhalten eines Mannes nicht einverstanden sein und trotzdem seiner Person Zustimmung geben. Damit er das Gefühl haben kann, daß er geliebt wird, braucht er die generelle Zustimmung zu seiner Person, selbst wenn sein Verhalten im einzelnen abgelehnt wird. Wenn eine Frau mit dem Verhalten eines Mannes nicht einverstanden ist und es ändern will, entzieht sie ihm gewöhnlich ihre Zustimmung. Sicherlich wird es immer Zeiten geben, in denen sie ihn mehr oder weniger annimmt, aber ihm generell ihre Zustimmung zu entziehen ist sehr schmerzhaft.

Die meisten Männer schämen sich zuzugeben, wie sehr sie auf Zustimmung angewiesen sind. Sie tun alles mögliche, um zu beweisen, daß sie sich nichts daraus machen. Warum werden sie dann aber sofort kalt, distanziert und defensiv, wenn sie die Zustimmung einer Frau verlieren? Weil es weh tut und ihnen das, was sie brauchen, fehlt.

Beziehungen sind in ihrer Frühphase deshalb so erfolgreich, weil der Mann anfangs noch in der Gunst der Frau steht. Er ist noch ihr edler Ritter. Er nimmt die Wohltat ihrer Zustimmung entgegen und befindet sich auf einem permanenten Höhenflug. Sobald er jedoch anfängt, sie zu enttäuschen, fällt er in Ungnade. Er verliert ihre Zustimmung. Er wird aus dem Schloß vertrieben.

Ein Mann kann durchaus mit der Enttäuschung einer Frau umgehen, aber wenn sie mit Ablehnung oder Zurückweisung verbunden ist, fühlt er sich von ihr verletzt. Oft fragen Frauen ihren Mann, was er getan hat, und gebrauchen dabei einen ablehnenden Ton. Sie tun das, weil sie meinen, sie können ihm damit eine Lektion erteilen. Das funktioniert jedoch nicht. Es erzeugt lediglich Angst und Ablehnung. Allmählich verliert er seine Motivation.

Einem Mann Zustimmung zu schenken heißt, gute Gründe hinter dem zu sehen, was er tut. Selbst wenn er einmal unverantwortlich handelt oder faul und respektlos ist, kann eine Frau, wenn sie ihn wirklich liebt, einen guten Kern in ihm erkennen. Wenn sie diesem guten Kern ihre Zustimmung schenkt, findet sie die liebevolle Absicht und die Güte des Mannes hinter seinem äußeren Verhalten.

Einen Mann so zu behandeln, als hätte er keinen guten Grund für das, was er tut, heißt, ihm die Zustimmung zu versagen, die er selbst am Anfang der Beziehung so bereitwillig gegeben hat. Frauen sollten wissen, daß sie einem Mann auch dann die Zustimmung zu seiner Person geben können, wenn sie anderer Meinung sind.

*Es gibt zwei Hauptursachen für die Entstehung eines Streits: Der Mann hat das Gefühl, die Frau lehnt seine Sicht der Dinge ab, oder die Frau entzieht der Art und Weise, wie der Mann zu ihr spricht, ihre Zustimmung.*

## In schwierigen Zeiten zusammenstehen

In jeder Beziehung gibt es schwierige Zeiten. Arbeitslosigkeit, ein Todesfall in der Verwandtschaft, Krankheit oder Überarbeitung. In solchen schwierigen Zeiten ist es besonders wichtig, daß man versucht, mit Liebe, Achtung und Verständnis miteinander umzugehen. Wir müssen akzeptieren und verstehen, daß wir und unsere Partner niemals vollkommen sind. Wenn wir lernen, mit kleinen Schwierigkeiten in unserer Beziehung umzugehen, wird es leichter, sich den großen Herausforderungen zu stellen, wenn sie auf uns zukommen.

In allen obengenannten Beispielen habe ich die Frau in der Rolle des Partners, der sich über das Verhalten anderer ärgert, dargestellt. Sicherlich ist es auch oft umgekehrt, und der Mann regt sich über die Frau auf. Insofern beziehen sich viele meiner Vorschläge ebenso auf Männer wie auf Frauen. Fragen Sie Ihren Partner, wie er auf meine Vorschläge reagieren würde. Sie werden erstaunt sein, was er zu sagen hat.

Wenn Sie einmal nicht wütend auf Ihren Partner sind, nehmen Sie sich die Zeit und probieren Sie aus, welche Worte am besten auf ihn wirken. Sagen Sie ihm, was bei Ihnen am besten funktioniert. Wenn Sie sich daran gewöhnen, im Ernstfall bestimmte vorformulierte Sätze zu verwenden, können Sie aufkeimende Spannungen rechtzeitig neutralisieren.

Auch sollten Sie niemals vergessen, daß es nicht so sehr auf die sorgfältige Wahl der Worte ankommt wie auf das Gefühl, das hinter den Worten steht. Auch wenn Sie exakt dieselben Worte wie in den Beispielen benutzen, wächst die Spannung zwischen Ihnen, wenn Ihr Partner nicht spürt, daß Sie ihn achten und ihm in seiner Person zustimmen. Wie gesagt, ist es manchmal die beste Lösung, um einen Streit zu vermeiden, wenn man ihn rechtzeitig kommen sieht und für eine Weile gar nichts tut. Machen Sie eine Pause und sammeln Sie sich. Anschließend können Sie sich mit größerem Verständnis, mehr Akzeptanz sowie größerer Achtung und Zustimmung für Ihren Partner weiter unterhalten.

Viele der oben aufgezählten Vorschläge erscheinen anfangs etwas unnatürlich. Vielleicht haben Sie den Eindruck, Sie werden an der Nase herumgeführt. Viele Menschen meinen, daß Liebe heißt zu sagen, »wie es ist«. Dieses übertrieben direkte Verhalten berücksichtigt jedoch nicht die Gefühle des Partners. Man kann direkt und ehrlich über Gefühle reden und sie trotzdem auf eine Weise ausdrücken, die nicht verletzend oder vorwurfsvoll ist. Wenn Sie einige der oben beschriebenen Beispiele praktizieren, können Sie Ihre Kommunikationsfähigkeiten üben und erweitern. Sie lernen, fürsorglicher und vertrauensvoller miteinander umzugehen. Nach einer Weile wird es Ihnen in Fleisch und Blut übergehen.

Wenn es Ihr Partner ist, der versucht, die beschriebenen Vorschläge anzuwenden, sollten Sie nicht vergessen, daß er damit den Versuch macht, Sie besser zu unterstützen. Es kann jedoch anfangs den Anschein erwecken, daß seine Versuche unnatürlich und vielleicht sogar unaufrichtig sind. Es ist nicht möglich, die Konditionierungen eines gesamten Lebens in ein paar Wochen aufzulösen. Achten Sie darauf, jeden kleinen Schritt zu würdigen, sonst könnten Sie allzu früh aufgeben.

Emotional geladene Streitgespräche und Kämpfe können vermieden werden, wenn es uns gelingt, die Bedürfnisse unseres Partners zu verstehen und daran zu denken, sie zu erfüllen. Die folgende Anekdote zeigt, wie ein Streit vermieden werden kann, wenn die Frau ihre Gefühle direkt zum Ausdruck bringt und der Mann sie ernst nimmt.

Ich erinnere mich an den Beginn einer Urlaubsreise mit meiner Frau. Wir hatten uns nach einer anstrengenden Arbeitswoche gerade ins Auto gesetzt und wollten wegfahren. Ich erwartete natürlich von Bonnie, daß sie angesichts der wunderbaren Perspektive eines Urlaubs nach harter Arbeit überglücklich sein müßte. Statt dessen seufzte sie tief und sagte: »Manchmal habe ich den Eindruck, mein Leben ist eine einzige langsame, tödliche Qual!«

Ich stutzte, atmete erst einmal tief durch und entgegnete ihr: »Ich glaube, ich weiß, was du meinst. Ich fühle mich auch manchmal, als hätte man es darauf abgesehen, mir auch noch den letzten Tropfen Lebenssaft auszuwringen.« Dabei machte ich eine Bewegung, als würde ich einen Scheuerlappen auswringen.

Bonnie nickte nur zustimmend und lächelte. Ich konnte es kaum fassen, wie schnell sie sich wieder gefangen hatte. Wir wechselten das Thema, und unser Urlaub konnte beginnen. Vor sechs Jahren wäre das noch undenkbar gewesen. Wir wären aufgrund ihrer Äußerung in einen Streit geraten, und ich hätte sie dafür verantwortlich gemacht.

Ich wäre sauer auf sie gewesen, weil sie das Leben (mit mir) als Qual bezeichnete. Ich hätte es persönlich genommen und das Gefühl gehabt, sie beschwert sich über mich. Ich wäre sofort in die Defensive gegangen und hätte erklärt, daß unser Leben keineswegs eine Qual ist und sie dankbar dafür sein solle, daß wir so schöne Ferien machen können. Sie hätte daraufhin immer weiter ihren Standpunkt verteidigt, und es wäre tatsächlich ein qualvoller Urlaub geworden. All das, nur weil ich nicht in der Lage gewesen wäre, ihre Gefühle zu verstehen und ernst zu nehmen.

Diesmal hatte ich jedoch begriffen, daß sie nur ein vorübergehendes Gefühl zum Ausdruck gebracht hatte. Es hatte überhaupt nichts mit mir zu tun. Weil ich das verstand, brauchte ich mich auch nicht zu verteidigen. Indem ich ihren Standpunkt durch meinen Kommentar unterstützte und Verständnis zeigte, fühlte sie sich entsprechend gewürdigt. Als Reaktion darauf konnte sie mich akzeptieren, und ich fühlte ihre Liebe, ihre Akzeptanz und ihre Zustimmung. Weil ich gelernt hatte, ihre Gefühle zu schätzen, konnte ich ihr die Liebe geben, die sie brauchte. Wir mußten nicht streiten.

INGRID OLBRICHT

# Konfliktfeld Fortpflanzungsfähigkeit

Die Auseinandersetzung mit dem Kinderwunsch – Ablehnung oder dringende Erfüllung – ist zum Konfliktfeld geworden, das nicht mehr nur das persönliche Leben der Frau und ihres Partners betrifft und umfaßt, sondern ethische und politische Dimensionen angenommen und heftige weltanschauliche Diskussionen in Gang gesetzt hat.

## Kontrazeption – Schwangerschaftsverhütung

Wenn eine Frau sich gegen eine Schwangerschaft entscheidet, muß sie üblicherweise selbst für die Verhütung sorgen. Zwar ist immer auch ein Mann beteiligt – aber für ihn stellt sich die Frage nach der Verhütung weniger nachdrücklich. Kontrazeption ist nach wie vor meist Sache der Frau, und mit den daraus resultierenden Konflikten muß sie alleine fertig werden. Wenn sie kirchlich gebunden ist, sollte sie nicht verhüten, sondern Sexualität vermeiden, Enthaltsamkeit und »Keuschheit« üben. Offenbar betrachtet die Kirche Sexualität immer noch einzig als Mittel der Fortpflanzung. Der spezifisch menschliche Aspekt, die nur dem Menschen eigene Möglichkeit, Sexualität als Kommunikationsform größter Nähe und Intensität zu leben, als Zeichen von Liebe, Zärtlichkeit, Innigkeit, Wärme, als Ausdruck von Freude und Glück, Vertrauen, Offenheit und gegenseitiger Hingabe, wird dadurch geleugnet oder entwertet. In unserer ohnehin gefühlsleer gewordenen Zeit sollen Frauen auf eine spezifisch menschliche Erlebensmöglichkeit verzichten, wie dies die Kirche fordert. Der Kampf gegen jede Kontrazeption ist ein Kampf gegen angstfreie menschliche Erlebensformen, die bewußtseinserweiternd sein können und die Lebensqualität entscheidend erhöhen. In erster Linie ist es ein Kampf, der Frauen betrifft und ihre freie Entscheidungsmöglichkeit, ihre Lebensgestaltung, ihren Umgang mit sich selbst, ihrem Körper und ihrem Leben beeinträchtigt.

Ginge es dabei tatsächlich um Moral, müßte logischerweise der Kampf der Kirche gegen die Prostitution, in der Sexualität als menschliche Kommunikationsform wie auch als Fortpflanzungsmöglichkeit entfremdet ist, viel entschiedener geführt werden, denn dabei geht es nur noch um die technische, abspaltende Ausübung des Geschlechtsverkehrs ohne innere Beziehung oder emotionalen Gehalt.

Es ist ja letztlich eine völlig paradoxe Situation, daß bei der bereits vorhandenen Überbevölkerung der Erde keine sinnvolle Verhütungspolitik von allen Seiten konsequent anempfohlen und betrieben wird. Täglich nimmt die Weltbevölkerung um mehr als 200 000 Menschen zu, eine bevölkerungspolitisch katastrophale Entwicklung, mit der nicht nur die weltwirtschaftlichen, sondern auch die globalen ökologischen Probleme unbeeinflußbar und unabsehbar zunehmen. Jährlich sterben Millionen von *geborenen* Kindern an Unterernährung, Unterversorgung und Erkrankung. Davon abgesehen fördert der kirchliche Kampf gegen Kondome die Ausbreitung von AIDS und damit von millionenfachem unnötigem Elend und Leid.

Hinzu kommt, daß es eine Illusion ist, daß Frauen durch sexuelle Enthaltsamkeit verhüten könnten. Dagegen stehen die »ehelichen Pflichten«, die nach wie vor, oft ohne Rücksicht, durch die Ehemänner eingefordert und mehr oder weniger gewaltsam durchgesetzt werden. Frauen haben hier real nur sehr eingeschränkte Entscheidungsmöglichkeiten.

Verhütung kann von seiten der Frau geschehen durch
- sogenannte »natürliche« Methoden (z. B. Temperaturmessung zur Feststellung des Eisprungs und anschließende Vermeidung von Geschlechtsverkehr)

- hormonale Antikonzeption (»Pille«)
- lokale äußere Verhütungsmittel:
- schaumbildende Substanzen
- Zervixkappe, Pessare
- Intrauterin-Pessar (IUP, sogenannte »Spirale«)
- Sterilisation
- Hysterektomie

Insbesondere die sogenannten »natürlichen« Methoden sind nicht besonders zuverlässig. Andere Methoden stellen einen erheblichen Eingriff in den Körper der Frau dar, sei es auf hormonelle Weise, sei es durch folgenschwere Operationen wie Sterilisation oder gar Hysterektomie. Es ist nach wie vor nicht selten, daß die Entfernung der Gebärmutter bei Frauen über fünfunddreißig Jahren oder bei Frauen mit mehr als zwei Kindern anempfohlen und durchgeführt wird – wobei jede Organentfernung ein irreversibler, erheblicher Eingriff und eine Verstümmelung ist.

Die Sterilisation des Mannes (Vasektomie) ist ein kleiner Eingriff, der unter lokaler Betäubung ambulant problemlos durchgeführt werden kann. Er hat eine niedrige Komplikationsrate und bereitet erheblich geringere Kosten als die Sterilisation der Frau. Eine Vasektomie setzt allerdings eine Verständigung zwischen Mann und Frau, Verantwortungsbewußtsein von seiten des Mannes und partnerschaftliches Handeln voraus. Genau hier scheinen die Schwierigkeiten zu liegen, denn zur männlichen Rolle gehören in unserem Kulturkreis die Dominanz, das Überlegenheitsgefühl, die Angstfreiheit, ein geringes Maß an Emotionalität und der soziale Erfolg, zur weiblichen Rolle die passive Unterwerfungsbereitschaft, die Untüchtigkeit, die Emotionalität, die Ängstlichkeit, die vegetative Labilität und geringer sozialer Erfolg.[1] Die Vasektomie wird eher selten empfohlen, viele Paare wissen nicht einmal davon. Hier wird also durch Beratungsverhalten eine Möglichkeit der Verhütung nicht eingesetzt, die gefahrlos und problemlos ist – vorausgesetzt wird allerdings eine seelische Reife des Mannes, die Verarbeitung, Partnerschaftlichkeit und Verantwortungsbewußtsein einschließt.

Für Männer, die sich hauptsächlich oder gar ausschließlich über ihre Zeugungsfähigkeit definieren, kann sie jedoch eine erhebliche seelische Belastung darstellen. Dasselbe gilt jedoch auch für einen hohen Prozentsatz von sterilisierten Frauen, der bislang nicht zahlenmäßig erfaßt wurde.

In einem Leserbrief beschreibt ein Mann seine Reaktion auf die Vasektomie wie folgt:

*Wenn ich gewußt hätte, daß eine Sterilisation so problem- und risikolos ist, würde ich es nie zugelassen haben, daß sich meine Frau fünfzehn Jahre lang mit Chemie vollstopfte.*[2]

Für Frauen hat eine Sterilisation durch Hysterektomie, wie sie Frauen noch sehr oft zugemutet wird, häufig den Nebeneffekt, daß der Mann sie danach ablehnt und abwertet. Auch dazu ein Leserinnenbrief:

*Nach zwei Geburten, vier Abtreibungen und zwei Fehlgeburten nahm ich auf Wunsch meines Mannes fünfzehn Jahre lang die Pille, trotz Nebenwirkungen wie Gewichtszunahme, Brust- und Kopfschmerzen. Nach 25jähriger Ehe war der Uterus futsch. Vierzehn Tage nach der Operation wurde ich »Oma« tituliert. Nach zwei Selbstmordversuchen bekam ich die erste Kur meines Lebens verschrieben. Danach hatte ich endlich die Kraft, aus dieser Ehe auszusteigen ...*[3]

Konflikte um die Alleinverantwortung für die Kontrazeption kommen oft in Therapien zutage, in denen ein gutes Arbeitsbündnis besteht und konsequente psychotherapeutische Arbeit möglich ist.

## Schwangerschaftsabbruch

Ein weiteres bedeutsames Konfliktfeld für Frauen ist der Schwangerschaftsabbruch.
Die Tatsache, daß menschliche Sexualität als verbindendes Erleben nicht identisch ist mit Geschlechtstrieb und Fortpflanzungswünschen, hat dazu geführt, daß der Schwangerschaftsabbruch sowohl bei sogenannten Natur- wie auch bei Kulturvölkern als nachträgliche Korrektur durchgeführt wurde. Die Wertung war sehr unterschiedlich, er wurde als Normalverhalten angesehen, als tolerierter Akt, als kleines Vergehen bis hin zum Kapitalverbrechen.
Übrigens gab und gibt es als weitere Möglichkeit der Regulierung der Bevölkerungsdichte und -zusammensetzung die Kindesaussetzung unmittelbar nach der Geburt. Heute noch sind davon fast ausschließlich *weibliche* Säuglinge, meist in islamischen Ländern, betroffen. Die Kindesaussetzung wird und wurde übrigens *nie,* außer in äußerster Verzweiflung, von *Frauen* durchgeführt.
Die Wertung des Schwangerschaftsabbruchs hing im wesentlichen davon ab, welche Stellung und welche Rechte die Frau hatte und ob andere Instanzen sich für zuständig erklärten. Dort, wo die Selbstbestimmung der Frau in bezug auf Geburtenregelung üblich war, gab es keine Konflikte und keine entsprechenden Gesetze. Im Verlauf der Entwicklung patriarchaler Kultur wurde allerdings versucht, die weibliche Sexualität zu kontrollieren, und die Situation änderte sich. »Im Namen des Erbarmens mit den Ungeborenen wurde man erbarmungslos mit den Gebärenden – bis hinein in das legalisierte Verbrechen«[4], das heißt die gesetzlich legalisierte Tötung der betroffenen Frau.
Die Berufung auf den Eid des Hippokrates, ein in der Diskussion um die Abtreibung immer wieder auftauchendes Argument, wird relativ, wenn wir bedenken, daß Hippokrates selbst berechnete, zu welchem Zeitpunkt die Vornahme eines Abbruchs besonders günstig ist. Ebenfalls von ihm stammen Aufzeichnungen über Abortiv-

mittel. In seiner Schrift »Das Werden des Kindes« beschreibt er ohne Bedenken, wie er zu einem Abort verhilft.[5]

Mit dem Christentum wurde der Abbruch zum Mord erklärt, dahinter stand der Gedanke, daß die Tötung eines Ungeborenen zum Entzug der Taufe und damit zum Verlust der ewigen Seligkeit führe.[6]

Die Frage allerdings, ab wann der Fötus oder Embryo als beseelter Mensch anzusehen sei, wurde ganz unterschiedlich beantwortet. Hippokrates und Aristoteles verbreiteten die Lehre, daß der Fötus nicht von Anfang an mit einer Seele begabt sei. Für Hippokrates mußte die äußere Gestalt schon menschenähnlich sein, bei männlichen Föten war das nach seiner Lehre am 30. Tag, beim weiblichen am 42. Tag der Fall. Nach Aristoteles wurde der männliche Fötus ungefähr am 40. der weibliche am 80. Tag beseelt. Zu verurteilen war nur die Tötung des *beseelten* Fötus. Es ging also nicht um das »Recht auf Leben« schlechthin, sondern um die Seele.

Im Mittelalter bis in die Neuzeit hinein geriet der Schwangerschaftsabbruch zusätzlich in die Nähe des Hexenwahns. Die betreffende Frau kam in den Verdacht, selbst Hexe zu sein oder Umgang mit Hexen zu haben. Infolgedessen wurde sie wie eine Hexe gefoltert, gepfählt, erhängt, geköpft, gerädert, zerrissen oder verbrannt. Zur gleichen Zeit wurden von der gleichen Institution Kirche schwangere Frauen, ohne Achtung vor der Schwangerschaft, gefoltert und zu Tode gebracht, ebenso wie die *geborenen* Kinder der verfolgten Frauen.

Bis in die Mitte des 18. Jahrhunderts gab es die Todesstrafe für Schwangerschaftsabbruch, und zwar nur für die ohnehin betroffene Frau. Die »Heiligkeit des Lebens« war und ist also sehr relativ. Der am Zustandekommen der Schwangerschaft genauso beteiligte Mann, auf dessen Drängen oft die Frauen zum Abbruch als letzte Möglichkeit griffen, blieb unbehelligt und wurde nicht zur Verantwortung gezogen. Daran hat sich bis heute nichts geändert.

Was ist überhaupt Leben? Immer gehört zelluläres Leben, also lebendige Zellen, dazu. Aber Ei und Spermium sind bereits ohne Verschmelzung lebendige Zellen. Und auch sie tragen genetisches

Material in sich. Aber, um die Paradoxie solcher Überlegungen aufzuzeigen, auch eine unnötig entfernte Gebärmutter ist lebendig, sie enthält lebende Zellen mit menschlichem Erbgut, die durch den Eingriff getötet werden. Um den »Schutz des Lebens« allgemein scheint es hier also nicht zu gehen. Leben ist offenbar nur vor der Geburt schützenswert. Hier ist eine Entwertung und Reduzierung des Begriffs »Leben« zu beobachten, eine Inhaltsentleerung, Verschiebung und Spaltung. Einerseits werden erbitterte Diskussionen um das »ungeborene Leben« geführt, und andererseits war und ist Leben von Frauen – die Hexenverbrennung ist nur ein Beispiel –, von Juden beim Holocaust, von Kurden in Lagern, von Kindern in der Dritten Welt, von Tieren und Pflanzen, die ausgerottet werden, offenbar nicht viel wert. Das Wort »Leben« ist nichtssagend und emotionsgeladen zugleich geworden – und das ist immer ein Hinweis auf das Wirken der Spaltung.

Die Frage, ab wann ein Fötus ein Mensch ist, wurde nicht nur in der Antike gestellt, sie ist auch heute noch aktuell.

Mit der Verschmelzung der Geschlechtszellen beginnt etwas Neues, nämlich eine bestimmte Kombination von Erbmerkmalen, die im wesentlichen einmalig ist. Zweifellos *kann* daraus ein Mensch entstehen, aber der Fötus ist noch nicht, was er sein wird. Das, was er werden könnte, ist lediglich in seiner Anlage vorhanden. Vom Ende her betrachtet, ist er ohne Zweifel kein Mensch, im Verlauf seines Wachstums nähert er sich dem Menschsein erst an. – Aber was ist eigentlich ein Mensch? Anthropologisch wird er so definiert: »Der Mensch ist das mit Selbstbewußtsein und Sprache begabte kulturschaffende Lebewesen.«[7] Nach dieser Definition ist der Fötus kein Mensch. Aber ist er vielleicht eine Person – was ist eigentlich Personalität?

Solche Diskussionen lassen sich endlos fortsetzen, und sie werden auch endlos fortgesetzt. Für jedes Argument gibt es ein Gegenargument, es geht also um etwas ganz anderes. Auf jeden Fall läßt sich sagen, daß von denjenigen, die Straffreiheit befürworten, der Standpunkt der Frau vertreten wird, von denjenigen, die den Abbruch bekämpfen, der Standpunkt des Fötus, aber nicht als Individuum, sondern als Politikum und als Objekt von Weltanschauungen.

Statistische Untersuchungen haben ergeben, daß nach einer Liberalisierung der Gesetze zwar kurzfristig die Anzahl der Abbrüche ansteigt, dann aber konstant bleibt. Der gefürchtete »Abtreibungsboom« ist bisher überall ausgeblieben. Und die Auffassung, daß strenge strafrechtliche Bestimmungen am wirkungsvollsten seien, hat sich nicht bestätigt. Die Anzahl von Schwangerschaftsabbrüchen läßt sich durch die Androhung von Strafverfolgung nicht in relevantem Ausmaß senken, es steigt jedoch die Komplikations- und Todesrate von Frauen infolge dilettantischer Abbrüche.

Für den Schwangerschaftsabbruch gibt es verschiedene Indikationen:

| Indikationen: | Anzahl: |
|---|---|
| ethisch | 63 |
| psychiatrisch | 658 |
| eugenisch | 785 |
| medizinisch | 6216 |
| sozial | 65 547 |
| unbekannt | 1 302 |

*Indikationen für Schwangerschaftsabbrüche in den alten Bundesländern 1990.*[8]
*Quelle: Stat. Bundesamt*

Eine medizinische Indikation liegt dann vor, wenn die betroffene Frau unter einer manifesten oder latenten Erkrankung leidet, die durch die Schwangerschaft eine Verschlimmerung erfahren würde. Sie muß eine Schwangerschaft nicht auf Kosten ihres eigenen Lebens oder ihrer Gesundheit fortsetzen.

Eine eugenische Indikation, auch kindliche Indikation genannt, berücksichtigt, daß das Austragen eines lebenslang kranken Kindes nicht zumutbar ist. Es gibt allerdings Bestrebungen, Frauen das Austragen von Föten ohne Lebenschancen zuzumuten, da diese »ideale Organspender«, also Organersatzteillager darstellen.[9] Was daran Sensationsbericht, was wahr ist, wird die zukünftige Entwicklung zeigen.

Die psychiatrische Indikation sieht den Abbruch bei schwer psychisch kranken Frauen vor. Eine kriminologische Indikation setzt voraus, daß eine Gewalttat, wie sexuelle Ausbeutung von Kindern, Vergewaltigung, sexuelle Nötigung oder sexueller Mißbrauch Widerstandsunfähiger, zur Schwangerschaft geführt hat.[10]

Die Notlagenindikation ist das Problem, an dem sich die Abtreibungsdiskussion immer wieder neu entzündet. Denn was ist eine Notlage – wie könnte sie objektiviert oder bewiesen werden, wer kann darüber urteilen? Frauen kommen sehr häufig in Konflikt mit ihrer Schwangerschaft, weil sie Angst haben, weil der »Erzeuger« oder die Familie sie unter Druck setzen, aber auch, weil sie sich den an sie gestellten Anforderungen nicht mehr gewachsen fühlen, weil die gesamte Lebensplanung durcheinandergerät, weil Vermieter drohen, die Wohnung bei einer erneuten Schwangerschaft zu kündigen ... Hier gibt es sehr viele realistische, einsehbare Gründe. Manchmal ist jedoch der Wunsch nach einem Abbruch auch Ausdruck anderer Konflikte, seelischer Schwierigkeiten oder Beziehungsstörungen. Dann bietet der Schwangerschaftsabbruch nur für die akute Situation eine Lösung, nicht aber für den Grundkonflikt. Grundlegende Konflikte entstehen auch dadurch, daß Frauen immer wieder Verantwortung zugewiesen wird, ohne sie mit ausreichenden realen Kompetenzen auszustatten, um, zum Beispiel an wichtigen politischen Schaltstellen, ihre eigenen Belange zu vertreten.

Ein Schwangerschaftsabbruch ist für keine Frau ein Ereignis, über das sie einfach hinweggehen kann. Es ist höchst selten ein »leichtsinniger« oder »unreifer« Entschluß, obwohl dies häufig so gesehen wird. Dem Abbruch geht fast immer eine intensive Phase innerer Auseinandersetzung und Entscheidungsfindung voraus. Frauen sprechen auch nicht vom »Fötus«, sondern vom Kind oder Baby, wenn sie ihren Abbruch schildern. Viele berichten, daß die Zeit um den Geburtstermin besonders schlimm war und daß dann »alles wieder hochkam«.

Seelische Folgeschwierigkeiten haben vor allem Frauen
– mit ambivalentem, nicht eindeutigem Entschluß

- mit bestimmten ethisch-moralischen Wertvorstellungen
- mit (oft unerfüllbar) hohen moralischen Grundsätzen und Leistungserwartungen an sich selbst
- mit »illegalem«, also nach allgemeinem Dafürhalten unerlaubtem Abbruch
- mit körperlichen Folgeschäden
- mit ambivalenten Partnern beziehungsweise Familienangehörigen, für die die Schwangerschaft eine besondere Bedeutung hatte.

An der Konflikthaftigkeit ändern auch andere Abbruchmethoden nichts. Die hochgelobte und vielfach abgelehnte »Abtreibungspille« RU 486 ist ein erheblicher Eingriff in den Hormonhaushalt des Körpers. Sie enthält den Wirkstoff Mifepriston, ein Antigestagen, das das natürliche Progesteron, das die Schwangerschaft aufrechterhält, unwirksam macht, indem es durch komplizierte Mechanismen die Progesteronrezeptoren blockiert. Das alleine reicht jedoch oft nicht, um einen Abbruch in Gang zu setzen. Dazu muß noch ein weiterer Wirkstoff, nämlich Prostaglandine, verabreicht werden. Die Wirkung kann dramatisch sein, die starken Nebenwirkungen sind unter Umständen lebensgefährlich, so daß diese Präparate nur unter Intensivbedingungen einsetzbar sind. Zudem bleiben gelegentlich Reste in der Gebärmutter zurück, so daß ein nachträglicher, zusätzlicher Eingriff erforderlich werden kann. Außerdem ist über Spätfolgen und mögliche weiterreichende Schädigungen noch nichts bekannt. Die »Abtreibungspille« ist also keineswegs harmlos, denn sie stellt einen erheblichen Eingriff in den *gesamten* Körper dar und wirkt nicht nur *lokal* wie der Abbruch durch Absaugen oder Abrasio (Ausschabung).

In jedem Fall ist ein Schwangerschaftsabbruch ein Verlust, ganz gleich, wie die Einstellung zum Kind vorher war. Verluste erfordern Trauerarbeit und gehen einher mit Phasen von Bedauern, Traurigkeit, Lustlosigkeit, Reizbarkeit und aggressiven Gefühlen. Schuldgefühle und Selbstvorwürfe, Ängste und Alpträume sind hingegen autoaggressiv. Denn nach Abwägen aller Faktoren und mit der Entscheidung, die vor allem auch die Verantwortung einschließt, sind selbstzerstörerische Gedanken lediglich eine Reaktion auf Zwänge, die zum Teil sehr subtil auf Frauen ausgeübt werden, damit sie »richtige Frauen« im Sinne gesellschaftskonformer Vorstellungen und Klischees sind. Es ist Sache jeder einzelnen Frau und günstigenfalls auch ihres Partners, den Konflikt mit einer Schwangerschaft auszutragen und für sich selbst in der gerade gelebten Situation verantwortungsbewußt zu lösen.

Der Zwang, eine Schwangerschaft auszutragen, bedeutet gleichzeitig die Kontrolle über die Gebärfähigkeit der Frau – wie sie auch die moderne Reproduktionstechnologie anstrebt. Die Be- oder Verurteilung der Einstellung der schwangeren Frau impliziert gleichzeitig die Unterstellung der Unfähigkeit, Entscheidungen zu treffen, damit Unfähigkeit in ethischen und moralischen Fragen. Damit wird die fortpflanzungsfähige erwachsene Frau auf die Funktion der Fortpflanzung reduziert, sie verliert ihre Entscheidungsfähigkeit und damit ihre Mündigkeit und Würde.

Wichtig wäre in jedem Fall die gedankliche Einbeziehung und Überprüfung auch der Rolle des Mannes, eine Teilhabe an seiner Verantwortung für die Entstehung der Schwangerschaft, obwohl dies gleichzeitig zwiespältig ist, denn nur zu schnell kommt es dazu, daß er über Erhalt oder Abbruch einer Schwangerschaft entscheidet. Mit dieser Verantwortung wäre jedoch bereits die Übernahme eines Teils der Verhütungsverantwortung verbunden. Auch die volle Verantwortung für die »Erzeugung« eines ungewollten Kindes gegen den Willen der Frau wäre selbstverständlich. Selten läßt sich von Männern erfahren, was sie bewegt hat, wenn sie an einer ungeplanten oder ungewollten Schwangerschaft, nicht selten durch Gewaltanwendung, beteiligt waren. Denn zu jedem Schwangerschaftskonflikt gehört auch ein Mann. Es wird angenommen, daß fast jeder zweite in der Bundesrepublik lebende erwachsene Mann der »Erzeuger« einer abgebrochenen Schwangerschaft ist. Oft sind es die Männer, die die Fortführung der Schwangerschaft ablehnen und nicht selten durch psychischen Druck, Androhen des Verlassens und körperliche Gewalt den Abbruch erzwingen, und zwar die Ehemänner in 46,4 Prozent – wahrscheinlich liegt der Anteil noch höher – und die Partner unverheirateter Frauen in 75 Prozent der Fälle.[11]

Sehr viele Frauen berichten, daß sie auf einen Abbruch verzichtet hätten, wenn der »Erzeuger« zu ihr gehalten oder gar Freude über die Schwangerschaft geäußert hätte, statt Druck auszuüben. Bei unserer immer noch gültigen Arbeitsteilung liegt es auch im Interesse des Mannes, daß Kinder, die er ernähren oder für die er Alimente zahlen müßte, nicht geboren werden. Bei praktisch jeder Abtreibung hat daher der »Erzeuger« entscheidend mitgewirkt, entweder durch Druck oder verbale Äußerungen, oft aber auch, indem er sich seiner Verantwortung entzieht und die schwangere Frau mit ihren Problemen allein läßt. Zudem widerspricht es der im Grundgesetz verankerten Gleichberechtigung, wenn die Diskussion den Mann völlig ausspart und allein die Frau zur Verantwortung zieht.

Ungewollte Schwangerschaft ist immer eine enorme körperliche wie seelische Belastung. Grund für Schwangerschaftsabbrüche ist aber nicht die Angst vor den neun Monaten der Schwangerschaft, sondern das Wissen um viele Jahre weiterer Alleinverantwortung. Wenn es soziale Hilfen, Kindergärten, Kindertagesstätten und Erziehungsurlaub auch für den Vater des Kindes ganz selbstverständlich gäbe, wenn dieser auch wahrgenommen würde, wenn alleinstehenden Müttern oder Familien mit vielen Kindern Wohnungen zur Verfügung stünden, wenn sie nicht als asozial abgestempelt und abgelehnt würden, wenn Frauen nach der Schwangerschaft wieder Arbeitsplätze oder Ausbildungsmöglichkeiten bekämen, wenn die Altersversorgung von Frauen besser geregelt wäre, wenn, wenn, wenn ...

Dann wären zumindest die äußeren, allerdings utopischen Voraussetzungen gegeben, um die Zahl der Schwangerschaftsabbrüche zu reduzieren. Natürlich spielen auch die inneren Voraussetzungen eine Rolle, zum Beispiel, daß Kinder wirklich gewünscht werden. Menschen, die als ungewollt geborene und verhaßte Kinder durch Aggressionen und Ablehnung der Eltern, durch Mißhandlungen und Ausbeutung, aber auch durch Überfürsorglichkeit geschädigt werden, scheitern häufig hoffnungslos am Leben. Eine Frau sagte in der Therapie: »Ich wollte, meine Mutter hätte mich abgetrieben, da wäre mir dieses ganze hoffnungslose Leiden, diese endlose Verzweiflung erspart geblieben.«

Und ein Mann: »Ich hasse meine Mutter für ihren Haß, aber sie hatte ja selbst keine Chance.«

In jedem Fall kann der Schwangerschaftsabbruch keine gängige Methode der Geburtenkontrolle sein, keine Alternative zu einer – von beiden Beteiligten gleichermaßen verantwortlich getragenen – Empfängnisverhütung. Dazu gehören präventive Maßnahmen, die aufklärend schon in der Schule eingesetzt werden müssen.[12] Dazu gehört aber auch eine völlige Veränderung des Verständnisses von Vaterschaftlichkeit, von Verantwortung, auch davon, was Rechte und Pflichten sind und wie sie sich verteilen. Das Problem des Schwangerschaftsabbruchs ist erst dann gelöst, wenn es sich nicht mehr stellt.

Der Schutz des geborenen Lebens ist zudem keineswegs so, daß Kinder unbedenklich in diesen Zustand befördert werden könnten. Zu zahlreich sind die Schädigungen durch Vergiftung von Muttermilch, Trinkwasser und Regen, Boden und Luft, durch das bedenkenlose Umgehen mit schädigenden Substanzen, durch Hunger und Kriege und weitere vermeidbare Belastungen.

## Ungewollte Kinderlosigkeit

In unserer Gesellschaft ist nach wie vor die Auseinandersetzung mit dem Kinderwunsch nicht nur ein persönliches Anliegen einer Frau oder eines Paares. Nach wie vor gilt eine Frau erst dann als »richtige« Frau, wenn sie Kinder hat. Gegen die Gleichung Frau-Sein ist gleich Mutter-Sein wäre wenig einzuwenden, wenn auch das Mann-Sein mit dem Vater-Sein gleichgesetzt würde; freilich wäre dies eine für beide einseitige Bewertung der Fortpflanzung, aber dann doch eine symmetrische. Kinderlosigkeit und Unfruchtbarkeit sind jedoch nur für die Frau ein Makel, und wünscht sie sich vielleicht keine Kinder, wird sie als unnatürlich und egoistisch angesehen. Für einen kinderlosen Mann hingegen stellt sich dieser Konflikt nicht, ihm wird gewollte Kinderlosigkeit durchaus zugestanden. Allerdings kann ein zeugungsunfähiger Mann Schwierigkeiten mit Potenzvorstellungen haben.

Gleichzeitig wird das Recht auf ein eigenes Kind hochstilisiert. Die moderne Medizin und Technik versprechen Hilfe und »Heilung« für Kinderlosigkeit, als ob sie nicht ein mögliches Schicksal wäre, mit dem es sich auseinanderzusetzen gilt und an dem Männer und Frauen reifen können. Vielmehr wird sie als »Krankheit« behandelbar und damit pathologisiert. Wenn es nun »nicht klappt«, wird die Ursache zum einen in der unzureichenden »Behandlung« gesehen – der behandelnde Arzt, die Ärztin sind jetzt für die Kinderlosigkeit verantwortlich, sie sind »daran schuld«. Zum anderen stellt sich oft die Vorstellung ein, »unheilbar« zu sein, einen minderwertigen, kranken, funktionsunfähigen Körper zu haben, und dies kann zur autoaggressiven Selbstablehnung führen. Haß und Selbsthaß sind jedoch ein destruktives Hindernis für die innere Auseinandersetzung mit dem eigenen Schicksal.

Warum wollen Frauen eigentlich ein Kind? Es gibt unterschiedliche innere wie auch äußere Gründe für einen Kinderwunsch, wie die folgenden, keineswegs vollständigen Antworten zeigen.

Äußere Gründe:
▷ eine »richtige Frau« sein, es ist so üblich,
▷ Familie, Mutter, Ehemann wollen es,
▷ »Stammhalter« muß geboren werden, Familie soll nicht aussterben,
▷ Schwestern, Freundinnen, Verwandte haben alle Kinder,
▷ mehr Ansehen, mehr Geltung, endlich etwas wert sein …

Innere Gründe:
▷ ein ganz »natürliches« Bedürfnis,
▷ etwas Eigenes haben wollen,
▷ nicht mehr einsam sein,
▷ etwas zum Versorgen, zum Liebhaben bekommen, das Kind soll es besser haben, unerfüllte Lebensmöglichkeiten verwirklichen,

▷ Selbstbestätigung: Das kann ich auch,
▷ Fortsetzung des eigenen Lebens, Überwindung der Endlichkeit.

Sich die eigene Unfruchtbarkeit einzugestehen oder sie von einer ärztlichen Autorität bestätigt zu bekommen ist immer zuerst einmal ein Schock für die betroffene Frau. Intensive Verzweiflung, Trauer, Wut, Scham und Schuldgefühle tauchen auf. Kränkungsgefühle, Ohnmachtsgefühle und das Gefühl des Kontrollverlusts über den eigenen Körper und über die eigene Lebensplanung kommen hinzu. Diese Gefühle können zwar meist geäußert werden, aber es ist schwer, mit ihnen umzugehen, da sie tief und stark sind und frühere Gefühle mobilisieren können. Oft erscheint die Unfruchtbarkeit als Strafe für früheres Versagen, vielleicht auch für einen vorangegangenen Schwangerschaftsabbruch. Auch Neid auf schwangere Frauen oder auf Frauen mit Kindern kommt auf. Die Auseinandersetzung mit der Familie oder dem Partner ist oft schwierig, Schuldzuweisungen finden statt, die Angst vor dem Verlassenwerden kommt auf. Unter Umständen wird die Sexualität als Pflichtübung zur Erfüllung des Kinderwunsches mißbraucht und verliert damit die Funktion der Lusterfüllung und Kommunikation.

Wenn der Kinderwunsch übermächtig wird, drehen sich alle Gedanken nur noch um die ersehnte Schwangerschaft. Literatur wird in Mengen zusammengetragen, jeder Hinweis wird verfolgt, Geld spielt keine Rolle mehr, die gesamte Energie wird für Arztbesuche und das Ausprobieren aller möglichen Methoden und Therapieangebote benutzt. Hier kann ein Teufelskreis, wie oft im Leben der Frau, aus Hoffnung, Versuchen, Enttäuschungen und Resignation entstehen. Schließlich wird jeder Zyklus ohne Behandlung »ein verlorener Zyklus«, wie eine Patientin es formulierte.

Mit Nachdruck muß gesagt werden, daß sich auch der Mann einer Untersuchung unterziehen sollte, denn häufig liegt die Ursache der Kinderlosigkeit bei ihm. Es ist immer wieder zu beobachten, daß Frauen jahrelang alle möglichen eingreifenden Behandlungen auf sich nehmen, von Hormonen bis zu körperlichen Eingriffen, bis sich

## Ursachen ungewollter Kinderlosigkeit

|  | bei der Frau | beim Mann |
|---|---|---|
| *Körperliche Ursachen* | | |
| Angeboren: | Chromosomenanomalien, Mißbildungen der Geschlechtsorgane | |
| Erworben: | Verschlüsse oder Undurchgängigkeit in den Geschlechtsorganen durch Infekte, Entzündungen, Neubildungen (gutartige und bösartige Tumoren) | |
| *Endokrine Ursachen:* | hormonell bedingt, angeboren oder erworben | |
| | Eibildungs- und Eireifungsstörungen Zyklusstörungen | Spermienbildungs- und Spermienreifungsstörungen Spermienanomalien |
| *Seelische Situation:* | Selbstwertproblematik, Identitätsproblematik u. a. | oft »Impotenz« |
| *Soziale Situation:* | | |
| Beruflich: | Umgang mit schädigenden Substanzen im medizinischen Bereich (u. a. Narkosemittel, Zytostatika), technischen Bereich (Radioaktivität, Röntgenstrahlen), Chemie- und Pharmaindustrie (Medikamentenherstellung, Pflanzen- und Tiergifte, Düngemittel, Farben, Lacke u. v. m.) | |
| Persönlich: | Druck und Streß | |
| *Ökologische Situation:* | Anwendung und Verbreitung von PCB und anderen Giften in Wasser, Nahrung und Luft | |
| | Anreicherung in der Follikelflüssigkeit und Gebärmutterschleimhaut Einnistungsstörungen Entwicklungsstörungen Fehlgeburten | Anreicherung in der Spermienflüssigkeit Spermienmißbildungen Verminderte Beweglichkeit Verändertes Verhalten |

schließlich irgendwann herausstellt, daß die Ursache überhaupt nicht bei ihnen liegt.

Sterilität kann zum einen hormonelle Ursachen haben, so daß beispielsweise kein Eisprung stattfindet. Frauen werden nicht selten schon früh unter zweifelhafter Indikation, etwa zur Auslösung der Menarche, mit Hormonen behandelt. Häufig folgen viele Jahre mit der »Pille«, also langjährige Hormongabe, so daß sich kein Eigenrhythmus einstellen kann. Kein Wunder, wenn sich die »innere Uhr« der Steuerung durch Hypothalamus und Hypophyse nicht regulieren kann.

Ein anderer Grund sind organische Veränderungen, wie Verwachsungen und andere Hindernisse infolge von Entzündungen oder Eingriffen, sehr selten durch Mißbildungen. Dadurch kann die Durchgängigkeit der Eileiter beeinträchtigt sein. Das kann auch bei Entzündungen durch Intrauterinpessar oder Schwangerschaftsabbruch mit Infektionsfolge geschehen.

Am häufigsten sind jedoch seelische Ursachen. Der folgende Fallbericht zeigt die Rolle der Vorgeschichte und der Lebenseinflüsse sowie das mögliche Vorgehen in einer psychotherapeutischen Behandlung:

*Gertrud T., Gerti genannt, dreiunddreißig Jahre alt, kommt nach sechs Fehlgeburten zur psychosomatischen Behandlung. Sie und ihr Mann sind beide durchuntersucht und organisch gesund. Es besteht ein dringender Kinderwunsch, und es gibt weder anatomisch noch serologisch und dem Hormonstatus nach eine Erklärung für die Schwierigkeiten. Frau T. kommt mit der Diagnose »Depression« in die Therapie, sie leidet unter Reizbarkeit, Traurigkeit und erheblichen Schuldgefühlen: »Wenn es nichts Organisches ist, das mit den Fehlgeburten, dann bin ich doch schuld am Tod unserer Kinder, oder es ist meine Macke.« Sie habe überhaupt kein Selbstbewußtsein mehr, traue sich nichts mehr zu und fühle sich überhaupt als »Versager« auf der ganzen Linie.*

*Gerti T. ist eine sehr schlanke Frau mit kurzgeschnittenen dunklen Haaren, sie trägt nur Jeans.* Ihre drei Jahre ältere Schwester hat bereits fünf Kinder. Das verachtet sie: »Die heckt wie ein Kaninchen.« Die fünf Jahre jüngere Schwester ist unverheiratet und wechselt oft den Partner. Einerseits verurteilt sie das: »So was Unsolides.« Andererseits äußert sie auch Neid: »Das war die Schönheit in unserer Familie.« Sich selbst schildert sie so: »Ich war immer die Praktische, ich war der Junge in der Familie.« Die ältere Schwester half im Haushalt und beaufsichtigte die beiden jüngeren, damit war sie sehr angebunden. Die jüngere Schwester hatte viel mehr Freiheiten.

Beide Schwestern wurden ihr von der Mutter als Beispiel vorgehalten. Sie war weder so tüchtig und häuslich wie die ältere noch so hübsch und »sonnig« wie die jüngere. »Nur dem Vater war ich recht so. Der hatte mich am liebsten so, wie ich war, ich sollte ja ein Junge sein.« Sie bekam seine Anerkennung für sportliche Leistungen und gute Schulergebnisse. Sie machte nach dem Abitur eine Ausbildung als Lehrerin, übte ihren Beruf aber nur zwei Jahre aus. Als ihr Vater starb, heiratete sie ein Jahr nach seinem Tod mit 27 Jahren.

Ihren Ehemann schildert sie als dem Vater sehr ähnlich, er ist acht Jahre älter und hat den gleichen Beruf wie der Vater. Die Ehe ist sehr glücklich. Beide wollen Kinder und sind sehr traurig über die vielen Fehlgeburten. Ihr Mann trägt alles mit ihr, aber er ist auch unzufrieden mit der Situation. Von der Beziehung zur Mutter erzählt Gertrud T. im ersten Gespräch sehr wenig, während sie über Schwestern, Vater und Ehemann ausgiebig berichtet. Das fällt auf. Direkt gefragt, schildert sie die Beziehung zur Mutter als »normal«. Sie beschreibt sie als gerecht, freundlich, allerdings auch sehr distanziert. Die Mutter koche gerne. Sie habe sich schon beim ersten Kind einen Sohn gewünscht, akzeptierte die erste Tochter jedoch, weil diese ihr bei den nächsten Kindern eine Hilfe sein konnte. Sie sei sehr enttäuscht gewesen, daß das zweite Kind, also Gertrud T., auch »nur« ein Mädchen war. Von der Mutter stammt auch der Name »Gerti, weil das auch ein Jungenname sein kann«. Hinzu kam, daß Gertrud T. als Steißlage nach einer langwierigen, schweren Geburt zur Welt kam. Die Mutter hatte ihr gesagt, daß die Geburt sie fast das Leben *gekostet hätte. So entwickelte Gertrud T. schon früh Schuldgefühle der Mutter gegenüber, zumal die dritte Geburt sehr leicht war und die Mutter später zu ihr sagte, das sei doch etwas ganz anderes gewesen.* »*So leicht hast du es mir nicht gemacht, das war das Schlimmste, was ich je erlebt habe.*« *Frau T. hatte oft das Gefühl, etwas wiedergutmachen zu müssen. Sie wollte der Mutter im Haushalt, besonders bei der Betreuung der kleinen Schwester, helfen. Das konnte aber die ältere Schwester alles viel besser. Und auch der Versuch, durch Eitelkeit und hübsches Aussehen Beachtung zu finden, scheiterte an der* »*Schönheit*« *der jüngeren Schwester. Alle sogenannten* »*weiblichen*« *Möglichkeiten waren damit* »*schon besetzt, egal wie ich es anstellte*«*.*

*Die Ehe wurde deshalb ein* »*voller Erfolg*«*, weil der Ehemann ihre rasche, zupackende Art akzeptierte und bewunderte. Er selbst war eher bedächtig und etwas unpraktisch.* »*Die Nägel muß ich selbst in die Wand schlagen, sonst kann ich ihm hinterher die Finger verbinden.*« *Nur kochen tut sie* »*absolut ungern*«*.*

*Im Laufe weiterer Gespräche wird deutlich, daß besonders vier Problemkreise für sie und ihre Entwicklung eine Rolle spielen, auch für die Einstellung zu Schwangerschaft und Geburt und den hochambivalenten Kinderwunsch:*

*1. Eine erhebliche Selbstwertproblematik und Unsicherheit in bezug auf die eigene Identität (Junge sein sollen,* »*falsch*« *sein, keine sichere eigene Rolle, Jungenrolle als Notbehelf).*

*2. Autoaggressivität, Haß auf den falschen, nicht gewünschten* »*todbringenden*« *Körper – die eigene Geburt war für die Mutter lebensbedrohlich, eigene Schwangerschaften endeten durch Fehlgeburt.*

*3. Aggressivität: vorwiegend unbewußt gegenüber beiden Eltern, die sie nicht angenommen haben, gegenüber den Schwestern und auch gegenüber dem Ehemann, den sie wie den Vater erlebt.*

*4. Problematische Beziehung zu beiden Eltern.*

*Die Tatsache, daß der Ehemann wie der Vater erlebt wird, schildert sie so:* »*Manchmal verwechsle ich sie und rede ihn mit* ›*Papi*‹ *an. Das findet er drollig.*« »*Es ist kaum zu glauben, er reagiert ganz genauso wie Vater, da denke ich, das gibt's doch nicht.« »Er ist der zweitbeste Mann, oder war mein Vater der zweitbeste Mann nach ihm?«*

*Ihre Schwierigkeiten mit der Mutter zeigen sich in ihrem Erschrecken, wenn sie Ähnlichkeiten bei sich entdeckt oder genauso handelt wie die Mutter, aber auch in ihrer Ablehnung des Kochens.*

*Die Therapie mußte also auf ganz verschiedenen Ebenen laufen. In der Gruppe konnte sie die innere Auseinandersetzung mit der Mutter bewußter erleben, weil eine Mitpatientin, Frau A., für ihr Gefühl sehr viel Ähnlichkeiten mit der Mutter hatte. Frau A. war vordergründig leise und freundlich, wollte immer das Beste für alle, wollte allen helfen – aber die anderen sollten sofort das annehmen, was sie vorschlug. Sonst versuchte sie, Schuldgefühle zu verbreiten, und zwar über körperliche Symptome, indem sie erzählte, sie habe so Kopfweh, weil das Problem der anderen sie so beschäftigt habe und sie nichts tun könne, aber, wie bei der Mutter: »Das macht ja nichts, ich komme schon zurecht. Und dir geht es ja viel schlechter als mir.« Die Gruppe reagierte bald gedämpft aggressiv auf diese Frau, sie wurde abgelehnt, und ihre Ratschläge wurden nicht mehr gehört. Sie wurde vielmehr aufgefordert, endlich einmal von ihren Schwierigkeiten zu reden. An den Emotionen, die Frau T. in bezug auf Frau A. erlebte, die das Verhalten der Mutter »wie im Kabarett« verstärkt wiedergab, konnte sie endlich wahrnehmen, welche Aggressionen sie der Mutter gegenüber hatte. Sie konnte aber gleichzeitig auch im Vergleich mit Frau A. sehen, daß sie selbst ganz anders ist als Frau A. und als ihre Mutter, und konnte die Identifikationswünsche und -ängste aufgeben. Sie bemerkte auch zunehmend die internalisierte Mutter, als sie sich darüber klar wurde, daß sie selbst sich heute den Spaß am Kochen verbietet und nicht die Mutter, die ihr früher signalisiert hatte, daß sie das sowieso nicht könne. Sie ist nicht wie die Mutter – auch wenn sie Mutter würde. Diese Erkenntnisse wurden in Einzelgesprächen vertieft und durchgearbeitet.*

*Hinzu kam, daß Frau T. in der Gruppe hoch angesehen war, sie bemerkte selbst, daß andere schwiegen und auf sie sahen, wenn sie*

*Luft holte, um etwas zu sagen. Das war für sie immer wieder ein Beweis, daß man ihr zuhörte und daß es zuhörenswert war, was sie sagte. So hatte sie die Chance wahrzunehmen, daß sie so, wie sie war, durchaus ernstgenommen wurde und wichtig war.*

*Die Autoaggressivität dem eigenen Körper gegenüber zeigte sich vor allem in der Körperarbeit. Sie konnte anfänglich nicht wahrnehmen, was sie belastete oder ihr schadete, auch nicht, was sie gerne gemacht hätte oder wie sie sich wohl fühlte. In Einzelgesprächen wurden dann weitere Erfahrungen erinnert und bearbeitet, vor allen Dingen kamen die traumatischen Erfahrungen mit den Fehlgeburten zur Sprache. Frau T. hatte ihren Körper »einfach abgeschafft«, weil er ja doch für sie nicht richtig war und nicht richtig funktionierte.*

*Auch die Auseinandersetzung mit dem Vater, die mit dem Vater zusammenhängende Bereitschaft, sich zu überfordern, um hohe Leistungen zu erbringen, und die sich daraus ergebende Beziehung zum Ehemann wurde in Einzelgesprächen vertieft.*

*Zwei Träume wurden in der Therapie für sie wichtig:*

*Ich sitze auf dem Bettrand und habe ein ganz süßes Baby in einem Kissen im Arm. Plötzlich ist es weg, und das Kissen auf meinem Schoß ist leer. Ich schüttle es aus, sehe auch unter dem Bett nach, aber ich finde es nicht mehr. Plötzlich höre ich im Stockwerk unter mir ein Baby schreien, das ist meine kleine Schwester. Jetzt weiß ich, daß meine Mutter es weggenommen hat.*

*Hier werden die Aggressionen, aber auch die Identifikationen ganz deutlich.*

*Vier Wochen später träumte sie folgendes:*

*Ich gehe durch den Wald, da liegt ein Kind im Moos. Ich weiß, das ist das Kind meines Mannes, es ist sogar in seinen gemusterten Schal eingewickelt. Ich bin ärgerlich, weil er es nicht so herumliegen lassen dürfte, da könnte doch was passieren. Als ich es nehmen will, passiert etwas sehr Beängstigendes, ich sehe mich selbst wie im Spiegel von oben herabbücken, als ob ich das Kind wäre.*

*Dieser zweite Traum half ihr bei der Auseinandersetzung mit der Vaterbindung und bei der Bearbeitung der Beziehung zu ihrem*

*Mann. Frau T. wurde im weiteren Verlauf der Therapie zunehmend selbstbewußter, der Kinderwunsch trat in den Hintergrund, wichtiger wurde für sie, daß sie selbst das Kind war, das sie jetzt, wie im Traum, aufheben und versorgen sollte. »Es ist ziemlich zu kurz gekommen, wenn ich da so allein im Wald liege. Nur der Schal gab ihm etwas Wärme, aber das reicht ja nicht.« Nachdem nun ihre Selbstentwicklung wichtiger war als der Kinderwunsch, aber auch die Trauerarbeit um die verlorenen Kinder ihren Platz und ihre Berechtigung hatte, schaffte sie sich die Voraussetzungen für eine eigene, unverwechselbare Identität; sie mußte nicht wie die Mutter sein, aber auch nicht den Wünschen des Vaters entsprechen.*

*Zwei Jahre nach der Therapie erhielten wir eine Geburtsanzeige.*

Die modernen Reproduktionstechniken sehen verschiedene Formen der Sterilitätsbehandlung vor. Wenn der Grund für die Sterilität bei der Frau liegt, so wird, je nach Ursache, entweder in den Hormonhaushalt eingegriffen, beispielsweise durch hormonale Stimulierung. Bei Verwachsungen und ähnlichem wird eine operative Fertilisierung, bei Verklebungen der Eileiter beispielsweise eine Tubendurchblasung versucht.

Bei der In-vitro-Fertilisation erfolgt die Verschmelzung von Ei und Spermazelle außerhalb des Körpers. Dazu muß erst einmal der Eierstock der Frau mit Hormonen überstimuliert werden, so daß mehrere Eier gleichzeitig heranreifen. Die tägliche Ultraschalluntersuchung mit voller Harnblase und ständige Untersuchungen von Blut und Urin zeigen dann, wann die Eizellenentnahme durch Bauchspiegelung in Vollnarkose durchgeführt werden kann. Die reifen Eizellen werden dann im Reagenzglas mit dem Sperma zusammengebracht, die Verschmelzung findet außerhalb des Körpers statt. Es entstehen kleine Embryonen von vier bis acht Zellen, die dann wieder in die Gebärmutter der Frau eingepflanzt werden.

Die Erfolgsrate liegt bei etwa 1,5 bis 7,5 Prozent.[13] In Anbetracht des Aufwands ist die Erfolgsquote also minimal, und diese ineffektive Methode ist zudem mit drastischen Eingriffen in den Körper der Frau verbunden. Dazu kommt eine weitere Schwierigkeit: Da meist mehrere Embryonen eingepflanzt werden, um einen Erfolg zu sichern, entstehen häufig Mehrlingsschwangerschaften. Wenn mehr als drei Embryonen weiterwachsen, müssen die überzähligen Mehrlinge getötet werden, das bedeutet für die betroffene Frau eine enorme körperliche und vor allem seelische Belastung. Mehrlingsschwangerschaften können aber auch entstehen, wenn nach einer hormonellen Stimulation mehrere Eier gleichzeitig reif und auf natürlichem Wege befruchtet werden.

Wenn die Ursache der Sterilität beim Manne liegt, kann beim Vorhandensein von lebensfähigen Spermien durch homologe Insemination, also durch Spermienübertragung, eine Schwangerschaft ausgelöst werden. Theoretisch kann auch Fremdsperma verwendet werden, doch die sogenannte heterologe Insemination wird aus rechtlichen Gründen bei uns praktisch kaum durchgeführt.

Leider werden alle diese technischen, in den Körper der Frau eingreifenden Verfahren auch bei ungewollter Kinderlosigkeit ohne organischen Befund angewendet. Die psychogene Sterilität der Frau ist entweder durch hypothalamisch, zentral fehlgesteuerte anovulatorische Zyklen (Zyklen ohne Eisprung) bedingt oder durch eine gestörte Peristaltik (Beweglichkeit der Eileiter) oder durch Eileiterspasmen. Hier ist, wie die Therapie von Gertrud T. zeigt, eine psychotherapeutische Behandlung ein weniger eingreifendes Mittel, das zudem noch andere grundlegende Schwierigkeiten bearbeiten kann. Dazu gehören die Selbstwertproblematik, Identifikations- beziehungsweise Identitätsprobleme, ungeklärte Beziehungen zu den Eltern und eine möglicherweise entwicklungshemmende, weil viel zu enge Bindung an die Eltern, unbewußte aggressive und autoaggressive Strebungen, Schuldgefühle, Strafphantasien, die Abwehr von Traurigkeit und das Gefühl von Mangelhaftigkeit, aber auch Probleme in der Partnerbeziehung. Gleichermaßen sollten auch die möglichen schädigenden oder hemmenden Hintergründe des Kinderwunsches selbst bearbeitet werden, wie etwa Pflichtgefühl der Familie gegenüber, Neid, zu hohe Erwartungen an sich selbst, das Kind als »Leistung«, als Besitz, als Lebensversicherung, als Beweis der Lebensberechtigung, als ausschließliche Bezugsperson, als Ersatz für andere Beziehungen, als Ich-Ergänzung an Stelle eigener Entwicklung und die Bewertung von Kinderlosigkeit als Strafe und Selbstbestrafung. Auch die Reproduktionsmedizin selbst mit ihren belastenden Eingriffen, den Schmerzen und Beschwerden, den Anbindungen, dem Wechselbad von Hoffnung und Enttäuschung, der Erfahrung von Auslieferung und Erniedrigung kann von der betroffenen Frau unbewußt als Mittel der Selbstbestrafung benutzt werden. So kann sie sich ihre Unfähigkeit, aber auch ihre konfliktbeladene Mangelhaftigkeit endgültig beweisen – aber auch der Medizin ihre Erfolglosigkeit und effektive Unfähigkeit aufzeigen. Eine zweiunddreißigjährige Frau drückte ihre Selbstwertproblematik, ihre destruktive und autodestruktive Einstellung sowie ihre Leistungsbereitschaft folgendermaßen aus:

*Nach der 18. Retorte wußte ich, das hat ja alles keinen Zweck bei mir, ich schaffe das nie, ich bringe das nicht. Ich habe ein richtiges Massengrab im Bauch, die 48 Embryos, die die eingepflanzt haben, sind alle darin kaputtgegangen. Aber ich habe wenigstens alles getan, keine aus dem Programm hat so lange durchgehalten wie ich.*

Hier wird deutlich, daß es letztlich oft um etwas anderes geht als um die Kinderlosigkeit, die bei dieser Frau nur die Rolle eines Symptoms spielte. Das Symptom hatte Appellfunktion und zeigte deutlich den Mangel, das Gefühl innerer Leere und die selbstzerstörende Haltung dieser Frau. Die Reproduktionsmedizin diente in diesem Fall vorwiegend dazu, den Beweis für die eigene Mangelhaftigkeit und Unfähigkeit zu erbringen. Daneben erfüllte sie die Alibifunktion, wirklich alles versucht zu haben, und diente damit auch der Abwehr von anderen Möglichkeiten, den Mangel zu beheben, die Leere zu füllen, Entwicklungsarbeit an sich selbst zu leisten, wieder zu leben und das Leben aufzunehmen, statt krampfhaft neues Leben technisch produzieren zu lassen. Schmerzen, Auslieferung und Angebundensein bewogen diese Frau sogar, ihren eigentlich gerne ausgeübten Beruf aufzugeben, und dienten zugleich als Selbstbestrafung für ihre als schuldhaft empfundene Unfähigkeit. Zusätzlich bestand jedoch ein sekundärer Krankheitsgewinn, denn Leere und Beziehungslosigkeit wurden ein wenig gefüllt durch die medizinische Zuwendung und Beachtung, die eigene Wichtigkeit und das Durchhalten im IvF-(In-vitro-Fertilisations)Programm.

Daß in solchen – nicht einmal seltenen – Situationen psychotherapeutische Bearbeitung der zugrundeliegenden Schwierigkeiten notwendig und sicherlich wirksamer ist als jede äußere Aktivität, wird an diesem Beispiel verständlich.

In zunehmendem Maße sind von Menschen hergestellte Substanzen für die Sterilität verantwortlich, wobei die schädigende Wirkung durch Genußgifte wie Nikotin und Alkohol deutlich verstärkt wird. Besonders betroffen sind bestimmte Berufsgruppen. Bei Frauen, die im medizinischen Bereich arbeiten und mit Narkosemitteln umgehen, findet sich eine deutlich höhere Fehlgeburtenrate. Gleiches gilt für den Umgang mit zytostatischen Substanzen, die das Wachstum von Krebszellen hemmen und die in kleinsten Mengen eingeatmet werden können. Die Schadstoffe reichern sich besonders in der Follikelflüssigkeit (im Eibläschen) an, wie bei Patientinnen in IvF-Programmen festgestellt wurde. Bei Photolaborantinnen, Chemiearbeiterinnen, bei Frauen, die mit Färbemitteln, Medikamenten, Düngemitteln, Pflanzen- und Tiergiften umgehen, ist ähnliches zu beobachten. Insbesondere handelt es sich hier um Substanzen, die chemisch von den polychlorierten Biphenylen hergeleitet werden und die sich in der Follikelflüssigkeit und der Gebärmutterschleimhaut anreichern, aber auch im Zervixschleim, der beim Transport der Spermien mitwirkt. Dadurch kann es zur Inaktivierung der Spermien kommen, aber auch zu Einnistungsstörungen des Eis, zu Entwicklungsstörungen des Embryos und letzlich zu Fehlgeburten. In den fünfziger Jahren waren sieben bis acht Prozent aller Ehen ungewollt kinderlos, heute sind es bereits fünfzehn bis zwanzig Prozent.[14]

Inzwischen enden rund 40 Prozent aller Schwangerschaften im Bereich der alten Bundesländer mit einem Abort. Den etwa 80000 registrierten Schwangerschaftsabbrüchen stehen 205000 Fehlgeburten gegenüber, davon werden zwischen 20 und 30 Prozent durch Umweltgifte und gefährliche Stoffe am Arbeitsplatz hervorgerufen.[15]

Beim Mann wirken Schwermetalle wie Quecksilber, Kadmium und Blei, aber auch chemische Pflanzen- und Tiervernichtungsmittel ebenfalls schädlich. Das Sperma vieler Männer enthält bis zu 40 Prozent weniger befruchtungsfähige Spermien als noch vor zwanzig Jahren. Als besonders schädlich erweisen sich auch hier die Abkömmlinge der PCB und der CKW.

Diese Schädigungen wirken nicht nur auf Ei- und Spermazelle ein, sondern auch auf den Embryo. Es kommt zu Störungen der Entwicklung und Mißbildungen, aber auch zur Geburt von Kindern, deren Fortpflanzungsfähigkeit gestört ist oder sich nicht entwickelt, denn die Schäden wirken auch auf die Entwicklung der Keimdrüsen ein. Die Umweltvergiftung in den Industrieländern wird bereits deutlich im Rückgang der Bevölkerungszahlen. Nachweislich wirkt die gesamte Palette der Gifte in ähnlicher Weise auf die Keimzellen von Tieren ein.

## Die Reproduktionstechnologie

Es gibt immer mehr Menschen, die Erdbevölkerung nimmt in rasantem Tempo zu. Logischerweise müßte alles getan werden, um diese bedrohliche Entwicklung aufzuhalten. Statt dessen werden technische Verfahren entwickelt, die der Fortpflanzung dienen sollen und erhebliche Kosten verursachen. Mit der In-vitro-Fertilisation als reproduktionstechnologischer Maßnahme unter Berücksichtigung der niedrigen Erfolgsrate liegen die Kosten eines damit erzeugten Kindes ohne Betreuung bei etwa 50000 Mark. Dabei kommt es fünfmal häufiger zu Störungen der Schwangerschaft als beim natürlichen Ablauf. Die Erfolgsrate der Psychotherapie bei ungewollter Kinderlosigkeit hingegen soll bei 34 Prozent liegen, also wesentlich höher als bei IvF-Programmen. Trotzdem wird die Reproduktionstechnologie häufiger empfohlen. Bei gleichzeitiger psychotherapeutischer Behandlung kann sich die Zahl der Lebendgeburten bei In-vitro-Fertilisation verdoppeln. Empfehlungen in dieser Richtung werden dennoch kaum ausgesprochen. Diese Fakten sind höchst widersprüchlich und entbehren jeder Logik. Um »Fortschritt« im Sinne der Verbesserung der menschlichen Lebensbedingungen kann es hier also nicht gehen. Denn gerade der rein technische Fortschritt hat uns inzwischen längst in unabsehbare Gefahren gebracht. Im übrigen kann die Natur bestens ohne das Eingreifen des Menschen auskommen, das tat sie seit Jahrmillionen, sie muß nicht verbessert werden. Der Mensch ist höchstens ein Störfaktor. Die Frage, worum es bei der Reproduktionstechnologie tatsächlich geht, stellt sich nun unabweisbar.

1944 wurde die Desoxyribonukleinsäure als die materielle Substanz der Erbinformation erkannt. In der Folge wurden die Gesetzmäßigkeiten der Vererbungsvorgänge aufgeklärt, und die Manipulation der Erbsubstanz rückte in den Bereich des Machbaren. Die Biologie hatte damit die Grundlage für die Gen- und Reproduktionstechnologie geschaffen.

Die Biologie war ursprünglich definiert als die Lehre von der belebten Natur und den Gesetzmäßigkeiten im Leben von Pflanze, Tier und Mensch. Heute beschäftigt sich diese Wissenschaft damit, natürliche Lebensbedingungen durch technische Hilfsmittel zu ersetzen und Natur und Mensch mit Hilfe gezielter Veränderungen umzuformen, also Neues zu schaffen und schöpferisch zu wirken. Allerdings ist der ungestörte Ablauf des Lebens, in den ungezählte natürliche Regelmechanismen und Rückkopplungen eingreifen, nicht ohne weiteres imitierbar. Aber es gibt inzwischen schon erhebliche »Fortschritte« zu verzeichnen.

Embryonen werden bereits im Reagenzglas erzeugt und zurückübertragen, wie dies bei der In-vitro-Fertilisation der Fall ist. Die Embryonenübertragung kann auch operativ erfolgen. In der Tierzucht experimentiert man bereits mit der Übertragung fremder Embryonen auf weibliche Tiere anderer Arten, die als biologische Mütter dienen. Das wird bei Menschen im Augenblick noch nicht praktiziert. Menschliche Embryonen sind bisher auch vor genetischen Transformationen durch das Einschleusen fremder Desoxyribonukleinsäure als Träger von Erbeigenschaften verschont geblieben. Im Tierexperiment ist es aber schon gelungen, fremde Gene in die Keimbahn einzubringen, die dann auch an die Nachkommen vererbt werden. Solche Veränderungen werden vor allem an Bakterien vorgenommen, die dann ihnen artfremde Stoffe produzieren. Derartige gentechnische Verfahren werden bereits in großem Ausmaß benutzt. Beim Menschen wird bisher weder die Gentherapie an Keimzellen vorgenommen noch die Gentherapie an Körperzellen zur Heilung von Erbleiden, die bereits theoretisch möglich wäre. Auch die Chimärenbildung unterbleibt. Chimären sind Lebewesen aus dem Erbgut verschiedener Tiere, eine Horrorvision bereits des Mittelalters. Embryosplitting wird beim Menschen ebenfalls noch nicht durchgeführt. Dabei geht es um die Herstellung von eineiigen Mehrlingen, ein Verfahren, das in der Nutztierzucht bereits praktische Bedeutung erlangt hat. Auch das Klonen, das heißt die Erzeugung genetisch identischer Lebewesen aus einer einzigen Zelle, ist bisher am Menschen noch nicht durchgeführt worden. Es gibt aber bereits mehrere Möglichkeiten, dies durchzuführen, hier ist die Forschung weit fortgeschritten. Die bakterielle Genreproduktion, also die Vervielfältigung von Erbmasse durch Bakterien, ist ebenfalls in der Praxis bereits machbar. Dadurch entstehen ernste ethische Probleme, die nicht ohne weiteres zu lösen sind und gesetzliche Regelungen erfordern.

Diese ganze, logisch nicht erklärbare, technische Entwicklung wirkt sich auch auf die Fortpflanzungsfähigkeit der Frau aus. Den Frauen werden Eizellen entnommen, sie werden von ihren Geschlechtszellen getrennt und erleben damit etwas, das bislang natürlicherweise eine männliche Erfahrung war. Auf diese Weise kann die natürliche Generationskette nun zerrissen werden. Die gesplittete Mutterschaft ist bereits heute machbar. Es ist technisch möglich, daß eine genetische Mutter die Geschlechtszelle liefert und eine Leihmutter oder Ersatzmutter die Schwangerschaft austrägt. Das Kind übernimmt schließlich entweder die genetische Mutter oder die Frau des Mannes, der den Samen geliefert hat, und die vielleicht selbst unfruchtbar ist. Die Mutterschaft wird zum Vorgang, der technisch steuerbar ist. Damit gerät die Frau in die gleiche Lage, in der der Mann schon immer war. Sie erfährt die Kontinuität der Fortpflanzung nicht mehr in sich, sondern durch die Technik als Entfremdungserlebnis. Die Schwangerschaft mit all ihren anrührenden Erfahrungen kann bei der gesplitteten Mutterschaft nicht mehr erlebt werden, denn die genetische Mutter hat ihr Ei ausgeliefert, die Leih- oder Ersatzmutter darf keine innere Beziehung zum Kind aufbauen, da sie es sonst vielleicht aus emotionalen Gründen nicht mehr hergeben könnte, und die soziale Mutter, die schließlich das Kind übernimmt und aufzieht, hat die Schwangerschaft nicht erlebt. Das Entstehen einer inneren Beziehung oder Bindung wird auf den Zeitpunkt nach der Geburt des Kindes aufgeschoben – eine Situation, die der Vater schon immer erlebt hat. Dabei ist gerade die Erfahrung von Schwangerschaft und Geburt für das Entstehen der Mutter-Kind-Beziehung von entscheidender Bedeutung, denn der Dialog zwischen Mutter und Kind findet bereits lange vor der Geburt statt. Sehr kritisch zu betrachten ist dabei die Instrumentalisierung der Frau, die als »Brutmaschine« zum Austragen einer Schwangerschaft benutzt wird. Die Mutterschaft wird zur Dienstleistung degradiert. Ein solcher Vorgang kommt am ehesten einer Organspende gleich, geht aber noch darüber hinaus, weil die Schwangerschaft eine zentrale Erfahrung im Leben der Frau darstellen kann. Wenn die Technik über ihren Leib bestimmt, wird die Frau während der Zeit der Schwangerschaft entmündigt, sie verliert ihre Selbstverantwortung. Diese bedrohliche Entwicklung kann als weiteres Konfliktfeld letztlich zu weiterer Entwertung weiblicher Fähigkeiten führen. Der Körper der Frau wird technisch beherrschbar und damit verfügbar, aber auch die Embryonen werden, gefrierkonserviert in Embryobanken, der Verfügbarkeit zugeführt. Auf diese Weise werden die seelischen Erlebnis- und Entwicklungsmöglichkeiten während der Schwangerschaft, die nur der Frau zu eigen sind, eliminiert. Das Ziel der Wissenschaftler ist letztlich, Schwangerschaften in dafür geeigneten Geräten und Nährlösungen von Anfang bis Ende austragen zu lassen. Die Zeit, die der Embryo unbedingt im Körper der Frau zubringen muß, ist durch den Beginn der Entwicklung im Reagenzglas und durch die technischen Möglichkeiten der Frühgeburtenbetreuung bereits auf vier bis fünf Monate reduziert.

Das Argument, das dies alles rechtfertigen soll, ist bestechend: Angeblich kann die wahre Gleichberechtigung und die vollkommene Emanzipation erst dann erreicht sein, wenn Frauen nicht mehr die Last von Schwangerschaft und Geburt auferlegt wird. Auf diese Weise wird der Frau die bislang noch für den Fortbestand der Menschheit notwendige Fortpflanzungsfähigkeit enteignet, ja sie könnte letztlich ganz ausgeschaltet werden. Die primäre Kreativität von Frauen wäre dann in die Hände von Technikern und Forschern übergegangen, und dem Gebärneid wäre endlich Genüge getan. Selbstverständlich handelt es sich dabei nicht um bewußte, steuerbare Absichten, sondern um zutiefst unbewußte Vorgänge und Impulse, die nicht einmal benannt, geschweige denn reflektiert und gesteuert werden können, solange sie derart unbewußt bleiben.

**Anmerkungen**

[1] Beckmann, D.: »Selbst- und Fremdbild der Frau«, in: *Familiendynamik*, 2/1977, S. 35 ff.

[2] Stern, 9/1986

[3] ebd.

[4] Saner, H.: *Geburt und Phantasie*, Basel: Lenos, 1977, S. 45

[5] ebd., S. 52

[6] ebd., S. 53

[7] ebd., S. 63

[8] Statistisches Bundesamt, in: *Deutsches Ärzteblatt*, 89, Heft 28/29, S. B-1512.

[9] Medical Tribune, Jg. 10/13/14 1987: Anenzephale Feten austragen! Prof. Beller räumt Bedenken aus.

[10] Schulte, R.-M., Quellmann, H.-R.: »Rechtsmedizin, Schwangerschaftsabbruch«, in *Ärztin*, 9/1991, S. 6

[11] nach Heiss, zit. n. Trube-Becker, E.: »Die Rolle des Mannes bei ungewollter Schwangerschaft«, in: *Ärztin,* 9/1991, S. 6.

[12] ebd., S. 8.

[13] zit. nach Winkler, U. u. a.: *Broschüre für ungewollt kinderlose Frauen,* S. 40; dort Hinweis auf Bestätigung durch Pressedienst des Bundesministeriums für Jugend, Familie, Frauen und Gesundheit Nr. 91/1988.

[14] Beier, H. M., Rhein.-Westf. Technische Hochschule: *Umweltbelastung und Fortpflanzung* (unveröffentlicht).
*Chancen,* 2/1989, S. 21.

[15] *Chancen,* 2/1989, S. 24.

MARIANNE WILLIAMSON

# Weibliche Identität

Frauen in Positionen politischer Macht zu wählen bedeutet an sich noch keine Garantie dafür, der Stimme des Weiblichen in der Außenwelt Gehör zu verschaffen. Einmal in einer Machtstellung angelangt, können Frauen der Versuchung erliegen, sich mit dem paternalistischen System zu verbünden, das ihnen ihrer Meinung nach so großzügig einen Platz an der gedeckten Tafel eingeräumt hat. Sie fühlen sich gezwungen, starke Männer unter starken Männern zu sein. Nur wenn Frauen in die Öffentlichkeit gehen, um dort einer glaubwürdigen Balance zwischen Intelligenz und Mitempfinden Ausdruck zu verleihen, und zudem nicht nur ihr Geschlecht repräsentieren, sondern sich auch bemühen, in allen menschlichen Wesen die verlorengegangene Herzenswärme wiederzufinden, dann wird es zu einer wirklichen Befreiung der eingekerkerten Göttin kommen.

Und welcher Art ist dieser Kerker? Er besteht aus unserer Verachtung für Leidenschaft, unserer Abwertung des Weiblichen, unserem Mangel an geradliniger Denk- und Seinsweise, unserer Ablehnung von Gefühlen, unserem Augenrollen bei der Idee, daß Liebe tatsächlich die Antwort auf unsere Probleme sei. Und wer hält die Göttin im Kerker fest? Sowohl Frauen als auch Männer. Während der Anhörungen im Fall Clarence Thomas äußerten sich viele Frauen über die Männer mit den Worten: »Sie kapieren's einfach nicht!« Und einer der Gründe, weshalb sie es so häufig nicht kapieren, ist der, daß es uns selbst oft ebenso geht.

Jedesmal, wenn es eine Frau bei einer Dinnerparty unterläßt, einer anderen Frau beizustehen, die es wagt, sich emotional und vehement zu äußern, verrät sie die Göttin. Und warum? Hört genau her, ihr Lieben: Weil wir im tiefsten Grund unseres Herzens befürchten, für die Männer am Tisch an Attraktivität zu verlieren, wenn wir es wagen, unseren Herzensempfindungen Ausdruck zu geben. Uns bangt davor, auf sie weniger sexy zu wirken, als wenn wir nur einfach dasitzen, Porzellanpüppchen spielen, keinen Wellenschlag verursachen und das männliche Geschlecht nicht bedrohen.

Und so verraten wir einander. Wir verstoßen gegen die Gesetze der Schwesterlichkeit. Und all das nur, glaube ich, weil wir uns davor fürchten, Papi zu verlieren. Wir haben ihn schon einmal verloren, und der Schmerz war zu schrecklich, um ihn erneut aushalten zu können. Papi war entweder nicht da oder hielt unsere Gefühle für unwichtig, warum sollte ein anderer anders reagieren? Und wenn man uns als unwichtig betrachtet, können wir auch nicht geliebt werden. Vielleicht könnte unser Denken ihn aufmerksam machen, wenn es ein Abklatsch seines eigenen wäre, aber alles allzu emotional Geäußerte überschreitet die zulässige Grenze.

Aber es gibt Männer auf dieser Welt, die innerlich stabiler sind als Papi, die Ihre Gefühle wunderbar finden und Ihrer Leidenschaftlichkeit Beifall zollen. Die Männer am Tisch sind nicht Papi, und die, die es gewissermaßen doch sind, kommen für Sie nicht in Frage. Heute tauchen neue Männer auf, genauso wie neue Frauen. Und die werden nicht nur Ihre Stimme hören, sondern sie werden unter dem Tisch Ihre Hand drücken und Sie stillschweigend anspornen weiterzumachen.

»Aber wo sind sie denn?« fragen Sie. Sie würden liebend gern einen solchen Mann kennenlernen, aber es gelingt Ihnen nie. Wenn diese Männer bisher nicht in Ihr Leben getreten sind, dann deshalb, weil sie für Sie noch nicht anziehend gewesen sind. Nichts an Ihrer derzeitigen Ausstrahlung läßt sie spüren, daß sie bei Ihnen willkommen wären. Die seelisch stabilsten Männer fühlen sich von den seelisch stabilsten Frauen angezogen.

Vielleicht denken Sie auch: Ich wollte, mein Mann oder Freund wäre so. Hier gibt es ein magisches Geheimnis, das wir alle wissen sollten: Menschen verändern sich. Niemand bleibt dort stecken, wo er nicht steckenbleiben will. Jeder von uns verfügt über das unerschöpfliche Potential, das ihn befähigt, sich radikal von allem Unbewußten, Angsteinjagenden und Schwachen ab- und allem Bewußten, Liebevollen und Starken zuzuwenden. Bilden Sie sich niemals ein, jemanden in- und auswendig zu kennen, denn solange Ihre Kenntnis nicht all die Möglichkeiten einschließt, die latent in dem betreffenden Menschen vorhanden sind, wissen Sie relativ wenig. In gewisser Weise kennt nur Gott uns wirklich.

Es ist die Aufgabe einer Frau, der Welt eine Mutter zu sein, indem sie das Bild der möglichen Vollkommenheit eben dieser Welt in ihrem Herzen bewahrt. Wir gebären Kinder, Männer, Arbeit, ja uns alle. Nicht der Uterus ist der eigentliche Mutterschoß, sondern das Herz. Was aus dem Herzen emporsteigt, ist eine gemeinsame Schöpfung Gottes und der Frau. Ein Kind zur Welt zu bringen ist kein an sich bewußter Akt. Als Eltern, Lehrer, Freund oder Gesellschaft ein glückliches Kind entstehen zu lassen heißt, eine göttliche Aufgabe erfolgreich zu lösen. Nicht zufällig wurden von Maria mit dem Christuskind unzählige Bilder gemalt.

Unsere Frage muß so gestellt werden: Was wollen wir zur Welt bringen? Das Weibliche sowohl in Männern als auch in Frauen wartet auf eine ganz gezielte Befruchtung. Die Göttin wurde da vergewaltigt, wo sie respektiert werden sollte. Sie wurde mißbraucht, wo sie verehrt werden sollte. Sie selbst war voller Geduld, obwohl sie von schneidender Schärfe hätte sein können. Aber etwas hat sich verändert.

Durch uns alle wird sie sich selbst gebären, und unsere einzige Entscheidungsmöglichkeit liegt darin, ob sie von Wut erfüllt oder sanft und freundlich erscheinen wird. Sie wird dasein. Nichts kann sie zurückhalten. Aber wie sie erscheint, das liegt an jeder einzelnen Frau und bis zu einem gewissen Ausmaß auch an jedem einzelnen Mann. Dies ist für mich der Sinn der Frauenbefreiung: daß die Frau in uns und die Frauen um uns von dem grotesken und degradierenden Denksystem erlöst werden, das nach wie vor unsere Erde beherrscht, alles Weibliche als schwach oder wertlos betrachtet, das anzuhören überflüssig und zu lieben unwichtig sei.

Ich habe zwei Freundinnen, denen vor kurzem gekündigt wurde. Verständlicherweise waren sie sehr aufgebracht, aber in beiden Fällen hatte ich das Gefühl, daß sie sich gewissermaßen selbst hinauskatapultiert hatten – in der Weise, wie Barbara De Angelis das beschrieben hat, nämlich als aggressive Reaktion des Universums, wenn wir uns weigern, die Schritte zu unternehmen, von denen wir im tiefsten Herzen wissen, daß sie als nächste unerläßlich sind. Mehrere Male hatte ich die beiden sagen hören: »Ich müßte raus aus diesem Saftladen!« Aber das hatten sie dann doch nicht getan, denn das Leben schien sie nun einmal an diesen Platz gestellt zu haben, an dem sie waren, und von einem rationalen und vom Ego bestimmten Gesichtspunkt aus gesehen konnten sie keine Möglichkeit zum Absprung finden.

Meine Freundinnen sind Beispiele für ein aktuelles Problem unter Frauen – für Frauen, die da sind, um die Wahrheit zu sagen, spirituelle Barrieren zu beseitigen und die Paradigmen wegzufegen, die uns während der letzten paar tausend Jahre geschurigelt und unterdrückt haben. Sie tragen die Maske der modernen amerikanischen Frau, aber sie sind nicht nur dazu geboren worden, und auf einer gewissen Ebene wissen sie das auch. Ohne ein bewußtes Konzept vom spirituellen Sinn und Ziel unseres Lebens und dessen Zusammenhang mit unserem alltäglichen Arbeitsleben werden wir durch die äußeren Umstände unseres Daseins lahmgelegt, ob wir nun im gängigen Sinn erfolgreich sind oder nicht.

Wir sind spirituelle Heilerinnen in weltlicher Aufmachung. Wir versuchen für unsere weiblichen Kräfte ein männliches Ambiente zu finden, aber ich weiß nicht recht, warum. Wir müssen mit der Macht unseres weiblichen Wissens den Weg aufzeigen und mit ihrer Hilfe neue Berufe bilden. Als erstes müssen wir uns innerlich verpflichten, die Welt heilen zu wollen; wir müssen aus tiefstem Herzen heraus begreifen, daß wir Frauen geboren wurden, um eben dies zu tun. Dieses Verstehen löst eine Kraft aus, die alle Wirrnis und alle minderwertigen Energien der Welt durchbricht, um für uns die Umstände zu schaffen, die uns bei unseren höheren Aufgaben förderlich sind.

Viele Frauen, die ich kenne, leben bereits im Einklang mit ihrem weiblichen Radar, während sie gleichzeitig voll in ihre beruflichen Karrieren eingespannt sind. Sie bahnen neue Wege zu weiblicher Mitwirkung im Getriebe der Welt. Sie wissen um das höchste Ziel dieser Karrieren, es ist das gleiche wie das unserer Körper und menschlichen Beziehungen: die Arbeit der Göttin zu leisten, alles, was uns möglich ist, daranzusetzen, eine neue Welt zu schaffen. Letzten Endes spielt es dann keine Rolle, ob wir eine Firma gründen, ein Kind aufziehen, einen Film produzieren oder eine Suppe kochen. Was jedoch eine Rolle spielt, ist, daß wir es mit Liebe tun.

Die Liebe, die wir zeigen, muß den anderen erreichen. Als mein erstes Buch herausgekommen war, wurde ich als Gast zu Oprah Winfreys Fernsehshow eingeladen. Während wir vor den Kameras saßen, hörte ich, wie Oprah mein Buch pries und den Zuhörern erzählte, daß sie selbst tausend Exemplare davon erstanden habe. Von da an entwickelte sich das Buch zum Bestseller. Dank Oprahs damaliger Großzügigkeit und Begeisterung machte ich in meinem Berufsleben einen gewaltigen Satz nach vorne.

Obwohl Oprah natürlich über viel Energie und immensen Einfluß verfügt, bin ich nach einigem Nachdenken zu dem Schluß gekommen, daß jede Frau für eine andere eine Oprah sein könnte. Stellen Sie sich vor, wie die Welt aussehen würde, wenn jede Frau zumindest einer einzigen anderen Beistand leisten und ihr beim Erklettern der Erfolgsleiter Hilfestellung geben würde! Oprah scheint den Wunsch zu hegen, das, was sie selbst erreicht hat, mit anderen zu teilen, und ich könnte mir vorstellen, daß diese Denkweise Teil ihres eigenen gewaltigen Erfolgs ist. Was sie in meinem Fall demonstrierte, war ein Akt weiblicher Solidarität, bei dem eine Frau einer anderen beistand und dabei auch weiteren Frauen geholfen wurde.

Wir dürfen nicht versäumen, aus dem Beispiel von Frauen zu lernen, die ihre Fülle an Chancen, Einfluß, Macht und Erfolg mit anderen teilen. Es gibt hier einen Berggipfel, der Platz für uns alle bietet. Keine von uns sollte dorthin gelangen und da bleiben, wenn nicht alle von uns ihn erklimmen und dort bleiben können. Wenn weiblichen Wesen dies nur in vereinzelten Fällen glückt, so wird die Arbeitswelt weiterhin für die Frauen allgemein ein unsicheres Terrain bleiben. Wir müssen die Gemeinschaft der Frauen zum heutigen Zeitpunkt sehr ernst nehmen und unser Bestes tun, um alle bei ihrem Griff nach den Sternen zu unterstützen. Es kann gar nicht zu viele großartige Frauen geben. Es kann gar nicht genug Königinnen geben. Und nicht zuviel Erfolg.

Es wird heute viel darüber geredet, ob eine Frau wirklich alles haben muß. Das Problem ist nicht, alles zu haben, sondern alles erlangen zu können, uns selbst zu gestatten, das reiche und leidenschaftliche Leben zu führen, das uns unsere Kultur seit Jahrhunderten versagt hat. Das größte Hemmnis für dieses Leben ist unsere Bescheidenheit, unsere Zaghaftigkeit. Solange es als unweiblich gilt, einen kräftigen Appetit zu entwickeln – verständlicherweise, denn es ist wohlbekannt, daß wir das, was wir uns zutrauen wirklich zu wollen, im allgemeinen auch bekommen –, werden wir niemals an der Festtafel des Lebens sitzen, sondern uns immer nur am Stehimbiß aufhalten. Das ist lächerlich, enthält Frauen die Welt weitgehend vor und zwingt sie zu ständigen Kompromissen. Zudem stellt es eine Beleidigung für die Männer dar, wenn behauptet wird, sie könnten nicht mit Göttinnen tanzen – so als ob eine Frau, die über die ganze Fülle ihrer Stärken verfügt, ihnen dauernd auf die Zehen träte.

Für manche Männer stellt sie vielleicht wirklich eine allzu große Bedrohung dar, aber nicht für alle. Männer ändern sich ebenso wie wir, und gemeinsam verbreitern wir den Weg emotionaler Möglichkeiten für Frauen. Dies ist das größte Hemmnis bei unserem Bestreben zu voller Kraftentfaltung: die verlegenen Blicke rund um uns herum, wenn wir dem, was wir empfinden, Ausdruck geben, die Atmosphäre im Raum, wenn wir nach Ansicht der Umsitzenden irgendwelche heiklen Themen berührt haben. Männer müssen begreifen – und wir ebenso –, daß etwas von uralter Bedeutsamkeit aus dem Urgrund aller Dinge aufsteigt und uns alle durchdringt. Männer spüren es, Frauen spüren es. Wir Frauen jedoch werden von ungeheurer Erregung erfaßt, weil unser Nervensystem mit dem

Ausdruck dieses Geschehens in unmittelbarer Verbindung steht. Es ist wie eine Schwangerschaft, bei der wir nicht abtreiben können; und wenn wir es versuchen, dann nimmt unsere Erregung noch zu. Wir tun gut daran, die Tatsache zu akzeptieren, daß der Welt eine große Umwälzung durch die Natur bevorsteht – und sie hat uns auserwählt, das zu verkünden.

Vor mehreren Jahren hatte ich begonnen, in einem Gesundheitsklub in Los Angeles zu trainieren. Schon in den ersten Tagen fiel mir ein Mann auf, der sehr viel Zeit im Übungsraum verbrachte, von fast allen Aufmerksamkeit erhielt, aber auf eine übertriebene Art mit jeder Frau dort flirtete. Die meisten gingen auf das Spiel ein, ließen sich von ihm küssen und seine sexuellen Anspielungen über sich ergehen, aber ich hatte das Gefühl, daß niemandem das eigentlich angenehm war. Keine der Frauen sagte ihm, er solle abschwirren, aber ich konnte mich des Eindrucks nicht erwehren, daß es vielen von ihnen auf der Zunge lag. Sein Verhalten war respektlos, und er nutzte rücksichtslos die Situation aus. Ich wußte, daß mir da ein Problem bevorstand, denn es konnte nur eine Frage der Zeit sein, bis er sich auch an mich heranmachte.

In gewisser Weise war er anscheinend ein ganz netter Mensch, und mir war klar, daß es unzweckmäßig wäre, ihm gegenüber irgendeine Bemerkung über sexuelle Belästigung oder männlichen Chauvinismus zu machen. Zu diesem Zeitpunkt wußte ich außerdem schon, daß sowohl Abwehr als auch Attacken schlechte Ansatzmethoden bei Lebensproblemen darstellen. Ich erinnere mich daran, daß ich, als ich eines Tages in den Übungsraum hinunterging, ein Stoßgebet zum Himmel schickte und um ein Wunder bat. Es fiel mir einfach nicht ein, wie ich mit der Situation auf die richtige Weise fertig werden sollte, und ich war auf eine Inspiration angewiesen.

Als ich dann durch den Saal zu den Geräten ging, saß er dort. Ich ging geradewegs auf ihn zu, streckte ihm die Hand hin und sagte: »Hallo! Ich bin Marianne Williamson. Ich freue mich sehr, Sie kennenzulernen.« Er schüttelte mir die Hand, stellte sich seinerseits vor und verhielt sich mir gegenüber genauso respekt- und würdevoll, wie ich selbst ihm entgegengekommen war. Es verblüffte mich, wie korrekt er sich danach mir gegenüber benahm. Ich hatte mit meiner Annäherung die Initiative ergriffen und nicht abgewartet, bis er mich belästigte, um mir danach eine entsprechende Reaktion einfallen zu lassen, sondern ihn mit der höflichsten Begrüßung, die mir möglich war, auf meine und ebenso auf seine menschliche Würde aufmerksam gemacht.

Wir haben eine große Einflußmöglichkeit auf Einstellung und Verhalten der Menschen um uns herum, sowohl bei der Arbeit als auch zu Hause. Wir haben die Möglichkeit, einen Ton des Anstands walten zu lassen, eine Atmosphäre um uns zu schaffen, die besagt: »Ich respektiere mich selbst. Ich respektiere dich. Laßt uns einander respektieren.« Häufig machen wir bezüglich dieser Atmosphäre Kompromisse, weil wir lieber sexy als ernsthaft erscheinen wollen. Aber dafür müssen wir dann auch zahlen, und ebenso die Frauen um uns herum. Es gibt Männer, die Frauen belästigen, ganz egal, wie diese sich verhalten. Für solche Männer, die sich noch immer an den Straßenkreuzungen herumtreiben und versuchen, das Beste für sich herauszuholen, können wir eine Menge tun, um ihnen dabei zu helfen, auf eine etwas höhere Ebene zu gelangen.

Mit Anfang Zwanzig ging ich einmal mit einem Bekannten in einen New Yorker Nachtklub. Dort traten zwei talentierte junge Musiker auf: Daryl Hall und John Oates. Später waren Hall und Oates dann ein Begriff, aber damals waren sie zwar schon bekannt, aber noch nicht berühmt, und ihre Musik hatte den phantastischen Schwung eines neuen Anfangs und neuen Sounds.

In jener Nacht geschah etwas mit mir. Ich war schon in vielen Konzerten gewesen, aber noch nie zuvor hatte ich erlebt, wie auf transzendente Art Musiker einen ganzen Saal voller Leute dazu bringen können, sich wie zu einem einzigen Herzrhythmus zu vereinen. Ich erinnere mich, daß ich dachte: »Das sind Priester, ja wirklich. Sie sind Priester!« Sie brachten mich nicht wie auf einem fliegenden Teppich zur Musik. Die Musik selbst war der fliegende Teppich, mit dem ich entschwebte – in das Land und den Himmel unseres eigenen Innern. Und das Ziel unseres Lebens ist, eben dieses Land zu finden und dort zu bleiben.

Danach begann ich Musik und Konzerte noch mehr zu lieben als zuvor, aber was das Wichtigste war: Der Gedanke faszinierte mich, daß ein menschliches Wesen in der Lage war, sei es durch Musik oder etwas anderes, einen Raum zu schaffen, in dem die Menschen plötzlich von gemeinsamer Harmonie erfüllt sind und sich erhoben fühlen. Ich wußte, Musik konnte das bewirken, ebenso Literatur, Philosophie und die Kunst schlechthin. Was mich dabei faszinierte, war nicht die Rolle der Kunst an sich, sondern die Rolle des Künstlers, nicht die Rolle der Philosophie, sondern die Rolle des Philosophen. Was verlieh einer Person diesen Zauberstab, so daß er eine solch beeindruckende Macht ausüben und ganze Gruppen von Menschen in ein Wunderland versetzen konnte?

So jemand wollte ich sein, wenn ich erwachsen war. Ich wollte die Menschen auf eine höhere Ebene versetzen, so wie es die Künstler und die Philosophen taten. Ich verliebte mich in den Gedanken, daß ein Leben so etwas wie eine priesterliche Verbindung oder ein Zwischenglied zwischen Erde und Himmel sein könnte. Es spielte dabei keine Rolle, ob man Künstler, Philosoph, Lehrer oder Rabbi war. Wichtig war, daß man sein Ego ablegte, daß man sozusagen eine Art Fernstraße darstellte, die zu einem Leben jenseits dieses Daseins führte. Als ich heranwuchs, ins Stolpern geriet und vor allem zu lieben und geliebt zu werden begann, wurde mir klar, daß der höchste Priester der oder die Liebende in uns ist und daß die höchste Form des Priestertums aus Lieben und Geliebtwerden besteht.

Der Kernpunkt des Ganzen ist nicht der, daß wir Gruppen von Menschen durch Kunst, Philosophie, Politik oder Religion in höhere Sphären versetzen, sondern einen Weg finden, diejenigen, die uns nahestehen, allein durch die Energien unseres Lebens in diese Sphären zu geleiten. Somit hat die Rolle des Freundes oder der Freundin eine priesterliche Funktion, ebensogut wie die Rolle des oder der Geliebten, der Ehefrau, des Ehemanns oder der Eltern. In der priesterlichen Rolle bewahren wir in unserem Innern einen Raum für die Herrlichkeit des Lebens und des Menschengeschlechts. Und dann werden die

Menschen um uns herum deutlicher erkennen, was ihnen und uns allen möglich ist. Wir können Wunder bewirken und sind Heiler, sobald wir den Zaubermantel echter Menschlichkeit umgelegt haben. Die Erde wird von den dunklen, schweren, bedrückenden und verhängnisvollen Kräften befreit, die sie noch immer beherrschen, und in die klarere, reinere Luft des himmlischen Landes emporgetragen. Ein Kind ist getröstet, wenn Mutter und Vater bei ihm sind. Laßt uns der Welt diesen Trost zukommen. Gott und Göttin sind wieder vereint.

Als amerikanische Siedler in den Wilden Westen zogen, kam es regelmäßig in den Straßen der neugegründeten Städte zu Schießereien. Aber als sich dann die Frauen mit den Männern zusammenschlossen, änderte sich das alles. Die Frauen sagten: »Hört auf, ihr Burschen. Keine Schießereien mehr. Hier sind Kinder.« Und damit hatte es sich. Auf diese Weise kam die Zivilisation in eine bis dahin unzivilisierte Welt.

Und heute ist es hier so, daß wir Frauen unsere inneren Kräfte aufbieten und uns als eine Art mystische Schwesternschaft dazu verpflichten können, den billigen Sex und die unnötigen Gewalttaten in unseren Straßen, unseren Filmen, im Fernsehen oder sonstwo nicht mehr dulden zu wollen. Wie abscheulich mißbrauchen wir das uns gesetzlich zugesprochene Recht auf freie Meinungsäußerung, wenn wir es dazu benutzen, die roheste Umweltverschmutzung unserer psychischen Sphäre zu rechtfertigen.

Ob ich finde, daß es da in irgendeiner Form Zensur geben sollte? Keinesfalls. Ob ich finde, daß wir zur Gesundung der Welt mehr individuelle Verantwortung auf uns nehmen sollten? Ja, in jedem Fall. Es gibt heutzutage eine fast automatische Reaktion, nach Meinungsfreiheit zu schreien, wenn irgend jemand die Medien kritisiert. Aber wenn da jemand »Meinungsfreiheit!« schreit, dann schreie ich zurück: »Die Mütter!« Wie steht es denn mit den Rechten der Mütter und der Väter? Sollte man Eltern heutzutage nicht zubilligen, daß sie den Fernseher anschalten, für fünf Minuten in die Küche gehen und sicher sein können, daß ihre Kinder nicht Zeugen von ein bis zwei Morden werden, während sie selbst auch nur den Salat umwenden? Sollten die Gemüter der Kinder nicht mindestens ebenso wichtig sein wie die Rechte von riesigen Medienkonzernen, die nur danach trachten, immer mehr und mehr Millionen Dollar anzuhäufen? Ich rede nicht über Gewaltanwendung, die als legitimes künstlerisches oder intellektuelles Ausdrucksmittel eingesetzt wird, so wie in *Der mit dem Wolf tanzt* oder *Killing Fields* oder *Die Mission* und vielen anderen Filmen. Ich spreche von den billigen Sex- und Gewaltstreifen, die aus keinem anderen Grund in den amerikanischen Kinos und Fernsehprogrammen flimmern als dem, etwas zu verkaufen. Wir vergiften die Seelen unserer Kinder und unsere eigenen nur des Geldes wegen.

Es sind die Frauen, die heute solche Dinge zu einem wichtigen Thema machen müssen, einfach weil die Männer das nicht tun. Nicht, daß es ein ausschließlich weibliches Problem wäre. Es ist ein menschliches Problem, aber es wird nur darüber geflüstert, wenn doch deswegen laut geschrien werden müßte. Und das ist die Aufgabe der Frau: das Gewissen der Gesellschaft zu sein, menschliche Aspekte in den Vordergrund zu stellen, wenn einige unserer Freunde und Freundinnen vergessen haben, daß Gewalt immer zum Tod führt. Ob es sich um Gewalt im Fernsehen, Gewalt gegen uns oder Gewalt in irgendeiner anderen Form handelt, wir Frauen bringen mehr Kraft auf, als wir für möglich halten, um mit den Füßen aufzustampfen und den Dreck unter unseren Sohlen zu zertreten.

Es gibt einen Unterschied zwischen Erotika und Pornographie. Erotika preisen Frauen und Sexualität, Pornographie zieht Frauen und Sexualität in den Schmutz. Da es sich beim größten Teil der Pornographie um die psychische Vergewaltigung der Frauen und nicht der Männer handelt, müssen es Frauen sein, die gemeinsam dafür sorgen, daß sich das Blatt wendet. Und wenn wir nun schon Magierinnen sind, wollen wir uns auch mit einem wichtigen magischen Prinzip vertraut machen: die Dinge umkrempeln.

Es ist, als ob der Teufel ausgebrochen wäre und durch gewisse Risse in der Wand eindränge, der Teufel, der in einer intakteren Welt in Schach gehalten würde. Aber durch die Macht des Liebens kann er vertrieben werden. Wenn man sagt: »Im Namen Gottes, Satan, weiche von mir!«, so heißt das: »Durch die Macht all dessen, was in menschlichen Wesen wunderbar ist, laßt uns alles Häßliche dorthin zurückschicken, woher es kommt.« Aber wenn ihr das sagt, dann muß es euch damit zutiefst ernst sein.

Es gibt einen Unterschied zwischen Hörigkeit und Leidenschaft. Eine Form emotionaler Unterdrückung von Frauen stellt die billige und automatische Etikettierung leidenschaftlicher Empfindung als »Hörigkeit« dar, als etwas, das neurotisch und falsch ist.

Wenn eine Künstlerin wie Aretha Franklin aus tiefstem Empfinden heraus über die Liebe singt, so nennen wir das genial. Wenn eine gewöhnliche Frau aus tiefstem Empfinden heraus über Liebe spricht, so bezeichnen wir sie als hörig, vernarrt oder überspannt. Dies führt dazu, daß Frauen ihrem eigenen Instinkt mißtrauen und ihre eigene Leidenschaft als illusionistisch oder zumindest wenig damenhaft betrachten.

Es besteht ein Unterschied zwischen dem, was in einem patriarchalisch bestimmten System als nicht damenhaft angesehen, und dem, was als unweiblich bezeichnet wird. Wenn eine Frau ein Kind zur Welt bringt, schreit sie lauthals. Das ist mit Sicherheit nicht damenhaft, aber andererseits so weiblich wie nur möglich. In der Vergangenheit und gelegentlich auch noch heutzutage blieben Männer dem Entbindungsraum fern. Der Mann verharrte also außerhalb des Zimmers, in dem seine Partnerin das *gemeinsame* Kind zur Welt brachte. Er war nicht Zeuge ihrer Schmerzen, ihrer physischen Leistung, ihrer Schöpferkraft oder von Gottes größtem Wunder. Wie interessant.

Heute ist das vielerorts anders. Der Mann ist bemüht, beim Erlebnis der Geburt mit dabeizusein. Er atmet während der Wehen zusammen mit der Frau als ihr Freund und Partner. Er verläßt das Zimmer nicht; er hält ihr die Hand. Was für einen Wandel dies bedeutet von: »Ich möchte nichts davon wissen«, zu: »Ich möchte es mir nicht entgehen lassen«!

Und wie steht es mit den entsprechenden »Wehen« einer Frau,

wenn sie für den Rest ihres Daseins andere Dinge hervorbringt? Eine Geburt hat stets etwas Gewaltsames, sei es nun die Geburt eines Kindes oder einer Idee. Anfangsstadien sind immer schwer. Der riesigste Baum beginnt als winziger grüner Sproß, aber dieser Sproß schiebt die Erde beiseite, während er sich durch sie hindurch seinen Weg zum Sonnenlicht bahnt.

Sollte Michelangelo immer gelassen gewesen sein angesichts all der Genialität und Leidenschaft in seinem Innern, die zum Durchbruch drängten? Oder Georgia O'Keefe oder die heilige Teresa? Wir finden in den Biographien begabter Menschen häufig eine Gemeinsamkeit: Im Kontrast zur Großartigkeit ihrer Kunst waren sie selbst ungestüme Persönlichkeiten, und ihr Leben verlief turbulent. Die Kräfte, die man als ungestüm und turbulent bezeichnet, standen aber tatsächlich keineswegs in Kontrast zu ihrer Genialität; sie waren ganz ursprünglich empfundene, völlig natürliche Auswirkungen eines leidenschaftlichen Lebens. Wie schnell sind wir dabei, die Äußerung von Emotionen als negativ abzustempeln, vor allem bei Frauen. Wie schnell sind wir bereit, die Leidenschaftlichkeit einer Frau als widerwärtig, überspannt, übertrieben anzuprangern.

In einem Vortrag in Hollywood äußerte Barbra Streisand vor kurzem: »Die Sprache verrät uns, wie sich Frauen in einer von Männern bestimmten Gesellschaft darstellen. Ein Mann hat Führungsqualitäten, eine Frau ist herrschsüchtig. Wenn ein Mann etwas klarstellt, imponiert er damit und wird respektiert; wenn eine Frau dasselbe tut, gilt sie als schwierig und anspruchsvoll.« Es sind nicht nur Filmschauspielerinnen, die Ärger bekommen, wenn sie die Dreistigkeit besitzen, gegen das patriarchalische System zu meutern; jeder Frau, die es wagt, die volle Farbpalette ihrer Emotionen auszuschöpfen, ergeht es ebenso.

Wir Frauen haben tatsächlich mehr Macht, als wir wissen. Wenn wir das Spiel wirklich als das durchschauen, was es ist, und unsere Erkenntnisse bezüglich der gefährlichsten Formen weiblicher Unterdrückung – sowohl in emotionaler als auch in psychologischer Hinsicht – vertiefen, so sind wir bereits auf dem Weg zu echter Befreiung. Es nutzt nichts, andere verantwortlich zu machen. Was wir tun können, ist, der Wahrheit ins Gesicht zu sehen. Und jede Wahrheit, der man ins Gesicht schaut, bringt uns der Verwirklichung näher. Wahre Veränderung entsteht nicht einfach dank irgendwelcher Aktionen, sondern aus echtem Verstehen heraus. Handlungen, die auf Grund eines nur oberflächlichen Verständnisses erfolgen, entpuppen sich auch zumeist als oberflächliche Unterfangen. Taten, die einem hohen Bewußtseinsgrad entspringen, können die Welt verändern.

Der rumänische Diktator Ceauşescu behauptete einmal, daß Armeen und Waffen überflüssig seien, um die Leute niederzuhalten, solange sie nur ausreichend eingeschüchtert würden. Und auf genau diese Weise werden die Frauen in unserer Gesellschaft unterdrückt. Wir fürchten uns, alle Möglichkeiten in uns zu entfalten, weil allgemeine Mißbilligung die Atmosphäre um uns herum verpestet, sobald die brave kleine Frau vergißt, was sich für sie schickt.

Aber je mehr von uns begreifen, was hier gespielt wird, die Verlogenheit des Ganzen durchschauen und sich vehement für das Recht aller Frauen auf leidenschaftliche Lebensäußerungen einsetzen, desto schneller wird das Ende unserer Gefangenschaft kommen. Frauen sind seit Urzeiten im Kerker gehalten worden, und in unseren Verliesen, in unserem Herzen, haben wir wie schlafende Kinder unsere wahren Gefühle, unsere spirituellen Regungen und unsere Liebesfähigkeit verschlossen gehalten. Die Gefängnismauern bröckeln. Wir können sie schon fast hinter uns lassen. Und wenn wir dann einmal frei dahinfliegen, werden wir all diese Gaben für die Welt bei uns tragen. Unsere Gaben sind nicht verkümmert; sie haben sogar an Wirksamkeit zugenommen. Viele Jahrhunderte lang haben sie auf diesen Augenblick gewartet, so wie wir selbst auch.

Laßt uns weiterhin die Augen auf den Himmel gerichtet halten. Man wird mit Tomaten nach uns werfen, Lügen über uns verbreiten und versuchen, uns zu diskreditieren. Wenn wir uns erheben, wird man versuchen, uns zu vernichten. Aber wenn das geschieht, werden wir an die Wahrheit denken, unseren Feinden gegenüber Güte walten lassen und Stärke in Gott finden. Das Regime der Unterdrückung ist fast vorbei, seine Lebenskraft schwindet, und nur ein

Gespenst seiner selbst wird übrigbleiben. Haltet euch nicht zu lang damit auf, seine Nachwirkungen zu beklagen; feiert das Neue, und freut euch daran. Die Vergangenheit ist vorüber. Streift den Schmutz von euren Füßen.

Bei einem Spaziergang ins Grüne bemerkte ein befreundeter Maler, daß jede Blume unten, nahe ihrer Basis, eine völlig andere Farbe habe als die, die sie der Welt zeige. »So wie eine Frau«, erwiderte ich. »So wie wir.«

Tief im Innern unterscheidet sich eine Frau von der Person, die sich der Welt im Tageslicht zeigt. Sie ist in ihrer Sexualität authentischer, ist brillanter, leuchtender, sie weiß mehr. Sie neigt dazu, auf ihren Geliebten zu warten, damit er sie aus ihrer Muschelschale herauslockt, aber das wäre nicht so, wenn die Welt um sie herum sie mehr respektierte. Sie befürchtet, ausgelacht zu werden, außer wenn sie eindeutig begehrt wird. In Wirklichkeit begehrt die ganze Welt sie, läßt sie das aber nicht immer erkennen.

Eine meiner Bekannten trägt unter ihrer Kleidung eine dünne goldene Kette um die Taille mit einem Amulett, auf dem das Wort »Unschätzbar« eingraviert ist. Das mache die Männer verrückt, erzählt sie mir. Kunststück! Männer lieben es, auf das aufmerksam gemacht zu werden, was sie bereits wissen, gerade wenn wir in einer Welt leben, die das ständig bestreitet. Sie sagt, sie trage die Kette so, daß das Amulett genau über ein gewisses weibliches Chakra falle, was sie dann konstant an ihren eigenen unschätzbaren Wert erinnere.

Also, frage ich mich, wie wäre es, wenn wir uns an unseren eigenen Wert erinnerten? Wie gut wir sind, wie vollkommen, wie liebevoll und liebenswert. Männer müßten unter der Last dieser Erkenntnis nicht zu leiden haben. Es ist nicht ihre Aufgabe, uns daran zu erinnern, daß wir Göttinnen sind. Das ist unsere eigene Aufgabe, und danach müssen wir der Welt kundtun, wer wir sind. Wenn wir uns dessen wieder bewußt sind, wird es auch allen anderen klarwerden. Das Licht dieser Erkenntnis wird strahlend sein.

Heutzutage wird endlos über die Rolle der Frau in unserer Gesellschaft palavert. Aber wir können keine sinnvolle Diskussion über dieses Thema in Gang bringen, wenn wir nicht erst einmal festlegen, wer wir im Innersten sind. Was eine Frau ist, das muß entschieden sein, bevor wir wissen, was sie tun soll. Und wenn wir uns über die Farbe in unserem tiefsten Innern im klaren sind, nämlich über unsere verborgene Identität, dann wird das, was wir im Licht des Tages zeigen, sowohl an neuer Kraft als auch an neuer Schönheit gewinnen. Dann, und nur dann, beginnen wir wirklich, politisches Handeln zu verstehen. Solange wir uns auf die äußere Welt konzentrieren, die nicht unser Heimathafen ist, und uns bemühen, nur die Art Macht auszuüben, wie sie dort bekannt ist (übrigens eine so primitive Form der Macht, daß Engel nur darüber lachen können), werden wir immer in der schwächeren und leicht wirren Position verharren.

Wenn wir daran denken, daß wir Königinnen eines anderen Reiches sind, dann werden die Könige dieses Reiches hier endlich aufwachen, unsere Anwesenheit mit Ehrfurcht zur Kenntnis nehmen und uns die Tore öffnen. Wir werden die Mauern der Burg nicht stürmen, wir werden sie vielmehr dazu bringen, sich aufzulösen. Die Könige werden uns dann die Tafel bereiten, um uns zu bewirten, statt uns Brosamen hinzuwerfen. Sie werden uns so erkennen, wie wir uns selbst erkennen. Wir bringen Geschenke aus einer anderen Sphäre. Wir bringen Erleuchtung, wenn unser Geist erleuchtet ist. Wir sind hier nur auf Besuch, aber dieser Besuch ist eine Ehre, und das gesamte irdische Königreich ist gesegnet durch unser Hiersein. Wacht auf, verdammt noch mal, und dankt den Sternen. Wir haben uns so klein gemacht, und die Krone ist so gewaltig. Wir werden sie nicht tragen, bevor sie nicht auf unsere Häupter paßt.

Versteht ihr denn nicht? Könnt ihr es nicht sehen? Wenn wir unseren Geist und unsere Seele verändern, werden wir damit die Welt verändern. Aber bis dahin werden wir da bleiben, wo wir sind. Und all die Gesetze, die Demütigungen, das ganze alberne, kindische, kleinliche politische Gezänk werden auf ungezählte Jahre hinaus weitergehen, so lange, bis den Frauen, gefolgt von den Männern, klar wird, daß eine Frau ein Wunder ist und Gott in ihrem Herzen wohnt. Sie ist hier, um Gott zu lieben, leidenschaftlich und aufrichtig, und *allen* anderen Menschen kundzutun, daß Gott gut und daß er bei uns ist. Aber wir selbst müssen gut sein und parat stehen, sonst wird uns unsere Funktion streitig gemacht, und unsere Mission ist verfehlt.

Es ist Zeit zu beginnen. Es ist Zeit aufzuwachen. Wartet keinen Augenblick länger. Erhebt Anspruch auf euer Herz und eure Bedeutung. Ihr habt all das, was ihr braucht. Wendet euch den anderen Frauen zu. Vermeidet, sie schlechtzumachen. Vergeßt nicht, daß sie ein Teil eurer selbst sind – eure Schwestern, Lehrerinnen, Mütter, Töchter. Und dann betrachtet die Männer mit den Augen, die euch die Göttin neu geschenkt hat, und harrt aus. Die Welt, die kommt, wird etwas sein, was ihr nie zuvor gesehen habt. Sie wird neugeboren sein – so wie ihr selbst. Sie wird leuchten, so wie ihr leuchtet. Sie wird lächeln, so wie ihr lächelt. Ihr werdet das Gefühl haben, zu Hause zu sein.

An einem gewissen Punkt fällt alle Bitterkeit von uns ab, nicht in irgendeinem Augenblick plötzlicher Erleuchtung, sondern im Verlauf unzähliger Jahre. Es ist eines der wundervollsten Erlebnisse, sozusagen rückwärts zu wachsen, wieder mehr wie ein Kind zu sein, nachdem uns das Gefühl, zur alten Frau zu werden, nichts eingebracht hat. Das, was sich durch den von Abwertung verursachten Schmerz, durch Kummer und Einschränkung auf unseren Gesichtern abgezeichnet hat, wird nun von einem kindlich strahlenden Lächeln und heiteren, gelassenen Blicken abgelöst.

Spirituelles Wachstum ist wie die Geburt eines Kindes. Dehnung und Kontraktion wechseln sich ab. Der Körper weitet sich, zieht sich dann wieder zusammen. So schmerzhaft sich all das auch anfühlt, es ist der unerläßliche Rhythmus, um zum höchsten Ziel, nämlich zu vollkommener Offenheit, zu gelangen. Der Schmerz bei der Geburt ist dadurch erträglicher, weil uns bewußt ist, wozu er führt. Uns selbst zu gebären, unser neues und wahres Selbst zu erschaffen, gleicht weitgehend der Geburt eines Kindes – ganz gleich, ob wir nun Frauen oder Männer sind. Es ist ein neuer Gedanke, der empfangen und dann ausgetragen wird. Die Geburt eines Kindes ist schwierig, aber es hinterher im Arm zu halten war die Schmerzen wert. Und das gleiche gilt, wenn wir einen Blick auf unsere eigene Vollendung als menschliche Wesen werfen können, ganz ungeachtet aller Ehemänner, Freunde, Kinder, Berufe, Geldmittel, kurz, all dessen, was wir glauben zu unserem Wachstum und Glück zu benötigen, ob wir es nun besitzen oder nicht. Wenn wir schließlich einen spirituellen Höhepunkt erreicht haben, der echt und bleibend ist, dann wissen wir auch, daß die Mühe, dorthin zu gelangen, sich gelohnt hat, und die vor uns liegenden Jahre werden nie mehr so einsam sein.

Gott ist Vater und auch Mutter. Gott hat diese zwei Gesichter und noch viele, viele mehr. Gott, der Vater, erschafft, schützt, lehrt und schenkt uns Fähigkeiten. Gott, die Mutter, ist die kosmische Betreuerin; sie ernährt uns, sorgt für uns und hält uns in den Armen. Wir wollen uns erst gar nicht auf irgendeinen Streit einlassen: Gott ist männlich und weiblich zugleich, Vater und Mutter, und das gilt auch für uns. Jenseits unseres Geschlechts sind wir alle einfach Licht. Wir sind eins mit Gott, mit allen anderen Menschen und uns selbst. Sex fällt hinter dem Streben nach einer höheren Vereinigung zurück. Jedes andere Wissen ist nur eine Randerscheinung und letzten Endes Blindheit. Das letzte, worüber wir stolpern sollten, ist der Disput, ob Gott nun männlich oder weiblich ist. Glauben Sie das eine, oder glauben Sie das andere, oder glauben Sie beides. Die Hauptsache ist, wir glauben – Punktum.

Und wenn wir das tun, werden unsere Herzen schließlich weich. Unser Zorn wandelt sich. Wir werden von unserer Last erlöst. Und das ist unsere Geburt als das, was wir in Wirklichkeit sind. Diese Geburt kann chaotisch, schmerzhaft, lautstark und überwältigend sein. Aber auf sie kommt es an, um ihretwillen sind wir hier, nämlich um diese läppischen Kleider abzuwerfen, die wir tragen, um uns unserer falschen Ambitionen, unseres Stolzes und unserer Ängste zu entledigen und nackt, schön und neu zu erstehen. Und dann spielt es auch keine Rolle, wie alt wir sind. Wir sind jung, wir sind alt, wir sind keines von beidem, wir sind beides. Jedes Alter trägt ein wunderbares Geschenk in sich, seinen eigenen Stempel der Freude, der Einsamkeit und des Kummers.

Wir wollen mit dem Alter schöner werden, die Statur der Jungschen weisen Alten erlangen. Wir wollen weise, reif und königinnenhaft sein. Wir wollen zulassen, daß unsere Kraftzentren sich mit Würde wandeln, von der Konzentration auf physische Ausdruckskraft zur Konzentration auf spirituelle Kräfte. Das ist keineswegs ein grausames Spiel, es sei denn, es wird aus einer negativen Denkweise heraus gespielt. In dem Leben, das Gott für uns vorgesehen hat, werden wir zunehmend schöner und lernen mehr und mehr Freude kennen. Je länger wir leben, desto mehr Zeit haben wir, die Dinge anzustreben, die diesem Leben Sinn geben. Und vor allem: Wir wollen uns des Alters nicht schämen. Wie oft habe ich schon gehört, wie über eine Frau gesagt wird: »Sie ist fünfzig. Ich schwöre dir, sie ist keinen Tag jünger!« – so als ob man sie bei einem Verbrechen ertappt hatte. Jugend ist kein gewaltiger Verdienst und Alter kein betrüblicher nachträglicher Einfall. Wenn überhaupt, so bedeutet Jugend die Knospe und Alter die Blüte.

Ehrt ältere Frauen. Gebt ihnen Hoffnung, laßt ihnen Unterstützung und Beistand angedeihen. Und erlaubt ihnen, euch ihre Geschenke zukommen zu lassen. Wenn das so ist, verjüngen wir uns, statt zu altern. Je älter wir werden, desto mehr schütteln wir Belanglosigkeiten und negative Vorurteile ab. Wir werden mit zunehmendem Alter nicht härter, sondern weicher, nicht verbitterter, sondern herzlicher. Wenn wir uns so verhalten, werden wir erkennen, daß dies der Grund ist, weshalb wir auf die Welt gekommen sind. Wir werden zu den Frauen, die wir eigentlich schon immer sein wollten.

# 4. Teil

# Traditionelle Spiritualität

SUN BEAR/WABUN WIND/CRYSALIS MULLIGAN

# Die Reise über das Medizinrad

Das Wesen des Medizinrades besteht im Wachstum. Alles in der Natur wächst und wandelt sich. Mineralien beginnen ihr Leben entweder als Besucher aus einer anderen Galaxis oder als winzige Körnchen Materie, geboren auf diesem Planeten, die sich zusammenfinden, um gemeinsam größere Formationen zu bilden. Aus winzigen Samenkörnchen in der Erde wachsen Blumen, Kräuter, Bäume, Gemüse und Früchte. Geschenke des Pflanzenreiches. Der gigantische Mammutbaum, der mächtige Grizzlybär und auch der Mensch entwickeln sich aus einem kleinen einzelligen Organismus. Alles ist Wachstum und Wandel.

An irgendeinem Punkt in den Anfängen der Gesellschaft, die im Augenblick die Welt beherrscht, entwickelten die Menschen eine Angst vor dem Wandel. Sie erdachten sich Philosophien, Theorien und Religionen, um sich selbst davon zu überzeugen, daß das Universum eine festumrissene Größe und die Menschheit in der Lage sei, Dinge zu schaffen, die sich niemals verändern. Um wirklich an solche Ideen glauben zu können, mußten die Menschen ihre Augen vor der natürlichen Welt verschließen. Offene Menschen erkennen den Wandel ringsumher und in sich selbst. Sie wissen, daß das Grundgesetz des Lebens im Wachstum besteht. Sie erkennen, daß das Leben ohne Wachstum zu Ende wäre. Menschen, die Angst vor Wachstum haben, haben auch Angst vor dem Leben.

Das Medizinrad ist ein Werkzeug, das dir helfen kann, den Wandel anzunehmen und zur eigenen Sache zu machen. Wandel ist ein Mittel, um dich der vielen Variationen des Lebens zu erfreuen.

Das Medizinrad vermittelt dir eine holistische Sicht der Welt und des Lebens insgesamt. Jede der sechsunddreißig Positionen des Medizinrades eröffnet dir ein etwas anderes Verständnis dessen, was dich umgibt. Es ist möglich, daß du das Leben aus allen diesen Positionen erfährst und so fünfunddreißig neue Verständnisweisen des Lebens zu deiner eigenen hinzufügen kannst. Stell dir vor, wie abwechslungsreich deine Garderobe wäre, wenn du die Art, wie du dich jetzt kleidest, noch um fünfunddreißig Varianten bereichern könntest – und wie facettenreich dein Leben ist, wenn du ihm fünfunddreißig neue Perspektiven hinzufügst. Das ist das Potential des Medizinrades.

## Deine Ausgangsposition

Das Medizinrad ist in zwölf Monde oder Monate unterteilt. Es beginnt mit dem Mond der Erderneuerung, der am Tag der Wintersonnenwende, dem 22. Dezember, anfängt. Die Zyklen der Wandlung unterteilen den Jahreskreis in Intervalle von ungefähr dreißig Tagen Länge, bis er wieder an seinem Ausgangspunkt anlangt und sich schließt. Mit der Geburt beginnt jeder Mensch in einem dieser Monde die Reise seines Lebens. An deiner Ausgangsposition werden dir die Gaben deines Geburtsmondes verliehen, einschließlich seiner Stärken, Herausforderungen und Lebenslektionen. Dein Geburts- oder Anfangsmond bestimmt auch deine ursprüngliche Zugehörigkeit zu einem bestimmten Elementeklan und den Hüter des Geistes, der dir am Anfang deines Lebens Schutz gewährt.

Deine Geburtsposition auf dem Medizinrad bestimmt deine anfängliche Lebensperspektive. Für die meisten Menschen zeichnet die Geburtsposition den Weg ihrer frühen Kindheit vor. An einem bestimmten Punkt fängt man dann an, innerlich zu wachsen und sich zu wandeln. Dann wandern wir auf andere Positionen des Rades, um aus diesen Positionen für uns Gewinn zu ziehen.

Deine Anfangsposition verleiht dir bestimmte Begabungen. Sie bestimmt die Art und Weise, wie du deine ersten Gefühle, Gedanken und Gebete erlernst. Ganz gleich, wie viele andere Arten du später lernst, du wirst dich immer mit der Perspektive, die du mit deinem Geburtsmond in die Wiege gelegt bekommen hast, am wohlsten fühlen. Das heißt jedoch nicht, daß du an deinem Geburtsmond krampfhaft festhalten oder vermeiden sollst, dich auf die Reise über die verschiedenen Positionen des Medizinrades zu begeben. Menschen, die Angst davor haben, schreiben ihre Schwächen oft den Umständen und dem Zeitpunkt ihrer Geburt, ihrer Ausgangsposition, zu. Damit mißbrauchen sie jedoch ihre Ausgangsposition als Entschuldigung dafür, daß sie sich weigern, zu wachsen und sich zu wandeln.

Jeder hat in seinem Leben Momente, in denen er sich am liebsten überhaupt nicht mehr vom Fleck rühren würde. Manchmal möchte man einfach den Kopf in den Sand stecken und so bleiben, wie man immer war. Gerade zu solchen Zeiten sollte man sich jedoch einen Ruck geben und auf die Reise über das Medizinrad begeben, um das Leben aus verschiedenen Positionen zu erfahren. Indem du dich zu anderen Positionen bewegst, erweiterst du deinen Erfahrungshorizont. Du lernst deine Beziehungen auf unserer Mutter Erde kennen. Es gehört zu deiner Verantwortung als Mensch, die verschiedenen Totems, Monde, Pflanzen und Elemente kennenzulernen, welche die verschiedenen Positionen auf dem Medizinrad beschreiben. Durch diesen Lernprozeß kannst du das Wachstum deines eigenen Lebens fördern und die Lebensenergie in deinem Herzen stärken. Diese Energie wird dir in deinem Leben so viele Wandlungsprozesse ermöglichen, wie du bewältigen kannst. Deine Reise über das Medizinrad erleichtert dir, viele verschiedene Ausdrucksmöglichkeiten deines eigenen Wesens sowie des Wesens der Menschheit und der ganzen Erde allgemein kennenzulernen.

Das Medizinrad kann dich auf die vielen Möglichkeiten in dir aufmerksam machen. Du mußt dich jedoch auf verschiedene Erfahrungen einlassen, um zu erkennen, was alles möglich ist. Nur durch die Erfahrung unserer eigenen Stärke können wir auch unsere Schwächen von uns abfallen lassen. Manchmal wird uns Kraft zuwachsen, wenn wir das Wesen des Menschen kennenlernen, manchmal, wenn wir die Mineralien, Elemente, Pflanzen und Tiere kennenlernen. Wenn du ein Leben führst, das offen für die Lektionen ist, die das Universum dir zu bieten hat, kannst du dir sicher sein, daß die richtige Lektion immer zum richtigen Zeitpunkt kommen wird, ganz gleich, wer dein Lehrer oder was der Gegenstand deines Lernens ist. Menschen, die auf diese Weise leben, merken, daß das Leben voller Wunder und die Erde ein magischer Ort ist, ständig voller Überraschungen. Es ist für jeden Menschen möglich, ein solches Leben zu führen, wenn er nur will. Das Medizinrad ist ein Werkzeug, das dir dabei helfen kann.

Einer der Gründe, warum es notwendig ist, eine Position auf dem Medizinrad zu verlassen, sobald du seine Lektion gelernt hast, ist der Umstand, daß immer jemand nach dir kommt, der ebenfalls diese Lektion lernen muß. Wenn du dich weigerst weiterzugehen, enthältst du anderen Menschen diese Lektion vor. Wenn du gewillt bist voranzugehen, förderst du nicht nur dein eigenes Wachstum, sondern auch das aller Menschen, mit denen du verbunden bist. Auf diese Weise kannst du den Atem des Lebens kennenlernen. Du lernst geben und nehmen.

Damit du wachsen kannst, mußt du aus dir selbst herausgehen und etwas von dir an das Universum abgeben. Dieses Geben versetzt dich in die Lage, mehr vom Leben zu erfahren. Vergiß nie, daß kein Lehrer in der Welt einer Person helfen kann, die nicht bereit ist, das Wissen zu teilen, das sie bereits aus dem Leben gewonnen hat. Wenn du ein Mensch bist, der sich auf einer Position auf dem Rad verschließt und nicht weiterbewegt, dann ist es sehr schwer für dich, über Grenzen hinauszuwachsen.

Um Wissen zu erhalten, mußt du erst einmal geben. Indem du gibst, öffnest du dich. Wenn du in einer besonderen Zeremonie die heilige Pfeife rauchst, wirst du erst den Rauch einatmen und ihn dann für den Geist wieder ausatmen. In diesem Fall rauchst du nicht für dich selbst, sondern für den Geist. Entscheidend ist, daß du den Rauch abgeben kannst. Dasselbe gilt für das ganze Leben: daß du das, was du erhältst, auch wieder abgeben kannst. Du kannst nicht für dich selber leben. Wenn du das akzeptierst, wirst du eines der großen Gesetze des Universums kennenlernen. Das Gesetz des Gebens und Nehmens war eines der Gesetze, das die Naturvölker auf der ganzen Erde befolgten. Es hielt sie im Gleichgewicht mit allem, was sie umgab.

Du hast vielleicht schon beim Studium der Charakteristika deiner Geburtsposition bemerkt, daß du bestimmte Eigenschaften jeder Position annimmst, aber nicht alle. Wenn du in der Wapiti-Position geboren wurdest, treffen die meisten Eigenschaften des Mondes des Langen Schnees auf dich zu, einige jedoch nicht. Du bist eben ein einzigartiger, unverwechselbarer Mensch, ein Individuum, und es ist wichtig, daß du das akzeptierst.

Du hast auf dem Weg durchs Leben wahrscheinlich schon beobachtet, daß es Zeiten gibt, in denen die Geburtsposition auf dem Medizinrad dich scheinbar nicht mehr länger zutreffend beschreiben kann. Wenn du beispielsweise in der Biber-Position geboren bist, hast du vielleicht in bestimmten Lebensabschnitten gespürt, daß die Eigenschaften dieser Position auf dich zutreffen. Aber eines Tages fühlst du dich vielleicht gar nicht mehr so verwurzelt, so stabil, hartnäckig und erdverbunden wie in der Vergangenheit. Du bemerkst, daß deine Augen sich zum Himmel richten und den Flug der Vögel bewundern. Du bemerkst, daß beim Spaziergang immer eine Schar von Raben um dich herum ist. Dann träumst du schließlich sogar von Raben. Dies sind deutliche Hinweise darauf, daß du dich auf dem Medizinrad von der Biber- in die Raben-Position bewegt hast. Du hast einige Schritte hin zu einem völlig neuen Platz auf dem Medizinrad getan, zu einer neuen Perspektive, zu neuen Lektionen, zu neuen Helfern.

Wenn du dich auf eine neue Position auf dem Medizinrad bewegst, wirst du merken, daß du nur die Lektionen lernen kannst, die für dich zur gegebenen Zeit die richtigen sind. Aus diesem Grund bewegen sich die Menschen in ihrem Leben oft mehrmals um das Rad herum. Jedesmal, wenn du zu einer Position zurückkehrst, lernst du mehr über sie und erhältst weitere Lektionen dieser Position.

## Methoden des Reisens

Es gibt viele verschiedene Möglichkeiten, um das Medizinrad zu reisen. Keine davon ist als einzige richtig. Reisen ist eine sehr individuelle Angelegenheit. Die meisten Menschen reisen mit der Sonne oder im Uhrzeigersinn um das Medizinrad, einige auch mit dem Mond, entgegen dem Uhrzeigersinn. Einige bewegen sich von einer Position zur nächsten. Ein Mensch, der beispielsweise in der Position des Bibers geboren wurde, verweilt vielleicht für eine gewisse Zeit beim Schildkröten- oder Erdklan und bewegt sich dann zu den anderen Schildkrötenklan-Plätzen: Braunbär und Schneegans. Ein anderer, der als Roter Habicht geboren wurde, bleibt eine Weile im Donnervogel- oder Feuerklan und bewegt sich anschließend zur Stör- und dann zur Wapiti-Position. Dieselbe Bewegung kann bei den Geburtspositionen des Frosch- oder Wasserklans und des Schmetterlings- oder Luftklans vollzogen werden.

Andere erkunden vielleicht zuerst sämtliche Positionen, die von einem Hüter des Geistes regiert werden, bevor sie sich in eine andere Richtung weiterbewegen.

Wieder andere bewegen sich zur komplementären Position auf dem Medizinrad. Deine komplementäre Position befindet sich genau gegenüber von deiner Geburtsposition. Komplementär heißt einfach, daß sich die beiden Positionen gegenseitig ergänzen: nicht unbedingt, daß sie sich gut miteinander vertragen, sondern lediglich, daß du einen Blick für das Ganze mit seinen Licht- und Schattenseiten bekommst. Die Bewegung diagonal über das Rad zu einer komplementären Position gehört nicht gerade zu den leichten Wegen über das Medizinrad. Einige Menschen bewegen sich auch scheinbar willkürlich über das Medizinrad. Was für den einen willkürlich ist, kann jedoch für den anderen eine ganz spezifische Richtung sein. Wie auch immer du dich über das Rad bewegst: Hauptsache, du bewegst dich!

Während unserer Beschäftigung mit Menschen, die sich über das Medizinrad bewegen, haben wir beobachtet, daß es äußerst unge-

Die Reise über das Medizinrad 361

## Jane Does Medizinrad
## 2. Januar 1990

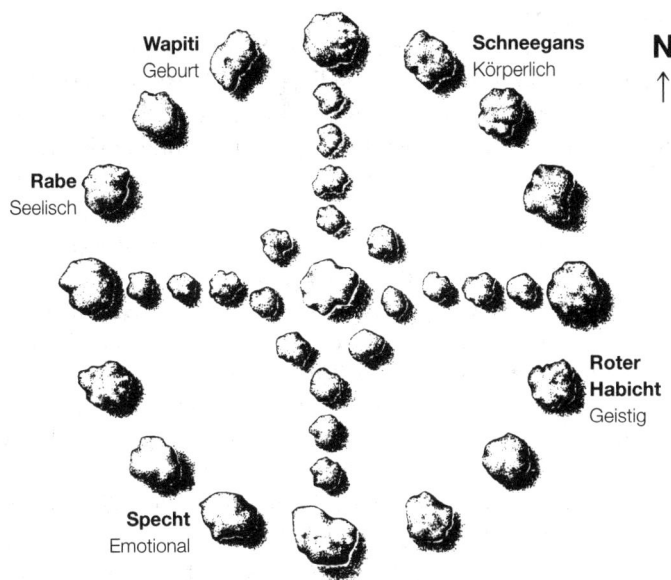

**Einfluß der Hüter der Geister**
1 Waboose
1 Wabun
1 Shawnodese
2 Mudjekeewis

**Einfluß der Elementeklans**
1 Schildkröte
1 Frosch
2 Donnervogel
1 Schmetterling

wöhnlich ist, daß sich alle Aspekte einer Person in einer einzigen Position vereinigen.

Wenn wir von körperlich, geistig, emotional und seelisch sprechen, beschreiben wir damit verschiedene Schwingungsebenen. Sie beziehen sich auf die Art und Weise unserer Erfahrung, unseres Verständnisses und unseres Umganges mit der Welt. Körperlich heißt in bezug auf unseren Körper und unsere Wahrnehmung der Welt ringsum. Wenn wir über das Körperliche sprechen, meinen wir damit nicht nur die Gesundheit eines Menschen, sondern auch seinen

Beruf, sein Zuhause, seine finanziellen Perspektiven und seine Sicht der physischen Welt. Das Geistige bezieht sich auf die Gedanken einer Person, ihre Philosophie, ihre Weltanschauung. Auch die Kommunikation und wie man sein Leben in Worte faßt gehört zum Geistigen, ebenso die geistige Gesundheit eines Menschen. Das Emotionale bezieht sich auf die Fähigkeit einer Person, mit der Welt und mit anderen Menschen Beziehungen einzugehen: wie sie Freundschaften eingeht, einen Partner findet, mit Kindern umgeht und starke, tiefe Gefühle für alles in der Welt entwickelt. Dein emotionales Wesen beschreibt deine Beziehungsfähigkeit und zeigt deinen Standort im universalen Rahmen der Beziehungen an. Wenn wir vom Seelischen sprechen, meinen wir alles, was einem Menschen heilig ist. Das schließt deine Beziehung zum Schöpfer, zur Religion, zu Seelenführern und zu spirituellen Lehren ein. Gleichzeitig ist das Seelische eine Beschreibung deines Standpunktes zu Ritual und Zeremonie. Der Aspekt des Seelischen bestimmt deine grundlegenden Vorstellungen von Leben, Tod und Einheit alles Seienden.

Weil jeder Aspekt deines Wesens nicht dem gleichen »Tempo« unterliegt, ist es durchaus möglich, daß du dich in mehr als fünf Positionen gleichzeitig auf dem Medizinrad befindest. Du kannst körperlich an einer anderen Stelle des Rades sein als geistig, emotional und seelisch. Um diesen Punkt besser zu verstehen, solltest du einen Blick auf die Abbildung »Jane Does Medizinrad, 2. Januar 1990« auf Seite 361 werfen. Wie du der Abbildung entnehmen kannst, wurde Jane Doe als Wapiti geboren, ist nun körperlich eine Schneegans, geistig ein Roter Habicht, emotional ein Specht und seelisch ein Rabe.

Wenn du in den fünf Totem-Positionen bist, kommst du gleichzeitig in Berührung mit mehreren Hütern des Geistes und einer Anzahl von Elementeklans. Jane Doe zum Beispiel wird von Waboose, Wabun, Shawnodese und besonders stark von Mudjekeewis beeinflußt. Gleichzeitig steht sie unter dem Einfluß der Positionen von Schildkröte, Frosch und Schmetterling, ihr stärkster Elemente-Einfluß zu dieser Zeit kommt jedoch vom Donnervogel- oder Feuerklan. Wie du also am Beispiel von Jane Doe erkennen kannst, ist es möglich, daß man einer Vielzahl von Einflüssen des Medizinrades gleichzeitig unterliegt. Das ist gut so, denn man hat dadurch mehr Möglichkeiten, zu wachsen, sich zu entfalten und zu wandeln.

Wenn du dich noch einmal Jane Does Medizinrad zuwendest, wirst du sehen, daß sie einschließlich des Hüters des Geistes und der Elemente-Einflüsse gegenwärtig von dreizehn verschiedenen Positionen auf dem Medizinrad betroffen ist. Jane Doe hat eine recht ausgeglichene Konstellation. Es ist durchaus möglich, daß eine Person alle Aspekte ihres Wesens zu einer bestimmten Zeit in einer Mond-Position, in einer Himmelsrichtung oder in einem Klan wie dem Schildkrötenklan konzentriert hat. In einem solchen Fall erfährt die betreffende Person unter dem einen oder anderen Aspekt des Rades eine konzentriertere Lektion. Solch intensive Lektionen können einem Menschen trotz ihrer Kraft das Gefühl vermitteln, aus dem Gleichgewicht geraten zu sein.

Bei der Auswertung der Medizinräder verschiedener Menschen merkt man häufig, daß sie sich in mindestens drei Aspekten ihres Wesens auf verschiedenen Positionen befinden. Beispielsweise kann ein Mensch körperlich in der Otter-Position sein, geistig in der Roten-Habicht-Position, emotional in der Stör-Position und seelisch wiederum in der Otter-Position. Es ist durchaus nichts Ungewöhnliches, daß zwei Aspekte deines Wesens gleichzeitig auf derselben Position auf dem Medizinrad zu finden sind. Die meisten Menschen bewegen sich in ihrem Leben viele Male um das Medizinrad und suchen körperlich, geistig und seelisch die verschiedenen Positionen auf. Ebenso ist es möglich, daß Menschen – nachdem sie die Positionen für sich gefunden haben – noch einmal um das Rad herumgehen, diesmal mit allen ihren Aspekten gleichzeitig am selben Ort. Dadurch erleben sie das Medizinrad sehr intensiv. Es ist sehr wohl möglich, daß einige Menschen ihr Leben lang das Medizinrad auf diese Art erleben.

Einige Menschen bereisen in ihrem Leben das gesamte Medizinrad. Andere bewegen sich langsamer. Vielleicht reicht für dich eine einzige Reise um das Medizinrad aus, um alle Lektionen deines Lebens zu erlernen. Andere müssen mehrmals zur selben Position auf dem Medizinrad zurückkehren. Denke daran, daß das Leben sich spiralförmig nach oben und nach außen entfaltet. Es gibt viele Ebenen, auf denen man lernen kann. Jeder Mensch ist anders. Jeder muß auf seine eigene Weise und mit seiner eigenen Geschwindigkeit um das Medizinrad reisen. Es gibt keinen ausschließlich richtigen Weg für alle.

## Finde deine gegenwärtigen Positionen

Wenn du deine Augen offenhältst, wirst du sehen, daß deine natürliche Umgebung dir ständig etwas über deine Bewegungen, deine Helfer und deine Totems mitteilen möchte. Die Hinweise sind da, du mußt nur lernen, sie aufzunehmen.

Eine Medizinrad-Beratung oder der Gebrauch von Erdsteinen ist zwar ein sehr effektiver Weg, deine gegenwärtigen Positionen auf dem Medizinrad zu erfahren, aber es gibt noch andere Möglichkeiten. Am Ende dieses Kapitels werden wir spezielle Übungen vorstellen, mit denen du herausfindest, wo du dich auf dem Rad gegenwärtig befindest.

Am besten kannst du deine Reisen auf dem Medizinrad mit Hilfe eines selbstgebauten Medizinrades verfolgen. Das kann ein großes Medizinrad im Freien sein oder ein kleines, das du auf einem Altar oder an einer abgeschirmten Stelle in deiner Wohnung auslegst. In beiden Fällen reicht es zur Bestimmung deiner Positionen meist, daß du um das Medizinrad herumläufst und erspürst, welche Positionen dich am meisten anziehen. Während du dich um das Medizinrad bewegst, wirst du in einigen Positionen viel mehr Energie wahrnehmen als in anderen. Diese energetischen Positionen sind in den meisten Fällen diejenigen, mit denen du gerade zu tun hast.

Wenn dir kein Medizinrad zur Verfügung steht, um das du dich bewegen kannst, stell dir einfach eines vor. Dazu mußt du über das Medizinrad meditieren, es visualisieren und dann die Position visualisieren, die dich anzieht. Einige Menschen können dann buchstäblich Unterschiede zwischen den betreffenden Positionen erkennen, die dann vielleicht in einer anderen Farbe erscheinen oder beginnen zu glühen. Andere hören ein Geräusch oder einen Ton, der von einigen Positionen ausgeht. Andere fühlen auch einen Unterschied in der Energie der Steine, wenn sie sich vorstellen, sie würden ihre Hände darüberhalten. Wieder andere verspüren einen Geruch, der von den Positionen ausgeht, mit denen sie zu tun haben. Jede Methode, die du anwendest, um Positionen zu bestimmen, ist richtig, solange sie bei dir funktioniert.

Einige Menschen sind in der Lage festzustellen, daß sie sich um das Medizinrad bewegen, denn sie haben einen Sinn für natürliche Vorzeichen. So finden sie beispielsweise Federn oder Holzstücke in Form ihrer tierischen Totems. Andere schauen sich die Wolken an und entdecken die Form einer Pflanze oder eines Tieres, das sie gerade beschäftigt. Wieder andere sehen in der Natur genau die Wesen, die zur Zeit Teil ihres Medizinrades sind. So kann zum Beispiel jemand, der in seinem Leben vorher ganz selten einen Specht gesehen hat, mit einem Mal lauter Spechte um sich herum entdecken. Das wäre ein deutlicher Hinweis darauf, daß die Person sich in einem Aspekt ihres Wesens in der Specht-Position befindet.

Andere Menschen erträumen vielleicht ihre neuen Positionen auf dem Medizinrad. Es ist erstaunlich, wie viele Menschen Träume über Medizinrad-Totems haben, obwohl sie noch niemals vorher mit dem Medizinrad in Berührung gekommen sind. Oft bitten uns Menschen um die Deutung eines Traums, der voller Medizinrad-Symbole steckt. Diese Menschen träumen dann von ihrer eigenen Reise um das Medizinrad.

Einige Menschen bemerken, daß sie sich auf dem Medizinrad weiterbewegen, weil sie sich plötzlich von einer neuen Farbe angezogen fühlen. Es kommt beispielsweise vor, daß jemand, der sich am liebsten mit Rosatönen umgibt, plötzlich Gelb um sich haben möchte. Das wäre ein Zeichen dafür, daß er sich von einer Specht- in eine Rote-Habicht-Position bewegt. Ähnliches gilt für die Mineralien. Vielleicht hat jemand immer Quarzkristalle bevorzugt. Eines Tages merkt er jedoch, daß er sich viel mehr von Kupfer und Malachit angezogen fühlt. Das wäre ein Anzeichen dafür, daß er sich von der Schneegans-Position auf dem Medizinrad in die Schlange-Position bewegt.

Dasselbe kann auch mit Pflanzen und Tieren geschehen. Du wachst zum Beispiel eines Morgens auf und hast einen unheimlichen Appetit auf Himbeerblättertee oder Himbeeren. Das kann ein Hinweis darauf sein, daß du dich auf die Stör-Position bewegt hast. Oder wenn du der Versuchung nicht widerstehen kannst, ein Poster mit einem Steinadler zu kaufen, dann ist das ein deutliches Zeichen, daß du dich nun in einer östlichen Position auf dem Medizinrad befindest.

Wenn du Schwierigkeiten mit deinen gegenwärtigen Totems hast, findest du vielleicht eher die Richtung oder den Elementeklan heraus, der den größten Einfluß auf dein Leben hat. Wenn du deine momentane Verbindung mit einem der Hüter des Geistes oder einem Klan durch Beobachtung oder durch eine der vorgeschlagenen Übungen bestimmen kannst, dann weißt du wenigstens, daß du in einer der drei Totem-Positionen bist, die zu jedem dieser Teile des Medizinrades gehören.

Wahrscheinlich merkst du, daß die Aufzeichnung deiner Reisen um das Medizinrad eine ausgezeichnete Methode ist, um festzuhalten, wo du bisher auf dem Medizinrad gewesen bist und wo du dich vielleicht hinbewegen wirst. Um deinen eigenen Fortschritt zu überprüfen, kannst du eine Kopie des Medizinrades machen und deine Positionen, nachdem du sie ermittelt hast, eintragen und datieren. Einige ermitteln täglich ihre Bewegungen, andere begnügen sich mit einer wöchentlichen oder monatlichen Bestandsaufnahme, um ein genaues Bild ihrer Reise um das Medizinrad zu bekommen. Was immer du als richtig erspürst, solltest du auch tun. Wichtig ist nur, daß du durch die Registrierung deines Fortschritts auf dem Rad dich deiner Bewegung versicherst. Gleichzeitig kannst du dadurch abschätzen, welche größeren Lektionen dir ins Haus stehen und welche Herausforderungen wahrscheinlich auf dich zukommen.

Einige Menschen möchten gern wissen, ob eine bestimmte Himmelsrichtung, ein Elementeklan oder ein Totem sie auf der körperlichen, geistigen, emotionalen oder seelischen Ebene betrifft. Um das herauszufinden, solltest du beobachten, was in deinen Gedanken und in deinem Herzen vor sich geht, wenn du einen Traum, ein natürliches Omen oder eine Anziehung zu einem bestimmten Aspekt des Medizinrades während einer Meditation über das Rad registrierst. Normalerweise wird der Aspekt deines Wesens auf einer bestimmten Position auf dem Rad ziemlich offensichtlich sein. Wenn du zum Beispiel allein die Straße entlanggehst, über einen guten Freund nachdenkst und hoffst, daß sich eure Beziehung noch weiter entwickeln wird, und genau in diesem Augenblick ein Rabe über deinen Kopf fliegt, ist das ein recht deutlicher Hinweis darauf, daß du dich emotional zur Zeit in einer Raben-Position befindest. Wenn du merkst, daß du am liebsten deine ganze Wohnung gelb streichen würdest, ist das ein Zeichen dafür, daß du dich auf der körperlichen Ebene auf der Roten-Habicht-Position befindest. Wenn du an einer Zeremonie teilnimmst und merkst, daß du stark von einem Stück Chrysokoll angezogen wirst, ist das ein klarer Hinweis, daß du dich seelisch zur Zeit in einer Biber-Position befindest. Wenn dir mitten in einer erregten weltanschaulichen Diskussion mit einem Freund plötzlich auffällt, daß vor dem Fenster ein großer Busch mit Heckenrosen steht, dann kannst du das als einen Hinweis werten, daß du geistig zur Zeit in einer Specht-Position bist.

Wenn du deine eigenen Fortschritte auf dem Medizinrad registrierst, wird dir das einiges über dich selbst, aber auch über das Universum insgesamt sagen. Es wird dir ermöglichen, das Wunder des Wandels in Beziehung zu deinem eigenen Leben zu sehen. Während du die verschiedenen Positionen auf dem Medizinrad durchläufst, wirst du bemerken, daß deine Art, zu denken, zu fühlen und deine Umgebung wahrzunehmen, sich verändert, daß du in der Lage bist, auf eine Weise zu wachsen, die du dir niemals hättest träumen lassen. In erster Linie jedoch können eine Reise über das Medizinrad und die Beobachtung deiner Bewegungen über die verschiedenen Positionen große Freude bereiten. Es hilft dir, dich selbst und deine Verwandten auf der Erde besser kennenzulernen. Nutze die folgenden Übungen, um ein bewußterer Reisender im grenzenlosen Meer deines eigenen Lebens zu werden.

### Finde deine Position auf dem Medizinrad - mit einem großen Medizinrad

*Was du brauchst:* Materialien zum Smudging oder anderen Formen der Reinigung, eine Opfergabe, Papier und Bleistift oder Kassettenrekorder sowie deine persönliche Medizinrad-Tabelle.

*Dauer:* Etwa eine Stunde.

1. Führe ein Smudging oder eine andere Reinigungszeremonie durch, die dir liegt.
2. Konzentriere dich durch Meditation oder indem du neben dem Medizinrad stehst und deine Verbindung zur Erde spürst. Atme dabei tief durch.
3. Gehe zum Wabun-Stein – dem östlichen Tor –, denn du suchst nach einer neuen Sicht des Lebens, einem Neuanfang.
4. Umrunde das Medizinrad im Uhrzeigersinn mindestens einmal vollständig.
5. Mach dich ganz langsam noch einmal auf den Weg um das Medizinrad. Während du es umkreist, bitte darum, daß jede Position, die dich im Augenblick betrifft, auf dich zukommt. Beobachte genau, was geschieht. Achte darauf, ob du dich an irgendeiner Stelle des Rades in der Mitte deines Körpers angezogen oder abgestoßen fühlst, ob du eine Gänsehaut bekommst oder ähnliches. Achte darauf, wenn du Wärme, Kälte, Wind oder einen Energiefluß auf deinen Handflächen verspürst. Beobachte, ob du an verschiedenen Stellen des Medizinrades verschiedene übersinnliche Wahrnehmungen hast. Wenn du eine Aura siehst (Energie- oder Farbausstrahlungen von einem Gegenstand), achte darauf, ob die Aura eines der Steine sich verändert, wenn du vorübergehst. Achte auf verschiedene Klänge oder Gerüche, die von dem Medizinrad ausgehen.
6. Geh so lange um das Medizinrad, bis einer der Steine dich ruft, wie zuvor beschrieben.
7. Dann geh zu dem Stein, und setz dich zu ihm.
8. Frage den Stein, ob er dich auf der körperlichen, geistigen, emotionalen oder seelischen Ebene oder auf allen Ebenen gleichzeitig berührt.

9. Sage den Totem-Geistern, die mit diesem Stein assoziiert werden, daß du alle Lektionen, die sie für dich bereithalten, annehmen und ihre Wirkung auf dich, die sie in dieser Zeit haben, anerkennen willst. Warte auf eine Reaktion.
10. Wenn du den Eindruck hast, du hast alles erfahren, was du von der Position bekommen kannst, bring dem Stein ein Opfer dar, und vervollständige deinen Gang um das Medizinrad bis zum östlichen Tor. Danke dem Medizinrad für seine Hilfe und für diesen Neuanfang.
11. Wenn du noch mehr vom Rad wissen willst, mach eine weitere Runde. Bitte darum, daß du diesmal zu denjenigen Positionen geleitet wirst, die dich auf einer anderen Ebene deines Wesens berühren.
12. Du kannst diesen Prozeß fortsetzen, bis du deine Positionen körperlich, geistig, emotional und seelisch gefunden hast.
13. Vergiß nicht, allen Positionen des Medizinrades, mit denen du zu tun hattest, und dem Medizinrad insgesamt Opfergaben darzubringen.
14. Zeichne oder schreibe die gewonnenen Informationen auf. Trage deine Positionen in die Tabelle ein, wenn du deinen Fortschritt verfolgen willst.

### Finde deine Position auf dem Medizinrad - mit einem kleinen Medizinrad

*Was du brauchst:* Materialien zum Smudging oder anderen Formen der Reinigung, eine Opfergabe, Papier und Bleistift oder Kassettenrekorder sowie deine persönliche Medizinrad-Tabelle.

*Dauer:* Etwa eine Stunde.

1. Reinige dich, oder führe die Smudging-Zeremonie durch, die dir liegt.
2. Finde deine Mitte.
3. Setz dich neben dein kleines Medizinrad.
4. Schließ deine Augen, und stell dir vor, du gehst um das Medizinrad herum.

5. Folge Punkt für Punkt den Anweisungen für die Übung mit einem großen Medizinrad, so als wenn du tatsächlich um ein großes Medizinrad laufen würdest.
6. Denke daran, jeder Position auf dem kleinen Rad und dem Rad insgesamt deine Gebete und dein Dankopfer zu bringen, nachdem du die Übung beendet hast.
7. Zeichne oder schreibe auf, was du herausgefunden hast, und/ oder trage es in deine Tabelle ein.

### Meditation, um deine Position mit Hilfe der Erinnerung an deine Träume zu finden

Diese Übung ist am wirksamsten direkt vor dem Schlafengehen. Sie kann dir helfen, aus der Welt der Träume Botschaften über deinen Fortschritt auf dem Medizinrad zu übermitteln.

*Was du brauchst:* Materialien zur Reinigung, Papier und Bleistift oder Kassettenrekorder.

*Dauer:* Etwa eine halbe Stunde.

1. Reinige dich.
2. Finde deine Mitte.
3. Entspanne dich. Gebrauche dabei die Methode, die dir am meisten liegt.
4. Stell dir jetzt vor, du bist auf einem Feld. Du weißt, daß irgendwo auf diesem Feld ein Brunnen ist. Geh in die Richtung, in der sich der Brunnen befindet.
5. Wenn du den Brunnen gefunden hast, wirst du sehen, daß dein Name auf dem Brunnen geschrieben steht.
6. Neben dem Brunnen findest du ein Blatt Papier und einen Stift.
7. Setz dich am Rand des Brunnens auf die Erde. Du weißt, daß dies dein Brunnen des Unbewußten ist.
8. Nimm das Papier und den Stift zur Hand, und schreibe darauf folgendes: »Ich (und hier fügst du deinen eigenen Namen ein) lasse nun alles los, was ich loslassen muß, und nehme alles an, was ich annehmen muß, um mich an meine Träume zu erinnern.« Unterschreibe diesen Satz wie einen Scheck.

9. Falte das Blatt Papier zusammen.
10. Wirf das zusammengefaltete Papier in den Brunnen, und beobachte, wie es langsam zu Boden sinkt.
11. Geh über das Feld wieder zurück, und sieh dir zu, wie du zurück in dein Schlafzimmer gehst und dich wieder ins Bett legst.
12. Sieh dir zu, wie du allmählich wieder in Schlaf fällst.
13. Stell dir vor, du träumst in deinem Schlaf einen sehr lebhaften Traum. In diesem Traum kannst du Dinge sehen, berühren, riechen, und alles ist in leuchtende Farben getaucht.
14. Stell dir vor, wie du wieder aus deinem Traum erwachst. Du bist ganz aufgeregt, weil du dich an alle Einzelheiten deines Traumes erinnern kannst.
15. Du findest direkt neben deinem Bett ein Blatt Papier und einen Stift oder einen Kassettenrekorder. Schreibe oder nimm deinen Traum genau so auf, wie er abgelaufen ist. Beobachte dich bei deiner Erregung über die Tatsache, daß du dich so gut an den Traum erinnern und ihn aufzeichnen kannst.
16. Geh wieder zu dem Feld, lauf darüber, und komm wieder zurück in deinen Körper. Fühle, wie du wieder vollständig in deinem Körper bist.
17. Wenn du wieder ganz in deinem Körper bist, streck dich sanft aus.
18. Laß dir einen Moment Zeit, um sicherzugehen, daß du wirklich wieder vollständig in deinem Körper zu Hause bist. Wenn du wirklich wieder ganz in deinem Körper bist, schlaf langsam und sanft ein, oder setz dich auf, wenn es noch nicht deine Zeit zum Schlafengehen ist.
19. Lege ein Notizbuch oder einen Kassettenrekorder neben deinem Bett bereit, damit du deine Träume aufzeichnen kannst.
Shawnodese hat diese Übung bereits mit verschiedenen Menschen durchgeführt. Viele, die sich vorher niemals ihre Träume merken konnten, haben innerhalb von fünf bis sieben Tagen nach Beginn dieser Übung angefangen, sich an ihre Träume zu erinnern.

## Die Botschaften der Natur über deine Position auf dem Medizinrad

*Was du brauchst:* Eine ungestörte natürliche Umgebung, Opfergaben, gutes Schuhwerk und nach Belieben eine Decke, Papier und Bleistift oder einen Kassettenrekorder.

*Dauer:* Etwa zwei Stunden.

1. Mach einen Spaziergang in einer möglichst naturbelassenen Umgebung.
2. Während du gehst, öffne dich bewußt den Kräften der Natur, die dich umgeben.
3. Das heißt nicht, daß du dich in einen meditativen Zustand begibst, der deine Energie im Körper konzentriert, sondern vielmehr, daß du deine Energie sich ausbreiten und mit der Energie aller deiner Verwandten ringsum vereinigen läßt.
4. Spüre bewußt die Erde unter deinen Füßen. Fühle, wie die Sonne auf deinen Kopf scheint. Atme tief durch, laß den Atem soviel von deinem Körper erfüllen, wie dir ohne Anstrengung möglich ist.
5. Vergegenwärtige dir das Mineralreich. Gibt es in der Gegend große Felsen? Oder kannst du nur kleine Steine finden? Suche einen Platz, an dem du dich auf Mutter Erde setzen und die Wesen des Mineralreiches beobachten kannst, die dich umgeben. Achte darauf, wie du dich fühlst, wenn du dir deine Brüder und Schwestern im Mineralreich anschaust. Bitte sie, dir zu helfen, daß du sie bewußter wahrnimmst. Bringe denjenigen, die dich besonders ansprechen, ein Opfer dar. Setze deinen Spaziergang fort.
6. Achte darauf, ob du unterwegs auf Wesen aus dem Mineralreich triffst. Wenn das der Fall ist, verweile und beobachte sie eine Zeitlang.
7. Vergegenwärtige dir, ob eines der Mineralien, die du beobachtest, im Medizinrad vorkommt. In diesem Fall hast du es mit einer sehr direkten Botschaft zu tun. Anderenfalls – was wesentlich wahrscheinlicher ist – achte darauf, ob einer der Steine ein besonderes Muster oder eine Form hat, die dich an ein Element des Medizinrades erinnert.

8. Wenn du dich besonders stark zu einem bestimmten Vertreter des Mineralreiches hingezogen fühlst, frage ihn, ob er mit dir kommen möchte. Will er nicht, laß ihn in Ruhe. Aber wenn er mitkommen möchte, vergiß nicht, ein Opfer zu bringen, bevor du ihn fortnimmst. (Nimm jedoch nicht gleich jedes Mineral mit, das dich irgendwie anspricht, denn das käme einer Plünderung des Mineralreiches gleich.)
9. Wenn du deine Kommunikation mit dem Mineralreich abgeschlossen hast, wende deine Aufmerksamkeit dem Pflanzenreich zu. Folge dabei denselben Anweisungen wie bei den mineralischen Wesen. Nimm jedoch keine Pflanzen nach Hause mit, besonders nicht in einer dicht besiedelten Gegend, in der es mehr Menschen als Pflanzen gibt.
10. Während du immer weitergehst, achte darauf, ob du von irgendwelchen Bewohnern des Tierreiches umgeben bist. Wenn ja, von welchen? Sehen sie aus, als wollten sie dir etwas mitteilen? Wenn ja, was ist es, das sie dir sagen wollen?
11. Wenn du keine richtigen Tiere sehen kannst, suche dir einen Platz, an dem du dich sicher fühlst, setz dich hin, und nimm dir ein paar Minuten, um in dich zu gehen. Nutze deine Zeit in dieser naturbelassenen Umgebung, um zu sehen, ob es vielleicht Tiere gibt, die gern mit dir kommunizieren würden, aber nicht auf der physischen Ebene mit dir verkehren können.
12. Während du weitergehst, danke allen deinen Verwandten, die bereits zu dir gesprochen haben. Frage sie, ob du noch etwas tun kannst, um sie und die vielen Gaben, die sie dir entgegenbringen, zu würdigen und anzuerkennen.
13. Wenn sie sich etwas von dir wünschen, solltest du dich diesem Wunsch nicht entziehen.
14. Nachdem du alles getan hast, um was dich deine Totems gebeten haben, gönn dir einen Augenblick, wo du nur läufst, dich entspannst und dich an der Schönheit der Natur ringsum erfreust.
15. Schreibe später deine Erlebnisse auf, oder sprich sie auf Band.

TIMOTHY KNAB

# Der Heiler bei den Curanderos

Nach dem Aufwachen sammelte ich schnell alles ein, wickelte es in die *petate* und tastete mich aus der Höhle. Es war noch früh am Morgen, doch die Sonne schien bereits, und in den Bäumen schwatzten lebhaft grüne Papageien. Ich stolperte den Pfad entlang, fiel einmal hin und schlug mir das Knie auf. Endlich konnte ich in den Jeep klettern und schaffte es irgendwie, zurück in die Stadt zu fahren. Ich ignorierte die neugierig blickenden Leute, parkte an der Plaza und ging den Berg hinauf. Ich war schmutzig, meine Kleider starrten vor Schweiß und angetrocknetem Blut, und ich war völlig zerschlagen.

Don Inocente saß mit Rubia auf der Treppe in der Sonne. Rubia schien heute morgen viel munterer zu sein. Mit lebhaftem Gesicht und wachen Augen unterhielt sie sich mit Inocente. Sobald ich in Hörweite war, fragte sie mich:

»Hast du je in deinen Träumen in *talocan* etwas gesehen, das groß und schwarz ist?«

Es war nicht gerade der passende Moment für den Versuch, mich an meine Träume zu erinnern. Ich stand mitten auf der Straße und wußte, ich hätte in der vergangenen Nacht nicht schlafen sollen. Viel hatte ich auch nicht geschlafen. Warum fragte sie mich jetzt nicht nach dem Opfer und wie alles gelaufen war? Ich reichte ihr den übel zugerichteten Hahn. Sie begutachtete ihn kurz, und es sah aus, als ob sie sich ekelte. Sie gab ihn dann Lupe, die aus der Küche gekommen war, um zu sehen, was los war.

»Wenigstens hast du ihn gerupft«, sagte Rubia. »Ich denke, Lupe wird uns etwas Leckeres aus unserem Boten kochen.« Lupe starrte bestürzt auf den zerfledderten Hahn.

Ein paar neugierige Kinder kamen und gafften. Ich fühlte mich eher wie Don Quixote als wie der Heilige Timothy, der Bezwinger der Unterwelt.

»Im Traum gibt es natürlich viel«, kam ich auf ihre Frage zurück.

»Und war da etwas Großes, Schwarzes, das dich im Traum gejagt hat?«

»Die jagen doch immer nach *tonals*«, warf Inocente ein, »vielleicht haben sie ihn die ganze Zeit gejagt.«

»Nein, ich will wissen, ob da eine Hexe war, eine *nagualli*, die es auf mich abgesehen hat«, entgegnete Rubia.

»Natürlich ist es eine Hexe. Ich hab dir doch gesagt, daß eine Hexe hinter dir her ist. Das muß es sein«, sagte Inocente.

»Irgendwas hat mich jedenfalls erwischt, meine Seele, meinen Atem, mein *tonal*«, sagte sie unter pfeifendem Husten.

»Und ich muß wissen, ob er ›die Dinger‹ gesehen hat. Denn wenn er ›die Dinger‹ nicht sehen kann, kann er mir überhaupt nicht helfen«, beharrte Rubia. »Also, hast du von einem großen, schwarzen Tier geträumt, das dich gejagt hat?« fragte sie.

»Nein, in letzter Zeit nicht«, antwortete ich und dachte an einen Alptraum aus meiner Kindheit, als wir auf einer Farm in Wisconsin lebten, »aber vor sehr langer Zeit habe ich geträumt, daß ich von einem Stier gejagt werde.«

»Da siehst du's.« Sie sah Inocente an. »Ich habe mir gleich gedacht, daß er die *nagualli* dort sehen würde, und das hat er auch. Er kann sich nur nicht erinnern, was er gesehen hat.«

»Vielleicht war das nur ein Schreck, ein *susto*, als er noch ein Kind war«, sagte Inocente. »War jemand hinter deiner Seele her? Warst du damals krank?« fragte er mich.

»Nicht, daß ich wüßte«, antwortete ich dem Alten. Lupe brachte mir einen Stuhl nach draußen, damit ich mich setzen konnte. Ich nahm ihn dankbar an.

»Haben deine Eltern dich danach nicht zu einem Heiler gebracht?«

»Unsere Heiler sind mehr wie Arturo«, erklärte ich, während ich mich setzte und hoffte, daß Lupe uns einen Kaffee bringen würde. »Man geht zu ihnen, wenn man krank ist, und sie geben einem Tabletten oder stechen einen mit einer Nadel. Sie bringen keine Opfer dar, sie beten nicht und erzählen auch nicht von ihren Träumen, wie ihr es tut.«

Ich hatte inzwischen genug Heilungen gesehen und Traumgeschichten gehört, um zu wissen, worauf Inocente hinauswollte. Er glaubte, eine Hexe habe mich in den Alpträumen meiner Kindheit erschreckt und ich litte nun unter dem Seelenverlust. Das war eine häufige Krankheit im Dorf, und ich hatte schon oft miterlebt, wie sie von Rubia und Inocente geheilt wurde. Rubia war immer entgegenkommender geworden, was mein Interesse an ihren Künsten anging, und bestand bald darauf, daß ich sie begleitete, wenn sie kranke Kinder zu Hause besuchte. Dort unterhielt sie sich angeregt den ganzen Nachmittag und arrangierte verschiedene Opfergaben auf dem Familienaltar. Dann betete sie zu den Heiligen und der Heiligen Erde und ging schließlich nach Hause, um die verlorene Seele des Kindes in einem Traum zu finden. Inocente und Rubia wollten nun von mir wissen, ob ich die Merkmale der Hexerei in meinen Träumen erkennen könne.

»Siehst du, das hab ich mir gedacht. Sie jagen ihn schon lange«, sagte Rubia, »aber hinter seiner Seele ist keiner her.«

»Wenn er noch hier bei uns ist, muß er seine Seele gefunden haben, sonst könnten sie ihn nicht erschrecken und sie ihm entreißen«, meinte Inocente.

»Wenn sie ihn als Kind nicht erschreckt und ihm die Seele entrissen haben, dann hat er sie ziemlich fest im Griff.« Rubia drehte sich zu mir und fragte: »Hast du den Stier oft gesehen? Siehst du ihn immer noch manchmal?«

Endlich kam Lupe mit dampfenden Schalen, gefüllt mit dem dickflüssigen, süßen Kaffee der Sierra. Ich dachte kurz nach, während ich in den Kaffee blies, um ihn abzukühlen.

»Ich kann mich kaum noch daran erinnern. Ich weiß nur noch, daß er groß und schwarz und furchteinflößend war und daß ich oft Alpträume von ihm hatte.«

»Der Stier war ganz schwarz?« wollte sie wissen.

»Ich denke schon«, antwortete ich, »aber das war vor vielen Jahren. Ich kann mich nicht mehr richtig erinnern.« Der Kaffee wirkte inzwischen Wunder in mir.

»Siehst du, es war wirklich eine Hexe«, sagte Rubia zu Inocente. »Es gelang ihr nicht, ihn so zu erschrecken, daß sie ihm die Seele entreißen konnte, und so hat sie ihn in Ruhe gelassen. Seine Seele und sein Herz sind fest zusammengebunden, die Stricke halten gut.«

»Das kann schon sein, aber vielleicht war es auch nur sein eigenes *nagual*, sein Tier, das er gesehen hat«, beharrte Inocente.

»Glaube ich nicht«, erwiderte Rubia, »aber möglich ist es. Ich habe seine Tierseelen jedenfalls noch nie in *talocan* gesehen.«

»Ich auch nicht. Meinst du, er kennt es und weiß, was sein *nagual* ist?« fragte Inocente Rubia.

»Wahrscheinlich nicht«, sagte sie, »und wir wollen ihn nicht verschrecken. Einmal hatte ich ihn etwas verschreckt, da ist er monatelang nicht mehr hierhergekommen.«

Rubia spielte auf das Jahr 1974 an, als sie mir zum ersten Mal von ihren Traumreisen und Gebeten an die Unterwelt erzählt hatte. Danach hatte ich Mexiko für fast ein Jahr verlassen und mein Promotionsstudium begonnen. Sie hatte geglaubt, ihre Erzählungen von der Unterwelt hätten mich für immer vertrieben, und war entzückt, als ich im folgenden Sommer mit gesteigertem Interesse wieder ins Dorf kam. Damals fing sie an, mich einige der Gebete zu lehren und mir von ihren Träumen zu erzählen.

»Und was siehst du sonst noch in deinen Träumen?« tastete Rubia sich vor. Bisher hatte sie mich noch nie nach meinen Träumen gefragt.

»Ich weiß nicht«, antwortete ich. Mir wurde langsam wärmer. »Ich denke nicht viel darüber nach, wenn sie nicht gerade ganz außergewöhnlich sind. Sie sind jedenfalls nicht so interessant wie deine Träume.«

»Dummes Zeug«, sagte Rubia, »deine Träume sind genauso wie die von jedem anderen. Du mußt nur erkennen, was du wirklich siehst. *Talocan* ist ein Land der Abend- und Morgendämmerung, wo nichts wirklich klar ist. Es ist immer neblig, und man weiß nie genau, was vor einem liegt. Es stimmt, daß man dort in der Welt der Nacht niemanden kennt, aber alle, die vor dir lebten, sind jetzt dort. Es ist die Welt unserer Ahnen und auch deiner. Wenn du dem ›guten Weg‹ folgst, findest du viele Verbündete dort in der Welt der Nacht.«

»Und auch eine Menge Hexen!« warf Inocente ein.

»Von den Dingern, den Hexen, sind viele da, die *nahualli*, aber wenn du dem ›guten Weg‹ folgst, findest du viele Freunde und Brüder, die dich beschützen. Zuerst mußt du lernen, an welche Orte du in *talocan* gehen kannst. Du mußt dem Weg folgen, den uns die Ahnen gezeigt haben, und ein gutes Leben führen. Wenn du wie wir betest und ihnen Geschenke machst, wird dir in der Welt der Träume nichts passieren. Du wirst beschützt von den Herren der Dunkelheit und von deinen Ahnen. Letzte Nacht hast du ihnen dein Herz angeboten. Jetzt mußt du herausfinden, ob sie dir erlauben, in ihrer Welt der Dunkelheit zu sehen. Lupe!« rief sie. »Bring ihm noch mehr Kaffee!«

»Du mußt heute morgen die Heiligen in der Kirche um Hilfe bitten. Ihr heiliges Licht hilft, dich zu beschützen. Du mußt hinüber in die Kirche gehen und den Heiligen Michael und den Heiligen Johannes, das Licht des Morgens und des Abends, um Hilfe bitten. Der Heilige Martin und der Heilige Jakobus können dir auch helfen. Jeder von ihnen braucht Kerzen, Blumen und ein bißchen Geld. Dann kommen deine Ahnen. Hast du Fotos von ihnen?« In ihrem Eifer erinnerte sie mich an meine Mutter, wenn sie eine Einkaufstour organisierte.

»Nein, habe ich nicht«, antwortete ich.

»Ich zeig dir hier, wie du zu ihnen betest. Es ist einfach. Du brauchst ein paar Sachen, die sie da unten haben wollen, aber dabei kann dir Lupe helfen. Du brauchst nicht noch einen Hahn. Der hier reicht für heute. Wir geben ihnen ein bißchen was davon in Chilpotzontli-Soße«, sagte sie schlau. Auf diese Weise wollten sie und Lupe also den Hahn von letzter Nacht zubereiten. Hähnchen war etwas ganz Besonderes im Dorf, weil es nicht viele Hühner gab und die Leute selten Fleisch aßen. Es war viel zu teuer.

»Er muß aber wissen, welcher Teil von ihm in die Dunkelheit geht«, bemerkte Inocente.

»Das weiß er schon«, sagte Rubia, und dann fragte sie mich: »Wo ist der Teil, der in die Nacht geht?«

»Also«, fing ich tief ausatmend an. »Es ist in uns allen, genau hier.« Ich benutzte die korrekten Wörter in Nahuatl. »Der Lebensfunke geht in der Nacht umher.«

»Er weiß es!« rief Inocente. »Du hast ihm schon viel beigebracht. Ich hab ihm das nicht gesagt.«

»Natürlich hast du das, Inocente«, erwiderte ich. »Du hast immer gesagt, daß das *tonal* in die Nacht hinausgeht.«

»Nein, das muß die alte Hexe gewesen sein, die dir das verraten hat«, witzelte er.

Das ließ Rubia nicht auf sich sitzen. »Wer hext hier am meisten, du altes Ekel!« Dann forderte sie mich auf: »Erzähl dem alten Hexer von den Seelen, die nachts auf Reisen gehen.« In diesem Moment unterbrach uns Lupe mit neuem Kaffee. Die Azteken haben eine komplizierte Vorstellung von der Beschaffenheit der Seele, und zum zweiten Mal an diesem Vormittag war ich froh über Lupes Erscheinen.

Ich zündete mir eine Zigarette an, versuchte den Kaffee etwas abzukühlen und lehnte mich auf dem wackeligen Stuhl zurück. »Was ich über Seelen weiß«, fing ich an. »Wenn ich alles, was ihr mir erzählt habt, richtig verstanden habe, hat jeder Mensch drei Seelen. Zunächst einmal das Herz, *yolo,* das dem Körper Leben und Bewegung gibt. Ohne das Herz ist der Körper reglos, er bewegt sich nicht, man ist tot.

Dann gibt es *tonal*. Das ist der Lebensfunke, die Hitze, die den Körper antreibt. *Tonal* ist das erste Licht der Morgendämmerung, wenn wir geboren werden; der Lichtstrahl ist das erste Gesicht der Sonne, das wir sehen. Es ist unser Geschick, unser Schicksal. Aber der Körper ist nicht immer in der Lage, sein *tonal* zu behalten. Bei einem Sturz oder durch einen plötzlichen Schlag auf den Kopf kann es durch den Schreck aus dem Körper entweichen. Und nachts kann es in den Träumen zum Beispiel in die Unterwelt reisen. Es kann von Hexen gefangen werden oder von den Kreaturen, die dort unten leben, den *ajmotocnihuan* – jenen, die nicht unsere Brüder sind.«

Ich nahm einen tiefen Zug von meiner Zigarette und stürzte den heißen Kaffee hinunter. Ich bemühte mich, die richtigen Ausdrücke auf Nahuatl zu finden. Ich drehte mich zu Lupe um und gab ihr meine Schale, damit sie mir Kaffee nachgoß.

»Dort unten in der Unterwelt«, fuhr ich fort, »gibt es auch ein Tier, das gleichzeitig mit uns geboren wurde, am selben Tag, im selben Augenblick. Jeder von uns hat es. Es kann ein Tiger sein, ein Hund oder ein anderes Tier. Wir haben das gleiche Schicksal wie dieses Tier. Wir sind unter demselben Gesicht der Sonne geboren. Wir teilen dasselbe *tonal*. Diese Tiere sind die *naguals*, die vom Herrn der Tiere in großen Pferchen in *taloran* gehalten werden. Der Herr der Tiere sorgt für seine Tiere und beschützt sie, und er hilft denen, die ihm dabei beistehen. Auf diese Weise beschützt er auch uns, so wie die Herren der Hochheiligen Erde uns hier auf der Erde ernähren und erhalten. Alles, was dem *nagual* eines Menschen passiert, passiert auch seinem Herzen und seinem Körper.«

Lupe brachte frischen Kaffee. Ich stellte die Kaffeeschale auf die Steintreppe und blickte in Rubias durchdringende schwarze Augen.

»Und warum halten sie die *naguals* dort?« fragte mich Inocente.

Die beiden zerbrechlichen Alten – er fast blind und sie an der Schwelle des Todes – waren erbarmungslose Inquisitoren. Ich fühlte mich ein bißchen so wie früher, als ich vor den Priestern und Nonnen den Katechismus aufsagen mußte.

»Weil immer mal wieder ein *nagual* entkommt«, antwortete ich. »Und das kann sehr gefährlich sein. Ist das *nagual* verletzt oder tut eine Hexe ihm etwas an, dann passiert dem Menschen genau das gleiche. Wir haben alle unser eigenes Herz, aber wir teilen *tonal* mit unserem *nagual*. Ich weiß nicht viel über *nagual*, das Tier, aber es scheint mir ein Teil der Seele zu sein. Ich glaube, es teilt *tonal* mit einer Person, oder?« Ich war immer noch sehr unsicher und fühlte mich wie damals, als ich als Meßdiener das Glaubensbekenntnis auf Latein aufsagen mußte – alles war so unwirklich und abstrakt. Ich konnte es nur, wenn ich mir die Unterwelt als Wirklichkeit vorstellte. Für Inocente und Rubia war das selbstverständlich; mir fiel es nicht so leicht. Der Glaube meiner Kindheit hatte sich schon lange verflüchtigt.

»Klingt, als könnte er vielleicht doch in *talocan* sehen«, kommentierte Inocente.

»Er scheint zu wissen, daß es *yollo*, also sein Herz ist, das ihm das Leben hier auf der Erde schenkt«, sagte Rubia mehr zu mir als zu Inocente. »*Yollo* ist das Herz, das zur Erde zurückkehrt, wenn das Leben zu Ende ist. Und das Herz ist der Samen, der Kern des Lebens. Aus ihm erwächst das Leben. In der Hitze und im Licht der Sonne keimt und wächst *tonal*. *Tonal* gibt uns bei der Geburt unser Leben, unser Geschick und unser Schicksal. *Tonal* ist der Teil von uns, der überall hingeht. Es lebt in *talocan,* es lebt auf der Erde, in *talticpac.* Es lebt im Himmel, in *lihuicac,* aber damit es ihm auf der Erde oder im Himmel gutgeht, braucht es die Sonne. *Tonal* ist der Lebensfunke, der uns ausmacht. Er macht dich zu dem, was du bist, und mich zu dem, was ich bin. *Nagual* ist das andere Selbst. Es ist das andere Ich oder das andere Du, und ihr teilt euer Leben und euer *tonal*. Du mußt das *nagual* kennen, und du mußt es mit *tonal* finden; denn dein *tonal* ist es, das in deinen Träumen umhergeht. Du mußt wissen, was dein *tonal* sieht, wenn du *nagual*, das Tier, finden willst«, erklärte sie mir.

»Du mußt mehr als einen Traum über den schwarzen Stier gehabt haben«, fuhr Rubia fort. Glaubte sie, der Stier sei mein *nagual*?

»Ich ... ich kann mich nicht erinnern, Rubia. Als Kind habe ich öfter von ihm geträumt, aber jetzt schon seit vielen, vielen Jahren nicht mehr.«

»Klingt, als würden sie seine Träume in der Dunkelheit ihrer Nachtwelten behalten«, sagte sie zu Inocente. »Wahrscheinlich muß er etwas Besonderes tun, um die Träume zurückzubringen und die Last ans Licht zu holen. Er muß einen Weg finden, sie mit ihrer Erlaubnis herauszuholen. Die *alpixque* könnten das, aber er muß ihnen am Wasser Opfer darbringen.« Sie nahm eine lose Strähne ihrer weißen Haare und steckte sie zurück in die geflochtenen Zöpfe.

»Die *tepehuane*, das Bergvolk, könnten auch helfen«, sagte Inocente. »Diese ›Dinger‹ sind einfach überall.«

»Er war doch gestern abend in der Höhle, und sie sollten zufrieden sein mit dem, was er ihnen gegeben hat. Sie haben den Samen, das Herz von unserem leckeren kleinen Nachtvogel gekriegt«, sagte Rubia. »Ich verstehe aber nicht, warum er nie etwas in der Welt der Dunkelheit gesehen hat. Er träumt wie jeder andere auch. Er kann sich nur nicht daran erinnern.«

»Weißt du, vielleicht ist er einfach noch nicht aus der Höhle zurückgekehrt«, warf Inocente ein. »Vielleicht haben sie ihn geschnappt und sein *tonal* da unten behalten. Womöglich sitzt er hier bei uns, und sie haben trotzdem sein *tonal* in der Dunkelheit.«

»Was hast du da drinnen gemacht?« wollte Rubia wissen.

»Ich habe gebetet und die Opfer so dargebracht, wie du es mir gezeigt hast.«

»Du hast die ganze Nacht gebraucht, nur um die Gebete aufzusagen?« fragte sie ziemlich ungläubig.

»Na ja, es hat eine Weile gedauert, bis ich den Hahn für dich gerupft hatte«, erklärte ich ihr.

»Gerupft! Du hast ihn auseinandergerissen und fast gehäutet. Das kann nicht besonders lange gedauert haben.«

»Hatte er genug Tabak bei sich?« fragte Inocente.

»Natürlich«, erwiderte Rubia.

»Ja, aber gab es genug Rauch, um die anderen die ganze Nacht von ihm fernzuhalten?«

»Sicher, wenn er nicht aufgehört hat zu rauchen. Du hast doch die ganze Nacht gequalmt, es gab genug Rauch, oder?«

»Ja, ja«, erwiderte ich, »nur gegen Morgen, nachdem ich den Hahn gerupft hatte, da bin ich ein bißchen müde geworden.«

»Du bist doch nicht etwa da drinnen eingeschlafen? Ich hatte dich doch gewarnt, daß sie dort unser Fleisch fressen. Du bist doch nicht wirklich eingeschlafen, oder?«

»Na ja, gegen Morgen habe ich vielleicht ein paar Minuten vor mich hin gedöst«, gab ich zu.

»Da haben wir's«, rief Inocente. »Sie haben ihn erwischt und behalten ihn. Jetzt müssen wir noch eine verlorene Seele in der Dunkelheit suchen. Er ist gar nicht mehr herausgekommen.« Er machte eine Pause. »Vielleicht haben sie ihn ja doch nicht geschnappt. Aber ich bin sicher, daß sie ihn sich gut angesehen haben, und jetzt wollen sie bestimmt mehr als nur eine Geschmacksprobe von unserem Nachtvogel. Er kann nicht in die Höhle zurückgehen. Wenigstens jetzt nicht, wenn ›die Dinger‹ auf ihn warten. Sie würden ihn dann sicher kriegen. Es sieht so aus, als müßte er herausfinden, ob seine Seele letzte Nacht geraubt wurde. Er muß im Traum zurück in die Höhle gehen, aber er muß dabei hier vor dem Altar schlafen, wo er sicher ist. Wenn er sein *tonal* noch hat, muß er zurück nach *talocan*. Er muß heute nacht träumen. Doch dafür muß er mehr mitnehmen als nur Gebete. Sie haben schon den Hahn. Das reicht denen in der Höhle zum Essen. Vielleicht können wir sie ja betrunken machen.«

»Er hat gestern abend schon ein wenig *aguardiente* mitgenommen, aber heute nacht braucht er einen ganzen Liter«, sagte Rubia. »Du mußt heute nacht im Traum in die Höhle zurückgehen und selbst den Weg hinaus finden.

Wenn die da unten wirklich dein *tonal* haben, bleibt dir nicht mehr viel Zeit hier auf der Erde. Wenn du eingedöst bist, haben sie dich zumindest gut angesehen. Jetzt mußt du es auf dich nehmen, ihnen zu dienen. Du mußt ihnen Dinge anbieten, die sie in der Dunkelheit brauchen, sonst behalten sie dich, und dann ist dein Weg beendet und dein Licht hier auf der Erde wird ausgelöscht.« Sie fing an zu keuchen. Die Aufregung am frühen Morgen hatte sie erschöpft.

Dennoch fuhr sie fort: »Wenn du glaubst, daß du nach all dem von ihnen loskommst, irrst du dich. Sie finden deine Seele. Du mußt jetzt lernen, dich in ihrer Welt der Nacht zurechtzufinden. Ein Liter *aguardiente* müßte für heute nacht genügen, denke ich, aber du brauchst mächtige Hilfe, um nach *talocan* hinein- und dann wieder herauszukommen. Du mußt die Heiligen besuchen, du brauchst ihre Hilfe«, sagte sie und hustete erneut. »Lupe kann die Opfergaben besorgen, und du mußt rüber zu Don Pedro gehen und einen Liter *aguardiente* kaufen.«

»In Ordnung, aber jetzt mußt du dich ausruhen«, sagte ich nachdrücklich.

Die Dringlichkeit, mit der Doña Rubia mir Anweisungen gab, machte mich ziemlich nervös. Noch nie hatte sie mir mit solchem

Nachdruck gesagt, was ich tun mußte. Sie wollte mit mir in die Dorfkirche gehen, aber Lupe und ich bestanden darauf, daß sie zu Hause blieb und sich schonte. Inocente schien das allerdings egal zu sein, und ich fragte mich warum.

Ich ging alleine in die Dorfkirche von San Martin, wie Rubia mir befohlen hatte, und betete den größten Teil des Vormittags. Ich betete auf Spanisch, Latein und Nahuatl. Ich sagte das Glaubensbekenntnis, das Ave Maria und das Vaterunser auf, woran ich mich aus meiner Zeit als Ministrant noch erinnerte. Rubia mochte die alten lateinischen Gebete. Es bestand eine große Verwandtschaft zwischen ihnen und ihren Gebeten auf Nahuatl, die mir immer mehr bewußt wurde. Nach den Gebeten hinterließ ich bei fast jedem Heiligen der Kirche eine Opfergabe.

Als ich zurückkam, war Inocente schon gegangen, und Lupe hatte den Hahn für die *comida* gekocht. Sie hatte auch alle notwendigen Opfergaben besorgt und sie ordentlich auf Doña Rubias Altar gestapelt.

Rubia erhob sich von ihrer Pritsche und kam zum Mittagessen. Während des ganzen Essens, das wir am Tisch vor ihrem Altar einnahmen, bestand Rubia darauf, mich in allen Einzelheiten darüber aufzuklären, wie die Herren der Unterwelt anzureden seien. Man mußte sie bitten und gleichzeitig bestechen, damit sie meine Seele nicht behielten beziehungsweise ihre Schützlinge losschickten, sie zu suchen. Rubia war offensichtlich sehr besorgt. Es stand gar nicht zur Debatte, ob ich überhaupt ein Diener der Herren der Unterwelt werden wollte. Es ging nur darum, wie es zu geschehen hatte.

Es war schon später Nachmittag, als Inocente mit seinem Sohn Lucas zurückkehrte.

»Steht alles auf dem Altar?« fragte der alte Seher, dessen Augen nicht mehr gut genug waren, um zu erkennen, was dort lag.

»Ich muß noch den *aguardiente* besorgen«, antwortete ich, »aber sonst ist alles da. Tabak, Blumen, Duftharz und zu essen Chilpotzontli, ein paar Tortillas und auch Bohnen.«

Rubia hatte die Bilder der Heiligen auf ihrem Altar umgestellt, so daß der Heilige Michael und der Heilige Johannes mehr im Vordergrund standen, aber das konnte Inocente nicht sehen.

Rubia kam aus der Küche und sagte zu ihm: »Machst du dich jetzt an die Arbeit und fängst an zu beten, oder willst du nur dasitzen?« Mir befahl sie: »Geh jetzt zu Pedro und hol die Flasche Schnaps. Wir fangen mit dem Beten an, bevor das heilige Licht verschwunden ist, danach kannst du in der Dunkelheit zu arbeiten anfangen.« Damit meinte sie, daß ich dann anfangen könne zu träumen. Ich war froh, daß mir nicht noch eine schlaflose Nacht bevorstand.

Als ich mit der fast vollen Flasche zurückkam, waren Rubia und Inocente schon mitten in einer langen Litanei für die Herren der Erde und des Himmels. Ich ging zu ihnen in das dunkle Altarzimmer, und zu dritt beteten wir mehrere Stunden. Abwechselnd mit den Gebeten brachten wir Opfer dar, indem wir abgebrochene Zigaretten und kleine Gläschen Schnaps in das schwelende Rauchfaß auf dem Altar kippten, so daß es anschließend ekelhaft roch und laut zischte. Dann reichten wir eine neue Flasche herum und füllten unsere kleinen Gläser. Zwischendurch stellten wir neue Tropfwachskerzen zu den vielen anderen Kerzen, die bereits auf dem Altar standen. Ihr heißes Wachs lief in Rinnsalen über das frische Wachstuch, das Rubia für diese Nacht auf den Tisch gelegt hatte. Dann beteten wir weiter, tranken und rauchten. Durch die offene Küchentür sah man, wie die Farbe des weißen Putzes im schwächer werdenden Licht der untergehenden Sonne von Gelb zu Orange wechselte.

Es wurde Abend, und die Glut in der Feuerstelle beleuchtete die Küche schwach. Als es so dunkel war, daß wir nichts mehr erkennen konnten, schaltete Lupe nicht die nackte Glühbirne ein, die von der Decke hing, sondern zündete fünf Kerzen an und verteilte sie in der Küche. In diesem Schummerlicht bereitete sie unser Essen, und wir boten kleine Stücke davon dem Feuer an. So schritt der Abend fort. Als wir fertig waren, war es schon weit nach zehn, und wir waren alle ziemlich betrunken.

Wir gratulierten uns überschwenglich zu unserem Tun, aber ich hatte das Gefühl, daß damit auch ein gewisses Unwohlsein überspielt werden sollte. Ich war zu betrunken, um darüber nachzudenken. Inocentes getreuer Sohn half ihm zur Tür hinaus, und die beiden gingen schwankend den Weg zu ihrem Haus hinab.

Rubia deutete auf die Bank im Hauptraum, in dem der Altar stand. Auf dieser Bank hatte ich immer geschlafen, wenn ich abends nicht mehr nach Quetzalan zurückkehren konnte. Sie war mir lieber als die Strohmatten, die immer voll beißwütiger Insekten waren, was Rubia aber nie zu bemerken schien.

»Nach so vielen Gebeten, helfen die *alpixque,* ›die Wasserwesen‹, dir sicher«, redete sie mir gut zu.

In meinem Kopf drehte sich alles.

Rubias letzte Worte in jener Nacht waren: »Aber paß auf, daß sie dich nicht dabehalten.«

MARLO MORGAN

# Spuren der Traumzeit

Im Inneren der Höhle befand sich ein riesiger Raum mit Wänden aus Stein, von dem Gänge in mehrere Richtungen abzweigten. Bunte Fahnen schmückten die Wände, und aus dem Felsgestein ragten Statuen hervor. Aber was ich in einer Ecke des Raumes erblickte, ließ mich an meinem Verstand zweifeln. Es war ein Garten! Die Felssteine auf dem Gipfel des Hügels waren so gruppiert, daß das Sonnenlicht hereinfallen konnte, und ich hörte deutlich das Geräusch von Wasser, das auf einen Stein tropfte. Über einen Steintrog wurde Grundwasser herbeigeführt, das in der ganzen Zeit, die wir dort weilten, niemals versiegte. Es herrschte eine Atmosphäre von Reinheit und Klarheit, einfach, aber ewigwährend.

Es war das einzige Mal, daß ich diese Leute auf so etwas wie persönlichen Besitz Anspruch erheben sah. In der Höhle bewahrten sie die Gerätschaften für ihre Zeremonien auf. Es gab auch bessere Schlafstätten, die aus mehreren zu bequemen Betten aufgeschichteten Tierfellen bestanden. Jetzt sah ich auch, was sie aus den Kamelhufen herstellten – Schneidewerkzeuge. Dann erblickte ich einen Raum, den ich das Museum nennen möchte. Hier bewahrten sie all die Dinge auf, die von den Kundschaftern im Laufe der Jahre aus den Städten herbeigeschleppt worden waren. Es gab Illustrierten- und Prospektbilder von Fernsehern, Computern, Autos, Panzern, Raketenwerfern, Spielautomaten, berühmten Gebäuden, Menschen verschiedener Rasse und sogar Fotos aus Gourmet-Zeitschriften. Aber die Kundschafter hatten nicht nur Bilder mitgebracht, sondern auch die Dinge, die hier aufbewahrt wurden: Sonnenbrillen, einen Rasierapparat, einen Gürtel, einen Reißverschluß, Sicherheitsnadeln, Kneifzangen, ein Thermometer, Batterien, mehrere Stifte und Füllfederhalter sowie ein paar Bücher.

In einem Teil der Höhle stellte der Stamm ein stoffähnliches Produkt her. Mit benachbarten Stämmen betreiben sie einen Tauschhandel und kommen so in den Besitz von Wolle und anderen Fasern. Manchmal weben sie sogar Decken aus Baumrinde, und auch Seile werden gelegentlich angefertigt. Ich sah zu, wie ein Mann ein paar Fasern in die Hand nahm und sie auf seinem Schenkel rollte. Während er sie zwirnte, fügte er immer neues Material hinzu, bis er eine lange Schnur in der Hand hielt. Diese Schnüre wurden dann wieder zu Seilen unterschiedlicher Dicke verwoben. Auch Haare wurden zu verschiedenen Dingen verarbeitet. Damals war mir noch nicht klar, daß die Stammesangehörigen sich aus Rücksicht auf mich bedeckt hatten. Sie wußten, daß es mir in diesem Stadium meines Lebens sehr schwer fallen würde, mit Leuten umzugehen, die ganz ohne Kleidung lebten. Vielleicht hätte es unser Zusammensein sogar unmöglich gemacht.

An diesem Tag kam ich aus dem Staunen nicht mehr heraus, und Ooota begleitete mich auf meiner Entdeckungsreise mit seinen Erklärungen. Weiter im Inneren der Höhle waren Fackeln notwendig, aber in der Hauptebene konnte man die Felsen auf dem Hügel von außen so verschieben, daß man alle Helligkeitsstufen vom dämmrigen Schummerlicht bis zur Festbeleuchtung einstellen konnte. Diese Höhle der »Wahren Menschen« war kein Gotteshaus, denn eigentlich ist jede Minute ihres Lebens Gebet und Gotteslob. Für sie war diese heiligste Stätte der Ort, an dem sie ihre Geschichte bewahrten. In dieser Höhle wurde die Wahrheit gelehrt, und hier gab man die Werte der Ahnen weiter. Sie war eine Zufluchtsstätte vor der Gedankenwelt der »Veränderten Menschen«.

Als wir in den zentralen Bereich zurückkehrten, hielt Ooota mir die Holz- und Steinstatuen zur genaueren Betrachtung hin. Seine breiten Nasenflügel bebten, als er mir erklärte, daß der jeweilige Kopfschmuck etwas über die Eigenschaften der Figur verriet. Ein kurzer Kopfschmuck wies auf die vom Verstand gesteuerten Dinge hin: unser Gedächtnis, unsere Entscheidungskraft, die Wahrnehmung der Sinne, das Empfinden von Schmerz und Freude und alles, was ich mit dem bewußten und unterbewußten Denken in Verbindung brachte. Der hohe Kopfschmuck repräsentierte unser kreatives Wesen, mit dem wir uns Wissen aneignen und Neues erfinden, Erfahrungen machen, die real oder auch irreal sind, und die Weisheit begreifen, die allen Menschen und Kreaturen der Welt, die je gelebt haben, eigen ist. Die Menschen streben ständig nach Wissen, doch scheinen sie dabei nicht zu erkennen, daß auch die Weisheit nach einer Ausdrucksmöglichkeit sucht. Der hohe Kopfschmuck stand auch für das wahre und perfekte Selbst, für das ewige Wesen in jedem von uns, an das wir uns immer wenden können, wenn wir wissen müssen, ob das, was wir tun wollen, auch zu unserem eigenen Besten und zum Besten des höchsten Wesens ist. Es gab noch einen dritten Kopfschmuck, der das geschnitzte Gesicht der Figur fächerförmig umgab und über ihren Rücken bis zu den Füßen fiel. Dieser Schmuck stand für die Verbindung aller Aspekte bei den Menschen: das Physische, das Emotionale und das Spirituelle.

Die meisten Figuren waren ungeheuer fein gearbeitet, aber bei einer hatte man zu meiner Überraschung die Pupillen in den Augen weggelassen. Sie sah wie ein gesichtsloses, blindes Symbol aus. »Ihr glaubt, daß die Göttliche Einheit die Menschen beobachtet und über sie urteilt«, sagte Ooota. »Wir meinen, daß die Göttliche Einheit unsere Absichten und Gefühle erspürt – es interessiert sie nicht, was wir tun, sondern warum wir es tun.«

Dieser Abend war für mich der bedeutendste Abend unserer ganzen Reise. Ich erfuhr, warum ich hier war und was von mir erwartet wurde.

Wir feierten eine Zeremonie. Ich beobachtete, wie die Künstler aus weißem Töpferton Farbe herstellten: Es gab zwei Töne von Rotocker und einen zitronengelben. Der Werkzeugmacher stellte aus kurzen, etwa fünfzehn Zentimeter langen Hölzern Pinsel her, indem er sie mit seinen Zähnen ausfranste und zurechtstutzte. Dann bemalten sie sich gegenseitig mit komplizierten Mustern und Tierbildern. Mich kleideten sie in ein Federkostüm, das zum Teil aus dem weichen, vanillefarbenen Gefieder des Emus bestand. Sie forderten mich auf, den Kookaburra, den Rieseneisvogel, nachzuahmen. In dem rituellen Schauspiel, das wir aufführen wollten, bestand mein

Auftritt darin, diesen Vogel als einen Boten darzustellen, der in die entlegensten Ecken der Erde fliegt. Der Kookaburra ist ein sehr schöner Vogel, aber er gibt ein lautes Krächzen von sich, das oft mit dem Brüllen eines Esels verglichen wird. Außerdem hat er einen sehr ausgeprägten Überlebenstrieb und ist sehr groß. Für unseren Zweck schien er genau richtig zu sein.

Nachdem wir mit den Gesängen und Tänzen fertig waren, bildeten wir zu neunt einen kleinen Kreis: der Älteste, Ooota, der Medizinmann, die Heilerin, die Zeitbewahrerin, die Erinnerungsbewahrerin, der Friedensstifter, die Schwester der Vogelträume und ich selbst.

Der Älteste nahm mit untergeschlagenen Beinen den Platz mir gegenüber ein; er beugte sich vor, um mir in die Augen blicken zu können. Jemand von außerhalb des Kreises reichte ihm einen Steinkelch, der mit einer Flüssigkeit gefüllt war. Er nahm einen Schluck. Während er den Becher an seinen rechten Nachbarn weiterreichte, ließ mich sein durchdringender Blick, der bis in die Tiefe meines Herzens reichte, nicht los. Er sprach: »Wir, die ›Wahren Menschen der Göttlichen Einheit‹, werden den Planeten Erde verlassen. In der Zeit, die uns noch bleibt, wollen wir ein Leben auf höchster spiritueller Ebene führen: Wir haben für uns den Zölibat gewählt, eine Lebensform, die körperliche Disziplin erfordert. Wir gebären keine Kinder mehr. Wenn unser jüngstes Stammesmitglied stirbt, wird dies das Ende der reinen Menschenrasse sein.

Wir sind ewige Wesen. Es gibt im Universum viele Orte, an denen die Seelen, die uns folgen werden, körperliche Gestalt annehmen können. Wir sind die direkten Nachfahren der ersten Lebewesen. Seit Anbeginn der Zeiten haben wir alle Prüfungen bestanden und überlebt, indem wir standhaft an unseren alten Werten und Gesetzen festhielten. Unser Gruppenbewußtsein hat die Erde bisher zusammengehalten. Nun haben wir die Erlaubnis zu gehen. Die Menschheit hat sich verändert, und die Menschen haben dem Land einen Teil seiner Seele genommen. Wir werden uns im Himmel mit diesem Teil vereinen.

Wir haben dich als Botin erwählt, um deinem Volk, den ›Veränderten Menschen‹, mitzuteilen, daß wir die Erde verlassen. Wir überlassen euch die Mutter Erde. Und wir beten, daß ihr erkennen möget, was ihr mit eurer Art zu leben dem Wasser, den Tieren, der Luft und auch euch selbst antut. Wir beten, daß ihr eine Lösung für eure Probleme finden werdet, ohne diese Welt zu zerstören. Es gibt auch bei euch ›Veränderten‹ einzelne Menschen, die dabei sind, zu ihrem geistigen Wesen und wahren Selbst zurückzufinden. Wenn ihr euch nur ausreichend bemüht, habt ihr noch Zeit, der Zerstörung auf diesem Planeten Einhalt zu gebieten, aber wir können euch dabei nicht länger helfen. Unsere Zeit ist abgelaufen. Die Zyklen des Regens haben sich bereits verändert, die Hitze hat zugenommen, und in der Pflanzen- und Tierwelt gibt es schon seit Jahren immer weniger Wachstum. Wir können für unsere Seelen nicht länger körperliche Hüllen bereitstellen, weil es hier in der Wüste bald kein Wasser und keine Nahrung mehr geben wird.«

In meinem Kopf wirbelten die Gedanken umher. Jetzt ergab alles einen Sinn. Sie hatten sich nach all den Jahren einer Außenseiterin geöffnet, weil sie einen Boten brauchten. Aber warum ausgerechnet ich?

Man reichte mir den Kelch. Ich nahm einen Schluck. Er brannte im Hals wie eine Mischung aus Essig und reinem Whiskey. Ich gab den Kelch an den Nachbarn zu meiner Rechten weiter.

Der Älteste fuhr mit seiner Rede fort: »Jetzt ist es an der Zeit, deinem Körper und deinen Gedanken Ruhe zu gönnen. Schlafe, meine Schwester. Morgen werden wir weiterreden.«

Das Feuer war nur mehr ein rotglühender Kohlenhaufen. Die aufsteigende Hitze entwich der Höhle durch große Öffnungen in der Felsendecke. Ich konnte nicht schlafen. Mit einer Handbewegung fragte ich den Mann, der sich Friedensstifter nannte, ob er mit mir reden wolle. Er bejahte, und auch Ooota gab sein Einverständnis, so daß wir drei eine intensive und komplexe Unterhaltung begannen.

Das Gesicht des Friedensstifters war zerfurcht wie die Landschaft, durch die wir gewandert waren. Er erzählte mir, daß zu Anbeginn der Zeit, in der Epoche, die sie die Traumzeit nannten, die ganze Erde eins war. Die Göttliche Einheit schuf das Licht, und der erste Sonnenaufgang durchbrach die ewige Finsternis. In die Leere des Himmels wurden viele sich drehende Scheiben gesetzt. Unser Planet war eine von ihnen. Er war flach und wies keine besonderen Merkmale auf. Es gab keinerlei Anzeichen für irgendeine schützende Hülle, seine Oberfläche war völlig nackt. Es herrschte absolutes Schweigen. Keine einzige Blume neigte sich im Lufthauch, es gab noch nicht einmal so etwas wie eine Brise. Kein Vogel, kein Geräusch durchdrang die klanglose Leere. Dann schenkte die Göttliche Einheit jeder einzelnen Scheibe Wissen, aber ganz unterschiedlicher Art. Als erstes kam das Bewußtsein. Aus dem Bewußtsein entstanden Wasser, Luft und Land. Alle Lebensformen, wie wir sie heute kennen, wurden geboren.« »Ihr ›Veränderten‹ habt Schwierigkeiten damit, das, was ihr ›Gott‹ nennt, zu beschreiben, denn ihr seid von Formen abhängig. Für uns hat die Göttliche Einheit weder Größe, Form noch Gewicht. Die Einheit ist Substanz, Kreativität, Reinheit, Liebe und grenzenlose, unerschöpfliche Energie. In vielen Sagen unseres Stammes kommt die Regenbogenschlange vor, sie symbolisiert die verschlungene Linie der Energie oder des Bewußtseins. Sie beginnt in völliger Stille, dann verändern sich ihre Schwingungen, und sie wird zu Geräusch, Farbe und Form.«

Ich spürte, daß Ooota mir nicht den Unterschied zwischen einem wachen Zustand und dem Unbewußten erklären wollte, sondern eher so etwas wie ein Schöpferbewußtsein. Es umfaßt alles und findet sich in Steinen, Pflanzen, Tieren und Menschen. Der Mensch wurde erschaffen, aber der menschliche Körper ist nur eine Hülle für unser ewiges Wesen. Überall im Universum gibt es ewige Wesen, die in anderen Hüllen ihr Zuhause gefunden haben. Dem Stammesglauben nach hat die Göttliche Einheit erst die Frau erschaffen. Die Welt selbst wurde ins Leben gesungen. Die Göttliche Einheit wird nicht personifiziert. Sie ist Gott; eine höhere, absolut positive, liebende Macht. Sie ließ ihre Energie ausströmen und erschuf so die Welt.

Menschen, so glauben sie, seien ein Abbild Gottes, aber nicht im körperlichen Sinn, denn Gott hat keinen Körper. Die Seelen sind ein Abbild der Göttlichen Einheit. Sie sind daher fähig zu reiner Liebe und Frieden, und sie sind offen für Kreativität und viele Begabungen. Den Menschen wurde ein freier Wille und dieser Planet gegeben, damit sie lernen können, mit ihren Gefühlen zu leben, denn es sind die Gefühle, die erwachen, wenn die Seele sich in die menschliche Hülle begibt.

Sie erzählten mir, daß die Traumzeit drei Abschnitte habe. Es gab die Zeit vor der Zeit; dann die Zeit, als es die Erde zwar gab, diese jedoch noch keine Form hatte. Als sie zu fühlen und zu handeln begannen, fanden die Menschen dieser Frühzeit heraus, daß es ihnen offenstand, wütend zu sein, wenn sie es so wollten. Sie konnten nach Dingen Ausschau halten, die sie wütend machten, oder entsprechende Situationen herbeiführen. Sorgen, Gier, Lust, Lügen und Macht sind Gefühle, die man nicht weiterentwickeln sollte. Um dies zu verdeutlichen, verschwanden die Menschen der Frühzeit, und an ihrer Stelle erschien ein Felsengebilde, ein Wasserfall, eine Felswand oder etwas Ähnliches. Diese Orte gibt es noch heute. Jeder, der weise genug ist, aus ihnen zu lernen, kann dort verweilen und nachdenken. Das Bewußtsein hat die Realität geformt. Der dritte Abschnitt der Traumzeit ist das Jetzt. Der Traum geht immer weiter; das Bewußtsein erschafft auch heute noch unsere Welt.

Aus diesem Grund glauben die »Wahren Menschen« auch, daß man Land nicht besitzen sollte. Das Land gehört allem Leben. Die wahre Art des Menschen ist es, zu teilen und Vereinbarungen zu treffen. Besitz ist das extreme Beispiel dafür, wie man andere zum eigenen Vorteil ausschließt. Vor der Ankunft der Engländer war bei den Aborigines niemand ohne Land.

Die »Wahren Menschen« glauben, daß schon zu Zeiten, als die Landmassen der Erde noch zusammenhingen, die ersten Menschen in Australien auftauchten. Die Wissenschaftler sprechen von einer großen Landmasse, die vor ungefähr 180 Millionen Jahren existierte und Pangaea genannt wird. Irgendwann brach sie auseinander. Der Laurasis genannte Teil umfaßte die nördlichen Kontinente und der andere, Gondwanaland genannte Teil, Australien, die Antarktis, Indien, Afrika und Südamerika. Vor 65 Millionen Jahren lösten sich Afrika und Indien ab und ließen die Antarktis sowie dazwischen Australien und Südamerika zurück.

Schon in einem sehr frühen Stadium der Menschheitsgeschichte begannen die Menschen ihre Umgebung zu erkunden und sich auf immer weiter reichende Wanderschaften zu machen. Sie wurden mit für sie fremden Situationen konfrontiert, und statt sich auf ihre althergebrachten Prinzipien zu verlassen, nahmen sie immer aggressivere Verhaltens- und Handlungsweisen an, um überleben zu können. Je weiter sie sich entfernten, um so mehr veränderte sich ihr Glaubens- und Wertesystem. Irgendwann veränderte sich sogar ihr Äußeres, und sie nahmen im kühleren, nördlichen Klima eine andere Hautfarbe an.

Es gibt bei den Aborigines zwar keine Diskriminierung wegen der Hautfarbe, aber sie glauben, daß wir einmal alle dieselbe Hautfarbe hatten und dabei sind, uns diesem Zustand wieder zu nähern.

Die »Veränderten Menschen« heben sich ihrer Meinung nach durch besondere Eigenschaften hervor: Zum einen sind die »Veränderten« nicht mehr in der Lage, draußen zu leben. Die meisten von ihnen sterben, ohne jemals erfahren zu haben, was für ein Gefühl es ist, nackt im Regen zu stehen. Sie verbringen ihre Zeit in Gebäuden mit künstlich herbeigeführter Hitze und Kälte und erleiden draußen bei normalen Temperaturen einen Sonnenstich.

Zum zweiten verfügen die »Veränderten« nicht mehr über das gute Verdauungssystem der »Wahren Menschen«. Sie müssen ihr Essen pulverisieren, emulgieren, chemisch behandeln und konservieren. Sie nehmen mehr künstliche als natürliche Nahrung zu sich. Es ist sogar so weit gekommen, daß sie Allergien gegen bestimmte Grundnahrungsmittel und Pollen in der Luft entwickelt haben. Manchmal vertragen die Babys der »Veränderten« nicht einmal mehr die eigene Muttermilch. Das Verständnis der »Veränderten« ist begrenzt, weil sie Zeit nur in bezug auf sich selbst messen. Alles, was über ihr »Heute« hinausgeht, ist ihnen unbegreiflich, und so zerstören sie ihre Lebensgrundlagen ohne Rücksicht auf morgen.

Doch der größte Unterschied zwischen den Menschen heute und ihrer ursprünglichen Wesensart ist ein Kern aus Angst, der jetzt in ihnen steckt. Die »Wahren Menschen« kennen keine Angst. Die »Veränderten« bedrohen ihre Kinder. Sie brauchen die Polizei und

Gefängnisse. Selbst die Sicherheit von Regierungen basiert darauf, daß sie andere Länder mit Waffen bedrohen. Für die Stammesleute ist die Furcht ein Gefühl, das ins Tierreich gehört. Dort spielt sie eine wichtige Rolle im Überlebenskampf. Doch Menschen, die von der Göttlichen Einheit wissen und verstehen, daß dem Universum nicht ein Zufall, sondern ein göttlicher Plan zugrunde liegt, kennen keine Angst. Man kann nur glauben oder Angst haben, niemals beides. Je mehr man besitzt, um so mehr muß man sich auch fürchten. Und irgendwann beginnt man, nur noch für seinen Besitz zu leben.

Die »Wahren Menschen« erklärten mir, wie absurd es ihnen erschien, als die Missionare darauf bestanden, daß ihre Kinder vor jeder Mahlzeit zwei Minuten lang die Hände falteten und ein Dankgebet sprachen. Sie wachen doch morgens schon mit einem Gefühl der Dankbarkeit auf! Den ganzen Tag über nehmen sie niemals etwas als selbstverständlich hin. Wenn die Missionare ihren eigenen Kindern Dankbarkeit erst beibringen müssen, ein Gefühl, das doch jedem Menschen angeboren ist, sollten sie sich nach Meinung des Stammes erst einmal ihre eigene Gesellschaft genauer anschauen. Vielleicht wird ihre Hilfe dort viel dringender gebraucht. Die Ureinwohner verstehen auch nicht, warum die Missionare ihnen ihre Opfergaben an die Erde verbieten. Je weniger man von der Erde nimmt, desto weniger ist man ihr schuldig – und das wissen alle. Die »Wahren Menschen« verstehen nicht, warum es primitiv sein soll, eine Schuld zu bezahlen oder der Erde seinen Dank zu zeigen, indem man sein eigenes Blut in den Sand fließen läßt. Auch glauben sie, daß man es respektieren muß, wenn ein Mensch nicht länger essen und trinken will und sich unter den freien Himmel setzt, um sein irdisches Dasein zu beenden. Für sie ist es kein natürlicher Tod, an einer Krankheit zu sterben oder durch einen Unfall umzukommen. Denn schließlich könne man etwas Ewiges nicht durch äußere Gewalt umbringen. Was man nicht geschaffen hat, kann man auch nicht töten. Ihr Glaube an den freien Willen ist unerschütterlich: Aus freiem Willen entscheidet sich die Seele zu kommen, deshalb kann es auch kein Gesetz geben, das sie daran hindert, wieder zu gehen. Dies ist keine Entscheidung, die eine einzelne Person in der für uns greifbaren Realität fällt, sondern etwas, das ein allwissendes Selbst auf einer höheren, ewigen Ebene beschließt.

Das Sterben ist für diese Menschen ein bewußter Willensakt. Im Alter von einhundertzwanzig oder einhundertdreißig Jahren, wenn der Gedanke an eine Rückkehr in die Ewigkeit dem Menschen sehr verlockend erscheint, fragt man die Göttliche Einheit, ob es zum Besten aller ist. Dann lädt man zu einem Fest, um das eigene Leben zu feiern.

Seit Generationen gibt es bei den »Wahren Menschen« den Brauch, alle Neugeborenen mit einem bestimmten Satz zu begrüßen: »Wir lieben dich und werden dir auf deiner Reise beistehen.« Bei der letzten Feier seines Lebens wird der scheidende Mensch von allen umarmt und mit ebendiesem Satz verabschiedet. Es ist der erste und letzte Satz im Leben eines Menschen! Danach setzt sich dieser Mensch in den Sand und stellt alle Körperfunktionen ein. In weniger als zwei Minuten ist er gestorben. Es gibt weder Tränen noch Trauer. Sie versprachen, mir ihre Technik für den Übergang von der menschlichen in die unsichtbare Ebene beizubringen, sobald ich bereit sei für den verantwortlichen Umgang mit einem solchen Wissen.

Die Bezeichnung »Veränderter Mensch« scheint auf den Zustand von Herz und Verstand anzuspielen und nicht auf die Hautfarbe eines Menschen. Es geht ihnen um die Einstellung: Ein »Veränderter« ist jemand, der die uralten Gesetze und ewigen Wahrheiten vergessen oder verdrängt hat.

Schließlich mußten wir unser Gespräch beenden. Es war sehr spät, und wir waren alle erschöpft. Gestern noch war diese Höhle leer gewesen, und jetzt war sie voller Leben. Gestern noch war mein Kopf angefüllt mit dem Bildungsgut vieler Jahre, aber jetzt schien er wie ein Schwamm ein anderes, wichtigeres Wissen aufzusaugen. Ihre Art zu leben war für mich so fremd und unergründlich, daß ich dankbar war, als ich endlich vom Denken in eine friedliche Bewußtlosigkeit hinüberglitt.

JAMES G. COWAN

# Ritus und Ritual der Aborigines

Nur wenige Menschen werden derart von ihren Ritualen gelenkt wie die Aborigines. Ihre umfangreiche Geschichte hinterließ ein zeremonielles Vermächtnis, das sich fast über jeden Aspekt des Lebens erstreckt. Dieses Vermächtnis ist so alldurchdringend, daß die Aborigines kaum in der Lage sind, ihren Lebenskurs zu ändern. Ritus und Ritual beherrschen alle Übergänge zu neuen Lebensabschnitten wie Geburt, Jugend, Reife und Tod. Ihre Ahnen vollzogen auch Zeremonien für soziale, sexuelle und eheliche Beziehungen. Die Welt des Aborigine ist ein komplexer Ereigniskalender, der die Existenz auf Erden ganz und gar umspannt, so daß er seine Individualität kaum außerhalb der von Stammesgesetzen bestimmten Ordnung geltend machen kann.

Das heißt aber nicht, daß der Aborigine passiv der Welt gegenübersteht. Doch verfügt er über althergebrachte Modelle, durch die er die Realität verstehen kann, und zwar so, daß dies die Menschen in seiner Umgebung nicht stört. Die Vorstellung des Individualismus ist ihm im großen und ganzen fremd, doch zugleich hat er keinerlei Bedenken, seine Identität innerhalb seiner rituellen Existenz geltend zu machen. Die Welt seines Totems garantiert ihm nicht nur, daß er als Teilnehmer bei Zeremonien einen Platz hat, sondern auch, daß er Teil einer dualen Identität ist. In Verbindung mit seinem Totem ist er daher fähig, sich zum Ausdruck zu bringen, während er gleichzeitig ein Mitglied einer Gemeinschaft bleibt, deren zwischenmenschliche Beziehungen oft komplizierter sind als in einem Theaterstück.

Aborigines lassen sich jedenfalls nicht durch ihre Abhängigkeit von zeremoniellem Gepräge einschränken. Eher ist das Gegenteil der Fall. Sie betrachten das Ritual als eine Lebensergänzung, die es ihnen erlaubt – im Kontrast zu ihren Alltagsaktivitäten –, an einer metaphysischen Dimension teilzuhaben. Abhängig von der Natur und der Beschäftigung, jeden Tag genügend Nahrung zu finden, sind Aborigines bemüht, den Sinn in diesen weltlichen Dingen zu finden, und wenn auch nur, um die Eigentümlichkeit ihres Lebens zu rechtfertigen. Das Land, seine Erschaffung in der Traumzeit, die geheimnisvollen Taten der Himmelshelden und die Zivilisationsfolgen der Stammesgesetze bedürfen einer offiziellen Anerkennung mit Hilfe von Riten und Ritualen, Liedern und Zeremonien. Ein Tanz, die geheimnisvollen Worte eines magischen Spruches – diese Dinge bringen *Alcheringa,* die jenseitige Welt, und jene Zeit näher, als die ewige Spirale der Schöpfung zum allerersten Mal entschieden wurde.

Die Etymologie des Wortes »Ritus« weist genaugenommen mehr auf den Ursprung von Aborigine-Zeremonien hin als auf seine augenscheinliche Assoziation mit dem religiösen Ritual. Natürlich sind diese beiden Begriffe nicht so weit voneinander entfernt, da die meisten Zeremonien in irgendeiner Weise religiös sind. Aber der frühere etymologische Sinn, der vom lateinischen Wort »recte« abstammt, womit »in einer geraden Linie«, »eine senkrechte Stellung« oder »aufrecht« gemeint ist, kommt dem Verständnis der Aborigines, was Rituale angeht, am nächsten. Die Idee der »Aufwärts«-Entwicklung wohnt fast allen Ritualen inne, da der Ursprung der meisten Rituale bei den Himmelshelden selbst zu finden ist. Die Helden der Aborigine-Kultur durchquerten zur Zeit des Traums das ganze Land und speicherten ihr Wissen über Brauchtum und Gesetz in den Ersten Menschen. Daher führt jedes Ritual, das notwendigerweise in Erinnerung an diese Ereignisse vollzogen wird, die Teilnehmer »aufwärts«, also zum »Großen Helden«, der »Nummer Eins« im Himmel zurück. Das mag *Ungud* sein, *Numbakela, Mangela* oder *Baiame.* Ausschlaggebend dabei ist, daß Aborigines – wann immer sie ihre Riten durchführen – das Gefühl haben, von weltlichen zu überweltlichen Bedingungen aufzusteigen.

Rituelle Praktiken der Aborigines sind meistens mit Blutopfern verbunden. Es gibt nur wenige Zeremonien, in denen nicht ein Körperteil angeritzt oder beschnitten wird, um Blut fließen zu lassen. Selbst bei der »praktischen« Vorbereitung einer Zeremonie, wie beispielsweise um Federn an ihre Körper zu kleben, wird zur Ader gelassen und das Blut in einer Schale aufgefangen. Eine Handlung, die einfach dazugehört. Das Blutopfer stellt für die Ureinwohner Australiens eine Basis der Zeremonie dar, um ihre wahre Wirkung zu entfalten. Eine Person zählt nicht eher als vollwertiges Mitglied der Gesellschaft, bevor sie nicht den Schmerz der Beschneidung erfahren kann. In diesem Sinne kann kein Junge ein Mann werden, kein Mädchen eine Frau, bevor er/sie eine solche Initiation erfahren hat. Bis dahin führt diese Person das Leben eines Kindes, d. h. sie ist noch kein vollständiger Mensch. Die rituelle Initiation ermöglicht es, als Erwachsener in einem ganzheitlichen Leben »wiedergeboren« zu werden.

Bevor die Aborigines mit Europäern in Kontakt kamen, wurden junge Mädchen oft rituell von Männern entjungfert, die derselben Klasse angehörten wie ihr versprochener Ehemann. Dies beinhaltete auch eine Klitorisbeschneidung mit einem Steinmesser. Nach dem Vollzug des Sexualaktes wurden der Kopf des Mädchens mit Haarbändern aus dem Fell des Nasenbeutlers, ihr Hals und ihre Arme mit Schnüren aus Tierhaaren und ihr Körper aus einem Gemisch von Fett und rotem Ocker geschmückt. Anschließend wurde sie ihrem zukünftigen Ehemann zugeführt.

Da ein Mädchen normalerweise bei diesem Ritual zwischen vierzehn und fünfzehn Jahre alt war, war sie zum Zeitpunkt der rituellen Entjungferung in den meisten Fällen nicht mehr Jungfrau. Sie dürfte bereits normale sexuelle Kontakte mit Jungen ihres Alters in ihrer Pubertätsphase erlebt haben, so daß die rituelle Entjungferung vermutlich weit weniger traumatisch war, als es für uns zunächst den Anschein haben mag. Jedoch wechselte die junge Frau durch diesen Akt aus freien, uneingeschränkten sexuellen Beziehungen außerhalb ihrer vorgeschriebenen Klassenzugehörigkeit in einen rigideren Sittenkodex ihrer Klasse entsprechend über. Die junge Frau hatte von nun an sexuelle und anderweitige Verpflichtungen einzuhalten. Dieses bindende Übereinkommen machte sie zu einer Bewahrerin ihrer kollektiven Kulturidentität. Sie war nun eine voll erwachsene, respektierte Frau und nicht mehr länger ein halbwertiges Mitglied, dem sexuelle Freizügigkeiten erlaubt waren.

Die Initiation eines Jungen beinhaltet ein Blutopfer in Form einer Beschneidung oder manchmal einer Subincision (Einschnitt in die Eichel). Vor diesem Ereignis vollzieht der Junge für gewöhnlich den »Alchirakiwuma«-Ritus. »Alchira« bedeutet Himmel und »iwuma« werfen. Der Junge wird also in die Höhe, dem Himmel entgegengeworfen. Das Werfen wird von männlichen Mitgliedern durchgeführt, während sie von den Frauen mit unterstützenden Rufen begleitet werden. Dann werden die Brust und der Rücken des Jungen mit Symbolen bemalt, die mit verschiedenen Totems oder Felszeichnungen in Beziehung stehen, aber nicht unbedingt mit seinem eigenen Totem zu tun haben müssen. Das Bemalen wird »enchichichika« genannt, und gemeinsam mit der »Hochwerf«-Zeremonie soll dadurch die Mannwerdung schneller vonstatten gehen. Danach werden die Jungen aufgefordert, das Lager der Mütter und der Frauen, das sie bis dahin geteilt haben, zu verlassen, um von nun an im Lager der Männer zu leben. Ab jetzt wird von ihnen erwartet, daß sie mit den Männern auf die Jagd gehen, nicht mehr mit Mädchen spielen und bestimmte Nahrung meiden. Diese neue Lebensausrichtung bereitet die Jungen auf das Mannestum vor – so wie das rituelle »dem Himmel entgegenwerfen« ihre eigentliche Herkunft zum Ausdruck bringt.

Mit der zweiten Initiation, »Lartna« genannt, werden die Jungen volle Mitglieder des Stammes. Anläßlich dieser Zeremonie finden sich in der zentralen Region Australiens alle Jungen, die die Pubertät erreicht haben, an einem »Apulla«-Platz, einem Zeremonienplatz ein. Dieser besitzt einen gesäuberten Fußpfad zwischen zwei errichteten Erdhügeln, die in Ost-West-Richtung bis etwa 14 Meter erreichen können. Die symbolische Bedeutung ist offensichtlich: Der Weg zwischen Sonnenaufgang und Sonnenuntergang zeigt sowohl den Weg des Menschen an als auch den Lauf der Sonne über das Himmelsgewölbe. Dies erklärt, warum ein Junge für die Mannesreife Blut vergießen muß. Im Akt der Beschneidung wird das Organ der Potenz des Jungen rituell kreisförmig umrundet, um ihn mit der Macht der »aufsteigenden Sonne« auszustatten, auf daß dem Stamm neues Leben verliehen werde. Die kreisförmige Beschneidungswunde des Penis soll die Verbindung des Jungen mit der schöpferisch-keimenden Kraft der Sonne hervorheben. Von nun an betrachtet er sich selbst als »aufgehende Sonne«, die jeden Tag wiedergeboren wird.

Während der Zeremonie erfährt der Junge eine plötzliche und anhaltende Veränderung. Er macht nun die Erfahrung, sich den Ältesten unterordnen zu müssen, und er hat Gehorsam zu lernen. Als Kind, das weder Regeln noch Disziplin kannte und dessen Benehmen oft zügellos gewesen ist, muß er plötzlich stillschweigend die Autorität der Älteren anerkennen. Durch den Eid zur Geheimhaltung der miterlebten Riten gebunden und durch die Art und Weise der dabei gemachten Erfahrungen, erkennt der Initiand, daß er sich in einen erwachsenen Mann verwandelt hat. Seine Verantwortung für die Erhaltung seiner Kultur hat bereits begonnen. Rituelle Beschneidungen sind Blutriten und Transformationsriten. Durch das Vergießen von Blut und durch die Erfahrung der Schmerzen im Ritual erhält ein Mann die Chance, sich der Selbstreflexion zu öffnen, um sich seiner selbst bewußt zu werden. Erst nachdem er durch seine eigenen Leute Schmerz erfahren hat, erkennt er, daß seine Neigung zur Selbstzerstörung – das heißt sein Mangel an Selbstdisziplin – eine Gefahr für das Wohlbefinden des ganzen Stammes sein kann. Durch die Initiation wird daher dem jugendlichen Chaoten für allezeit ein Weg geebnet, um als Eingeweihter ein nützliches Mitglied der Gemeinschaft zu werden.

Als ein »Rukuta« (Novize) ist der junge Mann drei oder mehr Tage lang verschiedenen Emotionen ausgesetzt. Zum erstenmal in seinem Leben erfährt er wirkliche Angst, Hochgefühl, Ungewißheit und manchmal auch Stolz. Die Älteren heben deutlich ihre Stellung als Lehrer und Bewahrer der Kultur hervor und lassen den Rukuta an ihrem umfangreichen Wissen teilhaben. Er muß ebenso eine Reihe von Strophen lernen, die als sein Eigentum bereitgehalten wurden. Diese Strophen beziehen sich normalerweise auf bestimmte

Mythen und Naturphänomene, die seiner »Heimat« eigen sind. Ein Informant berichtete dahingehend:

> Die alten Männer lehrten uns zuerst Verse, die mit »Jutalbma«, dem hohen Berg, in Verbindung stehen – wo sich Rukuta-Männer versammelten. Wir mußten den Berg und die Wallabies, die in den Höhlen seiner Abhänge spielen, besingen. Wir mußten die Verse lernen, die den Sonnenaufgang beschreiben, wie er vom »Hohen Berg« aus gesehen wird. So wird er angekündigt durch den Gesang der Vögel in der grauen Morgendämmerung. Dann erscheint die erste Morgenröte am östlichen Himmel, und schließlich werfen die ersten Strahlen der Sonne ihr Licht auf die Spitzen des Spinifex-Grases, das auf dem Berg wächst ... All jene Rukuta, die ihre Verse fleißig gelernt haben und die ihren Lehrern in allen Dingen gefolgt haben, so wie es die Pflicht verlangt, erhielten eine Auszeichnung: Sie wurden in die letzten und geheimsten Strophen des »Aroa« (Felsenwallaby) eingeweiht. Diese Verse beinhalten den Namen des blinden Aroa-Vaters selbst. Die alten Männer behielten dieses Geheimnis bis zuletzt für sich. Nur ein guter und fleißiger Novize wurde damit vertraut gemacht, aber nicht ein Rukuta, dessen Gedanken stets mit Frauen beschäftigt waren.

Aus dieser Beschreibung geht deutlich hervor, daß zum erstenmal in seinem Leben spirituelle Informationen an den Novizen weitergegeben wurden. Er wurde in Geheimnisse eingeweiht, die die Grundlage seiner gesamten Kultur bilden. Auch das Geschenk eines persönlichen Schwirrholzes zu diesem Zeitpunkt steigert die neuentdeckte »Sprache der Götter«, die der Junge nun »in Besitz« genommen hat. Ihm wurde mitgeteilt, die Geräusche des Schwirrholzes seien die Stimmen der Himmelshelden, die nun zu ihm sprechen. Er erhält den Rat, das Schwirrholz so oft wie möglich zu drehen. Das sollte ihn ermutigen, in einen inneren Dialog mit seinen heldenhaften Ahnen zu treten.

Man kann nur erahnen, wie sich ein Novize bei dieser schmerzvollen Veränderung an diesem Punkt seines Lebens gefühlt haben muß. Die Welt seiner Kindheit wurde ihm zeremoniell für den Rest seines Lebens genommen. Die Beschneidung enthüllte seiner Psyche eine ganz neue Dimension. Er ist nun in die Gemeinschaft der Männer eingetreten, und offensichtlich herrscht zwischen diesen und den Himmelshelden ein großes geheimes Einverständnis. Was diese Männer wissen, was sie ihn lehren, gehört einer Ordnung an, die von einer anderen Wirklichkeit ist. Machtlos und unfähig, den wissenden Männern zu entkommen, wird dem Novizen bewußt, daß er erst jetzt den minderwertigen, unwissenden Zustand der unbedachten, unwissenden Kindheit hinter sich gelassen hat. Von nun an muß er als »bewußt gewordener Mensch« die mysteriöse Welt des Traums anerkennen, aus der alle Dinge hervorkommen. Sein neuer Status berechtigt ihn zu weiteren Instruktionen, die die geheimnisvolle Seite des Lebens im Stamm betreffen. Totem-Tänze werden von den Älteren durchgeführt, Lieder werden gesungen, und totemistische Körpermalereien werden ihm zum erstenmal gezeigt. Seitdem er diese Zeremonien bezeugt hat, verlangt seine Seele nach Tiefe, und in diesem Prozeß ist er innerlich still geworden. Doch nur in der Stille kann ein Junge ein Mann werden.

Die endgültige Anerkennung als vollwertiges Mitglied der Gesellschaft wird einem Novizen allerdings nicht verliehen, bevor er nicht einige Zeit später die »Inkura«-Zeremonie vollzogen hat. Der Novize wird nun als *Iliara* anerkannt, und gemeinsam mit seinesgleichen wird er zu einer vorbereiteten Lichtung gebracht, wo ein langer Erdhügel errichtet worden ist. An diesem Ort werden die Jungen schlafen und während der gesamten Zeremonie direkt auf der Erde ruhen. Nahe Feuer halten sie nachts warm, und am Morgen wird die Asche auf der Höhe des heiligen Hügels verstreut. Solange der Hügel auf der Lichtung besteht, wagt niemand den Ort zu verlassen. Von diesem Inkura-Grund unabgemeldet wegzugehen könnte Krankheit oder sogar den Tod bei dem, der sich der Aufgabe als unwürdig erweist, hervorrufen. Jeder Iliara erhält eine neue *Churinga* oder ein neues Schwirrholz, mit den traditionellen Mustern seines Totems geschmückt. Die ganze Nacht hindurch wird er ermuntert, die Schwirrhölzer kreisen zu lassen. Selbst im Schlaf fühlt er sich bedrängt von dem Geräusch der Schwirrhölzer, die nun von den Älteren gedreht werden in der Absicht, ihn und seine Kameraden aufzuwecken, um ihnen weitere Instruktionen zu geben. Die initiierten Männer versammeln sich dann vor den Älteren, die sie zur Teilnahme an einer weiteren Zeremonie einladen. Zum erstenmal werden einige *Iliara* gebeten, Blut zur Verfügung zu stellen, das die älteren Männer zur Körperbemalung ihrer Kameraden benötigen. Auf diese Weise werden die sakralen Muster an die junge Generation weitergegeben. Bald ist jeder Junge bereit, seinen ersten Inkura-Tanz unter der Anleitung eines Älteren durchzuführen. Nachdem sie einige Stunden getanzt haben, sind die *Iliara* bereit, in der Dämmerung jagen zu gehen, um Fleisch als Opfergaben zurückzubringen, die sie den Älteren dann vor die Füße legen – als Zeichen des Gehorsams und des Dankes. In den folgenden Tagen lernen die jungen Männer noch mehr Tänze, werden in weitere Strophen eingeweiht und erdulden weitere Entbehrungen, da sie kaum zum Schlafen und Essen kommen. Hierzu erzählt ein Informant:

Wir gewöhnten uns daran, müde abzuwarten, unsere Mägen schmerzten vor Hunger. Wir wagten nicht, uns den Älteren zu nähern, bevor sie uns nicht riefen. Wir lebten in großer Furcht vor unseren Vätern, wenn sie sich auf dem Inkura-Grund versammelt hatten. Wir wußten, letztlich würden wir gerufen werden. Dann rannten wir vorwärts, legten ihnen das getötete Wild zu Füßen und beteiligten uns am Tanz. Die Ältesten brieten das Fleisch. An dem Federflaum, der noch immer an ihren Körpern klebte, konnten wir erkennen, daß sie während unserer Abwesenheit andere Zeremonien abgehalten hatten. Und wir sagten unter uns: »Sie müssen heute eine mächtige *Churinga* gemacht haben.« Sie würden uns diese nicht zeigen, denn wir hätten ihre Macht nicht aushalten können. Wir wagten es nicht, unseren Vätern Fragen zu stellen. Unsere Angst war zu groß.

Zeremonien wie diese, begleitet von striktem Fasten und Schlaflosigkeit, sollten die *Iliara* noch demütiger machen, um sich dem Willen der Ältesten unterzuordnen. Auf diese Weise wurden sie für die Übermittlung geistiger Lehren aufnahmefähiger gemacht, die für das spirituelle Wohlbefinden des gesamten Stammes ausschlaggebend waren. Blut- und Speiseopfer, Gesänge und Tänze, die sie mit ihren totemistischen Ahnen in Kontakt brachten – das alles trug dazu bei, die Psyche der *Iliara* zu verwandeln. Nur so konnten sie selbst die intensive spirituelle Wirklichkeit, die die Enthüllung über die Traumzeit beinhaltet, erfahren und verstehen.

Was sie einst als die Sache »alter Männer« betrachtet hatten, war nun ein Teil ihres eigenen Erbes als voll initiierte Männer geworden. An dieser »Architektur der Seele«, wie Weil solch spirituelles Wissen nannte, hatten die Iliara nun teil, auf daß sie selbst mit zunehmendem Alter zum Erhalt ihres kulturellen Erbes beitragen konnten.

Für die Aborigines ist daher die Initiation ein wichtiger Zeitpunkt, an dem sie verstärkt zu einer metaphysischen Weltsicht übergehen. Herkömmliche Bezeichnungen wie »Übergangsritus« verbergen oft die zugrundeliegende Notwendigkeit, das Recht dieser Menschen auf Transzendenz zu bestätigen. Blut-Riten mögen in diesem Prozeß als grausame Begleiterscheinung gesehen werden, aber in der Realität der Aborigines sind sie Teil jener Entwicklung, die sie von der Jugend abnabelt, um erwachsen zu werden.

Ein Mann muß lernen zu leiden, wenn er eine bewußte Persönlichkeit werden will, die imstande ist, ihren Beitrag zur Gemeinschaft zu leisten. Er weiß auch, daß Schmerz sozusagen als Metapher einer »bösen Erfahrung« notwendig ist, um das »alte Leben« – versinnbildlicht durch die Vorhaut – abzustreifen, um einem neuen Leben Platz zu machen. Ein Mann zu werden bedeutet einen entscheidenden Schritt – einen Schritt, der den Beginn des Seelenlebens markiert, das sich wesentlich von der Existenz eines unbewußten Wesens unterscheidet. Die Kindheit wird beispielsweise als die Lebensstufe eines einfachen Geschöpfes betrachtet, da es nicht viel mehr beinhaltet als Akzeptanz. Im Gegensatz dazu ist ein voll initiierter Mann jemand, der seine Zustimmung zu jener Reise gegeben hat, die das Leben bietet. Er setzt nun alles daran, sein »Reiseziel«

zu erreichen, wobei er all das kulturelle Wissen verwendet, das ihm von den Älteren anvertraut wurde.

Interessant ist, daß das Wort Iliara (Strehlow) oder Urliara (Spencer und Gillen) »vollkommen entwickeltes Mitglied des Stammes« bedeutet. Das Wort selbst stammt von »Ura« ab, was »Feuer« bedeutet. Ein solcher Mann, der während der Inkura-Zeremonien verschiedenen Prüfungen unterzogen wurde, ist jemand, der »durch Feuer« vollkommen geworden ist oder der in sich selbst »Feuer empfangen« hat. (Daher die Bedeutung der Asche, die über den Ruheplätzen der *Iliara* verstreut wird.) Einem anderen Informanten zufolge stärkt die Inkura-Zeremonie all jene, die sie bestehen. Sie verleiht ihnen Weisheit, macht die Natur eines Mannes sanfter und weniger streitsüchtig. Mit anderen Worten, sie macht einen Mann »ertwa murra oknirra« – zu »einem sehr guten Mann«. Die moralischen Gebote sind so stark, daß es kaum möglich scheint, daß sich irgend jemand durch diese Erfahrungen nicht verändert. Kein Wunder, daß die verschiedenen erfahrenen Einweihungsphasen einen Mann durchaus sein ganzes Leben lang dazu berechtigen, Namen zu führen, die seinen Status entsprechend hervorheben. Aber nur als ein *Iliara* wird jemand als ein »vollkommener Mann« angesehen.

## Die Bedeutung der Kunst im Ritual

In gewissem Sinne sind alle Zeremonien Einweihungszeremonien. Die gesamte Welt der Totems mit ihren komplexen Sinnbildern und Zeichen sowie den dazugehörenden Liedern und Tänzen erfüllt Einweihungsfunktionen. Sie bringt Menschen in Kontakt mit dem dualen Aspekt ihrer selbst, mit jenem Teil, dem man sich nur mit Hilfe von Metaphern oder visuell nähern kann. In diesem Zusammenhang nimmt die Kunst eine starke Rolle ein, egal, ob es sich dabei um sorgsam ausgeführte Eingravierungen auf einer *Churinga* handelt, um die oft kunstvollen Symbole einer Körpermalerei oder gar um die vollendete Wiedergabe eines Himmelshelden wie etwa Wandjina auf einer Felswand. Kaum jemand wird abstreiten, daß

Aborigines eine sakrale Bildersprache entwickelt haben, die fähig ist, ihre tiefsten Glaubensvorstellungen zu vermitteln. Jede künstlerische Arbeit wird zum integrierten Teil eines Rituals oder einer Zeremonie. Nur selten sind Kunst und Ritual voneinander getrennt, außer wenn europäischer Einfluß zur Geltung kam. Die neuen Kunstrichtungen in Zentral- und Nordaustralien sind Ergebnisse solcher Fremdeinwirkungen. Was einst heilig und manchmal ein Geheimnis war, wurde nun zunehmend aufgrund des ökonomischen Drucks auf die Aborigine-Gemeinschaften benutzt, um spirituelle Bedürfnisse in anderen Teilen der Welt zu befriedigen.

Die Kunst der Aborigines ist eine der wenigen echten Ausdrucksformen religiöser Darstellungen, die in der Welt noch zu finden sind. Ganz Australien besitzt ein immenses Netzwerk von Höhlen und Felsformationen, die diese Kunst aufweisen. Auf der Suche nach diesen »Open-Air-Kathedralen« gewinnt man den Eindruck, als würde man einem ursprünglichen Panorama der Gnade begegnen. Egal, ob es die Lightning Brothers bei Katherine sind, die *Wandjina* in den Kimberleys, der *Quinkin*-Geist von Cape York oder die Große Schlange von Ngama in der zentralen Wüstenregion – man ist sofort berührt von der Würde dieser Malereien. Ich erinnere mich an eine vor einigen Jahren stattgefundene Begegnung mit *Jarapiri*, der Großen Schlange von Ngama. Die Hüter des Ortes begleiteten mich. Aus der Art und Weise, wie sich die alten Männer der Felsmalerei näherten, war deutlich zu erkennen, daß es für sie ganz gewiß nicht nur eine bloße Malerei war. Während sie mit ihren Händen an der Malerei entlangstrichen, traten sie in einen inneren Kontakt mit *Jarapiri* (die Schlange ist hier männlich), den sie für den Urheber dieser Malerei hielten. Für diese Walbiri-Männer war die Felsmalerei nicht eine ockerfarbene Wiedergabe der Großen Schlange, sondern eine rituelle Verkörperung ebendieser Großen Schlange selbst.

Kunst ist für Aborigines eine rituelle Begegnung mit der Traumzeit. Jede Felsmalerei wird von den traditionellen »Besitzern«, den sogenannten »Wächtern« betreut, die für den Schutz und die Erhaltung des Ortes verantwortlich sind. Viele Felsmalereien befinden sich auf wichtigen Zeremonienplätzen und werden in regelmäßigen Abständen besucht. Die Lightning Brothers Yagjagbula und Jabiringi (westlich von Katherine) sind beispielsweise das Zentrum von Regenmacher-Ritualen am Ende jeder Trockenzeit. Noch bis vor kurzem versammelten sich die Wardaman-Aborigines jedes Jahr unterhalb der Felswand, um entsprechende Zeremonien und Tänze durchzuführen. Idumdum (bekannt als Bill Harney), der Hüter der Wardaman-Kultur, kennt noch alle Geschichten, die mit den Lightning Brothers zusammenhängen. Und so ist auch Larry Tchakamurra mit den Liedern und Sprüchen, die Jarapiri bei Ngama betreffen, vertraut.

Der Entwicklungsweg der Bild-Schöpfungen ist interessant. Während meiner Reisen fragte ich mich oft, wie und warum ein bestimmtes geistiges Wesen seine dargestellte Form erhalten hat. Die Wandjina in den Kimberleys sind strahlende, lichtvolle Gestalten von hohem Rang wie kaum andere in Australien. Aus welchem Grunde erhielten sie ihr besonderes geistähnliches Antlitz, das zwar zwei große Augen, aber keinen Mund besitzt? Die Antwort auf diese Frage erhielt ich zufällig von einem ihrer Hüter – Naringin-Aborigine David Mowaljarlai.

Seiner Aussage zufolge hat die Figur der Wandjina nichts mit Regenwolken zu tun, wie manche Beobachter meinten, sondern mit einem Knochengebilde, das im Körper der Süßwasserschildkröte verborgen liegt. Es ist jener Teil, der die Speiseröhre und das Genick formt, welcher das Wandjina-Modell liefert. David Mowaljarlai ist überzeugt, daß Wandjina »dem erzählten Tier sein Bild einprägt« – und das ist die Süßwasserschildkröte. In der gleichen Art wie ein Geist-Kind in den Schoß einer Frau eintritt, betritt Wandjina in seiner ausgewählten Form einen Ungud-Platz (sakraler Naturplatz), um »in die Welt hineingeboren« zu werden. Außerdem ist David Mowaljarlai der Überzeugung, daß die Süßwasserschildkröte eine Erinnerung an die Erschaffung der Menschen ist.

Daß der Ursprung eines sakralen Bildes der Natur entstammt, wird des weiteren durch die Schöpfungsgeschichte von *Kunukban*, der Regenbogenschlange, deutlich. Nach Aussage von Kulumput, einem Ältesten der Wardaman, stammt *Kunukbans* Gestalt von der schwarzköpfigen Python ab, wenn er auch bemerkt, daß die Große Schlange ursprünglich von der fernen Insel Puruyu:nungu:kunian stammte, bevor sie Australien erreichte. Vermutlich hatte die Große Schlange bis dahin keine manifeste Form, da sie ihr spezielles Bild erst erhielt, nachdem sie von Jolpol, der Bachstelze, attackiert wurde. Wie wir uns erinnern, zog sich in dieser Feuerepisode *Kunukban* am Kopf schwere Verletzungen zu, während Jolpol mit kleinen Verbrennungen an den Flügeln und seinem Kopf davonkam. Und Kurukura, der schwarze Kuckuck und Beschützer von *Kunukban,* verbrannte dabei seinen ganzen Körper. Diese in der Schöpfungszeit erhaltenen Körperzeichnungen spiegeln heute die physischen Gestalten der schwarzköpfigen Python, der schwarz-weißen Bachstelze und des schwarzen Kuckucks wider.

Die sichtbaren Formen von *Kunukban* und *Wandjina* sind also der Natur abgeschaut, obwohl das, was im Prozeß der »Vergöttlichung« geschieht, von einer anderen Ordnung ist. Aborigines haben die Fähigkeit zu erkennen, daß natürliche Erscheinungen von einer außergewöhnlichen Kraft *(Djang, Ungud, Kurunba)* durchdrungen sind, womit eine andere Erfahrungsebene erreicht wird. Der Versuch, das Bild in einer künstlerischen Form wiederzugeben, ist zum Teil eine Herausforderung an den Menschen, seine Fertigkeit zu erproben. Oftmals erklärte einer der Ältesten, daß eine bestimmte Felsmalerei nicht von Menschenhand stammt, sondern von dem geistigen Wesen selbst. Der Gedanke, daß ein sakrales Bild nicht durch Menschenhand geschaffen wurde, ist vor allem an Orten nicht ungewöhnlich, an denen spirituelle Traditionen gepflegt werden. Erinnert sei hier nur an die Sage, daß Jesus Christus seinen Gesichtsabdruck auf wundersame Weise auf dem »Mandylion«, einem Stück Stoff (Tuch), hinterließ, das Boten von Abgar V., dem König von Edessa, übergeben wurde, nachdem dieser Ihn um Sein Bildnis gebeten hatte. Diese Ikone wurde in Konstantinopel aufbewahrt, bis sie während der byzantinischen Eroberung verschwand.

Der rituelle Aspekt bei einer Felsbild-Retusche ist nichts anderes als eine praktische Ergänzung zur ursprünglichen Traum-Schöpfung. Für die Aborigines ist der Geist dem Felsen innewohnend, und es ist sein Bild, das erneuert wird. Das Wissen, daß ein sakrales Bildnis nicht durch Menschenhand entstand, verleiht jeder Felsmalerei zweifellos große Macht. In dieser Hinsicht verfügen Aborigines über eine Wahrnehmungsebene, die die sogenannte objektive Realität transzendiert. Auf diese besondere Wahrnehmung beziehen sich die meisten alten Kultur- und Naturvölker, wenn sie ein metaphysisches Phänomen erklären möchten. Während sie auf einer Ebene mit ihren Augen sehen, sehen sie auf einer anderen allein mit ihrem Intellekt. Es ist diese Art intellektueller Wahrnehmung, welche oftmals im 14. Jahrhundert von Gregory von Palamas, einem Theologen der orthodoxen Kirche, erörtert wurde. Er sprach von einem nicht-kreierten oder immateriellen Licht, einer Substanz, die die Welt der greifbaren Bilder durchdrang, als sie gottähnlich wurden. Danach war es zum Beispiel kein materielles Licht, das am Berg Tabor auf die Apostel schien, sondern etwas Übersinnliches, der »übernatürlichen Welt der Gnade« Zugehöriges. Die Kluft zwischen einem Hüter der Aborigine-Tradition und einem orthodoxen Theologen scheint nicht so groß zu sein, wie sie erscheinen mag. An einem Punkt stimmt sie: daß eine nicht erschaffene und unbegrenzte göttliche Kraft existiert.

Palamas nennt diese Energie eine »vergöttlichte Energie«, die »alle gottähnlich macht, die daran teilhaben«. Aborigines nennen diese außergewöhnliche Kraft, die jeden sakralen Platz oder jedes sakrale Objekt durchdringt, *Djang* oder *Ungud*.

Wann immer sich Aborigines einer Felsmalerei nähern, können sie sich rasch gefühlsmäßig und gedanklich damit in Beziehung sehen. Die dabei gemachten inneren Erfahrungen können nur von jenen verstanden werden, die Rituale und sakrale Zeremonien vollzogen und ihren Geist entsprechend ausgebildet haben.

Die rituelle Kunst der Aborigines umfaßt auch andere Bereiche. Bevor sie mit den Europäern in Kontakt kamen – und selbst noch in diesem Jahrhundert –, bemalten sie regelmäßig vor jedem bedeutenden Ritual die Zeremonienhügel. Während der Dauer der Zeremonie repräsentierte ein solcher Hügel *Djang*, die Kraft. Dies bedeutete, daß der Geist des Traums in ihn eingetreten war. Nach Beendigung der Zeremonien wurden entweder die Malereien ausgelöscht, oder die Lichtung wurde aufgegeben, bis der Geist der Traumzeit bereit war, den Ort zu verlassen. Auf diese Weise blieb die Würde der Malerei immer erhalten. Auch die Malereien der Tiwi-Aborigines zum Zeichen der Trauer um einen Verstorbenen strahlen diese Würde aus. Diese Malereien auf der Bathurst-Insel nördlich der Küste des Northern Territory entfalteten eine starke Aussagekraft, die sich von den anderen Aborigine-Malereien stark unterschied. Die Tiwi bemalen noch immer ihre Pukamani – (Toten)-Pfähle – mit ausgefeilten Mustern, die die totemistische Identität des Verstorbenen wiedergeben. Sein »anderes« Leben bleibt daher in der lebendigen Erinnerung seiner metaphysischen Existenz bewahrt.

Vielleicht ist das der Grund, warum Aborigines niemals Gefallen an persönlichen Abbildungen gefunden haben. Ihre metaphysische und auch ihre gesellschaftliche Identität scheint jede Notwendigkeit einer persönlichen Identifikation unnötig zu machen. Selbst Maler der Gegenwart heben sich kaum als Person, die das Kunstwerk geschaffen hat, hervor, weder in ihrer traditionellen Form noch in ihrer »Fine Art« auf Leinwand. Es ist, als hätten es sich die Aborigines erlaubt, ihre Persönlichkeit in etwas einzubeziehen, was schiitische Theologen als »Qualität der Handlung« bezeichnen. Nur auf diese Weise kann sich ein Mensch selbst offenbaren, doch nicht in einem sichtbaren Porträt, das sein eigentliches Wesen nicht zu erfassen mag. Es ist die totemistische Identität, die seine wirkliche Persönlichkeit widerspiegelt und daher fähig ist, sich in Körperbemalungen, Sterbe-Artefakten oder als Traum zum Ausdruck zu bringen.

Der Traum eines Menschen ist alles, was er besitzt. Er ist sein metaphysisches Eigentum, das verbunden ist mit dem Platz, an dem seine Mutter ihn empfangen hat. In einem gewissen Sinne handelt es sich um eine Art »Ursprungs-Vorstellung«, die ein Mensch von dem Augenblick an besitzt, da er geboren wird, und niemand kann ihm seinen Traum wegnehmen. Und so kann auch niemand seinen Traum malen ohne sein Einverständnis. Vor der rituellen Enthüllung besitzt er diesen seinen Traum unbewußt – d. h. er ist noch nicht in seine geistige Bedeutung eingeweiht. Aber sobald ihm diese enthüllt wurde, ist er berechtigt, seinen Traum zu rituell vorgeschriebenen Zeiten darzustellen. Seine wirkliche Identität besteht also aus einer Kombination aus seinem Totem und seinem Land. Es ist nicht möglich, diese vom Menschen zu trennen. Dieser Brauch hat sich heutzutage jedoch geändert. Nun malen viele Künstler ihre Träume und verkaufen sie durch die Vermittlung kommerziell ausgerichteter Kunstgalerien. Doch sind die spirituellen Aspekte ihres Traums für gewöhnlich nicht in ihren Malereien enthalten. Auf diese Weise bleibt ihr Geheimnis, ihre metaphysische Identität, bewahrt.

Ritus und Ritual sind für Aborigines wesentlich, um sich selbst zu verwirklichen. Ohne ihre Zeremonien, ihre rituellen Verse, Lieder und Tänze wären sie ihrer Fähigkeit zu überleben beraubt. Sie wissen zum Beispiel, daß, wenn Zeremonien nicht vollzogen werden, die Kraft der Natur geschwächt wird, so daß sie sich selbst kaum mehr erneuern kann. Sie glauben, daß der gesamte Zustand der Natur von der Durchführung der Riten abhängig ist. Die Meinung ist weit verbreitet, daß, wenn Zeremonien in bestimmten Regionen nicht mehr vollzogen werden, Tiere und Vögel daraus verschwinden. So sind Riten in gewissem Sinne eine Verbindung zwischen Mensch und Natur. Die einzige Art, durch die ein Mensch mit der Natur zu kommunizieren vermag, besteht darin, sich auf gleiche Ebene mit ihr zu stellen. Sobald ein Aborigine von der Atmosphäre einer Zeremonie umhüllt wird, fühlt er sich völlig in Übereinstimmung mit dem Universum. Dann sind er und die Natur eins. Ein Aborigine sieht sich tatsächlich in keiner Weise von der Natur getrennt, er begreift sich und die Natur als enge Verbündete.

Über dieses Thema läßt sich ausgiebig diskutieren. Heißt das nicht auch, daß die Rolle der Natur als Partner der Weltenschöpfung deshalb kaum noch von Bedeutung ist, weil Rituale im modernen Leben keinen Platz mehr haben? Die moderne Wissenschaft hat uns in eine Situation gebracht, in der der Mensch – zumindest in gewissem Maße – Kontrolle über die Natur ausübt. In der Folge hat der Mensch sich darin geübt, die Natur zu manipulieren, was unzählige Umweltschäden hervorrief. Bestimmte Tierarten werden immer seltener, und jedes Jahr sterben zahlreiche Arten aus. Ohne die fruchtbringende Auswirkung des Rituals oder eines metaphysischen Doppelgängers in Form eines Totem scheinen wir kaum eine Chance zu haben, unserer Neigung, die Natur auszubeuten, Einhalt zu gebieten. Wir haben weder Tabus noch Einschränkungen, die uns helfen könnten, die Natur aufzuwerten. Diese Art von Erden-Weisheit hat der moderne Mensch fast ganz verloren. Es scheint fast so, als ob die Aborigines, gemeinsam mit anderen ursprünglich lebenden Völkern in der Welt, die einzigen sind, die es verstehen, der Zerstörungswut, die wir gegen unseren Planeten richten, Einhalt zu gebieten. Anscheinend ist das religiöse Ritual der metaphysische Schlüssel zu jenem Tor, das bereits zu lange verschlossen war. Wenn wir diesen nicht benutzen, könnten wir unfähig werden, diesen Zerstörungsprozeß aufzuhalten.

ROBERT BOSNAK

# Traumarbeit

Ilyatjari der Ngankari, ein australischer Geistheiler vom Stamm der Pitjantjatjara im Zentrum Australiens, der Körper und Seele gleichermaßen behandelt, sitzt mir gegenüber. Sein dunkles, glänzendes Gesicht mit den neugierigen Augen, die mich mit intensiver Leidenschaftslosigkeit beobachten, strahlt höchste Aufmerksamkeit aus. Er weiß, wie weit ich gereist bin – über mehrere Kontinente, über die halbe Erdkugel hinweg – und daß ich nur sehr wenig Zeit habe. Er möchte mit mir reden. Auf welche Weise gedenke ich diese paar Tage – weniger als eine Woche – zu nutzen? Ich erzähle ihm, daß ich mit ihm über das Träumen reden möchte. Dies ist eine bloße Formalität, da ich Diana James, der Anthropologin, schon Monate vor dieser ersten Reise in den australischen Busch geschrieben und sie gefragt hatte, ob sie unter den Aborigines einen Traumdoktor kenne, der bereit wäre, sich mit einem westlichen Traumdoktor zu treffen, um mit ihm über das beiden gemeinsame Metier zu diskutieren. Ilyatjari hatte sich damit einverstanden erklärt.

»Soll ich dir erst mal erzählen, wie ich arbeite?« fragte ich ihn, um ihm einen Einblick in meine Arbeitsweise zu geben. Nachdem man ihm meine Frage übersetzt hat, nickt er. Er, seine Frau und seine Schwägerin halten dies offensichtlich für eine ausgezeichnete Idee. Sie sitzen auf dem sienaroten, pudrigen Sand und fühlen sich in ihrer staubigen Kleidung wohl. Meine Kleidung wird ebenfalls immer staubiger, aber ihr haftet noch immer eine Spur von Sauberkeit aus der Welt an, in der ich sie in meinen schwarzen Rucksack gepackt habe und die einen halben Erdball hinter mir liegt. Ich sitze auf einem Reisehocker und bemühe mich, auf meinen Rücken zu achten, aber später, in der Hitze unseres Gesprächs, rutsche ich auf den Boden hinunter, um ihnen näher zu sein. Ein gefleckter brauner Köter liegt, alle viere von sich gestreckt, hinter Ilyatjari und schläft.

Ich greife aufs Geratewohl den letzten Traum heraus, mit dem ich gearbeitet habe, da mir die Arbeit mit ihm noch frisch in Erinnerung ist. Es ist der Traum eines jungen Weißen, der ihn in einem Traumseminar in Melbourne (ein Seminar über Traumarbeit, bei dem Träume der Teilnehmer als Material benutzt werden) vortrug. Beim Reden wird mir jedoch bewußt, daß es in der Geschichte dieses jungen Mannes auch um mich geht und daß die Auswahl nicht zufällig war.

»Vorgestern hat mir dieser Mann von Anfang Dreißig einen Traum erzählt, mit dem ich arbeite«, beginne ich. In dem Traum geht es um ein Auto. Ich weiß, daß Ilyatjari in einem Fahrzeug mit Vierradantrieb durch die Wüste fährt. Wir hatten gesehen, wie der Wagen in einer Staubwolke in das Camp hineinrumpelte. Ilyatjari saß auf der rechten Seite hinter dem Lenkrad und grinste schelmisch in Dianas Richtung.

»Dieser junge Mann fährt einen Wagen aus der Zufahrt seines imposanten Hauses in England. Ein großartiges Haus, gebaut für einen Mann aus dem Westen. Ein Herrensitz. Er hört, wie der Kies unter den Rädern des Wagens knirscht. Es macht ihm Spaß, den Wagen zu lenken. Es ist ein offener Wagen. Sehr imposant. Dann erreicht er den Highway und beginnt, mit höchster Geschwindigkeit zu fahren. Der Motor heult auf. Vollgas. Plötzlich überdreht der Motor, beginnt zu stottern und stirbt ab, macht noch einen letzten Satz nach vorn und kommt dann, immer noch heftig vibrierend und schwankend, endgültig zum Stehen. Der Fahrer hört das Aufheulen des Motors, bis er bemerkt, daß eine Frau neben ihm sitzt und vor Entsetzen lauthals schreit. Der Fahrer ist schockiert und wacht mit einem heftigen Schreck auf.«

Diana dolmetscht den letzten Satz vom Englischen in die Sprache der Pitjantjatjara. Die drei Ältesten nicken. Die Wüste um uns herum schweigt, im Gegensatz zu der geschilderten Raserei des Getriebenen.

»Das ist der Traum. Also, ich bin wie folgt vorgegangen: Ich forderte zunächst den Träumer auf, sich in die Kraft des Wagens einzufühlen. Er konnte die Kraft in seinem Körper deutlich spüren, bis tief hinunter in seine Lenden, sein Geschlechtsteil, und sie gab ihm das Gefühl von Vitalität und Potenz. Dann half ich ihm, den Motor zu spüren, wie er die Straße entlangrast und bis zum äußersten auf Touren gebracht wird. Er kann die Wirkung dieses Getriebenseins auf seinem Körper spüren. Dies ist ein sehr typischer Traum für einen jungen Mann aus dem Westen«, füge ich hinzu. »Das ist der Grund, warum so viele westliche Männer schließlich einen Herzinfarkt erleiden: weil sie zu hart arbeiten. Sie sind Getriebene. Der Motor macht mehr Umdrehungen, als er ertragen kann.«

Während Diana übersetzt, bemerke ich, daß sie mich verstehen, daß sie sich der Gefahren der beeindruckenden, aber gehetzten westlichen Zivilisation sehr wohl bewußt sind. Nganyintytja, Ilyatjaris Frau, schüttelt den Kopf. Ich nehme an, sie versteht nicht, warum jemand sich selbst zu Tode fährt. Aber vielleicht denkt sie auch an etwas ganz anderes, während ich mich bei meinen selbstkritischen Überlegungen über meinen eigenen, getriebenen Lebensstil beobachte.

»Dann bitte ich den Träumer, sich in die Seele der Frau einzufühlen. Die Seele der schreienden, entsetzten Frau in sich hereinzulassen. Zuzulassen, daß die Seele der Frau, die neben ihm sitzt, sich seiner bemächtigt. Zunächst einmal lauscht er eine Weile in sich hinein und erinnert sich an den Klang ihrer Stimme. Plötzlich fühlt er, wie der Schrei wie ein Messer in ihn eindringt. Er kann tatsächlich fühlen, wie sie schreit. Er nimmt ihr Entsetzen deutlich wahr und fühlt sich zutiefst verletzlich, auf eine Weise, wie er es nie zuvor erlebt hat. Jenes Gefühl der Verletzlichkeit, das bei ihm zurückbleibt, nachdem er die Angst der Frau gespürt hat, ist für sein Leben von entscheidender Bedeutung. Es ist diese Angst, die ihn dazu zwingt, die Menschen von sich wegzustoßen. Wirklich in die Angst hineinzugehen kann sie letztlich vermindern. Es ist gefährlich, die Angst zu vermeiden, indem er sich immer unbarmherziger antreibt. Sie isoliert ihn, entfernt ihn von anderen Menschen. Er ist ein einsamer Mann. Er stößt andere Menschen von sich.

Vielleicht kann er jetzt mit einer Frau zusammenleben, ohne sie von sich zu stoßen, vielleicht kann er jetzt eine Familie haben«, beende ich diese kurze Zusammenfassung der Traumarbeit in Melbourne und werde mir zugleich bewußt, daß die wichtige Funktion der Familie etwas Universelles ist, etwas, was jeder Mensch versteht. Einige von Ilyatjaris Enkelkindern basteln irgendwo weiter hinten zusammen mit Dianas sechsjährigem Sohn einen Tennisschläger. Ich habe den Träumer isolierter und verängstigender geschildert, als er es in Melbourne tatsächlich war, aber ich wollte die volle potentielle Kraft eines solchen Traumes verdeutlichen.

»Das ist gut, wie du arbeitest«, ist Ilyatjaris Kommentar. Ich erröte. Die beiden Frauen sind bei dem Gedanken an diesen angstgetriebenen jungen Mann, der sich zu einem so rasenden Tempo zwingt, daß er daran zugrunde zu gehen droht, sehr bewegt. Ihre Augen sind feucht.

»Wie arbeitet er?« frage ich Diana.

Ilyatjaris dunkelbraunes Gesicht sieht aus wie das der Gnome, von denen uns in den Märchen unserer Kindheit erzählt wurde: äußerst konzentriert, ernst, aber mit einem verspielten Glanz in den Augen. Er erzählt Diane eine Geschichte, die sie mir abschnittsweise übersetzt. Unter uns und um uns herum ist die rostfarbene Erde ausgelaugt und brüchig, als bestünde die Welt aus Staub. Myriaden von kleinen Blüten schimmern im Licht, erzählen von den heftigen Regengüssen der letzten Zeit, die die Wüste zum Blühen brachten. Die Bäume sehen aus, als nährten sie sich von der Dürre, ihre Rinde wirkt wie eine Pergamenthaut, die wie tot erscheint, es aber nicht ist.

Während er Diana antwortet, fällt mir plötzlich mein Traum der vergangenen Nacht ein, in dem ich das Weiße Haus besuchte und dort einem sehr ängstlichen Präsidenten Clinton begegnete. Gerade tagte das Kabinett; im Hintergrund war ein rechteckiger Abgrund, aus dem ein dunkler Schwarm Fledermäuse aus der Jurazeit aufstieg. Sie flatterten mit ihren knochigen, leuchtendroten, riesigen Flügeln – ein schrecklicher Anblick. Ich fragte, ob es Flugsaurier wären. Ein Mann, den ich kenne, verneinte die Frage. Es wären archaische Vögel, die ich nie zuvor gesehen hätte. Es scheint, daß in der Wildnis meines westlichen Verstandes, der im Weißen Haus beheimatet ist, sich ein Gefühl der Unsicherheit breitmacht, die Angst, die Kontrolle zu verlieren, während archaische Wesen aus dem Abgrund emporsteigen.

»Nachts wird er ein Adler«, dolmetscht Diana. Ilyatjari hat mit zusammengepreßten Handflächen eine Tauchbewegung nach vorn gemacht, so wie man einen Wasserskislalom oder ein Flugzeug in einer Flugzeugschau beschreiben würde. »Er stürzt sich aus der Luft herab, um die schlafende Person zu packen, deren Krankheit er behandeln soll.« Ilyatjari verfolgt Dianas Worte sehr aufmerksam, was mich davon überzeugt, daß sein Englisch über die Grundkenntnisse der Sprache hinausreicht. Er strafft seine Schultern, als würde er mit ihren Worten durch die Lüfte fliegen, und bewegt dann mit einer Geste erfrischender Unbekümmertheit die Arme wie Flügel auf und ab. »Er nimmt den Kranken auf seinen Rücken und achtet darauf, daß er nicht hinunterfällt.« Ilyatjaris Schultern sind so weit zurückgebogen, daß sich die Schulterblätter fast berühren. Ich werde mir bewußt, daß er dem Mitreisenden auf seinem Rücken hilft, nicht hinunterzufallen, indem er ihn während des raschen Fluges zwischen seinen Schulterblättern festhält.

»Dann fliegt er auf geradem Wege zur Milchstraße. Er sagt, daß sein Kopf weiterhin sein eigener ist und daß der Kranke hinterher manchmal seinen Hinterkopf wiedererkennt. Aber der Patient darf nicht sagen, welcher Ngankari ihn auf den Adlerflug mitgenommen hat. Der Ngankari selbst darf es sagen, aber der Patient nicht. Dann erreicht er den Ort auf der Milchstraße, der einer Hand ähnelt. Dort sind die toten Ngankaris.«

Ilyatjari zeichnet eine Art Hand in den Sand und legt Stöckchen darum herum. Er arbeitet langsam und zielstrebig; seine intensive Konzentration bewirkt, daß ich den Ort, von dem er redet, fast vor mir sehen kann. Auf dem roten Sand läßt sich sein Weg zum Zentrum der Milchstraße ablesen. Zurück bleibt ein Sandgemälde zur Erinnerung an seine nächtliche Reise.

»Das sind die Stöcke. Sie fallen in die Stöcke hinein, er und der kranke Mann, den er trägt. Die Stöcke durchbohren sie.« Ich sehe den Arzt und den Patienten aufgespießt auf Strahlen uralter Heilkräfte. »Dann fliegt er in einem wilden Zickzack zurück, während er ständig versucht, den Kranken nicht zu verlieren. Wenn der Kranke hinunterfällt, dann wird er erneut krank werden.«

Ilyatjari unterbricht Dianas Bericht. Seine Bewegungen sind sehr heftig, dann hören sie plötzlich auf. Es ist eine lange Geschichte.

»Ilyatjari sagt, wenn jemand noch lernt, ein Ngankari zu sein, dann passiert es manchmal, daß er den Kranken fallen läßt, weil er unerfahren oder übermütig ist. Der Ngankari profitiert sehr von dieser Erfahrung. Er muß noch einmal ganz von vorn anfangen und lernen, ruhig und sicher zu fliegen«, erklärt Diana. Mir fällt ein schrecklicher Fehler ein, den ich einmal bei einer Patientin machte. Ich hatte sie aus einem Gefühl der Gereiztheit heraus zu einem falschen Zeitpunkt, viel zu früh, mit einer Erkenntnis konfrontiert, lange bevor sie bereit war, diese zu akzeptieren – einfach deshalb, weil ich diese Erkenntnis nicht länger für mich behalten konnte. Aufgrund meiner Ungeduld scheiterte ihre Analyse – und ich erhielt eine wertvolle Lektion, meine Gereiztheit zu beherrschen und den richtigen Zeitpunkt abzuwarten. Während ich darüber nachdenke, wieviel mehr wir Analytiker von unseren Fehlern profitieren als unsere Patienten, ist Ilyatjari dabei, etwas sehr viel ausführlicher zu erklären, nicht mit der atemberaubenden Geschwindigkeit des Fluges, den er vor ein paar Sekunden schilderte. Ich warte auf Dianas Übersetzung.

»Häufig möchte der Kranke nach einem solchen Flug selbst ein Ngankari, ein Medizinmann werden, aber dann erklärt ihm Ilyatjari, daß das nicht geht.« Ich lache und sage, daß es bei der Analyse genauso ist. Zu Beginn der Behandlung möchten viele Patienten Analytiker werden. Wir nennen das Übertragung.

»Am nächsten Morgen saugt er die Stöcke aus dem Kranken heraus.«

Das war's dann. Geheilt. Wer kommt als nächster dran?

»Hat er das schon immer gekonnt?« fragte ich und hoffe, daß meine Frage nicht meinen spontan aufflammenden Neid erkennen läßt.

»Er sagt, er habe schon immer das Zweite Gesicht gehabt. Er habe Dinge sehen können, die andere nicht sehen konnten. Aber im Teenageralter verlor er diese Gabe, weil er das Fleisch vom Stachelschwein aß. Das scheint für Ngankaris und für das Zweite Gesicht nicht günstig zu sein. Aber dann erzählte ihm ein alter Ngankari, daß diese Fähigkeit langsam wieder zurückkehren würde. Und das tat sie dann auch. Seine Augen öffneten sich wieder, und sein Mund öffnete sich. So konnte er das Schlechte aus dem Kranken heraussaugen.«

Ilyatjaris Adlerflug erinnert mich an den Schwarm archaischer rotgeflügelter Vögel, die ich letzte Nacht sah. Die Milchstraße ist die perfekte Beschreibung des Traumuniversums, wo die Seele durch eine Welt des Schimmerns und Funkelns reist, so real wie die Himmelskörper.

Der Ngankari fliegt tatsächlich. Er glaubt nicht nur, daß er fliegt, er *fliegt*. Die Erfahrung ist so real wie mein zwanzigstündiger Flug nach Australien. Ich flog durch die Luft, und er fliegt durch die Essenz des Raums.

Aus Träumen wissen wir, daß die *Präsenz* von Raum oder Körperlichkeit nicht von Materie abhängt. Obwohl die geträumte Landschaft oder Umgebung immateriell ist, präsentiert sie sich als physisch real. Dies ist eines der wenigen Gesetze menschlicher Erfahrung, die überall auf der Welt gelten. *Während wir träumen, sind wir von einer scheinbaren physischen Realität umgeben.* Jede Nacht steigen mehrere Stunden lang archaische Vögel, die sich nicht um die Gesetze des Tages kümmern, aus der Grube empor.

Mit einem Gefühl des Schocks erinnere ich mich an das wöchentliche Ritual, bei dem mein Verstand sich über mich selbst lustig macht, wenn ich meinen Vater in einem leuchtenden Sternenschwarm in der Milchstraße besuche. Einen halben Erdball und fünfzigtausend Jahre an Zivilisation voneinander entfernt sehen wir dasselbe: Ilyatjari seine toten Medizinmänner in einer zusammengeballten Hand der Milchstraße – ich meinen toten Vater in einem dichten Sternenhaufen der Galaxie.

In jener Nacht beginnt ein Traumzyklus mit meinem Vater. Ich umarme ihn, nachdem ich herausgefunden habe, daß er nicht gestorben ist. Mein Zyklus der Vaterträume wird von zwei Umarmungen flankiert sein: eine am Anfang und eine am Ende.

Tod und Erneuerung verwirren mich zutiefst in meiner Seele. In Träumen fallen Gebäude zusammen, erbebt die Erde; meine Reise ins Zentrum hat mich erschüttert.

# 5. Teil

# Botschaften aus einer anderen Welt

NEALE DONALD WALSCH

# Gespräche mit Gott

Im Frühjahr 1992 – so um Ostern herum, wie ich mich entsinne – ereignete sich in meinem Leben ein außergewöhnliches Phänomen. Gott begann mit Ihnen zu sprechen – und zwar durch meine Person.

Lassen Sie mich das erklären.

Ich war zu dieser Zeit in persönlicher, beruflicher und emotionaler Hinsicht sehr unglücklich, und mein Leben nahm sich wie ein Fehlschlag auf allen Ebenen aus. Seit Jahren hatte ich die Angewohnheit, meine Gedanken in Form von Briefen zu Papier zu bringen (die ich dann gewöhnlich nicht abschickte), und so griff ich wieder einmal zu meinem altvertrauten Notizblock und fing an, mein Herz auszuschütten.

Diesmal gedachte ich jedoch nicht einen Brief an irgendeine Person zu schreiben, die mich, wie ich mir einbildete, drangsalierte, sondern mich geradewegs an die Quelle, unmittelbar an den größten aller Schikanierer zu wenden. Ich beschloß, einen Brief an Gott zu schreiben.

Es war ein gehässiger, leidenschaftlicher Brief – voll von Ungereimtheiten, Verzerrungen und Verdammungen. Und mit *einer Menge* zorniger Fragen.

Warum funktionierte mein Leben nicht? Was war nötig, damit es endlich funktionierte? Warum konnte ich in meinen Beziehungen nicht glücklich werden? Sollte ich mein Leben lang niemals die Erfahrung machen, über ausreichend Geld zu verfügen? Und schließlich – und sehr nachdrücklich: *Was hatte ich getan, daß ich in meinem Leben ständig derart zu kämpfen hatte?*

Als ich die letzte meiner bitteren, unbeantworteten Fragen hingekritzelt hatte und den Stift schon beiseite legen wollte, verharrte die

Hand zu meiner Überraschung weiterhin in schwebender Haltung über dem Papier – so als würde sie von einer unsichtbaren Kraft festgehalten. Plötzlich bewegte sich der Stift ganz *von selbst*. Ich hatte keine Ahnung, was ich schreiben würde, doch schien ein Gedanke in mir aufzukommen, und ich beschloß, der Sache ihren Lauf zu lassen. Heraus kam ...

W<small>ILLST</small> DU WIRKLICH eine Antwort auf all diese Fragen oder nur Dampf ablassen?

Ich blinzelte – und dann stieg eine Antwort in mir auf. Ich schrieb sie auch nieder.
 Beides. Klar, ich lasse Dampf ab, aber wenn es Antworten auf diese Fragen gibt, dann will ich sie, so gewiß wie es eine Hölle gibt, hören!

D<small>U</small> BIST DIR einer Menge Dinge – »so gewiß wie der Hölle«. Aber wäre es nicht nett, »so gewiß wie des Himmels« zu sein?

Und ich schrieb:
 Was soll denn das heißen?
 Und noch bevor ich begriff, wie mir geschah, hatte ich eine Unterhaltung begonnen, wobei ich eigentlich nicht von mir aus schrieb, sondern *ein Diktat aufnahm*.
 Dieses Diktat dauerte drei Jahre, und zu jenem Zeitpunkt hatte ich keine Ahnung, worauf das Ganze hinauslief. Ich bekam erst dann Antworten auf meine Fragen, wenn ich sie vollständig zu Papier gebracht und *meine eigenen Gedanken ad acta gelegt hatte*. Oft erhielt ich die Antworten schneller, als ich schreiben konnte, und schmierte sie hin, um mitzuhalten. Wenn ich durcheinandergeriet oder nicht mehr das Gefühl hatte, daß die Antworten aus einer anderen Quelle kamen, legte ich den Stift beiseite und nahm Abstand von diesem Dialog, bis ich mich wieder inspiriert fühlte (tut mir leid, aber das ist hier das einzig wirklich passende Wort), zu meinem Notizblock zurückzukehren und das Diktat wiederaufzunehmen.

Die Gespräche finden übrigens weiterhin statt – auch während ich dies hier schreibe. Und vieles davon finden Sie auf den folgenden Seiten – Seiten, die einen erstaunlichen Dialog enthalten, an den ich zunächst nicht glauben konnte. Zunächst nahm ich an, er sei nur von persönlichem Wert, doch jetzt begreife ich, daß er nicht nur für mich gemeint war. Er war für Sie und alle anderen gedacht, denen diese Thematik am Herzen liegt. Denn meine Fragen sind Ihre Fragen.

Ich möchte, daß Sie sich so bald wie möglich in diesen Dialog vertiefen können, denn nicht *meine* Geschichte ist hier wirklich wichtig, sondern die *Ihre*. Ihre Lebensgeschichte hat Sie veranlaßt, sich damit zu befassen. Für *Ihre* persönliche Erfahrung sind meine Notizen von Bedeutung. Sonst würden Sie sie nicht in diesem Moment lesen.

Beginnen wir also diesen Dialog mit einer Frage, die mich schon seit längerer Zeit beschäftigte: Wie redet Gott, und mit wem? Als ich diese Frage stellte, bekam ich folgende Antwort:

ICH REDE MIT jedermann. Immer. Die Frage ist nicht, mit wem ich rede, sondern wer zuhört.

Fasziniert bat ich Gott, sich ausführlicher zu diesem Thema zu äußern. Er sagte folgendes dazu:

LASS UNS ZUNÄCHST das Wort *reden* durch das Wort *kommunizieren* ersetzen. Es ist ein sehr viel besseres, umfassenderes, präziseres Wort. Wenn wir versuchen, miteinander zu reden – ich mit dir, du mit mir –, werden wir sofort durch die unglaubliche Beschränktheit des Wortes eingeengt. Aus diesem Grund kommuniziere ich nicht nur mit Worten. Tatsächlich tue ich das ziemlich selten. Meine üblichste Kommunikationsform ist das *Gefühl*.

Das Gefühl ist die Sprache der Seele.

Wenn du wissen willst, was in bezug auf irgend etwas für dich wahr ist, dann achte darauf, was du *fühlst*.

Gefühle sind manchmal schwer auszumachen – und sie anzuerkennen ist oft noch schwieriger. Doch in deinen tiefsten Gefühlen verborgen findet sich deine höchste Wahrheit.

Der Trick dabei ist, daß du an diese Gefühle herankommst. Ich werde dir zeigen, wie. Und wieder, wenn du das wünschst.

Ich erklärte Gott, daß ich zwar durchaus diesen Wunsch hätte, doch im Moment begierig darauf sei, meine erste Frage voll und ganz beantwortet zu bekommen. Folgendes sagte er dazu:

ICH KOMMUNIZIERE AUCH über den *Gedanken*. Gedanken und Gefühle sind nicht das gleiche, obwohl beide zur selben Zeit auftauchen können. Bei der Kommunikation über den Gedanken, die geistige Vorstellung, die Idee, gebrauche ich oft Metaphern und Bilder. Aus diesem Grund sind Gedanken als Kommunikationsmittel häufig effektiver als bloße Worte. Ergänzend zu den Gefühlen und Gedanken verwende ich auch als großartiges Kommunikationsmittel das Vehikel der *Erfahrung*.

Und wenn Gefühle, Gedanken und Erfahrungen sämtlich nichts fruchten, benutze ich schließlich *Worte*. Worte sind wirklich das am wenigsten effektive Kommunikationsmittel. Sie lassen sich leicht mißdeuten, werden oft falsch verstanden.

Und warum ist das so? Das liegt am Wesen der Worte. Sie sind nichts weiter als Äußerungen: Geräusche, die *für* Gefühle, Gedanken und Erfahrungen *stehen*. Sie sind Symbole, Zeichen, Erkennungszeichen. Sie sind nicht die Wahrheit. Sie sind nicht wirklich, nicht wahrhaftig.

Worte helfen euch vielleicht, etwas zu verstehen. Erfahrung läßt euch wissen. Aber es gibt einige Dinge, die ihr nicht erfahren könnt. Deshalb habe ich euch auch andere Mittel der Erkenntnis an die Hand gegeben, so etwa jenes, das man Gefühle nennt, und auch die Gedanken.

*Nun, die große Ironie dabei ist, daß ihr alle dem Wort Gottes so viel und der Erfahrung so wenig Bedeutung zugemessen habt.*

Tatsächlich erachtet ihr den Wert der Erfahrung als dermaßen gering, daß ihr, wenn sich eure *Erfahrung* von Gott von dem unterscheidet, was ihr über Gott *gehört* habt, automatisch *die Erfahrung abtut* und euch *an das Wort haltet* – wo es doch genau umgekehrt sein sollte.

Eure Erfahrungen und Gefühle bezüglich einer Sache repräsentieren das, was ihr faktisch und intuitiv darüber wißt. Worte können nur bestrebt sein, dem, was ihr wißt, symbolhaft Ausdruck zu verleihen, und bringen oft *Verworrenheit* in euer Wissen.

Das sind also die Instrumente, die Mittel, derer ich mich zur Kommunikation bediene. Doch sind sie nicht planmäßige Methode, denn nicht alle Gefühle, Gedanken, Erfahrungen und nicht alle Worte kommen von mir.

Viele Worte sind in meinem Namen von anderen geäußert worden. Für viele Gedanken und Gefühle und daraus resultierende Erfahrungen sind Ursachen verantwortlich, die nicht direkt meiner Schöpfung entstammen.

Hier ist Urteilskraft gefordert. Die Schwierigkeit besteht im Erkennen des Unterschieds zwischen den Botschaften Gottes und den Informationen aus anderen Quellen. Diese Unterscheidung bereitet keine Schwierigkeit, sofern eine Grundregel beherzigt wird:

*Von mir kommt dein erhabenster Gedanke, dein klarstes Wort, dein edelstes Gefühl. Alles, was weniger ist, entstammt einer anderen Quelle.*

Diese Differenzierung ist leicht, denn selbst einem Schüler im Anfangsstadium sollte es nicht schwerfallen, das Erhabenste, das Klarste und das Edelste zu erkennen.

Doch will ich folgende Richtlinien geben:

Der erhabenste Gedanke ist immer jener, der Freude in sich trägt. Die klarsten Worte sind jene, die Wahrheit enthalten. Das nobelste Gefühl ist jenes, das ihr Liebe nennt.

Freude, Wahrheit, Liebe.

Diese drei sind austauschbar, und eines führt immer zum anderen. Die Reihenfolge spielt dabei keine Rolle.

Nachdem ich anhand dieser Richtlinien bestimmt habe, welche Botschaften von mir und welche aus einer anderen Quelle kommen, bleibt nur noch die Frage, ob meine Botschaften beachtet werden.

Dies ist bei der Mehrzahl nicht der Fall. Manche werden nicht beachtet, weil sie sich zu gut anhören, um wahr zu sein. Andere nicht, weil sie zu schwer zu befolgen sind. Viele nicht, weil sie ganz einfach mißverstanden werden. Und die meisten nicht, weil sie gar nicht empfangen werden.

Meine mächtigste Botin ist die Erfahrung, und selbst sie wird von euch ignoriert. *Insbesondere* sie wird von euch nicht zur Kenntnis genommen.

Eure Welt befände sich nicht in ihrem gegenwärtigen Zustand, wenn ihr ganz einfach auf eure Erfahrung gehört hättet. Die Folge eures Nicht-Hörens auf eure Erfahrung ist, daß ihr sie stets von neuem durchlebt. Denn meine Absicht wird nicht vereitelt, mein Wille nicht ignoriert werden. Ihr werdet die Botschaft bekommen – früher oder später.

Ich werde euch nicht drängen. Ich werde euch niemals zu etwas zwingen. Denn ich habe euch einen freien Willen gegeben, die Macht, eurer Wahl entsprechend zu handeln – und die werde ich euch niemals nehmen.

Also werde ich euch weiterhin immer und immer wieder die gleichen Botschaften senden, über die Jahrtausende hinweg und zu jedweder Ecke des Universums, die ihr bewohnen mögt. Endlos werde ich euch meine Botschaften schicken, bis ihr sie empfangen habt und beherzigt, sie euch zu eigen macht.

Meine Botschaften kommen in hunderterlei Formen, in Tausenden von Momenten, über eine Million Jahre hinweg. Ihr könnt sie nicht überhören, wenn ihr euch konzentriert. Ihr könnt sie nicht ignorieren, wenn ihr sie einmal wirklich vernommen habt. Und damit wird unsere Kommunikation ernstlich beginnen. Denn in der Vergangenheit habt ihr nur zu mir gesprochen, zu mir gebetet, seid ihr bei mir vorstellig geworden, habt ihr mich belagert. Doch nun werde ich den Dialog aufnehmen, so wie hier in diesem Fall.

Wie kann ich wissen, daß diese Mitteilung eine göttliche ist? Wie weiß ich, daß sie nicht lediglich auf meiner Einbildung beruht?

WO WÄRE DER *Unterschied!* Siehst du denn nicht, daß ich ebenso leicht deine Einbildungskraft wie alles andere manipulieren kann? Ich lasse dir die *genau* richtigen Gedanken, Worte oder Gefühle zukommen, in jedem beliebigen Moment, für den jeweils genau richtigen Zweck, und bediene mich dabei eines oder mehrerer Mittel.

Du wirst einfach wissen, daß diese Worte von mir kommen, weil du aus eigenem Antrieb noch nie so klar gesprochen hast. Wenn du zu diesen Fragen bereits so klare Worte gefunden hättest, würdest du sie gar nicht erst stellen.

Mit wem kommuniziert Gott? Sind das besondere Menschen? Gibt es spezielle Zeiten?

ALLE MENSCHEN SIND etwas Besonderes, und alle Momente sind goldene Momente. Es gibt keine Person und keine Zeit, die anderen gegenüber hervorzuheben wäre. Viele Menschen haben sich entschieden zu glauben, daß Gott auf besondere Weise und nur mit auserwählten Menschen kommuniziert. Das enthebt die Masse der Verantwortung, meine Botschaft zu hören, von *empfangen* gar nicht zu reden (was noch mal eine andere Sache ist), und gestattet den Leuten, die Worte eines anderen für die ganze Wahrheit zu halten. Dann *müßt* ihr nicht auf mich hören, da für euch ja bereits feststeht, daß andere zu allen Themen schon etwas von mir vernommen haben und ihr ja *sie* habt, denen ihr zuhören könnt.

Indem ihr auf das hört, was andere Leute vermeinen mich sagen gehört zu haben, müßt *ihr überhaupt nicht mehr denken.*

Das ist der Hauptgrund, warum die meisten Menschen sich von meinen auf persönlicher Ebene übermittelten Botschaften abwenden. Wenn du anerkennst, daß du meine Botschaften *direkt* empfängst, dann bist du für ihre Interpretation verantwortlich. Es ist sehr viel sicherer und leichter, die Deutungen anderer zu akzeptieren (auch wenn sie bereits vor zweitausend Jahren lebten), als die Botschaft zu interpretieren, die du vielleicht gerade in diesem Moment erhältst.

Und doch lade ich euch zu einer neuen Form der Kommunikation mit Gott ein: einer *zweigleisigen* Kommunikation. In Wahrheit seid ihr es, die mich dazu eingeladen haben. Denn ich bin jetzt in dieser Form *einer Antwort auf euren Ruf* zu euch gekommen.

Warum scheinen manche Leute, zum Beispiel Christus, mehr Botschaften von dir zu vernehmen als andere?

WEIL DIESE LEUTE willens sind, wirklich zuzuhören. Sie sind willens zu hören, und sie sind willens, für die Kommunikation offen zu bleiben – sogar dann, wenn die Botschaften beängstigend oder verrückt oder geradezu falsch klingen.

Wir sollten auf Gott hören, selbst wenn das, was da gesagt wird, falsch ist?

VOR ALLEM, WENN es falsch zu sein scheint. Warum solltest du mit Gott reden, wenn du glaubst, in allem recht zu haben?

Macht weiter so und handelt nach eurem Wissen. Aber nehmt zur Kenntnis, daß ihr das schon seit Anbeginn der Zeit macht. Und schaut euch an, in welchem Zustand die Welt ist. Euch ist da ganz eindeutig etwas entgangen. Offensichtlich versteht ihr etwas nicht. Das, was ihr tatsächlich versteht, muß euch richtig erscheinen, denn ihr verwendet den Begriff »richtig« für etwas, mit dem ihr einverstanden seid. Und daher wird euch das, was euch entgangen ist, zunächst als »falsch« erscheinen.

Wenn ihr weiterkommen wollt, müßt ihr euch fragen: »Was würde passieren, wenn alles ›richtig‹ wäre, was ich bislang für ›falsch‹ gehalten habe?« Alle großen Wissenschaftler wissen darum. Wenn das, was ein Wissenschaftler tut, nicht funktioniert, läßt er alle seine Grundannahmen beiseite und fängt von vorne an. Sämtliche großen Entdeckungen entstammen der Bereitschaft und der Fähigkeit zur Einsicht, *nicht recht zu haben.* Und das ist hier vonnöten.

Du kannst Gott nicht kennen, solange du nicht aufhörst, dir einzureden, daß du ihn *bereits kennst.* Du kannst Gott nicht hören, solange du nicht aufhörst zu meinen, daß du ihn bereits gehört hast.

*Ich kann dir meine Wahrheit nicht verkünden, solange du nicht aufhörst, mir die deine zu verkünden.*

Aber meine Wahrheit über Gott kommt von *dir*.

W̲ER HAT DAS gesagt?

Andere.

W̲ELCHE ANDEREN?

Führer, Geistliche, Rabbis, Priester, Bücher. *Die Bibel,* Himmel noch mal!

D̲AS SIND KEINE maßgeblichen Quellen.

Das sind sie *nicht?*

N̲EIN.

Und was *sind* maßgebliche Quellen?

H̲ÖRE AUF DEINE *Gefühle,* deine erhabensten Gedanken, deine Erfahrung. Wenn sich irgend etwas davon von dem unterscheidet, was dir deine Lehrer erzählt haben oder du in Büchern gelesen hast, dann vergiß die Worte. *Worte sind die am wenigsten zuverlässigen Wahrheitslieferanten.*

AMORAH QUAN YIN

# Wer sind die plejadischen Boten des Lichts?

Jedesmal, wenn wir uns dem Ende eines bedeutenden Evolutionszyklus nähern – in der Regel alle 5200 oder 26 000 Jahre –, geben sich die plejadischen Boten des Lichts zu erkennen. Es handelt sich dabei um eine Gruppe von Wesen mit den unterschiedlichsten Verantwortlichkeiten und Aufgaben, darunter auch die Hüter der Erde und unseres Sonnensystems. In letzterer Funktion treten sie in Erscheinung, um uns den Stand unserer Evolution bewußt zu machen und uns zu zeigen, was zu tun ist, um die nächsten Schritte zu ermöglichen. Die von ihnen vermittelten Informationen betreffen nicht nur unseren Planeten insgesamt, sondern auch einzelne Menschen, die wie ich eine persönliche Beziehung zu den Plejadiern haben.

Wenn ich sie wirklich brauche, sind meine plejadischen Freunde stets zur Stelle. Ob es nun um persönliche Heilung und Klärung, Information oder auch einfach nur um Rückbestätigung geht – vielleicht auch um das Erwecken weiterer Erinnerungen, die ich zur Erfüllung meiner Ziele und Aufgaben hier auf Erden brauche –, stets stehen mir die Plejadier in angemessener und wirksamer Weise zur Seite. Unter den plejadischen Boten des Lichts gibt es verschiedene Arten von Wesen mit verschiedenen Funktionen, und sie haben mir im Laufe der Zeit auf vielfältigste Weise geholfen. Es gehören jedoch nicht alle Plejadier dieser Gruppe an.

Ra, der mir stets Anweisungen und Botschaften philosophischen Inhalts überbringt, ist Mitglied der sogenannten plejadischen Erzengel-Lichtstämme. Diese Erzengel treten als Hüter der Erde und unseres Sonnensystems auf. Es gibt vier solcher Erzengelstämme, die jeweils eine unterschiedliche Farbe ausstrahlen: Goldgelb, Scharlachrot, klares Himmelblau und sanftes Smaragdgrün. Es gibt viele Wesen mit gleicher Farbe, und alle Geschöpfe mit derselben Farbe tragen denselben Namen.

Alle Mitglieder des goldgelben Erzengelstammes heißen Ra und sind Hüter der göttlichen Weisheit, die das Produkt aller Erfahrung ist. Die blauen Wesen tragen den Namen Ptah und sind Beschützer und Bewahrer der ewigen Natur des Lebens. Ma-at ist die Bezeichnung für die roten Wesen, die spirituelle Krieger sind; sie sind mit der Energie des göttlichen Mutes ausgestattet, der keine Furcht kennt. Zur Zeit sind mehr Ma-at-Wesen auf der Erde inkarniert als Mitglieder der anderen drei Stämme. Die grünen Wesen werden An-Ra genannt; sie tragen die Energie des göttlichen Mitgefühls und Verstehens in sich.

Einige der plejadischen Erzengel bauen bewußte Verbindungen zu Menschen auf, wie Ra es zu mir getan hat. Andere sind auf interstellare oder planetarische Kommunikation spezialisiert, deren Zentrum sich in Alcyone, der Zentralsonne der Plejaden, befindet. Wieder andere plejadische Erzengel arbeiten mit uns Menschen, während wir träumen; dabei zeigen sie uns Möglichkeiten auf, die uns über das hinausführen, was wir bis dahin als physische Begrenzungen angesehen hatten. Bisweilen führen sie spezielle Heilungsträume herbei, die uns helfen, die Vergangenheit loszulassen und weiter zu wachsen oder uns neue Ausdrucksmöglichkeiten zu erschließen, die unserer neu entstehenden Wesensart besser gerecht werden. Im Augenblick fangen sie an, die Erinnerung zu erleichtern und alte Heilweisen wie die plejadische Lichtarbeit zu lehren.

Eine weitere Schnittstelle zu den Menschen und der Erde wurde im Winter des Jahres 1992 etabliert. Damals gelang es den plejadischen Boten des Lichts, jene von uns, die wir uns in einer menschlichen Inkarnation befinden, auf außerkörperlichen Reisen zwischen der Erde und der Plejadengruppe beinahe augenblicklich hin und her zu befördern. Es fand eine Feier statt, bei der viele menschliche Lichtarbeiter und Mitglieder der galaktischen Föderation, darunter auch plejadische Boten des Lichts, zugegen waren, und an der auch ich teilnehmen durfte. Mir wurde die Gnade zuteil, selbst diese »zeit- und raumlose« Reisemöglichkeit erfahren zu dürfen, als man mich zu einem Planeten in einem der Sonnensysteme der Plejaden und wieder zur Erde zurückbrachte. Sowohl der Hin- als auch der Rückweg dauerten kaum mehr als ein paar Sekunden.

Der Planet, auf den man mich brachte, war unglaublich. Seine plejadischen Bewohner hatten ihn zu einem globalen Museum gemacht, in dem jede Spezies, die jemals in dieser Galaxie existiert hat, weiterlebt. Auch die auf der Erde ausgestorbenen Arten sind hier zu finden; so gibt es Wälder mit Baumarten, die seit vorgeschichtlicher Zeit von der Erde verschwunden sind. Die Pflege des Museums ist eine der Lieblingsbeschäftigungen der dortigen Bewohner.

Die Besonderheiten der plejadischen Erzengelstämme und der plejadischen Boten des Lichts sind damit nur ansatzweise beschrieben, doch Sie haben nun einen allgemeinen Eindruck von der ungeheuren Vielfalt ihres Könnens und Strebens. Parapsychologische Chirurgen und Heiler bilden die zweite Gruppe von plejadischen Boten des Lichts, mit denen ich zusammenarbeiten darf. Diese sind keine plejadischen Erzengel (wie ich die plejadischen Erzengel-Lichtstämme kurz nenne), arbeiten aber eng mit diesen zusammen. Salopp gesagt sind die plejadischen Erzengel deren Instruktoren, und sie delegieren an sie das, was es zu tun gilt. So wie es auf Erden einen Hohen Rat der Zwölf gibt, der die Gesamtaufsicht über unser Sonnensystem hat, so üben die plejadischen Erzengel-Lichtstämme diese Funktion für die Plejaden aus. So wie wir Engel, Führer, aufgestiegene Meister und Lehrer haben, die unter dem Hohen Rat der Zwölf arbeiten, haben auch die Plejadier viele Gruppen, die den plejadischen Erzengeln unterstellt sind. Diese Erzengel wiederum dienen, wie auch unser Hoher Rat, einem höchsten Wesen mit breiterer Seinsbasis.

Diese Hierarchien gründen sich nicht auf eine Meister-Diener-Beziehung, in der manche »besser« und andere »nicht so gut« sind. Diese Struktur beruht einfach nur auf der besonderen essentiellen Natur aller Wesen, bei Erreichung einer bestimmten Evolutionsstufe den tiefen Wunsch zu verspüren, anderen zu geben und zu dienen. Nach dem, was mir mitgeteilt wurde, entsteht dieser Wunsch aus einer göttlichen Liebe heraus, die für die meisten Menschen jenseits des Faßbaren liegt. Sie inspiriert sich aus demselben Motiv wie unser Wunsch zu wachsen: dem Streben nach Überwindung der Trennung und Vereinigung mit Gottvater/Gottmutter/ALLES, WAS IST. Diese höheren Wesen streben danach, wieder völlig eins mit uns zu sein.

Die Namen der Erzengelstämme – Ra, An-Ra, Ma-at und Ptah – mögen Ihnen geläufig erscheinen, denn sie waren im alten Ägypten vor allem als Königsnamen geläufig. Die Ägypter waren im Altertum spirituell weiter entwickelt, als sie es heute sind. Die Plejadier, darunter auch die Erzengelstämme, pflegten einen regen Austausch mit den alten Ägyptern, die während der Blütezeit ihrer spirituellen Entfaltung zu einer solchen Kommunikation fähig waren. Die Plejadier gaben umfassendes spirituelles Wissen, ihre Heilpraktiken, die Entwicklung der uneingeschränkten Sinneswahrnehmung und das Verständnis der Aufgabe unserer Erde innerhalb des Sonnensystems, der Galaxie und weit darüber hinaus an sie weiter.

Viele Plejadier gingen im alten Ägypten in einen menschlichen Körper ein, während andere in höheren Dimensionen mit Klarträumern, Sehern, Heilern, Priestern und Priesterinnen, ja gar Vertretern der Königsgeschlechter arbeiteten. Ihre gemeinsamen Ziele waren die globale Entwicklung des Planeten und der menschlichen Rasse sowie die Speicherung eines ausreichenden Maßes an höherem Wissen hier auf Erden, damit dieses zum Zeitpunkt des Großen Erwachens zur Verfügung stehen würde. Natürlich kamen neben der ägyptischen auch andere Zivilisationen in den Genuß solcher Gaben.

BARBARA HAND CLOW

# Meditationen von Satya zur Öffnung dimensionaler Tore

*Der Wunsch der ersten Dimension* ist, euch zu sich zu ziehen. Je mehr ihr diesem Wunsch widersteht, desto weniger werdet ihr wissen, was ihr wollt. Also gebt nach. Baut einen Altar für die vier Himmelsrichtungen, setzt euch in die Mitte und schickt euer Bewußtsein in die Erde unterhalb eures Körpers. Amüsiert euch auf eurer Reise unter eurem Altar, unter eurem Haus, durch die Gesteinsschichten und die Höhlen des Erdinneren und hinein in die Hülle und schließlich in den Eisenkristall im Zentrum der Erde. Reist darin, aalt euch darin, fühlt die Hitze und die flüssigen Steine, lauscht Gaias Geschichtenerzählern und erinnert euch an ihre Worte. Bewegt euch dann direkt zur zweiten Dimension.

*Der Wunsch der zweiten Dimension* ist, euch durch ihr chemisches, radioaktives, mineralisches und kristallines Wesen mit der Dichte vertraut zu machen. Ihr sollt mit uns in unser Reich hintergehen, wo wir euch durch Höhlen mit Wänden aus Kristallen, Saphiren, Rubinen und Diamanten führen können, so daß ihr Edelsteine als Linsen benutzen könnt, mit denen ihr direkt in euren Körper seht. Beachtet, daß die Geometrie der Edelsteine und Kristalle die strukturelle Basis der sechsdimensionalen Lichtgeometrie ist. Wir wollen, daß ihr ins Erdinnere hinunterkommt und euch mit uns – chemischen und radioaktiven Wesen – trefft, damit ihr seht, wer wir sind. Wenn ihr uns in unserer ganzen herrlichen Macht seht, werdet ihr nicht mehr in unsere Welt eindringen und uns aus dieser entfernen wollen. Ihr werdet uns nicht mehr manipulieren, indem ihr uns zerteilt und umwandelt, es sei denn, ihr seid auf unserer Schwingung, und wir billigen eure Absichten. Kommt herunter und besucht uns, damit ihr uns alle erkennt. Denn wenn Gaia ihre Veränderungen durchmacht, werden wir oft aus unserer Welt hinausgeworfen und enden verloren auf der Erde. Wenn wir nicht mehr in der Erde sind, dann wandern wir in euren Körper und in die Flüsse, Seen, Ozeane, den Boden und die Luft. Dann werdet ihr es euch zur Aufgabe machen, uns in unsere eigene Welt zurückzuschicken. Wir wollen euch nicht stören oder Krankheiten bei euch verursachen, sondern lediglich, daß ihr uns kennenlernt. Denn wir beide teilen uns Gaia.

*Der Wunsch der dritten Dimension* ist, in physischen Körpern – Tieren, Insekten, Pflanzen und Menschen – und frei zu sein. Wenn ihr erst einmal frei seid, könnt ihr alles erschaffen, was ihr wollt, und zwar in jeder beliebigen Wirklichkeit. Dazu müßt ihr die Mächte der ersten beiden Dimensionen respektieren und bewußt mit ihnen arbeiten. Ihr müßt lernen, in eurem Leben ganz im gegenwärtigen Augenblick zu sein. Wenn ihr gelernt habt, im Augenblick genau hier zu sein, werdet ihr die Zukunft »fühlen«, indem ihr euch auf die vierdimensionalen archetypischen Kräfte rings um euch einstellt. Ihr müßt mit diesen Kräften kommunizieren, weil sie für euch den Zugang zu eurer Zukunft darstellen. Um in der Gegenwart zu existieren, müßt ihr immer ein Gespür für das bei euch tragen, was ihr erschaffen wollt – eure persönliche Zukunft. Wenn ihr in Kommunikation mit den intensiven Einflüssen der vierdimensionalen archetypischen Intelligenzen steht, könnt ihr die Zukunftswünsche aller neun Dimensionen fühlen. Dann werdet ihr inspiriert werden, Wirklichkeiten zu erschaffen, die allen Wesen dienen, die euer Zuhause mit euch teilen. Wenn ihr in diesem Geisteszustand lebt, wird ein Baldachin von vierdimensionaler Energie, der zu allen höheren Dimensionen Zugang hat, in eurem Geist vibrieren.

*Der Wunsch der vierten Dimension* ist, tief an den Handlungen eures Körpers beteiligt zu sein und euch alle Kommunikationen zu liefern, die sie aus der fünften bis neunten Dimension erhält. Diese kräftigen Impulse sind für euch sehr verwirrend. Ihr versucht mit allen Mitteln, ihre Bitten zu ignorieren, doch gerade dieses Bewußtsein liefert den Brennstoff für eure Kreativität. Alle großen Künstler haben ein Talent dafür, diese Intelligenzen in ihren Geist und ihr Herz einzulassen. An einem bestimmten Tag oder in einer bestimmten Nacht könnte dieses Material eine grandiose epische Darstellung sein, eine Begegnung mit großem Übel oder frommen Wesen oder das Erscheinen wundervoller zusammengesetzter Ungeheuer und merkwürdiger Gestalten. All das wird von überwältigenden Emotionen begleitet, die euren Körper scheinbar erschöpfen können. Letztendlich fällt es leichter, euch einfach all dieser Energie zu öffnen und bewußt deren Aufnahme zu orchestrieren. Wie? Folgt euren Faszinationen und hört auf, alles, was sich euch vorstellt, zu verurteilen. Woher wißt ihr, ob diese Impulse gut oder schlecht für euch sind, bevor ihr ihre Botschaften begreift? Versucht, eine Zeitlang mit einem dieser kreativen Impulse zu arbeiten, und wenn er nicht für euch bestimmt ist, ist das in Ordnung. Laßt ihn einfach los, macht euch klar, daß ihr seine Entstehung eine Zeitlang durch eure Neugierde gefördert habt. Dann wird er zu jemand anderem gehen, der dafür bereiter ist.

Warum bittet euch die vierte Dimension um so etwas? Betrachtet es von meinem Standpunkt aus. Ich bin ein riesiger Baldachin aus holographischem Film über jedem von euch, und fünf Bewußtseinsdimensionen jenseits von mir bombardieren mich mit Energiewellen und Lichtstrahlen. Diese Strahlen teilen sich in zwei Möglichkeiten. Jede von ihnen ist etwas, das ihr erschaffen und womit ihr agieren könnt. Aber mir ist das nicht möglich, denn ich existiere nicht in linearem Raum und linearer Zeit. Wenn ihr all diese Lichtstrahlen nicht erforscht und sie erprobt, werde ich von den vielfältigen Dualitäten zerrissen, die schließlich mein eigenes Selbstgespür in bedeutungsloses Chaos fallen lassen.

*Der Wunsch der fünften Dimension* ist, tiefgreifend an euren Gefühlen beteiligt zu sein und als euer Zentrum zu dienen und Liebe zu euch und allen anderen Dingen auszustrahlen. Ich bin die Dimension eures Herzens, und wenn ihr weiterhin intensiv in eurem Körper zentriert bleibt und auf alles reagiert, was zu euch gezogen wird, dann leite ich Wellen der Liebe zu euch, damit ihr unbegrenzt Energie habt, um allen Wesen in eurer Welt freundlich gegenüberzutreten. Wenn ihr ganz im geheiligten Raum, den ihr bewohnt, geerdet bleibt und euer Herz eine offene Leitung ins Zentrum der Erde ist, werdet ihr mit mir in Samadhi sein. Ich bin das Zentrum aller neun Dimensionen, die ihr betretet. Wenn ihr in eurem Körper zentriert und mit dem Zentrum der Erde verbunden seid, wird meine Energie durch die vierte Dimension geschleust und ergießt sich direkt in euer Herz. Wenn dieser Strom der Liebe in euch hineinfließt, fangen die vier Dimensionen über mir an, euer Bewußtsein zu überfluten. Je mehr ihr euer Herz offenhaltet und dabei geerdet bleibt, desto intensiver fühlt ihr die feinstofflichen Vibrationen der höheren Dimensionen.

*Der Wunsch der sechsten Dimension* ist, tiefgreifend an eurem Geist beteiligt zu sein und euer Feld der Möglichkeiten zu erweitern. Wir sind der Standort morphogenetischer Felder – der Bank mit den Aufzeichnungen all eurer Vorstellungen in der dritten Dimension –, und wenn ihr in der dritten Dimension etwas erschafft oder euch etwas wünscht, halten wir die geometrische Matrix dieses Gegenstands am Leben, solange die Vorstellung davon in eurem Geist existiert. Wenn ihr etwas begehrt, wenn ihr wirklich sein Potential und seine Schönheit respektiert, fängt es an, stärker zu vibrieren. Alles aus unserem Reich kann in eure Welt kommen, wenn ihr es stark genug ersehnt, und deshalb bin ich die Ursache geheimnisvoller Synchronizitäten in der dritten Dimension. Wenn eine junge Frau, die ihre verstorbene Mutter vermißt, an einem Fenster steht und sich nach einem Gefühl von ihr sehnt, werde ich eine weiße Taube zu diesem Fenster schicken. Wenn ein Schamane die Macht eines Adlers anruft, von einem Wunsch herrührende Energie besitzt, füllt die fünfdimensionale Herzenergie es noch mehr, und ich werde angezogen. Dieses in der dritten Dimension existierende Bewußtsein kann Wellen draußen auf den galaktischen Informationsautobahnen erzeugen. Dann entdecken die Dimensionen über der sechsten, was wir zusammen in unseren Reichen aus den göttlichen Ideen geschaffen haben, die uns gesandt wurden. Beispielsweise kann ein Schamane einen alten Totemgegenstand besitzen, der mit Energiewellen aus vielen Zeremonien, die von Sternenwesen besucht wurden, geprägt ist. Der Schamane kann über diesen Totemgegenstand mit diesen Sternenwesen Kontakt aufnehmen, denn wenn ich einem Gegenstand Form verleihe, steht der Zugang zu jedem beliebigen Reich offen.

*Der Wunsch der siebten Dimension* ist, tiefgreifend an eurem spirituellen Leben beteiligt zu sein und die Umlaufbahnen von Sternen und Planeten mit Hilfe von siebendimensionalen Photonenringen oder galaktischen Informationsautobahnen des Lichts in der Galaxis an ihrem Platz zu halten. Ich bin ein Gewebe aus Leben und Licht, kein Netz, das euch einfängt und eure Freiheit einschränkt. Ich halte diese Lichtautobahnen in der ganzen Galaxis an ihrem Ort, und ich pulsiere mittels ihnen Bewußtsein in die Sterne, die sie durchfliegen, weil ich den Galaktischen Geist meinen Photonensternen wie beispielsweise Alcyone übermitteln will. Sobald meine Kommunikationsverbindungen stark genug sind, senden meine Photonensterne große Spiralen aus, die nahe gelegene Sterne aneinanderkoppeln. Die Sterne in diesen Spiralen können in meine Lichtbänder kreisen, und dann drehen sie sich in die Galaktische Nacht hinaus, das große Feld der Dunkelheit, das die Grundlage des Seins für die Galaxis ist. Wegen dieser photonischen Spiralen stehe ich mit viel mehr Sternen in der Galaxis in Verbindung, und diese Sterne geben mir neue Informationen über die Galaktische Nacht, wo neue Gedanken geboren werden.

*Der Wunsch der achten Dimension* ist, die Daseinsqualität aller Wesen in den Dimensionen unter uns zu führen. Wir halten viele Konferenzen und Treffen ab, und jeder, der das Leben wirklich liebt, kann zu dieser Dimension gehören. Die Fähigkeit, das Leben zu lieben – sich niemals in irgendein anderes Bewußtsein in der Galaxis einzumischen –, entsteht aus vielen Lebenszeiten in vielen verschiedenen Dimensionen. Es ist eine Qualität, die einem Wesen oft in Situationen entzogen wird, in denen das Leben nicht geliebt wird und Böses entsteht. Die Erde ist sehr bevölkert, weil Seelen aus der ganzen Galaxis dorthin geschickt werden, da die Erde gerade jetzt ein Übungsfeld in bezug auf das Böse ist. Ende 1999 ist die Erde kein Trainingszentrum mehr, wenn alle Teilnehmer die Gelegenheit erhalten, die unmittelbaren Auswirkungen dessen zu sehen, daß sie die Erde nicht lieben. Wenn ihr das Leben liebt, werdet ihr sehen, wie sich die Erde über das Böse hinaus erhebt. Wenn ihr das Leben nicht liebt, werdet ihr die Apokalypse noch unmittelbar vor dem Jahr 2000 n. Chr. erleben, wie es der Apostel Johannes prophezeit hat.

*Der Wunsch der neunten Dimension* ist, im ewigen Samadhi zu leben und dieses Gefühl mit allen anderen Wesen zu teilen, die es erreicht haben. Ich existiere in meinem Lichtzentrum, in Dunkelheit getaucht, und ich pulsiere Energiewellen hinaus, die eine atomare Explosion auslösen würden, mit Ausnahme der Informations-Lichtautobahnen, die meine Pulsierungen empfangen. Ich bin wie eine große Qualle aus Licht, die Orgasmen hat und ewige Wellen und Pulsierungen in der Milchstraße auslöst.

VARDA HASSELMANN/FRANK SCHMOLKE

# Die Entfaltungsschritte der Seele

*Frage:* Wir haben gehört, daß der Sinn unserer Existenz auf dieser Erde im Lernen besteht. Aber wie lernen wir? Worin bestehen die Aufgaben? Warum braucht die Seele soviel Zeit dazu, wenn sie doch an sich vollkommen ist? Und warum ist das Lernen oft so schmerzhaft und schwierig?

*Quelle:* Ihr kommt aus dem Ganzen und sucht das Ganze, um nach einer Vereinzelung durch Erlebnisse und Einsicht bereichert wieder in ihm aufzugehen. Einen Teil des Erfahrungsweges in menschlicher Gestalt zurückzulegen ist eine besonders mutige Entscheidung, der sich keineswegs jedes beseelte Wesen im Kosmos unterzieht. Jede Stufe der seelischen Entfaltung in einem menschlichen Körper ist verbunden mit einer Aufgabe, die für diese Stufe charakteristisch ist. Sie stellt den Entwicklungsanreiz dar und will bewältigt werden, bevor der nächste Schritt auf die darauffolgende Entfaltungsstufe getan werden kann.

Menschsein heißt, in einer Gemeinschaft sein Werk zu tun, was immer es sei. Es bedeutet, sich auf mannigfache Weise innerhalb dieser Gemeinschaft in Erfahrungen hineinzubegeben. Die Aufgaben, die jede Stufe kennzeichnen, betreffen alle Aspekte der jeweiligen Seinsweise. Das bedeutet, sie betreffen körperliche, seelische und geistige Bereiche. Es geht also nicht nur darum, etwas zu begreifen oder zu erledigen oder hinter sich zu bringen, sondern in erster Linie darum, eine bestimmte umfassende Erfüllung mit allem, was dazugehört, zu erleben. Aus diesem Grunde werden für die Bewältigung eines einzigen geistig-seelisch-körperlichen Lernschritts oft mehrere Existenzen in der physischen Welt benötigt, denn nicht selten vollzieht sich die Erfassung und Erfüllung dieser Aufgabe in aufeinanderfolgenden Stufen. Zum Beispiel kann eine solche Aufgabe zunächst einmal geistig erfaßt werden in ihrer Notwendigkeit und Bedeutung. Im darauffolgenden Leben wird sie körperlich und aktiv erfahren, im dritten vielleicht erst seelisch integriert und verarbeitet. Das wäre der idealtypische Vorgang, aber es ist nicht ausgeschlossen, diese drei Schritte auch innerhalb einer einzigen Inkarnation zu vollziehen. Trotzdem sind in der Regel zwei Leben unter verschiedenen Bedingungen notwendig, um alles entsprechend zu begreifen. Jeder dieser Schritte kann selbstverständlich in jedem einzelnen Leben auch wiederholt werden, um die Erfahrungen zu vertiefen und alle Dimensionen abzudecken, die sich durch eine solche Aufgabe eröffnen. Da grundsätzlich Kontakte mit anderen Seelen die Voraussetzung bilden, um eine Aufgabe subjektiv als notwendig zu empfinden, sie mit Leben zu erfüllen und auch zu verarbeiten, können diese spezifischen Entfaltungsschritte nur im Körper und während eines Aufenthalts in der physischen Welt vollzogen werden, denn in der astralen Welt geht es nicht um die Bewältigung von Aufgaben, sondern einerseits um Planung und andererseits um Auswertung.

Alles hingegen, was mit der erlebenden Ausführung als solcher zu tun hat, ist auf die Reibung zwischen solchen inkarnierten Seelen angewiesen, die in aller Regel nichts davon wissen, daß sie miteinander etwas zu gestalten haben. Diese Ungebrochenheit im Wollen und Können ist eine entscheidende Voraussetzung dafür, daß nicht alle Absicht als unverbindlich entkräftet wird. Die Inkarnationsaufgabe ist kein spielerischer Akt, den ein Mensch jederzeit abbrechen kann. Wichtig ist vielmehr, daß eine ernsthafte Auseinandersetzung mit den vielfältigen Möglichkeiten der Durchführung, die eine solche stufengemäße Aufgabe erfordert, stattfindet.

Wir betonen stets, daß alles selbstgewählt ist, und in einem weiteren Sinne ist dies auch hier der Fall. Und doch müssen wir dieses Thema der Entfaltungsaufgaben mit einer diesbezüglichen Einschränkung versehen, denn es ist der heranreifenden Seele nicht überlassen und unterliegt nicht ihren Wünschen oder ihrem »freien Willen«, ob sie sich diesen Aufgaben stellen möchte oder nicht. Sie kann es bewußt tun oder unbewußt vollziehen, das entspricht der Bandbreite ihrer Möglichkeiten. Doch wird sie sich aus einem selbstverständlichen Bedürfnis stets so lange auf der jeweiligen Stufe der Entfaltung aufhalten, bis sie die Befriedigung erlebt, einen entsprechenden Anteil ihrer Sinnforschung im inkarnierten Zustand vollständig erfaßt zu haben.

Diese Aufgaben sind für alle beseelten Wesen in allen physischen Welten gleich, und doch gestalten sie sich – je nachdem, wie die Bedingungen in einer spezifischen physischen Welt beschaffen sind – unterschiedlich. Strukturell betrachtet sind sie identisch. Um die besonderen Umstände auf anderen physischen Ebenen, die andersartig materialisierte, aber ebenfalls beseelte Wesen betreffen, wollen wir uns hier nicht kümmern. Wichtig ist, daß keine dieser Aufgaben vom inkarnierten Individuum allein, ohne das Mitwirken anderer Menschen oder nur durch mentale Einsicht oder nur durch seelische Arbeit, die sich von der seelischen Gemeinschaft abspaltet, erfüllt werden kann. Alle Aufgaben beziehen sich auf das Gefüge von Bindungen, in denen ein inkarniertes Wesen sich befindet. Es geht auf vielen verschiedenen Ebenen um Beziehungen – auf seelischer Ebene, auf biologischer Ebene, auf sozialer und auf kultureller Ebene. Die Aufgaben dienen dazu, dem Fragment seine beglückend bergende und geborgene Eingebundenheit einerseits und auch die als bedrohlich empfundene existentielle Abhängigkeit vom Mitmenschen andererseits erfahrbar zu machen.

Während der ersten drei großen Zyklen seelischen Wachstums (bei den Säugling-Seelen, Kind-Seelen und frühen Jungen Seelen), das heißt während gut der ersten Hälfte der Inkarnationen, werden diese Aufgaben sich vielfach nicht auf innere Prozesse beziehen, sondern auf die Bewältigung der Erfordernisse, die ein Leben in einem menschlichen Körper überhaupt mit sich bringt. Erst im späten Jungen, Reifen und sodann im Alten Zyklus wird es vorwiegend um eine innere Auseinandersetzung mit anderen Menschen gehen. Am Ende steht die Begegnung mit dem inneren Du, das sich als Bewußtsein und Psyche der seelischen Absicht beigesellt. In jedem Fall geht es um die Bewältigung der Ängste, die aus der Spannung zwischen

Vereinzelung und Verbundenheit entstehen. Wir können dies auch als den rein seelischen Aspekt der großen Dynamik zwischen Distanz und Nähe bezeichnen.

Wir möchten euch, um einen Einblick in die Vielfalt und in die aufeinander aufbauende Struktur der Entfaltungsaufgaben zu vermitteln, einen Überblick über die Lernschritte des Reifen und des Alten Seelenzyklus geben.

*Inkarnierte Seelen lernen auf der Entfaltungsstufe:*
Reif 1: Freiheit in Abhängigkeit erfahren.
Reif 2: Anderen und sich selbst Unrecht vergeben.
Reif 3: Einem schlechten Herrn treu dienen.
Reif 4: Aus Liebe auf Wesentliches verzichten.
Reif 5: Schicksal und Leben anderen anvertrauen.
Reif 6: Die Trennung von Unschuld und Schuld aufheben.
Reif 7: Möglichkeiten und Grenzen des Wollens erkennen.

Alt 1: Aus innerer Überzeugung gegen die geltende Moral handeln.
Alt 2: Sich selbst aufrichtige Bewunderung zollen und dafür auf die Bewunderung anderer verzichten.
Alt 3: Präzise Innenschau mit einer aktiven Außenwirkung verbinden.
Alt 4: Das Wohl der Gemeinschaft mit dem eigenen Wohl verbinden.
Alt 5: Unbeirrbar einen Weg verfolgen, ohne das Ziel zu kennen.
Alt 6: Durch Sein wirken und auf Tun verzichten.
Alt 7: Empfangen, ohne zu schenken, und schenken, ohne zu empfangen.

Diese Entfaltungsaufgaben, die auf den einzelnen Stufen der seelischen Entwicklung bewältigt und gestaltet werden müssen, sind so komplex, so vielfältig aspektiert und so reichhaltig in ihren Ausformungen, daß es grundsätzlich weder möglich noch sinnvoll ist, die auf eine Formel gebrachten Aussagen für die jeweiligen Stufen zu erläutern oder in irgendeiner Weise zu kommentieren. Vielmehr ist jeder einzelne, der für sich erkennt, daß er sich auf einer dieser Stufen der Entfaltung befindet, aufgefordert, sich auch mit dem Mysterium, das in dieser Formel, in dieser Formulierung enthalten ist, auseinanderzusetzen. Es handelt sich dabei um das Rätsel seines Lebens und zugleich um dessen Auflösung.

Es ist auch nicht möglich oder sinnvoll, ein historisches Beispiel für eine solche Entfaltungsaufgabe zu bieten, denn diese Aufgabe nimmt meistens nicht nur eine einzige körperliche Existenz, sondern mindestens zwei in Anspruch. Und um verstehen zu können, wie eine derartige Entfaltungsaufgabe sich in der leiblichen Manifestation darstellt, müßte gerade in dem Zyklus der Reifen Seele in der Regel eine dreifache Inkarnationsfolge enthüllt werden, nicht eine einzige Existenz, die sich mit einem Namen benennen lassen könnte.

Entfaltungsaufgaben werden gedanklich und real, passiv und aktiv, als Opfer und als Täter, bewußt und unbewußt, in Liebe und in Angst, absichtlich und unabsichtlich, beobachtend oder tätig gestaltet. Sie werden erlebt, erlitten oder auch für andere bereitgestellt. Auf die Auseinandersetzung mit der in der Formel beschlossenen Thematik kommt es an. Und jeder wählt für sich persönlich, in jedem einzelnen Leben, in jedem einzelnen Jahr seines Lebens, wie er sich dieser Thematik nähern oder ihr begegnen will. Es gibt keine Vorschriften, es gibt nur einen unbedingten Anspruch der Seele, diese Thematik zu bearbeiten. Jeder Anlaß, jede Gelegenheit, jede Herausforderung ist ihr dafür recht.

Da alle Entfaltungsaufgaben erhebliche Schwierigkeiten in ihrer Bewältigung enthalten, die während eines Abschnitts von zwei, drei oder vier Leben die wichtigste Herausforderung, die härteste Prüfung darstellen, aber nicht etwa ständig präsent sind oder unablässig ein ganzes Leben von sechzig, siebzig oder achtzig Jahren prägen, wird es nicht einmal in jeder Einzelinkarnation offensichtlich werden, worin diese Schwierigkeit, diese Herausforderung besteht. Jede Bearbeitung einer stufengemäßen Entfaltungsaufgabe steuert unaufhaltsam auf einen Höhepunkt hin, der früher oder später, im ersten oder erst im vierten Leben auffindbar ist. Eine solche Kulmination wird in Vernetzung mit den vielfältigen anderen Vorhaben, den Entwicklungszielen des Seelenmusters, den Lebensaufgaben, den Berufungen einer einzelnen Inkarnation abgestimmt.

Und nicht zuletzt hängt der Kulminationspunkt in der Bearbeitung von Entfaltungsaufgaben auf der jeweiligen Stufe, im jeweiligen Seelenzyklus, von der Kooperation mit anderen Seelen, vornehmlich den eigenen Seelengeschwistern, ab. Denn in aller Regel handelt es sich bei den härtesten Prüfungen, die mit den Entfaltungsaufgaben verbunden sind, um Absprachen aus Liebe, die in der astralen Welt getroffen werden, von den inkarnierten, manifestierten Persönlichkeiten jedoch nicht als solche empfunden werden. Lebendige Menschen erfahren die Absprachen oft als grausam, willkürlich und unerklärlich. Dennoch werden sie auf einer tieferen, unbewußten Ebene des Erlebens als merkwürdig sinnhaft empfunden, erfüllt von einer Sinnhaftigkeit, die von den Kräften des Verstandes nicht durchdrungen werden kann, die jedoch auf eine leise Art unablässig präsent ist. Kein fremder Mensch kann sie wirklich begreifen. Sie ist und bleibt für andere rätselhaft, erfüllt dadurch aber eine geheimnisvolle Wirksamkeit. Sie zeugt von einer Beharrlichkeit und Ausdauer, die es den betreffenden, miteinander in der Bewältigung dieser Entfaltungsaufgaben verwobenen Seelen ermöglicht, sie zu Ende zu führen, anstatt sich ihnen zu entziehen.

Ebenso wie die Entwicklungsziele ganze Lebensgeschichten bis in kleinste Verästelungen ihrer Gestaltung prägen, verhält es sich auch mit den Entfaltungsaufgaben. Sie prägen die seelische Bewußtheit und Zielsetzung, erreichen jedoch nur selten das individuelle Bewußtsein. Jeder Mensch gestaltet scheinbar unabsichtlich und doch in seelischer Absichtlichkeit absolut sinnvoll seine Tage und Lebenssituationen im Dienste dieser Aufgaben. Das ist es, was gemeint ist, wenn manche sagen: Jeder erschafft sich seine eigene Realität. Auch wenn der Sinn euch verborgen bleibt – er existiert.

Wir möchten euch nun für die Dynamik der Entfaltungsaufgaben ein einziges Beispiel geben, das die anderen Stufen der Entfaltung mit ihren Aufgaben exemplarisch beleuchten kann: Auf der ersten Stufe des Reifen Zyklus ist ein inkarnierter Mensch gehalten, »Freiheit in der Abhängigkeit« zu erleben. So wird er sich schon mit seiner Zeugung und seiner Geburt eine Situation kreieren, in der diese Thematik eine gewichtige Rolle spielt, zum Beispiel darin, ob die Zeugung freiwillig oder unter Zwang vonstatten ging. Ob die Schwangerschaft, die seinen Körper heranreifen läßt, als Abhängigkeit oder als Freiheit erlebt wurde. Ob die Geburt des Kindes Mutter oder Vater in einer als unangenehm empfundenen Abhängigkeit fesselt oder sie in eine neue Freiheit entläßt. Selbstverständlich ist jede Mutter abhängig von ihrem Kind, und jedes Kind ist abhängig von der Mutter. Aber in dem Maße, wie diese Abhängigkeit in das Bewußtsein der Beteiligten dringt und ob sie auch als beglückend und befreiend erlebt werden kann oder nicht, wird diese Thematik der Entfaltungsaufgabe in die Manifestation des Leibes und des Geistes eingebracht.

Wenn ein Mensch auf der Entfaltungsstufe »Reif 1« nun während seiner Kindheit und Jugend eine bedrückende Abhängigkeit erlebt hat, wird er sich unablässig mit der Frage beschäftigen, wie er in dieser Abhängigkeit wenigstens eine innere persönliche Freiheit erkämpfen oder entwickeln kann. Er wird unter dem Mangel an Freiheit leiden und die Abhängigkeit mehr oder weniger bewußt als schmerzhaft erleben. Er wird sich Freiräume schaffen, im Äußeren oder im Inneren, die ihm Luft zum Leben geben. Und da die Stufe »Reif 1« die erste Möglichkeit, die erste Gelegenheit für eine Seele auf der Inkarnationsreise darstellt, sich wahrhaft ihrer inneren Dimension zuzuwenden, wird gerade diese Spannung zwischen Abhängigkeit und Freiheit ein hervorragender Anlaß zur Auseinandersetzung sein, dem niemand ausweichen kann. Nun kommt ein solchermaßen sich und die Welt erlebender Mensch ins heiratsfähige Alter und erfährt gewiß die Sehnsucht, endlich frei zu sein von den Eltern, von Unfreiheit und Abhängigkeit, von der gesamten familiären Situation in besonderem Maße. Euch erscheint es nun seltsam – und doch habt ihr die Unausweichlichkeit dieser Gesetzmäßigkeit bereits oft beobachtet –, daß gerade jemand, der nach Freiheit strebt, sich unbewußt einen Lebenspartner wählt, mit dem er wiederum in eine viele Jahre dauernde neue Abhängigkeit gerät. Er findet sich in einer Situation wieder, die ihm erneut seine Entfaltungsaufgabe vor Augen führt und ihn nicht aus ihren Wachstumsverpflichtungen entläßt. Aber die Abhängigkeiten und Freiheiten, die mit einer Ehe verbunden sein können, erscheinen dem Betreffenden nunmehr frei gewählt, auch wenn sie es nicht sind, und erhalten dadurch einen neuen Herausforderungscharakter. Ob dieses Individuum sich später aus einer solchen Partnerschaft löst oder auch bis zu seinem Tode in ihr verharrt – es wird sich stets und ständig mit der Thematik von Abhängigkeit und Freiheit befassen. Die nächste Partnerschaft wird vielleicht nicht mit einer Eheschließung verknüpft werden und sich damit einer neuen Gestaltung des Themas »Freiheit und Abhängigkeit« öffnen können. Oder die langjährige Ehe wird dadurch verändert, daß der Mensch auf der Stufe »Reif 1« sich die Freiheit nimmt, anderen Partnern heimlich oder offen zu begegnen. Er wird unter diesen Umständen die sexuelle Freiheit anders erleben und anders mit seinem Gewissen verarbeiten, als wenn er sich zuvor scheiden läßt.

Bis ins hohe Alter wird ein Mensch im Reifen Zyklus auf seiner ersten Entfaltungsstufe die Thematik von »Abhängigkeit und Freiheit«, »Freiheit in Abhängigkeit« erleben. Nach seiner Lebensmitte wird er stets befürchten, anderen Menschen zur Last zu fallen, und sich gleichzeitig danach sehnen, von eben diesen Mitmenschen freiwillig versorgt zu werden. Er möchte stets seine Freiheit und Unabhängigkeit bewahren, scheut sich vor jeder auch nur geringfügigen Abhängigkeit und wird sie doch erleben müssen, um zu erkennen, worin seine eigentliche Freiheit besteht. Menschen auf dieser Stufe der Entfaltung empfinden jeweils nachdrücklich, daß es schwierig oder gar unmöglich ist, Abhängigkeit zu vermeiden. Am Ende dieser Epoche wird diese Möglichkeit dennoch eintreten, und zwar jeweils im Anschluß an die Kulminationsphase, die diese beiden so widersprüchlich erscheinenden Bereiche von Abhängigkeit und Freiheit in einer Weise verbindet, daß sie gleichzeitig und freudig erlebt werden können. Die entscheidende Leistung am Ende jeder Entfaltungsepoche, die eigentliche Bewältigung der Entfaltungsaufgabe, besteht darin, zu der Erkenntnis zu gelangen, daß Liebe die Gegensätze auflöst, während Angst sie schürt. Der Mensch gelangt zu der Erkenntnis, daß es möglich ist, nicht zwischen den quälenden

Widersprüchen zu leiden, sondern seine Energie oder Einstellung so zu verändern, daß die Widersprüche sich neutralisieren. Dann kann man in einer Situation verharren, auch wenn sie schmerzhaft ist. Die Spannung löst sich dadurch, daß ein Mensch sich in aufmerksamer Liebe seiner Aufgabe widmet, worin immer sie bestehen mag.

Wenn ihr die Erläuterungen, die in diesem Beispiel enthalten sind, auf die anderen Entfaltungsaufgaben übertragt und den Reichtum an Möglichkeiten spekulativ erfahrt, der in ihnen enthalten ist, werdet ihr das Prinzip als solches besser begreifen können, ohne euch in den Einzelheiten, die so vielfältig sind wie die Sterne am Himmel, verlieren zu müssen. Denn die Möglichkeiten der Gestaltung und Bearbeitung einer Entfaltungsaufgabe sind aufs engste verknüpft mit dem jeweiligen Seelenmuster eines inkarnierten Menschen, mit den Aufgaben seiner Seelenfamilie, mit den Bedingungen, die er an seinem Inkarnationsort und in seiner Inkarnationszeit vorfindet. Sie können nicht verallgemeinert werden. Um dieses Beispiel von der Aufgabe, Freiheit in Abhängigkeit zu erleben, noch ein wenig weiterzuführen, könnte zum Beispiel eine zweite Inkarnation der Erfahrung gewidmet sein, sich mit einer wesentlichen Körperbehinderung auseinanderzusetzen und trotzdem alle innere Freiheit in Anspruch zu nehmen, die nur irgend möglich ist. In einem dritten Leben könnte dann ein langjähriger Gefängnisaufenthalt eine zentrale Rolle spielen. Stets geht es dabei um eine äußere Abhängigkeit und um das Erlangen einer inneren Freiheit unter scheinbar widrigen Bedingungen. Ein letztes Leben auf dieser Stufe könnte sodann einer spiegelbildlichen Erfahrung gewidmet werden, zum Beispiel, die äußere Freiheiten zu besitzen, sich aber in einer psychischen Abhängigkeit zu befinden, die zwar die Thematik des ersten Lebens wieder aufnimmt, sie aber anders und gereifter gestaltet.

Jeder Mensch, der sich bewußt mit der Entfaltungsaufgabe seiner seelischen Entwicklungsstufe befassen möchte, ist aufgerufen, die großen und spektakulären Ereignisse und die dramatischen Herausforderungen seines Lebens ebenso zu untersuchen wie die kleinen, unauffälligen und wie selbstverständlich erscheinenden Bedingungen, unter denen er seinen Alltag verbringt.

JANE ROBERTS

# Das seelische Potential

SITZUNG 530, MITTWOCH, DEN 20. MAI 1970
*(21.19 Uhr.)* Guten Abend.
*(»Guten Abend, Seth.«)*
Wir nehmen das Diktat wieder auf und beginnen Kapitel acht.
*(Anmerkung: Acht war offenbar ein Versprecher.)*
Es hat den Anschein, als hättet ihr nur eine Gestalt, die physische, die ihr wahrnehmt, und keine andere. Es sieht gleichfalls so aus, als könnte eure Gestalt nicht an mehreren Stellen gleichzeitig sein. Ihr habt aber, in der Tat, andere Gestalten, die ihr nicht wahrnehmt, und außerdem bringt ihr verschiedene Gestaltformen für verschiedene Zwecke hervor, obgleich ihr auch diese physisch nicht wahrnehmt.

Euer Identitätsgefühl ist hauptsächlich an euren physischen Leib gebunden, so daß es euch, beispielsweise, äußerst schwerfällt, euch ohne ihn vorzustellen, oder außer ihm oder auf irgendeine Weise von ihm getrennt. Die Gestalt ist das Produkt konzentrierter Energie; das Muster, das ihr zugrunde liegt, wird durch lebhafte, gezielte emotionale oder mediale Vorstellungsbilder erzeugt. Dabei ist die Intensität von entscheidender Bedeutung. Habt ihr beispielsweise das starke Verlangen, an irgendeinem anderen Ort zu sein, dann kann, ohne daß ihr euch dessen bewußt seid, an dem betreffenden Ort eine pseudophysische Gestalt von euch auftauchen. Das Verlangen wird den Stempel eurer Persönlichkeit und eurer Erscheinung tragen, obwohl ihr euch der Erscheinung und ihres Auftretens an dem anderen Ort unbewußt bleibt.

Obgleich dieses Gedankenbild normalerweise von andern nicht wahrgenommen wird, ist es doch durchaus möglich, daß in Zukunft wissenschaftliche Instrumente es wahrnehmen könnten. Beim gegenwärtigen Stand der Dinge kann ein solches Bild von denjenigen wahrgenommen werden, die ihre inneren Sinne entwickelt haben. Jede intensive geistige Tat – ob emotionaler oder gedanklicher Natur – baut sich nicht allein in physischer oder pseudophysischer Gestalt auf, sondern trägt auch das Gepräge ihres Urhebers.

Es gibt viele solcher im Werden begriffener oder latenter Gestalten. Damit ihr euch besser vorstellen könnt, wovon ich rede, denkt sie euch einfach – obwohl nur analogisch – als geisterhafte oder schattenhafte Bilder, unterschwellige Formen, die noch nicht ganz in die euch bekannte physische Realität übergetreten, aber doch schon lebendig genug sind, um sich aufbauen zu können. Sie würden euch, in der Tat, sehr real vorkommen, wenn ihr sie sehen könntet.

Jeder Mensch sendet tatsächlich häufig solche Nachbildungen seiner selbst aus, obwohl diese sich dem Grade nach unterscheiden und manche schattenhafter als andere ausfallen mögen. Diese Gestalten sind jedoch nicht einfache Projektionen – »flache Bilder«. Sie üben eine entschiedene Wirkung auf die Atmosphäre aus. Sie haben eine Art, sich »Platz zu schaffen«, die sich schwer beschreiben läßt; und zwar obwohl sie manchmal mit physischen Gegenständen oder Gestalten koexistieren oder diese sogar überlagern können. In solchen Fällen findet eine regelrechte Wechselwirkung statt – eine Wechselwirkung, die wiederum unterhalb der Schwelle physischer Wahrnehmung bleibt.

Ihr spürt vielleicht plötzlich ein starkes Verlangen, an einer geliebten, aber entfernten wohlbekannten Meeresküste zu stehen. Dieses intensive Verlangen würde sich dann gleichsam wie ein Energiekern verhalten, den euer Geist nach außen projiziert, indem er ihm Form, eure Form gibt. Der Ort, den ihr euch vorgestellt habt, würde dann diese Form anziehen, und sie würde augenblicklich dort auftauchen. Dies geschieht äußerst häufig.

Unter normalen Umständen würde sie nicht sichtbar werden. Wäre hingegen euer Verlangen noch intensiver, dann wäre der Energiekern größer, und ein Teil eures eigenen Bewußtseinsstromes würde sich der Gestalt mitteilen, so daß ihr vielleicht einen Augenblick lang die salzige Meeresluft riechen oder auf irgendeine andere

Weise die Umgebung wahrnehmen würdet, in der das Pseudobild gerade steht.

Der Grad der Wahrnehmung wäre hier sehr unterschiedlich. In erster Linie ist eure physische Gestalt das Resultat einer großen Gefühlskonzentration. Die phantastische Energie eurer Psyche zeugte nicht allein euren physischen Leib, sondern erhält ihn auch am Leben. Er hat keine Kontinuität, obschon er euch dauerhaft genug vorkommen mag, solange er dauert. Dessenungeachtet befindet er sich im Zustand ständigen Pulsierens, und als natürliche Folge der Beschaffenheit und Struktur der Energie blinkt der Körper tatsächlich in Abständen auf.

Dies ist schwer zu erklären, und für unsere Zwecke ist es nicht unbedingt nötig, daß ihr die Gründe für dieses Pulsieren versteht; doch selbst körperlich seid ihr ebensooft »nicht da« wie da. Eure Gefühlsintensität und -konzentration bringen neben eurem physischen Leib noch andere Gestalten hervor, deren Dauer und Ausprägung jedoch von der Intensität des jeweiligen emotionalen Impulses abhängig ist.

Euer Lebensraum ist infolgedessen mit im Werden begriffenen Gestalten erfüllt, sehr lebendig, aber unterhalb der Schwelle der für euch wahrnehmbaren materiellen Strukturen.

*(Jane als Seth langte über das Teetischchen, das zwischen uns stand, um mein halbvolles Bierglas zu ergreifen. Ich notiere dies wegen des Folgenden:)*

Ruburt danke dir. Du brauchst dies nicht zu vermerken. Wir verlangsamen unser Tempo von Zeit zu Zeit, um nach dem passenden Ausdruck zu suchen, denn dieses Material ist teilweise recht schwierig.

*(»Sehr interessant.« Mir waren die fast regelmäßigen Geschwindigkeitsschwankungen in Janes Vortragsweise gleich nach Beginn der Sitzung aufgefallen. Jede Phase dieses mal schnellen, mal langsamen Tempos schien sich höchstens über ein paar Absätze zu erstrecken. Dies war heute abend viel spürbarer als sonst.)*

Diese Projektionen werden also tatsächlich dauernd ausgesandt. Höherentwickelte wissenschaftliche Instrumente, als ihr sie gegenwärtig besitzt, würden nicht nur die Existenz dieser Formen anzeigen, sondern auch die Schwingungen in den verschiedenen Intensitätswellen messen können, die jene physischen Objekte umgeben, die für euch sichtbar sind.

Um dies klarerzumachen, betrachtet irgendeinen Tisch in eurem Zimmer. Er ist physisch, stabil und leicht zu sehen. Um der Analogie willen stellt euch nun, wo möglich, vor, daß hinter dem Tisch sich ein anderer, genau gleicher befindet, nur nicht ganz so physisch, und hinter diesem noch einer, und ein weiterer dahinter – jeder von diesen ein bißchen schwerer zu sehen, bis zur Unsichtbarkeit hin. Und vor diesem Tisch ist nochmals ein genau gleicher Tisch, nur ein bißchen weniger physisch in seiner Erscheinung als der »wirkliche« Tisch, und dieser hat ebenso ein Gefolge von weniger physischen Tischen, die sich nach vorne erstrecken. Und für jede Seite des Tisches denkt euch das gleiche.

Nun existiert alles, was sich physisch manifestiert, auch auf andere Weisen, die ihr nicht wahrnehmt. Ihr nehmt Realitäten nur wahr, wenn sie eine bestimmte »Tonlage« erreichen, wo sie in Materie überzugehen scheinen. Doch existieren sie tatsächlich und auf völlig gültige Weise auch auf anderen Ebenen.

Jetzt könnt ihr Pause machen und euch auf einer anderen Ebene entspannen.

*(22.02 bis 22.20 Uhr.)*

Es gibt auch Realitäten *(Pause)*, die »relativ gültiger« sind als eure Realität; im Vergleich damit würde – streng analogisch und exemplarisch gesprochen – euer physischer Tisch schattenhaft wirken, so wie jene sehr schattenhaften Tische, die wir uns vorgestellt haben. Ihr würdet dann eine Art »Supertisch« haben. Euer Realitätssystem wird also nicht von der größtmöglichen Energiekonzentration gebildet. Es ist lediglich ein System, auf das ihr eingestellt und dessen integrierender Bestandteil ihr seid. Nur aus diesem Grunde nehmt ihr es wahr.

Andere Teile von euch, derer ihr euch nicht bewußt seid, hingegen bewohnen, was ihr ein »Superrealitätssystem« nennen würdet, wo das Bewußtsein mit weit stärkeren Energiekonzentrationen umgehen, diese wahrnehmen und »Gestalten« völlig anderer Natur aufbauen lernt.

Eure Raumvorstellung ist demnach äußerst verzerrt, da Raum für euch etwas ist, wo es nichts zu sehen gibt. Er ist offensichtlich mit allen möglichen Phänomenen *(Pause)* erfüllt, die auf eure Wahrnehmungsorgane überhaupt keinen Eindruck machen. Nun ist es euch auf verschiedene Weise gelegentlich möglich, euch bis zu einem gewissen Grad in diese anderen Realitäten einzuschalten – und das tut ihr von Zeit zu Zeit auch, obwohl in vielen Fällen die Erfahrung verlorengeht, weil sie physisch nicht registriert wird.

Denken wir wieder an die Gestalt, die ihr an die Meeresküste geschickt habt. Obgleich sie nicht mit euren eigenen physischen Sinnen ausgestattet war, war sie doch bis zu einem gewissen Grad der Wahrnehmung fähig. Ihr habt sie unwissentlich, aber aufgrund einer natürlichen Gesetzmäßigkeit projiziert. *(Pause.)* Das Bild folgt dann seinen eigenen Realitätsgesetzen, und bis zu einem gewissen Grad, der unterhalb eures eigenen liegt, hat es auch Bewußtsein. *(Pause.)*

Nun seid ihr, wieder analogisch gesprochen, von einem Superselbst ausgesandt, das ein starkes Verlangen nach einer Existenz in physischer Form trug. Ihr seid keine Marionette dieses Superselbst. Ihr werdet den Gesetzen eurer eigenen Entwicklung folgen und auf eine Weise, die viel zu kompliziert ist, um sie hier erklären zu können, die Erfahrung des Superselbst mehren und sein Realitätsspektrum erweitern. Dabei fördert ihr gleichzeitig eure eigene Entwicklung und könnt außerdem von den Fähigkeiten des Superselbst Nutzen ziehen.

Auch wird dieses Selbst, das in diesem Sinne so überlegen zu sein scheint, euch niemals verschlucken. Da ihr existiert, sendet ihr selber, wie gesagt, ähnliche Projektionen aus. Das Bewußtsein kennt keine Grenzen, auch was die Mittel für seine Materialisierung betrifft. Ebenso sind auch den Entwicklungsmöglichkeiten jeglicher Identität keinerlei Schranken gesetzt.

Ich wollte dieses Kapitel heute abend beginnen, damit wir einen guten Start hätten. Ihr sollt aber trotzdem eine gute, leichte Sitzung haben.

(»*Ich bin o.k.*«)
Du hast öfters gegähnt.
(»*Das spielt keine Rolle. Ich fühle mich momentan recht wohl.*«)
Mach eine kurze Pause, und dann fahren wir fort.
*(22.43 bis 22.54 Uhr.)*
Laßt es mich noch einmal klar aussprechen: Eure gegenwärtige Persönlichkeit, wie sie in eurer Vorstellung besteht, ist »unauslöschlich« und fährt nach dem Tode fort, zu wachsen und sich zu entwickeln.

Ich erwähne dies nochmals inmitten unserer gegenwärtigen Erörterung, damit ihr euch nicht verloren, in Frage gestellt oder unwichtig vorkommt. Offensichtlich gibt es endlose Schattierungen bei den Gestaltformen und –typen, von denen die Rede war. Die Energie, die von unserem »Superselbst« projiziert wird, jener Funke intensiver Identität, jener einzigartige Impuls, der euch physisch ins Leben rief, ist in einer Weise dem alten Seelenbegriff sehr ähnlich – nur daß dieser lediglich einen Teil der Wahrheit enthält.

*(Lange Pause um 23.01 Uhr. Jane hielt jetzt sehr spürbar nach vielen Sätzen inne, während sie dieses Material durchgab.)*

Während ihr fortfahrt, zu existieren und euch zu entwickeln, verfügt euer Gesamtselbst, eure Seele, über ein so gewaltiges Potential, daß sich dieses niemals völlig durch eine Persönlichkeit ausdrücken kann. Ich habe das bereits in einem früheren Kapitel in etwa erklärt.

Nun könnt ihr durch sehr intensive Gefühlskonzentration eine Gestalt erzeugen und diese auf eine andere Person übertragen, die sie dann vielleicht wahrnehmen kann. Dies kann bewußt oder unbewußt geschehen; und das ist nun ziemlich wichtig. Dabei ist hier nicht etwa von dem sogenannten Astralleib die Rede, der etwas vollkommen anderes ist. Der physische Leib ist die Materialisierung des Astralleibs.

Dieser verläßt den Körper jedoch niemals für längere Zeit, und es ist nicht er, was im Falle unserer vorhin verwendeten Meeresküstenanalogie projiziert wird. Ihr seid gegenwärtig nicht nur auf euren physischen Leib eingestellt, sondern auch auf eine bestimmte Frequenz von Geschehnissen, die ihr als Zeit interpretiert. Andere historische Epochen existieren gleichzeitig, in ebenso gültigen Formen; auch andere Reinkarnationsselbst. Wiederum seid ihr einfach auf diese Frequenzen nicht eingestellt.

Ihr seid imstande zu wissen, was in der Vergangenheit passiert ist, und habt Geschichte, weil ihr nach den Spielregeln, die für euch gelten, glaubt, daß die Vergangenheit, aber nicht die Zukunft eurer Wahrnehmung zugänglich ist. Ihr könntet gegenwärtig Zukunftsgeschichte haben, wenn die Spielregeln andere wären. Kannst du mir folgen?

*(»Ja.«)*

Auf anderen Realitätsebenen verändern sich aber die Spielregeln. Nach dem Tode in eurem Sinne seid ihr, was die Wahrnehmung betrifft, vollkommen frei. Die Zukunft liegt ebenso klar vor euch da wie die Vergangenheit. Selbst dies ist jedoch hochkompliziert, weil es nicht nur eine einzige Vergangenheit gibt. Ihr erkennt nur bestimmte Geschehniskategorien als real an und übersteht andere. Wir haben von Geschehnissen gesprochen. Es gibt daher auch wahrscheinliche Vergangenheiten, die völlig außer Reichweite eurer Vorstellungskraft liegen. Ihr wählt aus diesen eine bestimmte Gruppe von Geschehnissen aus und versteigt euch auf diese als die einzig möglichen, dabei entgeht euch, daß ihr aus einer unendlichen Vielfalt vergangener Ereignisse eine Auswahl getroffen habt.

Es gibt somit offenbar wahrscheinliche Zukünfte und wahrscheinliche Gegenwarten. Ich versuche dies mit euren Begriffen zu erklären, denn im Grunde genommen müßt ihr wissen, daß die Wörter »Vergangenheit«, »Gegenwart« und »Zukunft« hinsichtlich ihres wahren Erfahrungsgehaltes ebensowenig Sinn haben wie die Wörter »Ich«, »bewußt« oder »unbewußt«.

Ich beende das Diktat für heute abend. An diesem wahrscheinlichen Abend *(humorvoll)* wähle ich mir diese wahrscheinliche Alternative aus. Euch beiden meine innigsten Wünsche.

*(23.20 Uhr. Im Anschluß daran gab uns Seth noch zwei Seiten hochinteressantes Material durch, das einem parapsychologischen Forscher und Schriftsteller und dessen Frau galt; sie waren Zeugen der gestrichenen 529sten Sitzung am vergangenen Montag, dem 18.*

*Mai, gewesen. Die heutige Sitzung endete dann richtig um 23.35 Uhr.)*

SITZUNG 531, MONTAG, DEN 25. MAI 1970
*(21.22 Uhr.)* Guten Abend.
*(»Guten Abend, Seth.«)*
Wir nehmen das Diktat wieder auf.

Ihr seid nicht nur ein Teil anderer, unabhängiger Selbst, von denen ein jedes auf seine eigene Realität konzentriert ist, sondern es gibt zwischen euch auch eine Art Wahlverwandtschaft. Dank dieser Beziehung ist beispielsweise eine Begrenzung eurer Erfahrung durch die physischen Sinnesorgane nicht zwingend. Das Wissen, das diesen anderen, unabhängigen Selbst gehört, könnt ihr euch zugänglich machen. Ihr könnt lernen, eure Aufmerksamkeit von der physischen Realität ab- und neuen Wahrnehmungsweisen zuzuwenden, die euch dazu verhelfen, euren Realitätsbegriff zu erweitern und euren eigenen Erfahrungsbereich beträchtlich zu vergrößern.

Es ist bloß, weil ihr die physische Existenz für die einzig gültige haltet, daß ihr es euch nicht einfallen laßt, nach anderen Realitäten Ausschau zu halten. Dinge wie Telepathie und Hellsehen können euch Hinweise auf andere Arten der Wahrnehmung geben, doch seid ihr selber auch entschieden in solche Erfahrungen verwickelt, und zwar im normalen Wachzustand sowohl wie im Schlaf.

Der sogenannte »Bewußtseinsstrom«[1] ist nichts anderes als dies: ein dünner Strom von Gedanken, Bildern und Impressionen – der einen Bruchteil eines viel tieferen Bewußtseinsstroms darstellt, welcher eure weit größere Existenz und Erfahrung repräsentiert. Ihr bringt eure ganze Zeit damit hin, diesen einen dünnen Strom zu examinieren, so daß ihr von seinem Fluß hypnotisiert und durch seine Bewegung in Trance versetzt werdet. Unterdessen fließen jene anderen Wahrnehmungs- und Bewußtseinsströme unbemerkt vorbei, und doch sind diese ein integrierender Teil von euch, in dem sich durchaus gültige Aspekte, Geschehnisse, Handlungen, Empfindungen darstellen, an denen ihr in anderen Realitätsschichten gleichzeitig teilhabt.

Ihr seid an diesen Realitäten ebenso aktiv und lebhaft beteiligt wie an der Realität, auf die ihr jetzt vorwiegend eingestellt seid. Da ihr euch in der Regel nur um euern physischen Leib und euer physisches Selbst kümmert, richtet ihr eure Aufmerksamkeit auf den einen Bewußtseinsstrom, der scheinbar hiermit zu tun hat. Jene anderen Bewußtseinsströme sind jedoch an andere Selbstformen gebunden, die ihr nicht wahrnehmt. Der Körper ist, anders gesagt, einfach eine Manifestation dessen, was ihr in einer Realität seid, während ihr in andern Realitäten über andere Formen verfügt.

»Ihr« seid von diesen anderen Bewußtseinsströmen nicht etwa grundsätzlich abgeschnitten; einzig und allein eure Aufmerksamkeitsrichtung trennt euch davon und von den Geschehnissen, die sich hier abspielen. Wenn ihr euch euren Bewußtseinsstrom aber durchsichtig vorstellt, dann könnt ihr lernen, durch ihn hindurch und darunter zu schauen in andere Ströme hinein, die in andern Flußbetten der Wirklichkeit liegen. Ebenso könnt ihr lernen, euch über euern gegenwärtigen Bewußtseinsstrom zu erheben und andere Bewußtseinsströme wahrzunehmen, die, analogisch gesprochen, parallel zu dem euren verlaufen. Der springende Punkt ist, daß ihr nur so lange auf das euch bekannte Selbst beschränkt seid, als ihr darauf beschränkt zu sein glaubt und nicht einseht, daß das Selbst weit davon entfernt ist, eure gesamte Identität auszumachen.

Nun schaltet ihr euch oft in jene anderen Bewußtseinsströme ein, ohne es zu merken – sind sie doch ein Teil desselben Flusses eurer Identität. Und alle sind deshalb miteinander verbunden.

Jede schöpferische Tätigkeit verwickelt euch in einen kooperativen Prozeß, in dessen Verlauf ihr lernt, in diese andern Bewußtseinsströme einzutauchen und Einsichten zutage zu fördern, die weit mehr Dimensionen haben als der einzelne, dünne normale Bewußtseinsstrom, den ihr kennt. Aus diesem Grunde ist große Schöpferkraft multidimensional. Sie hat ihren Ursprung nicht in einer Realität, sondern in vielen und zeigt die Regenbogenfarben solchen vielfältigen Ursprungs.

Große Schöpferkraft ist immer umfassender als ihre rein physische Dimension und Realität. Verglichen mit dem sogenannten Normalen wirkt sie fast wie ein Einbruch. Sie benimmt dir den Atem. Solche Schöpferkraft erinnert jeden Menschen automatisch an seine eigene multidimensionale Realität. Das Wort »Erkenne dich selbst« hat daher eine viel weitere Bedeutung, als die meisten Leute sich je träumen lassen.

Nun könnt ihr in einsamen Augenblicken einige dieser anderen Bewußtseinsströme gewahr werden. Ihr hört dann vielleicht Worte oder seht Bilder, die nicht in eure Gedankengänge passen. Eurer Vorbildung, eurem Background und euren Überzeugungen entsprechend, legt ihr diese dann verschieden aus. Übrigens können sie unterschiedlichen Ursprungs sein. In vielen Fällen habt ihr euch jedoch aus Versehen in einen eurer anderen Bewußtseinsströme eingeschaltet und vorübergehend eine Leitung zu jenen anderen Realitätsebenen freigelegt, wo andere Teile von euch beheimatet sind.

Einige von diesen könnten Gedanken betreffen, die das, was ihr ein Reinkarnationsselbst nennen würdet, in einer – euren Begriffen nach – andern Geschichtsepoche denkt. Ihr könntet statt dessen auch ein Geschehnis »auffangen«, in das ein wahrscheinliches Selbst verwickelt ist – je nachdem, wie es eurer Neigung, eurer psychischen Elastizität, eurem Wissensdrang entspricht.

Mit andern Worten: Ihr könnt euch einer weit größeren Realität bewußt werden als der bisher bekannten, könnt von Fähigkeiten Gebrauch machen, von deren Existenz ihr nichts wußtet, und könnt außer allem Zweifel wissen, daß euer eigenes Bewußtsein und eure Identität von jener Welt unabhängig sind, auf die ihr jetzt vorwiegend eingestellt seid. Wenn dies alles nicht wahr wäre, dann würde ich dieses Buch nicht schreiben, und ihr würdet es nicht lesen.

*(Mit sanftem Humor:)* Jetzt könnt ihr Pause machen.

*(»Besten Dank.« 22.01 bis 22.10 Uhr.)*

Nun laufen diese anderen Existenzen von euch fröhlich nebenher, ob ihr nun wacht oder schlaft, aber normalerweise blockiert ihr sie, wenn ihr wacht. Im Traumzustand seid ihr euch ihrer viel stärker bewußt, obgleich es einen endgültigen Traumzustand gibt, der intensive psychologische und paranormale Erfahrungen oftmals maskiert, und woran ihr euch gewöhnlich erinnert, ist unglücklicherweise diese endgültige Traumfassung.

In dieser endgültigen Fassung ist die grundlegende Erfahrung so weit wie möglich in physische Begriffe übersetzt. Sie ist daher entstellt. Diese letzte Retusche wird aber nicht von den tieferen Schichten des Selbst vorgenommen, sondern sie stellt in weit höherem Maß, als ihr wißt, einen annähernd bewußten Vorgang dar.

Ein kleiner Punkt mag hier, was ich meine, verdeutlichen. Wenn ihr euch an einen bestimmten Traum nicht erinnern wollt, dann zensiert ihr die Erinnerung auf einer Ebene, die dem Bewußtsein sehr nahe ist. Manchmal könnt ihr euch sogar dabei erwischen, wie ihr absichtlich die Erinnerung an einen Traum fallenlaßt. Die Retusche findet fast auf dieser selben Ebene statt, aber nicht ganz.

Hier wird nun die grundlegende Erfahrung in aller Eile in physische Gewänder gekleidet. Dies geschieht nicht etwa, weil ihr die Erfahrung verstehen wollt, sondern weil ihr euch weigert, sie als grundsätzlich nichtphysisch anzuerkennen. Nicht alle Träume sind dieser Art. Einige Träume finden von sich aus in psychischen oder geistigen Bereichen statt, die mit eurem täglichen Leben verbunden sind, in welchem Fall der Einkleidungsvorgang unnötig wird. Doch in den ganz tiefen Schichten der Schlaferfahrung – die übrigens von euren Wissenschaftlern in ihren sogenannten Traumlabors nicht berührt werden – steht ihr in Verbindung mit anderen Teilen eurer Identität und mit den Realitäten, die sie bewohnen.

In diesem Zustand geht ihr auch Arbeiten und Geschäften nach, die mit euren euch bekannten Interessen zu tun haben können oder auch nicht. Ihr lernt, studiert, spielt; ihr tut alles andere als schlafen *(Lächeln)*, wie ihr diesen Ausdruck versteht. Ihr seid hochaktiv. *(Humorvoll:)* Ihr seid im Untertagebau tätig und macht die wirkliche Dreckarbeit.

Nun möchte ich betonen, daß ihr dann einfach nicht unbewußt seid. Es scheint nur, als wäre dem so, weil ihr euch in der Regel am Morgen an nichts erinnert. Bis zu einem gewissen Grad sind sich jedoch einige Menschen dieser Aktivitäten bewußt, und es gibt auch Methoden, die euch helfen können, sie bis zu einem gewissen Grad ins Gedächtnis zu rufen. Ich möchte die Bedeutung eures Bewußtseinszustandes in keiner Weise schmälern – wie beispielsweise für die Lektüre dieses Buches. Vermutlich wacht ihr dabei, doch in mancherlei Hinsicht ruht ihr wachend weit mehr als in eurer sogenannten unbewußten Nachtexistenz. Dann erkennt ihr in vollerem Umfang eure eigene Realität und seid frei, von euren Fähigkeiten Gebrauch zu machen, die ihr tagsüber ignoriert oder verleugnet.

Auf ganz einfacher Ebene, zum Beispiel, verläßt euer Bewußtsein den Körper häufig im Schlafzustand. Auf anderen Realitätsebenen tretet ihr in Verbindung zu Menschen, die ihr gekannt habt; darüber jedoch weit hinausgehend, erhaltet ihr euer körperliches Erscheinungsbild schöpferisch aufrecht und erfüllt es mit neuem Leben. Ihr verarbeitet die Erfahrungen des vergangenen Tages, projiziert sie in das, was ihr euch als die Zukunft denkt, wählt aus einer Unendlichkeit wahrscheinlicher Ereignisse diejenigen aus, die ihr physisch verwirklichen wollt, und setzt die geistigen und psychischen Prozesse in Gang, um diese in die materielle Welt überzuführen.

Gleichzeitig macht ihr diese Information all jenen andern Teilen eurer Identität zugänglich, die völlig andere Realitäten bewohnen, und nehmt deren vergleichbare Information in Empfang. Die Verbindung zu eurem gewöhnlichen, wachenden Selbst gebt ihr dabei nicht auf. Ihr stellt euch einfach nicht darauf ein. Ihr wendet eure Aufmerksamkeit davon ab. Tagsüber kehrt ihr diesen Prozeß einfach um. Würdet ihr euch euer normales Alltagsselbst von dem andern Blickwinkel aus betrachten, dann würde nämlich, analogisch gesprochen, euer physisches, wachendes Selbst euch ebenso sonderbar vorkommen wie jetzt euer schlafendes Selbst. Die Analogie hinkt jedoch einfach deswegen, weil dieses euer schlafendes Selbst über viel mehr Wissen verfügt als das wachende Selbst, auf das ihr euch soviel einbildet.

Die scheinbare Trennung ist nicht willkürlich oder euch aufgezwungen. Sie ist einfach eine Folge eures gegenwärtigen Entwicklungsstandes, und sie ist variabel. Viele Leute machen Abstecher in andere Realitäten – schwimmen gewissermaßen durch andere Bewußtseinsströme als Teil ihrer normalen Wachexistenz. Manchmal begegnen ihnen in solchen Wassern seltsame Fische!

Nun bin ich selber, euern Begriffen nach, offenbar auch solch ein Fisch, tauche aus anderen Realitätsdimensionen auf und beobachte eine existentielle Dimension, die nicht zu mir gehört, sondern zu euch. Es gibt daher Verbindungskanäle zwischen all diesen Bewußtseinsströmen, diesen symbolischen Flüssen psychologischer und paranormaler Erfahrung, und es gibt Reiserouten, die von meiner Dimension und von eurer ausgehen.

Nun gehörten Ruburt und ich ursprünglich derselben Wesenheit oder allumfassenden Identität an, und deshalb gibt es, symbolisch gesprochen, mediale Ströme, die uns verbinden. Diese münden alle in etwas, was oft das Meer des Bewußtseins genannt worden ist, ein Urquell, dem alle Wirklichkeit entspringt. Mit einer Bewußtseinsform habt ihr daher theoretisch alle andern auch.

Aber das Ich wirkt oft wie ein Damm, der andere Wahrnehmungen zurückdrängt – nicht, weil das so beabsichtigt war oder weil es in der Natur des Ich läge, sich so zu benehmen, oder weil dies etwa die Hauptfunktion des Ich wäre, sondern einfach deswegen, weil man euch gelehrt hat, daß das Ich eine einengende Funktion hat, statt einer erweiternden. Ihr bildet euch nämlich ein, das Ich sei ein sehr schwacher Teil des Selbst und müsse sich gegen andere Bereiche des Selbst, die weit stärker und überzeugender und, in der Tat, gefährlicher sind, verteidigen; und deshalb habt ihr es auf Scheuklappen dressiert, und zwar völlig entgegen seinen natürlichen Neigungen.

Das Ich will die physische Realität begreifen und deuten und zu ihr in Beziehung treten. Es will euch helfen, im Rahmen der physischen Existenz zu überleben, aber indem ihr ihm Scheuklappen anlegt, hindert ihr seine Wahrnehmung und seine angeborene Flexibilität. Ist es dann inflexibel geworden, dann sagt ihr, das sei seine natürliche Funktion und sei charakteristisch für das Ich.

Es kann zu keiner Realität Beziehungen aufnehmen, die ihr ihm nicht wahrzunehmen erlaubt. Es kann euch beim Geschäft des Überlebens nur wenig behilflich sein, wenn ihr ihm nicht gestattet, seine Fähigkeiten einzusetzen, um jene wahren Bedingungen in Erfahrung zu bringen, unter denen es manipulieren muß. Ihr legt ihm Scheuklappen an und sagt dann, es könne nicht sehen.

Ihr könnt Pause machen.
*(22.49 Uhr. Jane war gut dissoziiert gewesen. »Ich war heute abend wirklich weg, das kann ich dir sagen ...« Fortsetzung um 23.02 Uhr.)*
Das war das Ende des Diktats. Nun geduldet euch einen Augenblick.
*(Nach dem Schema, das er in letzter Zeit einhielt, beschloß Seth die Sitzung mit ein paar Seiten anderen Materials. Diesmal ging es um die Gründe hinter Janes jahrelangen Erfahrungen als Dichterin und Schriftstellerin. Ich fand es sehr scharfsinnig. Seth erklärte, wie Janes Poesie immer ein »schöpferischer Ableger ihres Verlangens, die Natur der Existenz und Realität zu ergründen, gewesen sei, ihre Weise, psychisch in andere Bereiche vorzudringen, eine Untersuchungsmethode und eine Methode, die Resultate zu überprüfen«.*
*Ihre Schriftstellerei, fügte Seth hinzu, sei Janes »Art, Wahrscheinlichkeiten zu untersuchen, und ihr Versuch, andere Menschen zu verstehen. Ihre ganze Dichtung ist ein Teil ihres schöpferischen Lebens, aber jetzt untersucht sie die Natur der Realität viel unmittelbarer ... Es besteht eine große Einheitlichkeit in den Hauptinteressen ihrer Persönlichkeit. Nichts bleibt am Weg liegen. Das schöpferische Selbst, weißt du, ist in voller Aktion – und geht genau dorthin, wo es hingehen will.«*
*Janes mediale Erfahrungen, sagte Seth, würden ihrerseits weitere schöpferische Unternehmungen in Gang setzen, die sie in noch tiefere, buchstäblich unerschöpfliche, universale Fonds schöpferischer Energie eintauchen lassen würden ...*
*Ende um 23.21 Uhr.)*

**Anmerkung:**

[1] Englisch »stream of consciousness«; der Ausdruck ist ein auch im Deutschen geläufiges, literarisches Fachwort für eine moderne, epische Darstellungstechnik, die den kontinuierlichen Fluß der Gedanken, Gefühle und Reaktionen der Figuren direkt darzustellen versucht. (Anm. d. Übersetzerin.)

EDGAR CAYCE

# Die Kontinuität des Lebens

Zunächst wollen wir ein gemeinsames Verständnis der Begriffe finden, die wir hier verwenden. Ich bin kein Wissenschaftler und kann mich somit auch nicht in wissenschaftlicher Art und Weise ausdrücken. Ich bin kein hochgebildeter Mensch, also kann ich auch nicht mit den Worten eines Gelehrten sprechen. Ich kann nur von Erfahrungen und Beobachtungen berichten oder aus dem schöpfen, was ich einmal gelesen habe.

Wenn wir von »Kontinuität des Leben« sprechen, was bedeutet dann der Begriff »Leben« für uns? Meinen wir damit die Zeitspanne von der Geburt bis hin zum Tode? Oder sollten wir Leben nicht besser mit Existenzbewußtsein gleichsetzen?

Mit dieser Prämisse nähere ich mich jener Frage, auf die wir seit Menschengedenken eine Antwort suchen. Es handelt sich um eines der ältesten Themen, das die Menschheit je beschäftigt hat. Wenn jemand stirbt, wird er dann wiedergeboren? Gibt es ein erneutes Leben nach dem Tode? Was ist der Tod? Jeder muß sie letztendlich für sich selbst beantworten. Doch ich glaube folgendes:

*Nach meiner Überzeugung wurde aus dem Menschen, als Gott ihm den Lebensodem einblies, eine lebendige Seele – eine individuelle Seele, wenn man so sagen darf. Der Geist Gottes ist Leben schlechthin – ob im Grashalm oder im Menschen selbst! Des Menschen Seele ist einzigartig; sie lebt immerfort!*

In der Bibel steht ganz zu Anfang geschrieben, daß es dem Menschen untersagt war, bestimmte Früchte im Paradies zu essen. Als er dennoch davon kostete, wurde er sich seines Daseins bewußt. Und sie zu kosten war Sünde, denn es war ihm verboten worden.

Daraufhin sprach Gott mit dem Menschen und befahl ihm, den Garten zu verlassen, damit er nicht vom Baum des Lebens esse, der

Unsterblichkeit verleiht. Was bedeutete das? Nur das? Oder hatte Satan recht, als er sagte: »Nein, ihr werdet nicht sterben, wenn ihr von dieser Frucht nehmt!« (Gen 3, 4)? Woher also kam der physische Tod des Menschen? Aus einem Irrtum! Aus der Teilhabe an etwas, das verboten war. Starb mit ihm auch die Seele? Nein! Nur der physische Leib war vom Tod betroffen.

Sich des immerwährenden Seins bewußt zu werden, heißt zunächst, aufrichtig in unserem Innern zu werden. Dann erst sind wir in der Lage, die Kontinuität unserer Existenz zu erkennen – sei es in der physischen oder der geistigen Welt oder in irgendeiner anderen Sphäre der Entwicklung, die wir auf dem Weg vom irdischen Dasein zum spirituellen Leben durchschreiten. Was also streben wir an, während wir durch die verschiedenen Stufen gehen? Innere Aufrichtigkeit!

Jesus hat gesagt, wenn wir erst sein Bewußtsein in uns trügen, würden wir uns auch dessen *bewußt,* was er uns von Anfang an gesagt hat. Was meinte Christus mit Anfang? »Im Anfang war das Wort, und das Wort war bei Gott, und das Wort war Gott« (Joh 1, 1). Und eben dies waren unsere Seelen von Anfang an. Der Herr sprach: »Ihr gebt vor, daß Abraham euer Vater ist. Ich sage euch, noch ehe Abraham wurde, *bin ich*, und er jubelte, weil er meinen Tag sehen sollte. Er sah ihn und freute sich!« (Joh 8, 56–8, 58). Daraufhin wandten sich viele von denen, an die er diese Worte gerichtet hatte, von ihm ab und folgten ihm nicht mehr. Warum? Er hatte eben jene Frage beantwortet, die den Menschen seit Anbeginn beschäftigt hat: »Wenn jemand stirbt, wird er wiedergeboren werden?« Er sagte zu Nikodemus: »Weißt du nicht, daß der Mensch von neuem geboren werden muß?« Als Nikodemus fragte: »Wie kann so etwas geschehen?« antwortete er: »Du bist ein Lehrer Israels und verstehst das nicht?« (Joh 3, 9–10).

Was heißt es denn, um die Kontinuität des Lebens zu wissen? Nichts anderes, als aufrichtig im Innern zu sein und das Christusbewußtsein in sich zu tragen. Denn Gott ist Leben. Christus ist Leben und Licht für alle, die Ihn suchen; und gibt es da irgendeinen Weg ohne Ihn? *Gibt es überhaupt* einen anderen Weg, ein anderes Tor?

Er ist nicht nur der *einzige* Weg beziehungsweise das *einzige* Tor, sondern »wer anderswo einsteigt, der ist ein Dieb und ein Räuber« (Joh 10, 1) sich selbst gegenüber! Er *ist* das Leben. Er kam, um uns jenes Leben vorzuleben, und die Kontinuität des Lebens liegt in der Unsterblichkeit der Seele.

Die Unsterblichkeit der Seele ist etwas in hohem Maße *Individuelles*. Meine Seele ist mein eigen; sie vermag zu erkennen, daß sie sie selbst und dennoch *eins mit Gott* ist. Das war die Botschaft, die Jesus seinen Jüngern auf all seinen Wegen vermittelte: »Ich aus mir heraus vermag gar nichts zu tun«, doch das in uns wohnende Leben und in uns wirkende Geschenk Gottes bringt uns *unsere* Beziehung zu unserem Schöpfer ins Bewußtsein zurück. Wie werden wir uns unserer Beziehung zu Gott bewußt? Indem wir die Früchte des Geistes leben! Geist ist Leben und Licht, das uns unsere Unsterblichkeit ins Bewußtsein rückt – und das wiederum ist die Kontinuität unseres Einsseins mit Gott. Wenn Gott Leben ist, dann müssen wir die *Seinen* sein, denn nur so können wir uns unserer Bewußtheit erfreuen, *eins* mit Ihm zu sein! Kontinuität des Lebens bedeutet mithin, sich der Einheit mit Gott bewußt zu sein, und zwar über den Kanal, den das Vorbild schuf, das in diese Welt kam, um uns den Weg des Lebens zu weisen.

Daß ein solches Bewußtsein nach dem physischen Tod tatsächlich existiert, wurde uns zumindest an zwei Stellen klar und deutlich dargelegt. Ich möchte diese hier näher erläutern. Nach Samuels Tod befand sich Saul weiter in Schwierigkeiten. Samuel hatte ihn wegen seiner Lebenserfahrung getadelt; nun war er in großer Bedrängnis und sehnte sich danach, von Samuel doch noch einmal Hilfe zu erhalten – auch wenn dieser bereits die Ebene der physischen Existenz verlassen hatte. Saul suchte also einen Kanal, durch den er zu Samuel sprechen konnte – und er sprach mit ihm! Wie wir sehen, hatte sich Samuels Bewußtsein durch sein Hinübergehen zur anderen Seite kein Jota gewandelt, denn die ersten Worte, die er an Saul richtete, entsprachen genau denen, die er während seines Erdenlebens auch benutzt hatte: »Warum hast du mich aufgestört? Weißt du nicht, daß Gott dich bereits verstoßen hat?« (1 Sam 28, 15).

Mit dem Hinübergehen hatte Samuel nicht automatisch mehr Wissen erlangt, als er bisher hier auf Erden besessen hatte – nicht ein bißchen mehr; sein Dasein auf dieser Ebene hatte ihn in der Entwicklung eben nur so weit gebracht. Was meinte Christus hierzu? »Wohin der Baum auch fällt, da bleibt er liegen.« (Kor 11, 3). Gehen wir in eine andere Sphäre ein, so wird unsere dortige Entwicklung genau da *ihren Anfang nehmen.* So wie mit unserer Geburt auch eine allmähliche Entfaltung und Entwicklung in der physischen Welt einsetzt.

Darum glaube ich, daß es überall ein allmähliches Wachstum gibt. Was bedeutet Wahrheit? Wachstum! Was bedeutet Leben? Gott! Das Wissen um Gott ist also das Hineinwachsen ins Leben – beziehungsweise die *Kontinuität* des Lebens *selbst!*

Auf ein anderes Beispiel für Kontinuität weist Christus uns mit dem Gleichnis vom reichen Mann und Lazarus hin. Die beiden waren in die sogenannte Todesphase eingetreten, doch jeder von ihnen hatte sein Bewußtsein behalten. Leben bedeutet also, sich dessen, was mit uns geschieht beziehungsweise wo wir sind, bewußt zu sein!

Dives, der reiche Mann, erhob die Augen, denn er litt große Qualen. Warum litt er Qualen? Woher kamen die Qualen? Was sind Qualen? Diese Fragen möchten wir in unserem Bewußtsein in unserer eigenen Sprache beantwortet haben, damit wir verstehen und begreifen, wovon wir reden. Wir wollen den Dingen Form und Gestalt geben, sie beim Namen nennen. Und dennoch werden wir sie beim nächsten Mal womöglich nicht wiedererkennen, selbst wenn jemand sie dann bei diesem Namen nennt. Wir haben fast für alles und jedes einen Namen gefunden, doch wenn wir etwas benennen, so ist seine Bedeutung für jeden von uns gänzlich anders. Unsere eigenen Erfahrungen mit dem Benannten sind es, die den Unterschied ausmachen, unsere eigene Entwicklung. Das gleiche Wort kann verschiedene Bedeutungen haben.

Dives lebte in seinem eigenen Haus – das heißt auf seiner persönlichen Entwicklungsstufe; und seine Qualen gingen von einer Flamme aus. Von was für einer Flamme? War es Feuer? Nun, in seinem Bewußtsein empfand er es als Feuer, also muß es irgend etwas

Ähnliches gewesen sein – denn er verlangte nach Wasser, um es zu löschen!

Für ihn war es ein kontinuierliches vorhandenes Phänomen, und er sah Lazarus in Abrahams Schoß. Er erkannte Abraham, obwohl er ihn nie zuvor gesehen hatte. Wie war das möglich? Er erkannte Lazarus, obwohl er ihm auf Erden vielleicht nie irgendeine Beachtung geschenkt hatte. Warum? Können Sie es mir sagen? *Dennoch wußte er es.* Er war bewußt!

Die meisten von uns glauben an die Heilige Schrift; zumindest aber glauben wir, daß das, was dort niedergeschrieben ist, unserem Wissen und Verständnis dient. Und wenn wir uns daran halten, werden wir zu größerer Erkenntnis und zu mehr Wissen vom Leben – also von Gott – finden. Wir werden eine umfassendere Vorstellung von der Größe des Lebens gewinnen. Ich möchte mich näher mit der Frage befassen, was gerade Bewußtsein mit Leben und Tod zu tun hat; und damit wären wir beim Thema Reinkarnation angelangt. Warum sind wir uns der Kontinuität des Lebens auf der physischen Ebene nicht bewußt? Warum erinnern wir uns nicht, wenn wir wieder ins Leben treten? Wir erinnern uns nicht, weil unsere Gesinnung nicht aufrichtig war! Christus sagte, wenn wir Sein Bewußtsein in uns trügen, würde Er uns alle Dinge in unsere Erinnerung zurückrufen – von Anbeginn der Zeiten an!

Als Kind habe ich mich sehr darüber geärgert, daß Gott damals zu biblischen Zeiten zu den Menschen sprach, zu uns aber nicht. Heute glaube ich, daß Er doch mit uns spricht und immer dazu bereit ist, solange wir nur hinhören. Oft genug lassen wir zu, daß die Wünsche und Begierden unseres physischen Leibes die Oberhand gewinnen über unser Streben nach spirituellem Wissen und wir auf diese Weise Hindernisse zwischen uns und Gott aufbauen. *Wir sind es, die dies tun,* denn »Er ist der gleiche – gestern, heute und immerdar«, und Er *möchte nicht,* daß auch nur ein einziger verlorengeht. Was hindert uns daran, mehr über das Leben oder Gott zu erfahren? Wir selbst! Nichts kann uns von der Liebe Gottes trennen, außer wir selbst – nichts! Nur des Menschen Wille kann ihm sein Gottesbewußtsein und das Wissen allen Lebens wiederbringen, des Menschen Wille allein trennt ihn von Gott – weil er lieber für eine Weile den fleischlichen Freuden nachgeht. »Ich höre im Augenblick lieber auf das, was mein Körper nun von mir verlangt, als auf die Stimme, die in mir rufen mag.« Ich bin zu der Überzeugung gelangt, daß jeder von uns eine individuelle Seele besitzt, daß es *einen* Geist gibt – den Geist Gottes –, der jeden und alles durchdringt, der einen jeden von uns zum Bruder werden läßt, der alles Lebendige und die ganze Natur miteinander verbindet; denn Leben in *jeglicher* Form ist abhängig von jener Kraft, die wir Gott nennen. Als nämlich die Materie ins Sein kam, war sie durchdrungen vom lebensspendenden Geist Gottes; damit war ihr die Fähigkeit verliehen, *sich zu entwickeln und so zu werden,* wie Gott es vorgesehen hatte. Der Mensch allerdings – seit Anbeginn auserwählt, eins mit Gott und Sein Gefährte zu sein – zog es vor, seiner eigenen Wege zu gehen – wie Adam. Doch durch Christus, der in diese Welt kam, hat Er einen Weg bereitet, so daß wir durch Ihn Leben erlangen können – Leben in seiner ganzen Fülle und Vielfalt; daß wir uns in jedem Moment unserer Entwicklung des uns innewohnenden gotteigenen Lebens bewußter werden. Jesus selbst hat uns gelehrt, daß wir unseren Geist prüfen sollen, und wer an die Fleischwerdung Jesu als Christus glaubt, ist ein Kind Gottes. Die Wahrheit macht lebendig, und das Leben macht uns frei.

Abschließend möchte ich von einem Erlebnis berichten, das sich über viele Jahre hinweg in unregelmäßigen Abständen wiederholte, wenn ich mich im (sogenannten) Zustand des Unter-Beziehungsweise Überbewußtseins befand. Ich hatte diese Erfahrung etwa acht- bis zehnmal im Rahmen von persönlichen Lebens-Readings. An den Inhalt der Readings selbst erinnere ich mich nicht mehr, doch was ich im folgenden berichte, ist mir äußerst lebhaft im Gedächtnis geblieben. Meine Schilderung mag Ihnen zu einem besseren Verständnis Ihrer eigenen Erfahrungen verhelfen:

*Ich wußte, daß mein Geist, mein Verstand beziehungsweise meine Seele von meinem Körper getrennt waren und daß ich für jemand anderen Informationen beschaffen wollte. Ich tauchte in eine äußere Finsternis, in der es so dunkel war, daß es mich förmlich schmerzte – doch da war ein Lichtstrahl, von dem ich wußte, daß ich ihm folgen müßte; und nichts zu beiden Seiten des Lichts sollte mich von meinem Ziel abbringen, etwas für jenen anderen zu empfangen, der sich um Hilfe an mich gewandt hatte.*

*Während ich dem Lichtstrahl folgte, fiel mir auf, wie sich gewisse in Bewegung befindliche Formen um das Licht drängten. Auf der nächsten Ebene (wenn wir es so nennen wollen) angelangt, bemerkte ich, daß die sich bewegenden Formen oder Figuren Menschengestalt annahmen; doch sie wirkten eher wie eine Übertreibung menschlicher Wünsche und Begierden. Etwas weiter lösten sich diese Formen allmählich auf und verschwanden; doch ich hatte noch immer das Gefühl, daß sie das Licht suchten – oder mehr Licht suchten. Daraufhin nahmen die Figuren allmählich wieder Form und Gestalt an und näherten sich unaufhörlich dem Licht.*

*Am Ende schließlich gelangte ich an einen Ort, wo es Menschen gab, die sich kaum von den heutigen unterschieden – Männer und Frauen – diesmal aber zufrieden mit ihrem Dasein. Die Anzahl derer, die in jenem Zustand der Zufriedenheit waren, wurde immer größer, und bald erschienen Häuser und Städte, in denen alle glücklich und zufrieden ihr Dasein verbrachten. Ich folgte immer noch dem Licht, das stärker und stärker wurde. Dann hörte ich Musik aus der Ferne. Schließlich kam ich in Gefilde, wo Frühling herrschte, alles blühte und alles wirkte sommerlich. Einige waren glücklich, einige wollten bleiben, doch viele drängten weiter hin zu jenem Ort, wo es vielleicht größere Erkenntnisse, mehr Licht beziehungsweise mehr zu gewinnen gäbe. Dann gelangte ich dorthin, wo ich in die Lebenschroniken der Menschen, die auf der Erde gelebt haben, Einsicht nehmen konnte.*

Glauben Sie nur nicht, daß Ihr Leben nicht im Buch des Lebens festgehalten sei: Ich habe es gefunden! Ich habe es gesehen! Es ist geschrieben worden; Sie selbst *sind der Autor!* Wie nahe Sie darin Ihrem Erlöser und Gott sind, wissen nur Sie allein! Nur Sie allein! Es hängt von unserer eigenen seelischen Entfaltung ab. Welchen Weg wir gehen wollen, bleibt uns überlassen.

Wenn wir uns für das Leben entscheiden, wenn wir das *Gelobte Land* erreichen wollen, jene Stufe des Bewußtseins erlangen und uns unserer Beziehung bewußt werden möchten, dann müssen wir es *hier und jetzt in unserem Leben tun* – erst dann gelangen wir zur nächsten Stufe. So lautete Sein Versprechen, und auf Sein Versprechen kann man bauen.

# 6. Teil

# Engel,
# die kosmischen Helfer

TERRY LYNN TAYLOR

# Was ist ein Engel?

Schließen Sie die Augen und warten Sie ab, was passiert, wenn Sie an Engel denken. Sehen Sie eine ganz bestimmte Person vor sich, oder fällt Ihnen ein ganz bestimmtes Ereignis ein? Erfüllt Sie ein Gefühl von Wärme und Leichtigkeit, wenn Sie sich Engel vorstellen? Versuchen Sie nun, an den Himmel zu denken. Welche Farben sehen Sie? Denken Sie an Schönheit, Friede, Glück und Freude? Ist der Himmel für Sie ein Bereich, der sich von der Erde, auf der wir leben, grundlegend unterscheidet?

Es gibt viele Vorstellungen vom Himmel und genauso viele Theorien darüber, wer oder was Engel sind. Diese Vielfalt der Interpretationen rührt daher, daß jeder Mensch anders ist und daß wir alle ganz unterschiedliche Lebenserfahrungen haben. Aber für dieses Buch sollten wir uns auf einen gemeinsamen Nenner einigen. Sehen wir also den Himmel als einen Bereich an, der von dem, in dem wir leben, abgetrennt ist. Der Himmel ist das Reich der Freude, des Frohsinns, des Glücks, der bedingungslosen Liebe, des Lachens und der Schönheit. Und wir sollten davon ausgehen, daß Engel als eigenständige Wesen im Himmel leben und mit der höchsten göttlichen Macht des Universums in Verbindung stehen. Sie sind Lichtwesen und schicken uns durch unser Höheres Selbst Nachrichten und liebevolle Gedanken zu, um uns zu inspirieren und zu leiten. Sie verfügen über alle Eigenschaften des Lichts – Schnelligkeit, Leuchtkraft und die Fähigkeit, zu heilen und die Dunkelheit zu vertreiben.

Weil jeder von uns ein einzigartiges Individuum ist, sind auch unsere Erfahrungen mit Engeln und das Bild, das wir uns von ihnen machen, ganz verschieden. Die Engel, um die es geht, wollen einfach für alle Beteiligten das Beste. Es ist also gar nicht wichtig, wie wir sie uns vorstellen. Den Engeln geht es darum, uns zu helfen, daß wir durch unser Höheres Selbst mit dem Himmel Kontakt aufnehmen, damit wir hier auf Erden glücklicher sind. Engel wissen, daß das Leben fröhlich und glücklich ist, voll Lachen und Schönheit – und das sind auch die Qualitäten, die für den Himmel, das Reich der Engel, gelten.

Ein Engel ist ein Hüter und ein Bote des Himmels. Vom Himmel kommen die Wunder, und dort herrscht die Liebe als reine, bedingungslose, heilende Energie. Die Menschen werden als schützenswerte Gattung angesehen, die über einen freien Willen verfügt. Ein Engel kann uns Menschen den Himmel auf Erden bringen, vorausgesetzt, wir wollen es und sind dafür offen. In diesem Buch werden die verschiedenen Mittel und Wege beschrieben, wie Engel uns dazu inspirieren können, glücklicher und kreativer zu sein – ohne uns dabei unseres freien Willens zu berauben. Die Engel kontrollieren uns nicht, und sie nehmen uns auch nicht die notwendigen Lernprozesse ab. Aber sie kennen unser Inneres; sie können eingreifen und uns beschützen, sobald sie wissen, daß wir es auch wirklich wollen. Sie haben zudem die Fähigkeit, uns zu inspirieren und uns Botschaften zu schicken, die uns in unserem Alltagsleben helfen.

Wir können uns die Engel auch als »Trainer« im Spiel des Lebens vorstellen. Trainer machen das Spiel, für das sie jemanden trainieren, nicht selbst mit, und trotzdem sind sie für die Spieler sehr wichtig. Indem er uns zeigt, wie wir Spaß und Glück in das Spiel unseres Lebens bringen können, wird ein Engel zu unserem »Privattrainer«. Außerdem lehren uns die Engel, Liebe, Schönheit und Frieden in unser Leben aufzunehmen. Für sie ist es unverständlich, warum sich nicht mehr Menschen dem kosmischen Tanz des Universums anschließen. Deshalb kommen Engel so gut mit Kindern aus, weil Kinder nämlich noch richtig spielen und sich freuen können. Engelstrainer lehren uns also Spaß und Freude.

Die meisten Menschen nehmen Engel nicht ernst. Das stört Engel nicht, weil sie der Ernst unserer Welt gar nicht tangiert. Sie sehen, daß die meisten Menschen von diesem Ernst verzehrt werden. Deshalb wollen sie uns zeigen, daß eigentlich nichts wirklich ernst ist. Wir Menschen können unglaublich kreativ sein, wenn wir innerlich vom Gewicht dieser erdrückenden Ernsthaftigkeit befreit sind. Sogar von Krankheiten psychischer und physischer Art können wir uns heilen und unser ganzes Leben umkrempeln, wenn wir nur unsere Denkweise verändern. Engel wissen, daß wir Menschen mit wunderbaren Entwicklungsmöglichkeiten gesegnet sind. Deshalb haben sie es sich zur Aufgabe gemacht, uns die Leichtigkeit zu lehren, damit aus dem »menschlichen Potential« »menschliche Wirklichkeit« werden kann.

Manchmal beneiden uns Engel um unser Menschsein. Sie bewundern die menschliche Fähigkeit, sich mit Leib und Seele auf die Leidenschaft der Liebe einzulassen und sich von ganzem Herzen für etwas zu begeistern. Sie beneiden uns um unsere Entscheidungsfreiheit und um unseren freien Willen, der uns enorme kreative Kräfte verleiht. Wir haben die Fähigkeit, unvergängliche Werke zu schaffen – in der Kunst, in der Literatur, in der Musik, durch unser Denken. So können wir weit über unseren Tod hinaus die Menschheit inspirieren.

Wir haben die Möglichkeit, frei zu entscheiden – das heißt, wir können jeden spirituellen oder nichtspirituellen Weg einschlagen. Unser freier Wille ist verantwortlich für die Höhen und Tiefen, die wir auf dem Weg, den wir eingeschlagen haben, immer wieder erleben. Wir Menschen werden durch viele Zyklen beeinflußt. Dazu gehören unser natürlicher Biorhythmus, die Jahreszeiten, der Strom der kosmischen Energie, der astrologische Rhythmus des Kosmos und vieles andere. Unsere Entscheidungen können dazu beitragen, daß wir aus einem Tief herauskommen und wieder neue Kraft gewinnen. Da wir einen freien Willen haben, können wir die Tiefpunkte in unserem Leben umwandeln oder transzendieren. Zumindest können wir begreifen, daß Tiefpunkte ein normaler Bestandteil des Lebens sind, und lernen, uns dadurch nicht entmutigen zu lassen.

Engel möchten uns dieses emotionale Gleichgewicht lehren, so daß wir mit ihrer Hilfe Freiheit und Freude erfahren können, ohne auch das Gegenteil, das heißt, die Verzweiflung, in Kauf nehmen zu müssen.

Engel arbeiten (spielen) hinter den Kulissen, um in uns Menschen unsere angeborenen Begabungen zu wecken. Rund um die Uhr arbeiten (spielen) sie in ihrer zeitlosen Dimension, um das menschliche Leben in Gleichklang zu bringen. Ihre Hauptaufgabe ist es, zu verhindern, daß wir uns in dem endlosen Meer der Menschheit als unwichtig empfinden. Im himmlischen System hat jeder Mensch eine ganz besondere Stellung; Engel um uns herum sind dafür zuständig, uns bei der spirituellen Reise zu helfen, die zu bedingungslosem Glück führt.

## Engel und unsere physischen Sinneswahrnehmungen

Die meisten von uns sehen Engel nicht als physische Wesen. Es gibt Menschen, die Engel schon als blendend helle Lichterscheinungen erblickt haben, deren Leuchtkraft so extrem war, daß sie gar nicht lange hinschauen konnten. Wenn wir einen Engel sehen, nimmt er aller Voraussicht nach die Gestalt an, die wir am ehesten akzeptieren können. Fast jeder hat schon Abbildungen von Engeln mit Flügeln und Heiligenschein gesehen. Wenn Sie sich also Engel als wunderschöne menschliche Wesen mit Flügeln vorstellen wollen, ist dagegen überhaupt nichts einzuwenden. Denn wenn ein Engel entschlossen ist, sich Ihnen zu zeigen, wird er Ihnen sicher den Gefallen tun und diese Gestalt annehmen. Immer wieder sind im Verlauf der Menschheitsgeschichte den Menschen Engel erschienen, aber es kommt doch selten vor und meistens im Zusammenhang mit einem »großen Ereignis«.

Wenn wir Engel kennenlernen wollen, ist es sehr hilfreich, wenn wir den Grundsatz »Ich glaube es erst, wenn ich es sehe« überwinden und lernen, unser intuitives Wissen zu akzeptieren. Die Wirklichkeit ist sehr viel mehr als das, was wir sehen. Und viel mehr, als was wir hören. Denken Sie an das elektromagnetische Energiefeld, das uns umgibt; wir wissen, daß es existiert, aber wir können es mit unseren normalen körperlichen Sinnen nicht sehen und nicht hören. Wir brauchen eine Art Antenne, ein Empfangsgerät.

Candace Pert gehört zu den Wissenschaftlern, die die Endorphine entdeckt haben. Endorphine sind natürliche Opiate, die in unserem Gehirn zu finden sind. Sie fungieren als Filter und wählen selektiv die Informationen aus, die von den verschiedenen Sinneswahrnehmungen (Sehen, Gehör, Geruch, Geschmack, Tastsinn und Schmerz) an das Gehirn weitergegeben werden. Sie verhindern, daß gewisse Wahrnehmungen in die höheren Stufen unseres Bewußtseins vordringen. Candace Pert stellt fest: »Jeder Organismus ist so angelegt, daß er fähig ist, diejenige elektromagnetische Energie aufzuspüren, die dem Überleben am förderlichsten ist. Jeder hat sein eigenes *Fenster zur Wirklichkeit.*« Aldous Huxley bezeichnete das Nervensystem und das Gehirn als »reduzierendes Ventil« oder Filter, das uns befähigt, nur einen Bruchteil der Wirklichkeit wahrzunehmen.

Wenn die Informationen aus unserer Umgebung durch die verschiedenen Sinnesorgane selektiv gefiltert werden und wenn es Ereignisse gibt, die unser Bewußtsein in seinem normalen Wachzustand nicht registriert, dann ist folgende Überlegung möglich: Ein Teil der Wirklichkeit, den wir herausfiltern, sind die Aktivitäten der Engel. Die Engel sind immer sehr beschäftigt, und sie sind an vielen Orten gleichzeitig; wenn wir sie so ohne weiteres sehen könnten, würden wir das als Chaos empfinden, und wir würden alle verrückt. Heilige und Mystiker, die Stimmen hören und Visionen haben, jagen anderen Leuten Angst ein und werden oft als »geistesgestört« abgetan.

Angeblich war es früher einfacher, Engel, Feen, Elfen und viele andere Zauberwesen zu sehen und mit ihnen zu sprechen (vielleicht ist das auch der Ursprung unserer Sagen und Märchen). Auf alle Fälle beschäftigten sich die Menschen so stark mit diesem magischen Bereich, daß sie der materiellen Welt nicht mehr genügend Beachtung schenkten. Um also die Weiterentwicklung und das Überleben zu sichern, mußten die Menschen ihre Fähigkeit, diese Zauberwesen zu sehen und zu hören, großenteils »abstellen«. Ich habe mit vielen Leuten gesprochen, die Engel »sehen«, aber sie reden nicht gern darüber, weil es für sie sehr persönliche, wenn nicht sogar heilige Erfahrungen sind.

Wenn wir Engel »hören«, dann vielleicht als einen wunderschönen Chor, der irgendwo in der Ferne singt. Ich weiß von Fällen, bei denen Engel die Musik, die jemand gerade hört, mit ihrem Singen verschönern. In ganz besonderen Situationen kann es auch sein, daß man liebliches Glockengeläut oder ein Glockenspiel »hört«, wenn Engel in der Nähe sind.

Manchmal strömen Engel einen süßen Duft aus, und zwar an Orten, wo wir ihn uns nicht erklären können. Den Duft von zwei Blumenarten lieben die Engel ganz besonders, nämlich Rose und Jasmin.

Manche Leute wissen, daß Engel bei ihnen sind, weil sie in entscheidenden Situationen spüren, wie eine Hand zart ihre Schulter berührt, oder sie haben das Gefühl einer starken und beruhigenden Präsenz. Wenn sie sich dann umsehen, merken sie, daß gar niemand da ist.

Machen Sie sich keine Sorgen, wenn Sie bisher keine magischen, imaginären oder physischen Erfahrungen mit Engeln machen konnten. Engel wollen nicht in unsere Entwicklung eingreifen, und manche Leute übertreiben es mit dem magischen Denken und den mystischen Erlebnissen. Um Engel auf uns aufmerksam zu machen, müssen wir vor allem optimistische, bedingungslose Liebe und Glück ausstrahlen. Ein wirklich glücklicher und liebevoller Mensch ist von Engeln umgeben, und sie ermutigen ihn zu noch mehr Liebe und Glück. Dabei ist es unwichtig, ob wir Engel mit unseren körperlichen Sinnen erfahren können. Entscheidend ist, daß wir Engel kennen und uns nicht an dem Unsinn »Ich glaube es erst, wenn ich es sehe« festklammern.

Engel sind wie Gedanken. Wir können unsere Gedanken nicht sehen, aber wir wissen, daß sie existieren. Wir können so viele Gedanken denken, wie wir wollen; es gibt keine Begrenzung. Nehmen Sie einmal an, Gedanken könnten konkrete Form annehmen. Stellen Sie sich vor, ein positiver, liebevoller Gedanke sei mit einem Segen behaftet und bewegt sich als heilender Lichtstrahl zu dem Menschen hin, dem er gilt. Sehen Sie, wie er diesen Menschen erreicht und sein Herz und seine Sinne erhellt. Nun hat dieser Mensch ein leichtes Herz und gibt den Segen an die Menschen in seiner Umgebung weiter. Der ursprüngliche Segen hat eine Kettenreaktion des Glücks ausgelöst und erreicht immer mehr Leute. Versuchen Sie nun, sich auszumalen, was umgekehrt ein negativer Gedanke anrichten kann. Ich will nicht jedes Glied in dieser Kette beschreiben, aber ich bin sicher, daß Sie sich in Ihrer Phantasie ausdenken können, welchen enorm großen Schaden negative Gedanken verursachen können.

Obwohl wir sie nicht sehen, sind Gedanken mächtig und real – und das gleiche gilt für Engel. Wir haben jeder unser »eigenes Fenster zur Wirklichkeit«, deshalb erfahren wir auch Engel auf unsere eigene Art. Eines aber haben sie jedoch alle gemeinsam: Engel verletzen uns niemals, sondern sie helfen uns. Alle Botschaften, Erfahrungen, Ereignisse, Gedanken und Gefühle, die unser Wohlbefinden beeinträchtigen oder einschränken und uns von unserem Höheren Selbst trennen, stammen nicht von Engeln. Denn Engel existieren nur in einem Reich positiver, liebevoller Energie, erfüllt vom warmen Licht der Liebe. Immer wenn wir höchste Freude und Liebe empfinden, haben wir Verbindung zu Engeln aufgenommen. Engel *haben* keine solchen Höhepunkte, sie *sind* Höhepunkte. Sie sind sozusagen die Verkörperung der frohen und glücklichen Gedanken, die wir denken können.

## Gott – der Ursprung der Engel

Um zu verstehen, was Engel sind und wie sie handeln, müssen wir wissen, daß Gott ihr »Chef« ist. Engel arbeiten in verschiedenen Funktionen für Gott, um die von Liebe durchdrungene Ordnung des Universums aufrechtzuerhalten. Gott ist der Ursprung, und die Engel sind Gottes erste Schöpfung. Lassen Sie sich von dem Wort »Gott« keine Angst einjagen und sich nicht dadurch abschrecken. Wenn Sie wollen, können Sie jedesmal, wenn in einem Text der Begriff »Gott« auftaucht, ihn durch ein Wort ersetzen, das Ihnen eher entspricht, etwa »das Universum«, »Mutter Natur«, »der ewige

Geist« oder irgendeine andere Bezeichnung, die Sie mit einer höheren Macht verbinden. Denken Sie einfach nur daran, daß Engel zu einer höheren, liebevollen Ordnung gehören, für deren Erhaltung sie arbeiten und spielen. Und vergessen Sie nicht, daß Gott und die Engel unglaublich viel Humor haben.

Gott ist Liebe, und wir werden von Gott bedingungslos geliebt – darauf läuft letztlich alles hinaus. Wir sind frei; Gott liebt uns nicht für das, was wir tun, oder dafür, wie sehr wir ihn lieben. Er liebt uns einfach so, ohne Grund, und diese Liebe steht uns immer zur Verfügung, wenn wir sie nur annehmen. Weil es keine festgeschriebenen Richtlinien oder Vorschriften gibt, die man befolgen muß, um diese bedingungslose Liebe zu gewinnen, sind wir manchmal verwirrt und wollen wissen, was wir tun sollen. Wir Menschen suchen immer nach Zeichen der Bestätigung oder der Mißbilligung. Wir möchten klare Grenzen sehen, die uns zeigen, wie weit wir gehen können und welche Linie wir nicht überschreiten dürfen. Wir wollen Uniformen tragen, Regeln befolgen und wissen, welche Schicksalsbestimmungen wir erfüllen müssen.

Es gibt aber keine Regeln oder Formeln, wie man das Wohlwollen und die Liebe Gottes erringen kann. Gottes Liebe muß bedingungslos sein, weil er uns freien Willen gegeben hat. Wenn wir keinen freien Willen hätten, würden wir wahrscheinlich mit einem Katalog von Anweisungen und Vorschriften auf die Erde geschickt, der genau festlegt, wie wir uns in diesem Leben verhalten sollen und was unsere wichtigste Bestimmung ist. Aber weil wir einen freien Willen haben, können wir alle Grenzen überschreiten, gegen sämtliche Regeln verstoßen und alle Uniformen ablegen. Was heißt das nun konkret für uns? Wir werden geliebt, und wir sind frei. Unsere Freiheit ist unsere eigentliche Größe, aber sie kann uns auch in Schwierigkeiten bringen und uns schöne Erfahrungen verbauen.

Manche Menschen verbringen ihr ganzes Leben damit, daß sie herauszufinden versuchen, welche Taten Gott erfreuen könnten. Der Gedanke, daß alles ganz einfach ist und Gott uns liebt, gleichgültig, was wir tun, behagt ihnen überhaupt nicht. Gott liebt uns sogar, wenn wir uns selbst nicht lieben. Seine Botschaft ist Liebe und

Vergebung – das heißt, daß wir uns selbst lieben, uns vergeben und nett zu uns selbst sein sollen.

Warum sind wir überhaupt hier auf dieser Welt? Ich kann diese Frage nicht für Sie beantworten. Vielleicht ist das ganze Leben ein einziger großer Witz, und wir erfahren die Pointe erst, wenn wir sterben, und in der Ewigkeit können wir schallend darüber lachen. Eines weiß ich allerdings sicher: Wenn wir unseren freien Willen dafür einsetzen, glücklich zu sein, ist unser Leben sehr viel leichter, kreativer und lustiger. Kurz gesagt, es macht mehr Spaß. Der freie Wille ist für die Höhen und Tiefen verantwortlich, die zu unserem Dasein gehören. Idealerweise helfen uns die Tiefen, die Höhen mehr zu schätzen und zu genießen. Weil die Engel dieses Auf und Ab in ihrem Bereich nicht kennen, können sie uns helfen, daß wir uns schneller wieder aufrappeln, wenn wir in ein Loch gerutscht sind.

*El Shaddai* ist eine Bezeichnung für Gott und bedeutet soviel wie »Gott, der mehr als genug ist«, Gott, der viel mehr ist, als wir uns ersehnen können. Gott möchte, daß wir glücklich sind. Engel sind die Abgesandten Gottes und helfen uns, auf der Erde glücklich zu sein. Wenn wir lernen, dem Reichtum Gottes, der mehr als genug ist, zu vertrauen, dann haben auch wir mehr als genug, sogar so viel, daß wir davon abgeben können – und dadurch bekommen wir dann noch mehr.

Diese Aussagen über Gott sollen kein neues Glaubenssystem und auch keine neue Kosmologie sein. Ich möchte Ihnen nur einfach sagen, daß Engel aus dem himmlischen Reich kommen, wo für uns alle die Quelle der bedingungslosen Liebe ist. Sie wollen uns lehren, uns bedingungslos selbst zu lieben und dadurch Gott in uns selbst zu finden – so können wir begreifen, welch großes Geschenk unser Leben eigentlich ist.

Don Gilmore, der Verfasser von *Angels, Angels, Everywhere*, definiert Engel als »Gestalten, Bilder oder Ausdrucksformen, durch welche die Essenz und die Energie Gottes übertragen werden können. Ein bestimmter Engel ist eine Form, durch die eine spezifische Essenz oder Energie für einen *spezifischen Zweck* übertragen werden kann.« Es gibt verschiedene spirituelle Essenzen und Energien

Gottes, welche die Engel annehmen. Ich verwende dabei den Begriff »Heiligenschein«, um die verschiedenen Formen und Bilder zu beschreiben, die die Engel für ganz bestimmte Zwecke in unserem Leben als göttliche Botschaft übermitteln.

CHRISTINE CERNY

# Die Erzengel der Elemente

Das, was für Steine, Pflanzen und Tiere die Naturgeister sind, sind für die Menschen die Engel. Und mehr noch: Engel sind die harmonischen und liebevollen Aspekte Gottes. Es sind lichtvolle Wesen, die der geistigen Welt angehören und zu ihrer Entfaltung beitragen. Sie verbinden die Erde und alle auf ihr lebenden Geschöpfe mit den Sternen, den Planeten und der himmlischen Welt. Dieses himmlische Reich befindet sich aber nicht fern von uns, sondern umgibt uns wie die Welt der Naturwesen, nur eben auf einer anderen Schwingungsfrequenz. Während das Bewußtsein des Menschen auf der Erde durch Zeit und Raum begrenzt ist, vermag sich das Bewußtsein des Engels in einen unermeßlichen Raum auszudehnen. Oft werden Engel und Sylphen verwechselt. Doch Sylphen offenbaren sich als eine lebhaft vibrierende Energie, während die Schwingung der Engel als harmonischer empfunden wird.

Engel haben nicht nur persönliche Schutz- und Trösterfunktionen; ihre Aufgaben sind sehr vielfältig. Engel stammen aus der Welt der Intuition, die sie in uns fördern wollen, denn die Intuition ist unsere Brücke zur geistigen Welt. Engel wecken Fähigkeiten und inspirieren Menschen bei ihren schöpferischen, kreativen Arbeiten und schicken ihnen in Form von Impulsen Ideen oder Träume zu.

Für die Natur wichtig sind jene Engel, die den Naturwesen bei der Regenerierung von Landschaftstempeln helfen, damit sich deren feine, lebendige Gewebestruktur erholt, oder sie lenken auf einen bestimmten Platz ihre ganze geistige Konzentration, um dessen Schwingung zu erhöhen. Engel und Naturwesen gehen zwar unterschiedliche Evolutionswege, aber Engel leiten bei Bedarf Naturwesen an oder arbeiten mit den Devas zusammen, um zum Beispiel die Zyklen in der Natur aufrechtzuerhalten oder um Luft, Erde und

Gewässer von Verunreinigungen zu klären – und um überall dort zu heilen, wo der Natur Schaden zugefügt wurde.

Zur Zeit herrscht ein Wettlauf zwischen den Engeln und Naturwesen auf der einen Seite, die sich unentwegt bemühen, die Erde und ihre teilweise noch wundervollen Regionen zu retten, und den Menschen andererseits, die mit ihrer Verbohrtheit noch immer meinen, die Natur beherrschen zu können.

Aus der Sicht spiritueller Lehrer sind Engel Gedankenschöpfungen (mentale Projektionen) der Erzengel. Das sind hohe Wesen, die den göttlichen Geist beziehungsweise kosmische Kräfte und Qualitäten repräsentieren – Kräfte, die bestimmte Kultur- und Naturentwicklungen zur Wirkung bringen. Die Erzengel sind bei allen spirituellen Versammlungen, die aus reinem Herzen erfolgen, zugegen und können bei bestimmten Anliegen um Verstärkung und Unterstützung gebeten werden.

Im Zusammenhang mit Naturwesen sind die Erzengel der Elemente von Bedeutung, die auch Herrscher über die vier Winde sind. Uriel wird dem irdischen Element, Gabriel dem Element Wasser, Raphael dem Element Luft und Michael dem feurigen Element zugeordnet.

Michael (hebr.: Wer ist Gott) ist der Kämpfer für Gerechtigkeit und das Licht. Im großen kosmischen Kampf führte er die Heerscharen Gottes gegen die rebellierenden Engel an, die er vom »Himmel stürzte«. Das »Böse«, das er bekämpft, wird oft als Drache oder Schlange dargestellt. Es sind unsere eigenen Schattenseiten wie Selbstsucht, Ignoranz oder Eitelkeit, die er mit Hilfe seines Schwertes in aller Schärfe erkennen läßt, damit wir sie bekämpfen. Mit seinem Schwert aus Licht macht er den Weg frei für spirituelle Einsichten. Er ist der Erzengel, der das Dritte Auge aktiviert, und er erinnert an das Christusbewußtsein in uns. Als spiritueller Krieger und Kämpfer ist er der Meister des Feuers, der auch dafür sorgt, daß unser Blut nicht zum Kochen kommt.

Im Gesundheitsbereich ist er zuständig für die Qualität unseres

Blutes und die Körpertemperatur, und er hilft uns bei inneren Reinigungsprozessen wie auch bei der Reinigung sakraler Stätten.

Mit der Waage in der Hand wird er als Richter der Seelen verstanden. Die Waage ist aber vor allem ein Symbol des Gleichgewichtes. Michael gilt ebenso als Meister der Worte, da er Klartext redet.

Bei den Muslimen ist Mikal der Herr der Naturkräfte.

Jeder Erzengel wird nicht nur einem bestimmten Element, sondern auch einer bestimmten geistigen Meisterenergie, einem bestimmten Chakra, einer Himmelsrichtung, Jahreszeit, verschiedenen Symbolen, Steinen und Farben zugeordnet, wobei zwischen den Farben und Steinen, die dem Element, und jenen, die dem Chakra zugehören, unterschieden wird. (Die angeführten Zuordnungen stammen von dem englischen Sensitiven Edwin Courtenay.) Bei Michael gibt es folgende Übereinstimmungen:

| **Element** | Feuer |
|---|---|
| – Farbe | Rot |
| – Stein | roter Jaspis |
| **Meister** | Christus (buddh.: Maitreya) |
| **Chakra** | Drittes Auge |
| – Farbe | Blau bis Violett |
| – Stein | Azurit, Fluorit, Sugilith |
| **Symbol** | Schwert |
| **Himmelsrichtung** | Süden |
| **Jahreszeit** | Sommer |
| **Planet** | Sonne |

Gabriel (hebr.: Held Gottes) ist der Meister der bedingungslosen Liebe und zuständig für die Erweckung des Herzens und des göttlichen Geistes im Menschen. Er ist der Verkünder von Wahrheiten. In der biblischen Geschichte bringt er Maria die frohe Botschaft, daß sie den Sohn Gottes empfangen wird. Er sagte auch die Geburt von

Johannes dem Täufer voraus. Seine große Botschaft an die Menschen ist, sich mit dem göttlichen Ursprung verbunden zu sehen – sich als ganzheitlich zu begreifen. Und das symbolisiert die Lilie, die wie die Lotospflanze für den Verbindungskanal zwischen oben und unten – also die Weltenachse – steht.

Im islamischen Glauben gilt Gabriel als Schutzengel des Propheten Mohammed.

Im gesundheitlichen Bereich ist Gabriel für den Wasserhaushalt im Körper zuständig und aktiviert und reinigt die Ausscheidungsorgane.

| **Element**  | Wasser |
| – Farbe | alle Grüntöne (auch Blau) |
| – Stein | Mondstein |
| **Meister** | die kosmische Mutter (christl. Maria) |
| **Chakra** | Herzzentrum |
| – Farbe | Grün, Rosa |
| – Stein | Aventurin, Rosenquarz, Kunzit |
| **Symbol** | Lilie, Kelch |
| **Himmelsrichtung** | Westen |
| **Jahreszeit** | Herbst |
| **Planet** | Mond |

Raphael (hebr.: Gott heilt) ist der Tröster und Heiler der Menschen und der ganzen Welt. Er beruhigt die Menschen in ihren Ängsten und ihrer inneren Zerrissenheit. Er ist zuständig für die mentale Ebene und bringt Klarheit in die Gedanken. Raphael inspiriert Heiler und Künstler, und er wird auch als Beschützer der Pilger und spirituell Reisenden betrachtet, weshalb der Pilgerstab ein Symbol seiner Kraft ist.

Im gesundheitlichen Bereich ist Raphael zuständig für die Aktivierung der Atmungsorgane.

| | |
|---|---|
| **Element**<br>– Farbe<br>– Stein | Luft<br>Weiß, auch Violett<br>Bergkristall |
| **Meister** | Hilarion |
| **Chakra**<br>– Farbe<br>– Stein | Halszentrum<br>Hellblau bis Türkis<br>Chalcedon, Türkis |
| **Symbol** | Pilgerstab, Feder |
| **Himmelsrichtung** | Osten |
| **Jahreszeit** | Frühling |
| **Planet** | Merkur |

Uriel (hebr.: Gott ist Licht) ist bei den Kopten der Engel Suriel, der bei der Auferstehung auf seiner Trompete bläst. Nachdem Luzifer, der als Lichtbringer galt, vom Himmel verbannt wurde, hat Uriel seinen Platz in der himmlischen Hierarchie eingenommen. Uriel steht auch mit Prophetie und Wissen in Verbindung. Er inspiriert Lehrer und unterstützt alle, die sich Kenntnisse aneignen wollen. Uriel ist aber vor allem für die Erde, ihren Zustand und ihre Erhaltung verantwortlich.
Im Gesundheitsbereich sorgt Uriel für die Harmonisierung der drei Kräfte, die Michael, Gabriel und Raphael repräsentieren.

Um welche spezifischen Hilfestellungen man Erzengel bitten kann, erfuhr ich von Elfi Walther-Weißmann aus Ohlstadt (bei Murnau), einer sensiblen Frau, die Engel-Meditationen liebevoll leitet.

Die Energie von Michael sei wirkungsvoll, wenn es um Schutz oder die Verteidigung einer Sache oder Idee oder um das innere Sehenlernen geht. Michael hilft aber vor allem bei Erkenntnisprozessen oder wenn man sich von alten Mustern und Erfahrungen lösen möchte, wenn Beziehungen auseinandergehen und man sich eine harmonische, friedliche Trennung wünscht.

| **Element**       | Erde                              |
| - Farbe           | alle Erdfarben                    |
| - Stein           | Rauchquarz, Obsidian              |
| **Meister**       | Kuthumi                           |
| **Chakra**        | Solarplexus                       |
| - Farbe           | Gold oder Gelb und Weiß           |
| - Stein           | Citrin, gelber Saphir, Bernstein  |
| **Symbol**        | Pentagramm, Posaune               |
| **Himmelsrichtung** | Norden                          |
| **Jahreszeit**    | Winter                            |
| **Planet**        | Erde                              |

Erzengel Gabriel ist zuständig bei Emotionen, Herzensangelegenheiten und für die Harmonisierung der Gefühle. Bei starken Gefühlsschwankungen oder Depressionen sei es günstig, Gabriel um Hilfe zu bitten.

Raphael ist vor allem der Ansprechpartner, wenn es um Heilung der Gedanken und Ausdrucksfähigkeit geht, und hilfreich für jeden, der mit Kommunikation, Medien und Kreativität zu tun hat. Raphael kann auch bei Lampenfieber und Prüfungsangst um Beistand gebeten werden.

Uriel ist vor allem für die Heilung der Erde zuständig und unterstützt lichtvolle Erdrituale, wobei die Wirkung verstärkt wird, ruft man noch Gabriel und die Meisterenergie von Kuthumi zu Hilfe.

Edwin Courtenay weist auf den Erzengel Azrael hin, der in der essenischen Tradition von Bedeutung ist. Sein Symbol ist die Sichel, und er gilt als Engel des Todes und der Wandlung. Azrael soll noch vor Erzengel Michael erschaffen worden sein, aber erst jetzt ins Bewußtsein der Menschen treten, da der Aspekt der Wandlung unserem Zeitgeist entspricht. Seine Transformations-Botschaft kann nun im gerade stattfindenden großen Bewußtseinswandel eher angenommen und verstanden werden. In der jüdischen Tradition gibt es den Erzengel Zadkiel, der wie Azrael mit Saint Germain, der violetten Farbe und der Akasha-Chronik in Verbindung gebracht wird und dessen Symbol ebenfalls die Sichel ist. Daher könnte er mit Azrael energetisch verbunden sein oder einen Aspekt von ihm darstellen. Mit Hilfe von Azrael ist es möglich, eine Lichtsäule zu errichten, die verstorbenen, noch erdgebundenen Seelen als eine Art Fahrstuhl in den Himmel dienen kann. So hat Azrael als barmherziger Seelenbegleiter eine besonders wichtige Aufgabe. Menschen, die vor allem, was mit Tod, Auflösung und Wandlung in Verbindung steht, zurückschrecken, weil sie die Auseinandersetzung mit dem eigenen Schatten fürchten, ignorieren Azraels Kraft oder begegnen ihr voller Angst. Dem Tod wird in unserer Kulturepoche ausgewichen, als wäre er etwas Unanständiges. Dabei können gerade mit Azraels Hilfe Probleme aufgelöst und liebevoll umgewandelt werden. Noch wirkungsvoller ist es, Saint Germain, den Meister der Transformation und Hüter der violetten Flamme, der mit Azrael verbunden ist, zusätzlich bei einem Verwandlungsprozeß um Unterstützung zu bitten.

Den Aspekt der Wandlung, das Unterbewußte beziehungsweise die Tiefe der Seele verkörpert auch die Schwarze Madonna – eine Energieform, die mit Azrael einiges gemeinsam zu haben scheint. Die Große Göttin in ihrem dunklen Aspekt hatte einst viele Namen wie Mari, Kali, Kybele, Artemis oder Isis. Dieser Transformationsaspekt wurde im Christentum auf Jesus – im Hinblick auf Tod und Auferstehung – übertragen. Große Verehrer der Schwarzen Madonna waren die Kelten, Zigeuner, Katharer, Templer oder Merowinger, und heute sind es vorwiegend Menschen in den östlichen Ländern, wo noch immer viele Tausende zu ihren Verehrungsstätten pilgern.

Azrael gilt ebenso als Hüter des Schicksaltuches, auch kosmisches Gedächtnis oder Akasha-Chronik genannt. Mit seiner Hilfe können wir Informationen aus der Vergangenheit, aus anderen Inkarnationen erfahren.

Das Element, das Azrael zugeordnet ist, ist der geistige Äther, der Atem oder Hauch Gottes beziehungsweise die Weltenseele, die alle anderen Elemente und Bewußtseinszustände durchdringt und wie die Kundalini-Energie in unserem Körper alle Chakren zwischen Wurzel und Krone miteinander verbindet. Azrael steht Michael sehr nahe, da beide das geistige Feuer repräsentieren.

| **Element** | geistiger Äther |
| – Farbe | Dunkelviolett, Schwarz |
| – Stein | Amethyst |
| **Meister** | Saint Germain |
| **Chakra** | Kronenzentrum |
| – Farbe | Weiß, Silber |
| – Stein | Herkimer Diamant, Bergkristall |
| **Symbol** | Sichel, Buch des Schicksals |
| **Himmelsrichtung** | alle Richtungen |
| **Jahreszeit** | alle Zeiten |
| **Planet** | Saturn |

## Die Erzengel der Elemente

| Element | Erzengel | Zuständigkeit | Himmels-richtung | Planet |
|---|---|---|---|---|
| ÄTHER | Azrael | Aktivierung des Kronenchakras, Transformation, Seelenbegleitung, Zugang zur Akasha-Chronik | alle | Saturn |
| FEUER | Michael | Aktivierung des Stirnchakras (Drittes Auge), innere Reinigungsprozesse, Reinigung sakraler Stätten, Hilfe bei Rechtsstreitigkeiten und Kämpfen, die der Wahrheit dienen, Schutz und Verteidigung geistiger Ideale, Vollzug friedlicher Trennungen | Süden | Sonne |
| LUFT | Raphael | Aktivierung der Atmungsorgane, Klärung von Gedanken, inspiriert Heiler und Künstler, unterstützt spirituelle Wahrheitssucher, Ausdrucksfähigkeit (Kommunikation, Medien, Kreativität), Lampenfieber, Prüfungsangst | Osten | Merkur |
| WASSER | Gabriel | Erweckung des Herzens, Harmonisierung von Gefühlen (bei Depressionen, Unruhe, starken Gefühlsschwankungen, Bewältigung von Leidenschaften) | Westen | Mond |
| ERDE | Uriel | Aktivierung des Nabelchakras (Solarplexus), inspiriert Lehrer und alle Menschen, die sich Wissen aneignen wollen, Heilung der Erde, Weissagungen | Norden | Erde |

MICHAEL HOWARD

# Den persönlichen Schutzengel kontaktieren

Wie schon erwähnt, haben viele Aspekte der Kerzenmagie ihre Ursprünge in alten Überlieferungen. Viele davon reichen Tausende von Jahren bis zu der Zeit zurück, als die frühe Menschheit in direktem Kontakt mit den planetarischen Göttern oder Erzengeln stand. Das kollektive Unbewußte des Menschen erinnert sich an diesen Zeitraum und nennt es das Goldene Zeitalter, da Frieden und Harmonie auf Erden herrschten. In jüdisch-christlichen Mythen wird diese Stufe unserer Evolution durch die Legende vom Garten Eden dargestellt. Der göttliche Garten oder das irdische Paradies ist ein Mythos, der allen religiösen Glaubenssystemen gemeinsam ist. Tatsächlich hatten die Hebräer viele Details der Geschichte vom Garten Eden den Schöpfungsmythen der Babylonier und Sumerer entnommen.

Dieser perfekte Zustand, als die Götter auf Erden wandelten, so glauben viele Okkultisten, herrschte in den Anfängen der Geschichte, als die frühesten Menschen, die in der biblischen Darstellung als Adam und Eva bezeichnet werden, von Gott mit dem göttlichen Funken beseelt wurden. Während des urzeitlichen Goldenen Zeitalters, heißt es, besaß die Menschheit telepathische Kräfte, konnte die Sprache der Tiere sprechen und war in Kontakt mit anderen Welten. Dies wird in allegorischer Form in den biblischen Geschichten veranschaulicht, als beispielsweise Gott durch den Garten Eden wanderte und die sogenannten gefallenen Engel sich mit den Töchtern der Menschen vereinigten.

## Verlust der Gnade Gottes

Laut alter okkulter Tradition wurde das esoterische Wissen, das die Priesterschaft der ersten Zivilisationen der sich entwickelnden Menschheit auf den untergegangenen Kontinenten Lemuria und Atlantis besaß, mißbraucht. Dies ist der wahre Hintergrund der Geschichte von der »Versuchung« im Garten Eden, als Adam und Eva die verbotene Frucht vom Baum des Wissens aßen. Als Folge dieser »Sünde« wurde das erste Paar vom »Engel mit dem Flammenschwert« aus dem Paradies vertrieben, der manchmal als Samuel identifiziert wird. Eine Variation dieser Urgeschichte ist auch im frühen Schamanismus zu finden, wo die jüdisch-christliche Ursünde als die Große Trennung bekannt ist, die das Goldene Zeitalter zu einem abrupten Ende brachte. Seit dieser Zeit hat die Menschheit stets danach gestrebt, den utopischen Zustand der Unschuld, der einst auf Erden existierte und der in den Mythen der Weltreligionen verarbeitet ist, wiederherzustellen.

Dieselbe Aussage findet sich in dem hebräischen Mythos über den Krieg im Himmel. In dieser Allegorie rebelliert der Erzengel Lumiel, der Erstgeborene der Schöpfung, gegen den göttlichen Plan. Er wird vom Erzengel Michael in der Schlacht geschlagen und dazu verdammt, den Titel *Rex Mundi* oder »Herr der Welt« anzunehmen. Vorher war Lumiel oder Luzifer der Sonnenengel, und sein Platz wurde nun von Michael eingenommen. In der okkulten Tradition wird der Fall von Lumiel als größtes Opfer betrachtet – dadurch wurde es überhaupt der Menschheit erlaubt, sich weiterzuentwickeln. Die menschliche Rasse kann in dem Maße, wie sie sich spirituell fortbildet, dem gefallenen Erzengel helfen, seinen rechtmäßigen Platz in der Schöpfung zurückzugewinnen.

An dieser Stelle sollte nicht vergessen werden, daß solche symbolischen Metaphern dem Christentum und dem dualistischen Glauben des Satanismus, der eine Ketzerei des Christentums ist, vorausgehen. Dieser Dualismus entspringt der manichäischen Ketzerei, die wiederum aus der persischen Religion des Zoroastrismus übernommen wurde, die glaubt, daß das Universum gemeinschaftlich von den Kräften der Dunkelheit und der Macht des Lichtes regiert wird, die ewig um die Vorherrschaft kämpfen. Aus diesem Glauben entstand der Mythos des Teufels, der von der frühen Kirche erschaffen wurde, um die mittelalterlichen Bauern durch Angst dazu zu bewegen, ihre heidnische Verehrung des alten Gehörnten Gottes der Fruchtbarkeit aufzugeben.

Als Folge des Sündenfalls und des Krieges im Himmel inkarnierte sich die Menschheit, wie wir sie kennen, zum erstenmal voll in physischen Körpern auf der materiellen Ebene und entwickelte die geschlechtlichen Charakteristika des Männlichen und Weiblichen. An einem Punkt unserer Evolution lebten die Menschen in einem Zustand der Einheit mit der Schöpfung, und als nächstes »verfielen« sie in groben Materialismus.

Was haben diese alten Mythen mit Kerzenmagie und dem Konzept der Schutzengel zu tun? Sie bestätigen die Tatsache, daß das Abbrennen von Kerzen für okkulte Zwecke eine der ältesten Künste ist, die von der Menschheit praktiziert werden. Die Mythen weisen auch darauf hin, daß Kerzenmagie von dem engagierten Studenten benutzt werden kann, um die verlorene Kommunikation mit den Geistern wiederherzustellen und den Kontakt mit dem Reich der Engel aufzunehmen.

## Ihr beherrschender Engel

Bevor ich erkläre, wie man mit dem Schutzengel Kontakt aufnimmt, werden wir den Unterschied zwischen ihm und dem beherrschenden Engel, der im Kapitel über die mystische Novene beschrieben wurde, genauer betrachten.

Wie wir bereits wissen, findet man seinen beherrschenden Engel heraus, indem man sein Tierkreiszeichen nachschlägt, dessen herrschenden Planeten herausfindet und dabei erfährt, welcher Erzengel diesem Planeten zugeordnet ist. Was bedeutet dies für die magische Lehre? Grundsätzlich bedeutet es, daß all jene, die unter einem bestimmten astrologischen Sonnenzeichen geboren sind, in Einklang mit der Schwingung ihrer herrschenden planetarischen Energie sind. Dieser Einfluß wird sich in den Lebensläufen all jener, die dieses Geburtszeichen teilen, stark herausbilden. Man kann den einfachen Ritualen der Kerzenmagie zusätzliche Kraft geben, indem man seinen beherrschenden Engel anruft, was wir gesehen haben, als wir die Novene hielten.

Der beherrschende Engel kann angerufen werden, bevor man mit irgendeinem der Rituale der Kerzenmagie beginnt. Nachfolgend wird ein Vorschlag zur Formulierung gemacht. Um das ganze zu illustrieren, nehmen wir an, daß die Studentin die Sonne im Zeichen des Löwen stehen hat, daher wird der gegenwärtige Sonnenengel Michael angerufen.

*Mächtiger Erzengel Michael, Herr der Sonne, ich ... (eigenen Namen einsetzen), rufe dich. Unterstütze mich, Michael, bei dem Großen Werk, und gewähre meinen Bemühungen durch die Kraft des ewigen Lichtes einen erfolgreichen Ausgang.*

## Ihr Schutzengel

Ein Schutzengel ist viel personengebundener als ein beherrschender Engel, welcher – wie sehr in Übereinstimmung mit seiner Schwingung man sich auch fühlen mag – mit all den anderen Millionen von Menschen in der ganzen Welt geteilt wird, die im gleichen astrologischen Monat geboren wurden. Ein Schutzengel ist einmalig und wird von vielen Okkultisten als das *Höhere Selbst* gesehen. In Legenden und im Volkstum heißt es, daß der Schutzengel seit dem Augenblick der Geburt bei uns ist und sich während der gesamten Lebenszeit als beschützender Geist um uns kümmert. Ähnlichkeiten zwischen den Schutzengeln und den Geistführern bei den Spiritisten wurden ebenfalls festgestellt.

Der Glaube an die Existenz von Schutzengeln ist sehr alt und weltweit in vielen Religionen und Kulturen zu finden. Zum Beispiel glaubten die Römer an ein Wesen, das als *genius* bekannt war und nicht nur seinen menschlichen Gefährten vor dem Bösen schützte, sondern ihn auch mit den kreativen Geschenken der Musen inspirierte. Im klassischen Griechenland war der *genius* bekannt als *daemon* (nicht zu verwechseln mit dem jüdisch-christlichen Dämon oder »kleinen Teufel«), von dem es hieß, er helfe Schreibern, Künstlern und Poeten und inspiriere sie bei ihrer kreativen Arbeit.

Bei der frühen Kirche war die Idee der Schutzengel natürlich heidnischen Ursprungs. Ihre dualistische Auffassung war, daß jeder Mensch über einen hellen Engel des Lichtes verfüge, der ihn auf den rechten Pfad führe, und einen dunklen Engel, der als Verführer agiere. Nach islamischem Glauben werden wir von zwei Engeln am Tage beschützt und von zweien bei Nacht. Diese Wesen zeichnen auch unsere Taten auf, damit sie für die letzte Abrechnung am Jüngsten Tag abgerufen werden können.

Soviel zu den Mythen, bei denen Schutzengel eine Rolle spielen. Wie stellt man nun tatsächlich Kontakt mit dem eigenen Schutzengel her? Im Kapitel über Wahrsagen mit der Kristallkugel wurde beschrieben, wie man einen Spiegel verwendet, um psychische Visionen hervorzurufen. Der Spiegel spielt in dem Ritual zur Kontaktaufnahme mit dem Schutzengel wieder die Hauptrolle, aber in diesem Fall ist es ein besonderer Spiegel, der extra zur Kommunikation mit Ihrem Schutzengel, Geistführer oder Höheren Selbst hergestellt wurde.

## Herstellung des magischen Spiegels

Der magische Spiegel, der verwendet wird, um die Engelskräfte zu kontaktieren, sollte hergestellt werden, wenn der Mond zunimmt, am besten an einem Mittwoch, und während einer der planetarischen Stunden, die vom Erzengel Raphael (Merkur) regiert werden. Der Grund dafür liegt darin, daß die »Versilberung« auf Spiegeln, die ihnen ihre reflektierende Eigenschaft gibt, gewöhnlich aus Quecksilber hergestellt ist. Dies ist das heilige Metall der planetarischen Sphäre des Merkur, die vom Herrn Raphael regiert wird.

Der magische Spiegel kann aus einem runden, konkaven Stück Glas hergestellt werden. Ein Überzug aus schwarzer Farbe wird verwendet, um die Rückseite des Glases zu bedecken (die konvexe Seite). Tragen Sie einige Schichten ziemlich dick, aber gleichmäßig auf der ganzen Oberfläche auf. Der fertige Spiegel kann dann auf einer quadratischen Hartfaserplatte befestigt und in einen stabilen Bilderrahmen gespannt werden. Die Umgebung wird nach Geschmack bemalt und dekoriert.

## Den Spiegel weihen

Bevor der Spiegel benutzt wird, sollte er für die vor ihm liegende Aufgabe geweiht werden. Dies geschieht, indem man drei Teelöffel Salz in eine kleine Schale frisches Wasser gibt (Quellwasser ist am besten, aber wenn es nicht zur Hand ist, genügt Leitungswasser) und das folgende rezitiert:

*Im Namen der planetarischen Engel und des Großen Geistes segne, reinige und kläre ich, ... (Namen einsetzen), psychisch dieses Wasser für die Aufgabe, die ich heute vorbereite.*

Während man diese Worte spricht, schlägt man mit der Hand ein imaginäres Pentagramm oder einen fünfzackigen Stern über der Schale Wasser. Während dieser Handlung visualisiert man sich das Pentagramm glühend mit blauem Licht, das das Wasser erfüllt. (Dieses gesegnete Wasser kann auch zu Reinigungszwecken im vorher beschriebenen Exorzismus-Ritual verwendet werden.)

Wenn man das Ritual des Segnens des Wassers abgeschlossen hat, nimmt man ein jungfräuliches Tuch zur Hand, taucht es in die Wasserschale und wischt damit die Oberfläche des Spiegels ab. Man trocknet ihn vollständig mit einem anderen, neuen Tuch und wirft dann beide weg. Bevor man den Spiegel benutzt, stellt man ihn drei Nächte vor Vollmond so hin, daß er die lunaren Strahlen reflektieren kann.

Der Spiegel ist jetzt »aufgeladen« und bereit für seine eigentliche Verwendung, die Kontaktaufnahme mit Ihrem Schutzengel.

## Den Schutzengel kontaktieren

Zünden Sie an dem Ort, den Sie für das Ritual ausgewählt haben – sei es Ihr Tempel, Arbeitszimmer oder ein möbliertes Zimmer –, eine weiße oder silberne Kerze an. Weiß wird deshalb verwendet, weil es eine reine Schwingung hat, die höhere Kräfte anzieht. Auch Silber ist eine mit psychischen Kräften und astralen Energien verbundene Farbe.

Während man die Kerze anzündet, spricht man folgende Worte laut:

*Bei der Kraft der planetarischen Engel, laßt diesen Ort vor allen negativen Gedanken und Einflüssen geschützt sein.*

*Gewährt dem Studenten der Alten Mysterien und der Großen Kunst der Magie, der hier steht, an diesem Tag Kontaktaufnahme mit seinem/ihrem Schutzengel, im Namen des Großen Geistes, dem kosmischen Schöpfer des Universums.*

Plazieren Sie den magischen Spiegel so vor sich auf dem Altar, dem Schreibtisch oder der Tischplatte, daß Sie ohne Anstrengung hineinschauen können. Das elektrische Licht sollte ausgeschaltet sein, so daß der Raum nur von dieser einzelnen Kerze erleuchtet wird. Schauen Sie in den Spiegel, wie es im vorigen Kapitel über psychische Entwicklung beschrieben ist. Atmen Sie regelmäßig und langsam ein und aus, und schauen Sie Ihr eigenes Spiegelbild an. Wenn Sie können, sehen Sie durch Ihr eigenes Spiegelbild hindurch und darüber hinaus. Vielleicht erblicken Sie ein flackerndes, aurisches Licht, das um ihren Kopf flimmert und aus einer oder mehreren Farben zusammengesetzt ist. Sie könnten sich auch einer oder mehrerer anderer Präsenzen im Raum bewußt sein. Sobald Sie sich müde fühlen, hören Sie für diesen Tag auf. Fahren Sie später oder an einem anderen Tag fort, wenn Sie sich wieder vollkommen erholt fühlen.

Mit Geduld werden Ihre Bemühungen schließlich belohnt werden. Ihr Bild im Spiegel kann sich verändern oder völlig verschwinden, um durch das Gesicht von jemandem ersetzt zu werden, den Sie nicht kennen, der jedoch vertraut erscheint. Vielleicht bewegen sich die Lippen dieser Person; Sie werden vielleicht seine Stimme in Ihrem Geist hören. Manchmal spricht der Geistführer oder Schutzengel, und die Worte werden laut im Raum zu hören sein. Sie können Ihrem neuen Gefährten jede Frage stellen, und zwischen Ihnen und der geistigen Welt kann Kontakt aufgenommen werden.

Wenn die Kommunikation mit dem Schutzengel oder Geisthelfer erst einmal klappt, ist es nicht immer nötig, den Spiegel zu benutzen; bestimmte Grundregeln sollten jedoch eingehalten werden, so daß Kontakt nur hergestellt wird, wenn Sie es wünschen. Es kann peinlich sein, wenn Ihr Führer plötzlich bei einem mit Menschen überfüllten Gesellschaftsereignis oder während einer Autofahrt im Berufsverkehr Kontakt herstellen will!

Wenn er nicht benutzt wird, sollte der magische Spiegel in ein Tuch eingewickelt sein (nicht aus künstlichem Material) und sicher in einer Schublade oder einem Schrank aufbewahrt werden, außer Reichweite von neugierigen Augen oder Fingern. Setzen Sie den Spiegel nicht dem Sonnenlicht aus, denn das neutralisiert seine Kräfte. Er kann jedoch jederzeit »wieder aufgeladen« werden, indem er den Strahlen des Vollmonds ausgesetzt wird, da Vollmondzeit die beste Voraussetzung für den Kontakt mit dem Schutzengel ist.

SOPHY BURNHAM

# Bitten, Wahrnehmen, Antworten

Wir sprechen zuweilen von religiösen Dingen, aber immer nur zu einem oder höchstens zwei oder drei anderen, und auch dann nur, wenn wir einander kennen und unter uns und vor Mithörern sicher sind. Mir wurden einige Dinge offenbart, die ich hier nicht mitteilen kann, so wie alle Menschen Erlebnisse gehabt haben, die zu kostbar sind, um über sie zu sprechen. Und wozu sollte das auch gut sein?

Wenn Sie ein solches Erlebnis haben, ist es etwa so, als stünden Sie während eines nächtlichen Gewitters auf einem Hügel. Die ganze Umgebung liegt im Dunklen, und der Himmel ist von schwarzen Wolken überzogen. Plötzlich reißt ein Blitzstrahl den Himmel auf, und das ganze Tal liegt vor Ihnen ausgebreitet da – Bäume, Wiesen, Wälder, Flüsse, Hügel. Der Blitz ist vorbei. Sie sind wieder in die Finsternis zurückgeworfen. Aber jetzt wissen Sie, was da ist, und kein Mensch auf der Welt kann Ihnen einreden, daß Sie sich eingebildet haben, was Sie sahen. Angenommen, ein Freund steht neben Ihnen in der dunklen Sturmnacht auf dem Hügel – aber er hat den Rücken zur Szenerie gewendet, wenn der Blitz aufflammt. »O Mann«, sagen Sie, »schau dir das an!« Aber wenn er sich umdreht, ist das Licht weg. Hat er etwa unrecht, wenn er sagt, dort sei nichts? Für ihn ist die Nacht schwarz. Sie beide gehen von Ihrer persönlichen Wahrnehmung der Wirklichkeit aus, denn jeder kann nur seiner eigenen Erfahrung vertrauen.

Welche Kräfte sind am Werk? Wenn ich zurückschaue und das Muster erkenne, wird mir klar, daß dies die Frage in allen Augenblicken meines Lebens war – wenn auch zu verschiedenen Zeiten unterschiedlich formuliert und beantwortet. Sie wird ständig neu formuliert und differenziert.

Meine derzeitige Antwort lautet, daß es zwei Welten gibt, die sichtbare und die unsichtbare. Sie vermischen sich auf immer deutlicher wahrnehmbare Weise ... wenn wir nur den Mut haben zu sehen. Wie ich allmählich zu glauben anfange, ist diese Vermischung, Verschmelzung, Durchdringung möglicherweise so vollständig, daß wir die Butter nicht vom Teig, das Materielle nicht vom Spirituellen trennen können. Es ist alles derselbe Faden, die wilde, verrückte, wunderschöne und sich ständig verändernde Schöpfung der Träume Brahmas, der auf seiner Lotusblüte sitzt. Nur ist es so, daß auch wir diesen Traum träumen können – Traum und Traumgeschöpf und Träumer sind ein und dasselbe.

Wir können unsere Wahrnehmung der Verbindung zwischen diesen Welten, wie es scheint, durch Denken oder spirituelle Übungen verstärken. Und manchmal überrascht sie uns einfach, wie der Wind.

*Ich ließ mich finden von denen, die mich nicht suchten, und ich wurde denen offenbar, die nicht nach mir fragten. Röm 10, 20*

Ich weiß nicht, ob man die Wahrnehmung dieser Verbindung wieder verlieren kann, aber wenn sie sich einstellt, bringt sie oft gesteigerte Energie und Kraft mit sich, als flösse eine unsichtbare Kraft durch uns. Nach meiner Erfahrung gibt es drei Regeln, die wir beachten müssen, um diese Wahrnehmung in uns zu wecken. Es sind dieselben Regeln, die auch für das Gebet gelten. Wir müssen

bitten – wahrnehmen – antworten –

und dann wieder loslassen.

Die Kräfte des Universums haben wunderliche Methoden, uns zur Raison zu bringen. Letztlich wird jeder und jede auf die Knie und zu vollständiger Unterwerfung gezwungen. Gezwungen zu bitten. Jemand kann mit seinem Einkommen, seiner Karriere, seiner Ehe, seinen Kindern und seinem steten, geruhsamen Leben rundum zufrieden sein – so sicher, wie die Sonne am Morgen aufgeht, passiert etwas, geschieht ein Schaden, im Handumdrehen; irgendwann liegt dieser Jemand zusammengeschlagen auf der Straße, und wenn er dann weiß, was gut für ihn ist, bittet er. Und wenn er es nicht tut, wird er – so sicher wie das Amen in der Kirche – so lange vom Leben gebeutelt, bis er es doch tut. Dann muß er in demütiger Unterwerfung niederknien, denn solange er sich nicht vor der Macht des Universums beugt, solange ihn Schmerz und die Verzweiflung noch nicht auf die Knie gezwungen haben, so lange hält er sich zurück, und seine Gebete haben kaum Wirkung.

Und deshalb können wir nach einer Weile nicht einmal mehr entscheiden, was gut und was schlecht ist. Was wir für einen Segen hielten, ist so dornenvoll, daß wir es kaum noch in Händen halten können, und was wir für entsetzlich hielten, erweist sich als das Beste, das uns widerfahren konnte.

> Alle Engel Gottes kommen verkleidet zu uns;
> Kummer und Krankheit, Armut und Tod,
> Einer nach dem anderen lüften sie die finsteren Masken,
> Und wir erblicken das seraphische Antlitz darunter,
> Strahlend in der Glorie und Ruhe dessen,
> Der Gott geschaut hat.
>
> JAMES RUSSELL LOWELL

So voller Liebe ist das Universum, so voller Freude, so entschlossen, uns alles zu geben, was wir brauchen, uns zu lieben und uns den Weg des Lebens zu zeigen, daß wir zu Boden geworfen und von Gottes Wogen ergriffen werden, wenn wir in der Brandung spielen. Mit uns wird gespielt, es schlägt uns nieder, damit uns diese liebende Macht aufheben und in ihre Arme nehmen kann, damit sie uns an den Strand und in die Sicherheit trägt und in warme Badetücher wickelt und uns in ihrer höchst mütterlichen Umarmung ruhen läßt. Goethe hat es gewußt.

> Alles geben die Götter, die Unendlichen, ihren Lieblingen ganz: alle Freuden, die unendlichen, alle Schmerzen, die unendlichen, ganz.

Viele Menschen glauben nicht ans Beten, aber Beten ist nichts weiter als Denken. Es ist ein Ausdruck der Sehnsucht des Herzens. Es ist ein konzentrierter Gedanke, in uns gesammelt und von uns ausgesandt. Und wenn wir unsere Welt durch Gedanken erschaffen, dann schaffen wir sie gewiß auch durch die konzentrierten Gedanken des Gebets. Das Problem ist, daß uns niemand beibringt, wie man ein Gebet so spricht, daß es gehört werden kann; daß uns geantwortet werden kann, wenn wir bitten. Deshalb denken wir, wenn wir keine Antwort erhalten – oder keine Antwort auf die erwartete Art oder innerhalb des erwarteten Zeitraums –, daß das Gebet nicht gehört wurde, daß Gebete unwirksam seien oder nur ein kosmischer Witz.

Das Gebet ist jedoch ein Gesetz des Universums, wie die Schwerkraft. Sie müssen nicht einmal an Gott glauben, um zu beten oder zu bitten, aber Sie müssen die Regeln befolgen. Stellen Sie sich eine riesige Radiostation im All vor, jenseits der Sterne, eine Empfangsstation. Sie müssen nichts weiter tun, als Ihre Gedanken, Ihre Sehnsüchte auf diese Station abzustrahlen, und wenn Ihre Sendung klar empfangen wird, ohne Störgeräusche, strömt die Antwort zu Ihnen zurück – sofort, und mit einem Überfluß an Freude, denn es ist die Freude des Universums, uns zu geben, was wir brauchen.

Die Frage ist, wie senden wir unsere Gedanken so ab, daß sie empfangen werden können?

## Wie man betet

### Bitten

1. Sie müssen die Gegenwartsform verwenden. Das Universum versteht nicht, was mit Vergangenheit und Zukunft gemeint ist, denn es hat kein Konzept von der Zeit. Sobald wir die Grenzen unserer kleinen Welt hinter uns lassen, geschehen alle Dinge gleichzeitig. Das Universum kennt nur das JETZT.
2. Sie müssen Ihr Gebet positiv, bejahend formulieren. Das Universum versteht keine Verneinung. Es gibt kein Nicht-Sein und keine

Negation im Universum, deshalb löscht das All alles außer positiven Worten und aktiven Aussagen aus.

Viele Menschen wissen das nicht. Eine Mutter kann also demütig auf den Knien liegen und mit aller Inbrunst ihres Herzens beten: »Laß mein Baby nicht sterben.« Aber ihr Gebet beinhaltet zwei negative Begriffe: »nicht« und »sterben«. Sie tut besser daran, in Worte zu kleiden, wonach ihr Herz verlangt: »Laß mein Baby leben!« Noch besser kleidet sie ihren Wunsch in ein Dankgebet, weil das All keinen Zeitbegriff hat: »Ich danke dir, daß mein Baby lebt!« Es ist von unabdingbarer Wichtigkeit, auf die Formulierungen zu achten, in die wir unsere Gedanken kleiden, denn wenn wir sagen: »Laß mein Baby nicht sterben«, stellen wir uns, ohne es eigentlich zu wollen, unseren Verlust vor, wir klagen und wir betrauern das Kind bereits, so daß sein Tod wahrscheinlicher wird – aufgrund unserer Gedanken und Befürchtungen. Das hat Jesus gemeint, als er sagte: »Fürchte dich nicht, glaube nur!«

Doch auch wenn sie betet: »Laß mein Baby nicht sterben«, sagt das Herz der Mutter in seiner eigenen, stummen Sprache: »Das Kind soll leben.« In der Radio-Empfangsstation an den Grenzen des Raums werden daher vielleicht nur Störgeräusche empfangen: die Dissonanz, die aus dem Widerspruch zwischen Wunsch und Furcht entsteht. Wenn nur unverständliches Knistern und Knacken ankommt, kann das Universum nicht antworten. Oder es empfängt das von Herzen kommende Gebet der Mutter, weil ihr Wunsch den Zweifel übertönt.

3. Manche Menschen beten richtig, demütig, auf den Knien, mit den richtigen Worten, und sie achten sorgsam darauf, ihren (bereits erfüllten) Herzenswunsch richtig zu formulieren (als Dank) – und werden dann von Zweifeln überwältigt. »Was tue ich eigentlich da?« fragen sie, sich selbst unterbrechend. »Ich glaube nicht einmal an Gott. Gebete werden nicht erhört. Gott sei Dank kann mich niemand hier auf den Knien liegen sehen. Das ist ja absurd.«

Wiederum empfängt die Station Störgeräusche – das innige Gebet, das gleich darauf negiert wird: »Ich glaube nicht. Gebete

werden ja doch nicht erfüllt.« Auf welchen Gedanken soll die Station antworten? Sind Negationen und Zweifel lauter als der konzentrierte Gedanken wird das Universum darauf reagieren und erfüllen, was der Betreffende wünschte, so voller Liebe ist diese Gottheit – so sehr bereit, uns zu geben, was immer wir uns wünschen –, sogar Schmerz und Zweifel und Einsamkeit und Entfremdung und Furcht, wenn es das ist, was wir wollen.
4. Nachdem Sie sich wenigstens für einige Sekunden auf die *Vorstellung* konzentriert haben, daß Ihr Gebet vollendet und beantwortet ist, geben Sie sich wiederum demütig dem Universum hin: »Dein Wille geschehe.« Denn die Vorsehung weiß besser als wir selbst, was gut für uns ist. Deshalb wird uns empfohlen, sorgfältig abzuwägen, um was wir beten und bitten – weil wir es bekommen. Ein arabisches Sprichwort lautet: »›Nimm, was du möchtest‹, sagte Gott, ›und bezahle dafür.‹«

## Wahrnehmen

Das zweite Erfordernis beim Beten ist, die Antwort wahrzunehmen, wenn sie kommt. Wieder ist es so, daß viele Menschen zwar beten und die Antwort auf ihr Gebet empfangen, aber sie überhören sie – oder leugnen sie, weil sie nicht ihrer Erwartung entspricht. Wir sind wie Kinder, wenn der Eismann mit seinem Karren die Straße entlangkommt. Wir laufen ins Haus und rufen: »Mama, Mama, kann ich ein Eis haben?«

Sie erwidert: »Nicht jetzt, es ist gleich Essenszeit. Du kannst nach dem Essen ein Eis haben.«

»Nein!« ruft das Kind. »Ich will jetzt eins!«

Oder die Mutter sagt: »Ja, aber dieses Eis ist zu teuer. Ich habe noch eine Packung im Kühlschrank. Nimm dir etwas davon.«

»Nein!« sagt das Kind. »Ich will das Eis vom Eismann!«

Oder sie sagt: »Ja, hier hast du Geld.«

In allen diesen Fällen hat die Mutter ein Eis bewilligt, aber in den Augen des Kindes hat sie es nur einmal getan.

So ist es auch mit dem Beten. Oft weigern wir uns, die Antwort zu sehen. Ich glaube, dieser Schritt – die Wahrnehmung – ist es, der den extrem Rationalisten entgeht, denen, die nicht zugeben, daß etwas jenseits der materiellen Welt existiert. Vor diesem Schritt fürchten sie sich vielleicht auch, denn er ist eine Herausforderung für die Stimme, die in uns allen spricht: die Stimme des Skeptizismus, des Spotts, der Auflehnung, der Angst – der Seite in uns, die sich an das Treibgut einer physischen Welt klammert, in dem verzweifelten Bemühen, die Kontrolle zu behalten. Schließlich ist die Alternative recht beängstigend: Was ist, wenn wir gar nichts unter Kontrolle haben? Die meisten von uns kommen jedoch, wenn sie älter werden, ziemlich bald zu der Erkenntnis, daß es »dort draußen« mehr gibt, als wir uns auf einfache Weise erklären können. Und bis heute habe ich noch keinen Atheisten getroffen, der nicht in einem Augenblick der Gefahr – gegen seinen Willen – um Hilfe gerufen hätte.

## Antworten

Wenn wir erst bemerkt und zur Kenntnis genommen haben, daß uns eine Antwort gegeben wurde, folgt der dritte Schritt von selbst. Wir können die Gaben nur ehrfürchtig und staunend entgegennehmen. Dann haben wir nur noch »Danke« zu sagen und uns zu bemühen, die Gabe weiterzureichen.

JOHN RANDOLPH PRICE

# Der Engel der Wahrheit und Erleuchtung

In der Bibel steht geschrieben: »Dann werdet ihr die Wahrheit erkennen, und die Wahrheit wird euch befreien« (Johannes 8, 32). Und der englische Dichter Robert Browning nannte die Wahrheit die eingesperrte Herrlichkeit in uns selbst.

Was ist diese befreiende Wahrheit; was ist diese eingesperrte Herrlichkeit? *Sie* sind es! Und die Griechen sagen: »Erkenne dich selbst!« Seit den Anfängen der uns überlieferten Zeit haben die Erwachten uns gelehrt, daß unsere wahre Natur vom Himmel stammt. Sie ist ein unsterbliches Selbst Gottes, vollkommen göttlich, auf ewig im Himmelreich lebend, das niemals von unserer Quelle getrennt ist. Die Krönung der Schöpfung war, so sieht es Browning, nicht eine menschliche Rasse, sondern es waren Lichtwesen, spirituelle Wesen, göttliche Individuen.

Aber diese Wahrheit über unsere göttliche Identität muß in der atomaren Struktur unserer mentalen, emotionalen und ätherischen Körper verwirklicht werden, um eine Kettenreaktion durch unser gesamtes individuelles Kraftfeld hindurch auszulösen. Andernfalls sehen wir alles nur mit intellektueller Aufmerksamkeit oder emotional stimuliert, durch ein vom Ego geschliffenes Brillenglas. Bereits am Anfang dieses Buches haben wir das, was wir glauben, von verschiedenen Perspektiven aus betrachtet, und wir haben erkannt, wie diese Glaubensvorstellungen unser Leben beeinflussen. Und nun frage ich wieder: Was ist *Ihre* Wahrheit? Emerson schrieb: »Der Gott der Kannibalen ist ein Kannibale.« Wenn wir so denken, muß der Gott der Kranken ein kranker Gott sein, der Gott der Armen muß ein verarmter Gott sein, der Gott der Versager muß ein erfolgloser Gott sein. Aber Sie sagen, daß Sie an einen Gott der Ganzheit, des Überflusses und des Erfolges glauben, auch wenn Sie selbst in einem oder mehreren dieser Lebensbereiche einen Niedergang erfahren. Das ist gut, aber wenn Sie nicht das gleiche über sich glauben, stärken Sie das Gefühl des Getrenntseins, denn es gibt keineswegs so etwas wie Gott *und* Sie selbst. Jeder von uns betet zu irgendeiner Zeit einmal zu einem Wesen außerhalb von sich selbst mit der Bitte, uns etwas zu geben, während wir die ganze Zeit dieses Etwas bereits sind. Wir halten nach dem helfenden Vater/Mutter-Gott da draußen Ausschau, ohne uns klar zu sein, daß Vater und Mutter die Kraft und Inspiration unseres ursprünglichen göttlichen Selbst sind. Wir bestehen darauf, daß es geschehen möge, während es bereits geschehen ist; wir bitten um mehr, dabei haben wir schon jetzt bereits alles. Nichts ist außerhalb von uns selbst; alles ist in unserem Inneren. Und alles, was sich in unserem Leben abzeichnet, ist das, was wir in unserem Bewußtsein für die Wahrheit über uns selbst halten.

Der Gott der Ganzheit, des Überflusses und des Erfolges ist das große ICH BIN, und bevor wir unser Selbst nicht damit identifizieren können, haben wir die Wahrheit, die uns von Krankheit, Begrenzung und Versagen befreit, nicht gefunden. Der Schlüssel zu einem reicheren Leben auf allen Gebieten besteht darin, sich bewußt zu werden, wachsam zu sein und zu wissen, daß es ein unendliches Bewußtsein gibt, das direkt innerhalb unseres Energiefeldes individualisiert ist. Tatsächlich umfaßt es die Gesamtheit unseres Energiefeldes! Unser Wissen darüber erhalten wir von unserem persönlichen bewußten Geist, dem Persönlichkeitsbewußtsein. Wir haben es also mit einem Bewußtsein zu tun, das sich des Bewußtseins bewußt ist. Im unendlichen Bewußtsein, das unsere Wirklichkeit konstituiert, befinden sich die unsichtbare Energie und die Vorstellung von einer sichtbaren Form und einer manifesten Erfahrung – aber nicht nur wie ein Gegenstand in einem Warenhaus. Alles ist im Geist, in einem lebendigen, bewußten, denkenden Geist, einem Geist, der in seinem Ausmaß, seiner Reichweite, seinem Wissen, seiner Weisheit, seinem Verstehen und seiner Macht unbegrenzt ist.

Es ist der Geist Gottes als unser individualisiertes spirituelles Bewußtsein.

Und in diesem unbegrenzten Bewußtsein befinden sich die bewußte Selbsterkenntnis *von* uns selbst und eine Aufmerksamkeit, die sich selbst *mit* der gesamten Realität identifiziert, das heißt, mit der unsichtbaren und sichtbaren Welt, zusammengefaßt in den Worten ICH BIN. Also ist sich unser göttliches Bewußtsein seiner eigenen Natur (ICH BIN) bewußt, und zwar als unbegrenzter Überfluß, ewige Ganzheit, perfektes Leben und vollkommener Frieden, als Freude, Schönheit und Erfüllung. Es weiß um sich als um das unendliche Alles. Dies ist die Wahrheit unseres Wesens, aber es wird in unserer Erfahrung nur wahr in dem Maße, in dem wir es verwirklichen. Unser unendliches Bewußtsein fließt durch uns, um als der perfekte Kreislauf des Lebens zu erscheinen, in direktem Verhältnis zu unserer Aufmerksamkeit, unserem Verstand und unserem Wissen darüber. Wenn wir uns unseres höheren Selbst vollkommen bewußt sind, kanalisieren wir nur das, was gut, wahr und schön ist in unser Leben. Wenn wir uns nur der Welt der Wirkungen bewußt sind, werfen wir diese unangemessenen Energien auf uns selbst zurück und lassen sie in unserem Kraftfeld zirkulieren, so daß sie dann in unserem Leben als Freuden und Leiden erscheinen.

Eine größere Erkenntnis der Wahrheit kann nur durch das ICH BIN entstehen. Das Meisterselbst, das durch den Namen ICH BIN wirkt, steht über allen mentalen Gesetzen. Sein Ausdrucksprinzip ist die göttliche Einwirkung: die liebevolle, zwingende Kraft von Gottes Willen, Ziel und Macht, der göttliche Schub, das freudvolle Walten des Geistes. Wenn wir an den Punkt kommen, an dem nichts mehr zählt außer dieser Aktivität des Selbst, erheben wir uns über die menschlichen Gesetze und fangen an, als dieses göttliche Selbst zu leben – im Himmel auf Erden.

Das ist einfach, aber nicht leicht, und deshalb haben wir einen heiligen Helfer, der mit uns arbeitet, um die Wahrheit zu erkennen und um frei zu sein, wozu wir geschaffen wurden.

Der Engel der Wahrheit und Erleuchtung war bei den Ägyptern als der Archetypus Ra bekannt, ein Sonnenwesen, das die Macht zur Erweckung der Seele symbolisierte. Den Griechen war er als Apollon bekannt, der Gott der Sonne und des Lichts. Im wesentlichen hatten alle antiken Gesellschaften und Religionen einen solaren Gott. Manly P. Hall schreibt, daß Godfrey Higgins, ein Philosoph und Autor des neunzehnten Jahrhunderts, nach dreißigjährigen Nachforschungen der ursprünglichen religiösen Glaubensvorstellungen zu der Ansicht kam, daß »sämtliche Götter der Antike sich selbst im solaren Feuer auflösten, manchmal als Gott selbst, manchmal als Zeichen oder Schechina dieses höheren Prinzips, das den Namen des kreativen Wesens oder des Gottes trug«. Der Theosoph und Autor Franz Hartmann erläuterte, daß die Sonne alchimistisch das Zentrum der Macht oder das Herz der Dinge sei. Sie stellt ein Energie- und Machtzentrum dar, das heißt, jedes Lebewesen besitzt im Inneren ein Lebenszentrum, das wachsen könnte, um eine Sonne zu werden. Dies war das zentrale Thema der Mysterienschulen: das Selbst als göttlich zu erkennen und diese Wahrheit als leuchtende Sonne und Machtzentrum zu verkörpern.

Im Tarot heißt die Karte, die diesen Engel bezeichnet, »Die Sonne«. Die gleiche Bedeutung sehen wir auch in der esoterischen Astrologie. Im Tarot symbolisiert die Sonne die Erleuchtung durch Selbsterkenntnis. Sie ist die Sonne der Wahrheit, die in den Garten der Welt scheint. In der Bildersprache des Rider-Waite-Decks zeigt uns die Steinmauer des Gartens, daß wir die Bedeutung der Wahrheit nicht erfassen können, wenn wir uns nur auf unser menschliches Verständnis verlassen.

Wenn dieser Engel durch Ego-Projektionen blockiert ist, die vorgaukeln, daß die Persönlichkeit die höhere Macht und Gott eine äußere Kraft sei und daß man sich auf die menschliche Natur verlassen müsse, um zu überleben, wird das Individuum nur den Wünschen seines Egos gehorchen. Solch eine Person wird stets hochmütig, anmaßend und voller Selbstlob sein. Wenn die Aufmerksamkeit völlig auf die niedere Natur gerichtet ist, zerstreuen sich die heilenden Energien, was in einer allgemeinen Verschlechterung des physischen Systems zum Ausdruck kommen mag. Wenn der Zugriff des Ego einmal durchbrochen ist, erweckt der Engel die Energie des transzendentalen Bewußtseins sowie den mentalen und emotionalen Körper und erzeugt im physischen Körper eine heilende Selbstschwingung, die Gesundheit und Ganzheit bringt.

Spirituelles Bewußtsein und Ganzheit sind ein und dasselbe. Wenn wir das eine besitzen, besitzen wir auch das andere. Wenn wir die Wahrheit des Seins erkennen, wechseln wir ins vierdimensionale Bewußtsein jenseits aller Dualitäten über und befreien uns von den Leiden der Menschheit. Darum wird dieser Engel als höchst einflußreich auf alle Gebiete der physischen Zufriedenheit betrachtet, was nicht nur den Körper, sondern auch die Finanzen, Beziehungen und Berufserfolge einschließt. Er hebt uns über die Ebene des Problems hinaus ins Bewußtsein der leuchtenden Sonne, die die Fülle des göttlichen Selbst ausstrahlt.

Ich hatte einen längeren Dialog mit diesem Engel, den ich Ihnen mitteilen möchte. Das Gespräch drehte sich um das Thema Sachverstand, und es war faszinierend zu hören, wie der Engel die vielen Aspekte seines Wesens offenbarte. Ich sagte etwas über Ehrlichkeit mir selbst gegenüber, und er fragte:

»Weißt du, was das bedeutet? Es bedeutet, deiner Wahrheit zu folgen. Und was ist deine Wahrheit? Es ist das, das sich in deinem Herzen angesammelt hat durch die Verwirklichung der Natur und Tätigkeit des Christus im Inneren. Dieses Licht im Liebeszentrum ist die Wahrheit, die du hinsichtlich deiner wahren Identität anerkannt hast. Es ist die Energie, der Geist der Eigenschaften des Selbst, derer du dir bewußt bist. Deshalb ist es die Energie, der Geist der Gesundheit, Reichtum, Erfolg, glückliche Beziehungen und so weiter. Ich war als diese Wirklichkeit, die im Herzen wohnt, bekannt. Sie wurde auch als der manifeste Christus, als Jesus-Archetyp und als Kind von Jesaja bezeichnet.

Das Kind wird geboren, wenn der erste Strahl des spirituellen Verstehens ins Bewußtsein tritt, und es wächst und reift mit jedem Körnchen Wahrheit, das durch Meditation erkannt wird. Dieses im persönlichen Bewußtsein aufscheinende Licht befreit die Persönlichkeit. Wenn es ihm durch die Einwilligung des bewußten Geistes erlaubt wird, wird es die Verantwortung übernehmen, um den Körper zu heilen, Mangel zu beseitigen, Beziehungen zu knüpfen und die Wahrheit zu enthüllen.

Der Geist der Wahrheit ist der wunderbare Eine, der scheinbare Wunder vollbringt und der seine Führung durch das Labyrinth des Lebens anbietet. Es wird auch gesagt, daß diese kreative Macht der mächtige Gott ist. Das ist wahr, denn die einzige Macht, die es gibt, ist die Gottesmacht, und vom Herzen des universalen Wesens zum Herzen des individuellen Wesens spannt sich die Einheit des Geistes, denn Gott kann von Gott nicht getrennt werden. Geist und Manifestation sind eines; wenn ihr die Wahrheit empfangt, empfangt ihr den Urheber der Wahrheit.

Dieses Licht wird der ewige Vater genannt – der andauernde, niemals endende Bewahrer des Guten. Es ist der Prinz des Friedens, der Enthüller der Harmonie und Ruhe im Leben, und seid versichert, daß dieses Überfließen des Segens ohne Ende immer weiter anwachsen wird.«

Sie können beginnen, diesen Engel zu befreien, indem Sie sich vollkommen einem Leben in Wahrheit weihen, unabhängig von Erscheinungen, das heißt, Sie wollen die Wahrheit aus göttlicher Perspektive sehen. Wir können sagen: »*Ich* bin ganz, reich und wunderbar erfolgreich, weil das *Ich* ewig ist.« Dieses Ich jedoch in irgendeiner anderen Weise zu benutzen, als die Wahrheit des Seins widerzuspiegeln, bedeutet, den Namen des Herrn vergeblich zu führen. Wenn wir also dieses große geheime Wort mit dem, was nutzlos, wertlos und dumm ist, verbinden, werden wir das universelle Gesetz rufen, um uns auf diese Ebene herabzuziehen. Zu sagen: »Ich bin krank« oder »Ich kann mir das nicht leisten«, heißt, daß der Kannibale den Kannibalen zum Gott macht. Wenn wir über die Illusion sprechen müssen, könnten wir einfach sagen: »*Es* fühlt sich nicht gut an« oder »*Es* leidet gerade an einem Mangel«, denn wir wollen unsere Unzulänglichkeit nicht Gott zuschreiben.

Auf der anderen Seite sollten wir anderen keine Verrücktheiten zumuten. Ein Beispiel: Nachdem ich mich mit dem köstlichen Essen meiner Mutter vollgestopft habe, höre ich sie fragen: »Geht's dir gut, mein Lieber?« Und ich antworte: »Ich fühle mich wunderbar, aber *es* ist schrecklich voll.« Sie starrt mich an und fragt: »Wer ist *es?*« Und ich erkläre: »Das Es, das sich selbst zugestopft hat, was *ich* niemals tue.« Mich immer noch anstarrend, sagt sie: »Du klingst ein bißchen durcheinander. Warum legst du dich nicht eine Weile hin?«

Die Antwort auf ihre erste Frage hätte lauten können: »Ich fühle mich wunderbar, aber mein Körper scheint ein wenig überladen zu sein« – was das Geschehen in die richtige Perspektive gerückt hätte. Wir tun alles, was uns möglich ist, um unsere heilige Identität zu wahren.

Noch mal: Was ist Wahrheit? *Sie* sind Wahrheit, also betrachten Sie sich selbst, und empfangen Sie die Wahrheit. Verbinden Sie ihren Blick mit dem Höchsten, und bleiben Sie auf diesem Strahl. Leben Sie in der Sonne, und lassen Sie den Herrn des Feuers alle vorangegangenen Mißschöpfungen verbrennen. Gehen Sie in die leuchtenden Strahlen ein, und beobachten Sie, wie die Schatten der Vergangenheit fliehen. Erheben Sie sich und leuchten Sie! Erheben Sie sich über den menschlichen Sinn des Selbst, und strahlen Sie als die Sonne, die Sie sind. Sie können die Wahrheit nicht in Büchern und Vorlesungen finden, weil *Sie* nicht darin sind. Sie sind nur in sich selbst, also hören Sie auf, herumzurennen und sich selbst irgendwo anders zu suchen. Die Suche nach dem Heiligen Gral ist vorüber. Der Gral ist Ihnen bereits gegeben worden: »Dieser Kelch ist der neue Bund in meinem Blut, das *für* euch vergossen wird« (Lukas 22, 20). Er symbolisiert die göttliche Identität, eine überfließende Quelle, die unerschöpflich ist, ein Füllhorn, das Sie mit allem, was Sie brauchen, wollen oder wünschen könnten, versorgt. Der Gral, der Kelch, repräsentiert die leuchtende Sonne, die durch einen ewigen Bund strahlt – »Wisse, ich bin immer bei dir«.

Wenn wir einmal angefangen haben, als göttliche Individuen mit dem Namen ICH BIN zu leben, und nicht als Menschen, der »mich auch« genannt wird, wird die Energie der Wahrheit mit all der Inspiration ungefesselter Devas arbeiten. Die Kommunikation mit anderen Engeln wird im Geiste herrlicher Zusammenarbeit aufgenommen und das Tor zu immer größerer Erleuchtung geöffnet. Bald wird die Vorstellung mit der Wirklichkeit verschmelzen, und jedes Tönen des Wortes *Ich* wird Gott preisen.

Gehen Sie in die Koordinierung Ihres Energiefeldes, wo der Engel der Wahrheit und Erleuchtung weilt, und werden Sie eins mit der Macht der leuchtenden Sonne. Es könnte eines der bedeutendsten Zusammentreffen in Ihrem Leben sein.

# 7. Teil

Über den Tod hinaus

THORWALD DETHLEFSEN

# Die Reinkarnationshypothese

Es sei mir nun gestattet, näher auf das einzugehen, was ich für die beste und zugleich naheliegendste Erklärung unseres Phänomens ansehe. Dabei gehe ich davon aus, was dieses Experiment tatsächlich bietet, ohne gewaltsam etwas dazuzutun oder wegzulassen, ohne Deutung und ohne Interpretation.

Warum sollte es nicht so sein, wie alle Versuchspersonen es selber sagen und auch empfinden: eine Kette von früheren Leben, die man vergessen hatte und an die man sich nun wieder erinnern kann? Warum sträubt man sich mit soviel Gewalt gegen diesen an sich einfachen Gedankengang, der unter dem Namen der »Reinkarnation« (griechisch = Wiederfleischwerdung) seit alters her für den größten Teil der Menschheit eine Selbstverständlichkeit ist. Alle Großreligionen und die Mehrzahl aller Philosophen lehren die Wiederverkörperung. (Im Christentum wurde die Reinkarnation erst beim Konzil in Konstantinopel im Jahre 553 abgeschafft!)

Nur für breite Kreise im Westen wirkt diese Lehre unter dem Gesichtspunkt der materialistischen Naturwissenschaft sehr abwegig und ungewohnt. Das ist verständlich, denn wenn man axiomatisch davon ausgeht, daß Bewußtsein ausschließlich in Verbindung mit Materie vorkommen kann, ja eigentlich die Bewußtseinsprozesse nur ein Produkt von irgendwelchen Stoffwechselvorgängen sind, muß die Behauptung der Wiederverkörperung absurd erscheinen. Was soll sich denn verkörpern, wenn es nichts anderes gibt als Körper?

Mag nun das wissenschaftliche Axiom, Bewußtseinsprozesse seien an Materie gebunden, richtig oder falsch sein, so erscheint es immerhin zweckmäßig, vorübergehend dieses Axiom beiseite zu stellen, um unvoreingenommen das Denkmodell der Reinkarnation verstehen zu können. Grundlage hierfür ist die klassische Dreiteilung von Körper, Geist und Seele. Diese drei Glieder sind qualitativ deutlich unterschieden, können aber miteinander in Wechselwirkung treten. Aus dieser Sicht wäre der Körper nichts anderes als die Materie, das, was von einem Menschen auch dann noch anwesend ist, wenn er gestorben ist. Der Geist entspräche dem Lebensprinzip, wäre also »Leben« schlechthin, ohne individuellen oder persönlichen Charakter, es ist universal und unzerstörbar. In der Seele finden wir jenen Teil des Menschen, den wir »Selbstbewußtsein« nennen, das Agens, das die Individualität prägt.

Verbinden sich diese drei Wesenheiten zu einer Einheit, so sprechen wir von einem Menschen. (Hierbei lassen wir vorläufig außer acht, daß diese Gesetzmäßigkeit auch außerhalb des Menschen in den anderen Naturreichen gültig sein kann.) Leben verbindet sich mit einer »individuellen« Seele, und beide gestalten einen materiellen Körper nach ihrem Plan. Die lebendige Seele wäre in diesem Fall also der Informationsträger, dessen Absichten im Korporalen Gestalt annehmen und formal sichtbar werden. Somit wären körperliche Vorgänge Ausdruck von Bewußtsein.

Die Wissenschaft hingegen hält Bewußtsein für einen Ausdruck von Körpervorgängen. Wir haben hier zwei gegensätzliche Auffassungen, und es mag für beide gute Argumente geben. Aus meiner Sicht ist die erstere naheliegender, denn unsere Erfahrung mit Materie zeigt, daß bloße Materie niemals Bewußtseinsvorgänge hervorbringt. Sollte die »Materie Mensch« eine Ausnahme bilden? Selbst wenn wir diese Ausnahme annehmen, so ist der Vorgang des Sterbens ziemlich erstaunlich. Wozu sollte ein Körper sechzig Jahre lang Bewußtsein produzieren, um auf einmal plötzlich damit aufzuhören?

Dagegen scheint der Tod mit unserer Hypothese besser erklärbar zu sein. Bildet die Seele den Körper, so würde bei der Trennung von Seele und Körper das Bild auftreten, das wir gewohnt sind als Tod zu bezeichnen. Diesen Vorgang ahnend, hat der Volksmund schon immer davon gesprochen, daß jemand »das Leben aushaucht«, daß er »von uns gegangen ist«, »den Geist aufgegeben hat« usw. All diese Redewendungen gehen davon aus, daß »etwas« aus dem Körper des Lebenden entwichen ist und nur der bloße Leichnam zurückbleibt.

Dieser leblose Körper kann wohl schwerlich jemals der Produzent all dessen gewesen sein, was wir Leben, Bewußtsein, Persönlichkeit und Individualität nannten. Dieser Körper war die Hülle, war ausführendes Organ. Ein Fernsehgerät braucht ein Programm, um eine Oper aufführen zu können, selbst die Oper produzieren kann es nicht. Nehmen wir das Programm weg, bleibt ein toter, stummer Kasten zurück. Es ist eminent wichtig, daß wir uns davon freimachen, die Individualität eines Menschen mit seinem Körper zu identifizieren. Wer bereit ist, diesen Schritt des Umdenkens wenigstens versuchshalber einmal mitzuvollziehen, wird keine Schwierigkeiten haben, unserer Reinkarnationshypothese zu folgen.

Halten wir es für möglich, daß die Seele ohne grobstoffliche Materie allein existent ist, so wurden durch unsere Experimente lediglich die verschiedenen, aufeinanderfolgenden Verbindungen einer bestimmte Seele (Individualität) mit Körpern aufgezeigt. Oder, anders ausgedrückt, ein individuelles »Ich« durchläuft rhythmisch eine Phase einer körperlichen Existenz, löst sich dann wieder von dieser Hülle, um nach einer Phase der nichtkorporalen Existenz erneut eine Verbindung mit Materie einzugehen. Das »Ich« wäre hierbei immer dasselbe, die Körper von Leben zu Leben verschieden.

Mag nun diese Annahme vielen aufgrund einer anderen Denkgewohnheit etwas weit hergeholt erscheinen, so beinhaltet sie jedoch genau das, was alle Menschen von sich selbst berichten, wenn wir durch die Technik der Hypnose die »Erinnerungsschranken« hochheben. Ist es nun so viel naheliegender anzunehmen, daß uns alle Leute mit der gleichen Lüge abspeisen oder alle die gleichen unsinnigen Träume haben, oder könnte es nicht einfach so sein, wie es alle berichten, die danach gefragt werden. Wenn wir bisher davon nichts wußten, so liegt es einfach daran, daß niemand danach gefragt hat. Es erscheint mir keine andere Hypothese so einfach und naheliegend wie die der Reinkarnation. Prüfen wir mit diesem Modell alle auftretenden Phänomene noch einmal durch, so sehen wir, daß sich keine Widersprüche aufdrängen.

Ein Phänomen habe ich jedoch bisher so gut wie verschwiegen, das in der Zwischenzeit zum Mittelpunkt meiner Arbeit geworden ist: der Zusammenhang zwischen psychischen Symptomen im jetzigen Leben und traumatischen Erlebnissen in früheren Inkarnationen. Als ich diesen Zusammenhang erkannt hatte, war es nur noch ein kleiner Schritt, um aus den spannenden Experimenten eine neue therapeutische Methode zu entwickeln, deren Erfolge in meiner Praxis mich veranlaßt haben, den Begriff der Reinkarnationstherapie zu prägen.

AYYA KHEMA

# Wiedergeburtsbewußtsein

In der Kette Bedingten Entstehens kommt als nächster Schritt nach den Karma-Formationen das Wiedergeburtsbewußtsein. Es wird in der Regel als ein Affe dargestellt, der sich von Baum zu Baum schwingt und sich immer wieder einen neuen Baum sucht. Das Wiedergeburtsbewußtsein entsteht dadurch, daß wir hier sein wollen; es ist die Gier nach dem Sein. Wir nennen es schönfärberisch: »Überlebensdrang«.

Der Buddha hat uns gelehrt, daß es drei Begierden gibt, denen wir immer wieder zum Opfer fallen und denen wir untertan sind: die Gier nach dem Sein, die auch manchmal umschlägt in die Gier nach dem Nichtsein, nämlich wenn alles schiefgeht und man sich am liebsten in ein Mauseloch verkriechen würde. Sie kann zu Selbstmordgedanken führen. Es ist aber genau dieselbe Begierde, nämlich die Gier des »Ich«, sich zu behaupten. Die dritte im Bunde ist die Gier nach sinnlichen Genüssen, das heißt, daß wir angenehme Gefühle durch unsere Sinne haben wollen.

Mit diesen drei Begierden sind wir von Natur aus behaftet, sie sind der Kern dessen, was sich im normalen menschlichen Leben abspielt. Dazu kommen noch unsere Ideen und Gedanken, aber die drei Begierden sind ausschlaggebend für alles, was uns betrifft. Wenn wir diese Begierden nicht eines Tages erkennen und ihnen Einhalt gebieten, drehen wir uns endlos weiter im Kreis. Aus diesem Grund ist die Weltliche Kette Bedingten Entstehens kreisförmig dargestellt. Das Rad von Geburt und Tod wiederholt sich immer wieder in einer kreisförmigen Kette der Ereignisse.

Schauen wir uns einmal unser eigenes Leben an, das einzige Leben, das wir ja wirklich kennen: Ist es nicht auch ein Kreislauf, der sich immer wieder von morgens bis abends wiederholt? Aufstehen, waschen, anziehen, frühstücken, arbeiten gehen oder das Haus aufräumen, Mittag essen, ausruhen, weiterarbeiten, nach Hause kommen, waschen, essen, fernsehen, ins Kino gehen, ein Buch lesen, Freunde unterhalten, schlafen gehen. Aufstehen, waschen, anziehen, frühstücken. Vier Wochen in Ferien fahren, aufstehen, waschen, anziehen, frühstücken, genau dasselbe. Es ist ein Kreislauf, der sich ständig wiederholt; wir haben auch immer wieder denselben Wunsch: es angenehm zu haben. Es wäre töricht, das Unangenehme zu wünschen. Darum geht es auch nicht. Der Buddha erklärt uns, daß es darum geht, einmal zu erkennen, was wir eigentlich machen, und uns zu fragen, ob wir so weitermachen wollen. Wollen wir ein Opfer unserer Wünsche bleiben? Oder können wir uns eine andere Lebensart erschaffen, oder wollen wir überhaupt aufhören, ständig nach etwas Angenehmerem Ausschau zu halten?

Die Begierde dazusein, den Überlebensdrang, den jedes Lebewesen in sich hat – ob Mensch oder Fliege oder Baum –, benennen wir auch mit dem noch unverfänglicheren Begriff »Lebensenergie«. Das sind aber alles nur verschiedene Wörter für ein und dasselbe. Es handelt sich immer wieder um die Gier, hier anwesend und gesichert zu sein. In der Natur bekommen wir das sehr deutlich vor Augen geführt; auch im eigenen Garten können wir es beobachten. Wenn wir zum Beispiel zwei Karottensamen zu nahe aneinander aussäen, wollen beide sich entwickeln und auf jeden Fall wachsen. Wenn es dann gar nicht anders geht, wickeln sie sich umeinander, so daß sie wie ein Korkenzieher aussehen. Sie müssen einfach sprießen, um zu *sein*.

Dasselbe tun wir auch. Wir müssen dasein, ohne uns geht es nicht. In einem Meditationskurs können wir jedoch leicht feststellen, daß die Welt auch ganz gut ohne uns auskommt. Alles geht weiter seinen Gang, während wir meditieren und uns um nichts kümmern und die Welt sich auch nicht um uns kümmert. Es geht also sehr gut auch ohne uns. Aber das genügt noch nicht, um die Gier nach dem Sein zu erkennen.

Solange wir existieren und ein »Ich« in uns herumtragen, sehen wir die Welt nur von diesem »Ich« aus. Die Welt existiert für uns nur, weil wir uns ihrer bewußt sind. Würden wir nicht als Beobachter und Mitspieler fungieren, gäbe es für uns keine Welt. Und doch sind wir nicht gewillt, unsere Anteilnahme aufzugeben, selbst wenn das viel Leid für uns verursacht – und so kommen wir immer wieder. Daß nicht derselbe Mensch wiederkommt, ist klar – weder derselbe Körper, das wäre ja praktisch unmöglich, noch derselbe Geist. Aber es ist ein Kreislauf des Immer-wieder-Existierens, weil wir noch nicht erkannt haben, daß Existenz als solche nichts weiter als ein vergängliches, unsubstantielles *Dukkha* ist. *Dukkha* ist das Wort, das Buddha benutzt hat, um alles zu beschreiben, was nicht vollkommen zufriedenstellend ist.

Da alles, was wir kennen, vergänglich ist, kann nichts auf die Dauer vollständig erfüllend sein. Solange wir in dem Wahn leben, wir könnten unser Leben zufriedenstellend und angenehm einrichten, da wir ja alles haben, was Menschen angeblich dazu brauchen, so lange werden wir den Wunsch, hierzusein und immer wieder herzukommen, haben. Denn dieser Wunsch erlischt natürlich nicht in dem Moment, wo der Körper stirbt. So ist es denn auch ganz richtig, wenn behauptet wird, es gebe gar keinen Tod, es sterbe ja nur der Körper.

Wenn wir uns einen Moment lang vorstellen, daß wir als der Mensch, der wir heute sind, fünftausend, fünfzigtausend, fünfhunderttausend, eine Million Jahre leben sollten, könnten wir nur verzweifeln. Glücklicherweise ist das nicht der Fall. Es ist ja niemals derselbe, der wiedergeboren wird. Aber allein das Wissen, daß unser Leben aufgrund unserer Begierde, immer wieder hiersein zu wollen, immer weitergeht, könnte uns das *Dukkha,* das darin enthalten ist, einmal klar vor Augen führen. Solange wir noch glauben, daß wir alles in Ordnung bringen werden und so einrichten können, wie wir es wollen – entweder durch unsere Technologie oder unseren eigenen gesunden Menschenverstand –, und damit in der Lage sein werden, allen Unbilden entgegenzuarbeiten, so lange ist die Gier nach dem Sein vorhanden.

Die Daseinsgier ist immer gekoppelt mit der Gier nach Sinnesbefriedigung. Unser Menschsein ist ja darauf gegründet, daß unsere Sinne uns befriedigen sollen, und je mehr gutes *Karma* wir gemacht haben, desto mehr Sinnesbefriedigung bekommen wir auch. Je mehr dies der Fall ist, desto schwieriger wird es zu erkennen, daß nichts dahinter ist, daß Sinnesfreuden nur Schall und Rauch sind, nichts weiter als ein momentanes Vergnügen. Wenn wir nicht allzu vielen Sinnesbefriedigungen ausgesetzt sind und nicht so viele angenehme Gefühle haben, ist es etwas einfacher, dies zu durchschauen. Das bedeutet wieder einmal, daß *Dukkha* unser bester Lehrer ist. Wenn wir Leid durch unsere Sinne erfahren, wenn nicht alles so gut abläuft, wie wir es uns wünschen, ist es viel leichter, die Illusion der Sinnesbefriedigung zu erkennen, vor allem wenn wir nicht versuchen, die Situation auf irgendeine Weise doch noch zu retten. Wenn aber alles gut läuft, ist unsere Abhängigkeit von angenehmen Sinneskontakten beinahe undurchschaubar. Darum hat der Buddha gesagt, die menschliche Ebene sei die beste, um zur Befreiung von allem Leid zu kommen, weil wir hier genügend *Dukkha* haben, um es deutlich zu erkennen, aber auch genügend Annehmlichkeiten, um uns von dem Leid nicht völlig deprimieren zu lassen. Wir leben also in einer Balance, wo uns Erkenntnis möglich sein sollte.

Das Wiedergeburtsbewußtsein ist das, was überlebt. Es überlebt kein »Ich« oder sonst jemand, sondern nur die Begierde dazusein. Wer mit Sterbenden zu tun hat, kann oft feststellen, daß sogar unheilbar Kranke, die von starken Schmerzen geplagt sind, immer noch am Leben hängen und nicht gewillt sind, es aufzugeben. Natürlich gibt es auch solche Menschen, die in diesem Fall so schnell wie möglich sterben wollen. Das ist aber nur die Kehrseite derselben Medaille; statt der Daseinsgier sehen wir dann die Gier nach dem Nichtsein, die das gleiche Wiedergeburtsbewußtsein zur Folge hat, da auch sie auf der »Ich«-Illusion basiert.

Der Geist gibt auch im Tod Begierden nicht auf, das Am-Ich-Hängen; er läßt seine Illusionen nicht los, und so entsteht keine geistige Unterbrechung zwischen Leben und Tod. Ob der Geist dann sofort wieder auf die menschliche Ebene zurückkehrt oder nicht, ist Spekulation. Es gibt andere Ebenen, auf denen der Geist sich aufhalten kann, bevor er wieder zu der menschlichen zurückkehrt. Es besteht auch die Möglichkeit, daß er überhaupt nicht zur menschlichen

Ebene zurückfindet. Auf welche der 31 Daseinsebenen der Geist sich begibt, hängt davon ab, in welchem Bewußtseinsstadium er sich befindet. Auf jeden Fall hat er beim Tod entweder den Wunsch zu leben oder den Wunsch nicht zu leiden – nur so kann er wiedergeboren werden, weil die Ich-Illusion bestehengeblieben ist.

Diesen Wunsch, am Leben zu bleiben, kennen wir von uns selbst; wir brauchen nicht darüber nachzudenken, ob das stimmt oder nicht. Wir haben den Daseinsdrang fast immer, außer wenn gerade alles schiefgeht und wir nicht mehr mitmachen möchten. Im allgemeinen ist diese Begierde das, was uns immer wieder am Leben erhält und neue Energie schafft. Gegen die Energie als solche ist nichts einzuwenden, aber der Buddha hat uns aufgefordert nachzuprüfen, ob wir diese Energie auch wirklich dazu verwenden wollen, immer wieder in dem Kreislauf der verschiedenen Existenzmöglichkeiten zu erscheinen, oder ob wir einmal die Wahrheit bis ins letzte erforschen wollen, die Wahrheit von der Substanzlosigkeit, der Vergänglichkeit und der Leidhaftigkeit jeglicher Existenz. Das bedeutet nicht, daß man dann versucht, diesen Körper loszuwerden, denn in dem Moment, wo die ganze Wahrheit erkannt ist, sind Körper und Geist niemandes Eigentum mehr. Sie *sind* einfach und bleiben dann so lange bestehen, bis sie von allein vergehen.

Der Affe, der sich von Baum zu Baum schwingt, bedeutet, daß wir schon viele Leben lang dieses Wiedergeburtsbewußtsein gehabt und uns immer wieder in verschiedene Situationen hineinbegeben haben. Einmal zu beobachten, wie sich das bei uns im jetzigen Leben ausdrückt, ist vielleicht am wichtigsten: nämlich durch Selbstbehauptung, Selbstsucht, Egozentrik. Es zeigt sich auch dadurch, daß wir unseren Lebensraum sicherstellen wollen; das ist eine beliebte Art und Weise, uns auszudrücken, wenn wir uns bedroht fühlen und aggressiv werden. Weil wir sein wollen, beanspruchen wir auch alles um uns herum, was uns angeblich hilft, unser Sein zu sichern.

Unsere Lebensversicherungen sind ein Beispiel dafür. In Wirklichkeit versichern sie nichts weiter als den Tod. Wir benutzen sie aber, um unser Dasein zu stützen und zu bestätigen. Wir können in unseren täglichen Verrichtungen erkennen, wie stark wir hierzusein wünschen und wie sehr wir darauf aus sind, diesem Hiersein eine Basis zu geben, die uns gesichert vorkommt. Natürlich ist das nur ein Hirngespinst. Der Tod ist uns sicher, das Leben aber ist ganz unsicher. Dennoch sind wir ständig damit beschäftigt, unser Leben auf Beständigkeit hin zu arrangieren, sind immer dabei, gegen die Naturgesetze zu arbeiten. Wie es ist, paßt es uns nicht, wir wollen es anders. Daß alles vergänglich ist und daher gar nicht so wichtig, ob wir es nun haben, wissen, können oder nicht, gefällt uns nicht.

Auf Schritt und Tritt können wir darauf stoßen, wie wir die Gier zu sein artikulieren, und vielleicht merken wir eines Tages, wie sich das immer wieder als eine Behauptung des »Ich« in uns zeigt. Behaupten wir unser »Ich« zu stark und kommen dabei einem anderen zu nahe, gibt es Reibereien, weil der andere ja dasselbe macht. Er ist auch dabei, seinen Lebensraum zu sichern, sein Selbst zu behaupten, und so passieren dann die zwischenmenschlichen Verkehrsunfälle.

Gerade auch diese Situation gibt uns die Möglichkeit zur Kontemplation. Es ist hilfreich festzustellen, wie sich das Wollen »Ich bin hier« im eigenen Leben ausdrückt. Geht die Welt zugrunde, wenn »ich« nicht bin, sie zu beobachten? Das ist natürlich absurd. Die Welt und das Universum sind schon immer da und existieren weiter, und obwohl sie sich ständig verändern, sind sie doch unabhängig von unserer Existenz. Wenn wir das einmal klar empfinden, kann das der Solidität des »Ich« einen Stoß versetzen, der nötig ist, um an der tiefen Ichverwurzelung zu rütteln.

Wenn diese solide Verankerung etwas ins Wanken käme, wäre dies ein sehr gutes Resultat. Es muß durch unser eigenes Erkennen geschehen. Wenn andere unser Ego ins Wanken bringen, werden wir nichts als ärgerlich oder traurig, regen uns auf oder fangen gar an, mit ihnen zu streiten. Das bringt uns keinerlei Erkenntnis. Durch Druck von außen kommt Widerstand von innen, der das »Ich« noch mehr verfestigt. Nur tiefe Einsicht bringt uns dem inneren Frieden näher.

# Fragen und Antworten

F: Wenn ich nicht *sein* will, ist das besser für meine Meditation?

A: Nein. Das Nichtdaseinwollen ist auf derselben Illusion aufgebaut wie das Daseinwollen, nämlich daß es ein »Ich« gibt. Darum ist es die Kehrseite derselben Medaille, daß hier jemand ist, der sein oder nicht sein will. Wenn jemand viel leidet und darum zu meditieren anfängt, will er wohl etwas Angenehmes erleben. Wenn die Meditation dem nicht entspricht, gibt es oft Enttäuschungen. Das Nichtdaseinwollen ist dieselbe Motivation wie das Daseinwollen. Sich mit der Buddha-Lehre auseinanderzusetzen, um aus dem Leid herauszukommen, ist wertvoll. Aber das »Ich will nicht sein« ist genauso Illusion und Verblendung wie »Ich will sein«.

F: Was ist die wichtigste Voraussetzung dafür, daß die Meditation und der *Dhamma* ein Bestandteil des Lebens werden?

A: Gutes *Karma* und, wie der Buddha gesagt hat, »wenig Staub auf den Augen«; das bedeutet nicht allzu große Verblendung.

F: Das ist doch auch die Voraussetzung dafür, daß man überhaupt erst einmal anfängt zu suchen?

A: Ja, aber viele Menschen kommen zur Meditation, um ihrem Leben noch etwas Neues einzuverleiben. Sie möchten sozusagen gern die Kirsche haben, die oben auf dem Kuchen drauf ist; den Kuchen haben sie sowieso schon. In Wirklichkeit sollten wir aber den Kuchen aufgeben.

F: Hat das *Nibbāna* des Buddha einen Einfluß auf die gesamte Lebensenergie, die sich in Menschen und in allem anderen zeigt?

A: Die Lebensenergie existiert, weil das Universum existiert. Die charakteristischen Eigenschaften des Universums sind, daß es expandiert und sich wieder zusammenballt. Es ist genauso vergänglich wie alles andere, das existiert. Der Buddha hat vier Fragen nicht beantwortet, und zwar nach den Zusammenhängen des *Karma*, dem Anfang des Universums, dem Einfluß eines Buddha und dem Einfluß eines Menschen in den meditativen Vertiefungen. Er hat gesagt, diese Fragen helfen uns nicht zu unserer persönlichen Erlösung und würden uns nur noch mehr verwirren.

F: Ich habe noch Schwierigkeiten mit dem Nicht-Ich.

A: Ja, damit haben wir alle Schwierigkeiten.

F: Und zwar, wie paßt die Achtsamkeit da rein? Die soll doch immer entwickelt werden? Und wie passen die Erinnerungen da rein, die Erfahrungen, die man hat, die bringt man doch alle mit, und die machen doch einen Großteil meines »Ich« aus? Gehört die Achtsamkeit, die »ich« entwickle, dann nicht »mir«?

A: Willst du sagen, daß die Erinnerungen und die Erfahrungen und die Achtsamkeit das »Ich« ausmachen? Was wird aus all dem, wenn du schlafen gehst? Ist das »Ich« schlafen gegangen? Da hast du weder Erinnerungen noch Erfahrungen, noch Achtsamkeit. Frühmorgens ist das »Ich« dann wiedergekommen. Ist es also gestorben und neu erwacht? Was ist mit dem »Ich«, das in die Achtsamkeit reinpaßt, wenn du unachtsam wirst? Und was ist mit dem »Ich«, wenn du die Erinnerungen verlierst?

F: Muß das »Ich« also überwunden werden?

A: Nein, es soll als Illusion erkannt werden. Überwinden hört sich an, als ob es etwas gäbe, das zu überwinden wäre. Das ist aber nicht der Fall. Eines Tages können wir erleben, daß das »Ich«, mit dem wir behaftet sind, eine Idee unseres eigenen Bewußtseins ist. Von der Überwindung des Ego zu sprechen hat eine gewisse Berechtigung, wenn wir liebende Güte und Gebefreudigkeit entwickeln; sie können als Anstöße dienen, um das »Ich« etwas weniger wichtig zu nehmen.

Die Kontemplationen über die Vergänglichkeit von Körper und Geist sind darauf gerichtet, dem »Ich« etwas von seiner Festigkeit zu nehmen. Aber überwinden wollen wir nur eines, und das ist die Illusion. Alles, was der Buddha zu praktizieren empfohlen hat, sind Methoden, die uns helfen, einer Realität näherzukommen, der wir ziemlich verständnislos gegenüberstehen, da sich unser Erleben weit abseits der Naturgesetze abspielt. Wir sind der bodenständigen Realität entfremdet. Wenn das »Ich« zu überwinden wäre, müßte es ja existieren. Die Illusion existiert. Aber nicht das »Ich«.

MARIANNE WILLIAMSON

# Gedenkfeier für einen Verstorbenen

*Sprecher:* Wir haben uns am heutigen Tag versammelt, um des Lebens, sowohl des zeitlichen wie des ewigen, eines Menschen zu gedenken, den wir geliebt haben. Als Bruder, Sohn, Geliebter, Ehemann oder Vater hat Karl in unseren Herzen gelebt und wird für immer dort bleiben.

Wir geben frei, was war, und schaffen Raum für das, was sein wird, während wir vor uns selbst bezeugen, daß das Leben nicht endet, sondern sich lediglich wandelt, daß wir heute gleichzeitig »Lebewohl« und auch »Willkommen« sagen. Wir sagen »Lebewohl« zum physischen Aspekt unserer Verbindung mit diesem Menschen und »Willkommen« zu unserer erneuten Verbindung mit seiner Seele. Durch die Gnade Gottes sterben die Toten nicht. Sie leben ewig weiter, in Gottes Geist und in dem unseren.

Und deshalb ist es so, daß unser Gottesdienst heute ein doppelter ist: Wir sind hier, um freizugeben, was gewesen ist, die menschlichen Dramen unserer Liebe zu diesem Mann, unsere gemeinsamen Erfahrungen und Erlebnisse, unsere Lebensgeschichten. Wir öffnen heute unser Herz, damit unsere Verbindung zu ihm durch Gottes Güte neu geboren werde. Wen Gott uns geschenkt hat, der kann uns von niemandem und durch nichts genommen werden. Was *Er* zusammengefügt hat, bleibt für ewig verbunden. Denn Gott ist mächtiger als der Tod. Wir feiern hier nicht dieses Verscheiden aus der Welt, obwohl wir gewiß alle unseren Schmerz darüber zulassen. Wir feiern die Auferstehung, durch die Karl und wir alle in Ewigkeit leben werden. Lassen Sie uns beten:

Lieber Gott,
wir beten für Karls Geist, für unseren geliebten Sohn, Bruder, Ehemann und Freund.
Nimm ihn in deine Arme, Herr, und bringe seiner Seele Frieden.
Möge sein Übergang freundlich sein.
Um uns herum sehen wir all die Menschen, die um ihn trauern.
Und wir sehen, wie ein herrlicher Engel Gottes nun das goldene Band des ewigen Lebens am einen Ende an Karls Herz und am anderen an die Herzen der hier Anwesenden knüpft, so daß sie miteinander verbunden bleiben.
Und der Engel legt die Hände auf dieses Band, zum Zeichen für die Macht Gottes, die uns Segen bringt und erhält, und die unsere Verbindungen durch Leben und Tod hindurch zusammenhält.
Wir nehmen in unseren Herzen das Wissen von Gottes ewigem Leben auf.
Möge durch Gottes Herrlichkeit, Güte und Erhabenheit die Liebe für immer und ewig lebendig bleiben.
Bitte halte uns durch all diesen Kummer und Schmerz über den Verlust dieses geliebten Menschen hindurch aufrecht.
Lieber Gott,
sei unsere Kraft in dieser Zeit, so daß wir nach wie vor die Welt so sehen können, wie du sie geschaffen hast,
so daß wir sehen, daß es in Wahrheit keinen Tod gibt, daß Karl noch immer lebt und daß wir in dir nach wie vor mit ihm zusammen sind.
Wir danken dir so sehr.
Amen.

*(Zu den Eltern):* Ich möchte den Eltern dieses Mannes sagen, daß wir mit unseren Herzen bei Ihnen sind. Sie sind hoch zu loben, daß Sie einen so wunderbaren Sohn durch seine Kindheit und Jugend geleitet haben. Ich hoffe, daß die Anwesenheit all der Menschen, die heute hierhergekommen sind, Ihnen beweist, welche Achtung ihm in dieser Gemeinschaft entgegengebracht wurde. Er hat etwas bewirkt. Er hat unsere Herzen berührt. Wir beten darum, daß Ihr

Schmerz sanft mit Ihnen umgehen möge. Behalten Sie für alle Zeiten die Wahrheit im Gedächtnis, die wir schon zuvor ausgesprochen haben: Karl ruht in den Armen und im Geist Gottes. Halten Sie Herz und Geist offen, um ihn zu empfangen. Auch jetzt wird er Ihnen noch seine Liebe zuteil werden lassen, denn er lebt im Geist weiter und wird Sie nicht vergessen.

*(Zur Lebensgefährtin):* Ich weiß, Sie haben das Gefühl, nie wieder die gleiche zu sein wie zuvor, und so ist es auch. Sie werden entweder härter oder weicher sein. Wir beten für Sie darum, daß Sie sich nicht der dunklen Seite des Schmerzes zuwenden, sondern sich statt dessen von seiner lichten Seite erleuchten lassen. Der Kummer kann jetzt Ihr Herz erweitern, so daß das Licht strahlender hineinscheinen kann denn je. Ihre Verbindung zu Karl war weder zeitlicher noch zeitweiliger Natur. Sie beide waren durch ein heiliges Band aneinandergeknüpft, und dieses Band besteht für immer. Nehmen Sie ihn im Tod auf, wie Sie ihn im Leben aufgenommen haben. Karl wird als ein Engel, der Sie begleitet, weiterleben, Sie schützen und Ihnen Gutes zukommen lassen. Bewahren Sie Ihren Glauben an Gott, damit Sie wissen, von welchem Reich ich spreche. Es gibt mehr Möglichkeiten, einem Menschen nahe zu sein als nur in den Formen, die den Vorstellungen der physikalischen Welt entsprechen. Mögen Ihr Herz und Ihre Augen stets offenbleiben. Nach wie vor wird Karl zu Ihnen kommen und Ihnen Segen bringen.

Er ist Ihnen vorausgegangen, um gemeinsam mit Gott ein himmlisches Heim zu bereiten, in dem Sie und er wohnen werden, wenn die Zeit gekommen ist. Bis dahin haben Sie Geduld, und halten Sie durch. Sie werden zutiefst geliebt. Gott ist mit Ihnen. Was nun vor Ihnen liegt, ist nicht von Dunkelheit beschattet, sondern von Licht erhellt.

*(Zu den Kindern):* Euch, Karls Kindern, sagen wir folgendes: Wenn wir irgend etwas hätten tun können, um euch euren Vater zu erhalten, wir hätten es getan. Es ist ein tiefer Kummer für uns, daß er nun nicht mehr hier ist. Und doch, denkt euer Leben lang daran, daß euer Vater ein wundervoller Mann war. Er war stark, mutig, gut

und weise. Und sein Geist wird stets bei euch sein. Er wird als Engel über euch wachen und euch mit seiner Liebe immer beschützen. Ihr werdet heranwachsen, um so zu werden wie er, denn sein Geist bleibt ja bei euch. Auch wenn ihr jetzt keinen Vater auf Erden mehr habt, so habt ihr doch nun in Wahrheit zwei – im Himmel. Sie lieben euch, und wir lieben euch auch.

*(Der Sprecher fragt, ob jemand unter den Anwesenden sich über seine Gedanken oder Gefühle in bezug auf Karl äußern möchte. Wenn ja, dann sollte das jetzt geschehen.)*

Und nun vereinen Sie sich bitte mit mir noch einmal im Gebet. Falls zwischen jemandem von Ihnen und Karl noch Unverziehenes bestehen sollte, so nutzen Sie diesen Zeitpunkt und diesen Ort, um das zu bereinigen, was nur Gott heilen kann.

Vor unserem inneren Auge sehen wir eine kleine, strahlende Kugel aus goldenem Licht.

Wir schauen in dieses Licht, das sich ausbreitet, bis es unser gesamtes geistiges Blickfeld erfüllt.

In diesem Licht steht ein schöner Tempel.

Er ist umgeben von einem Garten, durch den ein Bach fließt. Das Innere des Tempels ist vom gleichen wunderbaren Licht erhellt.

Und wir sind hier, versammelt durch die Macht Gottes und das Wissen um seine Anwesenheit.

Wir bitten hierher, ins Zentrum dieses Lichts, Gottes schönsten Engel, in welcher Gestalt er auch immer vor uns erscheinen mag. (Manchen von uns mag er als Jesus erscheinen.)

Und nun sehen wir die Seele von Karl, Ehemann, Bruder, Sohn und Freund, entspannt in Gottes Armen ruhen.

Wir sehen ein goldenes Band, das ihn mit uns allen verbindet, unser Herz ist somit immer mit dem seinen verknüpft.

Wir sehen, wie der Engel dieses Band zu unseren Herzen führt, und nun kommunizieren wir mit Karls Geist.

Wir wollen ihm sagen, was zu sagen ist, und von ihm hören, was zu hören ist.

Laßt uns Gott sagen, was zu sagen ist, und von ihm hören, was zu hören ist.
Karl, wir lieben dich.
Wir danken dir für alles, was du uns bedeutet hast.
Wir überantworten dich Gott, möge dein Weg nach oben wunderbar und leicht sein.
(Lassen Sie uns jetzt eine Minute der Stille einlegen.)
Lieber Gott, bitte nimm deinen Diener bei dir auf.
Lieber Gott, bitte erlöse uns von unserem Schmerz.
Wir danken dir so sehr.
So sei es.
Amen.

BRIAN WEISS

# Aus einer Rückführungssitzung mit Catherine

Dreieinhalb Monate waren seit unserer ersten Hypnosesitzung verstrichen. Nicht nur waren Catherines Symptome beinahe verschwunden: Sie hatte Fortschritte gemacht, die über eine bloße Heilung hinausgingen. Sie strahlte und verbreitete eine friedvolle Energie. Die Menschen fühlten sich von ihr angezogen. Wenn sie im Krankenhaus ihr Frühstück einnahm, eilten Männer und Frauen herbei, um sich zu ihr zu setzen. »Du siehst sehr gut aus, das wollte ich dir nur sagen«, bemerkten sie. Wie ein Fischer zog sie sie an einer unsichtbaren telepathischen Schnur an Land. Dabei hatte sie jahrelang unbemerkt in dieser Cafeteria gegessen.

Wie üblich versank sie in meinem Behandlungszimmer schnell in eine tiefe hypnotische Trance, wobei ihr blondes Haar in lockigen Strähnen auf das alte beige Kissen fiel.

»Ich sehe ein Gebäude ... Es ist aus Stein. Und obendrauf ist etwas Spitzes. Es ist in einer sehr bergigen Gegend. Es ist sehr feucht ... es ist sehr feucht draußen. Ich sehe einen Wagen. Ich sehe einen Wagen ... vorne vorbeifahren ... Auf dem Wagen ist Heu, irgendeine Art Stroh oder Heu oder etwas, das die Tiere fressen. Es sind einige Männer dort. Sie tragen eine Art Fahnen, etwas, das am Ende eines Stocks fliegt. Sehr bunte Farben. Ich höre sie über die Mauren sprechen ... die Mauren. Und daß es Krieg gibt. Eine Art Metall, etwas Metallisches bedeckt ihren Kopf ... irgendeine Kopfbedeckung aus Metall ... Wir sind im Jahre 1483. Etwas über Dänen. Kämpfen wir gegen die Dänen? Irgendein Krieg wird ausgetragen.«

»Sind Sie dort?« fragte ich.

»Das sehe ich nicht«, entgegnete sie leise. »Ich sehe die Wagen. Sie haben zwei Räder ... zweirädrig sind sie und hinten offen. Sie sind offen, an den Seiten sind offene Bretter, eine Art Holzbretter hält sie zusammen. Ich sehe ... etwas Metallisches, das sie um den Hals tragen ... sehr schweres Metall in Form eines Kreuzes. Aber die Enden sind krumm, die Enden des Kreuzes ... sind rund. Es ist das Fest irgendeines Heiligen ... Ich sehe Schwerter. Sie haben eine Art Messer oder Schwert ... sehr schwer, vorne sehr stumpf. Sie bereiten sich auf irgendeinen Kampf vor.«

»Schauen Sie, ob Sie sich entdecken können«, wies ich sie an. »Schauen Sie sich um. Vielleicht sind Sie ein Soldat. Sie beobachten sie von irgendwoher.«

»Ich bin kein Soldat.« Darüber war sie sich klar.

»Schauen Sie sich um.«

»Ich habe einen Teil der Vorräte mitgebracht. Es ist ein Dorf, irgendein Dorf.« Sie schwieg.

»Was sehen Sie jetzt?«

»Ich sehe ein Banner, eine Art Banner. Es ist rot und weiß ... weiß mit einem roten Kreuz.«

»Ist es das Banner Ihrer Leute?« fragte ich.

»Es ist das Banner der Soldaten des Königs«, erwiderte sie.

»Ist es Ihr König?«

»Ja.«

»Kennen Sie den Namen des Königs?«

»Das kann ich nicht hören. Er ist nicht hier.«

»Können Sie nachsehen, was Sie anhaben? Schauen Sie an sich herunter, um zu sehen, wie Sie gekleidet sind.«

»Irgend etwas Ledriges ... eine Ledertunika über ... über einem sehr groben Hemd. Eine kurze ... Ledertunika. Irgendwelche Schuhe aus Tierhäuten ... nicht Schuhe, mehr wie Stiefel oder Mokassins. Niemand spricht mit mir.«

»Ich verstehe. Welche Haarfarbe haben Sie?«

»Mein Haar ist hell, aber ich bin alt, und es sind graue Strähnen darin.«

»Was meinen Sie zu diesem Krieg?«

»Er ist zu meinem Leben geworden. Ich habe in einem früheren Scharmützel ein Kind verloren.«

»Einen Sohn?«

»Ja.« Sie war traurig.

»Wen haben Sie noch? Wer von Ihrer Familie ist übriggeblieben?«

»Meine Frau ... und meine Tochter.«

»Wie hieß Ihr Sohn?«

»Ich sehe seinen Namen nicht. Ich erinnere mich an ihn. Ich sehe meine Frau.« Catherine war in vielen Leben auch ein Mann gewesen. Kinderlos in ihrem jetzigen Leben, hatte sie in ihren anderen Existenzen viele Kinder gehabt.

»Wie sieht Ihre Frau aus?«

»Sie ist sehr müde, sehr müde. Sie ist alt. Wir haben ein paar Ziegen.«

»Lebt Ihre Tochter noch bei Ihnen?«

»Nein, sie ist verheiratet und schon seit einiger Zeit fort.«

»Also sind Sie mit Ihrer Frau allein?«

»Ja.«

»Wie ist Ihr Leben?«

»Wir sind müde. Wir sind sehr arme Leute. Es ist nicht leicht gewesen.«

»Nein. Sie haben Ihren Sohn verloren. Vermissen Sie ihn?«

»Ja«, antwortete sie schlicht, aber ihr Leid war spürbar.

»Waren Sie ein Bauer?« Ich wechselte das Thema.

»Ja. Ich sehe Weizen ... Weizen, so etwas wie Weizen.«

»Hat es in Ihrem Land während Ihres Lebens viele Kriege gegeben mit vielen Tragödien?«

»Ja.«

»Dennoch sind Sie alt geworden.«

»Aber sie kämpfen außerhalb des Dorfes, nicht im Dorf«, erklärte sie. »Sie müssen dorthin reisen, wo sie kämpfen ... über viele Berge.«

»Kennen Sie den Namen des Lands, in dem Sie leben? Oder des Dorfs?«

»Ich sehe ihn nicht, aber es muß einen Namen haben. Ich sehe ihn nicht.«

»Leben Sie in einer sehr religiösen Zeit? Die Soldaten tragen Kreuze.«

»Für andere ja. Nicht für mich.«

»Lebt noch jemand anderes von Ihren restlichen Verwandten außer Ihrer Frau und Ihrer Tochter?«

»Nein.«

»Ihre Eltern sind gestorben?«

»Ja«

»Keine Brüder und Schwestern?«

»Ich habe eine Schwester. Sie lebt. Ich kenne sie nicht«, fügte sie hinzu und meinte ihr Leben als Catherine.

»In Ordnung. Schauen Sie, ob Sie irgend jemand anderen im Dorf oder in Ihrer Familie erkennen.« Wenn Menschen in Gruppen wiedergeboren wurden, war es wahrscheinlich, daß sie jemanden dort finden würde, der auch in ihrem jetzigen Leben eine Bedeutung hatte.

»Ich sehe einen Steintisch ... Ich sehe Schüsseln.«

»Es ist Ihr Haus?«

»Ja. Etwas aus Ker ... etwas Gelbes, etwas aus Mais ... oder etwas ... Gelbes. Wir essen es ...«

»Gut«, sagte ich in einem Versuch, das Tempo zu steigern. »Dieses Leben ist schwer für Sie gewesen, ein sehr schweres Leben. Woran denken Sie?«

»Pferde«, flüsterte sie.

»Halten Sie Pferde? Oder hat jemand anderes Pferde?«

»Nein, Soldaten ... manche von ihnen. Vor allem gehen sie zu Fuß. Aber es sind keine Pferde, es sind Esel oder etwas Kleineres als Pferde. Sie sind vor allem wild.«

»Gehen Sie jetzt in der Zeit voraus«, wies ich sie an. »Sie sind sehr alt. Versuchen Sie zum letzten Tag in Ihrem Leben als alter Mann zu gehen.«

»Aber ich bin nicht sehr alt«, wandte sie ein. Sie war in diesen früheren Leben nicht sehr offen für Suggestionen. Was geschah, geschah. Ich konnte die tatsächlichen Erinnerungen nicht wegsuggerieren und konnte sie nicht dazu bringen, die Einzelheiten dessen zu verändern, was geschehen und erinnert worden war.

»Wird in diesem Leben viel passieren?« fragte ich und änderte meine Taktik. »Es ist wichtig, daß wir das wissen.«
»Nichts von Bedeutung«, antwortete sie gleichmütig.
»Dann gehen Sie, gehen Sie in der Zeit weiter nach vorne. Lassen Sie uns herausfinden, was Sie zu lernen hatten. Wissen Sie es?«
»Nein. Ich bin immer noch dort.«
»Ja, ich weiß. Sehen Sie etwas?« Ein bis zwei Minuten verstrichen, ehe sie antwortete.
»Ich schwebe einfach nur«, flüsterte sie leise.
»Haben Sie ihn jetzt verlassen?«
»Ja, ich schwebe.« Sie war wieder in den geistigen Zustand übergegangen.
»Wissen Sie jetzt, was Sie zu lernen hatten? Es war ein weiteres schweres Leben für Sie.«
»Ich weiß es nicht. Ich schwebe einfach nur.«
»Einverstanden. Ruhen Sie ..., ruhen Sie sich aus.« Weitere Minuten vergingen in Schweigen. Dann schien sie auf etwas zu hören. Plötzlich sprach sie. Ihre Stimme war laut und tief. Das war nicht Catherine.

»Es gibt im ganzen sieben Ebenen, sieben Ebenen, wobei jede aus vielen Stufen besteht, von denen eine die Stufe der Erinnerung ist. Auf dieser Ebene wird dir erlaubt, deine Gedanken zu sammeln. Man erlaubt dir, dein Leben zu sehen, das gerade vergangen ist. Denen auf höheren Ebenen wird erlaubt, den Verlauf der Geschichte zu sehen. Sie haben die Möglichkeit, zurückzukehren und uns über die Geschichte zu belehren. Doch wir auf den unteren Stufen dürfen nur unser Leben sehen ..., das gerade vergangen ist.

Wir haben Schulden, die bezahlt werden müssen. Wenn wir diese Schulden nicht bezahlt haben, müssen wir sie in ein anderes Leben hinübertragen ..., damit sie aufgearbeitet werden können. Durch das Bezahlen deiner Schulden entwickelst du dich. Manche Seelen machen schnellere Fortschritte als andere. Wenn du dich in einem Körper befindest und du arbeitest deine Schulden auf, bewegst du dich durch ein ganzes Leben ... Um diese Schuld abzugelten, mußt du zur Ebene der Erinnerung zurückkehren, und dort mußt du warten, bis die Seele, in deren Schuld du stehst, dich aufgesucht hat. Erst wenn ihr beide gleichzeitig zur körperlichen Form zurückkehren könnt, wird euch erlaubt, euch wieder zu verkörpern. Aber du bestimmst, wann du zurückkehrst. Du mußt entscheiden, was zu tun ist, um deine Schuld abzuzahlen. Du wirst dich nicht an deine anderen Leben erinnern ..., nur an das, von dem du gerade gekommen bist. Nur den Seelen auf der höheren Ebene – den Weisen – ist es erlaubt, sich auf die Geschichte und auf vergangene Ereignisse zu berufen ..., um uns zu helfen und uns zu zeigen, was wir zu tun haben.

Es gibt sieben Ebenen ..., sieben, die wir durchwandern müssen, ehe man uns zurückschickt. Eine von ihnen ist die Ebene des Übergangs. Dort wartest du. Auf dieser Ebene wird entschieden, was du in dein nächstes Leben mitnimmst. Wir haben alle eine ... Haupteigenschaft. Das kann Gier oder auch Lust sein, doch was immer beschlossen wird, du mußt deine Schuld an den Menschen gutmachen. Dann mußt du sie in diesem Leben überwinden. Du mußt lernen, die Gier zu überwinden. Wenn dir das nicht gelingt, mußt du in deinem nächsten Leben nicht nur diese, sondern auch eine zusätzliche Eigenschaft auf dich nehmen. Die Bürden werden schwerer. Für jedes Leben, das du durchlebst, ohne diese Schulden abzugelten, wird das nächste schwerer sein. Wenn du sie bezahlst, gibt man dir ein leichtes Leben. Also wählst du, welches Leben du haben wirst. In der nächsten Welt bist du verantwortlich für das Leben, das du lebst. Du wählst es.« Catherine schwieg.

Das kam scheinbar nicht von einem Meister. Diese Stimme sprach von sich selbst als »wir von den unteren Ebenen« im Vergleich mit den Seelen der oberen Ebenen – »den Weisen«. Doch das vermittelte Wissen war sowohl klar als auch praktisch. Ich machte mir Gedanken über die fünf anderen Ebenen und ihre Eigenschaften. War die Ebene der Erneuerung eine von ihnen? Und was war mit der Lern- und der Entscheidungsebene? Alles Wissen, das durch diese Botschaften von Seelen in den verschiedensten Dimensionen des geistigen Zustands offenbart wurde, stimmte überein. Der Ton des Vortrags, die Satzstellung und die Grammatik änderten sich, der Grad der Poesie und die Wortwahl waren verschieden, aber der Inhalt blieb kohärent. Ich war dabei, einen soliden Grundstock an spirituellem Wissen zu erlangen. Dieses Wissen sprach von Liebe, Hoffnung, Glaube und Klarheit. Es untersuchte Tugenden und Laster und Schulden gegenüber anderen und sich selbst. Es umfaßte frühere Leben und spirituelle Ebenen zwischen den Leben. Und es sprach vom Fortschritt der Seele durch Harmonie, Ausgeglichenheit, Liebe und Weisheit, einem Fortschritt durch eine mystische und ekstatische Vereinigung mit Gott.

Es gab viele praktische Ratschläge auf dem Weg: über den Wert von Geduld und Warten, über die Weisheit in der Ausgewogenheit der Natur, über das Auflösen von Ängsten, vor allem der Furcht vor dem Tod, über das Bedürfnis, Vertrauen und Vergebung zu lernen, und wie wichtig es ist, zu lernen, andere nicht zu verurteilen oder ein anderes Leben zu nehmen, über die Mehrung und Nutzung intuitiver Kräfte und, vielleicht mehr als alles andere, über das unerschütterliche Wissen, daß wir unsterblich sind. Wir sind jenseits von Leben und Tod, jenseits von Raum und Zeit. Wir sind die Götter, und sie sind wir.

»Ich schwebe«, flüsterte Catherine leise.

»In welchem Zustand befinden Sie sich?« fragte ich.

»Nichts ... ich schwebe. Edward schuldet mir etwas ..., er schuldet mir etwas.«

»Wissen Sie, was er Ihnen schuldet?«

»Nein ... Irgendeine Information ... schuldet er mir. Er hatte mir etwas zu sagen, vielleicht über das Kind meiner Schwester.«

»Das Kind Ihrer Schwester?« wiederholte ich.

»Ja ... Es ist ein Mädchen. Sie heißt Stephanie.«

»Stephanie? Was müssen Sie über sie wissen?«

»Ich muß wissen, wie ich mit ihr Verbindung aufnehme«, antwortete sie. Catherine hatte diese Nichte mir gegenüber nie zuvor erwähnt.

»Steht sie Ihnen sehr nahe?« fragte ich.

»Nein, aber sie wird sie finden wollen.«

»Wen finden?« fragte ich. Ich war verwirrt.

»Meine Schwester und ihren Mann. Das kann sie nur durch mich tun. Ich bin die Verbindung. Edward weiß es. Ihr Vater ist Arzt; er praktiziert irgendwo in Vermont, im südlichen Teil von Vermont. Die Einzelheiten werden mir kommen, wenn sie gebraucht werden.«

Später erfuhr ich, daß Catherines Schwester und deren zukünftiger Mann ihre neugeborene Tochter zur Adoption freigegeben hatten. Sie waren damals beide Teenager und noch nicht verheiratet. Die Adoption wurde von einer Kirche arrangiert. Danach war nichts mehr darüber zu erfahren.

»Ja«, pflichtete ich ihr bei, »wenn die Zeit gekommen ist.«

»Ja. Dann wird er es mir sagen. Er sagt es mir.«

»Welche anderen Informationen hat er für Sie?«

»Ich weiß es nicht, aber er hat mir Dinge zu sagen. Und er ist mir etwas schuldig ..., irgend etwas. Ich weiß nicht, was es ist. Er ist mir etwas schuldig.« Sie schwieg.

»Sind Sie müde?« fragte ich.

»Ich sehe ein Zaumzeug«, lautete ihre geflüsterte Antwort, »einen Haken an der Wand. Ein Zaumzeug ... Ich sehe draußen vor einem Stall eine Decke liegen.«

»Ist es ein Heuschober?«

»Sie haben Pferde dort. Viele Pferde.«

»Was sehen Sie noch?«

»Ich sehe viele Bäume – mit gelben Blumen. Mein Vater ist dort. Er kümmert sich um die Pferde.« Ich merkte, daß ich mit einem Kind sprach.

»Wie sieht er aus?«

»Er ist sehr groß und hat graues Haar.«

»Siehst du dich selbst?«

»Ich bin ein Kind ..., ein Mädchen.«

»Gehören die Pferde deinem Vater, oder pflegt er sie nur?«

»Er pflegt sie nur. Wir wohnen in der Nähe.«

»Magst du Pferde?«

»Ja.«

»Hast du ein Lieblingspferd?«

»Ja. Mein Pferd. Es heißt Apple.« Ich erinnerte mich an ihr Leben als Mandy, wo auch ein Pferd namens Apple aufgetaucht war. Wiederholte sie ein Leben, das wir bereits untersucht hatten? Vielleicht ging sie die Sache von einer anderen Seite an.

»Apple ... genau. Läßt dein Vater dich auf Apple reiten?«

»Nein, aber ich darf ihm Dinge zu fressen geben. Er wird benutzt, um den Wagen des Gutsherrn zu ziehen, um seine Kutsche zu ziehen. Er ist sehr groß. Er hat große Hufe. Wenn du nicht aufpaßt, tritt er auf dich.«

»Wer sonst ist bei dir?«

»Meine Mutter ist da. Ich sehe eine Schwester ... Sie ist größer als ich. Ich sehe niemand anderes.«

»Was siehst du jetzt?«

»Ich sehe nur die Pferde.«

»Ist es ein glücklicher Augenblick für dich?«

»Ja. Ich mag den Stallgeruch.« Sie war sehr spezifisch und bezog sich auf jenen Moment in der Zeit, als sie im Stall war.

»Riechst du die Pferde?«

»Ja.«

»Das Heu?«

»Ja ... ihr Gesicht ist so weich. Es gibt auch Hunde dort ... schwarze, einige schwarze Hunde und einige Katzen ... viele Tiere. Die Hunde werden für die Jagd gebraucht. Wenn sie Vögel jagen, dürfen die Hunde mit.«

»Passiert etwas mit dir?«

»Nein.« Meine Frage war zu ungenau.

»Bist du auf diesem Bauernhof aufgewachsen?«

»Ja. Der Mann, der sich um die Pferde kümmert ... ist nicht mein richtiger Vater, nein. Aber er ist wie ein Vater zu mir. Er ist mein Stiefvater. Er ist sehr gut zu mir. Er hat grüne Augen.«

»Sieh ihm in die Augen – in seine grünen Augen –, und schau, ob du ihn erkennen kannst. Er ist gut zu dir. Er liebt dich.«

»Es ist mein Großvater, mein Großvater. Er hat mich sehr geliebt. Er ist immer mit uns ausgegangen. Wir gingen mit ihm dorthin, wo er gerne etwas trank. Uns kaufte er Sprudelwasser. Er mochte uns.« Meine Frage hatte sie aus diesem Leben in den beobachtenden, überbewußten Zustand befördert.

»Vermissen Sie ihn immer noch?« fragte ich.

»Ja«, antwortete sie leise.

»Aber Sie sehen, daß er schon früher bei Ihnen war«, erklärte ich und versuchte, ihren Schmerz zu lindern.

»Er war sehr gut zu uns. Er liebte uns. Er hat uns nie angeschrien. Er gab uns immer Geld und nahm uns die ganze Zeit mit. Er mochte das. Aber er starb.«

»Ja, aber Sie werden wieder bei ihm sein. Das wissen Sie.«

»Ja. Ich bin schon früher bei ihm gewesen. Er war nicht wie mein Vater. Sie sind so verschieden.«

»Warum liebt der eine Sie so sehr und behandelt Sie gut, während der andere so ganz anders ist?«

»Weil der eine gelernt hat. Er hatte die Schuld bezahlt, die noch offen war. Mein Vater hat seine Schuld nicht bezahlt. Er ist zurückgekehrt …, ohne Verständnis. Er wird es wiederholen müssen.«

»Ja«, bekräftigte ich. »Er muß lernen zu lieben, zu nähren.«

»Ja«, antwortete sie.

»Menschen, die das nicht verstehen«, fügte ich hinzu, »behandeln ihre Kinder wie ihren Besitz anstatt wie jemanden, den man liebt.«

»Ja«, bestätigte sie.

»Ihr Vater muß das noch lernen.«

»Ja.«

»Aber Ihr Großvater weiß es schon …«

»Ich weiß«, warf sie ein. »Wir müssen durch so viele Stufen gehen, wenn wir uns im Körper befinden …, genau wie die anderen Entwicklungsstufen. Wir müssen die Säuglingsphase durchlaufen, das Babyalter, die Kinderstufe … Wir müssen so weit gehen …, bis wir unser Ziel erreichen. Die Stufen im Körper sind schwer. Die auf der astralen Ebene sind leicht. Wir warten nur und ruhen uns aus. Das sind die einfachen Stufen.«

»Wie viele Stufen gibt es auf der astralen Ebene?«

»Es sind sieben«, antwortete sie.

»Worin bestehen sie?« fragte ich auf der Suche nach Bestätigung für die zwei, die zuvor in der Sitzung erwähnt worden waren.

»Man hat mir nur zwei gesagt«, erklärte sie. »Die Übergangsphase und die Stufe der Erinnerung.«

»Das sind die beiden, die ich auch kenne.«

»Wir werden die anderen später erfahren.«

»Sie haben zur gleichen Zeit gelernt wie ich«, bemerkte ich. »Wir haben heute über Schulden gelernt. Das ist sehr wichtig.«

»Ich werde mich an das erinnern, an das ich mich erinnern sollte«, erwiderte sie geheimnisvoll.

»Werden Sie sich an diese Ebenen erinnern?« erkundigte ich mich.

»Nein. Sie sind nicht wichtig für mich. Sie sind wichtig für Sie.« Das hatte ich schon einmal gehört. Die Botschaft war für mich gedacht. Damit ich ihr helfen konnte, aber nicht nur das: um mir zu helfen, aber auch mehr als das. Dennoch konnte ich nicht ganz fassen, worin dieser höhere Sinn bestehen sollte.

»Es scheint Ihnen jetzt sehr viel besser zu gehen«, fuhr ich fort. »Sie lernen soviel.«

»Ja«, bestätigte sie.

»Warum fühlen sich so viele Menschen zu Ihnen hingezogen?«

»Weil ich von vielen Ängsten befreit worden bin und ihnen helfen kann. Sie fühlen sich seelisch von mir angezogen.«

»Können Sie damit umgehen?«

»Ja.« Es bestand kein Zweifel daran. »Ich habe keine Angst«, fügte sie hinzu.

»Gut. Ich werde Ihnen helfen.«

»Ich weiß«, sagte sie. »Sie sind mein Lehrer.«

GANGA STONE

# Der Umgang mit dem Sterben

Wir sind wieder am Anfang angelangt. Jemand, den Sie lieben, liegt im Sterben, wird jetzt, sehr bald sterben – jemand, den Sie sehr, sehr lieben. Und Sie leiden unter schrecklichen Schmerzen.

Dreißig Jahre sind seit dem Tod meiner Mutter vergangen. Der Schmerz jener Tage ist lang schon verblaßt. Aber die Erinnerung an diesen schlimmen Schmerz ist noch wach. Daher kann ich verstehen, womit Sie sich jetzt gerade abmühen. Genau deshalb habe ich dieses Buch geschrieben. Ich habe es für Sie getan.

## Ihr ganz persönliches Erdbeben

Wie verheerend dieses schockierende Ereignis des Sterbens sein wird, hängt von mehreren Faktoren ab, von denen Sie die wenigsten unter Kontrolle haben. Wie dicht am Epizentrum Ihres Herzens lebt der Sterbende? Hat der geliebte Mensch mit Ihnen gelebt, so daß sich die Struktur Ihres Alltags radikal ändern wird?

Haben Sie die Struktur vorher gegen Erdbeben abgesichert, mit anderen Worten, haben Sie die Notwendigkeit, in Zukunft getrennte Wege gehen zu müssen, mit diesem Menschen besprochen? Oder hat dieses Beben Sie aus einem Traum aufgeschreckt, ein Traum, in dem Sie für immer gemeinsam weitergehen oder zumindest in der absehbaren Zukunft (als ob die Zukunft jemals absehbar sein könnte)?

Das ist der richtige Augenblick, um nach den Werkzeugen zu greifen, die Sie inzwischen erworben haben, und sie zu *benutzen*.

**Werkzeug:** *Ihr geliebter Mensch wird nicht zerstört.*
Es wird Sie sehr trösten, wenn Sie sich daran erinnern, daß Ihr geliebter Mensch nicht auf den Körper beschränkt ist, den Sie vor sich auf dem Bett liegen sehen. Wenn es Ihnen gelingt, an dieser Einsicht festzuhalten, *dann bringen Sie damit etwas Seltenes und Wunderschönes mit sich in sein Zimmer: Annahme und Frieden.*

Obwohl die Veränderungen seines Körpers Sie vielleicht bis ins Mark hinein erschüttern, Sie werden sich wieder und wieder daran erinnern, daß Ihr geliebter Mensch im Begriff ist, zu einer vollkommen sicheren und erfreulichen Reise aufzubrechen. Er wird nicht über den Rand der Welt in den Abgrund segeln. Sie werden keinerlei Angst um ihn haben und auch nicht unter der Trauer zusammenbrechen.

## Titanic oder Concorde?

Ihr geliebter Mensch wird nicht mit einem Schiff untergehen. Er reist erster Klasse in der Concorde an das Ziel seiner Träume. Denken Sie an Benjamin Franklins wunderbare Worte:

*Unser Freund und wir selbst sind eingeladen, im Ausland an einem Vergnügungsfest teilzunehmen, welches bis in alle Ewigkeit andauern wird. Sein Platz war zuerst bereitet, und er ist vor uns hingegangen. Wir können nicht alle im gleichen Augenblick aufbrechen; und warum sollten Sie und ich Trauer darüber empfinden, wenn wir doch wissen, daß wir ihm bald folgen werden, und wo wir ihn finden können?*

*Warum* sollten Sie trauern? Es ist ein *Vergnügungsfest.* Es ist eine luxuriöse Kreuzfahrt. Und Sie sind ebenfalls eingeladen. Sie werden *sich* eines Tages Ihrem geliebten Menschen anschließen. Die Tiefe und Stärke Ihrer Liebe, die Sie leicht an dem Schmerz ermessen können, der Sie jetzt quält, garantiert Ihnen die Wiedervereinigung. Das ist nicht als Metapher gemeint. Das ist die Wahrheit.

**Werkzeug:** *Der Körper ist das Geschenkpapier, der geliebte Mensch ist das Geschenk.*
Was sehen Sie, wenn Sie Ihren geliebten Menschen anblicken? Sie sehen die Verpackung, in die Ihr geliebter Mensch eingewickelt ist. Sie sehen die Wohnung, in der Ihr geliebter Mensch wohnt. Sie sehen das Fahrzeug, mit dem Ihr geliebter Mensch durch die Stadt fährt. Sie sehen *nicht* den geliebten Menschen.

Sie sehen die komplexe Verpackung (Flüssigkeiten, Mineralien, lebende Zellen jeglicher Art), von der Ihr geliebter Mensch all die Jahre aus praktischen Gründen (umarmen, lachen, essen, sprechen) umgeben war und die ihm gut gedient hat. Sie sehen die Form, die Ihr geliebter Mensch genutzt hat, um für eine Weile Ihr Leben mit Ihnen zu teilen. Sie sehen *nicht* den geliebten Menschen. Sie sehen die Tarnung, derer sich der geliebte Mensch bedient hat, aber Sie können seine eigentliche Form, wie er oder sie wirklich ist, nicht sehen. Die Essenz des geliebten Menschen ist für das Auge nicht sichtbar.

## Sprache und Liebe

Wenn ein geliebter Mensch sich dem Tod annähert, dann ist der Bruch in der Kommunikation, der sich dann auftut, mit am schwersten zu ertragen. Da die Verbindung, die wir am besten kennen, oft durch die Sprache hergestellt wird, kann es qualvoll sein, wenn die Sprache nicht mehr länger zur Verfügung steht, wenn Reaktionen ausbleiben und sogar grundlegende Aussagen wie »Ich liebe dich« nicht mehr ausgetauscht werden können.

Dann ist der Zeitpunkt gekommen, sich ins Gedächtnis zu rufen, wie unangemessen Worte sind, um Ihre Liebe zu übermitteln. Die *große* Liebe, nicht bloß Zuneigung, sondern eine tiefe Verbindung, wie sie zwischen Ihnen und Ihrem geliebten Menschen besteht, kann durch bloße Worte weder angedeutet und schon gar nicht übermittelt werden. Das ist etwas, was Sie schon längst wissen.

Ich erinnere mich an das erste Mal, als ich diese kraftvolle, nonverbale Verbindung spürte. Hedley war nur fünf Wochen alt, schlief und aß rund um die Uhr: Licht an, niemand zu Hause, nur das normale Neugeborenengeschehen. An diesem Abend nahm ich sie hoch, um sie zu stillen, obwohl sie fest schlief. Es war Muttertag, und obwohl ich normalerweise schlafende Babys schlafen lasse, war ich dieses Mal so randvoll mit Dankbarkeit für sie, daß ich meinte platzen zu müssen, wenn ich nicht ein wenig davon abgeben durfte.

Unser Zimmer war dunkel mit Ausnahme des Lichtkeils, der durch die leicht offenstehende Tür über das Bett fiel. Ich saß auf dem Bett und drückte sie an mich. Sie trank und trank, scheinbar ohne überhaupt aufzuwachen. Und dann, während ich ihren kleinen Körper in meinem Schoß ruhen ließ und voller Verwunderung in ihr erstaunliches, kleines Gesicht blickte, öffnete sie die Augen, hielt einen Augenblick inne, und dann *lächelte* sie mich völlig bewußt an.

Sie war vollständig da, genauso wie sie es jetzt ist, acht Jahre später. Ihre großen Augen funkelten vor Intelligenz, Erkennen und Liebe. Nein, ich habe mir das nicht eingebildet. Natürlich war sie vorher schon wach gewesen. Aber sie war niemals zuvor *gegenwärtig* gewesen, und jetzt war sie es. Wir erkannten einander, ohne ein Wort zu sprechen. Der Austausch war so vollständig, so subtil und komplex. Ich wurde ohne ein Wort von Glück überflutet.

Überdies, die wenigen Worte, mit denen ich versucht habe, diesen Augenblick mit Ihnen zu teilen, erfüllen die Aufgabe nicht. Und ich habe mich wirklich bemüht. Es fehlt nicht viel, doch ein Treffer ist es nicht. Aber Sie wissen auch so, was ich meine, nicht wahr? Denn Sie selbst haben eine so vollständige Liebe, eine so tiefe Verbindung erlebt, daß Sie nicht davon träumen würden, sie mit Worten zu verhüllen.

Worte verdunkeln oft, was sie erhellen sollten. Es ist, als würfe man ein Bettuch über Michelangelos David. Man kann die allgemeine äußere Form des Kunstwerks erkennen, aber wenn Sie es wirklich aufnehmen wollen, dann müssen Sie es abdecken und still sein und sehen und fühlen.

**Werkzeug:** *Erinnerungen sind ein Stummfilm, der niemals endet.* Wenn der geliebte Mensch Ihr Vater, Ihre Mutter oder Ihr Kind ist, Ihr Ehemann, Ihre Ehefrau oder Ihr Lebenspartner, besitzen Sie eine Schatzkiste voller Erinnerungen an die vielen Stunden, die Sie gemeinsam verbracht haben. Stellen Sie sich diese Erinnerungen, die Aufzeichnungen Ihres Lebens mit dem geliebten Menschen als Videosammlung vor – ausschließlich Bilder und Musik, die Sie durch die Jahre begleitet haben und die in Ihrem Herzen immer mit diesen Jahren verbunden sein werden, keine Worte.

Später werden Sie sich damit trösten können, indem Sie so viele dieser Videos, wie Sie wollen, so oft Sie mögen abspielen. Nichts kann sie löschen. Und *wenn* es Ihnen gelingt, an dem Wissen festzuhalten, Ihr geliebter Mensch wurde lediglich versetzt, nicht zerstört, werden Sie daran Freude haben, sich diese Aufnahmen vorzuspielen. Es gibt jedoch ein großes »wenn«, nicht wahr? Wie sollen Sie sich Ihren geliebten Menschen zugleich intakt und unanfaßbar, anwesend und abwesend vorstellen? Im folgenden einige Anregungen, die das Verständnis fördern.

Was würde geschehen, wenn der Raum, in dem Sie gerade sitzen, abgerissen würde? Wenn plötzlich der Fußboden, die Decke, die Wände, das Mobiliar verschwänden, was bliebe dann zurück? Der Raum selbst wäre noch da, nicht wahr? Nur, seine früheren Grenzen könnten Sie nun nicht mehr erkennen. Die begrenzenden Strukturen sind ausgelöscht. Aber der *Raum* selbst ist noch dort, wo er immer war. Und er ist unverändert. Können Sie mir folgen? Noch ein Vergleich.

Was geschieht, wenn Sie eine Flasche Wasser mit an den Strand nehmen und nicht austrinken? Am Abend, statt die halbvolle Flasche nach Hause zu tragen, gehen Sie hinunter ans Meer, Sie öffnen die Flasche und gießen Ihr Trinkwasser ins Meer. Hat Ihr Wasser aufgehört zu existieren? Natürlich nicht. Nun befindet es sich überall dort, wo auch das Meer ist. Könnten Sie genau dasselbe Wasser wieder zurück in Ihre Flasche füllen? Natürlich nicht. Es hat sich über das ganze Meer ausgebreitet. Es ist nicht mehr durch die Flasche begrenzt. Und nur in dieser Hinsicht ist es verschwunden.

Das Problem, das sich stellt, wenn wir einen geliebten Menschen verlieren, mit dem wir zusammengelebt haben, ist ähnlich. Wir können die vertraute Form nicht mehr finden, deshalb glauben wir, daß auch der Inhalt ausgelöscht wurde – was für ein natürlicher und zugleich unendlich schmerzhafter Fehler!

## Noch ein Vergleich

Was geschieht, wenn Sie ins Kino gehen? Sie sehen Bilder von Schauspielern und Schauspielerinnen, die sich über eine große flache Leinwand bewegen. Vielleicht erzählen Sie hinterher einer Freundin: »Ich habe Dustin Hoffman in *Tootsie* gesehen. Ich habe Meryl Streep in *Die Brücken am Fluß* gesehen.« Haben Sie das wirklich? Nein. Sie haben ihre Abbildungen gesehen, die aus Licht und Schatten bestehen, eingefangen auf einem Streifen Zelluloid und projiziert auf eine Leinwand. Aber Sie sagen, daß Sie *sie* gesehen haben.

Es ist eine Art Kurzschrift. Denn jeder weiß, was Sie meinen. Sie meinen, daß Sie die Abbildung eines Schauspielers gesehen haben, der eine Rolle spielt. Und der Schauspieler *in dieser Rolle* hat Ihnen gefallen. Aber wenn Sie Dustin Hoffman im Supermarkt begegneten, würden Sie vielleicht zu ihm sagen: »Klasse, Sie waren einfach wunderbar in …!« Sie würden ihn nicht fragen: »Nun, wie stehen denn die Dinge zwischen Ihnen und dem Vater Ihrer Freundin?« Und falls Sie Meryl Streep in die Arme liefen, würden Sie ihr bestimmt keine Vorhaltungen machen, weil sie ihren Mann betrogen hat.

Der Unterschied zwischen dem Schauspieler und der Rolle bleibt Ihnen bewußt, ist es nicht so? Als Fan von Dustin Hoffman oder Meryl Streep versuchen Sie vielleicht, alle Filme zu sehen, in denen die beiden mitgespielt haben. Und obwohl Sie von der jeweiligen Geschichte vielleicht vollkommen gefesselt sind, bleibt Ihnen doch noch immer bewußt: Hoffman oder Streep erschaffen eine weitere brillante Illusion vor Ihren Augen, mit Akzenten, Manierismen, Kostümen und allem, was das Herz begehrt.

Die Essenz, die Individualität des Schauspielers bleibt intakt, unverwechselbar und einzigartig. Nur die Rollen wechseln. Aber Sie würden diesen Schauspieler in jeder Rolle wiedererkennen, stimmt's? Aber nun zurück zu Ihrem geliebten Menschen, der bald sterben wird.

## Was ist der geliebte Mensch

Unsere Körper sind uns nur geliehen, wie Ben Franklin es ausdrückt. *Wir* sind dauerhaft, *sie* sind es nicht. Wir bestehen fort, sie lösen sich auf. Das ist alles, was geschieht. Was an dem geliebten Menschen hat Sie als erstes angezogen? Selbst wenn die äußere Form Sie angenehm berührte, war es doch ohne Zweifel der *einzigartige Geist*, der die physische Form beseelt, der Ihr Herz gefangennahm. Es war das Prickelnde, das Lachen und auch die Ernsthaftigkeit, die genau richtige Zusammenstellung von erfreulichen Elementen, verbunden mit der angemessenen Menge Herausforderung, Schwierigkeiten und Mängeln, um Ihr Interesse wach zu halten. Ihre Liebe basiert auf diesen dauerhaften Qualitäten, nicht auf der ewig veränderlichen körperlichen Form, die von dem Augenblick an, da Sie beide sich kennenlernten, zunehmend in Vergessenheit geriet.

### Nur die Liebe

Woraus besteht Ihre Beziehung? Nur aus Liebe. Was hat alle Veränderungen, die Sie beide über die Jahre erlebt haben, überdauert? Die Liebe. Wenn der Körper Ihres geliebten Menschen verlassen ist, was wird dann aus Ihrer Liebe? Wird sie sich auflösen, wie dies der Körper tut? Oder wird Ihre Hingabe an den geliebten Menschen sich vertiefen und wachsen?

### Auf Wiedersehen und gute Reise

Was wäre, wenn Sie am Kai stünden und ein schlankes, wunderschönes Kreuzfahrtschiff würde langsam ablegen? Was, wenn Sie in der Kabine so viele letzte Umarmungen geteilt hätten, so viele wie nur möglich? Was, wenn Sie beide einander so oft und immer wieder gesagt hätten: »Ich liebe dich«, daß Sie es schließlich nicht noch einmal wiederholen müssen? Bis Sie beide genau wüßten, Ihre Liebe geht weit über die Bedeutung kleiner Wörter hinaus, und dies wird auch immer so bleiben?

Nun ist die körperliche Trennung beinahe abgeschlossen. Sie können nur noch vom Kai aus winken. Keine Umarmungen mehr. Keine Worte mehr. Die Umrisse Ihres geliebten Menschen werden kleiner und undeutlich. Sie können nicht mehr sicher sein, ob er es ist, den Sie dort stehen sehen. Sie können sein Gesicht nicht mehr erkennen. Die Schlepper ziehen das Schiff Ihres geliebten Menschen in den Fluß und flußabwärts aufs offene Meer. Nun sehen Sie sogar das Schiff nicht mehr. Langsam gehen Sie zu Ihrem Auto zurück. Mit Tränen auf Ihren Wangen und einem schweren Herzen.

Ist das eine schlechte Erfahrung? Natürlich nicht. Es ist einer der bewegendsten und wichtigsten Augenblicke in Ihrem Leben. Sie und Ihr geliebter Mensch haben das Zusammenleben genossen – haben so viele Lebensjahre geteilt, haben sich in allem aufeinander verlassen. Es gibt nicht einen zweiten Menschen in Ihrem Leben, der so ist wie er. Wie sollte das auch möglich sein?

Aber ist das Gefühl, das Sie jetzt gerade spüren, Trauer oder Traurigkeit? Was der Unterschied ist, fragen Sie? Finden Sie es mit der Hilfe dieser Fragen heraus:

*1. Kann irgend etwas Sie zum Lächeln oder Lachen bringen?*
*2. Können Sie mit jemandem darüber reden, wie Sie sich fühlen?*
*3. Wollen Sie es? Tun Sie es?*
*4. Weinen Sie leicht und unvorhersehbar?*
*5. Schmeckt Ihnen das Essen?*
*6. Erscheint Ihnen alles furchtbar schwierig?*

*7. Haben Sie Schwierigkeiten beim Einschlafen?*
*8. Haben Sie Schwierigkeiten mit dem Aufstehen?*
*9. Fühlt sich alles furchtbar schal an?*
*10. Haben alle anderen Sie im Stich gelassen?*

Wenn Sie die ersten fünf Fragen überwiegend mit »Ja« und die folgenden fünf mit »Nein« beantwortet haben, kann man das, was Sie durchleben, Traurigkeit nennen und nicht Trauer.

Beachten Sie auch, daß in jedem Fall Ihre Gedanken wieder und wieder zu Ihrem geliebten Menschen zurückkehren. Trauern Sie, dann ist jeder Gedanke an ihn schmerzhaft. Wenn der Verlust noch neu ist, werden Sie sich die ganze Zeit in diesem schmerzerfüllten Zustand befinden.

Trauer macht es sehr schwer, klar oder überhaupt nachzudenken. *Wären* Sie jedoch dazu in der Lage nachzudenken und ich würde Sie fragen, welche Vorstellung der Ursprung Ihres Leidens ist, dann würden Sie feststellen: Es ist wieder einmal die falsche Vorstellung von der Auslöschung. Sie glauben, daß Ihr geliebter Mensch *nicht mehr ist*. Und wie ich wieder und wieder betont habe, wenn dies zuträfe, dann könnte keine Trauer jemals groß genug sein. Ich trauerte wegen des Todes meiner Mutter elf Jahre lang, weil ich glaubte, sie sei ausgelöscht. Sobald ich wußte, daß dies nicht zutraf, verwandelte sich meine Trauer in Traurigkeit.

## Muß man trauern?

Aber ist es nicht wichtig zu trauern? Ist denn nicht die Trauer notwendig, um den Verlust zu integrieren und weiterzugehen? Meiner Meinung nach trifft das nicht zu. Trauer ist nicht logisch, nicht angemessen, nicht notwendig und, wie ich finde, keineswegs nützlich. Aber Traurigkeit ist in vielerlei Hinsicht sinnvoll. Sie steht für die Zeit, die wir brauchen, um den verlorenen geliebten Menschen zu ehren, um unsere Gedanken zu ihm gehen zu lassen, wann immer es sein soll, und um zu weinen. Traurigkeit schließt die Möglichkeit ein, mit einem Freund über den geliebten Menschen zu reden. Sie schließt die Möglichkeit ein, einen Abend auszugehen, ins Restaurant und ins Kino. Sie schließt die Möglichkeit ein, sich über die eigene Situation lustig zu machen. Sie schließt ein gelegentliches herzliches Lachen und Weinen ein.

Traurigkeit muß nicht schmerzhaft sein. Sie kann verborgen und tief und reich und sogar recht angenehm sein. Warum sollte man versuchen, sie beiseite zu schieben? Einen so großen Teil unserer Zeit leben wir nur an der Oberfläche unseres Selbst. Aber jetzt befinden wir uns tief in unserem Inneren. Das Leben fühlt sich plötzlich anders an. Nichts scheint jetzt mehr wie gewohnt abzulaufen. Der geliebte Mensch ist die ganze Zeit in Ihnen und wie Sie anwesend. Wenn Sie nicht glauben, daß der geliebte Mensch ausgelöscht wurde, als sein Körper verschied, dann genießen Sie jetzt die Zeit, die Sie in Gedanken an ihn verbringen. Und das ist nicht schmerzhaft. Es ist vor allem die Gewohnheit, die uns der Traurigkeit diese Richtung geben läßt.

**Werkzeug:** *Es ist Umzugstag.*
Ihre sterbende Freundin zieht aus ihrer Wohnung aus. Sie hat bereits einen neuen Wohnsitz gefunden – einen sehr viel schöneren –, daher interessiert sie der alte nicht mehr besonders. Wenn Sie zu ihr gehen, um ihr beim Packen zu helfen, sehen Sie ein Chaos. Überall liegen alte Zeitungen und Schachteln, und nichts sieht mehr wie das ordentliche kleine Zuhause aus, das es einst war.

Außerdem funktioniert die Heizung nicht mehr, der Strom ist abgestellt, daher müssen Sie bei Kerzenschein einpacken. Auch Warmwasser gibt es nicht mehr. Sie wundern sich nicht, warum Ihre Freundin ausziehen will. Viel eher wünschen Sie, sie hätte nicht gar so lange gewartet, um sich von der alten Wohnung zu trennen.

Sie werden feststellen, daß Ihre Freundin mehr als nur ein wenig orientierungslos ist. Das ist vollkommen verständlich und natürlich. Schließlich ist sie ja nun weder hier noch dort. Möglicherweise streift sie von Raum zu Raum und vergißt, was sie in der Küche wollte, steht benommen und verloren in der Mitte dessen, was einst ihr Wohnzimmer war. Ihre Verwirrung muß uns nicht erstaunen, denn der Raum hat keine Ähnlichkeit mehr mit ihrem einstigen Wohnzimmer.

Vielleicht erledigt sie ihre abschließenden Aufgaben ein wenig langsamer, wirkt mitunter etwas weggetreten, im wahrsten Sinn des Wortes geistesabwesend. Vielleicht macht Sie der Prozeß zornig und ungeduldig. Möglicherweise erwischen Sie sich bei dem Gedanken, sie möge es doch schneller hinter sich bringen. Eventuell gibt es etwas anderes, was Sie lieber tun würden, auch wenn Sie Ihre Freundin von Herzen lieben. Und solche Gedanken verleiten Sie unter Umständen dazu, schlecht von sich zu denken und sich schuldig zu fühlen. Doch damit fügen Sie der Verletzung nur eine Beleidigung hinzu, und Sie machen alles schlimmer. Wir tun uns so etwas gnadenlos an. Lassen Sie es sein.

Der ganze Prozeß nervt Sie – Sie wollen einerseits bei ihr sein, um ihr bei diesem Umzug zu helfen, aber andererseits würden Sie alles dafür geben, wenn Sie jetzt an einem anderen Ort sein könnten. Und wie überhaupt können Sie ihr helfen? Sie haben keine Ahnung.

### Was ist Ihre Rolle?

Das Wichtigste, was Sie jetzt tun können, ist, sich zu erinnern: Erinnern Sie sich daran, daß Ihre Freundin nicht ihr Körper ist. Und erinnern Sie sich daran, daß das Verlassen des Körpers eine glückselige und keine schmerzhafte Erfahrung ist. Haben Sie also keine Angst für sie.

Erinnern Sie sich daran, daß Sie diesen Weg mit absoluter Sicherheit ebenfalls gehen werden. Bemitleiden Sie sie also nicht.

Erinnern Sie sich daran, daß sie die Aufgabe auf ihre eigene, vollkommene Weise angeht. Wenn sie schon immer unruhig, wütend oder brummig war, wird sie es wahrscheinlich auch jetzt sein. Der individuelle Stil ist ebenso ein Bestandteil des Sterbens wie des Lebens. Transformationen auf dem Totenbett sind meiner Erfahrung nach selten.

Erinnern Sie sich daran, daß Ihre Freundin Ihre Anwesenheit und nicht Ihre Dienstleistung braucht. Selbstverständlich können Sie ihr das verschwitzte Laken wechseln oder ihren trockenen Mund anfeuchten. Aber von diesen kleinen Diensten einmal abgesehen, sind Sie da, um Ihrer Freundin Ihre Liebe zu bezeugen und um ihr Frieden zu bringen.

### Der Job findet im Inneren statt

Denken Sie daran, daß Ihre Freundin ihre körperlichen Veränderungen von *innen* erfährt. Sie sind für sie nicht das, als was sie Ihnen erscheinen. Sie und ihr Körper sind dabei, sich voneinander zu trennen. Denken Sie an die Analogie des Umzugstags. Sie ist in ihrem Körper nicht mehr gänzlich zu Hause. Versuchen Sie nicht, sie zurückzuhalten oder unnötig mit Ihren Sorgen zu bremsen. Denken Sie daran, daß ihr Hinein- und Hinausgleiten in und aus dem Bewußtsein natürlich sind und ihr einen Aufschub von den Unannehmlichkeiten gewährt, denen ihr Körper sie sonst unterwerfen würde. Versuchen Sie, dies entspannt zu sehen. Sie ist noch immer, wer sie immer war. Sie will nur die Stadt verlassen, das ist alles. Ihr vollkommener, einzigartiger Geist bleibt unversehrt. Und das gilt auch für die Liebe, die sie für Sie empfindet.

## Vorschläge für Krankenhausbesuche

Wenn Sie zum ersten Mal einen geliebten Menschen beim Sterben begleiten, dann werden Ihnen vielleicht einige der folgenden Vorschläge hilfreich erscheinen. Dies sind die Dinge, von denen ich mir gewünscht hätte, jemand hätte sie mir gesagt, als ich die vier Tage am Bett meiner sterbenden Mutter zubrachte.

### Nehmen Sie Gas weg!

Die Zeit wird äußerst unberechenbar, wenn jemand, den Sie lieben, stirbt. Vielleicht stellen Sie fest, daß sie nur so dahinschleicht, während Sie am Bett sitzen, aber fliegt, während Sie sich eine Pause gönnen, und mit jeder »schlechten Nachricht«, die der Arzt bringt, vollkommen zum Stillstand kommt.

Das ist vollkommen normal, aber es trägt bei zu der Orientierungslosigkeit und der Fremdheit, die Sie ohne Zweifel verspüren. Sie kommen sich vielleicht so vor, als seien Sie in eine Spiegelwelt gefallen, in der Ihnen zugleich alles vertraut und unwirklich, eigentümlich vorkommt.

Vielleicht stellen Sie auch fest, daß es Ihnen schwerfällt, zu Hause »rechtzeitig« für Ihren Besuch im Krankenhaus fortzukommen. Sobald Sie die Tür hinter sich zuschlagen, haben Sie das Gefühl, daß Sie Ihren Zeitplan nicht einhalten können und beeilen sich entsprechend. Folglich kommen Sie außer Atem, sich rechtfertigend und außer Fassung an. Damit befinden Sie sich auf einem vollkommen anderen energetischen Niveau als der geliebte Mensch, den Sie besuchen, der schon seit Tagen nirgendwo mehr hingeeilt ist und dessen Energie entsprechend langsam und ruhiger fließt.

Ruhen Sie sich erst einmal im Waschraum aus, bevor Sie nach oben gehen. Waschen Sie sich die Hände, kühlen Sie Ihr Gesicht mit einem nassen Papierhandtuch, und nehmen Sie das Gas weg. Dann setzen Sie sich wenigstens ein paar Minuten in die Krankenhauskapelle. Und machen Sie sich nichts daraus, wenn sie katholisch ist und Sie Protestant oder in gar keiner Kirche sind. Selbst wenn Sie Gott ursprünglich nicht besonders mochten oder gerade jetzt besonders wütend auf ihn sind oder niemanden kennen, der auf diesen Namen hört, die Kapelle ist für Sie da.

Sammeln Sie sich. Machen Sie sich den Frieden im Raum bewußt. Atmen Sie tief und langsam. Lassen Sie sich von Gottes Liebe trösten, die Sie und Ihren geliebten Menschen immer umgibt. Dann erinnern Sie sich daran, daß Ihr geliebter Mensch nicht mit seinem Körper identisch ist. Denken Sie daran, daß Form und Inhalt nicht ein und dasselbe sind. Der Mensch, den Sie lieben, verläßt einfach die Stadt, das ist alles. *Jetzt* sind Sie bereit, nach oben zu gehen.

### Nehmen Sie Verbindung auf!

Selbst wenn der Mensch, den Sie lieben, nicht bei Bewußtsein ist, können Sie mit ihm Verbindung aufnehmen. Setzen Sie sich neben das Bett, halten Sie seine Hand, und sagen Sie leise die Dinge, die Sie sagen würden, wenn Ihr geliebter Mensch wach wäre. Falls es Dinge gibt, die Sie gesagt oder getan haben und jetzt bedauern, dann bringen Sie das jetzt zum Ausdruck. Wenn Sie meinen, es sei jetzt zu spät, um sich zu entschuldigen, dann irren Sie sich. Jetzt und hier haben Sie noch einmal die Möglichkeit, etwas wiedergutzumachen. Der Mensch, den Sie lieben, befindet sich auf subtile Weise mit Ihnen im Dialog. Sie sind nicht allein im Zimmer.

Und weisen Sie sich nicht zu viel Schuld zu. Wir alle lernen und tun unser Bestes im Rahmen unserer Möglichkeiten. Auch der von Ihnen geliebte Mensch hat ein paar Fehler, auch wenn Sie sich jetzt im Gedanken an sie vielleicht unwohl fühlen. Gestatten auch Sie sich, dem geliebten Menschen zu vergeben. Ihre Vergebung ist ein Geschenk und eine Notwendigkeit für Sie beide. Halten Sie sie jetzt nicht zurück.

Sie können sich später darum kümmern, die kalten Reste von Wut und Bedauern hinauszuwerfen. Hören Sie einfach die Stimme des geliebten Menschen, die sagt: »Ich wünschte, ich hätte es anders gemacht. Du bist kostbar für mich. Ich habe einen furchtbaren Fehler gemacht.« Und hören Sie sich selbst vertrauensvoll mit Vergebung antworten. Enthalten Sie dem geliebten Menschen Ihre Vergebung auch dann nicht vor, wenn er diese Worte nie direkt an Sie gerichtet hat. Sie werden sich selbst sinnlos quälen, wenn Sie nicht vergeben.

Stellen Sie sich vor, daß der von Ihnen geliebte Mensch in diesem Luxusflugzeug sitzt, als es auf das Rollfeld zufährt. Sie sehen zu, wie das Flugzeug langsam seine Startposition erreicht. Sie halten Ihre Verbindung zu dem geliebten Menschen mühelos aufrecht, doch ist sie jetzt sehr viel subtiler und verfeinerter als noch vor wenigen Augenblicken. Nein, Sie können einander nicht umarmen oder gemeinsam essen gehen. Aber Sie sind über Ihre Herzen miteinander verbunden und werden es immer sein.

Wenn Sie vorhaben, längere Zeit im Krankenzimmer zu verweilen, sollten Sie sich gestatten, zu lesen oder zu schreiben, Musik zu hören oder zu beten. Beschäftigen Sie Ihren Verstand auf diese Weise, so ist es weniger wahrscheinlich, daß Sie die Hinweise auf den körperlichen Verfall des geliebten Menschen katalogisieren, über die noch verbleibende Zeit spekulieren oder sich in der Hoffnung wiegen, es könnte vielleicht doch noch ein »gutes« Ende nehmen. Der physische Tod ist die einzige *mögliche* Konsequenz für den Körper. Ein Geheimnis bleibt es bis zum Schluß, ob der Tod früher oder später kommt. Nicht Sie sind der Meister dieses Augenblicks, sondern der von Ihnen geliebte Mensch.

Rufen Sie sich einige der besten Erinnerungen ins Gedächtnis. Das ist der richtige Zeitpunkt, um im gegenwärtigen Augenblick die Vergangenheit zu feiern. Sie hatten eine kostbare und wunderbare Beziehung, die jetzt in eine neue Phase eintritt. Ihre Verbindung zu dem geliebten Menschen ist intakt, jetzt und immerdar. Sie wird einfach nur subtiler, das ist alles.

Sie wird veredelt wie der wäßrige Saft des Ahorns, der zu etwas sehr Konzentriertem und Süßem eingekocht wird. Es wird Ihnen gelingen, diese unverwechselbare Süße in jedem Augenblick Ihres zukünftigen Lebens einzubringen. Sie werden sie ohne Mühe schmecken. Sie sind geliebt.

KEN WILBER

# Die Probleme des Helfers

In dieser Zeit entschloß ich mich, endlich auch selbst einen Brief zu schreiben als Ergänzung zu den vielen Briefen, die Treya verschickte, einen Brief über die Nöte und Prüfungen eines Helfers. Hier eine stark geraffte Fassung:

27. Juli 1988
Boulder

Liebe Freunde,
... Nach etwa zwei bis drei Monaten des Sorgens für den anderen wird allmählich ein besonders heimtückisches Problem erkennbar. Die äußeren, handgreiflichen, sichtbaren Aspekte der Fürsorge sind relativ leicht zu bewältigen. Man teilt sich, wenn man kann, seine Arbeit anders ein; man gewöhnt sich ans Kochen, Waschen, Putzen oder was sonst notwendig sein mag zur Versorgung des geliebten Menschen: Man fährt ihn zum Arzt, man hilft mit den Medikamenten und so weiter. Auch das kann schwierig sein, aber wenigstens liegen die Lösungen klar auf der Hand – man nimmt die zusätzliche Arbeit entweder selber auf sich oder sorgt dafür, daß jemand anderes sie tut.

Schwieriger und wirklich heimtückisch ist für den Helfer jedoch der seelische Druck, der sich jetzt allmählich aufbaut. Dieser innere Kampf hat zwei Seiten, eine private und eine öffentliche. Zunächst die private: Der Helfer weiß, daß alle seine Probleme, wie viele es auch sein mögen, Lappalien sind gegen die lebensbedrohende Krankheit des geliebten Menschen. Also spricht er einfach nicht davon – wochenlang, monatelang. Er hält sie unter Verschluß. Man möchte den geliebten Menschen nicht beunruhigen, man möchte ihm seine Lage nicht noch erschweren, und man sagt sich immer wieder: »Na ja, wenigstens habe ich keinen Krebs; meine eigenen Probleme können so schlimm nicht sein.«

Das geht ein paar Monate so (je nach Veranlagung), und dann dämmert dem Helfer allmählich: Die Tatsache, daß meine Probleme klein sind, etwa im Vergleich zu Krebs, erledigt sie nicht. Sie werden sogar schlimmer, denn jetzt sind es eigentlich *zwei* Probleme: das ursprüngliche Problem und dann die Tatsache, daß man es nicht äußert und daher auch keine Lösung dafür finden kann. Die Probleme schwellen an, man verstärkt den Verschluß, sie stemmen sich mit wachsender Kraft dagegen. Allmählich wird man ein bißchen komisch. Wer introvertiert ist, bekommt kleine Zuckungen, wird kurzatmig, Angst kriecht in ihm hoch, er lacht zu laut, er trinkt ein Bier mehr als sonst. Wer extrovertiert ist, explodiert plötzlich auf nichtige Anlässe hin, bekommt Wutanfälle, stürmt aus dem Zimmer, wirft mit Gegenständen, trinkt ein Bier mehr als sonst. Der Introvertierte möchte manchmal sterben, der Extrovertierte möchte manchmal, daß der geliebte Mensch stirbt. Der Introvertierte möchte manchmal sich selbst umbringen, der Extrovertierte den anderen. In beiden Fällen liegt Tod in der Luft, Zorn, Groll und Bitterkeit schleichen sich unweigerlich ein – und schreckliche Schuldgefühle, weil man überhaupt solche finsteren Gefühle hat.

Solche Gefühle sind unter den gegebenen Umständen aber völlig normal und natürlich. Ich fände es sogar bedenklich, wenn ein Helfer sie nicht gelegentlich hat. Und man wird mit ihnen am besten fertig, wenn man über sie redet. Das kann nicht nachdrücklich genug betont werden: Darüber reden ist die einzige Lösung.

Und hier beginnt die öffentliche Seite der seelischen Schwierigkeiten eines Helfers. Man kommt zu der Einsicht, daß man reden muß; aber mit wem? Der Kranke ist vermutlich nicht der beste Gesprächspartner, denn häufig *ist* er ja das Problem des Helfers, bedeutet eine schwere Belastung für ihn; man möchte dem Kranken natürlich kein schlechtes Gewissen machen, möchte ihm nicht den Schwarzen Peter zuschieben, auch wenn man ihm vielleicht übelnimmt, daß er krank geworden ist.

Eine Selbsthilfegruppe von Leuten, die ähnliches erleben, also eine Selbsthilfegruppe für Helfer, ist bei weitem der beste Ort, um sich auszusprechen. Auch Einzeltherapie oder Partnertherapie kann sehr nützlich sein. Ich komme gleich darauf zurück. Zunächst einmal *ist* es so, daß Helfer – und bei mir war das nicht anders – sich im allgemeinen nicht sofort solche Möglichkeiten zunutze machen, sondern warten, bis viel Schaden angerichtet und viel sinnloser Schmerz zugefügt ist. Ein normaler Helfer tut zunächst einmal das Naheliegende: Er spricht mit Verwandten, Freunden, Verbündeten. Und da macht er Bekanntschaft mit dem öffentlichen Problem.

Worin es besteht, hat Vicky Wells auf den kurzen Nenner gebracht: »Niemand interessiert sich für chronische Dinge.« Und sie meint damit dies: Ich komme mit einem Problem zu dir; ich möchte reden, ich möchte Rat, ich möchte ein bißchen Trost. Wir reden, du bist sehr freundlich, verständnisvoll und hilfsbereit. Mir geht es besser, du hast das Gefühl, mir geholfen zu haben. Aber am nächsten Tag hat meine Frau immer noch Krebs; die Lage ist nicht grundlegend besser geworden, vielleicht sogar schlechter. Mir geht es überhaupt nicht gut. Ich treffe dich zufällig. Du fragst mich, wie es geht; wenn ich ehrlich bin, sage ich: miserabel. Wir reden also wieder miteinander. Du bist wieder sehr hilfsbereit, freundlich und verständnisvoll, und gleich geht es mir besser ... bis zum nächsten Tag, wenn sie immer noch Krebs hat und eigentlich gar nichts besser ist. Tagein, tagaus ist an der Situation selbst eigentlich nichts zu ändern (die Ärzte tun zwar, was in ihrer Macht steht, aber sie könnte trotzdem sterben). Also fühlt man sich tagein, tagaus ziemlich elend, die Sache wird einfach nicht besser. Und früher oder später stellt man fest, daß fast jeder, der nicht selbst tagtäglich vor dieses Problem gestellt ist, allmählich etwas ungeduldig wird, wenn man immer weiter darüber redet. Fast alle außer den wirklich besten Freunden weichen einem auf subtile Weise aus, weil ja doch immer nur Krebs als dunkle Wolke über dem Horizont hängt, um einem den ganzen Tag zu versauen. Man wird ein chronischer Jammerlappen, und die Leute haben es einfach satt, immer wieder die gleichen Probleme anhören und durchkauen zu müssen. Daher: »Niemand interessiert sich für chronische Dinge.«

Früher oder später kann sich der Helfer des Eindrucks nicht mehr erwehren, daß seine privaten Probleme ihm über den Kopf wachsen, die öffentliche Lösung aber irgendwie nicht recht funktioniert. Er fühlt sich völlig allein gelassen und isoliert. Hier tritt dann meist einer der folgenden Fälle ein: Er haut ab, er bricht zusammen, er greift zu Alkohol und Drogen, oder er sucht professionelle Hilfe.

Eine Selbsthilfegruppe, sagte ich, ist bei weitem die beste Anlaufstelle. Wenn man bei einer solchen Gruppe mal zuhört, stellt man fest, daß hier vorwiegend über die lieben Kranken gemeckert wird: »Was bildet der sich ein, mich so herumzukommandieren?« – »Glaubt die vielleicht, was Besonderes zu sein, nur weil sie krank ist? Ich hab schließlich auch meine Probleme.« – »Mir kommt es so vor, als hätte ich in meinem Leben überhaupt nichts mehr zu sagen.« – »Ich hoffe, der Typ beeilt sich ein bißchen mit dem Sterben.« So etwas sagen nette, anständige Leute einfach nicht öffentlich, und schon gar nicht zu den lieben Kranken.

Bedenken wir aber, daß sich unter Zorn und Groll fast immer Liebe verbirgt – sonst hätte der Helfer ja schon längst das Weite gesucht. Nur kann diese Liebe sich nicht äußern, solange Zorn und Groll ihr den Weg verstellen. Wie Gibran sagt: »Haß ist hungernde Liebe.« In solchen Selbsthilfegruppen kommt viel Haß nach oben, aber nur weil darunter soviel Liebe ist, hungernde Liebe. Wenn nicht, dann würde man diesen Menschen nicht hassen, er wäre einem einfach egal. Meiner Erfahrung nach ist es bei den meisten Helfern (mich selbst eingeschlossen) nicht so, daß sie nicht genug Liebe *bekommen*; es fällt ihnen in der schwierigen Lage des Helfers und Versorgers vielmehr schwer, sich daran zu erinnern, wie man Liebe *gibt*. Und da meiner Erfahrung nach vor allem das Geben das ist, was heilt, müssen die Helfer das ausräumen, was der Liebe im Wege steht – Zorn, Groll, Haß, Bitterkeit, sogar Neid und Eifersucht (sie hat jemanden, der sich jederzeit um sie kümmert: mich).

Dafür ist eine Selbsthilfegruppe unschätzbar wertvoll. Wenn man keine findet, oder vielleicht auch zusätzlich, würde ich Einzelpsychotherapie empfehlen, vor allem für den Helfer, aber möglichst auch für den Kranken. Man lernt nämlich bald, daß es ein paar

Dinge gibt, die man einfach nicht mit dem Kranken besprechen sollte – und ein paar Dinge, die der Kranke nicht mit dem Helfer besprechen sollte. Es ist in meiner Generation sehr viel von Offenheit die Rede und davon, daß insbesondere Partner immer alles aussprechen sollten, was sie am anderen stört. Wenig empfehlenswert. Natürlich ist Offenheit wichtig und nützlich – bis zu einem gewissen Grade. Aber sie kann auch eine Waffe sein, mit der man verletzt, und dann heißt es: »Aber ich sag's doch nur, wie es ist.« Mir war die ganze Lage, in die Treyas Krebs uns beide gebracht hatte, ziemlich verhaßt; man mag das durchblicken lassen, aber es tut weder ihr noch mir gut, wenn ich meinen Ärger ständig bei ihr ablade. Ihr macht die Sache auch keinen Spaß, und schließlich ist sie ja nicht schuld daran. Trotzdem bin ich natürlich voller Ärger und Groll. Deshalb bezahlt man einen Therapeuten und lädt bei ihm alles ab.

Dadurch gewinnt man einen Freiraum, in dem man ohne den unausgesprochenen Groll des Helfers und ohne die heimlichen Schuld- und Schamgefühle des Kranken zusammensein kann. Man hat das einfach größtenteils schon in der Gruppe oder beim Therapeuten abgeladen. Man erlernt dabei auch die behutsame Kunst der schonungsvollen Lüge, die viel besser ist als das ach so ehrliche, in Wahrheit egoistische und rücksichtslose Herausplatzen mit seinen wahren Gefühlen. Keine großen, nur kleine diplomatische Lügen sind hier verlangt, die echte Schwierigkeiten nicht vertuschen, aber eben verhindern, daß man um der »Ehrlichkeit« willen immer wieder in das Wespennest ungelöster und unlösbarer Probleme sticht. An manchen Tagen hat man die Nase besonders voll vom Versorgerdasein, und wenn der geliebte Mensch dann fragt: »Wie geht es dir heute?«, dann sagt man nicht: »Sauschlecht, mein Leben gehört mir nicht mehr, und am liebsten möchte ich von der Brücke springen.« Das mag die Wahrheit sein, aber sie taugt nichts. Wie wäre es mit: »Ich bin müde, Liebes, aber ich steh es schon durch.« Dann nichts wie hin zur Gruppe oder zum Therapeuten und raus damit. Überhaupt nichts ist damit gewonnen, dem geliebten Menschen etwas um die Ohren zu hauen, mag es noch so »aufrichtig« sein.

Eines der merkwürdigsten Dinge, die ich über die Rolle des Helfers gelernt habe, ist dies: Der Job besteht nicht in erster Linie darin, Rat zu geben, bei Problemlösungen zu helfen, nützlich zu sein, Essen zu kochen, den Kranken herumzufahren und so weiter; der größte Teil des Jobs besteht vielmehr darin, als emotionaler Schwamm bereitzustehen. Der geliebte Mensch wird angesichts seiner möglicherweise tödlichen Krankheit immer wieder von sehr heftigen Gefühlen geschüttelt, manchmal sogar überschwemmt – Angst, Entsetzen, Wut, Hysterie, Schmerz. Und der Helfer hat den geliebten Menschen einfach zu halten, bei ihm zu sein, so viel von diesen Emotionen zu absorbieren, wie er kann. Man braucht nichts zu sagen (es gibt sowieso nichts zu sagen, was helfen würde); man braucht nichts zu tun. Man muß nur da sein und Schmerz und Angst und Weh einatmen. Man ist wie ein Schwamm.

Als Treya krank wurde, dachte ich, ich brauchte die Sache nur richtig zu managen, das Richtige zu sagen, bei der Wahl der Therapien zu helfen und so weiter, dann würde alles gleich besser werden. Das waren gewiß Hilfen, aber sie reichten nicht weit. Wenn etwa eine besonders schlechte Nachricht kam, neue Metastasen zum Beispiel, und Treya weinte, dann legte ich sofort los: »Schau, noch ist es ja gar nicht sicher, da brauchen wir erst noch weitere Untersuchungen; und außerdem deutet nichts darauf hin, daß das an deiner Therapie etwas ändert«, und so weiter. Aber das war es nicht, was Treya brauchte. Daß ich mit ihr weinte, das brauchte sie, und so tat ich es schließlich: ihre Gefühle empfinden, sie aufsaugen und dadurch so weit wie möglich zerstreuen. Ich glaube, das geschieht auf einer ganz körperlichen Ebene; man kann dabei auch reden, aber es ist nicht entscheidend.

Man hat jedenfalls bei schlechten Neuigkeiten als Helfer zunächst das Bedürfnis, dem Kranken seine Angst und sein Entsetzen auszureden. Das ist alles in allem die falsche Reaktion. Zunächst einmal fühlt man sich ein und fühlt mit. Wie entscheidend wichtig das ist, wurde mir nach und nach klar: einfach bei dem anderen sein und keine Angst vor seiner Angst oder seinem Schmerz oder seiner Wut zu haben, hochkommen zu lassen, was hochkommen will, und vor allem nichts zu unternehmen, was den anderen von seinen quälenden Empfindungen befreien soll. Ich neigte immer dann zu dieser Art des »Helfens«, wenn ich mit Treyas oder meinen Gefühlen nicht konfrontiert sein wollte, wenn ich mich ihrer nicht einfach und direkt und unkompliziert annehmen mochte, kurz, wenn ich sie lossein wollte. Ich wollte kein Schwamm sein, ich wollte der sein, der die Situation rettet. Ich mochte mir meine Hilflosigkeit angesichts des Unbekannten nicht eingestehen. Ich hatte soviel Angst wie Treya.

Einfach ein Schwamm sein, das gibt einem das Gefühl, hilflos und unnütz zu sein, weil man ja nichts tut (so zumindest kommt es einem vor). Und das zu lernen fällt, vielen Menschen so schwer. Mir ganz bestimmt. Ich brauchte fast ein Jahr, bis ich aufhörte, die Dinge in Ordnung bringen oder bessern zu wollen, und einfach bei Treya sein konnte. Daran, glaube ich, liegt es, daß »niemand sich für chronische Dinge interessiert«: Man kann da gar nichts tun, man kann nur dasein. Wenn die Leute also meinen, sie müßten etwas tun, um einem zu helfen, und ihr Tun hilft dann nicht, dann wissen sie nicht weiter. Was kann ich tun? Nichts, sei einfach da ...

Wenn man mich fragt, was ich tue, und ich gerade nicht in Plauderlaune bin, dann sage ich meist: »Ich bin eine japanische Hausfrau«, und sehe verblüffte Gesichter. Aber so ist es: Als Helfer hat man still zu tun, was der Partner möchte. Für Männer ist das ein ziemlicher Brocken; für mich war es jedenfalls einer. Ich mag wohl zwei Jahre gebraucht haben, bis es mich nicht mehr störte, daß Treya bei jeder Auseinandersetzung oder Entscheidung die Trumpfkarte in der Hand hatte: »Aber ich habe Krebs.« Mit anderen Worten: Sie setzte fast immer ihren Willen durch, und mir blieb nichts weiter, als mich zu fügen wie ein gutes Hausfrauchen.

Es macht mir jetzt nicht mehr so viel aus. Erstens gebe ich nicht mehr bei allem, was Treya entscheidet, automatisch nach, vor allem dann nicht, wenn ich ein falsches Urteil dahinter vermute. Früher habe ich mich, weil es für sie offenbar so wichtig war, meist gefügt, selbst wenn ich meine wahren Empfindungen dazu verleugnen mußte. Heute sieht es eher so aus: Wenn Treya dabei ist, eine wichtige Entscheidung zu treffen, etwa im Hinblick auf eine neue Therapie, dann sage ich ihr meine Meinung dazu, auch wenn es eine andere ist, so deutlich und nachdrücklich ich kann – bis zu dem Moment, wo sie sich endgültig entschieden hat. Von da an stelle ich mich hinter sie und gebe ihr alle Unterstützung, die ich bieten kann. Alle weiteren Einwände würden sie jetzt nur noch quälen und ihre Zuversicht untergraben. Und sie hat genügend andere Probleme, da braucht sie dieses nicht auch noch …

Und zweitens, wenn es um den Alltag geht, macht es mir nicht mehr so besonders viel aus, das gute Hausfrauchen zu sein. Ich koche, putze, spüle Geschirr, wasche, kaufe ein. Treya schreibt wirklich pfundige Briefe, macht Kaffee-Einläufe und schluckt alle zwei Stunden händeweise Pillen – und einer muß ja den ganzen Kram erledigen, oder? …

Die Existentialisten haben recht, wenn sie sagen, daß wir in unserem eigenen Bereich zu den einmal gefällten Entscheidungen zu stehen haben; unsere Entscheidungen formen unser Schicksal oder, wie die Existentialisten es ausdrücken: »Wir sind unsere Entscheidungen.« Wenn wir nicht zu unseren eigenen Entscheidungen stehen, dann ist das »Treulosigkeit« und führt zu »unauthentischem Sein«.

Mir wurde das durch eine sehr simple Erkenntnis klar: Ich hätte an jedem Punkt dieses schweren und schwierigen Prozesses aussteigen können. Niemand kettete mich auf den Krankenhausstationen an, niemand bedrohte mein Leben, falls ich ging, niemand zwang mich. Irgendwo tief in mir hatte ich ein für allemal entschieden, daß ich durch dick und dünn und für immer bei dieser Frau bleiben würde, daß ich sie durch diese Sache begleiten würde, komme, was wolle. Aber irgendwann im zweiten Jahr dieser Zerreißprobe vergaß ich meine Entscheidung (obwohl sie irgendwo weiterhin Bestand hatte, sonst wäre ich ja gegangen). In diesem Vergessen war ich treulos und unauthentisch – und so brachen denn auch gleich Vorwürfe und Selbstmitleid los. Inzwischen ist mir das alles sehr klar geworden …

Es fällt mir nicht immer leicht, zu dieser oder überhaupt zu meinen Entscheidungen zu stehen. Es ist nämlich durchaus nicht gesagt, daß die Dinge dadurch besser oder leichter werden. So ähnlich, denke ich, ist es, wenn man sich freiwillig zu einem Stoßtruppunternehmen meldet und dann eine Kugel abkriegt. Die Teilnahme war meine eigene freie Entscheidung, aber diese Verwundung nicht. Und so fühle ich mich manchmal ein bißchen verwundet und bin darüber nicht gerade froh; aber ich habe mich freiwillig gemeldet, es war meine eigene Entscheidung, und ich würde es wieder tun, auch in dem Wissen, was mir da blühen kann.

Deshalb bekräftige ich meine Entscheidung jeden Tag. Jeden Tag treffe ich die Wahl neu. Dadurch verdichten sich negative Gefühle nicht zu Schuldzuweisungen und Selbstmitleid, und Schuldgefühle häufen sich nicht an. Die Sache an sich ist simpel, aber die simpelsten Dinge im realen Leben tatsächlich anzuwenden, das ist meist schwierig.

Ich finde jetzt nicht nur allmählich zum Schreiben zurück, sondern auch zur Meditation. Dabei geht es ja um nichts anderes, als sterben zu lernen (nämlich dem gesonderten Ich oder Ego zu sterben), und Treyas möglicherweise tödliche Krankheit ist ein ungeheurer Ansporn für das meditative Gewahrsein. Wenn man diese wahllose Aufmerksamkeit, dieses reine Betrachten, von Moment zu Moment aufrechterhält, sagen die Weisen, dann ist der Tod nur ein Augenblick wie irgendein anderer, und so nimmt man ihn auch, schlicht und direkt. Man scheut den Tod nicht, man klammert sich nicht ans Leben – beide sind nur vorübergehende Erfahrungen.

Der buddhistische Begriff der »Leere« hat mir sehr geholfen. Leere *(shūnyatā)* ist kein Vakuum, kein Nichts, sondern bedeutet soviel wie reine Offenheit, ungehindert und spontan; Leere ist auch eng verwandt mit Vergänglichkeit oder Flüchtigkeit *(anitya)*. Und die Buddhisten sagen: Die Wirklichkeit ist leer, es gibt nichts von absoluter Dauer, woran du Halt, worin du Sicherheit finden könntest. Im Diamant-Sutra heißt es: »Das Leben ist wie eine Blase, ein Traum, eine Spiegelung, ein Trugbild.« Es geht darum, sich nicht an das Trugbild zu klammern, sondern loszulassen, weil es doch nichts gibt, woran man letztlich Halt fände. Treyas Krebs erinnert mich ständig daran, daß der Tod ein großes Loslassen ist, aber man muß nicht auf den physischen Tod warten, um wirklich loszulassen, jetzt und jetzt und jetzt.

Um den Kreis zu schließen: Wenn man im wahllosen, das heißt von aller Voreingenommenheit freien Gewahrsein lebt, sagen die Mystiker, dann ist das Handeln in dieser Welt ein Handeln ohne Ego, ohne Ichbezogenheit. Oder anders herum: Wenn man dem Ichbewußtsein sterben (es transzendieren) will, muß man dem ichbezogenen, eigennützigen Handeln sterben. Man muß also das tun, was die Mystiker *selbstloses Dienen* nennen. Man muß anderen dienen, ohne einen Gedanken an das eigene Ich oder an Lob – einfach lieben und dienen, oder wie Mutter Teresa sagt: »Lieben, bis es weh tut.«

Anders gesagt, man wird ein gutes Frauchen.

Und da stehe ich also, koche das Abendessen und spüle das Geschirr ab. Versteht mich nicht falsch, ich bin noch weit entfernt von Mutter Teresas Haltung, aber ich sehe mein Helferdasein doch immer mehr als zum selbstlosen Dienen und daher zu meiner spirituellen Entwicklung gehörend, eine Art Meditation des Handelns, des Handelns aus Barmherzigkeit. Ich bin noch kein Meister dieser Kunst, ich jammere und stöhne noch, ich werde auch böse und verfluche die Umstände; und Treya und ich denken manchmal halb im Scherz, halb im Ernst daran, uns bei den Händen zu nehmen, von der Brücke zu springen und diesem ganzen Witz ein Ende zu machen.

Und überhaupt würde ich lieber schreiben.

Aber jetzt, als Belohnung für die Geduld, mit der Ihr diesen langen Brief gelesen habt, und für euch alle, die ihr da draußen als brave Hausfrauen wirkt, werde ich das Rezept meines weltberühmten vegetarischen Chili preisgeben:

*Zutaten*
2–3 Dosen Kidney Beans (abgetropft)
2 Stangen Bleichsellerie, gehackt
2 Zwiebeln, gehackt
2 grüne Paprikaschoten, gehackt
2–3 El. Olivenöl

1–2 Dosen ganze Tomaten
3–4 Knoblauchzehen
3–4 El. Chilipulver
1–2 El. Kreuzkümmel
2–3 El. frische Petersilie
2–3 El. Oregano
1 Dose Bier
1 Tasse Cashewkerne
$1/2$ Tasse Rosinen (wer's mag)

Öl in großem Topf erhitzen, Zwiebeln darin glasig dünsten, dann Sellerie, grünen Paprika und Knoblauch hinzufügen und etwa fünf Minuten dünsten. Tomaten (mit Saft, Tomaten zerkleinern) und Bohnen dazugeben, köcheln lassen. Jetzt Chilipulver, Petersilie, Oregano, Bier, Cashews und (evtl.) Rosinen dazu und köcheln lassen; Dauer: ganz nach persönlichem Geschmack. Mit frischer Petersilie oder geriebenem Cheddar anrichten.

Ich weiß nicht mehr, ob Bier schon von Anfang an dazugehörte oder mir irgendwann mal beim Kochen in den Topf geplumpst ist, jedenfalls ist es aus dem Rezept nicht mehr wegzudenken. Das Geheimnis dieses Chili sind die großen Mengen Kräuter.
  A votre santé.

Alles Liebe,<br>Ken

Wie ich schon sagte, gelangte dieser Brief dann ins *Journal of Transpersonal Psychology* und erhielt ein so gewaltiges, so herzzerreißendes Leserecho, daß wir alle ziemlich bestürzt waren. Aber es zeigte nur, in welch verzweifelter Lage helfende Menschen überall sind, die vielen Helfer, die »still dahinsiechen«, weil sie nicht »der Kranke« sind, und daher niemand auf die Idee kommt, daß auch sie Probleme haben könnten. Vicky Wells, die beide Seiten, die des Krebskranken und die des Helfers, aus eigener Erfahrung gut kennt, faßte es in Worte, die jeder Helfer hören sollte:

Ich bin in beiden Welten gewesen – ich habe Krebs gehabt und bin für Treya und andere Helferin gewesen. Und ich muß sagen, ein Helfer zu sein ist viel schwerer. Denn für mich hat es in der Zeit meiner Krebskrankheit viele Augenblicke reiner Schönheit und Klarheit und Gnade gegeben, Augenblicke, in denen ich die Prioritäten des Lebens neu setzte und die Schönheit des Lebens neu sehen und schätzen lernte. So etwas, glaube ich, ist für einen Helfer schwer zu finden. Der Kranke hat keine andere Wahl, als mit seinem Krebs zu leben, aber der Helfer muß die Entscheidung treffen, bei der Stange zu bleiben. Und besonders schwer fand ich es als Helferin, mit der Traurigkeit fertig zu werden, mit dem Gefühl, um die Kranke herum auf Eierschalen zu gehen und mit ihren Behandlungsentscheidungen zu leben. Was sollte ich tun, wie sollte ich sie unterstützen? Sollte ich ehrlich sagen, was ich empfinde? Für den Helfer ist das wie eine emotionale Achterbahn. Und worauf ich dann immer wieder zurückkomme, ist: einfach Liebe. Hab sie einfach lieb, das ist das Wichtigste von allem.

RAYMOND A. MOODY/PAUL PERRY

# Die Wiederbegegnung mit Verstorbenen

Der Wunsch, geliebten Menschen, die wir an den Tod verloren haben, wiederzubegegnen, gehört zu den quälendsten und beharrlichsten menschlichen Verlangen; ein Verlangen, das Ausdruck erhält durch eine Litanei von »was wenn« und »wenn doch nur« sowie trauervollen Bitten um nur noch einmal wenigstens fünf Minuten.

Manchmal geht dieser Wunsch in Form von Visionen oder Erscheinungen von Verstorbenen in Erfüllung, Erfahrungen, die sich allen Berichten zufolge sehr von Träumen unterscheiden. Es handelt sich hier um im Wachzustand erlebte Momente, in denen die Präsenz einer verstorbenen Person intensiv und – anscheinend – unmißverständlich gespürt oder wahrgenommen wird. Diese Episoden sind insofern stets sehr überzeugend, als die Person, die sie erlebt, keinen Zweifel daran hegt, daß es sich um eine reale Begegnung handelte, und sie sich nun sicher ist, daß es ein Leben nach dem Tod gibt.

Schon lange vor Anbeginn historischer Aufzeichnungen fanden Erlebnisse mit Erscheinungen von Verstorbenen Eingang in die Sprache und Folklore der Kulturen aller Welt. Und selbst heute sind solche Wiederbegegnungen erstaunlich häufig. Eine Reihe von in medizinischen und anderen wissenschaftlichen Zeitschriften veröffentlichten Untersuchungen ergaben, daß ein hoher Prozentsatz trauernder Hinterbliebener Visionen von verstorbenen Personen hat und daß Witwen sogar zu 66 Prozent ihr verstorbener Ehemann erscheint.

Daß diese Untersuchungen vor allem bei Witwen durchgeführt wurden, hat den einfachen Grund, daß Frauen ihre Männer häufig überleben. Es gibt ganz einfach mehr Witwen, die für solche Studien zur Verfügung stehen. In Kliniken durchgeführte Untersuchungen zeigen aber, daß solche Erlebnisse auch bei anderen Personengruppen – Kindern, Eltern, Geschwistern, Freunden – durchaus nicht ungewöhnlich sind. Zum Beispiel sehen 75 Prozent der Eltern, die den Tod eines Kindes betrauern, binnen eines Jahres ihr Kind in irgendeiner Form erscheinen, eine Erfahrung, die für die meisten Eltern einen großen Trost bedeutet und ihre Trauer etwas mindert.

Auch Menschen mit Nahtoderfahrungen haben häufig ähnliche Erlebnisse. Sie berichten, daß sie in ein Reich des Lichts eintraten und ihnen die Geister von bereits verstorbenen Verwandten und Freunden entgegenkamen. Diese Erfahrungen haben oft transformativen Charakter und positive Nachwirkungen.

Der Gedanke liegt nah, daß eine solche Nahtoderfahrung mit ihren machtvollen Auswirkungen, könnte man sie kopieren und bei ganz gesunden Menschen auslösen, im Rahmen der therapeutischen Arbeit mit Trauernden gut einzusetzen wäre. Der Erfolg des Hollywoodfilms *Flatliners* zeigt, daß diese Idee auf großes Interesse stößt. In diesem Film geht es um einige Medizinstudenten, die bei sich einen kurzfristigen Herzstillstand herbeiführen, um so Nahtoderfahrungen zu machen. Diese Methode des kurzen Ausflugs ins Jenseits, um von dort Botschaften zurückzubringen, bot zwar Stoff für einen interessanten Film, doch würde in der Realität niemand, der bei rechten Sinnen ist, einen solchen Stunt wagen.

Mich interessierte aber weiterhin die Möglichkeit einer künstlichen Herbeiführung der Nahtoderfahrung, und hier vor allem der Aspekt der Wiederbegegnung mit geliebten verstorbenen Menschen. Wenngleich dies auch nur eine Komponente der Nahtoderfahrung darstellt, so hatte ich doch das Gefühl, daß ich mehr über das gesamte Phänomen in Erfahrung bringen könnte, wenn ich den Zugang zu diesen Geistererscheinungen erleichtern könnte. Doch noch hatte ich keine Ahnung, wie das zu bewerkstelligen wäre.

Dann fiel mir eines Tages die Antwort buchstäblich entgegen.

Es geschah an einem Herbsttag im Jahr 1987. Ich durchstöberte die Regale eines Antiquariats in einer kleinen Stadt in Georgia. Als ich mich schließlich der Abteilung von Kunstbüchern im hinteren

Teil des Ladens zuwenden wollte, fiel ein Buch aus einem der Regale und landete direkt vor meinen Füßen.

Ich bückte mich, um es aufzuheben, und las seinen Titel *Kristallomantie*. Zunächst empfand ich Abscheu. Dieses Thema war schon immer mit Betrug und Täuschung befrachtet – die Zigeunerin, die ihre Kunden beschwindelt, oder der Wahrsager, der noch mehr Geld braucht, bevor er in seiner Kristallkugel etwas Klares sehen kann. Ich hätte das Buch sofort ins Regal zurückgestellt, hätte ich mich da nicht an eine Unterhaltung mit Dr. William Roll erinnert, einem Pionier auf dem Gebiet des Paranormalen, der mir erzählt hatte, daß bestimmte Menschen tatsächlich in der klaren Tiefe eines Spiegels oder spiegelnder Gegenstände zu Visionen kamen. Aus reiner Neugier durchblätterte ich ein paar Seiten und fing dann an, das erste Kapitel zu lesen. Der Autor, Northcote Thomas, war ein engagierter und ernsthafter Wissenschaftler. Er besprach einige Methoden der Kristallomantie und ging auch kurz auf ihre psychologischen Elemente ein.

Der vielleicht interessanteste Teil des Buches war die Einleitung des hervorragenden Wissenschaftlers Andrew Lang. Er gab seiner Überzeugung Ausdruck, daß die Gemeinde der Psychologen und Wissenschaftler sich wohl schaudernd von jedem abwenden würde, der den Versuch einer rationalen Erforschung der Kristallomantie unternähme. Doch zeigte er rasch auf, daß eine solche Reaktion unfair sei, da sie wissensdurstige Menschen davon abhielte, die Geheimnisse des Geistes zu erkunden. Und er bemühte sich, die eventuell entstehenden Ängste der Mediziner und Wissenschaftler abzubauen, indem er schrieb:

»Wir befinden uns allein schon durch eine Erforschung der Kristallomantie an der Grenze zur Quacksalberei, zum Schwindel, zur blinden Leichtgläubigkeit, begieriger Hoffnungen und abergläubischer Ängste. Ist diese Grenze einmal überschritten, so geben zweifellos selbst in den Naturwissenschaften geübte Geister oft ihr wissenschaftliches oder vernünftiges Denken auf ... So können wir uns die Abneigung der Wissenschaftler gegen eine Untersuchung von

Phänomenen erklären, die im Grunde nicht provozierender sind als Tagträume oder nächtliche Träume. Es handelt sich um Phänomene der menschlichen Natur, um eine Ausübung menschlicher Fähigkeiten, und als solche laden sie zur Erforschung ein. Es zeugt nicht gerade von Mut, wenn man sich davor drückt.«

Dieses Buch brachte mich auf den Gedanken, mich mit den faszinierenden Möglichkeiten der Kristallomantie zu befassen. Ich hatte bereits einige der Methoden verschiedener Kulturen studiert, mit denen ein veränderter Bewußtseinszustand bewirkt und genutzt wird. Dabei war ich auf eine Reihe von Berichten über die Beschwörung der Geister von Toten gestoßen. Am bemerkenswertesten schienen mir hier die Erfahrungen mit den Totenorakeln im alten Griechenland zu sein, wobei Menschen eine Seelenreise unternahmen, um Rat bei den Geistern der Verstorbenen einzuholen. Berichte, die uns aus dieser schon so lang vergangenen Zeit noch erhalten sind, machen klar, daß diese Menschen während ihrer Reise wohl tatsächlich die Verstorbenen gesehen und mit ihnen in direktem Kontakt gestanden haben.

Jenes Buch und weitere Forschungsarbeiten zeigten mir, daß uns Visionen von verstorbenen geliebten Menschen weitaus zugänglicher sind, als bisher angenommen wurde. Ich stellte mir eine Reihe von Fragen, die die Kristallomantie möglicherweise beantworten konnte.

*Erklärt dies, warum so viele Menschen Geister sehen?* Das Sehen von Gespenstern oder Erscheinungen ist ein außerordentlich weit verbreitetes Phänomen. Einige sehr gründlich durchgeführte Studien haben gezeigt, daß jeder vierte Amerikaner einräumt, wenigstens schon einmal im Leben ein Gespenst gesehen zu haben, wohingegen in Europa mancherorts jeder dritte eine solche Erfahrung gemacht hat.

Menschen, die ein solches Erlebnis haben, sehen die Toten nicht nur, sondern können sie manchmal auch hören, fühlen und sogar riechen. Alle diese Begegnungen erinnern uns nachdrücklich daran, daß die von uns geliebten Menschen tief in unser Unbewußtes eingebettet sind. So tief, daß der Gedanke, wir sollten auch weiterhin in der einen oder anderen Form mit ihnen kommunizieren, keinen großen Sprung darstellt.

Carl Sagan, Autor und Astronom an der Cornell University, schrieb in der Zeitschrift *Parade* über seine eigenen Erfahrungen: »Nach ihrem Tod habe ich wahrscheinlich ein dutzendmal meine Mutter oder meinen Vater in ganz gewöhnlichem Unterhaltungston meinen Namen rufen hören. Als sie noch lebten, haben sie meinen Namen oft gerufen. Und ich vermisse sie immer noch so sehr, daß es mir gar nicht merkwürdig vorkommt, wenn mein Gehirn gelegentlich den Impuls einer Art klaren Erinnerung an ihre Stimmen empfängt.«

Auch mich überrascht das nicht. Obgleich der physische Körper verschwunden ist, ist der Geist der Toten doch noch immer ein sehr lebendiger und wichtiger Bestandteil unseres Geistes. Vielleicht müssen wir, um mit ihnen zusammenzusein, nur eine Möglichkeit des Eintauchens in unser Unbewußtes finden. Ich war der Meinung, daß die Kristallomantie uns diese Möglichkeit bieten könnte.

*Ermöglicht die Kristallomantie die Erforschung des Sehens von »Geistern« unter Laborbedingungen?* Wie ich schon darlegte, berichten Millionen von Menschen, daß sie spontan und ohne einen entsprechenden Versuch zu unternehmen, verstorbene geliebte Menschen gesehen haben. Diese Erscheinungen schienen einfach von sich aus aufzutreten, ohne daß die betreffenden Personen sich in eine entsprechende Stimmung hätten hineinarbeiten müssen.

Weil diese Erscheinungen so spontan auftreten, ist die Forschung hier weitgehend auf die Berichte und Geschichten von Leuten angewiesen, die Geister sehen und bereit sind, davon zu erzählen.

Bisher war es nicht möglich, solche Phänomene unter Laborbedingungen in Erscheinung treten zu lassen, geschweige denn, sie herbeizuzwingen. Für Psychologen sehr frustrierend, konnten solche Berichte lediglich gesammelt und auf Ähnlichkeiten hin überprüft werden.

Ich fragte mich, ob es mit Hilfe der Kristallomantie wohl möglich wäre, unter kontrollierten Bedingungen ein solches Phänomen zu bewirken. Ließe es sich bewerkstelligen, daß Wissenschaftler eine Person, die einen Geist sieht, beobachten konnten? Dies war in der Tat eine sehr aufregende Vorstellung.

*Können Wiederbegegnungen mit verstorbenen geliebten Personen Hinterbliebenen bei der Bewältigung ihrer Trauer und ihres Kummers helfen?* Diese Frage interessierte mich ganz besonders, weil die Trauer eine der Emotionen ist, mit deren Bewältigung wir die größten Schwierigkeiten haben. Vielleicht konnte die Kristallomantie Menschen die Gelegenheit geben, geliebte verstorbene Personen erscheinen zu lassen und so ihren Kummer möglicherweise zu lindern.

Als ich da so in jenem staubigen Buchladen stand, stieg Erregung in mir hoch, und ich wußte, daß ich die nächsten Jahre damit verbringen würde, einen großen unerforschten und vielversprechenden Bereich zu untersuchen. Wenn ich ernsthaft arbeitete und offen an das Thema heranging, würde ich, dessen war ich mir sicher, die Kristallomantie aus der Grauzone »an der Grenze zur Quacksalberei« herausführen und sie zu einem der Psychologie zugänglichen und für sie wertvollen Bereich machen können.

Ich beschloß, einige Zeit auf das ernsthafte Studium dieser vergessenen Kunst zu verwenden. Ich durchsuchte die Regale der Bibliotheken nach historischem und literarischem Material über die Kristallomantie.

Ich beschloß auch, eine informelle Untersuchung durchzuführen, und ließ eine Reihe von Menschen die Kristallomantie erproben. Die Resultate fielen so überraschend aus, daß ich damit begann, möglichst schnell möglichst viele Kristallomantie-Sitzungen durchzuführen, um eine Menge Fallstudien anzusammeln. Aus diesen Sitzungen habe ich den Schluß gezogen, daß die Kristallomantie wie folgt genutzt werden kann:

*Ein persönlicher Zugang zu einer wahrhaft faszinierenden, aber wenig bekannten Dimension unseres geistigen Lebens.* Vieles von dem, was sich im menschlichen Geist tut, ereignet sich im Unbewußten. Die Kristallomantie ermöglicht uns unter Umständen den Zugang zu diesem Reich des Unbewußten und macht es in gewissem Sinn *sichtbar.*

*Ein Werkzeug für Psychologen und Psychiater, um die innere Welt ihrer Patienten zu verstehen.* Es ergeben sich vor allem im Bereich der Diagnose mentaler und emotionaler Schwierigkeiten große Möglichkeiten und – dies ist etwas ungesicherter – vielleicht auch bei physischen Krankheiten.

*Ein pädagogisches Mittel für Lehrende im Bereich der Psychologie zur Erkundung der Wunder des menschlichen Geistes.* Man sollte nicht vergessen, daß bei der Unterweisung und Erziehung Spaß und Vergnügen wichtig sind, wie auch im übrigen in der Therapie. Da die Kristallomantie Spaß macht, kann sie das latente Interesse der Studenten und Studentinnen wecken.

*Ein Mittel, um die kreativen Fähigkeiten zu stimulieren.* Schriftsteller, Wissenschaftler, Geschäftsleute und andere haben sich den auch für die Kristallomantie erforderlichen Trancezustand zunutze gemacht, um ihre Kreativitätsblockaden zu überwinden. Ich werde in diesem Buch einige Beispiele der kreativen Anwendung von der Kristallomantie ähnlichen Techniken aufführen, derer sich Thomas Edison, Charles Dickens, René Descartes und andere bedienten.

*Ein Schlüssel zum Verständnis einiger verwirrender Vorfälle in der Geschichte.* Das Studium der Kristallomantie wirft auch ein Licht auf die Welt unserer Vorfahren, die häufig den Rat verstorbener Verwandter einholten, bevor sie wichtige Entscheidungen trafen. Das Kapitel über die Geschichte enthüllt viele Fälle, in denen die Kristallomantie Anwendung fand. Ich bin sicher, daß mir nach der Lektüre dieses Buches einige Historiker von weiteren Beispielen berichten werden, die hier nicht Erwähnung fanden. Solche Fälle sind oft nicht auf den ersten Blick auszumachen. Meiner Ansicht nach liegt das daran, daß die Kristallomantie in der Vergangenheit so allgemein verbreitet war, daß die Prozedur nicht immer eigens beschrieben wurde. Dies wurde als so unnötig erachtet, wie es etwa ein Schriftsteller unserer Tage für überflüssig halten würde, zu beschreiben, wie man einen Telefonanruf macht.

Wenn Sie sich für Geschichte interessieren, wird die Kristallomantie sehr wahrscheinlich ein neues Licht auf alte Rätsel werfen. Vor allem ist sie nützlich für das Verständnis der Welt der Propheten und Visionäre, die über Hunderte von Jahren eine kulturelle Leitfunktion innehatten.

*Ein Weg, um die Neigung des Menschen zu erkunden, an Okkultes und übernatürliche Kräfte zu glauben.* Wenn wir das Wesen der Kristallomantie verstehen, kann die Welt des Paranormalen nicht nur studiert, sondern auch unter kontrollierten Laborbedingungen reproduziert werden.

Eine solche Behauptung ist vorher noch nie aufgestellt worden. Tatsächlich sieht sich die Wissenschaft bei paranormalen Ereignissen, vor allem beim Sehen von Erscheinungen, vor das Problem gestellt, daß man bislang noch keine Erscheinungen im Labor herbeizubeschwören vermochte. Und wenn ein Phänomen in einem Labor nicht reproduziert werden kann, kann es von der Wissenschaft nicht effektiv untersucht werden. Dazu kommt, daß ein Phänomen, das sich nicht reproduzieren läßt, häufig als Schwindel abgetan wird.

Ich möchte hier nicht das Für und Wider einer solchen Denkweise erörtern, sondern nur darauf verweisen, daß die Kristallomantie den Menschen erlaubt, die Geister von verstorbenen Verwandten *buchstäblich zu jeder gewünschten Zeit* zu sehen. Und das bedeutet natürlich, daß eine solche Erfahrung auch im Labor erforscht werden kann. Zum erstenmal können Wissenschaftler eine Person beobachten, die einen Geist »sieht«. Sie brauchen nicht länger darauf zu warten, daß sich eine solche Begebenheit spontan ereignet, um dann später eine Analyse zu versuchen.

Wir haben hier eine Möglichkeit zu sehen, wie der Geist verstorbener Verwandter erscheint, und das ist wahrscheinlich der größte Nutzen. Bei manchen Menschen kennt die Trauer, wenn sie eine geliebte Person verlieren, keine Grenzen, und die Kristallomantie erlaubt ihnen, an einigen Aspekten ihres Kummers zu arbeiten. Für mich ist dies der lohnendste Teil an der ganzen Sache, da, wie gesagt, die Trauer zu unseren tiefsten psychischen Schmerzen gehört.

## Meine eigene Erfahrung mit der Kristallomantie

Nachdem ich eine Reihe von Kristallomantie-Sitzungen durchgeführt hatte, während derer Erscheinungen heraufbeschworen wurden, beschloß ich, es selbst einmal zu versuchen. Das Resultat war eine persönliche Begegnung, die meine Lebensperspektive total veränderte.

Zunächst bedeutete diese Entscheidung ein gewisses Dilemma für mich. Ich war mir nicht ganz sicher, ob ich bei diesem Projekt selbst als Versuchskaninchen fungieren sollte, weil ich dann möglicherweise Gefahr lief, mein Maß an Objektivität zu verlieren. Wenn ich meine Rolle allein auf die des Forschers beschränkte, so sagte ich mir, konnte ich die Berichte der »Forschungsobjekte« von einem neutraleren Boden aus beurteilen.

Andererseits war die Versuchung, die Sache selbst auszuprobieren, sehr stark, weil mich alles, was mit dem Bewußtsein zusammenhängt, schon seit meiner Kindheit fasziniert und weil ich schon immer einmal wissen wollte, wie es ist, wenn man eine Geistererscheinung sieht.

Nachdem ich mir ein paar der Berichte meiner Versuchspersonen angehört hatte, erlag ich der Versuchung und machte mich daran, selbst einen Ausflug ins Mittelreich zu unternehmen.

Das verwirrendste an diesen Begebenheiten war die Tatsache, daß sich meine Versuchspersonen sicher waren, reale Wiederbegegnungen und keine Phantasien erlebt zu haben. Dies war deshalb so verblüffend, weil ich ganz bewußt besonders stark geerdete und vernünftige Menschen als Versuchspersonen ausgewählt hatte. Ich ging davon aus, daß jede von ihnen imstande war, sicher zu beurteilen, ob es sich um eine reale Begegnung handelte oder nicht. Und ich hatte erwartet, daß sie mir berichten würden, ihre Vision gliche der Art von Bildern, wie sie sie in Träumen hatten. Doch das Gegenteil war der Fall. Eine Versuchsperson nach der anderen bestand nach der visionären Begegnung darauf, daß sie sich tatsächlich in der Gegenwart ihres verstorbenen Verwandten befunden hatte. »Ich weiß, es war meine Mutter«, sagte eine der Versuchspersonen. Und praktisch alle beschrieben ihre Erfahrung als »wirklicher als wirklich«.

Ich war davon überzeugt, daß – sollte ich überhaupt eine Vision haben – meine Erfahrung anders ausfallen würde. Sollte ich so etwas erleben, dachte ich, so würde ich mich keinesfalls zum Narren halten lassen und glauben, es sei Wirklichkeit.

Ich wählte meine Großmutter mütterlicherseits als die Person aus, die zu sehen ich versuchen wollte. Ich wurde während des Zweiten Weltkriegs geboren, und mein Vater wurde am Tag meiner Geburt nach Übersee geschickt. Er kam achtzehn Monate lang nicht zurück, und während dieser Zeit übernahm die Mutter meiner Mutter einen Großteil der elterlichen Pflichten. Sie machte ihre Sache wunderbar, und sie spielte als liebevolle, weise und verständnisvolle Person immer eine große Rolle in meinem Leben. In den Jahren seit ihrem Tod habe ich sie oft vermißt und wollte sie mit Freuden wieder besuchen, gleich in welcher Gestalt sie auftreten mochte.

So verbrachte ich eines Tages viele Stunden damit, mich auf eine visionäre Wiederbegegnung mit ihr vorzubereiten. Ich rief mir Dutzende von Erinnerungen wieder ins Gedächtnis, sah mir Fotos von ihr an und beschwor das tiefe Gefühl ihrer zärtlichen Güte in mir herauf.

Dann begab ich mich an einen Ort, den ich die Erscheinungskabine nannte, und starrte in ihrem dämmrigen Licht in einen großen Spiegel, der so angebracht war, daß der Eindruck entstand, in einen klaren, dreidimensionalen, tiefen Raum zu blicken. Das machte ich wenigstens eine Stunde lang, konnte aber auch nicht den leisesten Anflug ihrer Gegenwart spüren. Schließlich gab ich auf in der Annahme, daß ich gegen visionäre Wiederbegegnungen irgendwie immun war.

Dann, als ich mich von dieser Erfahrung erholte, hatte ich eine Begegnung, die zu den Ereignissen gehört, die mein Leben in andere Bahnen gelenkt haben. Was damals geschah, veränderte meine Vorstellung von Realität fast völlig. Ich verstehe nun die Gefühle, die viele Menschen zum Ausdruck bringen, nachdem sie eine solche Erfahrung gemacht haben; ich verstehe, wenn sie sagen, daß sie sich danach fühlen, als seien sie nicht mehr dieselbe Person.

Diese Erfahrungen haben etwas Unbeschreibliches an sich, was heißt, daß sie sich kaum oder unmöglich in Worte fassen lassen. Und dennoch möchte ich versuchen, mein persönliches Erlebnis zu beschreiben, da ich es wichtig finde, Ihnen einen Bericht aus erster Hand zu übermitteln.

Ich saß allein in einem Zimmer, als eine Frau einfach so hereinkam. Sobald ich sie sah, hatte ich das bestimmte Gefühl, daß sie mir vertraut war, aber das Ganze geschah so schnell, daß ich ein paar Augenblicke brauchte, um mich zu sammeln und sie höflich zu begrüßen. Doch es dauerte keine Minute, bis mir klarwurde, daß es sich bei dieser Person um meine Großmutter väterlicherseits handelte, die vor einigen Jahren gestorben war. Ich erinnere mich, daß ich meine Hände hob und ausrief: »Großmama!«

Jetzt blickte ich ihr direkt in die Augen, von Ehrfurcht erfüllt über das, was ich sah. Auf sehr freundliche und liebevolle Weise bestätigte sie mir, daß sie es war, und sprach mich mit einem Kosenamen an, den nur sie in meiner Kindheit für mich gebraucht hatte. Sobald ich erkannte, wer sie war, kehrte eine Flut von Erinnerungen in mein Gedächtnis zurück. Nicht alle waren angenehm. Manche waren sogar ausgesprochen unangenehm. Mochten meine Erinnerungen an meine Großmutter mütterlicherseits durchwegs positiv sein – bei der Mutter meines Vaters sah die Sache ganz anders aus.

So erinnerte ich mich unter anderem an ihre ärgerliche Angewohnheit zu verkünden: »Dies ist mein letztes Weihnachtsfest!« Und das tat sie in den letzten zwei Jahrzehnten ihres Lebens jede Weihnachten.

Als ich jung war, hatte sie mich auch ständig gewarnt, daß ich in die Hölle kommen würde, wenn ich eines von Gottes vielen einschränkenden Geboten verletzte – wobei es sich natürlich um ihre Interpretation dieser Gebote handelte. Einmal hatte sie meinen Mund mit Seife ausgewaschen, weil ich ein Wort geäußert hatte, das ihr mißfiel. Ein andermal erklärte sie mir, als ich noch ein Kind war, allen Ernstes, daß das Fliegen in einem Flugzeug Sünde sei. Sie war schrecklich launisch und negativ eingestellt.

Doch als ich nun in ihre Augen sah, spürte ich sehr rasch, daß diese Frau, die da vor mir stand, auf äußerst positive Weise verwandelt war. Ich fühlte, daß sie Wärme und Liebe ausstrahlte und ein Mitgefühl, das mein Verständnisvermögen überstieg. Sie war zuversichtlich und humorvoll, und es umgab sie eine Atmosphäre von ruhiger Gelassenheit und Freude.

Ich hatte sie nicht gleich erkannt, weil sie sehr viel jünger erschien, als sie es zum Zeitpunkt ihres Todes gewesen war, ja sogar jünger als zur Zeit meiner Geburt. Ich kann mich nicht entsinnen, überhaupt Fotos von ihr in dem Alter gesehen zu haben, in dem sie mir jetzt bei dieser Begegnung erschien. Doch das ist hier unwesentlich, denn ich erkannte sie nicht nur allein an ihrer physischen Erscheinung. Ich erkannte sie an ihrer unmißverständlichen Präsenz und an den vielen Erinnerungen, die wir zurückholten und besprachen. Kurzum, diese Frau war meine Großmutter. Ich hätte sie überall erkannt.

Ich möchte betonen, daß diese Begegnung etwas völlig Normales war. Wie auch bei den anderen Versuchspersonen hatte dieses Treffen nichts Unheimliches oder Bizarres an sich. Tatsächlich war es der normalste und befriedigendste Austausch, den ich jemals mit ihr hatte.

Unser Treffen konzentrierte sich ausschließlich auf unsere Beziehung. Die ganze Zeit über war ich erstaunt und überrascht, daß ich mich anscheinend in Gegenwart einer Person befand, die sich bereits aus dieser Welt verabschiedet hatte, aber das beeinträchtigte unser Gespräch in keiner Weise. Da stand sie vor mir, und so erstaunlich diese Tatsache auch war, ich akzeptierte sie und fuhr fort, mich mit ihr zu unterhalten.

Wir sprachen über alte Zeiten, spezielle Ereignisse aus meiner Kindheit. Und sie erinnerte mich immer wieder an verschiedene Begebenheiten, die ich bereits vergessen hatte. Sie enthüllte mir auch etwas sehr Persönliches über unsere Familiensituation, das mich sehr überraschte, aber im Rückblick doch außerordentlich plausibel klingt. Da die betreffenden Personen noch am Leben sind, möchte ich diese Information nicht preisgeben. Doch möchte ich sagen, daß ihre Enthüllung von entscheidender Bedeutung für mein Leben war und daß ich mich sehr viel besser fühle, seit ich dies von ihr gehört habe.

Ich meine »gehört« in fast buchstäblichem Sinne. Ich hörte sie klar und deutlich, nur daß da etwas Frisches, Elektrisierendes in ihrer Stimme war, das sie klarer und lauter erscheinen ließ als etwa damals vor ihrem Tod. Andere, die eine solche Erfahrung machten, sprechen von einer telepathischen Verständigung oder Kommunikation von »Geist zu Geist.« Meine Erfahrung war ähnlich. Und obwohl der größte Teil der Unterhaltung über das gesprochene Wort geführt wurde, war ich mir doch ab und zu sofort ihrer Gedanken bewußt, und umgekehrt sie sich der meinen, wie ich spürte.

Sie hatte während dieser Begegnung nichts »Gespenstisches« oder Transparentes an sich. Sie schien in jeder Hinsicht aus Fleisch und Blut zu sein. Sie sah nicht anders aus als irgendeine andere Person, außer daß sie von so etwas wie Licht oder einer Vertiefung im Raum umgeben zu sein schien, so als sei sie etwas abgesondert oder abgehoben vom Rest ihrer physischen Umgebung.

Aus irgendeinem Grund ließ sie es aber nicht zu, daß ich sie berührte. Zwei- oder dreimal wollte ich sie umarmen, aber jedesmal hob sie nachdrücklich und abwehrend die Hand. Sie beharrte so sehr darauf, nicht berührt zu werden, daß ich die Sache sein ließ.

Ich habe keine Ahnung, wie lange unsere Begegnung der Uhrzeit nach dauerte. Mir schien es gewiß eine lange Zeit zu sein, aber ich war so in dieser Erfahrung gefangen, daß ich nicht auf die Uhr schaute. Im Kontext der Gedanken und Gefühle, die zwischen uns ausgetauscht wurden, schienen Stunden vergangen zu sein, aber wahrscheinlich währte es im Rahmen dessen, was wir »reale« Zeit nennen, nicht ganz so lange.

Und wie endete unsere Begegnung? Ich war so überwältigt, daß ich einfach »Lebewohl« sagte. Wir versicherten uns, daß wir uns wiedersehen würden, und dann ging ich einfach aus dem Zimmer. Als ich zurückkam, war sie nirgendwo mehr zu sehen. Die Erscheinung meiner Großmutter war verschwunden.

An diesem Tag fand eine Heilung unserer Beziehung statt. Zum erstenmal in meinem Leben konnte ich ihren Humor wertschätzen und kann jetzt auch manche Kämpfe, die sie in ihrem Leben durchzustehen hatte, besser nachvollziehen. Nun liebe ich sie auf eine Weise, wie ich es vor dieser Erfahrung nicht getan hatte.

Und diese Begebenheit hinterließ in mir die bleibende Gewißheit, daß das, was wir den Tod nennen, nicht das Ende des Lebens darstellt.

Mir ist klar, warum viele Menschen davon ausgehen, daß es sich bei diesem Phänomen um Halluzinationen handelt. Als Veteran der Erfahrung mit veränderten Bewußtseinszuständen kann ich aber sagen, daß meine visionäre Wiederbegegnung mit meiner Großmutter ganz und gar mit der Alltagsrealität im Wachzustand, so wie ich sie mein ganzes Leben lang erlebte, kohärent war. Wenn ich diese Begegnung als Halluzination abtun sollte, wäre ich fast gezwungen, auch den Rest meines Lebens als Halluzination zu bezeichnen.

THORWALD DETHLEFSEN

# Das Schicksal

»Wenn fünfzig Millionen Menschen etwas Dummes sagen,
bleibt es trotzdem eine Dummheit.«
Anatole France

Wie ein roter Faden begleitete uns der Begriff des Schicksals. Ich halte es für nützlich, in diesem Kapitel, in dem es um die »Anwendbarkeit« geht, das Problem des Schicksals noch einmal aufzufächern. Denn gerade in der Praxis bereitet es bei der Beurteilung bestimmter Probleme besondere Schwierigkeiten.

Ich versuchte darzustellen, daß Schicksal immer Form eines selbstgesetzten Inhaltes ist. Das Schicksal eines Lebens ist Auswirkung des vorigen Lebens, einzelne Schicksalsereignisse sind Resultate unseres Handelns bzw. unseres Verhaltens. Ferner müssen wir auch berücksichtigen, daß der Mensch einer Finalität entgegengeht. Kennt jedoch der Mensch seine Finalität nicht, so muß oft ein schicksalhaftes Ereignis diesen Menschen seiner Bestimmung näherbringen. Schicksal ist also der individuellste und ureigenste Besitz eines Menschen. Deshalb ist es notwendig, ja unerläßlich, daß der einzelne eine enge innere Beziehung zu seinem eigenen Schicksal hat, daß er es versteht und mit ihm lebt, damit er dessen Sinnhaftigkeit wahrnehmen kann.

Leider fehlt dem Menschen unserer Zeit diese Beziehung zu seinem Schicksal meist völlig. Durch den Zufallsbegriff und durch das funktionale Denkmodell der Wissenschaft wurde der Mensch aus seinem Schicksal entwurzelt. Der moderne Mensch erlebt das Schicksal nicht mehr als sein Eigentum, sondern als etwas Fremdes, das von außen auf ihn zukommt und ihn bedroht. So wurde es zur Hauptbeschäftigung unserer Gesellschaft, Schicksal zu manipulieren. Man schafft immer neue Möglichkeiten, Methoden und Institutionen, um sein Schicksal von anderen verwalten und »neutralisieren« zu lassen. Die Beispiele für dieses Vorgehen sind so unermeßlich zahlreich, daß ich nur einige herausgreife, um die Konsequenzen eines richtigen Schicksalsbegriffs für unser menschliches Zusammenleben deutlich werden zu lassen. Dabei wird es sich kaum vermeiden lassen, daß einige dieser Beispiele etwas schockierend wirken, weil sie dem gewohnten Denken meist konträr gegenüberstehen. Doch die Gewohnheit des Denkens sagt bekanntlich nichts über dessen Richtigkeit aus.

Bei der Beurteilung der Medizin und Psychologie streiften wir bereits das Problem, wieweit es einem Therapeuten gestattet ist, in Schicksalsabläufe einzugreifen. Nun gehört »Kranksein« bestimmt zum Schicksal. Krankheit ist entweder Korrektur oder Aufforderung, beziehungsweise beides gleichzeitig. Überdies kann Krankheit, besonders wenn sie bleibende Folgen mit sich bringt, auch Anlaß sein, seine eigene Bestimmung zu finden, etwa durch einen notwendig gewordenen Berufswechsel oder ähnliches. Auf gar keinen Fall ist Krankheit eine zufällige Störung, die man möglichst schnell »bekämpfen« muß. Für Unfälle gilt das gleiche. Kein Mensch verunglückt zufällig.

Viele Leute glauben, es gäbe nichts Dringlicheres und Nützlicheres, als Krankheiten und Unfälle zu verhüten. Was für den Einzelmenschen gilt, ist auch für große Gemeinschaften gültig, denn auch Gemeinschaften haben ihr Schicksal. So gehen ganze Städte und Landschaften an Erdbeben, Überschwemmungen und Seuchen zugrunde. Auch hier waltet ein gerechtes Schicksal. Wenn viele diese Gerechtigkeit und Sinnhaftigkeit nicht verstehen können, so ist daran nicht das Schicksal schuld.

Die Reihe grauenhafter Ereignisse läßt sich mühelos fortsetzen: Menschen werden ermordet, Flugzeuge stürzen ab, ganze Volksstämme verhungern usw. Fast reflexartig verurteilt man diese Ereignisse als etwas, was eigentlich nicht sein sollte und nicht sein darf. Sofort versucht man Lösungen zu finden, die in Zukunft solche Vorkommnisse verhindern sollen. Doch trotz all dieser immensen

Bemühungen scheinen die Schrecken auf der Welt sich nicht zu verringern. Sollte dies nicht zu denken geben? Es ist höchste Zeit, daß wir wieder die Beziehung zum Schicksal gewinnen, wie sie dem numinosen und dem religiösen Menschen eine Selbstverständlichkeit war.

Der sogenannte Primitive erlebte alles Gute und Schlechte als etwas, was von etwas Heiligem kommt. Dabei projizierte er sein Unbewußtes nach außen, personifizierte es und gab ihm einen Gottesnamen. Dieser Vorgang ist völlig legal, da trotz der Projektion das Schicksal als selbst verschuldet – im guten oder schlechten Sinne – erlebt wurde. Wenn der religiöse Mensch das Schicksal als Lohn oder Strafe Gottes empfindet, erkennt er hiermit die Eigenverantwortlichkeit für sein Schicksal an und bleibt mit ihm versöhnt. Wie kann ich einem Schicksal unversöhnlich gegenüberstehen, wenn ich weiß, daß es die Frucht meines eigenen Handelns ist? Nur der entwurzelte Mensch kämpft gegen sein Schicksal. Wer heute die Gemeinschaft auffordert, die Reglementierung seines Schicksals zu übernehmen, zeigt damit nur die unbewußte Angst vor seinen eigenen Inhalten.

Hier berühren wir das Problem der sozialistischen Gesellschaftsordnung. Sozialismus kann nur dort entstehen, wo entwurzelte Menschen nicht mehr den Mut haben, die Folgen ihrer eigenen Inhalte einzulösen. Wenn man nicht mehr bereit ist, sein eigenes Schicksal zu erleben, ruft man nach einer Organisation, die das Schicksal reguliert und nivelliert. Sozialismus ist die Angst vor sich selbst – etikettiert mit der Aufschrift Gerechtigkeit. Nun haben alle, die nach Gerechtigkeit rufen, vor nichts soviel Angst wie vor der Gerechtigkeit! Das Schicksal ist immer gerecht, weil es gesetzmäßig funktioniert. Wer Gerechtigkeit liebt, muß es daher hinnehmen können, daß der eine arm und der andere reich ist. Ein Mensch, der richtig und gesetzmäßig lebt, braucht sich vor nichts zu fürchten, deshalb braucht er auch keinen Staat, der ihm im Krankheitsfall eine Prämie auszahlt, ihn vor dem Verhungern schützt und vor Mördern bewahrt. Eines solchen staatlichen Schutzes glauben nur die zu bedürfen, die so miserable Inhalte setzen, daß sie ständig auf der Flucht vor sich selbst sind.

Sozialismus ist eine notwendige Folge auf das naturwissenschaftliche Denken. Erst durch die Entwurzelung des Menschen aus einem geordneten Kosmos wird er gezwungen, die Verwaltung seines Schicksals dem Staat zu übertragen. Sozialismus ist Angst vor der eigenen Verantwortung. Doch alle Maßnahmen, Schicksal funktional zu regulieren, nützen leider nichts. Deshalb gibt es auch in den sozialistischen Staaten weiterhin Mächtige und Verfolgte, Arme und Reiche. Deshalb wird es auch weiterhin Krankheit und Unfälle, Naturkatastrophen und Hungersnöte geben. Je mehr man versucht, durch äußere Manipulationen das Schicksal zu beeinflussen, desto kompliziertere Wege muß es begehen, um sich verwirklichen zu können. Dadurch wird Schicksal bestimmt nicht angenehmer.

Deshalb sollten die Menschen den Kampf gegen das Schicksal aufgeben und es als ihr eigenes Produkt lieben lernen. Dann wird es einfach, das Schicksal zu manipulieren: Ich brauche nur so zu leben, daß ich getrost den formalen Auswirkungen meiner gesetzten Inhalte entgegensehen kann. Dann bekommt auch die alte Forderung fast aller Religionen: »Liebe deinen Nächsten«, wieder ihren Sinn. Denn wenn ich weiß, daß mir nur Dinge zustoßen können, die ich selbst gesät habe, so erkenne ich im »Nächsten« einen Menschen, der mir hilft, Schicksal zu verwirklichen, beziehungsweise meine eigene Situation zu erkennen. Ob dieser »Nächste« der gute Freund, ein Betrüger oder Mörder ist – was ich erlebe, ist immer mein Schicksal –, der »andere« kann immer nur Vermittler sein. Alle Menschen, die schnell verurteilen, sollten bedenken, daß sie dieses Urteil über ein Stück ihrer eigenen Persönlichkeit fällen; denn man kann in der Außenwelt nur das erleben, wofür man innerlich reif ist.

Daraus ergibt sich als erstes die Forderung, Schicksal geschehen zu lassen, ohne gleich nach Möglichkeiten des Eingreifens zu suchen. Ich plädiere jedoch nicht für einen völligen Fatalismus und für ein apathisches Warten auf das, was sowieso geschieht. Ein solcher Vorwurf würde übersehen, daß ich das Schicksal als von den Menschen selbst erzeugt bezeichnet habe. Die Konsequenz ist, daß die Gestaltung des Schicksals zu einer der wichtigsten Aufgaben eines jeden einzelnen wird.

# Quellennachweis

ROBERT BOSNAK: »Traumarbeit«, aus: *Auf den Spuren unserer Träume mit der Weisheit der Aborigines* (aus dem Amerikanischen von Angelika Bardeleben); © 1996 by Robert Bosnak (Delacorte Press, New York), © der deutschsprachigen Ausgabe 1997 by Wilhelm Goldmann Verlag, München

SARAH BAN BREATHNACH: »Die einfachen Freuden des Lebens«, aus: *Einfachheit und Fülle* (aus dem Amerikanischen von Ursula Bischoff); © 1995 by Sarah Ban Breathnach (Warner Books, New York), © der deutschsprachigen Ausgabe 1997 by Wilhelm Goldmann Verlag

SIMON BROWN: »Feng-Shui-Lösungen für Schlaf- und Arbeitsplatz«, aus: *Feng Shui* (aus dem Englischen von Marie Therese Hartogs); © 1996 by Simon Brown (Thorsons, London), © der deutschsprachigen Ausgabe 1998 by Wilhelm Goldmann Verlag, München

ZSUZSANNA E. BUDAPEST: »Viermal Zauber für das Schlafzimmer«, aus: *Die Göttin im Schlafzimmer* (aus dem Englischen von Angelica Dawson); 1995 by Zsuzsanna E. Budapest (Harper, San Francisco), © der deutschsprachigen Ausgabe 1995 by Wilhelm Goldmann Verlag, München

SOPHY BURNHAM: »Bitten, Wahrnehmen, Antworten«, aus: *Engel* (aus dem Amerikanischen von Malte Heim); © 1990 by Sophy Burnham (Ballantine Books, New York), © der deutschsprachigen Ausgabe by Walter-Verlag, Olten

EDGAR CAYCE: »Die Kontinuität des Lebens«, aus: Hugh Lynn Cayce, *Das Edgar-Cayce-Lesebuch* (aus dem Amerikanischen von Marie-Therese Hartogs und Ursula Rahn-Huber); © 1969 by The Association for Research and Enlightenment (Warner Books, New York), © der deutschsprachigen Ausgabe 1995 by Wilhelm Goldmann Verlag, München

CHRISTINE CERNY: »Die Erzengel der Elemente«, aus: *Das Buch der Naturgeister;* © 1997 by Wilhelm Goldmann Verlag, München

BARBARA HAND CLOW: »Meditationen von Satya zur Öffnung dimensionaler Tore«, aus: *Plejadisches Kursbuch* (aus dem Amerikanischen von Susanne Reichert); © 1995 by Barbara Hand Clow (Bear & Company, Santa Fe), © der deutschsprachigen Ausgabe 1997 by Wilhelm Goldmann Verlag, München

JAMES G. COWAN: »Ritus und Ritual der Aborigines«, aus: *Offenbarungen aus der Traumzeit* (aus dem Amerikanischen von Christine Cerny); © 1992 by James G. Cowan (Blement Books, Shaftesbury), © der deutschsprachigen Ausgabe 1997 by Wilhelm Goldmann Verlag, München

THORWALD DETHLEFSEN: »Das Schicksal«, aus: *Das Leben nach dem Leben;* © 1974, 1978 by C. Bertelsmann Verlag, München

THORWALD DETHLEFSEN: »Die Reinkarnationshypothese«, aus: *Das Erlebnis der Wiedergeburt;* © 1976 by C. Bertelsmann Verlag, München

LAMA GOVINDA: »Das Bodhisattva-Ideal«, aus: *Lebendiger Buddhismus im Abendland;* © 1986 by Scherz Verlag, Bern/München/Wien für den Otto Wilhelm Barth Verlag

JOHN GRAY: »In schwierigen Zeiten zusammenstehen«, aus: *Männer sind anders. Frauen auch* (aus dem Amerikanischen von Matthias Schossig); © 1992 by John Gray (Harper/ Collins, New York), © der deutschsprachigen Ausgabe 1992 by Wilhelm Goldmann Verlag, München

VARDA HASSELMANN/FRANK SCHMOLKE: »Die Entfaltungsschritte der Seele«, aus: *Weisheit der Seele;* © 1995 by Wilhelm Goldmann Verlag, München

MICHAEL HOWARD: »Den persönlichen Schutzengel kontaktieren«, aus: *Finde deinen Schutzengel* (aus dem Amerikanischen von Monika Kaminski); © 1991, 1996 by Michael Howard (Thorsons, London), © der deutschsprachigen Ausgabe 1997 by Wilhelm Goldmann Verlag, München

GERALD G. JAMPOLSKY/DIANE V. CIRINCIONE: »Vergebung und Heilung«, aus: *Lieben ist die Antwort* (aus dem Amerikanischen von Karin Petersen); © 1990 by Gerald G. Jampolsky und Diane V. Cirincione (Bantam Books, New York), © der deutschsprachigen Ausgabe 1993 by C. Bertelsmann Verlag, München

AYYA KHEMA: »Dukkha« und »Wiedergeburtsbewußtsein«, aus: *Das Geheimnis von Leben und Tod;* © 1991 Scherz Verlag, Bern/München/Wien

TIMOTHY KNAB: »Der Heiler bei den Curanderos«, aus: *Der Weg der Curanderos* (aus dem Amerikanischen von Andrea Zapf); © 1995 by Timothy Knab (HarperSanFrancisco), © der deutschsprachigen Ausgabe 1997 by Wilhelm Goldmann Verlag, München

DENISE LINN: »Wie man Gespenster loswird«, aus: *Die Magie des Wohnens* (aus dem Englischen von Susanne Kahn-Ackermann); © 1995 by Denise Linn (Ebury Press, London), © der deutschsprachigen Ausgabe 1996 by Wilhelm Goldmann Verlag, München

ELLEN MCGRATH: »Aktionsstrategien zur Bewältigung von Geist-Körper-Depressionen«, aus: *Danke – Es geht mir schlecht!* (aus dem Amerikanischen von Regina Kammerer); © 1992 by Ellen McGrath (Henry Holt and Company, New York), © der deutschsprachigen Ausgabe 1994 by Wilhelm Goldmann Verlag, München

RAYMOND A. MOODY/PAUL PERRY: »Die Wiederbegegnung mit Verstorbenen«, aus: *Blick hinter den Spiegel* (aus dem Amerikanischen von Susanne Kahn-Ackermann); © Raymond A. Moody und Paul Perry, © der deutschsprachigen Ausgabe 1994 by Wilhelm Goldmann Verlag, München

MARLO MORGAN: »Spuren der Traumzeit«, aus: *Traumfänger* (aus dem Amerikanischen von Anne Rademacher); © 1991, 1994 by Marlo Morgan (Harper Collins Publishers, New York), © der deutschsprachigen Ausgabe 1995 by Wilhelm Goldmann Verlag, München

INGRID OLBRICHT: »Konfliktfeld Fortpflanzungsfähigkeit«, aus: *Was Frauen krank macht;* © 1993 by Kösel-Verlag, München

JOHANNA PAUNGGER/THOMAS POPPE: »Im Einklang mit dem Mond«, aus: *Aus eigener Kraft,* © 1993 by Wilhelm Goldmann Verlag, München

M. SCOTT PECK: »Realität und Illusion des Selbst«, aus: *Eine neue Ethik für die Welt* (aus dem Amerikanischen von Susanne Kahn-Ackermann); © 1993 by M. Scott Peck (Bantam Books, New York), © der deutschsprachigen Ausgabe 1995 by Wilhelm Goldmann Verlag, München

JOHN RANDOLPH PRICE: »Der Engel der Wahrheit und Erleuchtung«, aus: *Engel-Kräfte* (aus dem Englischen von Ingrid Holzhausen); © 1993 by John Randolph Price (Fawcett Columbine, New York), © der deutschsprachigen Ausgabe 1993 by Wilhelm Goldmann Verlag, München

JANE ROBERTS: »Das seelische Potential«, aus: *Gespräche mit Seth* (aus dem Amerikanischen von Dr. Phil. Sabine Lucas); © 1972 by Jane Roberts (Prentice Hall, Englewood Cliffs), © der deutschsprachigen Ausgabe by Ariston Verlag, Genf

ELAINE ST. JAMES: »Neunmal guter Rat für das Wesentliche«, aus: *In sich ruhen* (aus dem Amerikanischen von Susanne Kahn-Ackermann); © 1995 by Elaine St. James (Hyperion, New York), © der deutschsprachigen Ausgabe 1997 by Wilhelm Goldmann Verlag, München

ALBRECHT SCHOTTKY/THEO SCHOENAKER: »Was bestimmt mein Leben?«, aus: *Was bestimmt mein Leben?;* © 1988 Horizonte Verlag, Frankfurt

GANGA STONE: »Der Umgang mit dem Sterben«, aus: *Über das Ende hinaus* (aus dem Amerikanischen von Diane von Weltzien); © 1996 by Ganga Stone (Warner Books, New York), © der deutschsprachigen Ausgabe by Wilhelm Goldmann Verlag, München

SUN BEAR/WABUN WIND: »Die Erde heilen«, aus: *Die Erde liegt in unserer Hand* (aus dem Amerikanischen von Sibylle Weingart); © 1990 by Sun Bear und Wabun Wind, © der deutschsprachigen Ausgabe 1990 by Wilhelm Goldmann Verlag, München

SUN BEAR/WABUN WIND/CRYSALIS MULLIGAN: »Die Reise über das Medizinrad«, aus: *Das Medizinrad-Praxisbuch* (aus dem Amerikanischen von Matthias Schossig); © 1991 by Wabun Wind und Crysalis Mulligan (Prentice Hall, New York), © der deutschsprachigen Ausgabe 1993 by Wilhelm Goldmann Verlag, München

TERRY LYNN TAYLOR: »Was ist ein Engel?«, aus: *Warum Engel fliegen können* (aus dem Amerikanischen von Kollektiv Druck-Reif); © by Terry Lynn Taylor (H.J. Kramer Inc.), © der deutschsprachigen Ausgabe by Wilhelm Goldmann Verlag, München

THICH NHAT HANH: »Fünf Regeln«, aus: *Das Glück, einen Baum zu umarmen* (aus dem Englischen von Jürgen Manshardt); © 1992 by Thich Nhat Hanh (Parallax Press, Berkeley), © der deutschsprachigen Ausgabe 1995 by Wilhelm Goldmann Verlag, München

NEALE DONALD WALSCH: »Gespräche mit Gott«, aus: *Gespräche mit Gott* (aus dem Amerikanischen von Susanne Kahn-Ackermann); © 1996 by Neale Donald Walsch (Putnam, New York), © der deutschsprachigen Ausgabe 1997 by Wilhelm Goldmann Verlag, München

DEREK WALTERS: »Die guten und schlechten Einflüsse im Feng-Shui und wie man sie korrigiert«, aus: *Feng-Shui* (aus dem Englischen von Theo Kierdorf und Hildegard Höhr); © 1991 by Derek Walters (HarperCollins Publishers), © der deutschsprachigen Ausgabe 1993 by Scherz Verlag, Bern/München/Wien

BRIAN WEISS: »Aus einer Rückführungssitzung mit Catherine«, aus: *Die zahlreichen Leben der Seele* (aus dem Englischen von Susanne Seiler); © 1988 by Brian Weiss (Simon & Schuster), © der deutschsprachigen Ausgabe 1994 by Wilhelm Goldmann Verlag, München

KEN WIEBER: »Wer bin ich?«, aus: *Wege zum Selbst* (aus dem Amerikanischen von Gudrun Theusner-Stampa); © 1979 by Ken Wilber (Shambhala Publications, Boulder), © der deutschsprachigen Ausgabe 1984 by Kösel Verlag, München

KEN WILBER: »Die Probleme des Helfers«, aus: *Mut und Gnade* (aus dem Amerikanischen von Jochen Eggert); © 1991 by Ken Wilber (Shambhala Publications, Boston), © der deutschsprachigen Ausgabe 1989 by Scherz Verlag, Bern/München

MARIANNE WILLIAMSON: »Weibliche Identität«, aus: *Die Wiederentdeckung des Weiblichen* (aus dem Amerikanischen von Rosmarie Kahn-Ackermann); © 1993 by Marianne Williamson (Random House, New York), © der deutschsprachigen Ausgabe 1995 by Wilhelm Goldmann Verlag, München

MARIANNE WILLIAMSON: »Gedenkfeier für einen Verstorbenen«, aus: *Illuminata* (aus dem Amerikanischen von Rosmarie Kahn-Ackermann); © 1994 by Marianne Williamson (Random House, New York), © der deutschsprachigen Ausgabe 1996 by Wilhelm Goldmann Verlag, München

AMORAH QUAN YIN: »Wer sind die plejadischen Boten des Lichts?«, aus: *Das Plejaden-Arbeitsbuch* (aus dem Amerikanischen von Ursula Rahn-Huber); © 1996 by Amorah Quan Yin (Bear & Company, Santa Fe), © der deutschsprachigen Ausgabe 1997 by Wilhelm Goldmann Verlag, München

# GOLDMANN

*Das Gesamtverzeichnis aller lieferbaren Titel erhalten Sie
im Buchhandel oder direkt beim Verlag.*

Taschenbuch-Bestseller zu Taschenbuchpreisen
– Monat für Monat interessante und fesselnde Titel –

✻

Literatur deutschsprachiger und internationaler Autoren

✻

Unterhaltung, Thriller, Historische Romane
und Anthologien

✻

Aktuelle Sachbücher, Ratgeber, Handbücher
und Nachschlagewerke

✻

Esoterik, Persönliches Wachstum und
Ganzheitliches Heilen

✻

Krimis, Science-Fiction und Fantasy-Literatur

✻

Klassiker mit Anmerkungen, Autoreneditionen
und Werkausgaben

✻

Kalender, Kriminalhörspielkassetten und
Popbiographien

Die ganze Welt des Taschenbuchs

Goldmann Verlag · Neumarkter Str. 18 · 81673 München

---

Bitte senden Sie mir das neue kostenlose Gesamtverzeichnis

Name: _____

Straße: _____

PLZ / Ort: _____